중국
경제사
中國經濟史

엮은이 **오카모토 다카시**(岡本隆司)

· 1965년 교토 출생
· 미야자키대학 교육학부 강사, 미야자키대학 교육문화학부 조교수를 거쳐 현재 교토부립대학 문학부 교수
· 주요 저서로는 오히라 마사요시(大平正芳) 기념상을 수상한 『근대 중국과 해관(近代中國と海關)』(名古屋大學出版會, 1999), 산토리 학예상을 수상한 『속국과 자주 사이(屬國と自主のあいだ)』(名古屋大學出版會, 2004), 『마건충의 중국 근대(馬建忠の中國近代)』(京都大學學術出版會, 2007), 『중국 반일정서의 원류(中國「反日」の源流)』(講談社選書Metier, 2011), 『이홍장(李鴻章)』(岩波新書, 2011), 『근대중국사(近代中國史)』[치쿠마(ちくま)新書, 2013] 등이 있다.

옮긴이 **강진아**

· 한양대학교 사학과 교수. 중국근현대사, 동아시아 경제사 전공
· 주요 저서로 『동순태호: 동아시아 화교 자본과 근대 조선』(경북대학교출판부, 2011), 『문명제국에서 국민국가로』(창비, 2009), 『1930년대 중국의 중앙·지방·상인』(서울대학교출판부, 2005), 주요 역서로 『다시 보는 동아시아 근대사』(까치, 2011), 『베이징의 애덤 스미스』(길, 2009), 『미완의 기획: 조선의 독립』(소와당, 2009), 『쟁점으로 읽는 중국 근대 경제사』(공역, 푸른역사, 2007), 『소일본주의』(소화, 2002) 등이 있다.

중국경제사 – 고대에서 현대까지

초판 1쇄 2023년 10월 25일 • **초판 2쇄** 2025년 9월 29일
엮은이 오카모토 다카시 • **옮긴이** 강진아 • **펴낸이** 허영우 • **펴낸 곳** 경북대학교출판부
출판등록 1973년 10월 10일 ㉣97호 • **주소** 대구광역시 북구 대학로 80
전화 053-950-3830 • **팩스** 053-953-4692 • **이메일** press@knu.ac.kr
홈페이지 http://knupress.com
ISBN 978-89-7180-621-0 93910

E C O N O M I C
H I S T O R Y O F C H I N A

중국 경제사

中國經濟史

고대에서 현대까지

오카모토 다카시 엮음 강진아 옮김

경북대학교출판부

한국어판 출간에 부쳐

이 책은 되도록 학술적 수준을 유지하면서도 일본의 일반 독자들이 이해하기 쉽게 최신의 연구 성과를 전하고자 기획되었다. 즉 처음부터 외국인 독자를 염두에 두고 쓴 것이 아니다. 그런데 이번에 이렇게 한국의 독자들께도 선보이게 되었다. 편자로서 생각지도 못한 큰 기쁨이다. 무엇보다 번역의 수고를 기꺼이 맡아 주신 강진아 교수께 깊은 사의를 표하고 싶다. 강 교수는 일본어 원서를 일독한 후 한국에서의 출판을 먼저 권해 주셨고, 기꺼이 번역을 담당해 주셨다.

복잡하고도 난해한 중국경제의 역사를 고대부터 현대까지 전체적으로 한번 훑어보는 것만 해도 쉽지 않다. 이 책이 일본의 일류급 연구자들이 대거 집필에 참여한 공동작업인 점에서도 그런 어려움을 알 수 있다. 그러니 그것을 다시 외국어로 번역하는 작업은 얼마나 힘든 일이었겠는가. 강 교수의 탁월한 기량으로 일본학계의 연구 성과의 정화가 한국 독자들에게 전해진다고 생각하니 가슴이 뛴다. 또한 학술서의 출판 사정이 녹록지 않은 상황에서 출간을 결정해 주신 경북대학교출판부의 너그러움에 진심으로 감사드리고 싶다.

이 책의 기획 목적이나 구성에 대해서는 범례에 써 두었기 때문에 여기에서 반복하지 않겠다. 연구자뿐 아니라 중국을 좋아하든 싫어하든 중국에 관심 있는 분들이라면 꼭 읽어 보셨으면 좋겠다는 것이 국경을 뛰어넘어 편자 그리고 아마도 역자의 바람일 것이다.

오늘날 중국은 동아시아뿐만 아니라 전 세계를 좌우하는 거대한 존재가 되었다. 그 핵심에는 경이적인 경제성장이 있다. 그러나 그 경제성장의 메커니즘은 지금도 잘 알 수 없다. 중국경제의 장구한 역사를 훑어봄으로써 그 비밀을 푸는 데 조금이나마 가까이 갈 수 있지 않을까. 이 책이 그러한 노력에 도움이 될 수 있다면 더할 나위 없는 기쁨일 것이다.

2016년 8월

편자 오카모토 다카시(岡本隆司)

| 일러두기 | 서(序)를 대신하여

1. 이 책은 고대부터 현대까지 중국경제의 역사를 서술한 교재 및 개설서이다. 간결한 개설이기는 하지만, 중국경제통사의 저술은 일본에서는 전후 최초로 시도한 것이다.
2. 이 책을 편찬한 목적은 발전과 성장을 거듭하며 일본에 큰 영향을 미치고 있는 중국경제의 유래와 과거의 모습을 학문적으로 알고 싶어 하는 독자들의 수요에 답하고자 한 것이다.
3. 이러한 취지에서 중국과 경제를 전공하는 학생이나 연구자만이 아니라, 일반 지식인이나 독서인들도 무리 없이 읽고 이해할 수 있도록 책을 구성하려 노력하였다.

(1) 선사 시대부터 20세기 말 "개혁개방"에 이르는 경제 현상의 개략적인 모습을 총 다섯 개 장에 걸쳐 본론으로 구성하여, 시계열적으로 서술·정리하였다. 본론은 어디까지나 대략적으로 파악할 수 있도록 한 것이므로, 전공이나 연구 영역에 들어가는 상세한 학설이나 지식을 제공하지는 않는다.

(2) 다만 중국사에는 이해하기 어려운 용어나 역사 현상이 적지 않기 때문에, 이를 간결하고 명료하게 해설하면서 함께 관련된 문제를 논하는 "테마"난을 각 장 말미에 배치하였다. 개별의 특정 주제에 관련하여 구체적으로 설명하고, 학문적 정보는 이곳에서 얻을 수 있도록 했다.

(3) 각 서술이 근거한 문헌은 저자 이름과 발행 연도를 합해서, 예를 들어 "加藤 1952" 식으로 (본문에－옮긴이) 표기했다. 더 상세한 서지정보는 일괄하여 책 뒤의 문헌목록에 실었다. 또 목록에도 색인을 붙여서 문헌의 저자명, 필자명으로 저술 내용이 어떤 것인지 대강 유추할 수 있도록 해 두었다.

(4) 목록에 실은 문헌 중에 학술적으로 권장할 만한 연구서는 따로 추려서 해제를 붙였다.

이상을 정리하면, 대체적인 흐름만 알고 싶고 세세한 개별 사항에는 관심이 없는 분은 본론만 읽으면 되고, 좀 더 자세히 알고 싶은 분은 "테마"까지 합해서 읽으면 된다. 더욱 전문적으로 파고들어 가고 싶다면, 문헌목록과 해제에 실린 논저를 뒤져 보시라는 짜임새이다.

책을 읽는 방식은 독자의 자유이므로 그 권리를 침해할 생각은 털끝만큼도 없다. 하지만 이 책을 만든 쪽의 의도나 배려를 미리 알아두어도 손해는 없을 것이라 생각한다.

4. ( )는 주나 설명을 나타낸다. 연호는 원칙적으로 서력으로 쓰고 필요에 따라 원호(元號)를 ( )로 부기했다. 또 인명의 경칭은 모두 생략했다.
5. 이 책이 다루는 시기의 도량형 단위는 아래 표에 정리한 대로이다. 엄밀하게 서술하거나 전체를 망라하지는 않았다. 책 안에서 적절하게 정정하거나 보완해 두었다.

표 1 역대 도량형 일람(歷代度量衡一覽)

	전한(前漢)·신(新)	후한(後漢)	위(魏)	진(晉)	동진(東晉)	북제(北齊)	수(隋)	당(唐)	송(宋)	원(元)	명(明)	청(淸)
척(尺) (cm)	23.1	23.6	24.2	24.2	24.5	30	29.5	대척(大尺) 31.1 소척(小尺) 24.6	30.7	30.7	31.1	32
보(步) (m)	[6척(尺)] 1.38	1.41	1.45	1.45	1.47	1.79	1.77	[5척(尺)] 1.56	1.54	1.54	1.56	1.6
리(里) (m)	[300보(步)] 414	414	434	434	440	539	531	[360보(步)] 560	553	553	560	576
무(畝) (a)	4.61	4.61	5.03	5.03	5.17	7.76	7.52	5.8	5.66	5.67	5.8	6.14
량(兩) (g)	15	15	13.9	13.9	13.9	27.8	41.8	37.3	37.3	37.3	37.3	37.3
근(斤) (g)	[16량(兩)] 240	240	222.7	222.7	222.7	445.5	668.2	596.8	596.8	596.8	596.8	596.8
석(石)·담(擔) (kg)	[120근(斤)] 28.8	28.8	26.7	26.7	26.7	53.6	80.2	71.6	71.6	71.6	71.6	71.6
승(升) (ml)	199.7	199.7	202.3	202.3	202.3	396.3	594.4	594.4	664.1	948.8	1073.7	1035.5

출전: 전한(前漢)~후한(後漢): 万 1958, 기타: 吳 1937. 환산수치는 개략적인 수치이다.
주: 1척(尺)=10촌(寸), 1장(丈)=10척(尺), 1경(頃)=100무(畝), 1두(斗)=10승(升), 1석(石)·곡(斛)=10斗(두).

목차

서장

중국의 경제와 역사

오카모토 다카시(岡本隆司)

서장 중국의 경제와 역사

1. 중국과 "경제사"

언행불일치의 중국

최근 들어 마침내 속도가 떨어지는 것이 눈에 보이기 시작했지만, 여전히 경이적인 경제성장을 이어 가고 있는 21세기 중국. 2010년에는 마찬가지로 경제대국이라 불려 온 일본을 GDP에서 능가하기까지 하였다.

약 반 세기 전인 1960년대에는 일본의 고도 경제성장도 "기적"이라고 불리며, 수수께끼에 차 있다고 했었다. 그렇다면 오늘날 중국의 경제발전은 어떨까? 예전의 일본에 비해 더하면 더했지 못할 리 없으니, 훨씬 더 수수께끼투성이라고 말하지 않을 수 없다.

그 수수께끼를 밝혀내기 위해서, 중국경제에 대한 연구는 대단히 성황을 이뤘고, 엄청나게 많은 성과가 출간되었다. 그중 다수는 최신의 개별 경제학을 포함해 서양에서 기원한 경제학, 그중에서도 미시경제학으로 중국경제를 이해하려는 시도들이다(예를 들어 中兼 2012). 현대 중국경제 중 상당 부분이 실제로 서양 근대가 만들어 낸 경제의 틀, 논리, 기구로 움직이고 있다는 것은 부정할 수 없는 사실이므로 그런 시도가 가장 타당한 방법이라고 해도 꼭 틀린 것은 아니다.

그러나 현실의 중국경제는 그것만으로는 다 이해할 수 없는 부분이 있다는 것 역시 분명하다. 그런 부분을 어떻게 밝혀낼 것인가. 오히려 그 지점에 중국경제를 이해할 열쇠가 있다.

중국은 언행이 일치하지 않는 나라이다. 즉 말하고 있는 바와 하고 있는 바가 현저히 다르다. 통일된 국민국가라고 하면서도, 감출 수 없는 심각한 민족 문제를 안고 있다. 사회경제적 측면에서 보아도, 극히 최근까지 이중화폐 시스템이었으며, 오늘날에도 이중호적(二重戸籍) 체제이다(⋯→테마 8 〈호적〉, 129쪽). 공식적으로 발표된 각종 통계에는 실제 경제와 괴리된 부분이 적지 않다. "사회주의 시장경제"라는 경제 체제도 모순에 찬 개념이다. 이른바 대단한 언행불일치로, 주의·주장과 실태·시책이 일치하지 않는다고 할 것이다.

그런데 이런 언행불일치는 서구에서 만들어진 이론으로 보기 때문에 잘 이해가 가지 않는 것이다. 중국경제에는 경제학으로 풀 수 없는 현상[事象]이 있는 것 또한 사실이다. 학문 이론[學理]을 억지로 끼워 맞추지 않고, 왜 중국에서는 언행불일치가 생겨나고 경제학 논리와 상식이 통하지 않는 것인지, 우선 그 점과 제대로 대면하려는 태도와 노력이 필요하다.

경제학의 이해

중국의 언행불일치는 오늘날 갑자기 시작된 것이 아니다. 지금과 비슷한 현상은 중국 역사상 얼마든지 있었다. 그렇기 때문에 왕양명(王陽明)의 "지행합일(知行合一)"의 학설도 생겨났던 것이다. 이는 경제에만 그치지 않는다. 역사가 만들어 낸 중국의 본질 중 하나라고 보는 편이 타당할지도 모르겠다.

이상의 상황과 발상에서, 이 책은 중국경제사를 역사학의 입장에서 이해해 보고자 한다. 이 부분에 대해서는 좀 더 추가적인 설명이 필요하다. 중국경제사를 고찰함에 있어 역사학은 경제학을 활용하지 않으며, 양자는 "완전히 분리되어 왔다"는 비판이 있기 때문이다(中兼編著 2010: 10). 역사학 입장에서 반성해야 할 바가 결코 적지 않다.

그렇기는 해도, 일본 중국사학계는 마르크스 경제학을 "응용"했다가 실패했던 경험을 이미 가지고 있다(谷川編著 1993). "정말 경제학적 시점에서 연구와 분석"을 하고, "경제학의 이론적 틀을 응용"하는 것으로(中兼編著 2010: 10), 중국 역사상의 경제적 현상을 파악하고 이해할 수 있을 것인가. 이 질문부터 답하지 않으면 안 된다.

극히 단적으로 대답하자면, 역사학은 사료에서 분석을 하나하나 이끌어내는 학문인데, 중국을 상대로 역사학 연구를 할 때는 "경제학적 시각"에서 "분석"하기가 어렵다. 왜냐하면 사료와, 또 그 사료를 낳은 중국 사회의 본질적 성격이 그렇기 때문이다.

"경제학"이 시야에 넣고 있는 것은, 현대부터 거슬러 올라가 대체로 민국(民國) 시기[1]까지, 즉 통계적 수치를 구할 수 있고 계량적 분석이 가능할 것처럼 보이는 시기와 범위의 "역사"에 지나지 않는다. 그리고 민국 시기 이후의 연구는 그 이전의 "역사"를 잘 모른다는 게 엄연한 현실이다. "경제학의 이론적 틀"을 적용하려다 보니, 거꾸로 다루는 시기와 시야가 한정되어 버리고 만 것이다.

중국법제사의 대가 시가 슈조(滋賀秀三)는 "구중국(舊中國, 1949년 이전의 중국-옮긴이)과 신중국(新中國, 1949년 중화인민공화국 성립 이후의 중국-옮긴이)은 결코 동떨어진 별개의 것이 아님을 이 두 시대의 연구자들 모두 늘 의식해야만 한다"라고 말했다(坂野 등 편 1974: 277). 이제 와서 무슨 당연한 이야기를 새삼스레 하느냐는 반응도 있을 것이고, 또 완전히 다른 분야인 법제사 학자가 한 말이니 (경제사와는-옮긴이) 상관없는 이야기라고 해석할

1 1912년 청의 멸망과 중화민국 성립부터 1949년 국민정부의 타이완 이전 및 중화인민공화국 성립 전까지의 시기를 지칭한다-옮긴이.

수도 있다. 그렇지만 특히나 중국경제를 고찰함에 있어서 이러한 노력이 불충분했던 것은 아닐까.

"구중국과 신중국"에 대해서는, 1949년 전후를 연속적으로 파악하자는 문제의식과 그 실천이 결코 적지는 않았다. 그러나 그런 노력들도 중화민국(1912~1949)을 전후한 시기, 게다가 계량화할 수 있을 만한 영역에 머문다(久保 2009a, 中兼編著 2010, 木越 2012, 久保編 2012). "구중국"이라고 한다면, 여기에서 누락된 (19세기 이전의 전근대 중국-옮긴이) 역사도 못지않게 중요하며, 구중국을 해명하려면 더욱 장기적·포괄적으로 보아야만 한다. 20세기·중화민국 이후 시기와 훨씬 이전의 역사를 서로 잇는 노력이 꼭 필요하다.

아시아의 "경제사"

아시아 지역에서는 왕왕 아무리 거슬러 올라간다고 해도, 16세기 이후의 경제사밖에 "경제사"로 보지 않는다. 게다가 대단히 한정된 지역에 있어서만 그렇다. 그 전형은 일본일 것이다. 상징적인 사례로, "일본경제사"라는 이름이 붙은 총서, 논집, 통사, 교과서가 몇 종이나 되고, 단일 저서까지 존재하지만(杉山 2012), 다루는 시기를 보면 다들 여전히 16세기 이후이다.

일본의 에도 시대(1603~1867)가 "경제학적 시각에서" 경제사 연구의 대상이 될 수 있는 것은, 많든 적든 정량화가 가능한 사료가 풍부히 남아 있기 때문이며, 또 그 사회가 서양과 비슷했었기 때문이다. 여기에서 역설적으로 서양이야말로 제대로 된 "경제사"라는 서양 중심주의, 또 수량화할 수 없다면 학문으로서 경제로 볼 수 없다는 전제가 깔려 있음을 알 수 있다.

경제학을 활용하여 그것으로 경제적 현상을 설명할 수 있는 사회구성과 역사 과정은 확실히 서양밖에 없을지도 모른다. 그러므로 그 서양과 관련을 맺기 시작하면서 비로소 다른 세계의 경제도 "경제"가 될 수 있었다는 사고방식도 물론 있을 수 있다.

그러나 그것만으로 "경제(economy)"라는 말이 나타내는 내용을 전부 설명할 수 있을까? 세상 사람들이 경제라는 말을 듣고 연상하는 것은 이런 정의와는 상당히 차이가 있지 않은가. economy라는 말이 어원상으로 "집안 관리(oikonomia)"였던 것에서 알 수 있듯이, 경제란 원래 우리 신변과 가장 가까운 것이었을 터이다.

"경제"라는 한자어는 원래 "경세제민(經世濟民)"의 축약으로, 전혀 별개의 뜻이었다. 오늘날 중국어로 "경제"라고 하면 economy의 번역어로 일본식 한어를 수입한 것인데, 일찍이 economy를 "생계(生計)"라고 번역했던 시기가 있었다. 원래 생계라는 글자의 의미로 보아도, 또 우리의 언어 감각으로 보아도, "생계"는 경제 중 어느 일부분만을 가리킬 뿐, 적합한 번역어라고 할 수 없다. 그래도 생계란 말을 떠올렸을 심리나 그렇게 표기했던 사고는, 한어(漢語)의 체제나 economy의 어원을 함께 생각해 보면 납득 못 할 것도 없다.

경제의 핵심이란 동서고금 일상생활에서 실감할 수 있는 "생계"적인 사회생활에 직결되는 현상[事象]을 가리키는 것은 아닌가? 그것은 형태, 구성, 성질은 제각각 달라도, 세계사에 보편적으로 존재했으며, 오늘날도 여전히 존재하고 있는 것이다. 경제사란 역시 그것을 해명하는 서술이 되어야 한다.

사회와 경제

사회경제사라는 단어가 있다. 좁은 의미로는 마르크스 역사학에서 "하부 구조"의 역사를 가리킨다. 필자는 중국사가로서 마르크스의 관심·방법·결론에 꼭 찬성할 수는 없지만, 경제를 사회와 떼어 놓고 생각할 수 없다는 주의나 시각은 흠잡을 데가 전혀 없다. 사회구성이 경제 활동을 만들어 낸다든가, 경제 형태로부터 사회를 해석하려는 시각은 전적으로 옳다고 생각한다.

뒤집어 말하자면, 세계 각지의 사회와 그 사회가 유래한 근원을 보지 않고 경제를 해명하는 것은 불가능하다. 그러한 생각을 잊어버린 정량화와 상호 비교는 수치를 절대화하여 일상생활의 감각과 사회구성의 개성을 망각한 것이며, 오류를 범할 가능성이 높다.

중국의 장기 GDP를 추계했던 매디슨(Maddison 2007)의 연구는 그 전형적 사례이다. 그의 "추계"는 수량경제사의 전문가가 책임을 지고 최신 연구 성과를 참고하여 철저하게 점검·비판해야만 하는 게 아닌가. 또 필자의 전공과 가까운 사례를 들자면, 18세기까지 서구경제와 중국경제의 발전 수준을 동등하게 평가하고, 19세기 초에야 양자가 "분기(分岐)"했다고 주장한 포머란츠(Pomeranz 2000) 등, 이른바 캘리포니아학파 역시 여기에 해당한다.

일본의 연구가 안이하게 이런 방향으로 흘러가지 않는 것은 큰 힘이 된다. 서양 중심으로 그렸던 경제발전사에 대한 자기비판이라고도 할 만한 캘리포니아학파의 연구 성과는 글로벌 히스토리(global history) 연구가 융성하는 조류를 타고 영어권을 중심으로 세계에 압도적인 영향력을 발휘하고 있지만(예를 들어 Rosenthal & Wong 2011), 일본인의 중국사 연구자들 중에는 이에 호응하는 움직임이 거의 보이지 않는다. 그 이유는 뒤에서 서술하겠지만, 일본에는 중국 사회경제사 연구의 전통과 업적이 풍부하기 때문이고, 학문적으로 보아도 이러한 반응이 전적으로 옳다고 생각한다.

서양 경제학에서 묘사하는 것과는 이질적으로 보이는 경제적 현상, 그리고 이를 생겨나게 한 사회구성의 역사, 만약 그런 것이 존재한다면 반드시 설명해야만 하고, "서양"과 관련을 맺고 나서 "경제"가 되었다면, 그러한 변화의 양상은 반드시 검토해야만 한다. 그러나 중국의 경우는 이런 점들이 충분히 검토되어 왔다고 할 수 없다. 종전의 경제학, 경제사의 시각과 연구방법으로 잘 설명이 안 되는 경제적 현상이 적지 않기 때문이다.

일상의 생활 및 생존과 꼭 불가분한 관련성을 가지지 않는 분야, 예를 들어 문학이나 철학 등 인문학과 같은 학문이라면, 안 보인다고 해도 설명 못한다고 해도 특별히 상관없다. 그러나 실학(實學)을 표방하고, 기업인과 비즈니스맨을 양성하고, 그들의 사고와 행동에 기초를 제공하는 학문인 경제학이라면, 중국과 중국의 역사 과정을 아는 것에 게을러서는 안 된다. 중국은 이제 경제 현장에서 서양과 일본을 앞설지언정 뒤떨어지지 않는 지위에 있기 때문이다.

선행 연구

그렇다면 중국의 경제적 현상에 관한 역사에 연구 축적은 없었던 것인가. 그건 아니다. 방대한 성과를 축적한 중국 역사에 관한 학술 연구가 널리 알려지지 못하고 있을 뿐이다. 이렇게 된 데는, 서구 지향이 강한 (일본-옮긴이) 지식인들이 공부를 게을리했던 데 근본적인 원인이 있다고 보지만, 중국사를 "연구"하는 학자들도 책임을 면할 수 없다. 과연 논문을 일반적인 지식인이 읽어도 이해할 만하게 써 왔던가.

소설이나 만화 혹은 개설서나 수필로 읽는 중국사는 재미있지만, 중국사 연구 저작은 어려워서 이해가 안 된다는 목소리가 적지 않다. 중국사

연구는 난해하기 때문에 경원시되거나, 더 심하게 말하면 기피 대상이 되었다. 그리고 그런 경향은 전문 용어가 어마어마하게 많이 등장하는 경제사 연구에서는 특히 심하다.

아주 보통의 경제학 혹은 경제 그 자체를 다룬 책도 사회가 복잡해지면 이해하기 어렵고, 일반인과는 인연이 없게 된다. 그러니 우리와 직접 상관이 없는 과거의 경제, 이질적인 경제, 즉 외국의 경제사라면 더더욱 관심은 낮아진다. 관심도 적은데, 잘 알지도 못하는 용어만 잔뜩 나오면, 누구라도 거들떠보지 않을 것이다.

일찍이 사회경제사는 중국사학의 대명사였다. 중국사뿐이 아니다. 세계 어느 곳에서나 사회경제사가 아니면 역사 연구가 아니라고 하던 시대가 있었다. 필자가 중국사 공부를 시작할 당시만 해도 사회경제사에 뜻을 두지 않으면 그것만으로 뭘 모른다고 부끄럽게 여겼었다. 부끄럽지 않으려고 조금씩 공부를 맛보기 시작했더니, 이번에는 내용을 잘 알 수 없어서 더욱 자괴감이 들었다. 그런데 이제 겨우 나름대로 납득할 만한 수준이 되자, 주위의 공기가 완전히 바뀌어 있었다.

시대는 변하기 마련이어서, 이제 중국사학계에서 경제사 연구를 제대로 해 보려는 사람은 거의 없다. 마르크스 역사학이 퇴조하면서, 경제사 연구의 동기와 기반 자체가 사라졌기 때문이다. 일찍이 전성기였던 시대의 음덕으로 간신히 연구가 존속되고 있지만, 멸종위험종이 되었다고 해도 과언이 아니다. 그러나 풍부한 연구 성과가 있으니 이를 계승·발전시켜 가야 한다.

지금까지의 연구는 기존의 경제사·경제학 이론·개념·방법을 사용해 왔다. 또 그것이 무의식적인 전제였었다. 오늘날 중국 사회경제사학의 퇴조는 그 한계를 자각한 소산이기도 하다. 서양 중심주의의 상대화는 캘리포니아학파의 등장을 기다릴 필요도 없이, 일본 학계가 일찍부터 모색하고 있었다. 그러나 그러다 보니 다음과 같은 상황이 벌어지고 있다.

서양이 만든 틀에서 풀리지 않기 때문에 우선 거기에서 벗어나서, 중국사 독자의 논리로 분석·설명하려고 한다. 따라서 사료분석에서는 원어(原語)인 한어(漢語)를 많이 사용하면서도, 그것을 표현하고 설명할 때는 최종적으로 어쩔 수 없이 서양에서 유래한 개념과 논리를 사용하게 된다. 학문이 서양에 기원하고 있는 이상, 그렇게 하지 않고는 학술이 아니라는 전제가 있기 때문이다. 여기에서 무리와 모순이 생겨나고, 더욱 꼬이고 난해해지고 만다. "비유"를 통한 이미지 환기라는 방식으로 이해를 도우려던 시도가 일찍이 있었던 것도(岸本 2006),[2] 역설적으로 이러한 사정을 말해 준다.

이 책의 입장

위에서 언급했듯이, 중국 역사에는 원래 "경제"라는 개념이 없었다. 이 개념에 가까운 말은 "국계민생(國計民生)"인데, 이 말은 어디까지나 복합어이고, "나라[國]"와 "개인[民]"은 별개의 것으로 서로 단절되어 있다. 자료의 존재 형태를 봐도 그러하다. 중국 사료는 내부분 황세성치에 관련된 사항밖에 기술하고 있지 않다. 그 외에는 가치가 없다고 보았기 때문에, 황제정치에 관한 것 말고는 후세에 남기지 않았던 것이다. 지금까지 사용해 온 "중국경제사"라는 용어도 그런 사료적 제약 때문에 "민생(민간 생활)"과 반드시 밀접한 관련이 있다고 할 수는 없는 "국계(정부 재정)"에 편중된 내용이 될 수밖에 없었다.

2 기시모토 미호는 중국의 사회질서, 신분이 일본이나 서구와 달리 대단히 유동적이며 상대적이었음을 지적하면서, 서구적 학문 용어가 아닌 비유와 형용을 구사하여, "유연한, 부드러운[柔らかな]" 사회로 표현한 바 있다-옮긴이.

또 이런 좁디좁은 범위에서조차 기록이 난해하고 게다가 신뢰할 수도 없다. 경제라고 하는 것은 그 요소의 대다수가 수량화할 수 있기 때문에 나름대로 객관적인 학문이라 할 수 있었는데, 역사상의 중국은 원래 수치를 적용할 수 없는 사회이다.

영어로 Chinese accuracy라는 말이 있다. 이 표현은 쓸데없이 세밀하지만 신뢰하기는 어려운 수치를 비유하는 말이다. 통계 자체가 본래 거짓말이지만, 중국이라는 세계는 오늘날에 이르기까지 짧게 잡아도 1,000년 동안 그러한 통계의 불완전성을 보여 주는 극단적이고도 전형적 사례였다.

도량형은 시대와 공간에 따라 제각각이다(⋯→ 테마 9 〈도량형의 통일과 그 전개〉, 132쪽). "장(丈)"이나 "척(尺)"처럼, 단위를 나타내는 글자는 같아도 내용이 다르기 때문에 사전에는 반드시 역대의 도량형 표를 싣고 있으며, 이 책의 범례에도 달아 놓기는 했지만, 이 표도 엄밀히 말하면 신뢰할 수 없다(中砂 2006). 게다가 같은 시대의 지역 편차는 고려하지도 못했다. 똑같은 1량(兩), 1원(元)이라도 천진(天津)과 상해(上海)의 가치가 달랐는데, 이는 제2차 세계대전 전에 살았던 일본인들에게는 상식이었다.

그렇기 때문에 "경제학적 시각에서" 이해할 때에 필수적인 통계적 데이터에 입각한 "분석" 혹은 정량적 설명은, 근대 20세기의 어느 시기까지는 절망적으로 불가능했다고 해도 과언이 아니다(岸本 1997). 어떤 면에서는 오늘날에조차 이는 엄연한 사실이다. 비록 정확한 수치의 통계가 존재하는 경우라도 그것이 중국경제 세계 전체를 대표한다고 볼 수도 없다. 어느 시대에나, 정도의 차이는 있겠지만, 통계가 관여할 수 없는 혹은 파악할 수 없는 방대한 영역이 있기 때문이다(⋯→ 테마 47 〈경제통계〉, 417쪽).

중국에서 벌어진 현상[事象]은 종종 기존의 학문적 분석으로는 파악이 안 된다. 경제 현상이 가장 그러하다. 그런데 중국에 익숙해져 버리면, 그런 측면에 대한 감각이 무뎌져서 원래 그런 것이라고 생각해 버리고, 현상을 설명하는 데 주의를 기울이지 않게 된다. 이런 점이 다른 세계, 지역, 나라들의 경제사와 골을 깊게 만들어 버린 주된 원인이라고 할 것이다.

이상은 필자가 당연히 갖추고 있어야 할 소양이지만, 독자들도 알아 두기를 바라는 바이다. 중국을 이해하려고 하면서, 일본이나 서양의 상식·개념을 염두에 두고 달려들면 곤란하다. 예를 들어, 마르크스 사학은 전형적인 서양식 사유였고, 이를 가지고 중국사상의 경제적 현상을 충분히 설명할 수는 없었다. 현재 중국사 연구는 그 반성에서 출발한다.

중국경제를 다루는 경제학이나 역사학 모두 서로의 연구 방법과 성과를 모른 채, 상대방이 자신들의 성과를 이용하지 않는다고 불만의 소리를 높이는 것이 아마 현재의 상태일 것이다. 그렇다면, 각자 상대방을 존중하면서 협동하는 구체적인 접점을 찾아내기 위해, 자타의 장점과 한계를 착실하고 정확하게 파악해 갈 수밖에 없다. 우선은 그 재료를 역사학의 입장에서 제시하고자 한다.

즉, 기성의 지식이나 이론으로 예단하면서 이 책을 읽지는 말아 주었으면 좋겠다. 우선은 여기에 쓰여 있는 내용을 마음을 비우고 이해하면 좋겠다. 이것이 글쓴이의 소망이다. 그런 후에 비판할 것이 있다면, 꼭 가르침을 주시기 바란다.

과거 중국경제의 모습을 제시하는 것은, 눈부신 경제성장을 하고 있는 중국을 설명하는 데 충분조건은 아닐지라도, 불가결한 전제 작업이다. 그 작업을 위한 환경이나 조건이 갖춰졌다고 말하기는 여전히 어렵지만, 누군가는 시작해야만 한다.

이 책은 그러므로 중국을 하나의 경제권=문명권=역사세계로 보고, 그 출발부터 오늘날 "개혁개방"의 시동에 이르기까지의 경제 현상을 통찰해 보겠다. 그 과정에서 모델, 이론, 학설의 소개나 적용, 음미보다는 사실을 서술하는 데 중점을 두었다.

이 작업은 "경제계(經濟界)"의 모습이 확실히 드러나기 시작한 전국 시대(戰國時代)부터 헤아려도 대략 2,500년에 이르는 긴 시간을 다룬다. 갑자기 개별적이고 구체적인 서술에 들어간다면, 각각의 관계나 의미를 파악하기 어려울지도 모른다. 우선 전체 체계를 이루는 윤곽과 골격을 제시하는 것이 편리할 것이다.

2. 무대의 설정 – 중원(中原)과 강남(江南)

지리적 범위

경제 활동은 다른 어떤 활동보다도 인간의 행위가 자연에 작용하는 부분이 크며, 거꾸로 자연환경에 의해서도 규제를 받는 활동이다. 따라서 중국경제사를 이해하려면, 우선 중국의 자연지리와 생태환경을 대강 알아 둘 필요가 있다.

우리들이 "중국"이라고 부르는 곳의 지리적·공간적 범위는 사람·시간·경우에 따라 조금씩 달라서, 엄밀하게 일정하지는 않다. 그렇지만 여기에서는 통상적인 이미지나 용법으로 이해해도 좋을 것이다. 즉 만리장성 이남, 황해와 동중국해에서 서쪽, 남중국해의 북쪽, 청해(青海), 티베트고원의 동쪽으로, 바꿔 말하자면 서양인들이 China Proper라고 부르는 범위이며, 그곳을 중심으로 하면서 필요에 따라 인접한 지역까지도 포괄한다는 느낌일 것이다. 그러므로 이 책에서는 딱 떨어지는 표현은 아니지만 (China Proper를 번역한 – 옮긴이) "중국 본토"라는 호칭도 쓰고 있다.

지세는 서쪽이 높고 동쪽은 낮아서[西高東低], 주요 하천이 동쪽으로 흐른다. 황하(黃河)와 장강(長江)이 중국의 대표적인 하천이라는 것은 더 말을 안 해도 알 것이다. 세계에서 손꼽히는 이 양대 하천 유역이 중국경제사의 주요 무대이며, 중국경제사도 어디까지나 이 무대설정을 전제로 전개되었다.

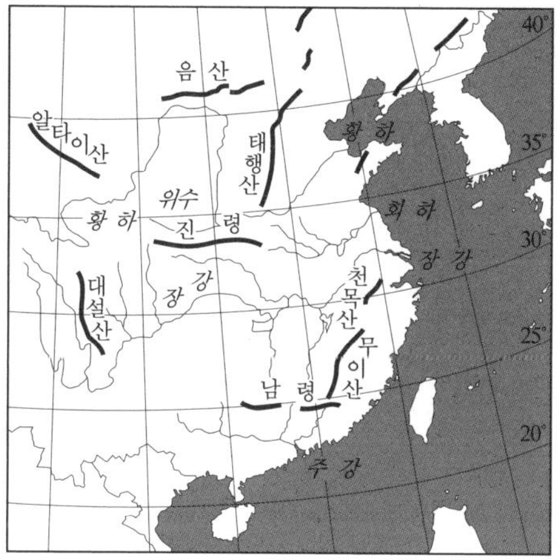

지도 1 주요 산과 강
출전: 斯波 2002에서 작성.

주요 하천이 모두 동쪽으로 흐르기 때문에, 그 하천의 상류와 하류는 거의 같은 위도(緯度)에 위치한다. 달리 말하자면 비슷한 기후 권역에 속한다. 반면에 하천이 다르면 기후 권역이 바뀌고, 식생을 비롯한 생태계도 현저히 달라진다. 중간쯤을 흐르는 회하(淮河)를 경계로 하여, 그보다 북쪽의 황하 유역과 남쪽의 장강 유역은 경제적 환경, 조건, 그리고 동향까지도 완전히 달라지는 것이다.

중원세계의 환경

황하 유역 중에서 앞서 한정한 지리적 범위(즉 중국의 통상적 이미지인 China Proper, 중국 본토 – 옮긴이)와 직접적으로 밀접하게 관계된 지역은, 우선 황하 지류인 위수(渭水)를 따라 펼쳐진 분지, 이어서 황하가 위수와 합류하는 지점 근처에서 구부러져서 동쪽을 향해 가다 보면 만나는 또 다른 지류

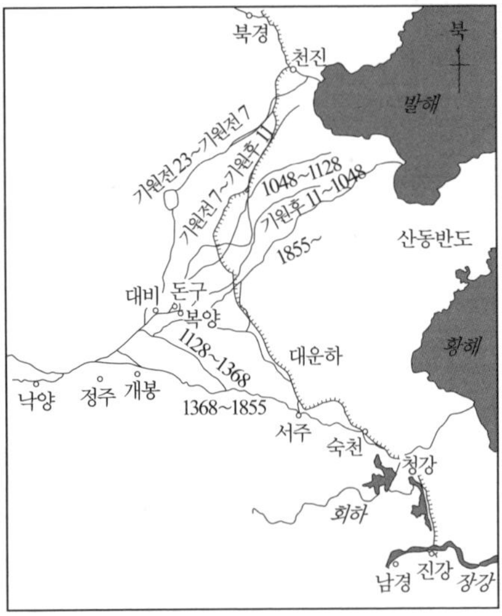

지도 2 황하 물길의 변천
출전: 松田 2001에서 작성.

인 낙수(洛水)를 따라 펼쳐진 지역, 황하가 더 동쪽으로 흘러가 산지를 통과한 뒤 발해로 들어갈 때까지의 평원이다.

화북(華北)이란 지리 개념과 거의 겹치는 이 지역을, 우리 책에서는 "중원(中原)"이라고 부른다. 중원은 본래 문명의 중심지를 뜻하는 "중화(中華)"와 거의 같은 말이다. 이 지역은 중국에서 문명=경제가 처음 탄생한 땅이었고, 줄곧 중국에서 그 문명=경제의 중심적 지위를 차지하고 있다가, 어느 시기부터는 더 이상 중심이 아니게 되어 버렸다. 이 책에서는 그러한 역사적 과정을 집약적으로 보여주기 위해 이 지역을 굳이 (화북이라는 보다 일반화된 명칭보다–옮긴이) "중원"이라는 용어로 칭하겠다.

중원 지역은 어디나 예외 없이 강우량이 적다. 가장 많은 곳이라도 일본의 3분의 1이 채 안 된다. 게다가 강우량이 여름과 가을에 집중되고, 매년 변동이 심하다. 예로부터 "중원의 밭, 여름은 가물고 가을은 비가 퍼붓는다"고도 하고, "봄은 가물어 오랫동안 비를 바라고, 여름은 큰비가 자주 오니 날이 개기를 바라네"라고 하였다. 봄, 여름(초여름–옮긴이)의 가뭄과 여름(늦여름–옮긴이), 가을의 큰비를 끊임없이 두려워해야만 했으니, 오늘날 우리들의 감각으로 보자면 상당히 가혹한 자연조건이었다.

그런 이유로 황하는 자주 범람했다. 강수가 일정하지 않아, 황하의 유량(流量)이 안정될 수 없었던 탓이다. 게다가 황하는 강물의 절반 이상이 진흙이어서, 수위가 쉽게 지면보다 높아지는 하천으로, 유사 이래로 몇 번이나 물길이 바뀌었다.

통치를 담당한 역대 왕조의 정권은 처음부터 이 문제에 시달려야 했다. 그러나 황하라는 강은 적어도 근대 이전에는 사람의 힘으로 충분히 통제할 수 있는 존재가 아니었다고 보는 게 맞다. 막대한 노동력과 비용을 쏟아부어 제방의 구축, 준설, 터진 둑의 보수를 반복한다고 해도, 최소한의 제어조차 기대하기 어려웠다(⋯→ 테마 2 〈수리·치수〉, 59쪽).

이 황하가 운반해서 만들어 낸 황토층의 대지(⋯→ 테마 1 〈황토〉, 57쪽)는 사람이 막 살기 시작한 까마득한 태고에는 울창한 산림과, 그보다 더 넓은 초원이 있었을 터이다. 예전부터 황토는 비옥함의 대명사지만, 원래의 토양 성분으로 보자면 꼭 맞는 말은 아니다. 산림을 개간하고 초원에서 가축을 기르면서, 비료를 계속 주어 산림과 초원을 농경지로 만들고 인구를 늘려 간 일련의 과정이 이른바 황하문명(黃河文明)의 발상과 전개이다(原 1998).

황하의 범람을 더욱 심각하게 만든 것이 이러한 농지화의 진전, 특히 되풀이된 산림의 남벌(濫伐)이었음은 상상하기 어렵지 않다. 그 최후이자 최대의 파도가 제4장에 언급할 명청(明淸) 시대의 산림개발 붐이며, 그 결과 오늘날과 같이 숲과 나무를 다 탕진해 버린 경관이 나타나게 되었다.

관개사업

황하의 본류(本流)를 통제할 수 없다면, 농지를 조성해 살아가는 사람들의 생활공간은 황하로 흘러들어 가는 지류(支流) 유역을 중심으로 삼을 수밖에 없다. 이에 불가피하게, 주요한 지류와 그 분수령을 따라서 경제적·정치적 지대 구조(地帶構造)가 생겨났다.

그러한 구역은 크게 세 곳으로 구분할 수 있다. 위수(渭水) 유역의 관중분지(關中盆地), 낙수(洛水) 유역의 낙양분지(洛陽盆地) 및 그 주변 지역, 그리고 하북평원(河北平原)으로 나와서 태행산맥(太行山脈)에 면해 있는 지역이다. 정치적 블록도 거의 이 구획에 따라 형성되었는데, 하천을 낀 지역들의 통합체였다는 점에는 차이가 없다. 예를 들어 오호십육국(五胡十六國) 시대 각 정권이 할거한 모양새, 경계선은 그런 사정을 정치적으로 표현한 것으로 참고할 만하다(지도 3).

이와 같은 토지에 가축을 기르면서, 기장·조·보리·콩을 재배하여 수확하는 것이 오늘날까지도 이어지는 중원 농민들이 꾸려 온 삶이다. 원래 강수량이 적은 기후조건에서는 사람이 살기 어렵다. 그러므로 이런 곳에 살려면 절대적으로 없어서는 안 되는 것이 관개(灌漑)였다.

권력이란 세수를 거두기 위해서도 치안 유지를 위해서도 군대를 키워야만 한다. 특히나 중국사에서는 이것이 진리이다. 역대 중국의 왕조 정권은 오로지 군사력을 유지하기 위하여 재정을 운영해 왔다고 해도 과언이 아니다. 청 대에 세출의 대부분을 군사비에 썼던 것은 유명하지만, 정도의 차이는 있을지 몰라도 어느 시대나 마찬가지였다(岩井 2004a: 32~33).

군대를 키우려면, 우선 농경지의 수확고를 유지하고 늘려서 식량을 안정적으로 공급하는 것이 무엇보다 필수적인 전제이다. 중원을 지배하고 통치하는 정권에게 이를 위한 수리관개는 중요한 관심사일 수밖에 없다. 역대 사서에도 「구혁지(溝洫志)」, 「하거지(河渠志)」와 같은 항목을 두어, 수리에 관한 내용을 계통적이고도 상세하게 기록하는 관례가 있다.

따라서 중국 어느 지역보다 일찍 공권력이 형성되었던 중원 지역에서 관개에 의한 수리사업을 주력으로 하는 개발이 가장 먼저 진전되었다

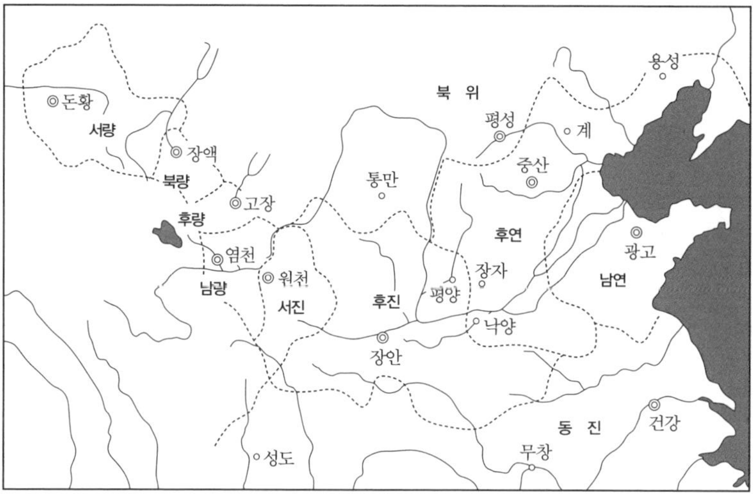

지도 3 오호십육국(五胡十六國) 시대(4세기 말)의 중원
주: 관중분지를 기반으로 하는 후진(後秦)과 하북평원의 후연(後燕)이 낙양분지와 산서지방을 두고 경쟁하며 대치하고 있다.

(⋯→ 테마 2 〈수리·치수〉, 59쪽). 관중분지(關中盆地)는 그 전형적인 곳이다. 이 지역은 한(漢), 당(唐)과 같은 중국사상 굴지의 통일 왕조가 수도로 삼은 장안[長安, 오늘날의 서안(西安)]이 있는 곳으로, 수도가 안고 있는 관료, 군대 등 방대한 인구를 먹여 살리기 위해 농지개발을 소홀히 할 수 없었다.

사마천(司馬遷)의 『사기(史記)』에서는 관중 지역이 한(漢)의 국부(國富)에서 60%를 차지하고 있다고 말하는데, 이는 거듭된 대규모 관개사업 덕택이었다(⋯→ 테마 1 〈황토〉, 57쪽). 이런 추세는 당(唐)에 이르러도 변함이 없었다. 토목기술이 더욱 고도화되었기 때문인지, 한 대에는 불가능했던 수리도 실시되었다. 이 점은 고염무(顧炎武)도 용문(龍門)을 사례로 들어 대서특필한 바 있다(『日知錄』 권12 「水利」).

권력자들 역시 대규모 공사를 수행할 만한 노동력을 즉시 편성할 수 있는 체제를 갖추어야만 했다. 황하 본류의 치수에 대해서도 같은 이야기를 할 수 있다. 한에서 당까지 인민지배가 노동력 징발의 요역을 근간으로 삼았던 이유는(⋯→ 테마 10 〈요역(한 이전)〉, 133쪽) 이러한 측면에서 설명할 수 있다.

그렇지만 아무리 관개설비가 갖춰지고 농지가 늘어난다고 해도, 또 아무리 기술이 진보하여 생산성이 높아진다고 해도, 기후가 한번 나빠지면 흉작은 발생한다. 생산력이 늘어나 평상시에 많은 인구를 먹여 살렸던 만큼, 유사시에는 그만큼 타격이 크다. 그에 대한 구제도 대처를 잘못하면 자칫 내란으로 이어질 수 있는 중대한 문제였다(⋯→ 테마 5 〈구황〉, 74쪽).

국지적으로 식량이 부족해지면, 유민(流民)이 발생한다. 교통 사정이 좋지 않은 옛날일수록, 흉작 지역에 대량의 곡물을 들여오기는 힘들었다. 오히려 사람이 먹을 것을 찾아 이동했다. 서민(庶民)만 그랬던 것이 아니다. 왕조의 정부(政府) 자체가 본거지의 식량사정 악화로 이동하는 일도 종종 있었다. 당조(唐朝)가 수도인 장안을 종종 떠났던 것은 관중분지(關中盆地)가 개발 증산의 한계에 다다랐기 때문이다.

식량 확보를 위해 사람이 움직이는 것이 아니라 곡물을 들여오기도 하는데, 이것을 "조운(漕運)"이라고 한다. 이러한 발상은 원래 고대부터 있었다. 그렇지만 이를 실현하려면, 또 다른 곡창지대의 개발, 교통과 운수의 개선과 같은 새로운 경제적 조건이 갖춰져야만 했다. 정치, 군사처럼 소비의 중심도 교통이 편리한 평야에 두어야만 했다. 이런 조건들이 가능해지자, 중국경제사는 새로운 단계에 들어섰다. 단적으로 말하자면, 남방(南方)의 개발이 진전되고 그 비중이 증대함으로써 중원 일원적 세계에서 남북 이원적 세계로 변화한 것이다. 그러므로 우리도 남방으로 눈을 돌려야 한다.

강남세계의 환경

티베트 고원 북동부, 황하의 원류와 그렇게 떨어지지 않은 곳에서 흘러나오는 장강(長江)은 말할 것도 없이 중국에서 가장 크고 가장 긴 하천이다. 유수량은 중국 하천 전체의 40%에 가깝고, 당연히 그 에너지도 거대하여, 운반하는 흙과 돌[土砂]의 양은 황하에는 못 미치지만, 유사 이래 하구에 광대한 델타 유역을 형성했다.

그럼에도 이 거대한 하천은 얌전하다는 인상을 준다. 황하만큼 자주 범람하거나 흐름을 바꾸거나 하지 않기 때문이다. 중원과 달리 유역의 지형이 복잡하고 중류와 하류에 연결된 호수가 많은 덕택이다. 중국 최대급의 호수인 동정호(洞庭湖), 파양호(鄱陽湖)가 바로 그러한 사례로, 천연의 댐처럼 장강의 수위를 조절해 왔다. 그 때문에 본류와 지류를 잘 짜 맞추어 교통로로 수운을 이용할 수 있었던 것이 장강 수계의 특징이며, 이는 큰 의미를 지니게 된다.

중원이 강수량이 적은 건조 기후라서 일본인에게는 위화감이 드는 자연환경인 데 반해서, 장강 유역은 익숙한 느낌의 세계이다. 일본열도와 마찬가지로 몬순(monsoon) 기후 지대에 속해 기후가 고온다습하고, 식생과 생태계도 중원에 비해 훨씬 일본에 가깝다. 이러한 장강 유역 및 그 이남 지역을 여기에서는 강남(江南)이라고 부르겠다.

강남은 일본과 기후조건이 유사하므로 그곳 역시 일본과 마찬가지로 수도(水稻) 재배를 할 것임을 쉽게 알 수 있다. 이처럼 강남도 벼농사에 기초한 문명이 발생하여 발전했던 곳으로, 중국 고대문명에 황하문명만 있는 것은 아니다.

그렇지만 경제력으로 뒷받침되는 인구·무력·문화를 종합한 정치력에 있어서, 강남은 중원에 계속 대항했으면서도 끝내는 압도당하고 종속될 수밖에 없었다. "강남"이란, 천하의 중심이나 마찬가지인 "중원"에서 보면 일개 지방의 이름에 지나지 않았다. 춘추, 전국, 진한(秦漢)의 역사적 경과는 그러한 명명(命名), 인식, 현상이 고정되어 가는 과정이었던 것이다.

강남 개발

그것은 중원이 먼저 개발되고 경제력이 앞서 있었으며, 강남은 뒤처졌음을 의미한다. 하지만 거꾸로 말하면, 강남은 그만큼 "성장의 여지"가 있었다는 말이며, 실제로 인구가 희박하고 미개척지가 펼쳐진 강남의 개발과 경제력 증진이 이후 역사의 주선율이 되었다. 중국경제사란 사실 강남 개발사로 바꿔 말해도 완전히 틀린 말은 아니다.

물론 중원의 개발과 증산을 무시해도 된다는 것은 아니다. 그러나 중원 개발은 늦춰 말해도 10세기까지는 거의 한계에 다다라, 그 이후는 지위가 상대적으로 낮아지게 된다. 그 사이에 개발이 진척된 강남은 마침내 중원을 능가하고 중국경제사의 주역으로 도약했다.

강남은 도작지대이므로 그 개발은 우선 수도작 재배의 보급과 생산성 향상이 지표가 된다. 3세기 삼국 시대 오(吳)가 건국될 무렵을 하나의 획기적 시점으로 볼 수 있고, 100년 정도 뒤 진(晉)의 남하도 중원에서 한층 많은 이민을 수반했으므로 또 하나의 획기적 시점으로 본다. 이후의 중국은 육조(六朝)라고 불리는 긴 정치적 남북 분립의 시대로 접어들었다.[3] 남쪽 강남의 경제력이 중원과 대치하던 남조(南朝) 정권을 장기간 지탱해 주었던 것이다.

3 육조(六朝)는 건강[建康, 건업(建業), 오늘날의 남경(南京)]에 도읍을 둔 삼국 시대의 오(吳), 동진(東晉), 남조(南朝)의 송(宋), 제(齊), 양(梁), 진(陳)의 여섯 왕조를 총칭하는 말이다. 시기적으로 222~589년이며, 중국사에서 위(魏), 진(晉), 남북조(南北朝) 시대와 거의 일치한다-옮긴이.

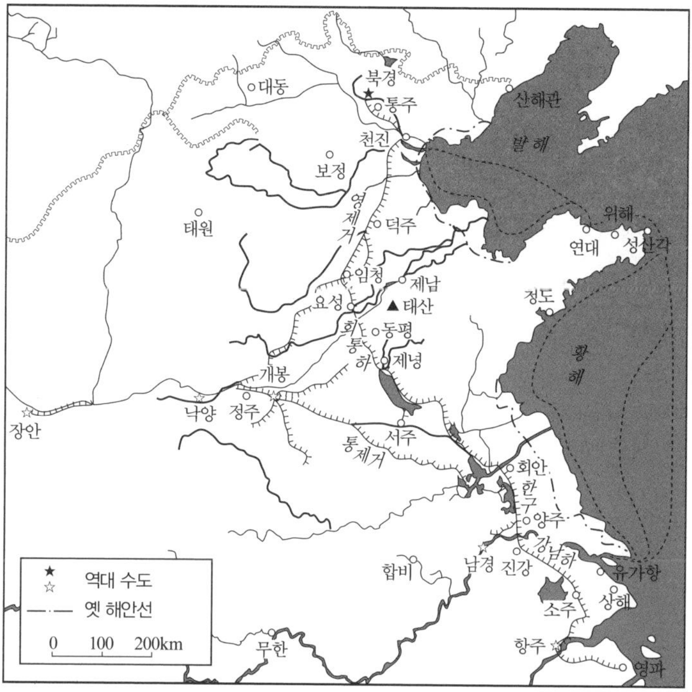

지도 4 대운하 관계도(關係圖)
출전: 李孝聰 2009에서 작성.

강남이라고 부르지만, 중심지는 일관되게 현재의 남경(南京) 주변에 있었다. 오(吳) 이래로 역대 왕조가 수도를 두었던 지역이니, 개발이 가장 진전되었을 것임은 상상하기 어렵지 않다. 천목산계(天目山系)를 분수령으로 하는 약간 높은 부채꼴 형태의 지형으로, 중원에서 도망 나온 사람들도 몸에 익힌 기술로 개발하기 쉬웠을 지역이다. 반면에, 이 시기 장강 하구의 저습지, 보통 강남 델타로 불리는 지역의 개발은 그다지 이뤄지지 않았다. 바다에 가까운 저습지를 수전으로 바꿀 정도의 기술력이 없었기 때문이다(北田 1999).

그렇지만 육조 시대에 길러진 강남의 경제력은 이제 무시할 수 없을 정도가 되었다. 남북 분립을 극복한 수(隋)의 통일 정권이 강남 수계(水系)의 수운을 이용하여 대운하(大運河)를 개착하여 강남을 중원과 연결시켜 조운(漕運)을 편리하게 하고자 한 것은 그러한 추세의 필연적 결과이다(지도 4, ⋯▸ 테마 4 〈조운〉, 70쪽).

강남 델타의 저습지 개발은 시대를 더 내려가서, 10세기부터 송 대에 걸쳐 본격화·가속화되었다. 이때에 가장 저지대인 태호(太湖)의 물을 바다로 배출할 수로를 개착하고, 그 주변에 크리크(creek, 실개천)를 조성하여 습지를 개척해 나갔다(⋯▸ 테마 2 〈수리·치수〉, 59쪽, 테마 3 〈농업기술〉, 65쪽).

물론 강남 개발사는 여기에서 끝나지 않는다. 시대가 더 내려가면 아직 미개척지나 다름없었던 장강 중류 지역 혹은 지류 유역도 개발이 진척되고 인구가 늘어났다. 이렇게 하여 강남 역시 중원과 마찬가지로 하천 유역별로 통합과 구획이 생겨났다. 오늘날 호남(湖南)을 "상(湘)", 강서(江西)를 "감(贛)"이라고 부르는 것처럼, 지류의 이름을 성(省)의 별칭으로 삼는 것은 이러한 사정을 잘 보여 준다. 그러한 지역 구분은 10세기 초 십국(十國) 정권의 분립에 초보적으로 나타나는데, 십국의 국경은 오늘날 성의 경계[省境]와 거의 겹친다.

대외관계

중원이든 강남이든 개발과 생산만으로 경제 활동이 성립하지는 않는다. 송 대 강남 델타의 수도작 재배가 "인류 역사상 최초의 거대한 단일 경작(monoculture)"이라고 평가받는 것처럼, 개발과 생산은 늘 소비시장의 존재를 전제로 한다(北田 1999). 남북이 대운하의 조운으로 연결되었다는 것 자체가 이를 웅변하고 있다. 거기에 상업이 발흥하는 계기도 있었다.

중원과 강남 간은 물론이고, 각 지역 내부에서도 상업은 일상적으로 이뤄졌다. 그렇지만 시대에 따라 차이와 성쇠가 있으니, 그 동향이 생산을 특징짓는다. 똑같이 권력의 주도로 상업이 활발해졌던 한 대와 당 대도 그 내용은 다르며, 마찬가지로 똑같이 강남 개발이 현저히 진전되어 상업 활성화를 촉진했던 송 대와 명 대라도 그 메커니즘은 동일하지 않다. 개발과 생산의 추이와 상업과의 관계를 파헤치고 위치 지움으로써 중국경제사의 시기를 구분할 수 있다.

지도 5 당 멸망 직후의 형세

주: 강남 각국의 영역이 대체로 오늘날 각 성(省)에 해당한다는 점에 주의하기 바란다.

그러려면 중원과 강남의 중핵 지역만 신경 써서는 안 된다. 이에 못지않게 중요한 것이 중핵의 개발과 경제발전을 좌우하는 외부세계와의 접촉과 교섭이다. 따라서 중핵지에 인접하면서 외부세계와 중핵지 사이에서 다리 역할을 한, 이른바 외곽 지역에 주목해야 한다.

중원으로 말하자면, 우선 관중분지에 연결된 감숙회랑(甘肅回廊)이 그러한 외곽 지역이다. 산악과 사막으로 교통이 곤란한 서부 지역에서 그나마 외부세계와의 통로가 되는 오아시스 지대이다. 이른바 실크로드의 출입구에 해당하여, 예로부터 최대의 무역 상대였던 "서역(西域)", 즉 중앙아시아, 서아시아 세계를 중원의 중핵 지대와 연결해 주었다.

낙양(洛陽)분지 주변에서는 북쪽에 접한 오늘날의 산서성(山西省)이 요충지였다. 또 하북(河北)평원은 황하에서 장강선까지 교통의 장애가 거의 없다. 둘 다 만리장성 이북의 "유목 국가"와 관계가 극히 밀접했다. 계절의 변화에 따라 늘 이동하면서 농경지대에서 물자를 구하는 "유목 국가"의 생활 방식 때문에(→ 테마 7 〈유목 국가의 계절 이동〉, 82쪽) 중국은 평화로울 때에는 무역으로, 그렇지 않을 때에는 약탈과 전쟁이라는 형태로 유목 국가와 관계를 맺어 왔다. 역사상 때때로 산서성이나 하북성과 같은 지방이 정치적으로 독립하여 묵직한 존재감을 보여 주었던 것은 배후에 유목지대를 끼고 있는 요충지였기 때문이다. 요(遼), 금(金), 원(元), 명(明), 청(淸)이 북경(北京)을 수도로 삼은 것도 같은 이유이다.

"남선북마(南船北馬)"라는 말이 있다. 중원은 물이 부족하고 황하는 수운에 쓸 수 없는 강이라서, 교통은 육상 운송에 의지할 수밖에 없었다. 또 화평을 하든 전쟁을 하든 간에 "유목 국가"와 관계가 깊었기 때문에, 군사적으로도 경제적으로도 말이 대단히 중요했다. 역대 왕조의 정부 역시 "마정(馬政)"이라는 군마(軍馬) 전문의 행정을 운영했을 정도였다(→ 테마 6 〈마정〉, 77쪽).

이와 대비되는 "남선"은 설명을 덧붙일 필요도 없다. 강남에서는 장강수계(長江水系)를 이용한 수운이 주류이며, 중원과 연결하는 대운하가 그 중 최대의 것이지만, 상류의 사천(四川), 중류의 호북(湖北), 호남(湖南), 강서(江西), 안휘(安徽) 어느 곳도 수운이 주력이 아닌 곳이 없다.

그러나 여기에서 잊어서는 안 될 것이 장강의 수계에서 벗어난 지역이다. 남쪽부터 꼽아 보면 주강(珠江), 민강(閩江), 전당강(錢塘江) 수역인데, 오늘날의 성으로 말하면 각각 광동, 광서, 복건(福建), 절강(浙江) 동부이다. 절강성 중에 전당강의 서쪽 지역은 역사상 "절서(浙西)"라고 불려 강남 델타에 해당하므로 빼는 편이 낫다.

이 지역들의 공통점은 모두 바다에 면해서 뛰어난 항구를 보유하고 있다는 것이다. 게다가 따로 떨어져 고립되어 있지도 않다. 강남 델타에 가까운 절강 동부는 말할 것도 없거니와, 다른 지역도 장강 유역과는 별도의 수계이면서도 분수령만 넘으면 서로 연락이 가능했다. 즉 이들 지역은 해양을 통해 해외 각국과 밀접한 관계를 맺으면서, 해외와 강남의 중핵 지역을 연결시키는 역할을 해 왔다.

예를 들어 해상무역은 시대가 내려갈수록 강남 발전과의 관계가 더욱 밀접하고 현저해졌다. 일본 역시 이러한 무역 상대국에서 빠지지 않는다. 제4장에서 상술할 명청 시대의 역사적 과정은 그 전형적 사례이다.

그렇지만 명청 시대나 강남 지역만 그랬던 것이 아니다. 오히려 예로부터 남북 두 지역 모두 개발과 경제발전에서 외부세계와 깊은 관련을 맺어 왔다고 보는 편이 자연스럽다. 경제뿐만이 아니다. 정치, 군사, 문화가 다 그러하며, 자연환경에서 볼 때도 건조기후의 중원은 초원 지역과 친화적이고, 온습한 기후의 강남은 해역(海域)과 친화적이라고 볼 수 있다.

그렇다면 중원은 남부(즉 강남 – 옮긴이)보다는 북쪽(중원의 북쪽, 즉 유목 국가들 – 옮긴이)과, 강남은 북부(즉 중원 – 옮긴이)보다는 남쪽(즉 동남아시아 및 해양 – 옮긴이)과 연계성이 더욱 강할 것이므로, 중원과 강남을 하나로 한 것이 본래 중국이라는 발상은 잘못된 선입관일지도 모른다.

중국이 정치경제적으로 내부를 통합하려는 욕구와 기운은 늘 있었지만, 어떨 때는 성공하고, 어떨 때는 좌절했던 것은 대외적 관계가 통합을 촉진하거나 또는 방해하는 힘으로 작용했기 때문이다. 이것이 중국경제사 전체를 관통하는 동향이며, 근대와 20세기에 들어서도 또 현재의 중국에게도 이것은 역시 진리(眞理)이다.

중화민국의 국가통일이 힘들었던 것도 그러한 역사적 소산이며, 모택동 시대는 대외경제에서 고립되었기에 국내를 통합할 수 있었다고 말해도 과언이 아니다. 그리고 "개혁개방"으로 각지가 외부와의 연계를 강화하면서 중국의 통합이 흔들릴 것 같자, 이제 정치사상적 통제를 강화해 갈 수밖에 없어지고 있다.

3. 장면의 구성 – 인구·취락·계층

인구의 추이

다음으로 이러한 경제공간에 사는 사람들의 동태를 살펴보자. 1950년까지의 인구 추이를 극히 단순화하여 그래프로 만들었다. 대부분은 사서의 "호적(戶籍)"에 기초한 수치나 추계이며, 왕조 정부의 이해(利害) 관계에 따라 파악한 숫자에 불과하다(⋯→ 테마 8 〈호적〉, 129쪽). 앞에서도 말했듯이 오늘날의 관점에서 사용할 만한 데이터가 아니기 때문에, 이 그래프도 객관적으로 정확한 수치를 뽑아내려고 한 것이 아니다. 전체적인 추세를 일목요연하게 보여 줄 수 있는 것으로 충분하다.

진(秦)의 통일 이래로 늘어난 인구는 기원(紀元)을 전후하여 피크를 맞았고, 그 후 전한(前漢) 말기의 전란으로 줄어들었다가, 2세기에 재차 같은 수준으로 돌아갔다. 그 인구 규모는 사료의 숫자로는 대략 6천만 명이라고 한다.

이 수치가 3세기에는 격감했다. 이른바 "삼국지(三國志)"의 시대이다. 인구가 한 대 수준으로 회복된 것은 8세기 당(唐) 현종(玄宗) 때에 와서였다. 안사(安史)의 난(亂)으로 당 대의 인구는 다시 감소세로 바뀌지만, 9세기에 5

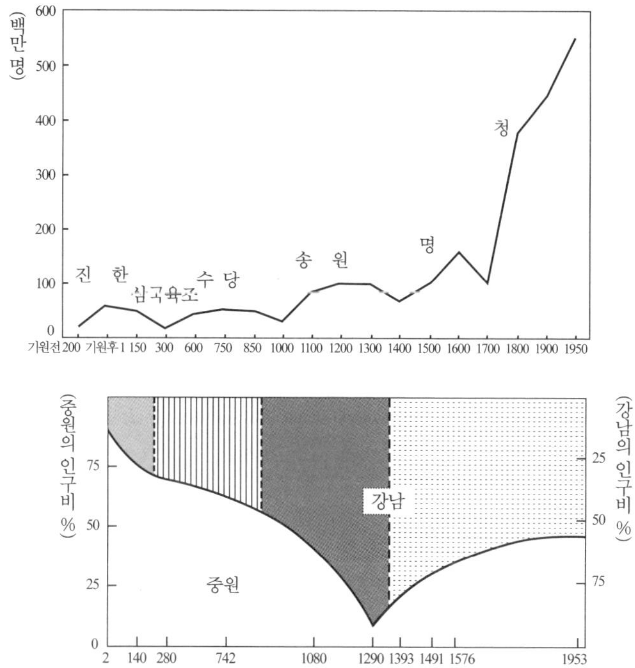

그림 1 중국의 인구 변화(상)와 인구 분포의 남북 비율(하)
출전: (위의 그래프) 姜 1993, 路 2000에서 작성. (아래의 그래프) Elvin 1973에서 작성.

천만 명이었다는 추계를 보면, 평상시에는 예전 수준을 회복했을 것이다.

당 말 오대(唐末五代)의 전란으로 줄어든 인구는, 11세기 이후 송(宋) 대가 맞이한 평화 속에서 이전 수준을 뛰어넘어 증가했다. 그 추세는 몽골 제국 시기까지 이어졌다. 규모로 보자면 당 대의 두 배에 가까워, 최대 9천만 명으로 추계된다.

그러나 또 14세기에는 격감이 찾아왔다. 원(元)이 붕괴하고 명(明)이 성립하는 시기이다. 그랬던 인구가 15세기에는 회복 기조에 들어서, 16세기에 송원(宋元) 수준을 능가했는데, 1억 6천만 명이었다는 추계치가 있다.

그래도 이 수치는 안정되지 못했다. 17세기가 되자, 다시 격감했기 때문이다. 바로 명청 교체의 시대이다. 1억 명 남짓까지 줄어든 인구는 18세기 이후 4배의 폭발적 증가를 거친 뒤, 청말 민국, 즉 19세기부터 20세기 전반에는 증가 속도가 느려졌다.

널리 알려진 대로 1950년대 이후 공산당 정권하에서 중국 인구는 폭발적으로 늘어나는데, 여기에는 종전과 다른 요소도 고려해야 하기 때문에 논의에서 제외하겠다.

이러한 장기적 인구 변동은 중국의 전통적 사관(史觀)에서 말하는 "일치일란(一治一亂)"의 현상과 겹친다. 동란 속에서 사회를 안정시킬 역량을 가진 세력과 정권이 최후의 승리를 얻어 내고 중국을 지배하여 장기간의 평화를 실현한다. 이에 인구도 늘어난다. 이윽고 내외의 모순이 축적되어 왕조 말기에는 동란이 일어나, 인구도 급격히 줄어들고 그 와중에 왕조 정권도 멸망한다. 즉 인구 증감의 움직임만 보면 왕조의 융성과 교체의 순환과 거의 똑같으므로, 확실히 기존의 중국사가 취하는 단대사적(斷代史的) 서술과 크게 다르지 않다.

그렇지만 주목해야 할 것은 인구 규모가 순환을 거침에 따라 점점 확대되어 갔다는 점이다. "일치일란"으로만 그치지 않는 사회경제사적 고찰이 필요한 여지가 여기에 있으며, 이는 이 책의 논지와도 크게 관련이 있다.

변동을 이끌어 낸 요인

인구 증가의 첫 번째 파도는 한 대에서 2세기까지, 관개와 수리를 통해 중원 개발과 경제력 발전을 이루던 시기이다. 축력(畜力)의 이용이나 농구 개량과 같은 신기술이 보급되고(⋯→ 테마 3 〈농업기술〉, 65쪽), 많은 인구를 부양할 수 있게 된 결과가 6천만 명이라는 숫자로 나타났다고 볼 수 있다.

이어서 두 번째 파도는 당 말 10세기까지이다. 3, 4세기는 세계사적으로 보아도 동란의 시대였다. 그 근본적 원인이 기후의 한랭화였다는 점은 일찍부터 지적되어 왔다. 중국경제사도 예외가 아니다. 기존의 생산방식만 가지고서는 그때까지와 같은 규모의 인구를 유지할 수 없게 되었다. 그런 와중에 400년에 걸친 통일 왕조였던 한 역시 멸망했던 것이다.

이에 사람들이 찾은 활로가 바로 강남 개발이었다. 당 대에 한 대 수준의 인구 규모를 회복할 수 있었던 것은 이 점을 빼고는 생각할 수 없다. 삼국육조(三國六朝)에 시작되어 오대십국(五代十國)에 이르는, 이른바 중국의 "분열", 남북의 병립과 이원화가 이 시대의 기조(基調)를 이루는 것도 그 때문이다. 강남의 생산력과 경제력은 그 과정에서 절대적으로도 상대적으로도 커졌고, 다음 시대를 위한 준비를 갖추게 되었다.

세 번째는 10세기에서 14세기까지로 송원 시대에 해당한다. 당에서 송으로 교체되는 10세기는 이미 학계에 널리 받아들여진 것처럼 중국사에서 최대의 사회변혁기로, 경제 역시 이때 크게 변모했다. 소위 당송변혁(唐宋變革)은 앞에서 썼듯이 강남 델타에서 수전도작(水田稻作)이 보급되어 많은 인구를 부양할 수 있게 되었기 때문만은 아니다. 이후 중국경제사 전개의 특징은 대부분 이 시기에 출현했다.

예를 들어 그 이전 왕조의 인민 지배, 재정 운영은 노동력을 직접적으로 징발하는 것을 기초로 삼고 있었다(渡邊 2010). 군사력을 조달하는 병역(兵役)은 그 전형으로, 흡사 징병제로 오인할 만한 체제였다고 할 것이다. 그러나 당 후반기에 모병제로 바뀌면서, 재정의 개념 자체가 근본적으로 변화하고, 직업 용병을 재력으로 부양하는 것으로 전환되었다. 조운을 비롯해 재정 활동이 상업을 기반으로 이뤄지게 된 것도 그 때문이다. 이러한 전환은 당 말에 시작되어 송에서 완성된다.

또 기술혁신도 대부분 이 시기에 일어났다. 농업기술이나 내륙 수운에 대해서는 반복해서 말하지 않겠다. 그 외에도 목재에서 석탄으로 연료의 전환, 에너지 소비의 증대, 이에 동반한 동(銅)과 철(鐵) 같은 금속의 대량 생산, 자기·차(茶)를 비롯한 특산품 개발 등 여러 요인이 서로 맞물려서 나라 안팎에 걸친 상업 발달을 촉진시켰다.

또한 화폐경제가 활발해졌다. 제3장에서도 언급할 텐데, 정부는 엄청난 수량의 동전을 주조했지만 전국적 통화가 되기에 충분할 정도는 아니어서, 민간에서는 은괴[銀地金] 사용이 유행했다. 이런 상황은 이윽고 지폐의 유통까지 불러와서, 몽골 제국에서는 지폐가 법정통화가 되기도 했다(···▸ 테마 23 〈동전(위진남북조~청)〉, 254쪽, 테마 27 〈지폐〉, 267쪽). 나아가 경제적 혁신과 성장은 인구 증가를 뒷받침했다.

그렇지만 이상의 추세는 세계사적인 "14세기의 위기"로 기세가 크게 꺾였다. 10세기 이래 온난화로 돌아섰던 세계 기후는 재차 냉각되기 시작하였고, 역병이 만연하였다. 유럽의 페스트 유행은 널리 알려져 있으나, 그 정도로 유명하거나 뚜렷하지는 않더라도 세계 각지에서 정도의 차는 있지만 공통된 현상이 나타났으며, 몽골 제국은 그 와중에 붕괴했다.

네 번째 파도는 뒤이은 15세기부터 19세기까지이다. 원 말 명 초에 대란이 발생하여 경제가 밑바닥까지 떨어진 지점에서, 명 왕조는 시작되었다. 이후의 특징은 해외 수요의 증대와 맞물려 강남의 산업 구조가 전환되면서 경제 재건이 진전된 점이다. 해외 수요란 바로 대항해 시대와 그 이후 유럽의 확대이다. 인구 규모가 송원 시대의 수배로 커진 것은 그러한 부력(富力)의 비약적인 증대를 잘 말해 준다. (호황의-옮긴이) 추세는 중간에 세계적 이상 기후와 기근으로 불황이 덮쳤던 17세기 중반기를 거치면서도 (19세기까지-옮긴이) 일관되게 이어졌다.

하지만 인구가 지나치게 증가하여 사회경제가 허용할 수 있는 양을 초과하면 역시 조절이 필요해진다. 중국이 19세기에 내우외환을 맞을 수밖에 없었던 이유이다. 중국경제사는 어려움 속에서 기계제 공업, 자본주의 등 근대적 산업과 기술, 경제제도를 받아들이면서 다음 시대를 준비하기 시작했다.

새로운 토지, 물산과 산업의 개발로 더 많은 부를 생산할 수 있게 되자, 그를 틈타 인구가 늘어난다. 그리고 부양할 수 있는 한계를 넘어서자 빈곤, 역병, 나아가 재해, 전란으로 사망률이 급상승하고, 결과적으로 경제, 사회의 용량에 맞는 인구 규모로 조절되었다. 이상의 인구 변동은 그러한 역사적 경과를 나타내며, 중국경제사는 끊임없이 잠재적 수용능력을 뛰어넘는 인구 증가에 직면해 왔음을 의미한다(Elvin 1973, 青木 2009). "현대화"와 "개혁개방"을 거친 지금, 그 "패턴"이 어떻게 변할지는 역사학에게도 경제학에게도 고찰할 가치가 있는 문제가 아닐까.

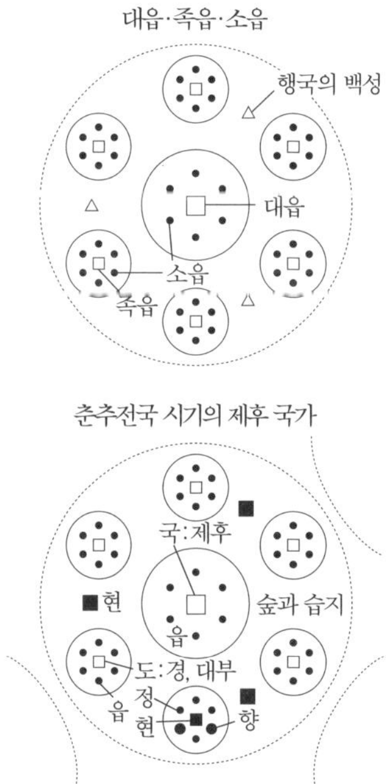

그림 2 읍(邑)과 현(縣)
출전: 斯波 2002.

도시화의 양상

그렇다면 이렇게 변동했던 인구는 어떻게 살고 있었을까? 그 모든 것을 시대별로 미시적 규모로 그려 내기는 애초에 불가능하며, 이 장(章)의 맡은 바 임무도 아니다. 그러나 전체적인 스케치라도 시간의 추이를 따라 훑어 보면, 시대의 변천을 이해하는 데 도움이 된다. 그 실마리가 촌락의 형태이다.

제1장에서 서술하겠지만, 상고(上古) 시대의 중국 사람들은 성곽을 두른 공간에 모여 사는 것이 보통이었다. 일본인은 역사적으로 이러한 취락 형태를 경험한 적이 없기 때문에, 그것이 어떤 것인지 실감하거나 이해하기 어렵다. 이러한 밀집취락과 그 주위의 토지가 "읍(邑)"이라고 불리는 고대인의 생활공간이며, 각 읍이 자립하여 "읍제국가(邑制國家)"라고 불리던 시대가 있었다. 각 "읍"은 독립성을 상실했지만, 이러한 취락 형태는 진한(秦漢) 시대 내내 존속하였다(그림 2).

그중에 중요한 것은 "현(縣)"이라는 행정 성곽도시인데, 이후의 역사 과정에도 잔존했다. 한편 "현"보다 작고 영세한 규모의 밀집취락은 3세기 초까지는 거의 소멸하고, 새로운 취락 형태가 생겨났다. 그것이 "촌(村)"이다. 일본어로 읽었을 때 글자 그대로,[4] 가옥이 드문드문 있어 주거가 산재해 있는 일본의 촌락 이미지로 보면 된다. 바로 집주(集住)에서 산거(散居)로의 변화이다.

이후 성곽을 두른 도시 기능은 거의 행정과 군사로 특화되고, 경제적 기능은 극히 일부의 구획된 "시(市)"에만 남았다. 그 전형은 당 대의 장안(長安)인데, 장안을 모델로 했던 일본의 헤이조성[平城京]이나 헤이안성[平安京]을 상기하면 이해하기 쉬울 것이다. 상업구역에 해당하는 "시"가 따로 구획되어 있었다는 점에서 당시 상업의 쇠퇴를 엿볼 수 있다. 농업을 기초로 한 자급자족적 생활이 경제의 주체가 되었고, 이 기능은 거의 촌이 담당했다. 이와 같은 변화가 인구 격감과 새로운 개발에 대응하여 이뤄졌

4 일본어에서도 촌락을 촌(村)이라 쓰고 "무라(むら)"라고 읽는다-옮긴이.

음은 말할 필요도 없다.

이렇게 3세기부터 10세기까지의 취락 형태는 크게 성곽도시와 촌락 두 축으로 나눠졌다. 이 형태는 당송 변혁기가 되면 크게 변화한다. 두 축 이외에, 예전에는 성곽 내의 한 구획 안으로 봉인되어 있던 "시"가 구획 밖으로 팽창하거나, 혹은 독립취락으로 발전한 것이다. 그때까지 없었던 성곽이 없는 상업도시가 발흥하게 되었는데, 발전 국면으로 바뀐 상업의 양상을 엿볼 수 있다.

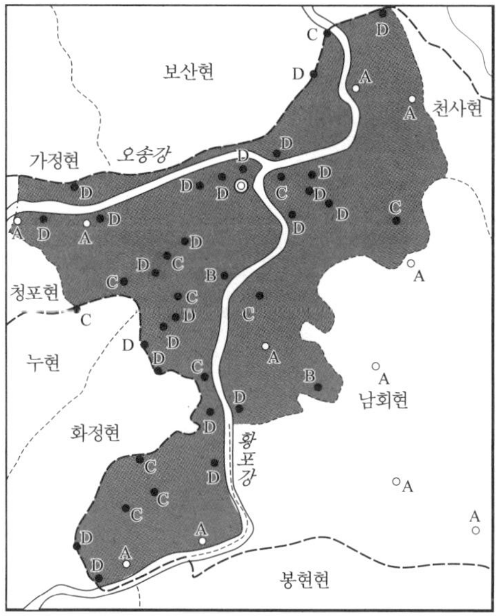

그림 3 시진(市鎭)의 증가[상해현(上海縣) 부근]
주: ◎는 상해 현성(縣城), ○A는 1470년 당시의 시진, ● 중에서 B는 1600년, C는 1750년, D는 1860년까지 증가한 시진.
출전: Elvin 1973.

이를 당시 언어로 "시(市)" 또는 "진(鎭)"이라고 불렀기 때문에, 이 책에서도 "시진(市鎭)"이라고 부르도록 하자. 중국의 취락 형태는 이때부터 행정 기능을 지닌 성곽도시, 상업 기능의 시진(市鎭), 농업 기능의 촌락 세 축으로 구성되게 되었다.

이상이 14세기까지의 전개이다. 그 후 19세기 명청 시대까지도 세 축으로 이뤄진 기본적 구성은 변하지 않았다. 그러나 15세기 이후 생겨난 변화도 있다. 바로 시진의 수적 증가이다. 11세기 초 북송 시대에는 1개 현에 2개 정도밖에 되지 않았던 시진의 숫자가 명청 시대에는 그 10배에 달했다고 하며, 1개 현당 50~60개 정도였다는 계산도 있다(斯波 2002).

이 시기는 상술한 대로 인구가 엄청나게 늘어났다. 현의 숫자가 그만큼 증가하지는 않았으므로, 늘어난 인구는 주로 농촌과 시진으로 흡수되었다. 따라서 이 시기에 진전된 도시화는 사실상 행정 기능을 가지지 않는 시진의 증식이었다(그림 3). 중국경제사의 독자적인 전개이며, 일본에서는 일어나지 않았던 현상이다. 이런 차이가 일본과 중국의 상이한 역사적 전개에 영향을 미쳤다(岡本 2011).

이상은 인구 변동에서 나타난 시대적 단계, 전환과 유사한 동향을 보여 준다. 사람들의 거주생활이 산업의 발전과 교체, 즉 사회·경제의 변용과 밀접히 연관되어 동조(同調)했던 것이다.

사회구성과 "사(士)", "서(庶)"의 개념

사람이 모여들면 사회가 생겨난다. 거기에서 사람들은 어떤 관계를 맺고, 어떻게 역할을 분담할까. 앞에서 서술한 것처럼, 그러한 사회구성을 파악하는 것이 경제를 고찰하는 전제가 된다.

중국에서는 기원전 주(周)의 시대에 봉건제가 행해졌다고 한다. 신분제 시대였다는 말인데, 신분제는 끝까지 계속되지는 않았고 늦어도 한 대에 이르러서는 사라졌다. 일단 소멸한 세습적 신분제가 이후 중국에서 부활하는 일은 없었다.

하지만 사회적 신분이란 사회적 분업의 한 측면이기 때문에, 시대에 따라 정도의 차는 있어도 엄연히 존재하기 마련이다. 중국사에서는 그런 구별을 "사", "서"라는 개념으로 하였다. 역사상 거의 대부분의 시기 동안 중국 사회는 "사"와 "서"로 이뤄지는 이중 구조였으며, 오늘날에도 겉모습만 바꾸어 그대로 남아 있다고 해도 과언이 아니다.

"사", "서"란 각각 사회 지도층과 피지배자층, 엘리트와 비엘리트의 의미를 담은 문자이다. 같은 한자를 사용하는 일본에서는 이 문자를 (일본에도 시대 신분의 기준인 - 옮긴이) "사농공상(士農工商)"에서 유추하여 생각하기 쉬운데, 그래서는 착오를 범하기 쉽다. "사"란 결코 사무라이[武士]가 아니며, 세습의 신분도 아니고 직업도 아니다. "서"도 마찬가지다. "농공상(農工商)"과 동일하게 연결 지을 수 있는 개념이 아니다.

"사", "서"라는 글자 자체는 중국 역사를 통틀어 거의 변하지 않았다. 그렇지만 각 글자가 내포하는 실질과 상호 관계를 역사적으로 더듬어 가다 보면 역시 변화가 있다.

양자 간의 거리가 근접했던 시기는 전국에서 전한에 걸치는 시대로, 일찍이 "평평한(flat)" 사회관계로 표현되었다. 그렇게 가까웠던 거리는 시대가 내려감에 따라 벌어지기 시작하여 3세기에 들어서 삼국육조 시대가 되자, 귀족제라고 불리는 사회가 형성되었다(···› 테마 15 〈호족과 귀족〉, 185쪽). "사"는 집안이 좋은 문벌, "서"는 그렇지 않은 사람들을 의미하여, 양자 사이에는 빈부와 귀천에서 하늘과 땅 같은 현격한 차이가 생겨났다. 이런 추이를 『송서(宋書)』 은행전(恩倖傳)의 서(序)에서는,

> 한 대 이전은 현자(賢者)라서 우자(愚者)를 부릴 수 있었다. 삼국육조 시대에는 귀인(貴人)이 천민(賤民)을 부린다. 귀천은 사(士)와 서(庶)로 나뉘어, 뚜렷하고 명백하게 구별된다.

라고 표현하고 있다. 더욱이 관계의 실체뿐 아니라, 관념상으로도 뿌리 깊은 차별의식이 생겨났다. 사족은 서민을 "비류(非類)"라고 깔보고, 가까이 오는 것조차 꺼렸다.

"사"와 "서"의 계층구분과 차별의식은 이후 거의 영속화하여, 그 낱말[名辭]도 20세기까지 소멸하지 않았다. 그러나 위에서 말한 귀족제가 일관되게 "사"의 실질이었던 것은 아니다. "사"와 "서"를 문벌로 판별하는 관례나 통념은 당 대쯤에 크게 동요하여 송 대에 이르면 완전히 전환된다(宮崎 1997). 사회적 지위는 개인의 재주와 능력에 따라 결정되는 것이 당연시되었다. 그 전형이 관리등용 시험인 과거이다. 원칙적으로 누구라도 과거에 합격하면, 고귀한 "사"로서 대우받고, 요역과 과세를 면제받는 특권계급이 될 수 있었다.

이후 이러한 특권계층은 사대부, 신사 혹은 독서인이라고 불린다. "독서(讀書)"란 육체노동에 종사하지 않고, 경서와 사서를 읽으며 문장을 쓰고, 사회의 사표가 되어 통치에 참여·공헌할 수 있다는 의미로, 오늘날 중국어에서는 공부를 "독서"라고 한다. 일본어의 "독서", "독서인"과 겹치는 면은 있지만, 결코 똑같은 개념은 아니다.[5]

"사(士)", "서(庶)"의 향방

과거제도와 "사", "서"의 관념은 엘리트인 특권계층과 비엘리트인 피착취계층으로 구성된, 현격한 격차가 있는 이원적 중층 사회(重層社會)를 만들어 냈다. 그런데 이원적 사회이기 때문에, 상층과 하층을 중개하는 사람들이 자주 중요한 역할을 하며 상당한 세력도 보유했다. 정치에서는 관료와 인민 사이에 존재한 "서리(胥吏)"가 유명하다. 경제에서도 지주와 소작농 사이에는 "소조주(小租主)", 자본가와 경영자 사이에는 "과계(夥計)"

5 한국어와 일본어에서 "독서"는 "책을 읽다"라는 의미이고, study는 한국어로는 "공부(工夫)하다", 일본어로는 "勉强する"이다. 중국어에서는 study라는 동사가 "讀書"이며, 工夫는 "시간, 여가", 勉强은 "억지로, 겨우"라는 뜻이다. "책을 보다"는 "看書"이다. 일본어에서 工夫는 "고안, 궁리"라는 뜻이다–옮긴이.

가 있었는데, 이들은 엄밀히 말하면 "사"에도 "서"에도 속하지 않는다. 이들의 존재는 중국사의 독특한 점으로, 이들을 놓쳐서는 경제뿐 아니라 중국 역사 전체를 이해할 수 없게 된다.

중층 사회의 골격은 15세기 이후에도 기본적으로 다르지 않다. 그래도 전혀 변하지 않은 것은 아니다. 명청 시대는 상술했듯이 인구와 시진이 모두 엄청나게 늘어난 반면, 정치기구·관료제도는 양적으로도 질적으로도 큰 변화가 없었다. 그만큼 정부의 직접 지배가 구석구석까지 미치기 어렵게 되었다. 그 틈을 메운 것이 "향신(郷紳)"이라는 존재였다. 향신은 사대부, 신사(紳士)이면서, 관직에 나아가지는 않고 향리에 머물러 있는, 지역 사회의 지도층이다. 그들의 활동과 세력이 현저해진 것이 송원 시대와는 다른, 명청 시대의 특징이라고 할 수 있다. 이 현상은 시진의 증가와 밀접한 관계가 있다. 향신들이 바로 그 주도자였기 때문이다.

그들은 왕조 정권이 실시하는 과거에서 특권과 지위를 획득했기 때문에, 일단은 국가 권력을 지지했다. 그렇지만 지역 사회에 뿌리내린 존재이므로 지역의 이해가 첫 번째였고, 그것과 배치된다면 관청 및 정부에 등을 돌리는 것도 불사했다. 그들은 대다수 "서"의 사람들에게 가장 근접한 "사"였으며, (국가가) 그들을 장악하고 동원하기는 쉽지 않았다. 정권 입장에서 보자면, 이들의 지지를 얻으면 지역 사회를 통치하기 쉽지만, 지지를 잃으면 금방 사회와 유리되어 버리는 것이다. 그야말로 양날의 칼과 같은 존재였다. 왕조 말기에는 후자의 현상이 현저해진다. 17세기 명 말, 20세기 청 말 모두 그러했다. 여기에 대외관계가 깊숙이 관여한다는 점 역시 두 시대에 공통적이다.

우리는 보통 nation을 국가(國家), 국민(國民)이라고 번역하는데, 서양의 근대국가에는 나라[國]와 백성[民]이 일체(一體)라는 이념과 구조가 갖춰져 있었기 때문이다. 경제도 예외가 아니다. 반면, 왕조 시대의 중국에서는 나라[國]와 백성[民]은 일체가 아니며, 괴리(乖離)되어 있었다. 통치를 담당하는 "사"와 백성의 대다수를 차지하는 "서"를 가로막는 단층이, 나아가 국가와 사회 사이의 괴리가 극히 컸기 때문이다. 19세기 말에 서양 각국을 직접 가서 본 중국의 지식인들이 가장 놀란 것도, 나라와 백성이 일체화된 "상하일심(上下一心)", "관민일체(官民一體)"의 구조였으며, 그 바탕 위에 성립한 국민국가였다.

중국의 혁명이란 바로 그런 국민국가를 창출하려는 시도이다. 중국인[華人]은 "흩어진 모래[散沙]"라고 했던 손문(孫文)은 서구와 같은 내셔널리즘이 중국에는 없음을 한탄하며, "중국(中國), 중국인(中國人)"이란 nation의 창출을 평생토록 염원했다. 그러기 위해서는 "사"와 "서"의 이중 구조를 해소하지 않으면 안 되었다. 그것을 가장 강력하게 추진한 인물이 바로 모택동(毛澤東)이다. 농업 정책에서 보자면 토지개혁과 집단화가 이에 해당할 것이다(⋯▸ 테마 50 〈토지개혁〉, 423쪽).

20세기 혁명을 거친 중국에서는 확실히 "사", "서"의 개념과 구별이 사라졌다. 그러나 엘리트와 비엘리트의 괴리와 단층, 전자가 후자를 일방적으로 부리고 착취하는 구조는 확고하게 남아 있는 듯하다. "개혁개방"의 진전과 급속한 경제성장은 그런 잔재를 갈수록 분명히 드러내고 있다. 최근 문제가 된, 타지로 일하러 간 "농민공(農民工)"이나 국영기업 우대의 "국진민퇴(國進民退)"도 단순히 격차 확대라는 오늘날의 요인 때문만은 아니다. "사"와 "서"의 이중 구조, 중층 사회라는 역사 과정에 그 근원을 두고 있다고 보는 편이 설득력 있지 않을까?

시대 구분

지금까지 살펴본 역사적 추이를 종합하여 정리해 보자. 우선 지리적으로 말하자면, 중국경제의 중심은 북쪽의 중원에서 남쪽의 강남으로, 즉 건조지대에서 습윤지대로 이동했다. 이를 수직적으로 보면, 물은 높은 곳에서 낮은 곳으로 흐르므로 고지대에서 저지대로, 즉 내륙에서 연해로, 서쪽에서 동쪽으로 이동했다는 말과 같다.[6] 그것은 또한 장안(長安)→낙양(洛陽)→개봉(開封)→북경(北京)이라는 역대 수도의 변천과도 딱 부합한다.

다음으로 사람들의 집결 형태 면에서 보자면, (1) 성곽도시에만 집주하던 형태에, (2) 촌락에서 흩어져 사는 형태가 더해져 두 가지 축이 병존하다가, 이윽고 (3) 성곽이 없는 시진(市鎭)이 새로운 집결 형태로 추가되었다. 이러한 단계적 변화는 인구 동향과도 거의 일치한다.

더욱 상세하게 시기를 구획해서 설명해 보자. (1)의 시기는 사람들이 한 곳에 모여 살았기 때문에 정치와 경제는 같은 곳에서 이뤄져 거의 일원화된다. 두 가지를 구체적으로 매개하고 통합한 것이 군사인데, 군사를 독점함으로써 통일 정권이 만들어졌다. 진한(秦漢)의 고대 제국이 그것이다.

정치도 경제도 중원이 일원적으로 주도하였으며, 중심은 서쪽 내륙에 있었다. 황하 유역에 관개·수리를 실시하여 생산력을 높이고 인구를 늘리고 정권을 강화해 간 것이 중국경제사의 제1기에 해당하는 3세기 즈음까지의 과정이다. 그 절정은 전한 무제(武帝) 시기라고 할까.

다음 단계로의 진입은 3세기에서 4세기에 걸쳐 이루어졌다. 기후 변동과 전란으로 경제가 위축되고 인구 역시 격감하는 상황에서, 사회는 (2)와 같이 도시와 촌락의 이원적 구성을 이루게 되었고, 도시가 정치를, 촌

6 중국은 서쪽 내륙 지역이 높고 동쪽 연해 지역으로 갈수록 평지로 낮아지는 지형이다-옮긴이.

락이 경제를 분담하였다. 촌락의 주도로 생산이 회복되고 재개발이 진전되었지만, 재건이 중국 전역에서 똑같이 종합적으로 이루어진 것은 아니었다. 극히 분산적이고 고르지 못했으니, (중원의 재건이 느렸던 것에 비해－옮긴이) 본격화한 강남 개발과 발전은 그 전형적 사례이다. 수와 당이 통일을 하기는 했지만, 남북 분립을 기조로 하는 역사 과정은 계속되었다.

도시와 촌락의 분리는 소비와 생산의 분리이기도 하다. 양자를 서로 연결하고 북돋았던 것은 운수이자 유통인 상업이다. 생산과 소비가 회복·증진되고 다양화되면, 상업의 발흥이 시작된다. (3)의 단계, 이른바 당송변혁(唐宋變革)으로 등장한 시진(市鎭)은 바로 상업도시였다. 시진은 각지의 소비와 생산을 연결시켰다.

일찍이 일원화되어 있었던 정치와 경제는 이제 분리·분업의 경향이 강해졌다. 가장 큰 변화가 군사였으니, 인민에게 병역을 부담시키던 것에서 모병제로 바뀐 것은 사회의 분업화를 전형적으로 보여 준다. 군대를 유지하기 위해 재정도 상업적으로 운영할 수밖에 없게 되었다.

이에 따라 남북의 분립(分立)은 남북의 분업(分業)으로 전환되었다. 중원은 정치와 군사, 강남은 경제를 각각 맡아, 그 양자를 연결하는 조운(漕運)이 사활이 걸린 중요성을 띠게 되었다. 강남의 물산을 중원에 가져와 정치와 군사를 운영하여 권력을 생산하고, 그 권력으로 얻은 재화를 강남에 환원시켜 재차 물산을 얻는다라는 순환이 성립하였고, 이 순환을 중심으로 남북일체의 중국경제사가 전개되었다.

10세기 이후에 확립된 이 틀은 기본적으로는 19세기 말까지 변하지 않았다. 하지만 그 사이에 14세기를 분수령으로 전환이 발생했다. 인구 규모와 시진의 숫자는 그 전과 후가 완전히 다를 정도로, 양적으로 비약적인 확대가 나타났다. 그 주요한 요인은 강남의 부력 증진이었다. 구체적으로 말하면, 산업 재편과 미개척지의 개발, 이에 동반한 지역 간 분업의 심화 및 유통의 활성화가 가져온 현상이었다.

강남이 더욱더 부유해지면서, 결국 문화 중심까지 강남으로 옮겨 갔다. 학문·예술 분야에서 강남은 압도적 우위에 섰다(中砂 2002). 문화를 주도했던 강남의 힘은 이윽고 서양 열강과의 관계 심화를 통해 정치로 전화(轉化)하였고, 강남은 마침내 중국 혁명의 담당자가 된다. 정치·경제의 서양화를 지향하는 그 혁명은 또한 중국경제에 커다란 영향을 미쳤다.

중국경제사의 자리매김 - 이 책의 구성

이렇게 약 2,500년에 이르는 중국경제사의 시대를 크게 몇 단계로 구분하면, 다음과 같이 될 것이다. 그 구분이 그대로 이 책의 장별 편성을 이룬다.

제1기는 중국에 문명이 처음 시작된 후부터 한 왕조라는 고대 제국이 생겨났다가 다시 해체되어 가는 3세기까지의 시기이다. 작은 성곽 촌락에서 시작한 정치권력이 강대해지면서, 중국 전역의 군사를 장악하고, 중원에 탄생한 경제를 중국 각지로 확대시켜, 농업생산과 상업유통을 발전시켜 간 과정이다. 그러나 이 확대 과정은 2세기에는 확실히 정체되면서, 다음 시대를 예고하였다.

제2기는 그때부터 10세기까지이다. 3세기 세계적인 한랭화로 중국에서도 생산력이 저하되고 인구가 격감하면서, 구래의 경제 구조를 바꾸지 않을 수 없게 되었다. 의무노동제가 강화되고 강남 개발로 경제회복을 꾀했지만, 한편으로는 남북의 분립과 군사력의 할거를 가져왔다. 하지만 권력 재편이 반복되고 강남의 생산력이 더욱 증진되면서 현물경제로부터의 탈피와 남북 결합이 점차 촉진되었고, 마침내 당송변혁이라는 전환을 맞이하게 되었다.

제3기는 10세기부터 14세기까지이다. 강남 개발이 더욱 진전되고, 그 경제적 비중이 결정적으로 높아졌다. 또 이 시대에는 대단한 기술혁신이 연이어 나타났다. 군사 주도의 재정경제에서 출발했지만 분업화가 심화되면서 상업 사회의 모습을 농후하게 띠게 되었다. 몽골 제국의 성립으로 이러한 추세는 절정을 맞게 되었다. 그러나 얼마 지나지 않아 14세기에 전 지구적 규모의 한랭화가 찾아오면서, 그 상업 사회는 위기에 처하게 되었고, 재편되게 된다.

제4기는 15세기부터 19세기까지로, 왕조명으로 말하면 명청(明清) 시대이다. 대항해 시대에 시작된 서양 근대의 세계경제 형성과 서로 영향을 주고받으면서 중국의 독자적인 경제 구조가 만들어졌고 그다음 시대를 위한 전제조건이 창출되었다. 방대한 인구와 풍요로운 생산, 해외무역에의 의존, 정치와 경제·권력과 사회의 괴리와 같은 중국 세계의 특징은 결정적으로 이 시대에 만들어졌다. 우리들은 이런 특징을 가진 구조나 조건을 왕왕 "전통"이라고 부른다.

그리고 마지막은 20세기와 현대, 즉 청 말, 중화민국, 중화인민공화국으로 이어지는 "혁명"의 시대이다. 그 "혁명"이란 서양화, 국민경제로의 지향을 의미한다. 청조 말기의 "변법(變法)"이나 "신정(新政)", 국민정부의 "경제건설", 마오쩌둥 시대의 "계획경제", 그리고 지금도 진행 중인 "개혁개방"은 모두 다 서구화를 통해 "전통" 경제의 구조와 질곡에서 벗어나 이를 극복하려는 시행착오의 과정에 다름 아니다.

이러한 시대 구분은 실로 세계사의 동향과 밀접하게 연관되어 있다. 3세기에 현저하게 나타난 중국경제의 하강은 서양에서는 게르만 민족의

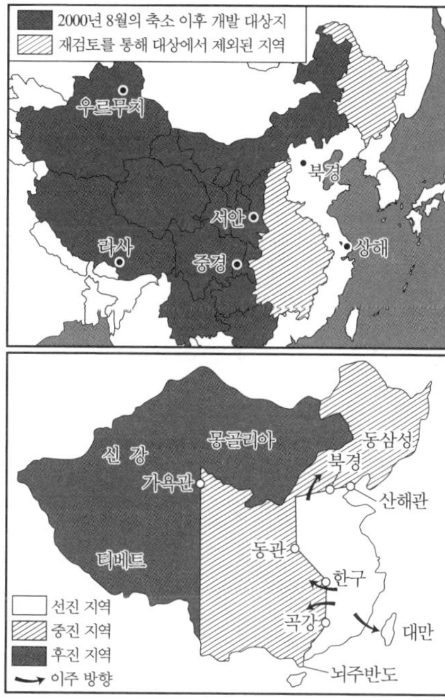

지도 6 "서부대개발"과 청 대의 중국
출전: (위의 지도) 池田ほか 2009에서 작성. (아래의 지도) Wang 1973에서 작성.

대이동, 로마 제국의 해체와 시기를 같이하고 있다. 기후의 한랭화에 따른 흉작과 불황, 이에 대응하여 중앙 유라시아에서 일어난 민족 이동은 동양과 서양의 변화를 초래한 공통 요인이었다.

10세기와 11세기의 기술 혁신을 통한 중국경제의 상승 또한 농업혁명을 이루고 십자군을 일으킨 중세 유럽의 강성과 동시대에 나란히 발생한 현상이었다. 온난하게 바뀐 기후 변동이 이 두 현상에 큰 영향을 주었던 것이다. 이 시대에 초원 지대의 "유목 국가"가 강력해지면서, 이윽고 몽골 제국이 유라시아 대정복을 이룬 것도 궁극적으로는 같은 이유에서일 것이다.

이 기후의 온난화와 경제 상승의 선순환은 14세기에 끊어졌다. 전 지구적 규모의 한랭화는 세계 각지에 커다란 피해를 초래했다. 페스트가 만연한 유럽, 대란이 일어난 동아시아도 물론 예외가 아니었다. 그렇지만 가장 심각한 사태에 빠진 것은 아마도 중앙 유라시아의 초원지대였을 것이다. 그때까지 세계 상업의 간선을 이루면서 중추적 역할을 담당해 온 중앙 유라시아는 이 타격에서 끝내 재기하지 못했고, 예전과 같은 번영을 되찾을 수 없었다.

이들을 대체하여 부상한 것이 유럽의 해양세력이다. 대항해 시대, 환(環)대서양 혁명을 통해, 글로벌한 세계경제에 시동을 건 서구 국가들은 드디어 동아시아에도 커다란 영향을 주었다. 중국경제가 명청 시대에 과거 전성기의 수준을 회복했을 뿐 아니라 나아가 비약적인 양적 성장을 이룬 것도 바다와 연결된 덕택이었다. 그것은 또 '북쪽에서 남쪽으로, 서쪽에서 동쪽으로, 내륙에서 연해로'라고 하는 중심지 이동(shift)의 최종적 국면이기도 했다.

유럽의 발흥은 산업혁명으로 더욱 가속화되었다. 19세기 말 유럽 문명과 직면하게 된 중국경제의 대응은 어디까지나 과거의 경험과 구조를 토대로 한 것이었다. 20세기 이후에 나오는 새로운 경제이론과 경제 정책이란 것도 상당 부분은, 100년 단위로 거슬러 올라가면 그때 이미 제기되었던 역사적 과제를 두고 나온 대책과 다르지 않다.

예를 들어 〈지도 6〉에 나타난 2000년의 "서부대개발(西部大開發)"은 "개혁개방"에 따른 격차 확대를 시정할 목적이라고 설명되는 것이 보통이다. 그러나 사실은 경제중심의 이동에 따라 생겨난 동서의 격차 확대란, 아무리 늦잡아도 19세기 때부터 제기되어 온 과제였으며, 국민국가의 형성을 꾀했던 국민정부 시대부터 기획된 사업이었다(吉澤, 2005). 게다가 이를 둘러싼 문제는 오늘날에도 여전히 심각하며, 거의 해결되지 못하고 있다.

이처럼 중국경제에는 역사의 각인이 깊다. 게다가 역사가 긴 만큼, 거꾸로 알기도 어렵다. 중국경제를 이해하기 위해서는 실제로 역사의 경과를 더듬어 가 볼 수밖에 없다. 이하 각 장의 서술이 보잘것없지만 그 단서가 될 수 있을 것이다.

테마 1 / 황토(黃土)

무라마츠 고이치(村松弘一)

황토란 중국 북방의 내륙 지역에서 연해 지역까지 펼쳐진 황토 지대를 형성하는 미립자의 "황색 흙"이다. 이 황색 흙은 타클라마칸 사막에서 날아온 모래가 200만 년 이상 태행산맥(太行山脈)과 진령산맥(秦嶺山脈)에 막혀서 퇴적·형성된 것이다. 황토가 퇴적된 곳을 황토 지대, 특히 깊게 퇴적된 토지를 황토 고원이라고 부른다. 그곳은 이른 봄에 일본으로 날아오는 황사의 발생원 중 하나이다. 황토 고원 중앙에 황하가 흐르고, 그 하류 지역에는 황토가 퇴적된 충적평야가 형성되어 있다. 장안(長安), 낙양(洛陽), 주원(周原), 정주(鄭州), 은허[殷墟=안양(安陽)] 등의 고도(古都)는 모두 황토 지대에 위치하므로, 황토와 황하가 중국 고대문명을 낳았다는 말도 과언이 아니다.

20세기 초, 리히트호펜(Ferdinand von Richthofen)을 비롯한 서양인들은 황토가 물만 있어도 풍부한 농업생산을 약속하는 "비옥한 흙", 자체적으로 비옥도를 유지하는 힘[自己培養力]을 가진, 세계적으로 희귀한 흙이라는 환상을 퍼트렸다. 현대 토양학에서 "황토"라는 토양은 존재하지 않는다. 우리가 "황토"라고 부르는 황색의 흙은 황면토(黃綿土), 황조토(黃潮土), 누토(塿土) 등으로 분류된다. 황면토(황색의 황토질 토양)는 입자가 곱고 끈적임이 없어 바슬바슬 흩어지는 흙으로, 황토 고원 서북부에 분포한다. 이 지역은 고비사막이나 무스(Mu us, 毛烏素)사막에 접한 지역으로 사막화의 최전선이다. 연간 강수량이 400밀리미터인 이 지역에서는 많은 사람들이 "야오동[요동(窰洞)]"이라고 부르는 횡혈식(橫穴式) 주거에 살면서 농경과 목축을 생업으로 삼고 있다. 2,000년 전 이 땅에는 숲과 초원이 펼쳐져 있었을 것으로 추정된다. 진한 왕조는 북방 유목민인 흉노(匈奴)와 황토 고원을 두고 다투었는데, 방어를 위해 만리장성을 쌓고 황토 고원을 통과해 최전방과 수도를 남북으로 잇는 간선도로인 직도(直道)를 건설하였다. 이런 대규모 토목공사는 황토를 쌓고 그 양쪽에 나무틀을 만든 뒤 사람이 위에서 세게 쳐서 흙을 눌러 굳히는 "판축(版築)"이라는 공법으로 이뤄졌다. 이 공법은 건조가 되면 벽돌처럼 딱딱하게 되는 황토의 특성을 이용하여, 황토를 건설재료로 활용한 것이다. 후한 시대에 와 흉노의 힘이 약화되자 무정하(無定河) 유역에 한인(漢人)들이 이주하면서, 소와 쟁기를 경작에 이용한[牛犁耕] 농지 개발이 진척되었다. 그 광경은 당시 묘의 화상석(畵像石)에 남아 있다. 그 후 오호십육국(五胡十六國) 시대나 북조(北朝) 시대에는 유목민이 남하하여 황토 고원을 지배하였으나, 명청 시대에 이르면 인구증가로 많은 농경민이 변경의 최전선 기지인 황토 고원으로 이주했다. 이들에 의한 급속한 농지화 때문에 숲과 초원이 사라지고, 황면토의 대지가 형성되었던 것이다. 근년 사막화에 대처하기 위해 "퇴경환림(退耕還林, 농경을 물리고 땅을 숲으로 되돌리는 것－옮긴이)", "봉산육림(封山育林, 산을 봉쇄하여 사람이 출입하지 못하게 해 숲을 키우는 것－옮긴이)" 등의 정책을 펴고 있는데, 땅을 넓게 쓰면서 과도하게 농지를 개발하거나 지나치게 많은 가축을 방목하는 것 같은 자연에 대한 인간의 과도한 개입이 없다면, 황토 고원에서 풀밭[草地]과 숲의 재생은 가능하다.

황조토(습윤한 초지의 황색 흙)는 황하가 운반한 황토가 퇴적된 토양으로, 황하 하류 유역에 분포한다. 황토고원에서 흘러나온 황토는 황하를 따라 흘러, 경사가 완만한 하류 유역의 강바닥에 퇴적된다. 그 때문에 황하는 강바닥이 제방 밖의 토지보다 도리어 높은 천정천(天井川)이 되어, 때때로 범람했다. 한(漢) 무제(武帝) 시대에는 호자(瓠子)라는 곳에서 황하가 대규모로 범람하였는데, 무제는 이에 제대로 대처하지 않고 20년 이상 방치했다. 그 결과 재해가 발생한 황하 하류 지역의 대상인(大商人)·호족(豪族) 세력이 약화되어, 무제의 중앙집권 체제 확립에 기여하였다. 이렇게 황하는 중국 고대 제국의 지배에 큰 영향을 주었다. 그 후 후한 시대부터 당 대에 이르기까지 1,000년간은 황하의 범람이 적었고 흐름이 안정되었다. 이 시기에는 유목민이 황토 고원을 지배했기 때문에 농경민의 삼림 벌채가 중단되어 황토 침식이 억제될 수 있었고, 황하 하류 지역에서는 토사의 퇴적이 감소하여 천정천화가 진행되지 않았던 덕택이다. 이처럼 황토 고원을 어떻게 경영하느냐는 황하 하류 지역의 환경에 커다란 영향을 주었다. 20세기 말에도 황하 상류에서 농업과 공업용수의 과도한 이용과 황토 고원의 사막화로 인해 황하가 하구(河口)까지 흘러가지 못하는 "단류(斷流)" 현상이 발생했는데, 이는 오늘날에도 황토 고원과 황하를 일체화하여 관리하는 것이 필요함을 시사한다.

누토[시비(施肥)를 한 황토질의 토양]는 황면토를 2,000년 이상 농지로 이용하면서 계속해서 시비(施肥)한 결과 인공적으로 형성된 토양으로, 황토고원 남부의 관중평원(關中平原)과 분하(汾河) 유역에 분포한다. 이 흙이 물만 있으면 작물이 잘 자란다며, 세계적으로 희귀한 흙이라고 불렸던 황토이다. 토양에 포함된 점토광물이 작물의 양분이 되는 양이온을 집적하고 또 물을 잘 모아 두는 단립(團粒) 구조 상태를 조성하여 토양 자체가 양분과 수분을 확보할 수 있어, 물만 있으면 농작물을 키울 수 있는 토양이라고 이해했었다. 그러나 그렇게 되려면 지속적인 양분의 보급, 즉 인간의 시비(施肥)가 반드시 전제되어야 했다. 즉 누토가 분포하는 지역은 오늘날까지도 농경이 이뤄지고 있는 토지인 것이다. 관중평원에서는 시황제 때에 정국거(鄭國渠)가 건설된 이래, 한 대의 백거(白渠), 당 대의 정백거(鄭白渠), 청 대의 용동거(龍洞渠), 현재의 경혜거(涇惠渠)에 이르기까지, 위수(渭水)의 지류인 경수(涇水)의 물을 관개용수로 이용하는 "인경관개(引涇灌漑, 경수를 끌어 물을 댐)" 방식이 2,000년간이나 지속되었다. 이런 방식을 통해 누토가 만들어졌던 것이다. 경수의 물에는 황토가 많이 포함되어 있어, 그 진흙으로 지표의 염분을 씻어 내는 효과도 있었다. "인경관개"는 결과적으로 염해(鹽害)를 방지하는 기능도 가지고 있었던 것이다. 근래 관중평원에서는 화학비료의 이용이 늘고 있어, 장래에는 누토가 사라질지도 모른다는 염려가 나오고 있다. 이는 사막화, 단류(斷流)와 함께 황토를 둘러싼 새로운 문제가 될 것이다.

[참고문헌] 上田 1999, 原 2005, 深尾·安富編 2010, 村松 2013.

테마 2 / **수리(水利)·치수(治水)**

이구로 시노부(井黑忍)

수리란 중력에 의해 높은 곳에서 낮은 곳으로 흐르는 물을 인위적으로 통제하는 것으로, 생명을 유지하고 경제 활동을 하는 데 필요한 적정량의 물을 확보하려는 행위이다. 그 내용은 급수, 배수, 치수, 저수, 항운(…→ 테마 4

〈조운〉, 70쪽), 발전 등으로 나뉘는데, 이를 서로 조합하여 다목적 사업으로 실시하는 경우가 많다. 중국은 지세가 "서쪽이 높고 동쪽이 낮으며[西高東低]" 동남연해부에서 계절풍이 불어 들어와 지역 간에 강수량의 차가 매우 크다. 시기적·지역적 편차야말로 중국 수자원의 특징이기 때문에, 인간 활동으로 자연환경을 바꾸어 수자원의 과부족을 어떻게 조정해서 배분할지가 문제 해결의 열쇠이다.

중국 역사에서 수리의 의의를 거시적으로 파악하고, 그것이 정치·경제에 끼치는 중요성을 지적한 사람은 비트포겔(K. A. Wittfogel)과 기조정(冀朝鼎)이다. 비트포겔의 "수력 이론"은 대규모의 치수 관개사업에 노동력을 대량으로 동원할 수 있어야 했기 때문에 중앙집권적인 전제국가가 성립했다는 주장이다(Wittfogel 1991). 이 주장에 대해서는, 수단과 원인을 혼동한 논리적 모순이라는 지적과, 논리 전개가 중국 사회 정체론이 되기 쉽다는 비판의 목소리가 강하다(濱川 2009). 한편, 기조정의 주장에서는 경제적 핵심 지역이 황하 유역에서 회하(淮河) 유역 및 장강(長江) 이북으로, 다시 강남 델타로 이동한 것을 하천 관개, 저수지 관개, 크리크(creek) 관개 등 상이한 형태의 관개기술을 각각 대응시켜 설명한 점이 독특하다(冀 1941). 이하에서는 위에서 언급한 세 지역에 관하여 각각 대표적 시설을 사례로 그 관개의 유형에 대해 서술하겠다.

강수량이 적고 건조한 황하 유역에서는 제방[堰]을 설치해 수량을 조절하는 하천 관개가 일반적이다. 전국 시대 관중에서는 정국(鄭國)[7]이 경수(涇水)에 수로를 건설함으로써, 관개용수와 풍부한 양분을 포함한 진흙이 농경지에 공급되었다. 진(秦)은 이 방식으로 염분이 다수 포함된 토양을 개량하고 생산량을 비약적으로 증대시켜 전국 통일을 이룰 수 있었다. 이후 역대 왕조는 수로의 유지와 정비를 지속하였고, 민국 시기에는 미국인 기술자 토드(O. Todd)와 이의지(李儀祉)가 개폐 기능이 있는 철제 수문을 갖춘 경혜거(涇惠渠)를 개착하였다(川井 1995). 그러나 관개용수의 과도한 공급

7 전국 시대 수리 전문가로, 진의 3대 수리시설 중 하나인 정국거를 건설했다-옮긴이.

과 배수 불량으로 인한 재생(再生) 알칼리화 문제[8]는 20세기 초까지도 여전히 해결되지 못했다.

1950, 1960년대 대약진 정책을 견인한 것 역시 관개수리 공사였다. 중국 정부는 방대한 노동력을 투입하여 대규모의 수로를 뚫었지만, 정비 불량과 물 과잉 공급으로 염분이 집적되는 현상이 발생하여 토지가 황폐해졌다. 이러한 염분 집적의 위험성은 대규모 관개사업에 쉽게 동조하던 당시의 분위기에 제동을 걸었다. 또 실제로 황하와 같은 초대형 하천에서 직접 물을 끌어서 관개를 하는 지역은 상당히 한정되어 있었다. 문헌사료에는 잘 드러나지 않지만, 화북(華北)에서 천수(天水) 농업[9]이 확대되었던 사실의 중요성을 늘 염두에 두어야 한다. 또 관개지 대부분이 중·소규모의 하천이나 호수, 저수지, 샘, 우물을 수원(水源)으로 삼고, 여기에 천수(天水)를 함께 활용함으로써 농경에 필요한 물을 확보해 왔음을 간과해서는 안 된다.

평야와 소택지(沼澤地)가 줄지어 있는 회하(淮河) 유역 및 장강 이북에서는 전한 무제 때부터 저수를 하거나 물고기를 키울 목적으로 저수지를 활발히 건조해 왔다. "피(陂)", "당(塘)", "호(湖)"라고 불린 이런 저수지에는 하곡선상지(河谷扇狀地)에서 상류와 하류를 막아 인공호수를 만드는 형태와, 지하수가 솟아 나오는 웅덩이[窪地]를 제방으로 감싸는 형태가 있다. 회하 중류 지역에서 못을 제방으로 둘러싸서 조성한 작피(芍陂)는 석조의 수문으로 물을 끌어들이고 배수하면서, 유수지(遊水池)[10]의 기능까지 하고 있다. 삼국 시대에는 위(魏)의 조조(曹操)가 둔전의 개발과 연동하여 작피를 수리·복구하였다.

남북으로 국가가 대치했던 시대에는, 제방을 갖춘 크고 작은 저수지가 이어져 있는 회하 유역의 공간이 군사적 방어 기능까지 겸하였다. 요(遼)와 북송(北宋)이 서로 대치하던 시기에도 역시 군사적 이유로 국경 지대였던 화북 평원 북부에 인공적 저수지인 당박(塘泊)을 설치한 바 있다. 하지만

8 관개용수의 과잉 공급으로 중탄산나트륨 등의 염류가 지표면에 쌓여서 토양이 알칼리성으로 바뀌는 현상-옮긴이.
9 인위적 관개 없이 비에 의존하는 농업-옮긴이.
10 홍수 때 하천의 수량을 조절하는 천연 또는 인공의 저수지-옮긴이.

전란으로 인한 제방의 파괴, 유지·보수의 미비, 또 진흙이 잘 퇴적되는 자연조건 때문에 저수지가 점점 줄어들었는데, 특히 간척을 통한 호전(湖田)의 조성은 저수지 면적 축소에 큰 영향을 주었다.

강남 델타 수리의 특징은 배수·수운과 연계된 크리크(creek, 수로) 관개이다. 송 대 이후 장강 하류 지역이 농업 선진 지역이 될 수 있었던 배경에는, 저습지에서 남은 물을 배출하고 바닷물의 유입을 막는 기술혁신이 있었다. 강남 델타에서는 제방을 조성하여 물이 유입되는 것을 막은 뒤, 그 안에 그물망처럼 크리크를 조성하여 급수와 배수를 하고, 수문으로 수량을 조절하는 우전(圩田), 위전(圍田) 등의 수리전(水利田) 개발이 진척되었다.

강남 델타는 동부의 절서(浙西)와 서부의 강동(江東)으로 나뉜다. 물웅덩이[窪地]가 펼쳐진 절서 지역에 분포한 위전(圍田)은 배수와 수운을 목적으로 한 크리크 망이 핵심인 데 반해, 범람원 지대인 강동 지역에 분포한 우전(圩田)은 천목산(天目山) 줄기에서 흘러나오는 물을 막는 제방의 기능이 중시되었다. 우전을 유지하기 위해서는 제방을 수축하고, 크리크를 준설하여 늘 배수를 해야만 한다. 용골차(龍骨車)를 사용한 배수는 수리공동체 구성원의 공동 작업이었는데, 20세기 초에는 양용선(洋龍船)이라는 전동 펌프가 등장했다(渡部·櫻井 1984).

송 대에는 수리전 개발의 진전과 표리를 이루며, 수리사상(水利思想) 방면에서 수학(水學)이 성립하는 모습이 나타났다. 11세기에 제도개혁(⋯→ 테마 26 〈신법〉, 266쪽)을 추진한 왕안석(王安石) 등 신법당(新法黨)은 전국적으로 수리전의 개발을 추진했다. 치전을 우선 과제로 삼은 겹단(郟亶), 겹교(郟僑) 부자는 대규모의 제방 조성을 주창하는 치전주의(治田主義)를 주장했다. 반면, 수해 방지를 위해 배수를 우선해야 한다는 치수주의(治水主義)를 주장한 소식(蘇軾), 단악(單鍔), 조림(趙霖) 등은 구법당(舊法黨)에 속한 인물로, 수학(水學)의 논쟁은 신구 양당의 대립을 반영하고 있었다(長瀬 1983).

이 강남[오중(吳中)]수학은 몽골 시대의 임인발(任仁發)과 명 대의 귀유광(歸有光)에게 계승되었고, 다른 한편으로는 수도인 대도(大都, 현재의 북경) 주변의 수리 개발을 추진하여 생산성을 높임으로써 강남에 대한 식량 의존율을 낮추자는 우집(虞集) 등의 서북수리(西北水利)의 주장을 낳았다. 명

대의 구준(丘濬), 서정명(徐貞明) 등이 제창한 기보수학(畿輔水學)[畿輔=화북(華北)]은 그 대상을 감숙(甘肅), 영하(寧夏)까지 확대하여 청 말 임칙서(林則徐)의 「기보수리의(畿輔水利議)」 및 주성전(周盛傳)의 천진(天津) 소참(小站)의 수리 개발로까지 이어지게 된다.

기보수학(畿輔水學)은 송 대 강남수학의 발흥을 직접적인 계기로 성립했지만, 그 배경에는 고대 이래 황하 치수의 전통이 복류하고 있었다. 황토고원을 흐르는 사이 대량의 황토(⋯▸ 테마 1 〈황토〉, 57쪽)를 머금게 된 황하는 낮고 평평한 화북대평원에 이르면 물살이 약해져 토사를 강바닥에 축적시키면서 천정천(天井川)이 된다. 황하는 봄 해빙기에 아이스 잼(ice jam, 氷集)[11]이 발생하거나 여름에 집중호우를 만나면 수위가 높아져서 때로는 제방을 터트려 물길[河道]을 바꿔 놓았다. 홍수가 발생하면 강보다 낮은 곳에 위치한 황하 유역의 도시와 촌락, 경지는 침수되어 막대한 피해를 입었다.

거의 매년 반복된 황하의 범람 때문에 역사적으로 여러 번 물길이 바뀌었다. 규모가 큰 것만 헤아려도 6, 7회는 족히 된다(지도 2, 26쪽). 그중에서도 거대한 변화를 초래한 것이 12세기 황하의 남류(南流)이다. 1128년 송의 두충(杜充)은 금(金)의 침공을 저지하기 위해 인위적으로 황하의 제방을 터트렸다. 이 때문에 그때까지 북류하여 발해만으로 들어가던 황하는 남쪽으로 흐름을 바꿔 회하(淮河)로 흘러들어 가게 되었다. 그 후에도 자주 물길이 바뀌다가, 12세기 말에 이르러 북류는 완전히 끊기고 남류만 하게 되면서 비로소 안정되었다. 이러한 상태는 1855년 범람으로 재차 북류가 시작될 때까지 650년 이상 지속되었다(鄭 1983).

전한의 가양(賈讓), 후한의 왕경(王景)에서부터 몽골 시대의 가노(賈魯)에 이르기까지, 황하의 치수책은 황하 본류에 수로를 개착하여 수세를 약하게 하고, 강바닥에 퇴적된 진흙을 제거하여 줄기처럼 뻗어 있는 지류를 막히지 않도록 하는 데 주안점이 있었다. 이 전통적 방식을 일신한 것이 17세기

11 하천의 좁은 하도나 바다의 좁은 해협에 얼음이 집적되어 빙벽을 이루는 형태를 말한다–옮긴이.

치수를 담당했던 반계순(潘季馴)이다. 그 요점은 제방을 높게 쌓아 물길을 좁히고 황하의 흐름을 한 줄기로 합쳐 물살을 세게 함으로써, 흐르는 물의 힘으로 퇴적된 진흙을 바다로 쓸어 내 배출하는 것이었다.

그러나 황하의 진흙 함유량을 줄이는 근본적 해결책이 아닌 이상, 범람을 막고 물길을 안정시키기는 어려웠다. 왕경(王景)의 치수책이 효과를 거둔 것은 유목민의 남하에 따라 황토 고원이 목지로 되돌아가 식생이 회복되고 토양 유출에 제동이 걸렸기 때문이라는 주장이 있을 정도이다. 황하의 진흙 퇴적은 저수와 발전을 목적으로 1960년에 완성한 삼문협(三門峽) 댐을 수년 동안 기능부전 상태에 빠뜨릴 만큼 심각했다.

장강은 황하처럼 대규모로 물길이 바뀌지는 않았다. 하지만 진흙이 퇴적되고 여름철에 물이 불어나면 중류 유역에서는 반복적으로 강물이 범람했다. 15세기 이후 장강 중류 지역인 호남(湖南), 호북(湖北)이 강남 델타를 대신해 곡창지대가 되면서, 이러한 범람을 막기 위해 장강을 따라 외부 제방[外堤]과 내부 제방[內堤=완제(垸堤)]을 이중으로 쌓고, 그 내부에는 완전(垸田)을 조성했다. 장강 하류의 하구(河口) 부근에서는 해수의 역류와 범람을 막기 위해 강당(江塘)을 쌓았고, 절강 및 강소의 연해 지역에서는 해수의 침입을 막기 위해 해당(海塘)을 건설하였다(森田 1974).

황하가 남류하면서 회하(淮河)로 대량의 진흙이 유입되었다. 이 진흙은 강바닥에 퇴적되면서 회하 유역의 호수를 막히게 만들어 홍수 발생의 원인이 되었다. 민국 시대에 시작된 회하 유역 호수의 간척 및 소통(疏通) 공사는 1950년대부터 농공업 용수의 공급, 홍수 방지 및 발전 등을 목적으로 한 종합적 개발 사업으로 계승되었다.

역사상 대규모의 수리사업에서 국가와 공권력은 확실히 큰 역할을 했지만, 그렇다고 해도 물의 이용 및 관리·운영에서 민간의 수리조직이 담당한 역할을 간과해서는 안 된다. 1950년대 이래 수리조직 및 "수리공동체"에 관한 연구가 활발해지면서 국가권력, 수리조직, 촌락 삼자 관계를 둘러싼 토론이 일어났다(森田 1974). 논쟁을 통해 명확한 인식의 공유를 이루지는 못했지만, 물의 이용을 사회적 결합의 접점으로 보는 수리사회(水利社會) 연구가 등장하는 길을 열었다.

최근 현지조사의 진전으로 수책(水册)이나 수리비(水利碑) 등 새로운 문자자료가 발굴되고, 신앙 및 전설에 관한 구술 자료가 속속 정리·공개되고 있다. 물의 이용이라는 창문을 통해 정치·경제·제도·조직 등 하드파워 영역뿐 아니라, 사상·관념·문화·상징에서 일상생활에 이르는 소프트파워 영역에 착목하여, 사회의 전체상을 그려 내는 수리사회사(水利社會史)가 주목을 받고 있다. 또 수리를 자연환경을 대상으로 이뤄진 인간 활동이라는 관점에서 파악하여, 지리정보 시스템이나 여러 자연과학 분야의 성과를 이용한 연구도 계속 진전되고 있다.

테마 3 / **농업기술**

오사와 마사아키(大澤正昭)

농업생산의 발전을 견인해 온 기술에는 크게 두 가지 요소가 있다. 하나는 생산 과정에서 사용되는 여러 도구(농기구)이며, 다른 하나는 작물을 기르는 용기(容器)인 농지(農地)를 가꾸는 기술로, 지력을 유지하고 보강하는 기술이다. 역사적으로 보면 이 두 기술이 함께 발달하면서 농업생산을 향상시켜 왔다. 아래에서는 그 역사적 발전의 모습을 살펴보겠다.

우선 농기구이다. 각종 농기구 중에서 특히 경기(耕起) 용구가 중요한 의미를 가진다. 경기 용구는 작물재배의 기초가 되는 농지를 양호한 상태[이를 단립(團粒) 구조라고 한다]로 정돈하는 역할을 한다. 구체적으로 말하면, 농지를 한번 갈아 줌으로써 작물이 뿌리를 잘 내릴 수 있는 환경으로 바꿔주고 흙 속에 산소를 불어넣어 유기물의 분해를 촉진시키는 역할을 하는 것이다. 또 경기 용구는 뒤에서 설명할 화북의 건지농법에서는 수분을 잘 보존하는 역할도 한다. 농기구의 발달에 대해서는 인력용 농구와 축력용 농구로 나누어 연구가 이뤄졌다.

초기 농업에서 사용한 농기구는 말할 필요도 없이 인력용 농기구인데, 그 대표적인 것이 "뇌(耒, 쟁기)"와 "사(耜, 보습)"이다. "뇌사(耒耜)"는 훗날 농기구의 총칭이 되었다. "뇌"는 앞부분이 두 갈래로 갈라진 포크 모양의 농기구로, 나무로 만든 것이 많다. "사"는 스푼 모양의 농기구로, 막대 끝에 돌이나 뼈 같은 것을 동여맨 것도 있다.

이런 "뇌"나 "사"를 개량하기 시작한 때가 춘추전국 시기이다. 바로 교과서에 나오는 "철제농구의 등장"이다. 그러나 이 철제 농기구가 무엇인지에 대해서는 거의 설명이 없다. 그렇기 때문에 전체가 철로 만들어진 농기구가 사용되었던 것으로 오해할지도 모르겠다. 물론 전부 철로 만들어진 소형 농기구도 있었지만, 더욱 중요한 것은 철을 부분적으로 이용한 "뇌"와 "사"의 개량이었다. 출토자료에서 그 형태를 살펴보면, (목재로 된-옮긴이) 경기부(耕起部)의 끝부분에 철제 커버를 씌웠음을 알 수 있다. 철제 농기구의 등장이란 바로 이처럼 철을 이용한 농기구의 개량이었다. 농기구의 선단을 단단하고 예리하게 만듦으로써 흙을 더 깊게 갈 수 있게 되었고, 단립 구조는 더 풍부해졌다. 작업 효율 역시 한층 상승했다. 이것이 춘추전국 시기의 생산력 발전을 견인한 중요 요인이다.

춘추전국 시기 이후로는 "뇌"형 농기구는 쓰이지 않게 되었고, "사"형 농기구가 한층 개량되었다. 당 대에는 "답리(踏犂)"라고 불린 농기구가 등장했다. 이 기구는 손잡이 부분에 가로목[橫木]을 덧붙여 비틀어서 힘을 더 가할 수 있도록 한 것으로, 경기부(耕起部)의 밑동에는 발로 밟을 수 있는 부분도 있었다. 이 개량으로 작업효율이 올라갔다. 그 외에 당 대 이후 수도작 기술이 발전하면서, 진흙 토양의 경작에 적합한 농기구가 활약할 무대가 마련되었다. 경기부가 네 갈래의 날카로운 못 모양으로 갈라져 있는 철탑(鐵搭)[鍬, 가래]이 바로 그것이다. 이렇게 하여 경기 작업에 사용되는 인력용 농기구의 기본형이 전부 등장하게 되었다.

그렇다면 축력용 농기구는 어떻게 발달했을까? 축력용 경기 용구는 "리(犂)"라고 불리는데, 세계 각지에서 사용되었다. 그 형식에는 많은 변종이 있어, 비교사적 연구가 이뤄지고 있다. 중국의 "리"는 소가 끌도록 하는 "장상리(長床犂)"라는 형식이 주로 많았다(天野 1979). 여기에서 말하는 "상(床)"이란 쟁기 머리[犂先]에 연결된 부분으로(이하 각 부분의 명칭에 대해서는 그림 8, 122쪽을 참조), "리"를 안정적으로 조정할 수 있도록 하고, 갈려는 흙을 꾹 눌러 주는 역할을 한다. 이 장상리로는 흙을 깊게 갈 수는 없지만, 축력을 이용함으로써 땅을 빠르고 넓게 갈 수 있었다. 빗물이 증발되는 것을 막기 위해, 신속하게 땅을 갈아야 하는 화북 건지농업에는 최적의 "리"였다.

중국 연구자들은 "리"가 은(殷) 대부터 이미 사용되고 있었다고 주장한다. 각지에서 출토된 삼각형의 평평한 석판을 쟁기 머리[犂先]로 판정하여 복원도까지 제시하고 있지만 이 복원도는 그 근거가 대단히 약하다. "리"는 역시 춘추전국 시대에 처음 등장했다고 보는 것이 바람직하다. 이 시기에 등장한 "리"는 소 한두 마리가 끌었으며, 철제의 쟁기 머리를 단 것도 있었다.

한편 춘추전국 시기에 등장한 장상리가 생산력을 비약적으로 향상시켰다고 높게 평가하는 학설도 있다. 이 시기에 "리"가 등장한 것은 분명히 확인할 수 있지만, 보급 단계였다고 볼 수는 없다. 등장과 보급은 생산력을 논할 때 그 의미가 완전히 다르다. "리"가 보급되어 농업경영의 핵심이 된 것은 한 대에 가서였다(渡邊 1986).

한 대의 "리"는 부조에 음각되어 있어서 그 형식을 확실히 알 수 있다. 철제의 쟁기 머리와 발토판(撥土板, 갈아 낸 흙을 다시 엎는 역할을 함)을 장착한 장상리이며, 소 한두 마리가 끌고 있다. 또 "리"를 관통하는 "원(轅, 끌채)"이 곧다. 그 후 당 대 말기까지 "리"의 형태는 계속 개량되었다. 이후 소 한 마리가 끌고 "원"이 구부러져 역학적 효율이 높아진 소형의 "리"가 나타났다. 이 쟁기는 벼농사용의 "리"인데, 밭농사용에서 응용한 것이다. 이 장상리는 일본에도 전해져, 중세 벼농사에서 큰 역할을 하였다. 한편, 원 대에는 소 서너 마리로 끄는 밭농사용의 대형 "리"도 등장했다. 이처럼 경영 규모의 크기, 밭농사와 논농사의 용도에 맞추어 다양한 "리"가 골고루 개발되었다.

다음으로 지력의 유지·보강 요인에 대해 살펴보자. 그 전제가 되는 것이 화북의 건지농법이다. 현존하는 가장 오래된 농서인 『제민요술(齊民要術)』[6세기, 가사협(賈思勰)의 저술]에 건지농법의 기본적인 체계가 서술되어 있다(西山·熊代 1969). 단적으로 말하면, 건지농법은 봄과 여름에 빗물을 효율적으로 활용하려는 농법으로, 봄에 소를 이용한 땅 갈기[耕起] 및 땅 고르기[整地]와, 여름에 중경(中耕)과 제초(除草) 작업을 결합한 방식이다(西山 1969). "중경(中耕)"이란 작물의 뿌리 부분의 땅을 갈아 주어 수분의 증발을 막아 뿌리가 잘 내리도록 돕고 비료성분의 분해를 촉진하는 작업이다. 이 작업은 인력으로 해야만 했다. 보다 구체적으로 말하면, 소를 사용해서 "리"로 땅을 갈고, "파(耙, 써레)"[12]와 "로(耮)"[13]로 땅을 고르는 일련의 봄 작업과, 여름에 인력으로 하는 작업을 결합하여 일관된 체계로 정식화한 것이다. 그것이 『제민요술』이었다.

이 농법하에서 지력을 유지·보강하는 여러 가지 기술이 발전했다. 여기에서는 비료, 윤작 체계 및 신전(新田) 개발 문제를 다루겠다.

우선 비료이다. 비료는 춘추전국 시기(기원전 770~기원전 221년 – 옮긴이) 때부터 사용되기 시작했다. 그 상세한 내용은 알 수 없지만, [6세기 북위(北魏) 때 간행된 – 옮긴이] 『제민요술』에는 작물마다 어떤 비료를 쓰는지 상세하게 기술되었을 정도로 발전하였다. 그러나 이 단계에서는 야채류와 곡류에 대한 시비의 기술에 차이가 있었다. 야채류에는 특정 비료의 종류가 기록되어 있고, 시비를 하는 시기도 지정되어 있는 등 대단히 꼼꼼하게 배려하고 있다. 하지만 곡류에 대해서는 비료의 종류도 적고 분량도 불충분했다. 그 이유는 잘 알 수 없으나, 『제민요술』이 근교(近郊) 농업을 염두에 두고 쓴 책이기 때문이 아닐까 한다.

곡류, 특히 벼에 대한 시비를 어떻게 했는지는 송 대의 기록에 처음 등장한다. 진부(陳旉)의 『농서(農書)』(12세기)에는 발효 비료의 제조법·시비법까지 상세하게 기술되어 있다(大澤 1993). 또한 원 대 왕정(王禎)의 『농서(農書)』(14세기)는 비료의 전체상을 기록하면서, 기술의 교류와 활용을 장려하고 있다. 이 책으로 상업적 농업 이전에 비료기술이 어느 정도 수준에 도달했는지 알 수 있다.

상업적 농업이 전개된 것은 명 대 후반부터이다. 이때에 와서 비료의 사용은 한층 증대되었다. 상품이 될 작물을 대량으로 경작하기 위해서는 상당한 양의 비료가 필요했는데, 이를 자가생산만으로 조달하기는 불가능했다. 이 때문에 비료는 대부분 돈을 주고 사야 하게 되어, "금비(金肥)"라고 불렸

12 쟁기로 갈아 놓은 것을 고르는 데 쓰는 큰 빗 모양의 농기구–옮긴이.
13 고무래로 밭 고르는 쟁기–옮긴이.

다(足立 2012). 상업적 농업의 발달은 근대적 비료기술로 이어지게 된다.

비료를 대량으로 쓰기 이전의 지력유지 기술로는 윤작체계의 발전이 주목을 받았다. 우선 밭농사에서는 2년 3모작이 시작된 시기를 두고 논쟁이 일어났다. 2년 3모작이란 2년 동안에 밀, 좁쌀, 콩의 재배와 휴한(休閑)을 조합한 것으로, 콩과 휴한을 중간에 넣어 지력을 유지하는 방식이다. 이 방식은 당 대에 시작되었다는 설이 있으나, 전국 시대까지 소급된다는 비판이 나왔다(米田 1989). 하지만 소급의 근거가 되는 결정적 사료는 제시되지 못했다. 그 후 당 대 초기의 사료가 존재한다는 지적이 있기도 하였으나, 이 사료는 "빈민[貧家]"층이 쓰고 있던 기술에 관한 것이었다(大澤 1996). 그 때문에 이를 생산력 발전으로 평가할 만한 의의는 별로 없다는 비판이 나왔다(李 1999). 마찬가지로 벼농사에 관해서는 벼-밀 이모작(稻-麥二毛作)의 문제가 있다. 당 대 후반기부터 강남에 밀 재배가 확대된 점에서 그 실시를 엿볼 수 있지만(周藤 1962, 大澤 1996), 이것 또한 결정적 사료는 나오지 않았다. 어쨌든 지력을 유지하면서 다모작을 계속하려면, 근대 비료기술의 등장을 기다릴 수밖에 없었다.

마지막으로 강남의 신전(新田) 개발 문제를 살펴보자. 강남의 벼농사에서는 한 대 이래 "화경수누(火耕水耨)"[14]로 불리는, 선진 기술과 조방(粗放)한 농법이 병존하는 상태가 계속되었다(渡邊 1987). 그러던 것이 당 대 후반기가 되면, 벼농사의 생산성이 주목받으면서 신전 개발이 적극적으로 이뤄지게 된다. 이런 움직임이 보다 명확해진 것은 송 대였다. 태호(太湖) 동쪽 일대의 장강 델타 지역에서는 위전(圍田), 우전(圩田)이라고 불리는 신전이 활발히 조성되었다. 저습지를 제방으로 둘러싼 뒤 물을 빼서 수전을 만드는 기술의 성과였다. 또 신전에 재배하기에 적합한, 환경 적응력이 높은 점성도(占城稻)[인디카 종]가 도입되었다.

이러한 동향 속에서 "소호(蘇湖)가 무르익으면, 천하가 풍족하다"는 속담이 생겨났다. 일반적으로 이 속담은 소주(蘇州)와 호주(湖州) 주변의 델타

14 경지에 불을 지르거나 상당 기간 경지를 침수시켜서 잡초 및 병충을 제거한 뒤 농사를 짓는 방식-옮긴이.

지역이 곡창지대가 된 사실을 나타낸다고 이해되어 왔다. 그러나 당시 신전은 조성된 지 얼마 되지 않았고, 관개 및 배수설비가 아직 정비되지 않았던 데다, 시비 조건도 갖춰져 있지 않았다. 조성된 직후에는 건토효과(乾土效果)[15] 때문에 풍작을 거뒀지만, 그것은 오래가지 못했다. 신전은 여전히 불안정한 경지였다. 따라서 앞에서와 같은 해석은 타당하지 않고, 강수량 등 기후조건이 갖추어졌을 때만 풍작이었다고 해석해야 할 것이다. 새로운 농지가 늘어난 것은 사실이었기 때문에 조건이 갖춰지면 "천하가 풍족하다", 즉 국고를 꽉 채울 수 있었다고 보아야 한다. 송 대 델타 지역은 아직 곡창지대라고는 할 수 없었다. 오히려 예로부터 개발되어 온 절강성 중부와 남부와 같은 수전(水田)지대가 생산력이 높았던 것으로 보인다(足立 2012, 大澤 1996). 델타 지역이 곡창지대가 된 것은 명 대 이래로 수전의 분할·재편이 이뤄진 이후였다.

테마 4 / **조운(漕運)**

아라미야 마나부(新宮學)

조운(漕運)이란 중국 역대 왕조가 조세나 구매로 확보한 곡물을 수로를 이용해 수도나 군사상 전방 지대[前線地帶]로 수송하기 위해 마련한 제도이다.

이 제도는 최초의 통일국가가 출현한 진한(秦漢) 시대에, 수도가 있었던 관중(關中)의 함양(咸陽)이나 장안(長安)을 부양하기 위해 동방에서 곡물을 운반해 오던 것에 기원을 두고 있다. 그 중요성이 더욱 커진 것은 대운하[大運河, 훗날의 경항운하(京杭運河)]가 개착된 수·당 이후이다. 삼국 시대, 남북조 시대부터 중원이 전란으로 황폐해진 반면, 동남 지역의 개발은 진척되었다. 남북을 통합한 수(隋)는 동남의 경제력을 끌어들이기 위해 운하를 정비했다.

중국은 서북이 높고 동남쪽으로 열린 지형적 특징을 가지고 있기 때문에, 대운하의 대부분은 서쪽에서 동쪽으로 흐른다. 수 문제(文帝) 때에 산

15 논에 물을 채운 후 물에 잠겼던 토양을 건조시키면 질소 성분이 늘어나는 현상-지은이.

양독(山陽瀆)[한구(邗溝)]을 개수(改修)하고, 양제(煬帝)가 다시 통제거(通濟渠)[훗날의 변하(汴河)]와 강남하(江南河), 영제거(永濟渠)[훗날의 위하(衛河)]를 개착하면서 전당강(錢塘江), 장강(長江), 회하(淮河), 황하(黃河), 백하(白河) 등 오대(五大) 하천을 남북으로 연결하는 대운하가 완성되었다. 북쪽에서부터 읊어 보면, 영제거(永濟渠)-통제거(通濟渠)-산양독(山陽瀆)-강남하(江南河)로 이어지는 루트이다(지도 4, 33쪽 참조). 그 결과 북으로 오늘날 북경 부근의 탁군(涿郡)[유주(幽州)]에서 남으로 항주(杭州)에 이르기까지 전체 길이 1,800킬로미터가 수로로 연결되어, 대규모 창고들[함가창(含嘉倉), 회락창(回洛倉)]이 설치되었던 낙양(洛陽)은 전국 물류의 중심이 되었다.

당 대에도 대운하는 조운에 이용되었다. 동남 지역의 미곡은 낙양까지 수로로 운반된 뒤, 거기에서부터 수도인 장안까지는 육로로 운반되었다. 그러나 낙양에서 장안까지의 수송이 일단 지체되면, 장안은 그 즉시 식량난에 빠지기 때문에 황제가 직접 백관을 이끌고 낙양에 와서 식사를 해결했다는 이야기가 잘 알려져 있다. 대운하는 수도로 곡물을 수송하는 역할을 넘어, 점차 국내경제의 대동맥이 되어 국운을 좌지우지하기에 이르렀다.

재정이 팽창한 현종 시대에는 수로의 요지에 창고를 두고, 정부가 민간 선박을 대여하여 하천의 수량을 살펴 가면서 차례차례 운반하는 전반법(轉搬法)이 채택되었다. 안사(安史)의 난 이후에는 염철전운사(鹽鐵轉運使)였던 유안(劉晏)이 조운법 개혁을 추진하였다. 소금의 전매(⋯→ 테마 24 〈염정(당~원)〉, 260쪽) 이익을 조운 운영비용에 충당하여, 정부가 요역 노동 대신에 운반 노동자를 고용하고 조운선을 건조했다. 그러나 당 말에 번진(藩鎭) 세력의 발호로 재차 조운이 끊겨, 오대(五代) 시기에는 후당(後唐)을 제외한 후량(後梁), 후진(後晉), 후한(後漢), 후주(後周) 모두 조운의 편의를 위해 대운하에 바로 연결된 변주[汴州, 훗날의 개봉(開封)]로 수도를 옮겼다. 북송 역시 계속해서 개봉에 수도를 두었다. 송에서는 발운사(發運司)를 설치하여, 매년 각지에서 징세와 매입으로 조달한 600만 석의 상공미(上供米)를 강남(江南)에서 개봉(開封)까지 수송하도록 했다. 처음에는 당의 제도를 답습하여 전반법(轉搬法)을 운영했는데, 후에는 군대나 민간의 상선을 이용했다. 금(金)과 남송(南宋)을 병합하여 중국의 남북을 재차 통합한 원(元)

은 회통하(會通河)[산동(山東) 동평(東平)-임청(臨淸)]나 통혜하(通惠河)[통주(通州)-북경(北京)]와 같은 운하를 개착하여, 강남의 미곡을 대도(大都, 현재의 북경)까지 하운으로 운반했다. 그러나 이 방법이 안정적이지 못하자 1282[지원(至元) 19]년에 장강 하구의 유가항(劉家港)에서 직고(直沽, 현재의 천진)까지 해운으로 미곡을 운반했다. 원 대의 해운 성행은 내륙 하천에서 해상 교통으로 넘어가는 변화의 추세를 앞서 보여 준 것이라고 할 수 있다.

명 초에도 계속 해운을 운영했는데, 왜구의 약탈로 인한 피해나 해난 사고의 빈발이 골칫거리였다. 영락제는 북경으로 천도하려는 계획을 추진하면서, 회통하[會通河, 제령(濟寧)-임청(臨淸)]를 개수하고 1415[영락(永樂) 13]년 해운을 없애고 하운으로 일원화하였다. 원래 양장(糧長)을 중심으로 한 양호(糧戶)와 위소(衛所)의 운군(運軍)이 조운을 담당하던 지운법(支運法)을, 양호가 운임[각미(脚米)]과 손실분[모미(耗米)]을 부담하고 운군이 운반을 담당하는 태운법(兌運法), 개태법(改兌法)으로 바꾸면서 명 대 조운제도가 확립되었다. 명조는 1451[경태(景泰) 2]년, 총독조운(總督漕運)을 두어 조운총병관(漕運總兵官)과 함께 (조운 업무를-옮긴이) 총괄하였다. 청조도 명의 제도를 거의 답습하였다. 조운총독(漕運總督)을 회안(淮安)에 주재시키고 운군을 줄이고 민간의 수부를 고용하는 등, 전체적으로 조직을 간소화하려 했다. 1848[도광(道光) 28]년 이후에는 해운이 발전하여, 나중에는 기선까지 도입하였다. 하지만 제도적 피로가 누적되자 정부는 1901[광서(光緒) 27]년 7월, 각지에서 하운이나 해운으로 운반하던 세량[稅糧, 세금으로 수취한 곡식-옮긴이]을 일률적으로 화폐로 환산하여 징수하기로[折色徵收] 결정하였고, 조운제도는 전면 폐지되었다. 1912년 천진에서 남경 맞은편의 포구(浦口)까지 대운하와 거의 나란히 달리는 진포철도(津浦鐵道)가 전 구간 개통되자, 철도수송이 새롭게 남북 물류를 책임지게 되었다.

대운하로 유지되었던 조운제도가 정치와 경제에 미친 영향은 절대적이었다. 이 점은 당 말 이후 역대 왕조의 수도를 북송의 개봉, 남송의 항주, 금, 원, 명, 청의 북경, 명 초의 남경처럼 대운하 연선(沿線)에 두었던 것을 보아도 잘 알 수 있다. 염승년(閻崇年)은 중국의 역대 왕조가 전반에는 동서로 이동하고, 후반에는 남북으로 이동했다는 "대십자형(大十字形) 천이(遷移)" 모델을 제기했다(閻 1989). 후자의 남북 이동을 규정했던 것은 왕조 재정 및 북변 방어와 밀접한 관계가 있는 조운제도였다.

조운제도의 유지가 경제의 남북 결합에 작용한 역할 또한 중요하다. 중국 본토는 황하와 장강 사이를 흐르는 회하를 경계로 지리적으로 남과 북으로 나뉜다. 연 강수량 1,000밀리미터를 기준으로, 강수량이 이보다 적은 회화 이북은 좁쌀, 밀을 중심으로 한 한지농법(旱地農法) 지대이고, 이보다 많은 회하 이남은 벼농사 지대이다. 이런 지리적 차이 외에 당 말 이래 북방 유목민의 대두라는 역사적 요인이 더해지면서 남북 분립의 상태가 재현되었다. 이처럼 중국 사회는 장기간에 걸쳐 군사력에서 앞서는 "북"과 생산력이 뛰어난 "남"이라는, 정치·군사와 경제 사이의 필연적인 괴리가 생겨났다.

당이 멸망한 때부터 헤아려 보면 300년 이상 계속된 "제2차 남북조(南北朝)"라고 부를 만한 분립의 형세는 세조 쿠빌라이가 이끄는 몽골 원조(元朝)에 의해 영토적으로는 통합되었다. 그러나 원은 남송 병합 이후 90년도 못 갔기 때문에 강력한 시책을 펼치지 못했고, 원의 통치기에도 화북과 강남은 각각 이전 왕조의 유산을 온존시켰다. 따라서 남과 북의 상이한 경제·사회를 결합하는 과제는 몽골 지배에 종지부를 찍었던 명조(明朝) 정권에 넘어가게 되었다(新宮 2003).

하운은 해운에 비해 수송비용이나 소요일수에서 모두 뒤떨어진다. 그럼에도 명조 정권은 하운을 선택했고, 결과적으로 남북 결합이라는 과제를 어느 정도 해결할 수 있었다. 제2차 남북조 시기부터 원명의 교체기까지 반복된 전란으로 인해 극도로 피폐해진 산동과 하남 지역은 왕조를 뒤흔드는 민중반란의 온상이 되고 있었다. 하운으로 이뤄지는 조운에 종사했던 약 12만 명의 운군(運軍)에게는 봉급으로 월량(月糧)과 행량(行糧)이 지급되었다. 또 조운선[漕船]을 견인하는 견부(牽夫), 갑문을 통과할 때 수문을 여닫는 갑부(閘夫) 등 더 많은 추가 고용이 창출되었다. 반복되는 운하의 개수(改修) 공사는 빈민구제용 공공사업이기도 했다. 이러한 하운의 유지에 불가결한 방대한 돈은 지역경제로 다시 풀렸다. 상품생산이 전개된 명대 후반 이후에는 대운하 연변 각지에서 중소 규모의 시진(市鎭)이 우후죽순으로 나타나 도시화가 진전되었으며, 천진이나 임청(臨清) 같은 대도시가 출현하였다.

[참고문헌] 星 1963, 1971.

테마 5 / 구황(救荒)

이토 마사히코(伊藤正彦)

중국에서 "황(荒)"은 농작물의 흉작을 의미하는데, 흉작이나 기근에서 인민을 구제하기 위한 시책, 사업을 "구황(救荒)" 혹은 "황정(荒政)"이라 부른다. 중국은 영토가 광대하고 지세와 기상 조건이 다양해 매년 반드시 어딘가에서 홍수, 가뭄, 지진, 메뚜기로 인한 충해[蝗害] 등 재해가 발생하여 기근이 생기기 때문에 구황 정책이 발달하였다.

직접적인 기근대책은 곡물 제공, 곡물가격 조정, 폭동이나 약탈을 막을 치안 유지 등이지만, 그 외에도 재해 회피를 비는 제사[祈禱], 피해 정황에 대한 조사, 조세 감면, 재해 및 흉작을 막기 위한 치수와 수리(…→ 테마 2 〈수리·치수〉, 59쪽), 농업 진흥, 기근 후의 재건까지 포괄하므로 권농업무와 겹친다. 남송의 동위(董煟)가 가태(嘉泰) 연간(1201~1204년)에 저술한 『구황활민서(救荒活民書)』 3권과 습유(拾遺) 1권은 역대 왕조와 송 대 명신(名臣)의 구황책을 해설하면서, 자신의 지방관 경험을 바탕으로 효과적인 구황시책을 논하고 있어, 그 후의 구황 정책에 본보기가 되었다.

기근이 발생했을 때 곡물을 제공하는 것을 "진제(賑濟)"라고 하는데, 그 방법에는 싼 가격으로 곡물을 판매하는 것[진조(賑糶)], 싼 이자로 꿔 주는 것[진화(賑貸)], 무상으로 지급[진급(賑給)]하는 것이 있었다. 역대 왕조는 "적어도 3년 치, 원칙적으로는 9년 치의 식량을 비축해 두어야 한다"고 한 『예기(禮記)』 「왕제(王制)」 이래의 이념을 기초로 곡물 비축에 힘썼으며, 곡물가격의 조정이나 곡물을 제공하기 위해 창고를 마련하여 곡물을 비축해 두는 제도[倉儲制度]를 실시하였다. 주요한 것을 꼽아 보면, 풍년에 곡물을 구매하여 비축해 두었다가 흉년에 판매하는 상평창(常平倉, 한 대에 기원함 …→ 테마 19 〈상평〉, 196쪽), 조세로 납부한 곡물을 비축했다가 흉년에 무상으로 지급하는 의창(義倉, 수 대에 기원함), 잉여 곡물을 비축했다가 흉년에 구휼하거나 곡물 가격을 조정하는 예비창(豫備倉, 명 대에 기원함)이 있다. 이렇게 창고 비축분을 활용하여도 여전히 곡물이 모자란 경우에는 지방관이 부호(富戶, 부잣집)들에게 곡물을 제공하도록 장려하거나[권분(勸分)], 상인의 자금을 유치하는[초상(招商)] 방책을 강구하여 곡물을 조달하고 가격을 조정했다. 기근 발생 시의 구제 활동은 사회 내부에서도 지역의 지도자 및 부호(富戶)들에 의해 이뤄졌다. 이는 육조 시기의 부호층(富豪層)이 친족과 주변 소농(小農)에게 베풀었던 곡물의 무상 지급(渡邊 1978), 송 대 이후 지주층(地主層)이 자가 소유지의 소작인, 즉 전호(佃戶)(⋯▸테마 25 〈전호〉, 263쪽)에게 주었던 단경기(端境期)[16]의 양식 대여(森 1968)에서 전형적으로 나타난다.

권농업무의 기조는 진한 시기에 인호(人戶)에게 경지를 지급하고[행전(行田)], 작물을 심는 시기에 볍씨를 대여해 주는 등 생산수단을 물질적으로 원조하는 것에서 시작하여, 북송 말 이후에는 선진적인 농업생산 기술과 경영에 대한 지도가 이뤄졌고, 나아가 원 대에는 조세 및 요역의 의무를 잘 받아들이도록 교화를 실시하는 데까지, 농민들의 성장에 대응하며 변화해 나갔다(伊藤 2010). 효과적인 구황의 모습도 이에 따라 역사적으로 변화해 나간다. 남송 이후에는 왕조의 창고 비축제도[倉儲制度]보다, 주희(朱熹)가 정비한 향촌 사회 운영의 창고 비축제도인 사창(社倉)을 이용하거나 부호의 곡물 기부를 장려하거나, 또는 상인을 독려하여 곡물 가격을 조정하는 등의 방식이 효과적인 구황책이 되었다.

사창(社倉)은 작물을 심는 봄에 양식을 20%가량의 저리로 빌려주었다가, 가을 수확 후에 회수하는 것이다. 지방관이 설립한 경우도 있고, 순수하게 향촌 사회의 힘으로 설립한 경우도 있는데, 비축한 곡물의 관리와 대여 및 회수 등 일상적 업무를 향촌 사회 사람들이 담당했던 점이 종래의 창고 비축제도와 다른 사창만의 특징이다. 사창이 만들어지고 보급된 이유는 왕조의 창고 비축제도가 왕왕 관료나 서리의 부정과 횡령의 온상이 되어 충

16 철이 바뀌어 묵은 곡식이 다 떨어지고 햇곡식이 나오기 직전의 시기-옮긴이.

분히 기능하지 못했기 때문이다. 그러나 사창도 관리인의 부정으로 단기간에 폐해가 생겨나, 기능 정지 및 해체에 빠지는 것이 일반적이었다. 사창이 충분히 기능한 것은 재야의 독서인[讀書人, 사대부(士大夫), 사인(士人)]이 헌신적으로 활동하거나, 구황에 열의를 가진 지방관이 개입해서 정비하는 경우뿐이었다(戸田 1990).

근대 이전에 인민의 구제 및 재생산 보장을 위한 시책이 왕조의 제도로 발달해 온 점은 다른 사회에서 찾아볼 수 없는 중국의 큰 특징이다. 이는 중국의 사회관계, 즉 사람과 사람 사이의 결합방식에 기인한 현상일 것이다. 서구나 일본에서 전형적으로 나타나는 봉건제 사회를 구성하는 촌락공동체나 자율적 단체가 중국 사회에는 존재하지 않았다. 이 점이 다시 한 번 분명해진 것은 1980년대 중반 이후 일본의 중국사 연구가 거둔 중요한 성과 중 하나이다. 중국 사회에는 촌락공동체나 자율적 단체와는 이질적인 결합관계, 즉 한 개인이 중핵이 되어 주장을 부르짖고 실천함으로써 사람들이 결집하는 형태의 결합관계가 존재했다. 그런데 이런 결합관계는 일시적으로는 강력한 공동성(共同性)을 발휘하지만, 본질적으로 안정성이나 영속성을 가지지 못한다. 중핵이 되는 특정 개인의 제창과 실천은 우연히 존재하는 개인의 자발적 의지에 따른 것이므로 중핵이 되는 인물을 잃어버릴 경우 필연적으로 해체될 수밖에 없기 때문이다. 따라서 결합관계와 조직 및 사업의 안정화·영속화를 위해서는 왕조 권력의 관여가 필요하게 된다(伊藤 2010).

부호(富戶)의 곡물 제공이나 사창의 사례가 단적으로 보여 주듯이, 구황정책이 사회 내부에서 안정적으로 조직·유지되지 못하고 지방관의 관여와 조정이 요청되었으며, 역대 왕조가 창고 비축제도를 줄곧 실시해야 했던 배경에는 이러한 중국 사회관계의 특질이 있었다. 그러나 태평천국(太平天國)을 거쳐 19세기 후반이 되면 인민의 재생산을 보장하기 위해 갖춰 두었던 창고 비축제도는 무너지고, 왕조가 구황 정책을 주도하는 모습도 사라지게 된다(堀地 2011). 이것은 중국의 왕조 권력이 해체되고 있음을 의미했다.

[참고문헌] 今堀 1995.

테마 6 / 마정(馬政)

후루마츠 다카시(古松崇志)

근대 이전 땅 위에서 가장 빠른 이동수단이었던 말은 사람과 물건의 원거리 이동을 아주 쉽게 만들어 인류 역사에 큰 역할을 해 왔다. 그중에서도 중요한 것이 기동력에서 나오는 말의 군사적 위력이다.

말의 군사적 이용은 우선 전차를 끄는 역할에서 시작한다. 기원전 2000년대 초반에 서아시아에서 유행한 전차가 가축화한 말과 함께 중원에 전래된 것은 기원전 14세기 즈음이었다고 한다. 말과 전차의 이용은 장거리 군사행동을 가능하게 만들었고, 은 후기부터 주에 걸쳐서 왕권이 미치는 공간적 범위를 확대시켰다. 당시 중원은 기후가 한랭하고 건조해져 초원이 확대되는 등 목축에 적합한 환경이 조성되었기 때문에, 군비 증강에 노력하던 왕과 제후들은 자신의 목장을 마련하여 말의 목축에 힘썼다.

기원전 10세기경, 중앙 유라시아의 초원지대에서 기마술이 보급되어 기마 유목민이 탄생했다. 기마 유목민의 세력 확대에 따라 기마술은 유라시아 각지로 확대되었고, 전장에서의 주역이 점차 전차부대에서 기마군단으로 바뀌어 갔다. 기마술이 중국에 전파된 것은 이보다 약간 늦은 전국 시대때였는데, 기원전 4세기 후반에 조(趙)의 무령왕(武靈王)이 북쪽에 이웃한 유목민의 복장과 기마전술[호복기사(胡服騎射)]을 모방하여 군제를 개혁한 고사는 유명하다.

그 후 진한(秦漢) 시대에는 기마군단이 점차 군사력의 중핵을 점하게 되었다. 이후 역대 왕조 정부는 일관되게 막대한 비용을 들여 말을 조달하고 사육하는 데 신경을 써 왔다. 그 제도 전반을 포괄하여 따로 "마정(馬政)"이라고 부른다. 역대 말의 조달방법은 크게 두 가지로 분류할 수 있다. 첫 번째는 왕조가 영역 내에서 말을 생산하는 방법이다. 이는 크게 정부 스스로 목장을 경영하는 "관목(官牧)"과 백성들에게 목축을 시켜 정부가 가져가는 "민축(民牧)"으로 나뉜다. 말은 방목해서 키우거나 축사에서 키우는 방식이 있는데, 초원에서 풀을 먹여 키우는 전자의 경우가 사료 조달이 필요한 후자보다 비용도 적게 들고 생산된 말의 질도 높았다. 두 번째는 중원의 북변 지역에서 유목민과 교역을 하여 말을 사들이는 방법[시마(市馬)]

이다. 말은 예로부터 귀중한 교역 상품으로, 중앙 유라시아 각지의 유목민들이 주변의 농경민들에게 고가로 팔아 왔는데, 중국 왕조의 "시마(市馬)" 역시 그러한 교역의 일종이었다. 역대 왕조의 말 조달 방법은 이상의 두 가지를 조합하는 경우가 많았는데, 두 방식 간의 비중은 왕조의 출신, 판도, 주변 세력과의 관계에 따라 달라졌다. 특히 중요한 것은 왕조 정부가 중국 주변의 주요 말 산지에 접근할 수 있는지 여부였다. 구체적으로는 대흥안령(大興安嶺) 동쪽 기슭의 만주 평원, 내몽골 초원, 대동(大同) 분지에서 오르도스를 거쳐 육반산(六盤山)과 농산(隴山)에 이르는 중원 북변 일대, 티베트 동북부의 청해(青海) 일대, 하서회랑(河西回廊)의 기련산(祁連山) 기슭까지, 말을 키우는 데 최적인 초원을 보유한 지역들이다.

한 대에는 관영 목장의 운영[官牧]이 성행했다. 진의 제도를 답습하여 차마(車馬)를 장악한 "태복(太僕)"이라는 관공서를 두고, 중원 서북 변경의 36곳에 관영 목장을 설치하여 30만 마리나 되는 말을 키웠다. 무제 시대에는 흉노(匈奴)와의 전쟁 때문에 말 생산에 힘을 쏟은 결과, 수차례에 걸쳐 수십만 명 규모의 기병이 고비 사막을 건너 몽골 초원의 흉노 본거지까지 출격하였다. 흉노와의 전쟁에서 큰 전과를 올리기는 했지만, 한이 입은 손해도 적지 않았고, 특히 군마의 손실은 막대했다. 그 때문에 말 부족이 심각해져서, 민간에서 말을 징발하는 조치가 빈번히 취해졌다. 무제는 말에 대한 끝없는 수집가적 열정으로 중앙아시아의 대완(大宛, 페르가나)까지 원정하였으며, 한혈마(汗血馬)라 불리는 명마를 포함해 덩치가 큰 대완(大宛)의 말 3천 마리를 한에 가져왔다.

전한 말부터 후한에 걸쳐 중요한 말 산지였던 하서회랑이 강족(羌族)의 침공을 받는 등 여러 가지 문제로, 관영 목장 경영은 점차 쇠퇴하였다. 중원 내지에서는 전국 시대 이래의 농본주의가 침투하여 농지 개간이 진전되면서 목지(牧地)가 감소하는 추세였다(宮川 1947). 이렇게 하여 말의 조달 방법은 전한의 "관목" 중심에서 후한의 "시마" 중심으로 변화한다.

2세기 후한 말부터 5세기 전후까지 유목민이 대규모로 남하함에 따라, 북방으로부터 대량의 가축이 중원에 흘러들어 와 중원 북변에서는 목축이 성행하였다(⋯→ 테마 1 〈황토〉, 57쪽). 평성[平城, 오늘날의 대동(大同)] 일대를 거점으로 삼은 북위(北魏)에서는 오르도스를 중심으로 관영과 민간을 합산하여 200만 두나 되는 말을 키웠다. 북위에서 시작된 일련의 "탁발(拓跋) 국가"에서는 관영 목장에서의 말 생산이 활발하여 북제(北齊), 북주(北周), 수(隋)에서는 관영 목장을 관할하는 태복시(太僕寺)[17] 아래에 말을 비롯해 가축 사육을 담당하는 부서가 설치되었다. 당 대에는 관목(官牧)의 완성형이라고 할 수 있는 "감목제(監牧制)"가 실시되었다. 중원 서쪽 변경의 육반산(六盤山)과 농산(隴山) 일대를 중심으로 감목(監牧, 관영 목장)이 설치되었는데, 최전성기에는 48곳의 감목에서 70만 마리의 말이 사육되었다. 각 감목의 장관으로 목감(牧監)이 있고, 다시 그 위에 여러 곳의 감목을 감독하는 감목사(監牧使)가 있었으며, 농우군목사(隴右群牧使)가 그 전체를 통괄하였다. 목감이나 여러 감목을 통괄하는 관직에는 양주[涼州, 무위(武威)]나 원주[原州, 고원(固原)]에서 대대로 말 생산과 교역에 종사하던 소그드인 일족을 임명하는 사례가 보인다(⋯› 테마 22 〈소그드 상인과 동서교역〉, 203쪽). 당의 감목제는 소그드인과 같이 목장 운영에 능한 집단에게 목장을 위탁함으로써 큰 성과를 거두었다(山下 2008).

그 후 안사의 난을 거쳐 당 후기가 되었다. 토번(吐蕃)의 침공으로 감목이 설치되었던 지역을 빼앗기게 되면서 감목제는 붕괴하였다. 심각한 말 부족에 시달리던 당은 구멍을 메우려고 몽골 고원에 패자(覇者)로 등장한 위구르에게서 대량의 말을 수입하였다. 이를 당의 비단으로 위구르의 말을 사들였다 하여 "견마무역(絹馬貿易)"이라고 부른다(松田 1986, 齋藤 1999). 당이 멸망하고 사타(沙陀) 군벌을 중심으로 한 정권이 중원을 장악한 시대[오대(五代)]에도 군마 조달의 중심은 여전히 교역을 통해 사들이는 방식[市馬]이었다. 거란(契丹)과 대립했던 중원 정권은 말을 동북의 말갈(靺鞨), 여진(女眞), 서북의 토번(吐蕃), 당구트에서 조달하였는데, 그중에서도 서북 지역으로부터의 말 구매가 중요했다. 이러한 상황은 북송 초기까지 이어진다.

북송에서는 중원(中原)의 목감(牧監, 관영 목장)에서 말을 기르고, 신법 개혁의 일환으로 민간에 말을 사육시키는 "보마법(保馬法)"이나 "호마법(戶馬

17 관청 이름의 경우 '사(寺)'를 '시'로 읽는다–옮긴이.

法)"을 시도했으나(···→ 테마 26 〈신법〉, 266쪽), 어느 것도 성과가 좋지 않았다. 그렇게 되자 주변에서 말을 사들여야 할 필요가 있었다. 그러나 11세기에는 중원에 인접한 말 생산 지대를 거란과 서하(西夏)가 장악하여, 금수품인 말을 북송이 입수할 방법은 밀무역밖에 없었다. 이에 감숙(甘肅), 청해(青海) 일대에 거주하는 티베트계 유목민인 청당(青唐)에게서 말을 수입하기로 하고, 말 구입 자금을 사천(四川) 차[각차(榷茶)]의 전매 수익으로 충당하는 시스템을 11세기 중반에 완성시켜[다마무역(茶馬貿易)], 신법 정권하에 도대제거다마사(都大提擧茶馬司)를 설치해 연간 1만 5천 마리의 말을 조달하는 데 성공했다(梅原 1973).

남송은 중원을 상실했기 때문에 국내에서 말을 생산하는 것은 절망적이었다. 그리하여 사천의 차와 비단을 밑천으로, 청해(青海)에서 나는 진마(秦馬), 사천 서부의 천마(川馬), 운남(雲南)의 광마(廣馬) 등 연간 1만 마리에 가까운 말을 사들였다. 이 말들은 대군이 주둔하던 금(金)과의 국경지대나, 수도였던 임안(臨安) 등 동쪽으로 옮겨졌다. 육로로 말을 장거리 운송하는 것은 매우 힘든 작업인 데다 강남의 습윤한 풍토까지 영향을 미쳐, 말의 중도 사망으로 발생하는 손실이 적지 않았다(曾我部 1974).

한편 유목이 성했던 거란[契丹, 요(遼)]에서는 관영 목장이 설치되어 군목사(群牧司)가 통괄하였다. 금(金)도 거란을 답습하여 군목사를 두었다. 말을 키우는 것은 주로 거란인이었고, 내몽골 초원이 주된 산지였다.

13세기에 유목민의 기마 군사력으로 유라시아를 통합한 몽골은 그때까지 중국 왕조가 보유했던 말의 수를 훨씬 뛰어넘는 규모로 대량의 말을 생산·보유했다. 중국을 통일한 대원(大元) 울루스[즉 원조(元朝)]에서는 유목 집단들이 각자 알아서 말을 사육했으며, 그 외에 동쪽으로는 한반도 끝 먼 바다에 떠오른 탐라[耽羅, 제주도(濟州道)], 북쪽으로는 몽골 초원, 서쪽으로는 감숙의 기련산 기슭, 남쪽으로는 운남에 이르기까지 질 좋은 초원이 있는 지방에 수많은 관영 목장이 설치되었다. 몽골 지배하의 중원은 몽골 왕후(王侯)의 투하령(投下領)으로 분할된 결과(···→ 테마 28 〈투하령〉, 271쪽), 이전 시대보다 목축이 성행하여 농지와 목지가 인접한 광경이 흔치않게 나타났다. 쿠빌라이 시대 이후 몽골 초원이나 중앙아시아 지역에서 몽골인끼리의 전투가 자주 발생할 때에는, 심지어 중원에서까지 민간의 말을 구입하거나[화매(和買)] 징발했다[괄마(括馬)].

명조는 북변에 장성(長城)을 구축하여 몽골과 대치하였으므로 국경 방비를 위해 대량의 군마가 필요했다. 관영 목장 경영은 실패로 돌아가, 중원에서는 민간의 목축[民牧]이 마정(馬政)의 중심이 되었다. 명의 민간 목축은 마호[馬戶, 즉 말을 사육하도록 지정받은 민호(民戶)]가 키운 말을 태복시(太僕寺)로 보내면, 그곳에서 수도인 북경이나 변경으로 공급하는 구조였다. 15세기 중반의 "토목(土木)의 변(變)" 이래로 매년 태복시로 보내지는 말은 2만 마리로 정해졌다. 그러나 말을 방목하는 초지가 감소하면서 말의 질이 저하되는 문제가 생기자, 명조는 점차 마호(馬戶)에게 말 대신 은을 납부하도록 하였고[절은(折銀)], 민간의 목축은 차차 쇠퇴하였다. 한편 명 초기부터 북변에서는 몽골, 여진, 티베트계 집단과의 교역을 통한 말 구입[市馬]이 행해지고 있었다(···→ 테마 37 〈호시〉, 343쪽). 특히 중요한 것은 북송과 마찬가지로 섬서(陝西)에서의 다마무역으로, 명 말에는 교역 규모가 연간 1만 마리에 달했다. 다마무역에는 민간 상인도 참여하여, 그들이 사들인 말이 중원 내지까지 유통되었다. 명 말에는 태복시가 이런 말을 사서 민간 목축 부진에 따른 부족분을 메웠다(谷 1972).

청을 건국한 만주족(滿洲族, 즉 여진)은 말의 산지인 만주 평원을 근거지로 하여 원래부터 말과 관계가 깊었다. 청조는 확대 과정에서 내몽골의 유목민 집단을 끌어들여 유목에 적합한 차하르 등 내몽골의 풍부한 초원지대를 말의 주요 산지로 삼았다. 따라서 중원 내지에서 말을 생산할 필요가 없어졌고, 치안상의 이유로 아예 말 사육을 금지하는 경우도 있었다. 명 대부터 이어져 온 섬서에서의 다마무역 역시 사라졌다. 황제 전용 어마(御馬)와 정부가 관리하는 관마(官馬)는 각각 내무부(內務府) 관할하의 상사원(上駟院)과 태복시의 목창(牧廠, 관영 목장)에서 생산되었지만, 주요한 목창은 전부 내몽골 초원에 있었고 몽골인이 사육을 담당했다. 청의 군마는 최전성기에 20만 마리가 넘었다고 추정하고 있다. 북경과 지방에 주둔하며 군사력의 중핵을 이루던 팔기(八旗)[경기(京旗), 주방팔기(駐防八旗)]의 정예부대용 주력 군마는 내몽골의 말로, 관영 목장 외에도 교역을 통해 조달되었다. 그 외에 청의 영토 확장에 따라 감숙과 신강(新疆)에도 목창(牧廠)이 설치되었는데, 여기서 생산된 말은 서방 주둔부대의 군마로 사용되었다. 19세기 후반에는 화기와 총포로 무장한 회군(淮軍) 등의 의용군과 군벌 세력이 신장하면서 팔기군의 비중이 낮아졌지만, 20세기 전반까지 전쟁에서 말의 중요성은 줄어들지 않았다. 민국 시기 이후에도 청 이래의 내몽골에서의 말 생산이 계속해서 중시되었다.

[참고문헌] 謝 1959.

테마 7 ／ 유목 국가의 계절 이동

후루마츠 다카시(古松崇志)

건조한 중앙 유라시아의 초원지대에서는 예로부터 유목이 이뤄졌다. 유목이란 동영지(冬營地)와 하영지(夏營地)를 축으로 매년 정기적으로 여러 번 이동하면서 목축을 하는 생활 방식이다. 유목 생활에서는 길고 엄혹한 겨울을 나야하는 동영지가 특히 중요한데, 이 동영지를 공유하는 가족을 기초로 하여 부족 또는 씨족으로 불리는 집단이 형성되었다. 그러한 유목 집단 여러 개가 연합하여 유력 부족의 족장을 군주로 추대해 "유목 국가(遊牧國家)"라 칭하는 정치집단이 탄생한다. 유목 국가에 속하는 각 유목 집단은 군주로부터 휘하의 목민(牧民)과 목지(牧地)의 소유권을 인정받거나 혹은 새롭게 분배받거나 하여, 자신의 유목 영역[遊牧圈]을 확보하고 그곳에서 유목생활을 한다. 그리고 군주 자신도 근거지에서 유목생활을 하는 것이 통상적이었다. 한편 유목 국가를 구성하는 유목 집단은 전시에는 기마군단으로 변모한다. 기동력이 뛰어난 기마군단은 약 3,000년 전에 승마기술이 보급된 이후 장기간 최강의 군사력으로 군림했다(⋯→ 테마 6 〈마정〉, 77쪽). 이를 무기로 삼은 유목 국가는 때때로 오아시스 농경민 등 주변세력을 지배하에 두었다.

중앙 유라시아 동부에 위치한 몽골 초원은 역사상 중국 본토와 관계가 깊다. 이곳에는 빼어난 대초원이 있으며, 기원전 3세기에 흉노가 발흥한 이래 선비(鮮卑), 유연(柔然), 돌궐(突厥), 위구르, 몽골 등 강력한 유목 국가가 탄생한 요람의 땅으로 이름 높다. 이들 유목 국가가 세력을 확대했을 때에는 남쪽에 이웃한 중원을 위협하는 경우가 많았다. 그렇기 때문에 한과 흉노의 병립 이래, 중원의 "중국 왕조(中國王朝)"와 몽골 초원의 "유목 국가(遊牧國家)"의 남북 대치가 유라시아 동부 역사 전개의 기조(基調)를 이루었다. 또 중원과 몽골 초원의 경계지대는 농경민과 유목민 쌍방이 섞여서 사는 "농목(農牧) 경계지대"로, 이 일대를 발판으로 유목민 집단이 남하하여 중원 내부로 유입하거나, 유목 국가가 중국 본토에 진출하는 사례가 역사상 몇 번이나 있었다(森安 2007).

유목민의 중원 남하는 약해진 흉노가 후한에 신하로 복속한[臣屬] 후, 후한 말에 동란이 발생하면서 본격화되었다. 그 와중에 선비족 탁발부(拓跋部)를 중핵으로 북위가 대두하여, 5세기 전반에 중원을 통일하기에 이르렀다. 북위의 군주는 한화 정책(漢化政策)이 진척되는 낙양(洛陽) 천도(494년)까지 중국인에게는 "황제"로, 유목민에게는 "카간(유목군주의 칭호)"으로 군림했다. 수도인 평성[平城, 현 산서성(山西省) 대동시(大同市)]을 중심으로, 여름부터 가을까지는 음산(陰山)이나 하서[河西, 황하 남류부(南流部)의 서쪽]로 가서 지내고, 겨울부터 봄까지는 산동(山東)으로 가서 지내는 계절 이동을 반복하고, 행행(行幸, 천황의 외부 행차－옮긴이) 장소에서는 수렵과 활쏘기를 하면서 유목군주로서 무위(武威)를 과시했다. 북위 이후 수와 당에 이르는 일련의 왕조는 모두 선비족 탁발부 출신이므로 최근에는 "탁발국가"라고 총칭하고 있다. 장안(長安)에 수도를 둔 당 황제들은 이제 유목생활을 하지는 않았지만 수도에서 외출하는 경우가 많았고 관중에 식량이 부족할 때에는 백관을 이끌고 양식을 얻기 쉬운 동도(東都) 낙양까지 행행하는 사례도 빈번했다. 황제가 식량을 찾아 이동한다는 발상은 중국 왕조의 전통이 아니라, 기동성이 뛰어난 유목민 풍습에서 유래할 가능성이 높다. 북위에서 당에 이르는 "탁발국가"의 연속성을 엿볼 수 있다(藤井 2005).

10세기에 거란(요)이 발흥하여, 몽골 고원 동남부를 근거지로 중원 북부(북경 및 대동 지역)까지 판도를 넓혔다. 거란의 지배집단은 매년 계절 이동을 하면서 유목·수렵생활을 영위했으며, 황제가 체재하는 곳은 거란어로 "날발(捺鉢)"이라고 불렀다(傅 1984). 거란에서 주목해야 할 점은 초원지대의 황제나 왕후의 유목지에 성곽도시를 건설했다는 점인데, 한인 등 이주자를 정착시켜 이를 건설하고 생활거점으로 삼게 한 것이다. 이 정책은 몽골 시대로 계승되었다.

13세기에 쿠빌라이가 건국한 대원 울루스(元朝)는 대도(大都, 현재의 북경)를 겨울의 수도로, 상도[上都, 내몽골 정람기(正藍旗)]를 여름의 수도로 정하고, 몽골 황제(칸. 카간의 발음이 변화한 것)는 매년 궁정과 군대를 이끌고 거의 350킬로미터나 되는 두 수도 사이를 왕복했다. 대도와 상도를 잇는 몽골 조정의 이동권(移動圈)은 다양한 생산 도시 및 창고, 군사거점, 관영 목장이 설치되어 군사·정치·경제의 중추기능이 집중된 일종의 수도권(首都圈)이 되었다. 몽골 초원, 중원 각지에 분봉(分封)을 받은 몽골 왕후(王侯)도 마찬가지로 유목권(遊牧圈)을 보유하고, 하영지와 동영지에는 성곽도시를 구축하여 거점으로 삼는 경우가 많았다(杉山 2004)(⋯→ 테마 28 〈투하령〉, 271쪽).

거란과 몽골의 황제(카간, 칸)는 중앙 유라시아에 있는 대부분의 유목 국가와 마찬가지로 투르크어나 몽골어로 "오르도"라고 불리는 이동식 천막에 거주했지, 성곽도시 안에 사는 경우는 없었다. 황제가 있는 곳이 바로 조정(朝廷)이었으며, 황제는 그곳에서 명령 문서를 각지에 보내 통치했다. 숙영지(宿營地)에는 크고 화려한 장막을 설치하여 후비·왕후·신료를 한곳에 모아놓고 조회(朝會)와 연회·의례를 거행했으며, 외국 사절의 알현 역시 이곳에서 행했다. 황제의 숙영지에는 많은 사람들이 모여들기 마련이어서 필연적으로 다양한 물자와 상품이 필요하므로 상인과 직인(職人)이 모여들어 이동식 시장이 개설되었다.

한편 청의 경우, 황제가 명조를 따라 북경 자금성(紫禁城)에 거주하고 왕조의 중핵군단인 팔기(八旗)를 북경성 안팎에 모여 살게 했으며 일족에게 분봉을 하지 않아 몽골과 같은 유목 국가와는 확실히 달랐다. 하지만 청조는 확대 과정에서 내몽골의 유목 집단을 휘하에 끌어들여 몽골왕가와 통혼하는 등 밀접한 관계를 맺고 있었으며, 몽골의 정치·문화로부터 큰 영향을 받았다. 그 점은 강희(康熙)와 건륭(乾隆) 두 황제의 계절 이동에서 잘 드러난다. 즉 원의 상도(上都)에서 비교적 가까운 목란[木蘭, 하북성 위성

(圍城)]에 황제 전용 사냥터를 마련해 두고 그 남쪽인 승덕(承德)에는 피서산장을 지어, 매년 여름이면 황제가 더위를 피해 이곳으로 행차해 휘하의 만주족, 몽골 군단과 함께 몰이사냥을 즐겼다. 황제는 자금성에서는 "중화"의 천자(天子)로 신민에게 군림했다. 다른 한편 승덕에서는 1,000명은 족히 수용할 수 있는 "시라 오르도(황금의 장막)"라는 거대한 몽골 전통 장막을 쳐 놓고 조회와 의례·연회를 열면서 "유목군주"인 한(칸의 음이 변한 것)으로 행세했던 것이다(岩井 1991, Millward 2004).

[참고문헌] 杉山 1997.

제 1 장

선사 시대~진한(秦漢)

고대 제국의 형성과 분해(3세기까지)

미야케 키요시(宮宅潔)

제1장 **선사 시대~진한(秦漢)**

고대 제국의 형성과 분해(3세기까지)

1. 문명의 탄생과 왕권의 형성(기원전 2000년대까지)

농경의 시작과 계층 분화

지금부터 약 1만 년 전에 빙하기가 끝나자 지구 기후는 점차 따뜻하게 바뀌어, 황하 유역에서는 조와 기장 같은 잡곡을 토기에 쪄서 먹기 시작했다. (야생이 아닌-옮긴이) 재배된 조와 수수의 출현은 기원전 6000년경까지로 소급된다. 이렇게 밭농사로 잡곡을 재배하는 지역에서는 연작(連作)의 부작용을 피하기 위해 끊임없이 경작지를 옮겨야 했기에 처음에는 촌락의 존속 기간이 짧았다. 하지만 기원전 5000년대가 되면 대규모의 촌락도 나타났다. 여러 종류의 잡곡 재배와 수렵·채집 및 가축 사육을 조합하여 다각적인 생업 형태를 영위하게 되면서 장기적인 정주가 가능하게 되었다(甲元 2001, ···▸ 테마 1 〈황토〉, 57쪽).

한편 장강 유역에서는 벼의 존재가 일찍부터 확인된다. 이 벼가 야생종인지 재배종인지는 확실하지 않지만, 기원전 1만 년경에는 이미 벼를 이용하기 시작했으며, 기원전 6000년대[年紀]까지 내려오면 도작(稻作)의 개시가 거의 확실시된다. 하지만 유적은 하천이나 호수, 못에 면해 있으며 돌로 된 어로 도구가 다수 출토되고 있어, 이 시기의 식량원은 민물 생선의 포획에도 크게 의존하고 있음을 알 수 있다. 기원전 5000년대에 이르러 인공적으로 수전(水田)을 경영하게 되면서 연작의 부작용을 걱정할 필요가 없어졌고, 생산성이 향상되면서 성곽으로 둘러싼 촌락이 출현한다.

초기 취락에서는 주위를 빙 둘러 도랑을 파고 가옥의 입구가 중앙 광장을 향하게 하는 등 외부와는 일정한 긴장관계를 유지하면서 내부적으로는 강한 연대를 추구했던 것을 엿볼 수 있다. 연대의 중심에는 모종의 통솔자가 있었다고 생각되지만 명확한 계급 차이는 아직 존재하지 않았다. 그러나 기원전 3000년대가 되면 계급이 분화되었음을 확실히 알 수 있다.

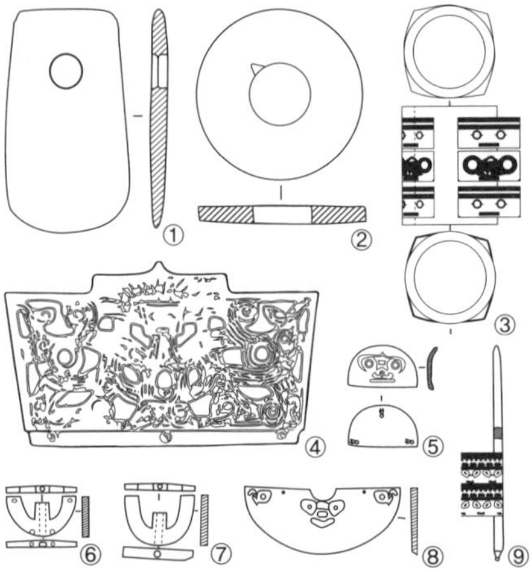

그림 4 양저(良渚) 유적 반산(反山) 분구묘(墳丘墓)의 옥기(玉器)

주: ① 월(鉞, 옥도끼*), ② 벽(璧, 둥근 옥*), ③ 종(琮, 옥홀*), ④ 관 모양 장식[冠狀飾], ⑤ 반원 형태의 관 모양 장식[半圓形冠狀飾], ⑥, ⑦ 세 갈래 형태의 관모 장식[三叉形冠飾], ⑧ 황(璜, 둥근 벽옥을 두 쪽 낸 모양의 옥*), ⑨ 송곳 형태의 장식[錐形飾]

* 설명은 옮긴이.

출전: 宮本 2005.

예를 들어 장강 하류 지역의 양저(良渚) 유적에서는 거대한 성곽이 발견되는데, 성곽 안에는 다수의 옥기(玉器)를 부장한 대형의 분구묘(墳丘墓)가 존재한다. 이런 분구묘들은 특정 집단 성원들의 묘를 모아 둔 것으로 보이며, 일반민이 매장되는 공동묘지와는 다른 장소에 조성되어 있다. 말하자면 가계(家系) 단위로 신분 차이가 생겨났다고 할 수 있다. 또 고도의 제작 기술이 필요한 옥기가 등장한 것은(그림 4) 이를 전문 직업으로 삼는 공인(工人) 집단이 이미 형성되었음을 의미한다.

같은 시기에 황하 유역에도 성곽 취락이 나타나 계층 분화를 확인할 수 있다. 예를 들어 산서성(山西省) 도사(陶寺) 유적에서는 700여 기(基)의 묘로 이뤄진 공동묘지가 발견되는데, 부장품이 풍부한 대형묘가 전체의

1%, 중형묘가 10% 정도였고, 나머지 90% 가까이는 부장품이나 장례용품이 없는 소형묘였다. 소수의 지배계층 아래에 피라미드형 계층 구조가 형성된 것으로 보인다. 또 도사 유적 주위에 소규모 유적들이 산재해 있는 것으로 보아 취락 사이에도 지배-종속 관계가 생겨나고 있었다고 추정된다.

성곽 취락의 출현, 나아가 살상용으로 특화된 돌화살촉[鏃]이 등장, 폭력적으로 살해된 유골의 출토 사례가 증가하는 것은 기원전 3000년대의 황하 유역이 전란에 휩싸였음을 말해 준다(岡村 2008). 또 도사의 대형묘 출토품 대부분이 의례에 사용된 기구들이어서 이 당시 제사가 더욱 중요해졌고, 지배층이 이를 주재했음을 알 수 있다. 군사와 제사를 장악한 추장(酋長)이 출현하였으며, 그들 지배층과 전문 직업집단을 부양할 수 있을 만큼의 잉여생산도 생겨났다.

교역과 교류

기원전 3000년대에는 특정 물자가 광범위하게 교환되었고, 이와 함께 문화 교류도 이루어지기 시작했다. 대표적인 것이 옥기의 증여와 분배이다.

중국에서는 옥에 대한 숭배가 선사 시대 때부터 존재하여, 의식을 행할 때에 옥은 신의 매개물로서 혹은 참가자의 장신구로서 중요한 역할을 했다. 특히 양저 문화에서는 옥벽(玉璧), 옥종(玉琮), 옥월(玉鉞) 등 특징적인 옥기가 제작되어 독특한 옥 문화가 형성되었다. 양저의 옥기는 주변 지역의 추장 묘에서도 발견되는데, 그 형태나 부장 수량에 차이가 있었다. 모종의 정치적 관계로 종속된 중·소급의 추장에게 옥기를 증여하여, 추장들 사이에 서열화가 진행되고 있었던 것으로 보인다. 양저의 옥기는 황하 유역에서도 많이 발견되는데, 그 범위가 섬서성 북부까지 이른다. 취락 내의 제사 구덩이에서 출토된 것으로 보아 공동의 제사에 사용되기도 한 것 같다. 한편 양저의 옥기를 모방하는 등 각지에서 독자적으로 만든 옥기도 존재하는데, 그 수용과 사용 방식은 지역마다 다양했다.

옥이 동남 지역에서 북쪽으로 또 서쪽으로 전해진 것에 비해, 보리와 양은 서쪽에서 동쪽으로 전파되었다. 서아시아에서 기원하여 기원전 3000년대에 중국에 들어온 보리는 기원전 2000년대 후반에 황하 하류 지역까지 전파되었다. 마찬가지로 서아시아에서 기원하여 기원전 4000년대에 황하 상류 유역에 처음 등장한 양은 기원전 3000년대에는 화북 평원까지 전파되었다. 양의 전파를 전후하여 "복골(卜骨)", 즉 동물 뼈를 뜨겁게 달구어 거기에 생겨난 균열 모양으로 길흉을 점치는 풍습이 황하 상류에 나타났는데, 그 재료로 양의 뼈가 사용되었다. 양의 사육과 복골 풍습은 서쪽으로부터 동시에 전파·확대되었다고 추정된다(岡村 2008).

그 외에 개오지[寶貝, 子安貝]나 터키석과 같은 귀중한 위신재(威信材, prestige goods),[18] 또 전문 직업집단이 대량으로 만들게 된 토기도 이미 "상품"으로 유통되었을 것으로 보인다. 기원전 3000년대에 성곽 취락이 출현하고 계층이 분화된 것은 이러한 물자를 보관하고 교환하기 위한 "장소"와, 그것을 관리할 특정한 "계층"이 필요했기 때문이라고도 한다(小澤 외 1999). 교역 및 사람의 이동 증가가 정보량을 증가시키고, 사회에 어떠한 자극을 준 것만은 확실하다.

다만 이 시기의 교역과 교류는 하나의 중심지로부터 일방적으로 퍼져나가는 것이 아니라, 몇 개의 중핵을 가진 쌍방향적인 것이었다. 그런데 기원전 3000년대부터 기원전 2000년대 초에 걸쳐 양저 문화를 비롯한

18 필수품과 구별되어 소유자의 권력과 지위를 나타내는 물건을 지칭하는 인류학 용어-옮긴이.

장강 유역 문화나, 화북 동부의 산동 용산(龍山) 문화가 연달아 쇠퇴하면서 수천 년에 걸쳐 각지에서 발전해 온 지역문화는 크게 변모하게 되었다. 이리하여 종전의 네트워크가 해체되자, 그 대신에 황하 중류 유역이 핵이 되어 그곳에서부터 방사형으로 문화가 발신되는 새로운 패턴이 생겨났다(岡本 2008).

이리두(二里頭) 문화 : "하(夏) 왕조"의 탄생

기원전 2000년대 황하 중류 유역에 이리두(二里頭) 문화가 출현했다. 그 표준 유적인 하남성(河南省) 언사(偃師) 시의 이리두 유적은 황하 지류인 낙하(洛河)의 남쪽, 이하(伊河)의 북쪽에 위치한다. 유적 중심부 가까이에 궁전(宮殿) 지구로 보이는 일대가 있고, 그 주위에서 거주지 및 묘, 청동기·도기 제직터가 빌굴되었다. 전체 모습이 밝혀진 두 곳의 궁전 유적지 중에 1호 궁전(그림 5)에는 사방 약 100미터의 기단(基壇)이 있고, 그 주위를 회랑(回廊)이 둘러싸고 있으며, 그 안쪽으로 북쪽으로 조금 치우진 곳에 정전(正殿)이, 남쪽에는 중정(中庭)이 펼쳐져 있다. 이곳에서는 생활의 흔적을 알 수 있는 물건은 발견되지 않아, 중정에 많은 참가자들이 모여 제사나 의례를 집행하던 정치·종교 시설이었을 것으로 추정된다.

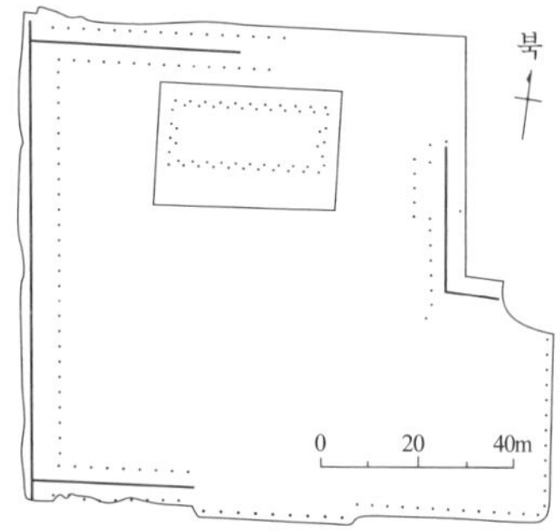

그림 5 이리두(二里頭) 1호 궁전 유적지
출전: 小澤ほか 1999.

이리두 문화 시대에는 청동기 제작이 시작되어 무기와 주기(酒器) 등이 주조되었다. 주기 제작에는 내형과 외형이 다 필요했으므로 이미 상당한

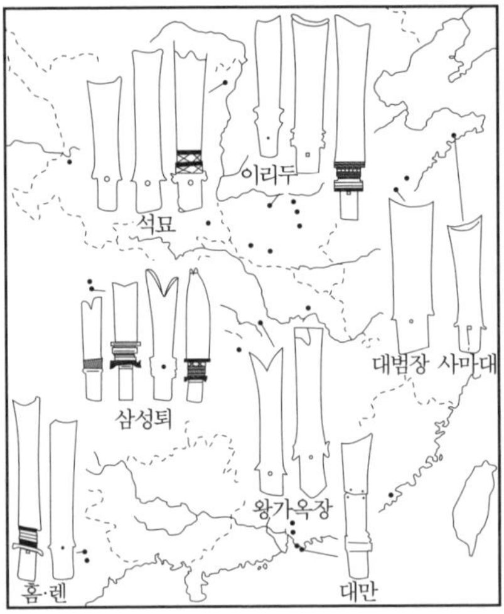

그림 6 옥장(玉璋)의 확산
출전: 岡村 2008.

수준의 도범(陶范) 기술이 개발되었다고 할 수 있다.[19] 한편 청동으로 만든 농기구는 거의 발견되지 않는 것으로 보아, 청동기가 일상생활에는 아직 침투하지 않았던 것 같다. 청동기의 제작은 지배자가 독점하였고, 궁전 내의 음주와 의례 같은 의식의 장에서 주로 사용하였다.

의식에서 중요한 역할을 하는 옥기에도 새로운 전개가 나타났다. 양저의 옥기를 비롯한 각지의 옥 문화가 일단 쇠퇴한 후, 옥장(玉璋, 옥으로 만든 홀의 일종－옮긴이), 옥도(玉刀, 옥 칼－옮긴이), 옥부(玉斧, 옥 도끼－옮긴이), 옥과(玉戈, 옥 창－옮긴이) 등 이리두의 독특한 옥기가 나타났다. 그중에 긴 직사각형 모양으로 윗부분이 칼처럼 되어 있는 옥장(玉璋)은 이리두 문화에서 주변으로 퍼져 나가 대단히 광범위하게 출토되고 있다(그림 6).

옥장 이외의 제기(祭器)도 각지로 퍼졌다. 3개의 주머니 모양의 발과 손잡이가 달린 "화(盉)"는 원래 산동 지방에서 기원했는데, 이리두 문화에서는 이것을 청동으로 제작하여 특별한 주기(酒器)로 발전시켰다. 화(盉)는 북쪽으로는 요하(遼河) 유역, 남쪽으로는 장강(長江) 하류 유역 및 사천성(四川省)에 이르기까지 광범위한 지역에서 출토되고 있다. 이들 지방 출토품

19 도범은 진흙으로 빚은 도기로 거푸집을 만들어 청동기를 주조하는 방식인데, 안팎에 따로 외범과 내범을 만들어 청동기를 주조한 뒤 결합하는 합범(合范)이 이 시기에 이미 있었음을 지적하고 있다－옮긴이.

들은 표면의 무늬가 이리두의 것과 다른 경우도 있어서 직접 가지고 온 것이 아니라, 제기 모양에 대한 정보를 바탕으로 제작하거나 혹은 실물을 보고 모방하는 방식으로 퍼져 나간 것이 확실하다.

옥장이든 "화"이든, 이런 제기들은 이리두 문화에서 (각지로-옮긴이) 직접 바로 도입된 것이 아니다. 당시 존재했던 지역 간 교류 네트워크를 타고 서서히 전파된 것이며, 전파 과정에서는 지역마다 독특한 변용이 가해졌다. 그러나 그 문화가 파급된 범위는 넓었으며, 단순한 인접 지역 간의 느슨한 교류라는 차원을 훨씬 뛰어넘는다. 또한 원격지로 퍼져 나간 것은 실용품이 아니라 제사에 사용되는 의례용 기물이었다는 점도 주목해야 한다. 이리두 문화는 황하 중류에서 처음으로 나타난 강력한 "문화" 발신원이었다(岡村 2008).

은허(殷墟)에서 출토된 갑골사료로 사서(史書)에 기록된 은 왕조가 실재했음은 이미 확인되었고, 이 은허 문화와 공통점이 있는 이리강(二里岡) 문화는 은 전기(前期)에 해당할 것으로 추정된다. 나아가 많은 연구자들은 이리강 문화보다 시기적으로 앞서는 이리두 문화를 은 이전에 존재했다는 "하 왕조"의 유적으로 보고 있다. "하"의 존재를 증명할 문자 사료가 출토되지 않는 이상, 이리두 문화를 "하 왕조의 문화"로 바로 판정하는 것에는 아직 신중해야 하겠지만, 중국 전역에 걸쳐 영향력을 가진 문화가 황하 중류 유역에 등장했음은 인정해도 좋을 것이다.

기후 변동과 생업의 변화

빙하기가 끝난 뒤, 기원전 5000년대부터 기원전 3000년대 중반에 걸쳐 히프시스멀(Hypsithemal)이라 불린 온난기가 나타나, 기원전 3000년경 동아시아의 기후는 현재보다 1~3℃나 따뜻했다. 지금은 황량한 황토 평원이 펼쳐져 있는 황하 유역에도 자작나무, 졸참나무, 뽕나무 등 낙엽수림이 무성하였고, 부들이나 갈대처럼 습지에서 자라는 식물도 우거져 있었다. 또 열대나 아열대 기후에만 보이는 말레이 맥이나 날쥐가 살고 있었다고 한다(竺 1972). 하지만 기후가 차게 변하면서 황토 지대에서는 산림이 줄어들고 초원이 확대되었다. 기원전 2000년을 전후한 이러한 기후 변동이 양저 문화의 쇠퇴를 초래했다고 보는 시각도 있다.

그런 가운데 황하 중류 유역에서는 다양한 재배곡물을 도입하고 품종을 선별함으로써 생산력이 향상되었다. 남방에서는 벼가, 서방에서는 보리가 도입되었고, 또 독자적으로 대두를 재배하게 되면서 다양한 곡물을 효율적으로 윤작할 수 있게 되었다. 식물 종자를 분석해 보면, 야생풀의 종자 숫자가 뚜렷이 감소하고 있어, (농사에 적합한 종자만을 선택적으로 널리 재배하고-옮긴이) 야생종을 배제함으로써 생산량을 증대시키려 하였음을 알 수 있다. 윤작으로 위험률을 분산시키고 품종을 개량함으로써 황하 중류의 문화는 기후 악화에 대응할 수 있었다고 본다.

기후 변동에 따라 가축 사육에도 변화가 나타난다. 그때까지 가장 널리 사육된 가축은 돼지였다. 돼지는 다산에 빨리 자라고 식성도 좋아 다른 가축 동물에 비해 더 적은 사료로도 사육할 수 있다. 손이 많이 가지 않기 때문에 농경을 하면서 집집마다 부업으로 돼지를 키우는 것도 충분히 가능했다. 봄과 여름을 지나며 성장한 돼지 중에 번식에 필요하지 않은 돼지는 겨울을 날 사료가 필요해지기 전 가을과 겨울 사이의 제사 때 희생 공물로 올려 소비하는 사이클이 구축되어 있었을 것으로 생각된다.

그러나 기원전 2000년대가 되면, 황하 중류와 하류 유역에는 여전히 돼지가 주류였으나 상류 유역에서는 양의 사육이 늘어났다. 양은 초식동물이기 때문에 식량을 두고 인간과 경합 관계에 있지 않았고 건조한 기후에도 강하다. 기후가 한랭·건조해지면서 황하 상류 지역의 초원 면적이 서서히 확대되었고, 이에 대응해야 했기 때문에 양 사육 비율이 높아졌을 것이다. 기원전 2000년대 초기에는 여전히 잡곡이 재배되고 있었지만, 후기에는 (농경이) 사라지고 완전한 목축경제로 이행한다.

같은 시기 장강 유역에서는 돼지 대신에 사슴이 육식의 중심이 되었다. 사슴과의 동물은 중국 전역에 살고 있어서 가장 일반적인 수렵의 대상이었다. 기후가 온난했던 장강 유역에서는 생업이 도작에 집중되어 가축을 사육하지 않았기 때문에 주변 삼림에 사는 사슴을 사냥하는 것으로 비중이 옮겨 갔을 것이다. 가축 사육은 곡물 재배에 비해 경제적으로 효율성이 낮아, 1헥타르당 에너지 산출량이 밀 재배의 약 20분의 1밖에 되지 않는다. 가축은 어디까지나 보조 식량원이었고, 곡물의 증산이야말로 식량 생산에서 가장 중요한 과제였다.

이처럼 이 시기 황하 중·하류 유역과 상류 유역, 장강 유역 사이에는 지역 간 차이점이 분명히 드러난다(岡村 2009). 육식을 분석해 보면 도시와 농촌 간의 차이도 알 수 있다. 황하 중류와 하류 유역에서는 돼지 사육이 여진히 주류였지만, 은(殷) 전기의 유적인 이리강 유적에서 발견된 동물 뼈 가운데에는 소의 비중이 대단히 높다. 제사를 위해 몸 전체를 그대로 묻은 동물의 뼈 중에도 소와 말의 뼈가 많아진다. 사육에 시간이 많이 걸리고 손이 많이 가는 대형 가축을 도시에서 대량으로 소비하게 되었고, 왕권이 그 생산을 직접 관리하는 체제가 이미 구축되어 있었다고 할 수 있다.

농업과 목축의 발전은 전사와 마차를 대량으로 투입하는 장거리 원정을 가능하게 해 주었다. 은 왕조, 또 그 뒤를 이은 주 왕조는 모두 무력으로 일군 왕조였으며, 군사력을 배경으로 한 지배가 더욱 광범위하게 실현되게 되었다.

2. 읍제국가(邑制國家)의 통합(기원전 17세기~기원전 5세기)

은 문화의 확대 – "이리강(二里岡) 임팩트"

갑골문에서 은 왕조는 실제로 "대읍상(大邑商)"이라는 이름으로 나온다. "읍"이란 취락과 그 주위에 퍼져 있는 주민의 생활 영역을 가리키는 말이므로 "대읍상"이란 지배자인 은 왕이 거주하는 왕도(王都) "상(商)"과, 그에 부수한 주변 영역을 가리킨다. 은 왕조의 지배 체제는 "대읍상"을 정점으로 한 복수의 "읍" 연합체로 이루어져 있는데, 이러한 국가 형태를 중국에서는 "읍제국가"라 칭한다(그림 2, 43쪽).

왕도가 있는 정주(鄭州), 은허(殷墟) 주변의 황하 중류 유역에는 은 왕의 직접 지배에 복종하는 크고 작은 "읍"이 있어 은의 직할령을 이루었다. 그렇지만 그 범위는 현재의 하남성(河南省) 북부에서 하북성(河北省) 남부 부근으로 한정되었다. 그런 의미에서 은이란 당시 중원에 존재했던 여러 개의 왕권 중에서 제일 큰 것이었을 뿐이다. 그러나 은 문화의 영향력은 영역을 훨씬 뛰어넘어 더 먼 곳까지 침투해 있었다.

은 문화보다 앞선 이리두 문화도 대단히 광범위하게 확대되었으나, 그 영향력은 어디까지나 간접적인 것이었다. 그런데 은 전기(이리강 문화기: 기원전 17세기~기원전 15세기)가 되면, 문화의 주체였던 은인(殷人)들이 직접 각 지역으로 들어가 자신들의 청동기 문화를 전해 주었던 흔적이 확인된다. 그 이전까지의 문화 전파와는 양과 질 모두에서 달랐으므로 은 청동문화의 폭발적 확대를 "이리강 임팩트"라고 부르는 연구자도 있다(淺原 1985).

예를 들어 산서성(山西省) 원곡현(垣曲縣) 원곡산성(垣曲山城) 유적은 남북으로 400미터, 동서로 350미터의 성곽을 가진 도성 유적지인데, 성벽의 판축(版築)[20] 방식이나 성곽의 방위(方位)가 자석이 가리키는 정확한 북쪽보다 약간 동쪽으로 기울어 있다는 점에서, 이리강 문화의 주요 유적이자 은 전반기의 왕도로 보이는 정주(鄭州)의 상성(商城) 유적과 같다(그림 7). 출토된 토기 역시 정주성과 거의 일치하여, 은인(殷人)이 그곳에 옮겨가 살면서 성곽을 건설한 것이 틀림없다. 황하가 내려다보이는 언덕 맨 끝에 위치하며 일부 성벽은 이중으로 되어 있는 점, 그리고 유적 내의 십난 매상 구덩이에서 농으로 된 화살촉에 찔린 유골이 발견되었다는 점은 은인의 진출에 폭력이 동반되어 이 거대한 성곽이 군사적 긴장 속에서 세워졌음을 말해 준다.

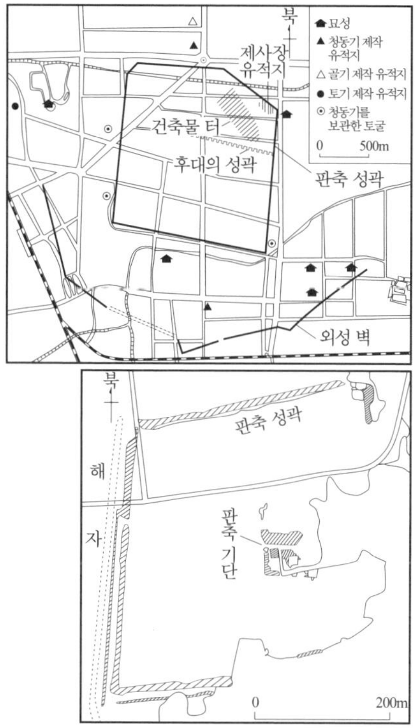

그림 7 정주(鄭州) 상성(商城) 유적(상)과 원곡(垣曲) 상성(商城) 유적(하)
출전: 小澤ほか 1999.

이리강(二里岡) 문화의 유적은 장강 유역에도 분포한다. 호북성(湖北省) 황피(黃陂) 반룡성(盤龍城) 유적은 무한 시(武漢市)에서 북동쪽으로 약 5킬로미터 떨어진 반룡호(盤龍湖) 북안(北岸)에 위치한 남북 290미터, 동서 260미터 규모의 성곽이다. 성곽 밖에는 다수의 묘가 있는데, 은 나라 형식의 청동

20 판자를 양쪽에 대고 그 사이에 흙을 넣어 꾹꾹 눌러 다져서 담이나 성벽을 쌓는 기법-옮긴이.

기가 함께 묻혀 있는 등 묘제(墓制)도 이리강과 공통점이 많다. 성 밖에서는 청동기와 토기를 만드는 공방 터도 발견되었다. 이러한 점에서 군사보다는 경제 면에서 비중이 있는 거점이었으며, 특히 장강 중류 양안(兩岸) 지대에 분포하는 동(銅) 자원의 지배를 목적으로 한 성곽이었을 것으로 추정된다.

갑골사료에 따르면 은 후기에 수도를 은허(殷墟)로 옮긴 후(은허기: 기원전 14세기~기원전 11세기)에도 무정기(武丁期) 즈음까지는 대외 원정이 반복되었는데, 이는 은 문화의 확대 경향과도 부합한다. 그러나 무정왕 이후가 되면 각지의 문화가 자립의 길을 걷기 시작하여, 청동기 형식에도 독자성이 나타났다. 위에서 거론한 원곡, 반룡 두 유적도 이리강 문화 말기에는 버려졌다가 은 왕권과 강하게 연관되면서 인위적으로 배치되었던 거점이었음을 알 수 있다.

은 왕조는 이러한 거점을 통해 각지의 세력을 지배하고 있었다. 그러나 그 지배는 직접적인 것이 아니라, 공납의 의무를 지우는 대신 은에서는 청동 예기(禮器)를 비롯해 하사품을 내려 주는 비교적 느슨한 지배였던 것으로 보인다. 은허에서 발견되는 남해산(南海産)의 개오지 조개나 고래 척추골(脊椎骨)도 그런 공납품 중 일부였을 것이다.

동 자원의 획득과 분배

동 자원 역시 중요한 공납품으로, 은인의 주변 지역으로의 진출은 동의 획득과 깊이 관련되어 있었다. 특히 장강 중류 유역에는 동 광산이 많았는데, 대표적인 광산 유적으로 강서성(江西省) 서창(瑞昌) 동령(銅嶺) 유적을 들 수 있다. 이 광산은 광물의 매장 심도가 얕아서 고대의 기술로도 채굴이 용이했는데, 이 부근의 유적에서 은 계통의 토기가 출토되고 있다. 은인은 장강을 넘어 계속 남하하였다. 호남성(湖南省)의 석문조시(石門皂市) 유적에서는 이리강(二里岡)의 토기와 함께, 동을 녹이는 용광로와 동 찌꺼기가 붙은 용기가 발견되었는데, 은인이 이 지역에 진출하여 동광석을 채취·정련·주조했었던 것으로 추정된다.

북방에서는 섬서성의 남전(藍田) 회진방(懷珍坊) 유적에서 이리강 시기의 토기와 함께 용광로의 벽 부분과 동 찌꺼기가 출토되어, 은인이 동광석을 찾아 이 지역까지 와서 채굴을 하며 정주했음을 알 수 있다. 회진방에서는 둥근 떡 모양의 무게 1.5킬로그램짜리 동괴 같은 것이 발견되었는데, 같은 모양의 동괴가 앞서 동령(銅嶺) 유적에서 70킬로미터가량 떨어진 동록산(銅綠山) 광산 유적 주변에서도 출토되었다. 왕조의 관리하에서, 무게 단위로서 규격화된 동괴가 원격지의 각 광산에서 정련되고 있었던 것 같다.

조달된 동 원료는 도시에 집하되어 청동기로 주조되었다. 정주성(鄭州城) 외곽에서는 청동기 공방 터가 여럿 발견되었는데, 장소에 따라 출토되는 주물 형태의 종류가 편중되어 있다. 공방 단위로 종류가 다른 청동기를 나누어 제작했던 것으로 보이며, 이는 왕조의 지시에 따른 분업이었을 가능성이 높다. 은의 청동기에는 최고신인 "제(帝)"의 상징인 복잡한 문양이 들어가는데, 그러한 주조 기술은 고도로 세련된 것이었다.

청동기 중에 정(鼎)이나 격(鬲)과 같은 예기(禮器)는 선조에게 제사 지낼 때 꼭 들어가는 물건으로, 점차 권력의 정통성을 과시하는 표상[regalia, 神器]으로서 정치적 의미를 띠게 되었다. 전설에 따르면, 하 왕조 때에 먼 곳의 여러 세력들이 복종의 표시로 각 지역 신들의 모습을 그린 것과 동 원료를 하 왕에게 헌상하자, 그것을 이용해서 여러 신들의 모습을 주조해 넣은 정(鼎)을 제작했다고 한다. "정의 무게를 묻다[問鼎]"라는 고사성어로 알려진 주(周)의 정은 바로 이 정들이며, 하에서 은을 거쳐 주 왕조까지 전해진 정이 당시에는 왕권의 상징으로 여겨졌다. 전설의 진위는 차치하고, 신상을 주조해 넣은 청동의 예기가 지배-피지배 관계를 떠받치는 장치였음을 이 일화에서 엿볼 수 있다. 은 왕조는 각 지역에서 바친 공납에 대한 답례로 자신들의 최고신 모습을 주조해 넣은 예기를 분배해 주고, 은의 제정(祭政) 시스템 속에 주위 세력을 편입시켜 지배했다고 생각한다.

마침내 은이 멸망하고 주 왕조[서주(西周): 기원전 11세기~기원전 8세기, 동주(東周): 기원전 8세기~기원전 3세기]가 성립했다. 주의 왕들은 각지에 제후를 봉하여[封建] 지배를 맡겼다. 청동기 명문(銘文)에 기록된 봉건의 실태를 전하는 기사에 따르면, 봉건을 할 때에는 군사권을 의미하는 활과 화살, 제사에 사용하는 수수로 담근 술과 함께 국자 등의 예기(禮器)를 내려 주었다. 예기는 제사권의 수여를 상징하는 중요한 하사품으로, 청동 예기의 원료가 되는 동괴 자체도 같은 역할을 했다. 왕에게 사여받은 동을 이용해 주조한 제기(祭器)에는 사여의 경위가 명문으로 기록되어 있어, 주 왕권과의 연계가 드러났다. 예기나 동 원료에는 강한 정치적 의미가 포함되어 있었다고 할 수 있다.

따라서 주 왕조에게 동 자원의 확보는 초미의 과제였다. 서주 중기에는 남방에서 나는 동의 집산지였던 회이(淮夷)—회하 지역—에 원정을 단행하였고, 또 서주 후기의 청동기인 "혜갑(兮甲)" 반(盤)의 명문을 보면 혜갑이란 인물에게 회이 남부에 가서 공납품을 징수하도록 명령하고 있다.

결국 은과 주 시대에 동 자원의 개발 및 원료의 운반·집적과 같은 활동은 순수한 경제 활동이 아니라, 정치 및 제사의 구조 속에 편입된 활동이었다고 할 수 있다. 이는 옥, 개오지 조개, 거북 등딱지[龜甲], 상아(象牙)의 "교역"이나, 왕의 농업 생산물 수탈, 즉 조세 징수에도 해당된다.

경지의 관리·개발 및 징세

『맹자』에 따르면, 상고 시대에는 넓이가 900무(畝)(약 16헥타르)인 정방형 경지가 우물 정(井) 자 형태로 9등분되어, 빙 둘러싼 8구획은 8농가가 각각 경작하는 한편, 가운데 구획은 공전(公田)으로서 8농가가 공동 경작했다. 이러한 토지 제도를 "정전제(井田制)"라고 한다. 은 대에 실시되었다는 "조(助)"라는 세제는 이 공전에서 나는 수확을 모두 조세로 납부하는 방식이었다. 그렇지만 주 대가 되면 정전제는 점차 시행되지 않게 되었고, 각자에게 주어진 토지에서 나온 수확의 10분의 1을 조세로 납부하는 "철법(徹法)"으로 바뀌었다고 한다.

실제 청동기 명문에 보이는 토지 구획이나 소유 관계는 더 복잡하고 다양해서 정전제가 일률적으로 시행되었다고 보기는 어렵다. 하지만 서주 시대의 농경 실태를 전해 주는 『시경(詩經)』의 농사시(農事詩)에는 "공전(公田)", "사(私)[전(田)]"란 글자가 나와서, "공"에 귀속되는 경지와 그 이외의 경지가 확실히 구별되었음을 알 수 있다. 이러한 "공전"은 조상에 대한 제사를 위해 씨족 성원이 공동으로 경작하는 제전(祭田)에서 기원했다고 한다(白川 2000). 원래는 씨족 제사를 위한 공유지였으나 영주나 왕의 제사가 더 중요한 제사로 군림하게 되면서, 결국 제전은 영주와 왕의 영토로 편입되어 버리고, 이곳의 경작은 부역 노동으로 바뀌게 되었을 것이다. "조(助)"라는 글자를 구성하는 "차(且)"는 조상신[조(祖)]을 가리키며, 그 제사를 위해 "힘[力]으로" 봉사하는 것이 바로 "조(助)"이다. 농산물을 바치는 것이 "조(租)"라는 해석은(宮崎 1933) 이러한 이해와 딱 맞는다. 농산물의 수탈은 원래 지배자가 실시하는 제사에 바칠 공납(貢納)으로 부과되었던 것이다.

그러나 이러한 "징세(徵稅)"는 읍(邑)의 통합과 그에 따른 왕권 강화, 토지 제도의 변혁에 따라 맹자가 말한 대로 변화했다고 생각된다. 시대를 내려가 기원전 594년이 되면, 노(魯)나라에 "처음으로 무(畝)에 과세하는" 새로운 제도가 도입되어 단위 면적에 따라 수확물을 납부하도록 하는 세제가 등장했음이 확인된다.

서주의 청동기 명문에는 제후에게 부여한 영지 내의 읍과 하천, 사람의 수가 명기되어 있는 경우가 있는데, 장소에 따라서는 꽤 엄밀한 토지, 호구 관리가 행해지고 있었음을 알 수 있다. 읍은 "이(里)"나 "인(隣)"과 같은 단위로 구성되었고, 그 각각에 관리자가 배치되었다. "이"와 "인"에는 여러 혈연집단이 거주하였으므로 그 관리자도 일족의 장이 아니라 지역행정관의 색채를 띠고 있었다(伊藤 1987).

그 후에 서주 공왕(共王) 시기 즈음을 전환기로 하여 읍에 귀속된 경지(및 그곳을 경작하는 인간)의 일부가 잘게 나눠져 할양되는 현상이 나타난다. 또 이왕(夷王)－여왕(厲王)(기원전 9세기) 시기에는 서주의 도읍이 있었던 섬서(陝西)에서 서방과 북방의 대토지 개발이 확인된다(增淵 1974). 이러한 토지 개발과 경지 세분화에는 서주 중기 이후 토지 분쟁이 격화되고 주왕의 직할지[王畿]에서 읍전(邑田)이 고갈되었던 사정이 작용했으리라 추정된다(吉本 2005a).

앞에서 서술한 주나라의 회이(淮夷) 원정은 읍전의 고갈 때문에 감행한 것이기도 했다. 그러나 결과적으로 이는 주변 여러 민족의 반발을 초래했다. 또 읍 주변에는 주왕에 복종하지 않는 "융(戎)"이나 "적(狄)"이 거주하고 있었는데, 이들이 살고 있는 숲과 습지[山林叢澤]도 이때 개발의 대상이 되었다고 추측한다.[21] 이런 정황을 배경으로, 여러 민족들의 이반과 견

21 "산림총택(山林叢澤)"은 과세 대상이 되는 경지 이외의 산림·습지의 총칭으로, 비(非)농경민의 생활 터전이었다. 개발과 과세에서 중요한 범주로 원서에서는 사료 용어 그대로 "산림총택(山林叢澤)"으로 쓰고 있는데, 독자의 이해를 돕기 위해 숲과 습지로 번역하였다–옮긴이.

융(犬戎)의 반란이 일어났고, 그 반란이 도화선이 되어 주나라는 낙양으로 천도하게 되었다. 이것이 주의 동천(東遷)이며, 춘추 시대(기원전 770~기원전 403년)의 시작이다.

패자 체제(覇者體制)의 추이 - 춘추 시대

서주 후기의 분쟁에 대치하기 위해 각지의 제후들은 도성을 상화하고, 병역 부담자를 그곳에 집주시켰다. "사(士)" 계층을 중핵으로 한 이들 병역 부담자들을 "국인(國人)"이라고 부른다. 군비를 정비하고 주변의 여러 읍을 병합하는 데 성공한 제후국에서는 새롭게 읍전(邑田)을 획득한 가계(家系)가 세력을 축적하여 세습적인 지배층인 "세족(世族)"을 형성하게 되었다. 그런데 국인들이 군사 부담에 불만을 품으면서 국내 지배가 흔들리게 되자, 제후국들은 가장 유력한 제후를 맹주로 삼아 동맹을 맺었다. 동맹 내에서 분쟁이 발생하거나 외부에서 쳐들어왔을 때 공동으로 대처함으로써 전투를 끝낼 수 있도록 한 것이다. 이른바 "패자 체제(覇者體制)"의 출현이다(吉本 2005b).

패자 아래에 모인 제후국들에게 최대의 위협은 남방의 초(楚)였다. 기원전 632년, 진(晉)의 문공(文公)이 성복(城濮)에서 초를 격파하고 패자가 되자, 그 위광(威光) 하에 동맹 제후국들 간의 질서가 안정되었다. 결과적으로 기득권을 장악한 세족의 지위는 더욱 강화된다. 그러나 기원전 546년에 진과 초 사이에 강화가 맺어지자 패자로서 진의 존재 의의가 옅어졌고, 규제력의 이완과 더불어 각 제후국에서 세족과 피지배층 간의 분쟁이 격화되었다. 머지않아 진의 패권이 무너지고, 진 자체도 내분에 휩쓸리게 되었다.

분쟁의 격화에 대응하여 각국에서는 군사 동원을 더욱 확대하였다. 그 전까지는 전투에 동원되는 전차의 수가 1,000대에 못 미쳤으므로 영토가 좁은 나라라도 그 정도 전력은 준비할 수 있었다. 각국의 수도에 거주하는 국인들로 전력을 충당했기 때문에 영토 내의 읍에서까지 (병력을) 동원하지는 않았다고 추측된다. 그런데 기원전 6세기 중엽쯤부터 동원 범위가 커지더니 5,000대에 가까운 전차가 투입되는 전투까지 등장했다.

전투 규모의 확대에 따라, 이를 지원할 경제적 기반을 갖추기 위한 제도 창출과 개혁이 추진되었다. 예를 들어 초(楚)에서는 기원전 548년에 "갑병(甲兵)의 수를 세고", "토전(土田)을 기록하도록" 하는 등 토지이용 상황을 점검하고 세수를 정리하였다. 또 기원전 590년에 노나라에서 "구갑(丘甲)"이, 기원전 538년에 정(鄭)나라에서 "구부(丘賦)"가 작성되었는데, 이는 "구"라 불리는 촌락 단위별로 무기나 군사비를 부담시키기 위한 것이었다. "부(賦)"란 글자 안에 "무(武)"가 포함되어 있는 것에서 알 수 있듯이, 이는 병역 의무를 지는 대신에 징수하는 재물을 가리킨다(宮崎 1933). 기원전 483년이 되면, 노나라에서는 "전부(田賦)를 이용한다"는 새로운 제도가 시행되어, 경지 면적(혹은 거기에서 거둔 수확고)에 따라 "부"를 징수하게 된다.

전란은 많은 변혁을 가져온다. 분쟁에서 이겨 살아남아야 했으므로 각국 지배층들은 국군(國君)이나 유력 세족 아래에 결집하였고, 전제적 지배체제가 형성되었다. 또 전력과 전비 부담을 더 넓은 범위에서 더 넓은 계층에게 요구하게 되었고, 마침내 일반 농민도 보병(步兵)으로 징발하는 병제(兵制)가 구축되었다. 이에 따라 호적제도나 토지제도 역시 정비되었으며, 군사력을 지탱하는 제도적·경제적 기반이 더욱 확고해졌다. 이리하여 제후국들이 부국강병을 추진하고, 치열한 침략과 병탄이 전개되는 전국시대(戰國時代, 기원전 403~기원전 221년)가 막을 올리게 되었다.

3. 중국 본토의 형성과 확대(기원전 4세기~기원전 1세기)

국군전제(國君專制)의 구축과 부국책

춘추 시기의 패자 체제가 이완되자, 국군(國君, 국의 군주 – 옮긴이)과 유력 귀족은 독자적으로 가신(家臣)을 확보하여 전제 체제를 정비해 나갔다. 이렇게 형성된 가신단(家臣團)이 훗날 관료기구의 원형이 된다. 이들을 초빙하기 위해서는 그만한 경제기반이 필요했다. 예를 들어 진(秦)나라에서는 기원전 409년에 관리들에게 칼을 찰 것을[帶刀] 명하여 관료의 신분을 차별화·특권화하려고 했으며, 이듬해에는 "처음으로 벼[禾]에 조세를 거두는" 새로운 세법을 실시하였다. 수확물에 과세하여 얻는 재원을 관료의 봉급에 충당했던 것이다.

그 후 기원전 4세기 중엽에는 진에서 상앙(商鞅)이 각종 제도개혁[변법(變法)]을 실시하며 부국강병을 도모하였다. 『사기(史記)』 상군열전(商君列傳)에 따르면, 변법은 두 차례에 나누어 실시되었는데, 그중 제1차 변법(기원전 359년)의 내용은 아래와 같다.

- 민(民)을 10호, 5호씩의 그룹[십(什)과 오(伍)]으로 나누고, 연대책임을 지워 서로 감시하도록 했다.
- 한 집[家]에 2명 이상의 남자가 있으면서 분가하지 않는 경우는 부세를 두 배로 거뒀다.
- 군공을 세우면 작위[爵]를 주어 보상하는데, 적의 수급(首級) 하나를 얻을 때마다 작위 1급씩을 주었다. 이 작위가 신분제도의 기준이 되어 경지와 가옥의 지급액도 그에 준했다.
- 사사로운 싸움[私鬪]을 금지했다.
- 농사와 방직[耕織]을 권장하고, 상행위는 억압했다.

이어서 9년 후(기원전 350년)에는 제2차 변법이 실시되었다.

- 부자, 형제가 동거하는 것을 금지했다.
- 소규모 취락을 모아서 "현(縣)"으로 삼고, 각 현에 장관(長官)과 차관(次官)을 배치했다.
- 전제(田制)를 변혁하여["개천맥(開阡陌)"] 부세를 공평히 하였다.
- 도량형을 통일하였다.

사실 상군열전의 기록은 어디까지가 진짜인지 의심스럽고, 이들 여러 개혁은 전국 말기 이후에 상앙 개인의 치적으로 가탁된 것들이라고 추정된다(吉本 2000). 하지만 기원전 375년에 진에서 호적이 작성되고, 민이 "오(伍)"로 편성된 것은 『사기』 시황본기(始皇本紀)에도 기재되어 있다. 그 후 기원전 364년에 진(秦)은 위(魏)와 석문(石門)에서 싸워 6만 명의 목을 베는 전과를 올렸다. 호적의 작성으로 조직적 군비 조달과 병사의 동원이 실현되었을 것이다. 또 여기에 참수한 숫자가 명기되어 있는 것은 획득한 수급에 따라 작위를 주는 군공보상제도가 이미 개시되었음을 시사한다.

또 기원전 350년 진에서 현제(縣制)가 시행된 것도 『사기』 진본기(秦本紀) 및 육국연표(六國年表)에서 확인된다. 그때까지 다양한 형태로 존재했던 지방의 도시·취락이 "현"으로 개편·통합되고 각 현에는 장관인 현령(縣令)이 파견되었다. 여러 현을 통괄하는 단위로 "군(郡)"도 설치되어, 이른바 "군현제(郡縣制)" 아래에 지방통치의 균질화·합리화가 진행되었다.

제도개혁과 함께 국군(國君)의 경제기반을 강화할 시책으로 이 시기에 추진된 것이 숲과 습지[山林叢澤]의 개발이다. 종래에 거주지나 경작지 주변을 둘러싼 숲과 습지는 주민들이 공동으로 관리하여, 확실한 "소유자"가 없었다. 이윽고 군주의 명을 받은 인물이 관리자로 파견되지만, 수렵

목적의 이용에 한정되는 등 군주의 지배에도 여전히 일정한 제한이 있었다. 그런데 초나라에서 실시한 기원전 548년의 검지(檢地, 토지조사-옮긴이)에서는 숲과 습지의 물산도 조사·집계되었고, 이를 군사비에 충당하였다. 이렇게 숲과 습지가 군주의 가산(家産)으로 편입되자 그곳에서 이뤄지던 경제 활동(임업이나 소금 생산)에 세금을 부과하기도 하고, 그 땅을 새로 개간하여 경작지로 만들기도 하였다(增淵 1957).

또 새로운 경지를 획득하기 위해 대규모의 수리관개사업이 실시되었다. 예를 들어 기원전 4세기 초, 위(魏)에서는 서문표(西門豹)가 업(鄴) 주변의 치수를 맡아 12줄기의 수로를 개착하여 경지에 관개를 했다고 한다. 이런 개간지에는 여러 나라의 농민들이 모집되었으므로 그들이 국경을 넘어 이동하는 일도 드물지 않았다. 『맹자』에는 당시에 농민의 이동이 일상적으로 있었다고 기록되어 있는데, 맹자가 살았던 기원전 4세기 말 무렵에는 전란으로 황하 중류 유역에 인구가 부족하여 호구(戶口)의 유치에 힘썼고 이에 따라 농민의 유동화가 일어났던 것 같다(吉本 1997).

농민 사회의 변용

전국 시대에는 농법의 변화나 토지제도의 개정으로 농민 사회 내부에도 변혁이 생겨났다. 기술적 측면에서 큰 변화를 가져온 것은 전국 시대에 이루어진 철기의 보급이다.

서주 시대까지 금속기는 오로지 청동제였는데, 춘추 시기 이후 철 생산이 시작되면서 실용적인 철기도 나타나게 되었다. 원재료인 철광석은 동광석에 비해 훨씬 풍부해서 생산기술이 진보하자 철기는 더 싼 가격의 금속기로 급속히 보급되었다. 전국 시기의 숲과 습지[山林叢澤] 개발 역시 철기가 보급되어 산림의 벌채가 가능해지면서 더욱 촉진되었을 것으로 생각된다. 무엇보다도 철제 농기구의 일반화는 농법의 변화를 일으켰다.

춘추 시대까지의 농법은 수년간 작물을 재배한 후 잡초가 무성해진 경작지를 버리고, 당분간 다른 토지에서 작물을 재배하다가 다시 원래의 경지로 돌아오는 돌려짓기 방식이었다. 또 농경 작업에서는 가족의 틀을 넘는 협력 관계가 보여, 개개 가족이 배타적으로 경지를 점유하지 않고 혈연·지연으로 묶인 집단이 토지를 공동으로 소유하고 있었던 것 같다. 전국 시대에 이르러서도 농지의 분할 교체 제도[割替制][22]가 행해졌던 듯 보여, 경지가 여전히 공동 소유되고 있었음을 알 수 있다.

그런데 전국 시대에 철제 농기구가 보급되자 심경(深耕)으로 제초 작업이 쉬워지면서, 봄이 오기 전에 제초를 한 뒤 그 전해와 같은 토지를 반복해서 사용하는 연일작(年一作) 방식의 농법을 취할 수 있게 되었다. 또 작업의 효율화로 인해, 가족 단위로 그에 알맞은 규모의 토지를 경작할 수 있게 되었다(渡邊 1986).

이런 중에 상앙은 "천맥(阡陌)을 여는" 전제(田制) 개혁을 실시했다. "천맥"이란 경지 사이를 달리는 도로를 지칭하는 말로, "천맥을 연"다는 것은 농지의 구획 변경을 의미한다.[23] 청천(青川)의 진묘(秦墓)에서 출토된 목간에는 기원전 309년의 조칙이 기록되어 있는데, 거기에는 1보(步)×240보를 "1무(畝)"로 삼는 새로운 구획 방식을 도입하도록 명하고 있어, 전제 개혁이 진에서 실시된 것은 확실하다. 이 개혁이 어떤 의도로 실시되었는지는 논자에 따라 의견이 나뉘는데, 대표적인 학설을 따르면 이 개혁으로 새로운 구획에 기초하여 일정 경지가 개별 가족에게 할당되고, 그 토

22 공동체 성원 간에 일정 연한씩 분할된 경지를 교환하여, 경지의 좋고 나쁨에 따라 생기는 수확량의 차이를 균등하게 하는 제도-지은이.

23 천맥은 100무(畝)의 정방형 토지를 구획하는 가로, 세로의 도로를 말하며, 阡陌 또는 仟佰으로 표기한다. 이 책에는 사료에 따라 阡陌으로 표기한 곳도 있고 仟佰으로 표기한 곳도 있는데 원문 그대로 옮겼다-옮긴이.

지를 세습적으로 점유하는 것이 인정되었다고 한다(渡邊 1986).

기원전 3세기 중엽의 진율(秦律)[수호지(睡虎地)에서 출토된 진간(秦簡)에 기록된 진의 법률]은 국군(國君)이 농민에게 경지를 나눠 주었음을 분명히 기록하고 있으며, 기원전 2세기 초의 한율(漢律)[장가산(張家山)에서 출토된 한간(漢簡)에 기록된 한의 법률]은 작위에 따라 나눠 줄 경지 면적의 넓이를 매우 상세하게 규정하고 있다(··· 테마 17 〈전제〉, 189쪽). 경지는 "호"를 단위로 지급하는 한편 "호부(戶賦)", "호추(戶芻)"처럼 일부는 조세를 "호"별로 징수하였다. 또 범죄나 다른 이유로 경지가 몰수되는 경우도 있었는데, 통상적으로는 호주가 죽은 후에도 자손이 계승할 수 있었고 경지와 가옥의 매매 역시 인정되었다. 즉 명목상이라도 모든 경지는 군주의 것이었으며, 그러한 왕토 관념 위에서 개별 가족에게는 일정 면적의 세습적 점유(점유권의 매매까지 포함)를 인정해 주고 각 가족을 단위로 조세를 징수하는 체제가 이즈음에는 정비되었다고 볼 수 있을 것이다. 달리 말하자면, 호적의 작성이나 토지 지급을 통해 편호농민(編戶農民)을 파악·관리하고, 이를 재물과 노동력 조달의 기반으로 삼는다는, 한(漢)~당(唐) 대 인민지배의 기초는 전국 시대에 형성되었다고 할 수 있다. 이러한 제도가 어떤 경위로 성립되었는지는 확실치 않지만 공동소유, 공동경작을 취지로 하는 농민 사회가 전국 시대에 와서 크게 바뀐 것은 틀림없다.

경제도시의 탄생

『순자(荀子)』 왕제편(王制篇)에 따르면, 북해(北海)에서는 말과 개, 남해(南海)에서는 깃, 상아, 물소 뿔, 청색 염료 및 단사(丹砂), 동해에서는 개오지 조개[紫貝], 갈포(葛布), 물고기, 소금, 서해에서는 피혁, 야크 꼬리가 산출되었는데, 백성들은 이 물건들을 교역을 통해 입수하였다고 한다. 그 덕분에 못과 늪에서 일하는 자도 목재 걱정을 안 하고, 산에서 일하는 자도 물고기가 부족하지 않으며, 농민이 나무를 베고 (그릇을 만들려고) 흙을 짓이길 필요도 없고, 공인과 상인이 밭을 경작하지도 않았다고 한다. 전국 시대에는 이미 사회적·지역적 분업이 상당한 수준까지 발전하여 천연자원뿐 아니라 일상집기의 유통도 시작되고 있었다고 할 수 있다. 우츠노미야 키요요시(宇都宮淸吉)는 기원전 4세기부터 기원전 3세기 말에 걸쳐 일어난 것은 "경제계 그 자체의 발견"이었다고 말한다(宇都宮 1955). 그것은 단순한 교역권 확대에 그치지 않고 교역의 질적 변화, 즉 순수한 경제 활동의 활성화이기도 했다.

예를 들어 은주(殷周) 시대의 대도시, 특히 왕도(王都)는 왕조가 멸망하면 버려지는 것으로, 정치적 성격을 짙게 띠고 있었다. 그러나 전국 시대가 되면 왕조의 흥망에 좌우되지 않는 거대한 경제도시가 출현한다. 그중에서도 대규모의 성곽도시가 다수 생겨난 곳은 황하 중류 유역을 중심으로 한 삼진(三晉)[24] 지역이었다(지도 7).

삼진 지역은 예로부터 교통의 요충지였다. 당시 동서의 간선은 위수(渭水), 황하, 제수(濟水) 등의 큰 하천을 따라 놓였으며, 남북은 제수, 사수(泗水), 회하를 따라 장강에 이르기까지 교역로가 뻗어 있었다. 이 교역로가 정확히 교차하는 지점에 위치한 도(陶)[오늘날 산동성 정도현(定陶縣)]는 "천하의 중심으로 제후가 사방에서 통행하는 길에 해당한다"[『사기』 화식열전(貨殖列傳)]고 하며, 이곳에 주거를 정한 도주공(陶朱公) 범려(范蠡)는 교역으로 거부를 일궜다고 한다(⋯→ 테마 14 〈화식열전, 평준서와 식화지〉, 145쪽).

하남성(河南省)의 동부와 남부에서는 춘추 후기부터 상인이 활약하기 시

24 춘추 시대의 진(晉)이 세 개로 쪼개져 생긴 전국 시대의 제후국 한(韓), 위(魏), 조(趙)-지은이.

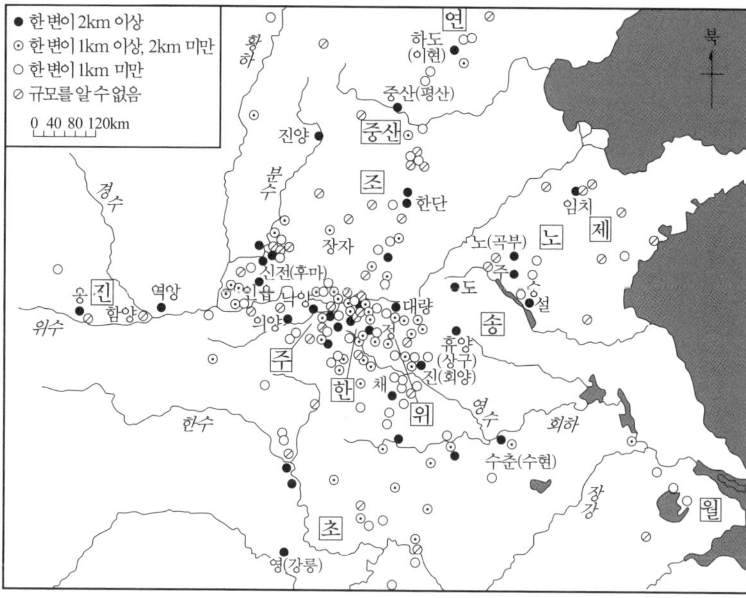

지도 7 전국 시대 도시 유적의 분포
출전: 江村 1998.

작했는데, 이들은 국가의 동향에 직접 관여하기도 하였다. 또 같은 시대에 청동화폐가 출현하여 각지에 보급되었는데, 삼진 지역에서 발견된 화폐에는 도시 이름을 넣어 주조한 것이 많았다(··· 테마 12 〈화폐(한 이전)〉, 139쪽). 이들 화폐는 도시 단위로 발행되었고, 그곳에 거점을 둔 상인들의 보증으로 유통되었을 것이다. 삼진 지역에 성곽도시가 증가한 배경에는 물론 전국 시기의 군사적 사정도 있었겠지만, 도시를 중핵으로 한 경제 활동의 전개가 무시할 수 없는 원동력이었다고 할 수 있다(江村 2000).

이와 대조적으로 삼진 주변 지역[제(齊), 연(燕), 진(秦) 등]에서는 국도(國都, 국의 수도-옮긴이) 이외의 도시는 그렇게 크지 않았다. 또 도시가 발행한 화폐도 거의 보이지 않고, 국군(國君)이 발행한 통일화폐 중심이었다. 또한 삼진에서는 현이 독자적인 병기 주조권을 갖고 있었지만, 주변 지역에서는 지방 도시가 스스로 병기를 제조하는 예는 드물고, 기본적으로 재상이나 군수(郡守, 군의 장관)의 이름 아래 주조되었다. 따라서 주변 지역에서 도시의 거대화는 경제도시의 자율적 발전의 결과가 아니라, 주로 정치적·군사적 이유에 기인하는 것이었다(江村 2000). 이른바 "상앙변법(商鞅變法)" 가운데 상행위의 억압이 포함되어 있었던 것은 도시의 자율성을 억누르려는 진의 방침과도 일맥상통한다.

통일 왕조의 형성

기원전 4세기가 끝날 무렵부터 중원의 정세는 주변부의 각국, 즉 진(秦), 초(楚), 제(齊), 그리고 일찍부터 유목민에게서 기마전술을 들여와 북방에서 세력을 확대한 조(趙)의 동향에 좌우되었다. 이윽고 진이 동방의 여러 제후국[연, 조, 제, 위(魏), 한(韓), 초 등 이른바 "육국(六國)"]의 영역에 쳐들어가, 기원전 221년에는 제를 멸망시키고 무력으로 통일을 완수하였다. 그리고 진왕 정(政)은 자신의 칭호를 "왕"에서 "황제"로 바꾸었다. "시황제(始皇帝)"의 탄생이었다. "황제"가 천하의 지배자로 군림하는 제제(帝制) 중국의 기본적인 패턴이 여기에서 출현하였다.

시황제는 전 영토에 군현제를 실시하여 중앙에서 장관을 파견하는 등 적극적인 통일 정책을 추진했다. 경제 면에서도 진의 방공원전(方孔圓錢, 안에 네모난 구멍이 뚫린 둥근 동전－옮긴이)[즉 "반량전(半兩錢)"]이 통일화폐가 되었고, 제후국마다 제각각이었던 도량형과 차궤(車軌, 마차의 폭－옮긴이)도 통일되었다(⋯→ 테마 9 〈도량형의 통일과 그 전개〉, 132쪽). 다만 이러한 정책은 교통과 교역을 원활하게 한다는 순수한 경제적 이유가 아니라 "통일"을 전 영토에 확실히 보여 주기 위한 정치 선전(propaganda)의 측면이 강하여 그 실효성은 의문시된다.

시황제의 전국 순행과 외부 원정 역시 정치 선전의 한 수단이었다(籾山 1994). 특히 영지의 광대함은 "황제"라는 격이 다른 권위를 떠받치는 중요한 요소였으므로 영토를 더욱더 확대하기 위해 북방의 흉노나 영남(嶺南) 지역의 남월(南越)로 원정군이 파견되었다. 북방으로 진공한 군사는 황하 하곡지대(河曲地帶, 오르도스 초원)에서 흉노를 내쫓고, 대규모의 북변 방어벽인 이른바 만리장성을 쌓았다. 그러나 급격한 통일 정책과 대외 원정으로 인한 동원은 동방의 옛 육국 지역에서 반발을 초래했다. 시황제가 죽자 동방에서 일어난 소규모 반란이 전 영토로 확대되었고, 진의 황제는 2대에서 끝나 버렸다.

진 멸망 후의 전란에서 승리하여 새로 황제 자리에 앉은 이는 한(漢) 고조(高祖) 유방(劉邦, 재위 기원전 206~기원전 195년)이었다. 유방은 한이 성립할 당초에는 황제의 직할지를 중국의 서쪽 절반, 즉 전국 시대의 진(秦) 영역에 한정했고, 동쪽 절반인 구 육국(六國) 지역에는 공을 세운 여러 장수들을 제후로 분봉하여 봉건제를 실시했다. 그러나 즉위 후에는 점차 이들 이성제후(異姓諸侯, 성이 다른, 즉 유방의 일족이 아닌 공신 제후들—옮긴이)의 배제에 주력하여 타계할 때까지 거의 모든 이성제후를 없애 버리고, 그 자리에 동성(同姓)의 유씨(劉氏) 친족을 제후로 앉혀 영지 지배를 맡겼다.

그러나 동성제후와 중앙정부 사이에도 이윽고 알력이 생겨나 기원전 154년에는 대규모의 제후 반란[오초칠국(吳楚七國)의 난]이 일어났다. 당시 황제였던 경제(景帝, 재위 기원전 156~기원전 141년)가 이 반란의 진압에 성공하면서, 황제가 거의 모든 영토를 직접 지배하는 체제로 되돌아가게 되었다.

한 왕조의 재정과 세제

한 대의 재정제도는 "국가재정"과 "제실(帝室)재정"으로 이분되었다는 점에서 후세의 제도와는 크게 다르다(加藤 1918~1919). 국가재정은 천하 통치를 위한 재정이었고 제실재정은 황제 개인의 생활을 위해 운영되는 사적 재정이었으므로 재원·지출 용도·관할기관이 각각 달랐다. 이러한 이원 구조는 한 왕조에 와서 처음 시작된 것이 아니라, 한이 제도를 계승한 진 시대부터 이미 존재했던 것으로 생각된다.

국가재정의 수입원이 된 것은 한 대 농민들이 부담했던 조세, 즉 "전조(田租)"와 "산부(算賦)"이다. 전조란 수확 중 일정 비율을 납부하는 것으로, 한 성립 초에는 수확의 1/15, 그 후 수차례의 개정을 거쳐 1/30이 되었다. 산부는 동전으로 납부하는 인두세로, 15세부터 56세의 성년 남녀에게 연간 120전이 부과되었다. 그 외에 "부(賦)"라고 불린 조세에는 "구부(口賦)"나 "경부(更賦)"가 있는데, 전자는 미성년자에 대한 인두세이며, 후자는 윤번으로 하는 요역 대신에 납부하는 면역전(免役錢)을 포함해서 전납 조세를 일반적으로 가리키는 총칭이었다(⋯› 테마 10 〈요역(한 이전)〉, 133쪽).

이들 수입은 대사농(大司農)[25]이 관리하면서, 지출의 절반을 점했다고 하는 관리의 봉급을 비롯하여 군사비나 토목 공사비에 충당했다.

한편, 제실(帝室)재정의 주요 수입원으로는 "산해지택(山海池澤)의 세(稅)"가 있다. 숲과 습지[山林叢澤]는 황제의 가산(家産)으로 간주되었으므로 그 자원을 이용한 사업에는 세금이 부과되었다. 철광업이나 제염업에 대한 과세나, 수산업에 대한 "해조(海租)"가 이에 해당한다. 또 왕조가 개간하여 얻은 공전(公田)에서 얻은 수입이나 상인의 매상고에 따라 징수한 "시조(市

25 중앙정부에 설치한 9개의 주요 관청인 "구경(九卿)" 중 하나-지은이.

租)"도 제실재정에 속했다.

제실재정 역시 구경의 하나인 "소부(少府)"에서 관할하였는데, 주된 지출은 궁중에서의 식사, 의복, 기물, 나아가 황제가 내려 주는 상과 사여품 비용이었다. 기원전 1세기경의 국가재정이 연간 40억 전(錢) 남짓이었던 것에 비해, 같은 시기 소부의 수입은 43억 전으로 제실재정이 국가재정에 필적하는 규모였다.

제실재정의 수입원이 된 조세가 모두 "조(租)"와 "세(稅)"라 불렸던 것으로 보아, 원래는 "전조(田租)"도 제실재정에 속했던 것 같다. "조"든 "세"든 원래는 군주에게 바치는 공물이었으며, 조상의 제사를 비롯해 군주가 자신을 위해 썼던 것들이었다. 숲과 습지 등 가산에서 거둔 이익도 마찬가지이다. 그러나 군주가 대규모 상비군을 보유하게 되자 그 유지비용을 부담하기 위해 새로 "부"가 징수되어 군사비에 할당되었다. 이리하여 공적인 국가재정이 탄생하였고, 관료조직의 확대 등 국가기능이 복잡해지면서 점차 그 규모가 커져 갔다. 필요한 수입을 확보해야 했으므로 이윽고 전조(田租)가 국가재정으로 이관되고, 전한(前漢) 무제(武帝) 때에는 소금과 철을 전매하면서 그 전매수입도 국가재정으로 충당되게 되었다. 한편 제실재정은 서서히 축소되는 경향을 보여, 후한 시대에 이르면 대사농이 주관하는 국가재정으로 일원화되었다.

그런데 연간 40억 전(錢)가량으로 추정되는 국가재정은 어디까지나 중앙의 대사농이 장악한 재정 규모일 뿐, 전 영토에서 거두어들인 조세 수입의 총액은 아니다. 지방에서 징수한 조세 중에서 중앙에 송부하는 것은 산부(算賦)를 비롯한 동전 기준의 조세 중 일부에 지나지 않았다. 기원전 196년에 고조(高祖)가 내린 조칙에 따르면, 중앙에 바치는 분량[上供分]은 "헌비(獻費)"라고 불렸는데, 각 군(郡)은 인구수에 따라 1명당 연 63전(錢)

의 비율로 헌비를 중앙에 보내도록 되어 있었고, 이것이 대사농의 경제적 기반을 이뤘다.

따라서 조세수입의 대부분은 중앙으로 다 흡수되는 것이 아니라 지방에 축적되었다가, 필요시에 중앙으로 혹은 변군(邊郡)을 비롯한 재물 수요가 큰 지역으로 수송되었다. 이처럼 수시로 행한 물자 수송과 헌비의 중앙 송달[上供]이 한 대에서 재정 운수의 근간이었다. 그 지휘권은 대사농의 관할에 놓여 있었지만, 방대한 양의 재물 그 자체는 지방에 축적되었으므로, 그런 의미에서 중앙집권적인 재무행정은 아직 확립되지 않았다고 할 수 있다(渡邊 2010).

상공업의 전개

전통적으로 상인과 수공업자는 일반 농민보다 지위가 낮았다. 그 이유는 여러 가지로 설명되지만 확실한 것은 알 수 없다. 하지만 진(秦)의 법률에서 상인은 이미 "열(列)", "오(伍)"로 편성되어 일반민과는 다른 취급을 받고 있다. 또 같은 시기 위(魏)에서는 한곳에 정주하지 않는 행상인 등에게는 경작지를 지급하지 않았고, 관리가 될 수도 없게 했다.

한 대가 되면 상인이 "시적(市籍)"으로 불린 특별한 호적에 등록된 것이 확인된다. 시적이란 일종의 영업등록 장부이기도 했는데, 여기에 등재된 상공업자는 제조·판매한 물품의 수량을 관청에 신고하고 그에 따라 시조(市租)를 납부했던 것으로 보인다.

상업 활동의 장이었던 "시(市)" 중에서 주요한 상설시는 왕조가 관리하였고, 관리가 배치되었다. 이런 "시"는 장벽으로 둘러싸여 있었으며, 왕명으로 영업시간을 제한하거나 표준가격을 결정하는 등 다양한 규제를 받고 있었다. 즉 당시는 국가가 상공업자를 사람 수대로 파악하고 거래 장소를 한정함으로써 상품 유통을 관리하려고 했다고 할 수 있다. 이러한 "시(市)"제(制)의 기원은 전국 시대까지 거슬러 올라간다. 전국 시대에 도시와 상공업이 발달하자, 부국강병책의 일환으로 상공업자에게서 세금을 징수하고 시장을 통해 군사물자를 보다 원활히 조달할 목적으로 시제(市制)가 처음 고안되었던 것이다(佐原 2002a).

진이 시도한 "화폐통일" 역시 한에 계승되어, 왕조 초기의 혼란을 거쳐 문제(文帝, 재위 기원전 180~기원전 157년) 때 발행한 사수반량전(四銖半兩錢)으로 화폐제도는 어느 정도 안정되었다. 하지만 통일화폐가 그럭저럭 침투할 수 있었던 것은 동전으로 "부"를 납부하도록 강제했기 때문이지, 상공업의 발달과 시장 확대가 통일화폐를 필요로 했기 때문은 아니었다. 당시에는 일정 규격의 포백(布帛, 베와 비단－옮긴이)과 동전의 환율이 법률로 정해져 있어, 포백이 이른바 "실물화폐"로 널리 이용되고 있었다. 동전은 가치의 고저를 나타내는 척도로 중요한 역할을 했지만, 실제 교역의 장에서는 복수의 교환수단 중 하나에 그쳤으며, 주로 왕조의 재정에 관한 지불(납세, 관리의 봉급, 왕조의 물자 조달 등)에 사용되어 사회에 유통되었다.

원래 진한 진반기에 청동화폐의 사용 방식은 "군현마다 달랐다"『한서(漢書)』 식화지(食貨志) 하(下)]. 이런 지역적 차이가 존재했다는 것은 화폐 통일의 속도가 느렸고 지역시장이 여전히 소규모에 분산적이었음을 뜻한다. 확실히 제철업 같은 경우는 여러 개의 군에 걸쳐 있는 등 넓은 시장을 형성하고 있었지만 오히려 예외적 사례이고, 전국 시대 도시의 계보를 잇는 "현(縣)"이 여전히 재정적·경제적 단위로 기능하고 있었다(佐原 2002a).

4. 제국 확대의 정체와 지방분립으로(기원전 1세기~기원후 3세기)

무제(武帝)의 시대

무제(재위 기원전 141~기원전 87년)의 치세는 적극적인 원정과 영토 확대, 황제의 신비주의적 취향과 사치 경향으로 화려하게 수놓아진, 의심할 여지없는 전한 왕조의 절정기였다. 하지만 이 절정기가 분수령이 되어, 전국시대부터 진행된 전제국가(專制國家)의 형성과 확대가 멈추고, 마침내 정치제도와 사회·경제, 나아가 사상 문화에까지 커다란 변화가 생겨난 것 또한 사실이다.

한편 한 왕조가 개국한 이래 걸핏하면 북방으로부터 반복적으로 쳐들어왔던 흉노의 존재는 황제에게 두통거리였다. 시황제가 건설한 만리장성은 유목민이 남방과 교역해서 얻던 이익을 빼앗았지만, 거꾸로 그들을 단결시켜 그 후 반복되는 침입을 초래했다. 이 외환을 제거하기 위해 무제는 적극책으로 나왔다.

기원전 129년 총 4만여 기(騎)로 흉노를 공격한 것을 시작으로, 무제는 거의 매년 원정군을 파견하여 기원전 119년까지는 하서회랑(河西回廊, 오늘날 감숙성 일대)과 고비사막 남쪽에서 흉노를 내쫓는 데 성공했다. 그 후에도 무제는 기원전 103년 흉노 원정처럼 북방과 서방으로 병사를 진격시키는 동시에 한반도, 남월(南越), 서남이(西南夷)에도 파병하여 이들 지역을 한의 영토로 삼았다.

무제기 원정에는 최대 10만여 명에 달하는 기병이 투입되었다. 이 시기에 이르면 한군(漢軍)의 편성이 기마병 중심으로 바뀌고, 대량의 기마를 동원할 수 있는 체제가 갖춰졌음을 알 수 있다(→ 테마 6 〈마정〉, 77쪽). 하지만 기원전 119년 전투에서 수만 명의 전사자를 내고 10만여 마리의 말을 상실한 것처럼, 연이은 원정은 한 왕조에 막대한 인적·물적 손실을 가져왔다. 이에 더해 점령지의 유지에도 막대한 비용이 들었다. 무제 즉위 초에는 극히 충실했던 국고가 점차 바닥을 드러내게 되었다.

재정위기에 대처하기 위해 무제는 다양한 개혁을 실시하여 세입의 증가를 꾀했다. 우선 시도한 것은 화폐의 조작이었다. 궁중의 은 기물을 녹여 은화를 발행하기도 하고, 어원(御苑)에 많이 실던 사슴의 가죽을 벗겨 고액의 "화폐"로 만들어, 제후들에게 공납품으로 이것을 쓰도록 의무화하는 등[26] 체면 따위 아랑곳 않는 수입 증가 정책을 실시했다. 동시에 동전을 개주하도록 하여, 각 군국(郡國)에서 오수전(五銖錢)이 새로 주조되었다. 기원전 113년에는 오수전 주조를 중앙의 상림삼관(上林三官)으로 일원화하여, 이 상림(上林)오수전이 중국 전역에서 널리 유통되게 되었다(⋯▸ 테마 12 〈화폐(한 이전)〉, 139쪽).

염철의 전매도 실시되었다(⋯▸ 테마 11 〈소금과 철〉, 136쪽). 이에 따라 광산 등의 자원은 공적 재산이 되어, 생산자도 관영 공방에 편입되는 등 왕조의 관리하에 놓이게 되었다. 그 후 재정운수 시스템이 정비되자(⋯▸ 테마 13 〈균수·평준〉, 142쪽) 염철의 유통도 그 속에 편입되어, 중앙의 대사농이 직접 관리하게 되었다. 따라서 상림(上林)의 오수전 주조가 그랬던 것처럼, 염철의 전매 역시 재정제도의 중앙집권화라는 양상을 띠게 되었다.

재정제도의 중앙집권화는 지방행정제도의 변혁과도 호응하는 것이었다. 무제 시기까지는 현(縣)이 지방통치의 민정 전반을 담당하였고, 군(郡)은 그 위에 있으면서 감찰을 담당했으나 조직의 규모는 아직 작았다. 그러나

26 이 백록피폐(白鹿皮幣)는 가로·세로 1척의 사슴 가죽으로, 액면가치를 40만 전으로 규정했다. 이는 천 호의 식읍을 가진 제후의 2년 조세수입 혹은 연봉이 이천 석인 관원의 6~7년 수입에 상당하는 가치였다. 제후들이 황제를 알현하거나 의식에 참여할 때 옥을 진상하는 것이 관례였는데, 옥 아래에 반드시 이 녹피를 깔도록 하였다–옮긴이.

무제 시기에는 군의 기능이 더욱 강화되어 지방행정의 중심적 위치를 점하게 되었다(紙屋 2009). 이를 계승하여 기원전 106년에는 군 위에 다시 "주(州)"가 설치되어 그 아래에 있는 여러 군의 감독을 담당하게 된다.

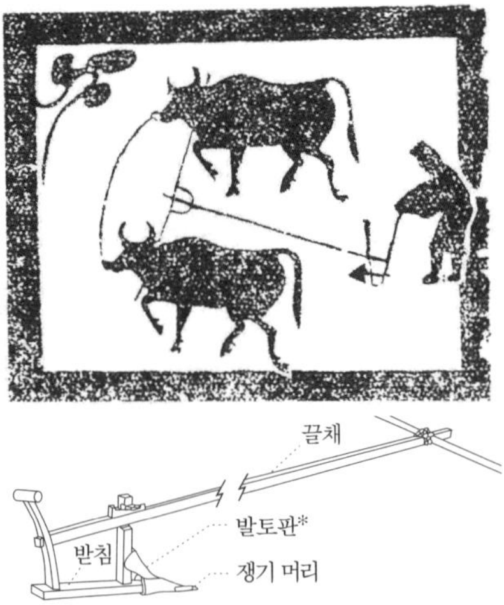

그림 8 한 대 화상석(畫像石)에 새겨진 우경도(牛耕圖)(상)[섬서성(陝西省) 미지현(米脂縣) 출토]와 쟁기[犁]의 구조(하)

*흙을 파서 뒤집는 판-옮긴이

출전: (위의 그림) 中國農業博物館 1996, (아래의 그림) 孫 1991.

무제가 실시한 또 하나의 수입 증가 정책은 상공업자에 대한 가혹한 과세였다. 기원전 119년에는 상공업자의 자산에 대한 과세를 강화하여, 자산액을 신고하게 한 다음 일정 비율로 세금을 징수했다. 신고 누락이 발견되면 자산을 몰수하고, 또 밀고한 자에게는 몰수 자산의 절반을 장려금으로 주었다. 중산계층 이상의 상공업자 대부분이 밀고의 고통을 겪고 자산을 몰수당했다고 하며, 상인층은 괴멸적 타격을 입게 되었다.

대토지 경영의 진행

몰락한 대상인들을 대신하여 경제 활동의 주역이 된 것은 대토지를 경영하던 각지의 농장주들이었다. 그러던 차에 무제 시기부터 부자들의 농지 겸병이 논란거리로 떠오르면서 토지 소유에 제한을 두자는 제안이 나왔다. 하지만 그 후로도 토지 겸병은 멈추지 않았고, 기원전 1세기 말에 다시 한전책(限田策)이 강구되었다. 하지만 이런 제한 정책은 유력 귀족의 저항을 만나 유야무야되었다.

대토지 경영이 확대된 배경에는 전한 후기 이후 농업기술 개혁, 즉 소가 끄는 쟁기[牛犂](그림 8)를 이용한 대규모 농법의 보급이 있었다(渡邊 1986). 이러한 기술개혁의 움직임을 단적으로 보여 주는 것이 무제 말년에 시행한 "대전법(代田法)"이다.

대전법이란 경지에 긴 도랑을 평행으로 여러 줄기 파고, 그 도랑 비닥에 씨를 뿌린 다음 싹의 성장에 맞추어 주위의 흙을 그 뿌리 부근에 조금씩 보태서 큰 바람이나 건조에 잘 견디는 작물로 키우는 건지농법이다. 이 농법은 농기구의 개량이 특징적인데, 발로 눌러 밟는 기존의 쟁기 대신에 소가 쟁기를 끄는 방식을 채용했다. 대전법을 시행할 때 우선 모범농장을 만든 후, 그 농장을 통해서 수도 주변의 군이나 변경의 사람들에게 새로운 농법을 가르쳐 보급을 꾀했다고 한다. 한 대의 거연현[居延縣, 하서회랑에 설치된 장액군(張掖郡)의 현]에서 출토된 목간에 "대전창(代田倉)"이란 창고 이름이 나온 것은 대전법이 도입되었다는 확실한 증거라 할 수 있다.

대전법은 대규모 경지를 전제로 한 농법으로, 소가 꼭 필요하다는 점에서 소농민에게는 불리했다. 이러한 농법의 보급으로 소가 끄는 쟁기를 이용한 경작[牛犂耕]법을 도입할 수 있느냐 없느냐에 따라 농민의 계층이 확실히 분화되었는데, 그럴 만한 능력이 없는 자는 자신의 토지를 잃고 대농장주 아래에 예속되었다. 편호농민(編戶農民)에게서 조세를 징수하는 것이 진나라 이래로 체제의 기반이었으므로 중소농민의 몰락은 그 근간을 뒤흔드는 문제였다.

한편 이렇게 형성된 각지의 유력 장원주(莊園主), 이른바 "호족(豪族)"들은 농장을 경영하는 한편 "화식(貨殖)"에도 부지런하여 각지에서 경제 활동의 중핵이 되어 갔다. 그들의 영향력은 경제뿐만 아니라 정치·문화에까지 미쳐, 이후의 역사 전개를 크게 좌우했다(⋯→ 테마 15 〈호족과 귀족〉, 185쪽).

환경의 변화와 한 왕조의 중단

황토고원과 오르도스 지역에는 시황제에게 점령된 이래로 주변 방비를 위해 많은 사민(徙民, 정책적 이주자－옮긴이)들이 들어왔다. 그에 따른 농업 개발로 이 지역의 식생은 파괴되었고 토양 유출은 심각해졌으며, 그 결과 황하 하류 유역에서는 홍수가 빈번히 발생하게 되었다. 그중에서도 기원전 132년에 일어난 황하의 결괴(決壞, 둑이 터짐－옮긴이)는 그 후 23년 동안 터진 곳을 막지 못해 황하 하류 지역에서는 거의 매년 수해를 입었다. 이들 재해민의 구제와 복구공사 비용도 무제 시기의 재정을 압박한 요인 중 하나였다. 황하의 범람은 후한 후반기 이후 오르도스 지역이 다시 유목민의 수중에 떨어지면서 그 지역이 목초지로 되돌아가 토양 유출이 억제될 때까지 반복되었다(譚 1962).

홍수로 피폐해진 황하 하류 유역의 백성들은 유민이 되었다. 왕조는 유민들을 서북 변경으로 이주시키는 등 통제하려 애썼다. 예를 들어 기원전 119년에는 70만 명에 이르는 재해민을 오르도스 일대로 이주시켰다. 대량으로 발생한 유민은 이제 본적지로 송환되지 않고 임시로 거처하던 곳에 정착하는 것이 허락되었다. 전한 말의 묘지에서 발견된 윤만(尹灣) 한간(漢簡)에는 동해군(東海郡, 오늘날 산서성 남부, 강소성 북부 일대)이 1년 만에 42,752명의 유민을 받아들인—"획류(獲流)"했던—일이 정확히 기록되어 있다. 이러한 호적제도의 이완이 호적으로 소재지를 파악하던 중소 자영농을 감소시키고 장원이 확대될 소지를 만들었다.

전한 말에 한 왕조의 명운이 이미 다했다는 유언비어가 퍼진 것은 후사가 없는 황제가 연이었기 때문이기도 하지만 환경의 악화도 그 배경이 되었다. 이런 시대적 분위기를 교묘히 이용한 왕망(王莽)은 한의 종실인 유씨를 대신해 새로 천명을 받은 것은 왕씨라는 "참위(讖緯, 예언)"를 선전하여, 마침내 유씨에게서 황제의 자리를 물려받는 데 성공했다.

왕망이 창시한 왕조[신(新), 8~23년]는 자기선전에 유교경전을 이용했기 때문에 경서에 의거한 극단적 복고주의를 내세웠다. 경제 정책에서도 마찬가지였다. 예를 들어, 모든 토지를 "왕전(王田)", 모든 노비를 "사속(私屬)"이라고 이름 붙여 매매를 금지함으로써 일정 기준 이상의 소유에 제한을 가하고, 표준가격을 두어 물가를 통제했으며, 빈민에게는 무이자로 대부를 해 주었는데, 그 정책 근거를 모두 경서에서 찾았다. 이들 시책은 토지 겸병의 억제나 몰락한 중하층민의 보호라는 점에서 확실히 왕조가 직면한 현실적 문제를 제대로 본 것이기는 했다. 하지만 지나치게 이상주의적인 개혁은 혼란을 낳는 법, 결국 왕망의 신(新)은 단명으로 끝나고, 황제 자리는 다시 유씨(劉氏)에게로 되돌아갔다. 후한 시대(25~220년)의 시작이다.

강남으로의 인구 이동

한을 부흥시킨 유수[劉秀, 광무제(光武帝), 재위 25~57년] 일족은 전한 제6대 황제 경제에게서 갈라져 나온 가문으로, 남양군(南陽郡, 오늘날 하남성 남부, 호북성 북부 일대)에 광대한 영지를 보유한 호족이었다. 유수의 어머니 번(樊)씨, 황후가 된 음(陰) 씨도 남양군의 유력 호족 출신이었고, 유수를 따랐던 장군의 절반 가까이가 남양군 출신자였다. 남양의 호족 사회가 후한 왕조의 모체였다고 해도 좋을 것이다.

남양은 서쪽으로는 무관(武關)을 거쳐 관중(關中)으로, 동쪽으로는 장강, 회하로 통하는 교통의 요충지에 위치한다. 전한 후기에 이르러 이곳에서 농업과 뽕나무 재배가 권장되면서 본격적인 개발이 시작되었다. 유씨, 번씨, 음씨는 모두 기원전 1세기 중엽에 개간 사업에 착수하여 성공을 거둔 가문이다. 개발이 진전되면서 남양군의 인구는 점차 늘어나 전한 말(기원후 2년) 통계로는 190만 명을 헤아렸고, 140년 통계로는 240만 명을 넘고 있다. 이 수치는 당시 군 중에서 최대 규모였다.

전한부터 후한 시대에 걸쳐, 이러한 남방으로의 인구 이동이 현저해졌다. 원래 장강 유역은 인구밀도가 낮고 토질이 비옥해 먹을 것이 궁하지 않은 곳으로 여겨졌다. 하지만 북부로부터 이주가 증가한 것은 무제 때부터였는데, 중원의 재해와 전한 말의 전란이 이런 추세에 박차를 가했다. 그 결과 전한 시기에 1:5였던 남과 북의 인구 비율이 후한 시기에는 1:2가 되었다. 2년과 140년의 호구 통계로 인구밀도를 비교해 보면, 장강 이남의 예장군(豫章郡)과 장사군(長沙郡)의 인구가 특히 증가했음을 알 수 있다(그림 1, 39쪽).

인구 이동에 수반하여 저수지[用水池]로 수전을 관개하는 수리 개발이 진척되면서 강남의 농업 생산력은 상승하기 시작했다. 안제(安帝, 재위 106~125년) 시대에는 북방의 기근을 구제하기 위해 강남의 조미(租米)를 북방으로 운반하고 있어 남방 생산력이 충실하게 증가하였음을 알 수 있다. 하지만 순제(順帝, 재위 125~144년) 시기부터 후한 말에 걸쳐서는 장강 유역에서 재해와 기근이 빈발하고 반란도 다수 발생했다. 이 단계에서는 강남의 도작 기술에 아직 불안정한 요소가 있었고, 수리개발 역시 그렇게 규모가 크지는 않았다고 생각한다(佐藤 1985). 본격적인 강남 개발은 삼국 시대 이후를 기다려야만 했다(⋯▸ 테마 16 〈강남 개발과 경제발전〉, 188쪽).

호족 사회의 발전

후한 시대는 전한 후반기 이후에 나타난 호족이 세력을 더욱 신장시킨 시대이다. 앞에서 등장했던 유수 모친의 일족인 번씨가 경영하는 대장원(大莊園)의 모습이 『후한서(後漢書)』 속에 생생히 기록되어 있는데, 그에 따르면 논밭의 넓이는 300여 경(頃)(약 1,400헥타르)이나 되며, 저수지와 용수로까지 정비되어 있었다. 경작 외에 양어나 목축도 하였으며, 기구를 제작하기 위한 목재와 칠(漆)까지 자체적으로 조달할 수 있었다고 한다.

하지만 호족의 대토지 경영은 자급자족을 지향해 외부세계와 격절되어 있던 것은 아니다. 그곳에서 생산된 물건들은 내부에서 소비될 뿐만 아니라 주변으로도 팔려 나가, 각 지역에서 경제 활동의 핵이 되었다. 예를 들어 전한 말 왕포(王褒)의 『동약(僮約)』에 그려진 사천 지방의 장원에서는 생산한 포(布)나 가축, 칼과 창을 배에 싣고 나가 판매하는 한편, 이렇게 행상을 하러 가는 길에 들르는 곳마다 장원에서 부족한 대자리, 화장품, 또 각지의 특산품을 구입했다. 이렇게 형성된 장원의 시장은 반경 200킬로미터에 이른다고 한다(宇都宮 1955). 시장을 통해 호족들은 경제적으로 서로 연결되었고, 이해의 일치나 충돌에 따라 서로 연합하기도 하고 반목하기도 하면서 호족 사회를 구축해 갔다.

한 대의 지방관을 살펴보면, 한 줌밖에 안 되는 고위급 관료를 제외하면 실무를 담당하는 대다수의 관리들은 거의가 지역 호족 계층 출신자들이었다. 또한 지방의 하급 관리에서 중앙정부의 고관으로 경력을 높여가기 위해서는 지방장관의 추천이나 중앙 관부의 발탁이 필요했는데, 그때에 판단 자료가 되는 것 역시 호족 사회에서의 평판과 명성이었다. 그러므로 후한 시대에는 호족 사회의 동향이나 그곳에서 형성되는 여론이 중앙과 지방 정치에 큰 영향을 미쳤다.

후한은 중반을 넘기면서 정권을 좌지우지하는 환관·외척 세력과 "청류(清流)"를 자임하는 관료들 사이에 치열한 정치투쟁이 전개된다. 그중에 청류파 관료의 발판이 된 것이 호족 사회의 여론이었다. 이 정치투쟁은 청류파 관료에 대한 반복적인 탄압을 낳았고, 점차 한 왕조의 구심력을 약화시켰다. 이런 와중에 각지에서 독자적인 경제기반을 가진 호족들은 왕조의 통일을 뒷받침하기보다는 오히려 지방의 분립을 촉진하는 존재가 되어 간다. 농민반란[황건적(黃巾賊)의 난, 184년]을 계기로 발생한 전란을 조조(曹操)가 진압했지만, 장강 하류 유역이나 사천지방에 거점을 둔 세력은 조조를 따르지 않았고, 중국에는 세 명의 황제가 병립하게 되었다. 이렇게 역사는 지방분립의 시대로 넘어간다.

테마 8 / 호적(戶籍)

와타나베 신이치로(渡邊信一郎)

호적이란 일반적으로 호구를 국가에 등록한 장부를 말한다. 호적의 기재 방식이나 호적이 하는 역할은 국가의 형태나 시대에 따라 변화하기 때문에 일반적으로 논하기는 어렵다.

전근대 중국의 호적은 조세 징수, 요역과 병역 징수를 위한 호구장부이며, 인민 지배를 위한 정치적 제도였다. 호적의 출현은 씨족제 사회에는 없었던 문자, 서기(書記), 장부, 회계, 조세, 요역, 병제(兵制) 등의 체계적 정비가 전제 조건이므로 호적은 중국에서 정치적 사회가 성립했다는 명확한 지표가 되는 역사적·정치적 산물이다.

중국의 역사에서 호적의 존재가 최초로 확인되는 것은 기원전 375[헌공(獻公) 10]년 전국 시대 진(秦)의 "호적을 만들어 함께 오(伍)로 조직했다"[『사기』 권6 시황본기(始皇本紀) 권말왕명표(卷末王名表)]라는 기록이다. 또 현 단계에서 눈으로 확인할 수 있는 출토 문자자료 중에 가장 오래된 기록은 수호지(睡虎地) 진묘(秦墓) 죽간군(竹簡群)에 포함된 위(魏) 안리왕(安釐王) 25(기원전 252)년의 호률(戶律) 조문(條文)으로, 호적에 관한 그 이전의 기록은 아직 확인되지 않고 있다. 중국에서는 늦어도 기원전 4세기 초까지는 호적을 통한 인민의 관리가 시작되었다고 볼 수 있다.

세역을 수취하는 대장(臺帳)인 호적은 세역 수취 형태나 시대에 따라 기재한 내용이나 양식이 달라진다. 다만 호별로 편성되어 있다는 것은 공통된다. 이 경우 주의해야 할 것은 호(戶)와 가(家), 가족(家族)이 구별된다는 것이다. 가족은 혈연관계에 의거해 편성되는 사회조직으로, 한 쌍의 부부와 미혼의 자녀로 구성되는 소가족과, 복수의 혼인관계로 구성되는 여러 세대의 소가족이 모인 대가족(확대가족)으로 크게 나눌 수 있다. 가(家)는 가족만으로 편성되는 경우와, 가족에 혈연이 아닌 성원인 노비, 노예, 부곡(部曲), 객(客), 거후(居候) 등을 보태서 편성하는 경우가 있다. 둘 다 생계를 같이한다는 면에서 공통되는 사회조직이므로 가(家)를 가족과 구별해서 세대(世帶)라고 부르는 편이 좋다. 호(戶)는 호구(戶口)를 호적에 등록하는 단위인데, 통상적으로는 사회에 가장 흔히 존재하는 소가족이 단위로 등록된다. 따라서 호와 가(家=세대), 소가족은 현실적인 사회조직에서는 일치하는 경우가 많다.

여기에서 사료기재나 연구자의 파악방식에 혼란이 생긴다. 즉 호를 가(세대)와 매개 없이 동일시하거나, 가(세대)와 가족의 차이를 무시하기도 한다. 이는 정치제도와 사회조직을 혼동하는 것이다. 등록단위로서 호는 통상적으로 가(세대)를 기초로 한다. 진한(秦漢) 이후 중층 이상의 가(家)에는 가족이 아닌 구성원을 포함하는 경우가 많기 때문에 노비, 부곡, 객이 호적에 등재되었다. 가(세대)가 가족(혈연)만으로 조직되는 경우는 호=가=가족이 되므로 인식에 혼란이 생기지 않는다. 하지만 가(세대)가 확대가족으로 편성된 경우나, 가족이 아닌 성원을 포함하는 경우에는 사정이 달라진다. 확대가족은 호적에 등록할 때 몇 개의 호로 분할하여 등록하는 경우가 있다. 이 경우 호는 가의 사회조직과는 일치하지 않는다. 거꾸로 유력가족 아래에 많은 소가족이 한 호로 편성된 경우도 있다. 30~50개 가(家)를 한 호로 통합한 북위(北魏) 시대의 종주독호제(宗主督護制)가 그 전형적인 사례이다. 이 경우 호는 많은 가의 집합체이며, 호와 가와 가족은 일치하지 않는다. 어느 경우든지 (이러한 불일치는) 주로 세역 부담의 경감·은폐를 목적으로 하였다.

호적을 편성하는 각호는 통상적으로 조세·요역·역역(力役)의 징수 단위이며, 납입의 책임자인 호주(戶主)는 진한 시대에는 호인(戶人), 당(唐) 대에는 호두(戶頭)로 불렸다. 호(戶)와 가(家)가 일치하지 않는 경우, 호주는 가장(家長), 가부장(家父長)과 일치하지 않는 경우가 있다. 통설에서는 진한·수당(隋唐) 시기의 지배를 개별인신지배(個別人身支配)라고 규정한다. 호적에는 호의 성원이 기재되고, 조세부담자인 정(丁, 성년 남자)의 숫자에 따라 세역이 징수되기 때문에 이런 면에서만 보자면, 국가가 개별적으로 인신(人身)을 지배한 것처럼 보인다. 하지만 세역 징수는 호주의 책임하에 호(戶) 단위로 일괄 납입되므로 사람 개개인[個別人身]에게 지배가 미치는 것이 아니다. 호와 가, 가족이 일치하지 않는 경우는 더욱더 그렇다.

송 대의 호적은 양세(兩稅)를 부담해야 하는 토지를 소유한 주호(主戶)와 토지가 없는 객호(客戶)의 통계장부이다. 현재 남아 있는 통계기록에 따르면 주호가 70%, 객호가 30%로, 주호와 객호를 합해서 1호당 평균 2명이었다. 이럴 경우 호(戶)라는 단위가 가(家)도 아니고 가족(家族)도 아니라는 점이 분명해진다. 송 대 호적은 양세(兩稅)·직역(職役) 부담자를 파악하기 위한 호구장부이기 때문에 가족이나 가를 등록할 필요가 없었던 것이다.

호적제도는 청조 말기까지 존속했기 때문에 중국에서는 기원전 4세기부터 20세기 초에 이르기까지(2,400년간) 호적에 의해 인민을 지배했다고 할 수 있다. 전근대 중국에서 사실상 최후의 호적이라고 할 만한 것은 강희제(康熙帝)가 1711년에 실시한 "성세자생인정(盛世滋生人丁)" 정책과 관련된 것이다. 강희제는 즉위 50년을 기념해 그해 이후에 증가한 인정(人丁, 성년 남자)의 정세(丁稅)를 면제하였다. 즉 이로써 호적상의 지배 정수(丁數)와 세액이 전면적으로 고정되었으며, 인민지배의 형해화가 진행되었다고 할 수 있다(⋯▸ 테마 35 〈지정은〉, 335쪽).

현재 중국에는 공안부(公安部, 경찰)가 관리하는 "호구부(戶口簿)"가 있는데, 국민을 도시호구와 농촌호구로 나누어 관리하고 있다. 이 제도는 1949년 인민공화국 성립 이후에 시작되었는데, 1958년 1월에 「중화인민공화국호구등기조례(中華人民共和國戶口登記條例)」가 제정되면서 더욱 엄격하게 운용되게 되었다. 호구등기조례의 제1조는 "사회질서를 유지하고 공민(公民)의 권리 및 이익을 보호하고 사회주의 건설에 봉사하기 위해 이 조례를 제정한다"라고 되어 있다. 사회주의 건설을 추진함에 있어, 농촌에서 도시로 인구가 유입되는 것을 제한함으로써 조화로운 사회를 건설하려 한 것이었다. 하지만 실태는 교육·복지·경제생활의 면에서 도시와 농촌 간에 커다란 격차를 가져와 사회의 이중 구조를 만들어 내게 되었다. 1978년 개혁개방 이후, 농민공(農民工)으로 불리는 대량의 농촌인구가 노동자로 도시에 유입되면서 도시주민과의 사이에 사회적·경제적 격차가 더욱 부각되자, 중국은 도시호적과 농촌호적을 엄격하게 구분하던 것을 점차 완화하고 있다. 호적관리로 도시와 농촌을 구별하는 상황을 해소하는 문제는 오늘날 중국이 눈앞에 당면해 있는 가장 중요한 과제 중 하나이다.

[참고문헌] 池田 1979, 梁 1980.

테마 9 / 도량형의 통일과 그 전개

토미야 이타루(冨谷至)

고대 중국에서 춘추전국 시대의 도(度, 길이), 량(量, 부피), 형(衡, 무게)은 각 제후국에서 제각각 다른 단위와 길이, 크기를 사용했다. 하지만 기원전 221년 진의 시황제가 천하를 통일하자, 통치를 하는 데 무슨 일이 있어도 꼭 필요했던 것이 화폐, 문자, 그리고 도량형의 통일이었다. 도량형의 통일이란 행정제도상의 단위 규격화에 다름 아니다.

시황제는 도량형 통일의 명령을 선포하고 표준의 되[升], 저울[秤], 자를 전국 각 군현의 관공서에 배포했다. 청동, 철, 돌, 도자기로 만들어진 이들 표준기(標準器)는 오늘날 중국 각 지역에서 출토되고 있는데, 모두 시황제가 도량형 통일을 명한 조칙이 새겨져 있다. 이에 따르면 1근의 무게는 240~260그램, 1승은 194~200밀리리터이다(자는 발견되지 않고 있다).

길이 단위는 신체 각 부위의 길이를 기준으로 정해졌을 것이다. "척(尺)"이란 엄지와 중지를 벌린 모양을 본뜬 상형문자이다. 성년 남자가 엄지와 중지를 벌린 간격이 1척이고, 이를 기준으로 하여 부피와 무게가 정해졌을 것으로 추측된다. 『한서』 율력지(律曆志)에는 황종(黃鐘, 고대 타악기의 일종－옮긴이)의 관(管) 길이가 기준이 되어, 그 관에 검은 수수 1,200알이 들어가므로 부피 단위가 그에 따라 결정되고, 또 그 무게가 중량의 단위가 된다고 기록되어 있다. 하지만 이는 율력(律曆), 예(禮) 제도, 음악을 이어 붙였다는 점에서 훗날 만들어 붙인 말이라고 보아야 한다. 다만 도량형의 길이, 부피, 무게 세 영역이 각각 유기적인 관련성을 가지면서 단위가 확정된 것은 확실하다. 그 증거로 왕망의 신(新) 시대에 유흠(劉歆)이 제작했다고 하는, 현재 타이완 고궁박물원에 소장된 용기의 표준기(標準器)가 있다. 한가량(漢嘉量)이라 불리는 이 표준기는 직경의 길이, 원주(圓周), 깊이의 척촌(尺寸)에서 용량[곡(斛), 두(斗), 승(升), 합(合)]이 결정된다.

1척의 길이는 시대가 내려감에 따라 더 길어졌는데, 그와 함께 부피와 무게도 커졌다(표 1, 6쪽). 그 이유에 관해서는 포백(布帛)을 조세로 징수할 때 관리가 점차 긴 자를 사용하게 되었기 때문이라거나, 토지 장량(丈量)이 점차 길어졌기 때문이라거나, 또 남북조 시대에 비한족(非漢族)이 중국을 지배하면서 도량형 단위에 변화가 생겼기 때문이라는 등 여러 학설이 나왔지만, 아직 정설은 없다.

수당 시대가 되면 도량형은 대(大)와 소(小)의 두 종류로 나뉜다. "대"는 일반적으로 일상에서 쓰이는 도량형이고 "소"는 음률(音律), 의식(儀式), 약제(藥劑), 경전(經典) 등 전통적인 분야의 도량형에 썼다. 당소척(唐小尺)은 8촌 1분(24.6센티미터), 당대척(唐大尺)은 9촌 7분(31.1센티미터)인데, 이 대(大)와 소(小)의 척제(尺制)는 일본의 대보율령(大寶律令)에 채용되었다. 또한 당은 621[무덕(武德) 4]년에 개통원보라는 동전(銅錢)(⋯➝ 테마 23 〈동전(위진남북조~청)〉, 254쪽)을 발행할 때, 대척(大尺)에 기준해서 그 직경을 8분, 무게를 2수(銖) 4루(累)[10문에 1량]로 하였다. 또한 "전(錢)"을 무게 단위로 삼았는데, 동전 1매의 중량이 바로 1전(錢)이었다.

이후 큰 변화는 보이지 않다가, 19세기 청 대에 이르러 공부(工部)가 도량형의 표준기를 제작하는데, 그 단계에서는 1척=32센티미터, 1승=10,355밀리리터, 1근=597그램이었다. 그 후 1929년에 중화민국 국민정부는 미터법을 채용하였다.

[참고문헌] 橋本 1982, 小泉 1977, 1989, 狩谷 1991~1992, 國家計量總局 1981.

테마 10 ／ 요역[徭役, 한(漢) 이전]

와타나베 신이치로(渡邊信一郎)

요역이란 중앙정부 또는 지방정부가 주로 정(丁), 졸(卒)로 불리는 성년 남자에게 의무적으로 징발하는 노역을 말한다. 이 노역에는 ① 도로, 수리 시설의 건설 등에 이용되는 단순 노역[역역(力役)], ② 관청을 유지하기 위한 하층 공무(公務) 노동[훗날의 색역(色役), 직역(職役)], ③ 병역(兵役)이 포함된다. 진한, 수당 시기 요역의 특색은 이 세 가지가 명확하게 구분되지 않고 일체화되어 있었다는 점이다.

진한 시대의 요역에는 1년, 1개월을 노역기간으로 하는 제도화된 병역·역역과 임시로 징발되는 요역이 있었다. 이야진간(里耶秦簡) 목독(木牘)『이야발굴보고(里耶發掘報告)』 채판(彩版) 31, J1 5정면(正面)]과 기원전 186[여공

(呂公) 2]년 법령으로 보이는 「이년율령(二年律令)」 요율(繇律)[『이년율령여진언서(二年律令與奏讞書)』「이년율령」 요율 411~415간(簡)]의 내용을 종합하면, 통일 진에서 한 대에 걸쳐, 현이 주체가 되어 징발한 요역과 병역에는 ① 요수[繇戍, 수졸(戍卒)], ② 현졸[縣卒, 갑졸(甲卒)], ③ 천경[踐更, 경요(更繇)], ④ 요(繇), ⑤ 요사(繇使) 등 다섯 종류가 있었다.

① 요수와 ② 현졸은 1년 단위로 징발되는 병역이었다. ① 요수는 변경 방위를 담당하는 병사이고, ② 현졸은 지방 군현을 수비하는 병사이다. 병역을 수행하는 자는 "부적(傅籍)"에 등록된 농민 중 성인 남자로, 그들은 정[正, 정졸(正卒)]이라 불렸다. 부적은 호적과 별도로 편성하며 등록 연령은 시대에 따라 변화하는데, 기원전 155년에는 전국 일률적으로 20세(부터 or 아마도 60세까지)였으며, 소제(昭帝) 시기(기원전 87~기원전 75년) 이후 23세부터 56세까지로 바뀌어 후한 말까지 유지되었다. ① 요수, ② 현졸은 병역이기는 하지만 역역(力役)에도 동원되었다. 병역과 역역이 아직 분화되지 않았던 것이다.

③ 천경(경요) 역시 시대에 따라 변화했지만, 전한 중기 이후에는 15세부터 56세까지의 남자가 지는 요역이었다. 사농공상(士農工商)의 모든 호적 등록자 중에서 징발하여 현을 중심으로 지방요역에 종사시켰다. 이 점은 농민의 정(正)만 담당했던 현졸이나 요수와는 다른 경요의 특징이다.

경요(更繇)는 한 달의 노역기간인 경(更)을 단위로 징발되는 요역이기 때문에 경요라고 불렸다. 경(更)의 징발 간격(교체양식)은 오늘날 알 수 있는 한에서는 삼경(三更), 사경(四更), 오경(五更), 육경(六更), 칠경(七更), 팔경(八更), 구경(九更), 십이경(十二更)이 있었다[호북성(湖北省) 형주시(荊州市), 형주구(荊州區), 기남진(紀南鎭), 송백촌(松柏村), M1호 묘 출토 47호 목독(木牘), 「이년율령(二年律令)」 사율(史律) 『이년율령여진언서(二年律令與奏讞書)』 484~486간(簡) 등]. 이 경수(更數)(교체양식)는 경요를 징발하는 각 현이 자기 관리하에 있는 졸(卒)의 숫자에 따라 선택했다. 각 현은 예를 들어 삼경(三更)이라면 관리하는 경졸(更卒)을 3조(組)로 편성하여 3개월마다 1경(更), 즉 1개월간 취역을 시켜 연간 4개월을 일하게 하고, 또 사경(四更)이라면 4개월마다 1경씩 1개월간 취역시켜 연간 3개월을 일하도록 취역의무를 지웠던 것이다. 이런 경수(更數)의 선택이 어떤 기준으로 결정되었는지, 또 연간 4개월이나 되는 요역이 현실적으로 취역 가능한 것이었는지는 아직 불분명한 채로 남아 있다.

경요에 징발된 경졸(更卒)은 1경 1개월간의 의무를 천경(踐更), 거경(居更), 과경(過更)이라는 세 가지 형태로 수행하였다. 천경이란 경요의 당번이 돌아와서 의무수행 기간에 들어갔다는 것을 말하고, 거경은 실제로 각 현에서 경요의 의무를 노동으로 수행하는 것을 말한다. 천경에 해당하는 자는 자기를 대신할 사람을 세우는 것으로 의무를 이행할 수 있었다. 천경의 의무기간 1개월과 실제로 노역을 하는 기간 사이에는 반드시 격차가 생기기 마련이었고, 또 천경 의무자와 실제 노역에 취로한 사람 사이에 차이가 있을 수도 있었다. 따라서 취로의무 기간과 실제 요역에 취로한 것을 구별할 필요가 생겨났다. 그러므로 천경은 꼭 실제 취로하는 것을 가리키는 것은 아니었다. 그것이 천경과 거경이 따로 존재하는 이유이다. 과경은 천경이었는데도 취로를 할 만한 역역(力役)이 없거나, 또 일거리가 있어도 실제 취로를 못 하고 의무기간이 지나가 버린 경우에 과경전(過更錢, 전한 중기 이후 통상 1경에 300전)을 납입하여 의무를 대신하는 것이었다.

위와 같은 경요의 규정은 기원전 81년에 개최된 염철회의(鹽鐵會議)를 계기로 이후 일률적으로 1년 1경(총 12경) 방식으로 개정되었고, 이와 동시에 과경전 납입을 원칙으로 삼았기에 일종의 세금이 되었다[賦錢化]. 경요의 세금화[賦錢化]는 별도의 계통에 따른 인두세인 구전(口錢, 7~14세 남녀에게 23전씩 부과), 산전(算錢, 15~56세 남녀에게 120전씩 부과)과 통합할 수 있게 하였고, 이들 세금을 총칭하는 "경부(更賦)"가 제도적 용어로 사용되게 되었다.

이상의 ① 요수(수졸), ② 현졸(갑졸), ③ 천경(경요)은 제도화된 요역·병역이며, 2월과 8월의 농번기에도 징발대상이 되었다.

한편 ④ 요와 ⑤ 요사는 경요와 요수 등의 제도화된 요역을 보충하기 위한 임시적 요역이다. ④ 요는 역역의 범칭이고, ⑤ 요사는 장거리 수송 노역 위주의 단순 수송 노동인데, 필요할 때에만 징발하였다. 임시로 백성을 징발할 때는 연령과 성별에 제한을 두었고, 특히 농번기에는 형도(刑徒)의 노동이나 제도적 요역 노동을 우선적으로 징발하도록 했다. ④ 요와 ⑤ 요사는 제한이 있기는 하였지만 여자도 징발대상이었다. 이 점은 제도화된 병역인 경요가 성인 남자만 담당했던 것과 크게 다른 점이다.

현(縣)은 임시 징발인 ④ 요와 ⑤ 요사까지 포함하여 전체 요역에 대해 연도(年度) 단위로 요역자의 숫자를 관리하고 군(郡)에 상신하였다. 아마 그 숫자는 상계제도(上計制度)에 따라 군에서 다시 중앙정부로도 보고되었을 것이다.

마지막으로 경요를 중심으로 요역 노동이 지닌 사회적 의미를 말해 보고 싶다. 경요의 역역에는 ① 성벽 축조작업을 비롯하여 도로, 창고, 호(濠), 관부(官府) 등 성읍(城邑)의 건설에 관한 것, ② 관개수리 사업이나 하천의 치수공사, ③ 군현 내의 조세를 군치소(郡治所)까지 수송하는 수송 노동이 있었다. 이러한 건축물을 생산하는 요역의 대부분은 군현이라는 지역 사회 전체가 재생산하는 데 필요한 생산의 여러 조건을 정비하거나, 또는 자연이나 외부의 위협에 대해 사회적 방어를 목적으로 하는 노동이었다. 농민만 부담하는 정(正)의 병역(兵役)과는 달리, 경요는 각 지방 사회의 남자 성원 전체가 참가하는 의무였으며, 지역 사회의 재생산에 꼭 필요한 공동노동이었다. (금납화가 아니라—옮긴이) 실제 노동으로 의무를 수행해야 했던 진한(秦漢) 초기에는 본질적으로 강제노동이었고 잉여노동의 수취였기는 하지만, 경졸(更卒)의 요역은 그래도 지역 사회 입장에서는 유용한 측면이 있었던 것이다.

[참고문헌] 濱口 1966a, 山田 1993, 重近 1999, 渡邊 2010.

테마 11 / **소금과 철[鹽鐵]**

사하라 야스오(佐原康夫)

전한 무제 시대에 시행된 염철 전매는 중국 전매제도의 최초 사례로 알려져 있다. 또 소금과 철이라는 상품이 동시에 전매되어 약 100년에 걸쳐 제도가 유지되었던 것은 이 제도가 고대 중국의 사회·경제 및 전제국가의 구성 그 자체와 깊이 관련되어 있기 때문이다.

소금은 말할 필요도 없이 인간의 생존에 없어서는 안 되는 식품이다. 주요 산지로는 동부 연해 지역, 거대한 염수호인 하동(河東) 해주(解州)의 염지[현재 산서성 해현(解縣)], 사천성에 존재하는 염정(鹽井, 염수의 우물), 몽골 지역의 암염(巖鹽)을 들 수 있다. 산지에서 생산된 소금은 태곳적부터 중국의 광대한 내륙부 구석구석까지 운반되어 소비되었던 가장 오래된 상품 중 하나라고 볼 수 있다. 춘추 시대 제(齊)나라의 명재상 관중(管仲)은 산동 연해부의 소금과 물고기를 팔아 나라를 부유하게 했다고 전해진다.

한편 춘추 시대에 출현한 철기는 전국 시대 중반부터 본격적으로 보급되기 시작했다고 생각되는데, 이 시대의 도시와 상공업 발달 및 전제국가의 성립과 깊은 관련이 있었다. 철광산은 동산(銅山)보다 널리 분포하였고 비교적 쉽게 채굴할 수 있었지만, 정련하고 가공하는 데에 당시로서 최첨단 기술이 필요했다. 철기는 중국 고유의 선진적 철공업 제품이었을 뿐만 아니라, 고철의 재이용을 통해 재활용(recycling)된다는 면에서도 독특한 상품이었다. 전한 무제 시대는 고대 중국에서 철의 생산기술이 초보적으로 완성되어 철기 보급이 거의 완료되는 시기에 해당한다.

이처럼 상품으로서 성격이 다른 소금과 철이 한데 묶여서 다뤄지게 된 것은 재정적 이유 때문이었다. 중국에서는 예로부터 산림, 습지, 해안 등 농경에 적합하지 않은 토지가 "숲과 습지[山林叢澤]"로 불려 군주의 가산으로 분류되었다. 전국 시대 열국의 군주들은 이곳에서 나는 삼림, 동식물, 광산, 수산자원을 유력한 재원으로 삼았다. 전한 시대에도 소부(少府)에서 관할하는 "제실재정(帝室財政)"의 큰 재원이었다. 『사기』 화식열전에 등장하는 대상인들은 군주에게 특별한 세금을 바치고 자원을 특권적으로 활용해 소금이나 철 등의 상품을 생산하였으며, 다양한 방식으로 대규모 상품 유통을 담당했다.

전한 무제의 대외 원정과 낭비로 재정이 파탄나자, 이러한 군주의 재정과 대상인 간의 공생 관계가 크게 바뀌게 된다. 소금과 철을 전매한 것은 원수(元狩) 연간에 시작된 각종 재정수입 증가 정책과 상인에 대한 통제 강화의 일환이었다. 계기가 된 것은 종래 "제실재정(帝室財政)"에 속하던 소금과 철의 세수(稅收)가 대농[大農, 즉 대사농(大司農)이다 – 옮긴이]이 관할하는 "국가재정"으로 이관된 것이었다(加藤 1918~1919). 이때 등용되어 염철의 관리를 담당한 것이 남양군(南陽郡)의 거물 제철업자 공근(孔僅)과, 산동의 유력 제염업자 동곽함양(東郭咸陽)이었다. 그들은 기원전 120(원수 3)년에 상인의 관여를 배제하고 관에서 직접 염철의 생산과 판매를 하도록 제안했고, 수년 뒤 실행에 옮겨졌다.

염철 전매에 관한 사료는『사기』평준서(平準書)와『염철론(鹽鐵論)』에 보인다. 제도의 상세한 부분까지는 확실하지 않아 해석이 나뉘는 부분도 적지 않지만(影山 1984) 대강 정리하면, 염철 전매제도는 관이 자원 채굴과 생산을 독점하고 생산자를 통제·관리하며 유통·판매 또한 독점한다는 세 가지 측면으로 이뤄져 있다.

우선 소금과 철을 생산하는 군(郡)마다 염관(鹽官)과 철관(鐵官)의 관청이 세워져, 자원 채취와 생산을 관이 독점적으로 행하게 되었다. 이 관청의 실무는 "원래 염철 생산업자 중에서 부유한 자"가 담당하였다. 예전에 소금과 철을 생산하던 상인들의 생산설비는 국가로 귀속되었다. 철광산을 여러 곳 보유한 군(郡)에는 철관 휘하의 출장기관 비슷한 생산거점이 설치되었고, 광산이 없는 군에는 "소철관(小鐵官)"이 설치되어 고철을 모으고 재활용(recycling) 작업을 수행했다. 각지에서 발굴되고 있는 한 대 제철 유적을 보면, 철관에 속한 제철 공방이 많았음을 알 수 있다.

철광산이나 제철 공방에는 "졸도공장(卒徒工匠)"으로 불린 노동력이 배치되었다. "공장(工匠)"은 제련과 주조(鑄造), 단조(鍛造) 엔지니어이다. 그들이 요역 노동에 종사하는 군현(郡縣)의 백성인 "졸(卒)"과 강제노동형을 선고받은 죄수[囚人]인 "도(徒)" 등 단순 노동자를 지휘하여 철기를 생산했다. 한편, 소금의 경우 염관에게 등록된 민간업자가 소금을 생산하면 관이 일괄적으로 사들이는 방식이 채용되었다. 소금물을 끓여 졸이는 생산기구 중 일부는 관청에서 지급했던 것 같다.

이렇게 염관이나 철관이 생산물을 집적하여 현마다 설치된 "시(市)", 즉 관설(官設) 시장에 수송하면, 그곳에서 관리가 직접 판매했다. 인접한 군 간에 수요에 따라 생산물을 융통하는 것도 가능했다. 수송에 필요한 노동력은 이동경로에 인접한 지역에서 징발했고, 여기에도 군현 백성의 세역(税

役) 부담이 이용되었다. 실제로 팔리는 소금과 철기는 가격이 비싸고 품질은 나빴으며 품종이 다양하지 않은 등 관영사업이라면 늘 따라다니기 마련인 문제점은 있었지만, 전매 제도는 공근(孔僅) 등의 노력으로 그럭저럭 가동된 것 같다(佐原 2002a).

염철 전매제도는 그 후 기원전 111[원정(元鼎) 6]년부터 기원전 110[원봉(元封) 원]년에 걸쳐 실시된 균수평준(均輸平準) 제도(⋯→ 테마 13 〈균수·평준〉, 142쪽)에 통합되어, 전국 현마다 "균수염철관(均輸鹽鐵官)"이 설치되었다. 군 단위로 운영되던 전매제도가 중앙관청인 대농(大農)의 관할하에서 군·현까지 관리가 미치는 전국적 체제를 갖추게 된 것을 알 수 있다.

무제 사후 염철 전매제도는 균수평준 제도와 함께 유가적 지식인과 관료로부터 강한 비판을 받아 일시적으로 폐지되었지만 결국은 부활해서 전한 말까지 유지되었다. 전매 수입 자체가 재정수지 전반을 호전시킬 정도로 중요했던 것은 아니었다. 하지만 염철 전매는 무제 시대의 개혁으로 완성된, 재정기구로 물류를 관리하는 시스템에서 빠질 수 없는 요소가 되었고, 후세까지 전매제도의 모델이 되었다.

[참고문헌] 增淵 1957.

테마 12 ／ **화폐[貨幣, 한(漢) 이전]**

사하라 야스오(佐原康夫)

중국의 한자 세계에서 "조개 패[貝]" 부수가 들어가는 문자는 재물과 관련된 의미를 가지는 경우가 많다. 신석기 시대부터 은, 서주 시대에 걸쳐 남방의 해변에서 들여온 개오지 조개는 다산과 풍요를 기원하는 주술적 재보(財寶)로 귀하게 여겨져, 주왕이 유력한 신하들에게 사여하는 경우도 있었다. 그러나 이러한 조개껍질은 가치의 척도가 되기도 하고 화폐로서 부분적으로 기능했지만, 일반적인 교환수단으로 쓰였다고 생각하기는 어렵다.

화폐의 직접적 기원으로 보는 것은 춘추 중기 즈음에 출현한, 포전(布錢)이라 불린 메달 형태의 청동제품이다. 포전은 산서나 하남에서 많이 출토되며, 작은 삽 모양의 농기구를 닮았다. 시기적으로 약간 뒤에 하북과 산동에서 작은 칼 모양을 닮은 도전(刀錢)이 출현한다. 전국 시대가 되면 형식이 다양해지고 나라마다 차이도 보인다. 연(燕), 제(齊)에서는 왕권의 관리 하에 도전이 제작되었고 한(韓), 위(魏), 조(趙)에서는 도시마다 서로 다른 소형 포전이 제작되었다. 남방의 초(楚)에서는 의비전(蟻鼻錢)이라 불리는, 조개 화폐[貝貨]를 모방한 동전이 대량 주조되었고 황금도 사용되었다. 더욱이 전국 시대 후반에는 둥근 모양의 동전[圓錢]도 등장하였는데, 서쪽의 진(秦) 역시 이런 추세에 동참한 것으로 추정된다.

춘추전국 시대의 청동화폐는 명문(銘文)에서 화폐를 주조한 나라와 지역을 알 수 있는 것이 많은데, 특히 한, 위, 조의 포전이 제작된 도시는 오늘날 산서 지방에 집중되어 있다. 이들 도시는 전국 중기부터 후기에 걸쳐서 진(秦)과 대치한 군사거점이었던 점을 볼 때, 청동화폐는 상공업 발전의 결과라기보다는 동원과 물자를 집중하는 군사적 목적으로 제작되었을 가능성이 높다. 또 각지에서 출토된 청동화폐는 여러 종류의 화폐를 대량으로 옹기 같은 곳에 집어넣어 매장했다는 점에서도 진한 시대의 동전과는 크게 다르다.

중국을 통일한 시황제는 진의 방공원전(方孔圓錢, 네모난 구멍이 뚫린 둥근 동전)인 반량전(半兩錢)을 전국적으로 사용하도록 하면서 종래의 다양한 청동화폐를 일소하였다. 이것이 유명한 시황제의 화폐 통일이며, 이후 근대에 이르기까지 중국 동전의 형태는 변하지 않는다. 그러나 반량전의 크기와 무게의 규격은 일률적으로 지켜지지 못하고, 왕조가 교체되는 전한 초기까지 전란을 틈타 실로 크기가 제각각인 반량전이 사용되었다. 전한 문제(文帝) 시대에 처음 발행된 사수전(四銖錢, 무게 4수=약 2.7그램의 반량전)으로 혼란은 겨우 진정 국면으로 돌아섰다. 이 시기의 동전은 청동이 나는 지역의 현에서 주조된 것 같다.

진한 시대에는 청동 이외에 황금도 화폐로 사용되었다. 황금은 1근(256그램)이나 1량(16그램)을 단위로 떡 모양[餠狀]의 금괴로 가공된 것을 볼 때 동전과는 다른 특수한 칭량화폐였던 것 같다. 또 포백(布帛, 베와 비단)에도 규격이 있어서 실물화폐로 중요한 역할을 담당했는데, 재정에서는 동전이 가장 중시되었다. 고고학적으로는 반량전의 시대가 되면 동전이 묘의 일반적인 부장품으로 등장하는데, 청동화폐의 용도가 전국 시대와 확실히 달라졌다는 점에서 특징적이다.

전한 무제의 대외 원정으로 한의 재정은 급격히 고갈되었고, 곧이어 재정 개혁의 시대를 맞았다(⋯→ 테마 11 〈소금과 철〉, 136쪽, 테마 13 〈균수·평준〉, 142쪽). 재정의 붕괴로 상공업과 유통 경제 전체에 혼란이 커져 가던 와중에, 기원전 119(원수 4)년부터 재정수입 증가책으로 새로운 화폐제도가 고안되었다. 우선 피폐(皮幣, 흰 사슴 가죽)와 백금(白金, 은에 주석을 섞은 것)을 새 화폐로 삼았고, 동전은 무게를 3수(銖, 약 2그램)로 줄이고 명문도 "삼수(三銖)"로 고친 삼수전(三銖錢)을 발행했다. 이런 시도는 위조 화폐의 유행을 가져와 대실패로 끝났고, 이듬해에는 군국(郡國)에서 오수전(五銖錢, 중량 3.3그램)을 신규 발행하고 종래의 반량전을 폐지했다. 동전의 발행 관리를 동(銅) 산지의 현(縣)에서 군국(郡國) 단위로 변경한 점도 주목된다. 나아가 기원전 115(원정 2)년에는 "적측전(赤仄錢)"이란 특수한 오수전을 수도 장안(長安)에서 제작했으나 화폐 위조가 성행하면서 모두 실패로 돌아갔다.

기원전 113(원정 4)년, 화폐제도의 혼란에 속을 끓이던 무제는 군국오수전과 적측전을 모두 폐지하고, 장안의 금원(禁苑)인 상림(上林)에 동전 주조 시설을 설치해 독점적으로 동전을 발행하기로 하였다. 여기에서 발행된 오수전을 "상림오수(上林五銖)"라고 부른다. 실제 중량과 명문의 액면가가 일치하였고 변조(變造)를 방지하기 위해 동전 안쪽 면에 가장자리 무늬를 둘렀으며, 동전의 품질을 똑같이 하였다. 이 상림오수전의 대량 발행으로 마침내 화폐제도는 안정되었으며, 위조의 유행도 끝났다. 상림오수전은 이후 전한 말까지 누계 280억 개가량이 주조되었다고 한다. 중국의 화폐사상 균질의 단일 동전 하나만 사용된 것은 거의 이 시기뿐이다(⋯→ 테마 23 〈동전(위진남북조~청)〉, 254쪽).

전한 말에 왕권을 찬탈한 왕망은 화폐제도를 자주 바꾸었다. 동전에서는 둥근 동전[圓錢] 이외에 포전과 도전을 추가했고, 금은화폐에서는 거북 등껍질[龜甲]이나 개오지 조개까지, 28종이나 되는 화폐제도를 시행했다. 이는 유교가 이상으로 삼는 전설적 고대 화폐라고 하던 것들을 다 모아 놓은 것으로 왕망의 급진적 이상주의를 보여 주는데, 도저히 사회에 정착될 만한 제도가 아니었다. 민중들은 계속 전한의 오수전을 몰래 사용했고, 왕망의 동전 중에서는 "대전오십(大錢五十)"이라고 하여 오수전보다 조금 더 큰 둥근 동전만 수수(收受)되었다고 한다. 왕망을 타도한 후한 왕조는 첫 수십 년간은 화폐를 발행하지 않았고, 마침내 부활시킨 오수전도 전한 때만큼 대량으로 주조하지 않았다. 정부의 재정에서도 "전곡(錢穀), 금백(金帛), 여러 화폐"가 병렬적으로 사용되어, 동전이 특별히 중시된 흔적은 없다. 이미 전한 때와는 시대가 달라졌다고 할 것이다.

여기에서 서술했듯이 한 대까지 중국화폐사에는 몇 가지 불연속면이 존재하며, 화폐의 사용법에도 큰 차이가 있다. 화폐의 역사가 곧 화폐경제의 역사라고 말하기는 어렵다는 점에 꼭 주의하기 바란다.

[참고문헌] 山田 2000, 宮澤 2007, 江村 2011, 佐原 2002a, 2002b, 2002c, 柿沼 2011.

테마 13 / 균수(均輸)·평준(平準)

와타나베 신이치로(渡邊信一郎)

전한 무제 기원전 110년, 수년 앞서 실시했던 균수개혁(均輸改革)에 입각하여 상홍양(桑弘羊)이 본격적으로 균수(均輸)·평준(平準)을 실시하였다. (일본) 고교 세계사 교과서는 균수·평준에 대해 "균수란 특산물을 공납시켜 그 물자가 부족한 지역에 전매(轉賣)하는 물가조정법. 평준이란 물자가 풍부할 때에 저장했다가 물가가 오르면 내다 파는 물가억제책"[『상설 세계사(詳說世界史)』, 山川出版社]이라고 적혀 있다. 이 기술을 각종 개설서도 답습한다. 균수·평준이 물가 문제로 축소되어 다뤄지고 있는 것이다. 균수·평준은 재물의 수송개혁[均輸]과 물가조정[平準]에 관한 정책이다. 이 두 가지 개혁이 왜 필요하게 되었는지, 그 개혁의 근거를 포함하여 묻지 않는다면, 두 정책의 내용을 충분히 이해할 수 없다.

상홍양이 제안한 균수·평준에 대해 기본사료인 『한서(漢書)』 식화지(食貨志)는 다음과 같이 전하고 있다.

> 여러 관서가 각자 앞을 다투어 시장에서 매입하니, 물가가 이 때문에 등귀하여,

> 천하에서 부세(賦稅)를 수송하는데 그 운송비[僦費]조차 충당하지 못할 경우가 있다. 이에 청하여 대농(大農) 부승(部丞) 수십 명을 두어, 부(部)로 나누어서 군국(郡國)을 주관하게 하고, 도처에 각각 균수관(均輸官)과 염철관(鹽鐵官)을 두어, 원방(遠方)으로 하여금 물가가 비쌀 때 상인들이 가져가 판매하던[轉販] 물건을 조세[賦]로 삼아 각지의 물자를 교류시킨다. 평준관(平準官)을 도성[京師]에 설치하여 수도(首都)가 천하로부터 물자를 수송해 받도록 한다. 공관(工官)을 불러 모아 수레의 각 기구를 제작시키고, 급료는 모두 대농에게 반도록 한다. 대농의 각 관리들은 천하의 화물을 다 갖고 있다가, 값이 오르면 팔고 값이 떨어지면 사들인다. 이와 같이 하면 부상(富商), 대고(大賈)는 사리를 크게 취할 수 없게 되어 근본[=농업]으로 돌아갈 것이고[27] 만물은 값이 등귀하지 않을 것이다. 그러므로 천하의 물가를 억제할 수 있으니, 이를 이름하여 평준이라 한다.

여기에는 균수·평준 시행의 직접적 이유와 구체적 대책이 기록되어 있다. 상홍양이 내건 시행 이유는 두 가지이다. 첫째는 중앙의 각 관부가 독자적으로 행정에 필요한 물자를 사들여서 경쟁이 발생했고, 관용 물자의 수요 때문에 물가가 폭등했다는 것이다. 그 배경에는 관수(官需) 물자를 상품으로 취급하는 원격지 교역상인의 상업 활동이 있었다. 두 번째로는 "부(賦)"라고 불리며 지방 군국에서 중앙으로 수송·상납되는, 동전으로 납부하는 재물에 관한 문제이다. "부"는 백성들의 요역 노동으로 수송되는데, 중앙에 운반되어 납입되는 재물의 가격 이상으로 수송비용[추비(僦費)]이 드는 경우가 있어서 수송의 원활화가 문제가 되었다.

이 두 가지 과제에 대응하기 위한 대책 역시 이중의 구조를 취했다. 두 번째 수송 과제에 대해서, 대농[大農, 훗날 대사농(大司農)으로 이름을 바꿈]은 우선 지방 군국을 수십 개의 "부역(部域)"으로 구분하고, 한 부역마다 "대농부승(大農部丞)" 한 사람을 배치했다. 또 각 부역 내의 요지 중 대다수 지역에 균수관(均輸官)과 염철관(鹽鐵官)을 두고 각 부승의 지휘 아래 조부(租賦)와 염철 전매의 관리 및 수송을 직접 장악하도록 함으로써 행정의

27 원문은 "反本"의 本을 농업으로 해석하고 있는데, 국내 다수 번역은 本을 원래의 제대로 된 가격으로 보아, "원래의 가격으로 돌아가"로 해석하고 있다(이성규, 『사기』, 서울대학교 출판부, 1987, p. 386).

원활화를 꾀했다. 이것이 사료에 근거한 균수법의 내용이다.

두 번째 과제는 먼 곳의 군국에서 수도로 수송되는 "부"의 내용과 관계가 있다. 대농은 중앙 각 관부가 상인에게서 경쟁적으로 구입하던 물자를 "부"로써 현물로 상납시키고, 그것으로 각 관부의 수요를 충당하였다. 이를 위해 장안에 평준관을 설치하여 지방에서 수취한 재물의 관리를 강화하고, 대농 휘하의 각 관부에 이들 물자를 독점적으로 축적시킨 다음 물가의 고저를 살펴 축적 물자를 구입하거나 판매함으로써 수도 장안 주변의 물가 등귀를 억제하려고 하였다. 이것이 사료가 말하는 평준의 내용이다. 구입·판매를 중시하여 균수·평준을 "국가적 상업"으로 보는 견해도 있는데, 그것은 부차적인 요인을 확대해석한 것이다.

이 두 가지 개혁을 실시해야 했던 직접적인 원인은 공통적으로 지방 군국에 축적된 조세 등 여러 재물을 중앙으로 수송할 때 부딪히는 문제에 있었다. 그 배경에는 다음과 같은 사정이 있었다. 장안을 중심으로 하는 수도권[삼보(三輔)]은 황제 일족과 중앙 관료를 비롯한 비생산 인구를 위주로 약 240만 명이나 되는 인구를 떠안고 있어 식량, 의료 등 여러 생활 수단을 압도적으로 수도권 외부에 의존하고 있었다. 또 수도권에는 궁정을 비롯해 각 관부와 군대가 모여 있었다. 그 때문에 방대한 행정경비와 군사경비가 필요했다. 이런 수요를 충당하려면, 외부에 있는 지방 군국에서 중앙으로 재물을 순조롭게 조달할 필요가 있었다.

게다가 원봉 연간(기원전 110~기원전 105년)을 전후해서, 북방에서는 흉노와의 전쟁이 연이었고 남방에서는 남월과의 전쟁이 시작되어, 변경의 각 군에서는 안정적인 행정경비·군사경비의 조달이 숙제로 떠올랐다. 변경 각 군에 행정경비·군사경비를 조달하게 하자 중앙과 수도권 수요를 충족시키기가 더욱 어려워졌다. 변경 각 군과 중앙 수도권의 재물 수요를 안정적으로 조달하기 위해 재물의 수송개혁이 초미의 급무가 되었던 것이다.

재물의 중앙화와 관련하여 또 다른 문제가 있었다. 『사기』 화식열전에는 무제 시기의 경제·지리를 써 놓은 부분이 있다. 그에 따르면, 전국에 원격지 교역의 중핵이 된 "도회(都會, 교역센터)"가 15곳 있었고, 이 도회들을 포괄한 ① 관중권(關中圈), ② 파촉권(巴蜀圈), ③ 하북권(河北圈), ④ 하남권(河

南圈), ⑤ 하권(夏圈), ⑥ 초권(楚圈), ⑦ 번우권(番禺圈) 등 7대 교역권이 존재했다. 15개 교역센터를 중핵으로 하는 원격지 시장교역이 전국 시대 이래 발달해 있었다. 이 원격지 시장교역을 담당하던 상인들이 수도권의 재물 수요를 포착하고 지방 군국에서 수요 물자를 들여와 중앙에 수송·판매했는데, 최대의 소비자인 각 관부가 이 물자를 경쟁적으로 구입하는 상황이 벌어져, 수도권 물가가 폭등하는 사태가 발생했다. 즉 원격지 시장교역이 재정적 물류와 경합하여 수도권의 경제·재정에 혼란을 가져왔던 것이다.

한 대에서 물자 유통의 중심은 재정 수요 및 재물의 수송에 관한 재정적 물류이다. 이 재정적 물류의 경쟁자로 활동하기 시작한 원격지 교역 상인을 배제하려는 것, 즉 중앙과 지방 사이의 재정적 물류를 시장 유통과 떨어뜨려서 대농 휘하의 중앙정부 사업으로 만들어 통일적으로 운영한 것이 균수·평준이었다.

[참고문헌] 影山 1970, 渡邊 2010.

테마 14 / **화식열전(貨殖列傳), 평준서(平準書)와 식화지(食貨志)**

미야케 키요시(宮宅潔)

사마천(司馬遷)의 『사기』에는 본기(本紀)·열전(列傳)과 함께 "서(書)"라고 불리는 카테고리가 있어 "예서(禮書)", "역서(曆書)"처럼 당시의 제도와 정책을 제목별로 정리한 것이 수록되어 있다. 그중 하나인 "평준서(平準書)"는 한 왕조의 성립부터 사마천 시대까지의 경제 정책을 다루면서, 특히 그들과 동시대를 살았던 무제(武帝)의 각종 경제통제 정책에 대해 많은 지면을 할애하고 있다. 반고(班固)의 『한서(漢書)』 식화지는 사기를 계승하여 그 상편은 "식(食, 농업)", 하편은 "화(貨, 화폐와 재정 정책)"에 대해 서술하였다.

『사기』에는 이 외에도 대상인(大商人)의 열전인 "화식열전(貨殖列傳)"이 따로 있다. 그 내용은 단순히 부호의 전기에 그치지 않고, 각지의 풍속·물산·교통 등 경제 사정까지 소개하고 있으며, 독특한 경제사상이 그 속에 녹아 있다. 예를 들어 그 도입부에는 "자급자족의 이상향" 따위는 실현 불가능하며, 인간의 욕망에는 한계가 없지만, 그렇다고 해도 이런 욕망들도 결국은 서로 타협하면서 경제는 저절로 원활하게 굴러가는 것이라는 주장이 펼쳐져 있다. 이러한 화식열전의 철학이나, 왕조의 경제통제에 대한 비난의 말로 글을 끝맺는 평준서의 구성 때문에 사마천은 "자유방임"주의자로 평가되기도 한다(小島 1936).

농업을 "근본[本]"으로 삼고 상공업을 "지엽[末]"으로 낮춰 보는 전통적 가치관과 달리, 이익을 추구하는 인간의 본성을 긍정하고, 궁핍을 감추려고 인의(仁義)를 말하는 것을 부끄럽게 여기는 사마천의 태도는 오히려 특이하다. 『한서』를 편찬한 반고는 『사기』의 선례를 무시할 수 없어서 "화식전(貨殖傳)"을 두기는 했지만, 사마천이 "화식을 논하면서 권세와 이익을 중히 여기고 가난함[貧賤]을 부끄러워한" 것을 "성인의 도에 어긋난" 것으로 따갑게 비판했다(『한서』 사마천전). 『한서』 식화지에서는 평준서의 내용을 답습한 하편은 그렇다 치고, 상편에서는 중소농민의 보호를 제창하는 상주문이 종종 인용되어, 반고의 중농주의적 자세가 선명히 드러나 있다. 억상중농(抑商重農)의 가치관이 유교의 공식 견해로 우세하게 되자 사마천의 경제사상은 완전히 이단에 속하는 것이 되어, 『한서』 이후의 역대 정사(正史)에서는 화식열전이 아예 항목에서 사라졌다.

사마천과 반고 사이에 놓인 단절은 단순히 개인적 견해의 차이가 아니라, 하나의 시대가 종언된 것을 나타낸다고 평가되어 왔다. 우츠노미야 키요요시(宇都宮清吉)는 사마천의 경제사상을 전국 시대 이래 상공업의 발전이 낳은 "고대적 경제학의 전형"으로 보고, 사마천의 시대에 일어난 왕조의 경제통제는 "상업적 경제 사회의 몰락"이었다고 본다(宇都宮 1955). 이런 평가는 한 대를 경계로 화폐경제가 자연경제로 퇴행했다는 견해와 호응하면서, 그 변화의 대조적인 모습(contrast)을 한층 부각시켜 왔다. 하지만 고조부가 진의 "주철관(主鐵官)", 증조부가 한의 "시장(市長)"이며 친가는 "농경과 목축[耕牧]"을 생업으로 삼았던 사마천과, 대대로 고위 관리를 배출한 유학자 집안에서 태어난 반고는 경제 활동에 대한 시선이 본질적으로 달랐다고 보아도 이상할 것이 없다. 한 대에 나타난 경제적 "변화"를 『사기』, 『한서』의 차이만 가지고 단순히 도식화할 수는 없다. 근대적 경제모델에서 벗어나, 화식열전을 새롭게 읽고자 하는 시도가 이뤄지고 있는 까닭이다(佐原 2002a).

그렇다고는 해도, 『사기』 평준서나 『한서』 식화지가 경제사 연구의 기본사료라는 점은 의심할 여지가 없다. 이들 사료의 역주에는 가토(加藤 1942), 나가타(永田)·우메하라(梅原)(1988)가 있으며, 후자의 주석은 대단히 상세하고 유용하다. 또 『한서』 이후의 역대 식화지에 대해서도 니시지마(西嶋 2007)[진서(晉書)], 와타나베(渡邊 2008)[위서(魏書), 수서(隋書)], 가토(加藤 1948)[구당서(舊唐書), 구오대사(舊五代史)], 다카하시(高橋 1987~1995)[신당서(新唐書)], 스도(周藤)·나카지마(中島)(1960~2006)[송사(宋史)], 와다(和田 1957)[명사(明史)] 등의 역주, 사료연구가 갖춰져 있다. 다만 널리 유라시아 전역을 포괄하는 시야와 복수의 언어적 지식이 필요한 『원사(元史)』 식화지의 역주는, 유감이지만 아직 출간된 것이 없어 향후 연구의 진전을 바란다.

제 2 장

위진남북조(魏晉南北朝)~ 수당오대(隋唐五代)

남북분립(南北分立)에서 남북분업(南北分業)으로(3~10세기)

마루하시 미츠히로(丸橋充拓)

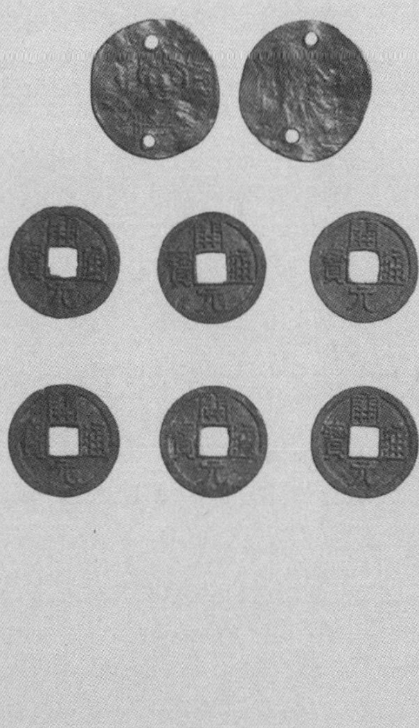

제2장 위진남북조(魏晉南北朝)~수당오대(隋唐五代)

남북분립(南北分立)에서 남북분업(南北分業)으로(3~10세기)

1. 고대 제국의 붕괴와 강남 경제의 성립[위진(魏晉)~남조(南朝)]

한의 붕괴

3세기 초 조조의 전권 아래에서 후한 왕조의 명맥은 바람 앞의 등불과 같았다. 220년 헌제(獻帝)는 조조의 죽음으로 위왕(魏王)의 자리를 계승한 조비(曹丕)에게 결국 제위(帝位)를 선양(禪讓)했다. 400년에 걸친 한의 천하는 명실공히 끝났다. 중국의 통일은 위를 계승한 진[晉, 즉 서진(西晉)]이 280년에 재현했지만, 종실의 내분[팔왕(八王)의 난]과 뒤를 이은 흉노의 반란[영가(永嘉)의 난]으로 반세기 남짓한 단기간에 붕괴해 버렸다(316년). 그 후 중원에는 오호(五胡)라고 총칭되는 여러 부족이 난립하였고, 강남에는 진이 망명 정권을 세워 명맥을 유지하는[동진(東晉)] 남북 분열의 시대가 250년이나 지속되게 된다.

정치적 혼란의 근저에는 기후한랭화에 따른 인구 이동이 있었다. 최근 기후학의 성과에 따르면, 3세기부터 4세기에 걸쳐 북반구는 한랭기를 맞았다고 한다. 이에 예민하게 반응했던 것이 자연환경의 변화에 민감한 유목민이었다. 직접적인 인과관계를 입증하기는 어렵지만 유라시아 동쪽에서는 오호(五胡)가, 서쪽에서는 게르만족이 농경지대로 이동한 것이 동서 고대 제국의 혼란을 초래하였다는 것은 일반적으로 받아들여지는 설명이다(妹尾 1999).

유목민이 남쪽으로 이동하면서 서진이 붕괴하고 동진이 성립한다. 이러한 정치동향 속에서 일종의 "도미노 현상"으로 중원에 살던 한인들이 강남으로 대거 이동하는 사태가 발생했다. 이렇게 3세기 초의 중국은 북방에서는 외래의 오호세력과 토착한인이, 남방에서는 교민(僑民)이라고 불린 중원에서 흘러들어 와 눌러앉게 된 사람들과 토착의 강남 사람들이 병존하는, 대단히 복잡한 사회상황이 출현하게 되었다. 그리고 남북 모두 외래인과 토착민이 대립과 융화를 반복하면서 새로운 질서를 구축해 나갔다. 이것이 지금부터 서술할 위진남북조 시대의 기본적인 흐름이라고 할 수 있다(岡崎 1989).

위진의 재정 정책

후한 말 군웅의 말석에서 입신한 조조는 후한 왕조와는 계통이 다른 재정 정책을 독자적으로 실시하여 경제적 기반을 굳혀 갔다. 우선 사회가 혼란한 와중에 버려진 경작지를 접수하여 둔전(屯田)으로 삼아 유민들에게 경작시켜 전조(田租)를 징수하는 체제를 정비했다. 둔전은 후한 왕조의 지방행정을 구성하는 주(州)-군(郡)-현(縣) 계통이 아니라, 대사농(大司農) 아래 전농부(典農部)라는 별도의 조직이 관리했다. 나아가 조조는 원래 후한 왕조가 임시로 부과하고 있던 부렴(賦斂)이라고 불리던 여러 세금들을 "호조(戶調)"라는 이름으로 제도화하여 독자적인 재원으로 삼았다. 그 세액은 전조(田租)가 1무(畝)당 4두(斗), 호조(戶調)가 1호(戶)당 비단[絹] 2필, 풀솜[綿] 3근이었다고 한다. 후한 왕조의 전조·경부(更賦)(→ 테마 10 〈요역(한 이전)〉, 133쪽)와 조조 정권의 전조·호조(戶調)가 따로따로 병존하고 있었던 것이다. 그러나 한위혁명(漢魏革命)은 이 이원 구조에 종지부를 찍고 후자로 일원화시켰다(渡邊 2010).

위(魏)의 둔전제와 전조제·호조제는 서진에 계승되었다. 서진의 토지제도는 점전(占田)·과전제(課田制)로 불린다. 이 중에 점전이란 개인이 소유할 수 있는 토지면적에 상한을 정해 둔 것으로, 일반백성이라면 남자 70무, 여자 30무까지였다. 하지만 관료는 별도로 취급하여 지위에 따라 10~50경(頃, 1경은 100무)과 같은 대토지 점유가 인정되었다. 한편, 과전은 전조의 부과 대상인 경지를 백성에게 지급하는 것으로, 정남(丁男, 성인 남자) 50무, 을녀(乙女, 성인 여자) 20무, 차정남(次丁男, 준성인 남사) 25무로 규정하였다.

점전·과전은 종종 병칭된다. 하지만 양자의 관계는 확실하지 않다. 각각 대상이 되는 농민이 달랐다는 주장, 또 같은 농민이 둘 다 보유했다는 주장 등 다양한 학설이 제기되어 통일된 견해에 도달하지 못한 상황이다. 하지만 양자에는 당시 왕조가 떠안고 있던 정책 과제가 나타나 있다. 즉 호족의 대토지 경영에 대해 소유를 제한하려는 점전은 전한 때부터 추구해 온 정책의 연장선상에 있으며, 과전이란 위의 둔전과 마찬가지로 유민의 발생, 과세대상인 경지의 황폐화에 대한 대책으로 생겨난 것이다. 둘 다 한 대 이래의 시대 상황을 반영한 정책이었다고 할 수 있다.

세제(稅制)를 살펴보면, 〈표 2〉에서도 나타나듯이 우선 호조(戶調)의 명목으로 1호(戶)당 비단[絹] 3필, 풀솜[綿] 3근이 징수되었다. 또 곡물 4곡(斛)도 부가되었다. 이 곡물 4곡이 호조에 포함되는지, 아니면 별도의 전조(田租)에 해당하는지는 학설이 나뉘어 있다. 또 이들 세액은 각호에 직접 과세되는 수치가 아니었다. 왕조 중앙정부가 지방 군현에 대해 징세를 지시할 때, 이 부과액에 그 군현의 호수를 곱해서 징수 할당량을 산출하는 것이다. 한편, 각 군현이 실제 기층 사회에서 징수를 할 때에는 빈부에 따라 차등을 두었다(渡邊 2010).

세금과 노역을 수취할 때 이렇게 차등을 둔 것은 농촌에서 일어난 계층 분화에 대응하기 위해서였다. 위진 이후 남북조를 거치면서 수당(隋唐)

표 2 한(漢)~오대(五代) 시기 인민의 주요 부담

<table>
<tr><th></th><th></th><th>전한 중기까지</th><th>전한 후기 ~후한</th><th>위·진</th><th>동진·남조</th><th>북위</th><th>서위·북주</th><th>수~ 당 전반기</th><th>당 후반기 ~오대</th></tr>
<tr><td rowspan="5">역(役)
(노동력)</td><td rowspan="2">병역
(兵役)</td><td colspan="2" rowspan="2">요수(繇戍)
현졸(縣卒)</td><td colspan="3">[병호제(兵戶制)]</td><td colspan="2">부병(府兵)(579~590은 병사와 인민을 분리함[兵民分離])</td><td rowspan="2">[모병제
(募兵制)]</td></tr>
<tr><td colspan="2" rowspan="3">정병(丁兵)
[삼오발졸
(三五發卒)]</td><td colspan="2" rowspan="3">정병(丁兵) [삼오발졸(三五發卒)=십오정병(十五丁兵)→육정병(六丁兵)→팔정병(八丁兵)→십이정병(十二丁兵)]</td><td>방인(防人)</td></tr>
<tr><td>요역
(徭役)</td><td rowspan="2">경요
(更徭)</td><td rowspan="2">[고역
(雇役)]</td><td>세역(歲役)·
잡요(雜徭)</td><td>[고역(雇役)]</td></tr>
<tr><td>이역(吏役)</td><td colspan="2">색역(色役)
[잡인역(雜人役) · 직역(職役)]</td></tr>
<tr><td>면역전
(免役錢) 등</td><td>[과경전]
(過更錢)</td><td>과경전
(過更錢)</td><td></td><td></td><td></td><td></td><td>[용(庸)]</td><td></td></tr>
<tr><td rowspan="4">세(稅)
(생산물)</td><td>곡류</td><td colspan="3">전조(田租)</td><td>전조(田租)
혹은
구세미
(口稅米)</td><td colspan="2">전조(田租)</td><td>조(租)</td><td>양세곡두
(兩稅斛斗)</td></tr>
<tr><td>섬유제품</td><td></td><td></td><td colspan="4">호조(戶調)</td><td>조(調)</td><td rowspan="2">양세전(兩稅錢)
(포백으로
대납하는 것이
일반적)</td></tr>
<tr><td>전화(錢貨)
(농민 대상)</td><td colspan="2" rowspan="2">산부(算賦)·구부(口賦)</td><td>?</td><td></td><td></td><td></td><td rowspan="2">세전(稅錢)
(당 중기에
창설)</td></tr>
<tr><td>전화(錢貨)
(상인 대상)</td><td></td><td>교역세
(交易稅)·
통행세
(通行稅) 등</td><td></td><td></td><td>염세(鹽稅) 등</td></tr>
</table>

에 이르는 동안, 중국 농촌은 대체로 부호층(富豪層)과 빈민층[貧家層]의 양대 계층으로 구성되어 있었다. 부호층이 경영한 대토지, 즉 장원은 큰 것은 수백 경이나 된다는 수치도 전해지지만, 표준적으로 보면 1.5경(7.5헥타르) 정도의 직영지를 소가 끄는 쟁기를 이용하면서[牛犂耕, 소 두 마리가 끄는 대형 농기구], 노예, 고농(雇農), 소작 등의 방식으로 경작하는 수준이었는데, 이 규모라면 안정적 경영이 가능했다. 반면, 압도적 다수를 차지하는 빈민층의 소경영은 이념적으로는 100무(1경)의 균등한 경지를 세습적으로 점유·용익하는 "편호(編戶)" 농민의 소농 경영이 되어야 하지만, 실제 경작지는 기껏해야 수십 무에 지나지 않아 수작업 노동 중심의 불안정한 경영이 될 수밖에 없었다(渡邊 1986, 大澤 1996).

동진 ~ 남조의 사회와 재정 정책

팔왕(八王)의 난, 영가(永嘉)의 난으로 중원이 황폐해지자 인구의 유동화, 단적으로 말하면 한인이 유민이 되어 강남으로 도망하는 현상[流亡]이 일어났다. 그 이동은 고급관료와 유력 호족층에서, 지방 명망가를 중심으로 향리 단위로 집단 이동한 일반 농민들에 이르기까지 모든 계층에서 발생했다. 전자의 대표적인 사례가 왕도(王導)를 중심으로 한 왕씨이다. 성(姓) 앞에 본적지를 씌우는 당시의 습관에 따라 "낭야 왕씨(瑯邪王氏)"[28]로 칭한 이 집단은 수도인 건강(建康) 부근에 거주하면서 동진 정권의 중핵을 담당하게 된다. 한편, 후자와 같은 이주집단은 경구[京口, 오늘날의 진강(鎭江)]나 광릉[廣陵, 오늘날의 양주(揚州)] 등 주변 도시에 거점을 구축하고 자위단(自衛團)을 만들어 단결을 유지해 나갔다.

이러한 이주 집단을 현재 거주지에서 호적 등록을 시켜 편호농민(編戶農民)으로 삼고, 행정적으로 파악하여 과세 대상으로 삼는 것은 동진의 신정권에게 중요한 과제였다. 하지만 이주자들 입장에서 보면, 잃어버린 땅을 회복하고[失地回復] 고향에 돌아가는 것[鄕里歸還]이야말로 비원이었으므로 잠시 머무는 곳에 지나지 않는 현재 거주지에 편호가 되어 고정되는 것은 싫을 수밖에 없었다. 이에 절충안으로 동진 시대에 수차례 실시된 것이 "토단(土斷)"이었다. 이 정책에 따라 우선 이주 집단의 고향에 해당하는 주, 군, 현이 현재 거주지에 가설(假設)되었다. 교주(僑州), 교군(僑郡), 교현(僑縣)이라 불리는 것으로, 예를 들어 "서주(徐州)"에서 이주한 집단을 위해 "남서주(南徐州)"가 설치되었다. 그리고 그들에게는 독자의 호적인 "백적(白籍)"

28 낭야의 표기는 瑯邪, 瑯琊, 琅邪로 다양한데, 이 책에는 두 곳이 瑯邪와 琅邪로 달리 표기하고 있다. 인용 사료가 다른 경우 원사료대로 표기한 것으로 생각되어 통일하지 않고 원문 그대로 한자를 병기했다. 이 책에서 비슷한 사례로 吳松江, 吳淞江이 있다–옮긴이.

을 두어 "교민(僑民)"으로 규정하고, 원주민의 호적인 "황적(黃籍)"과 구별하였다. 이러한 노력을 통해 5세기에는 40만 명 이상의 교민을 파악할 수 있었다. 하지만 이들 교민과 강남 원주민 사이에는 동진, 남조 시기 내내 민감한 관계가 이어졌다(中村 1999).

새로운 인구 유입을 받아들인 동진 이후의 강남 사회는 후술하듯이 대규모 개발, 그리고 대토지 소유의 진전이라는 국면에 돌입한다(⋯→ 테마 16 〈강남 개발과 경제발전〉, 188쪽). 이러한 사태에 대응하기 위해 동진 정권은 도전(度田), 즉 경작지[田土] 조사를 실시하여 호조(戶調)에 전세(田稅)를 더한 기존의 체제로 전제 및 세제를 재건하려 노력했다. 이 전세는 당초 토지면적을 기준으로 했는데, 377년 이후는 사람 수[人頭]에 부과하는 구세미(口稅米)로 전환했다. 호족들이 경영하는 토지[장원(莊園)]는 전부 세금 부과 대상이었으므로, 소위 불수권(不輸權, 세금 면제권－옮긴이)을 가졌던 일본이나 유럽 중세의 장원과는 크게 다르다. 하지만 사유지를 확대하기 위해 노동력을 확보하고 싶었던 유력 귀족이나 호족층은 많은 예속민을 흡수해서 거느리고 있었기에 왕조가 호적 등록을 해서 민을 직접 파악하려고 해도 한계가 있었다(渡邊 1986).

동진과 남조 시대에는 국방상의 필요 때문에 수도인 건강(建康) 이외에도 군부(軍府)라고 불리는 군사 거점을 여럿 두었다. 동진 시대의 이른바 북부[北府, 오늘날의 진강(鎭江)], 서부[西府, 오늘날의 형주(荊州)], 혹은 남조 때까지 각지에 건설되었던 도독부(都督府)[29]가 이에 해당한다. 군부는 군사력은 물론이고, 재정 면에서도 독자적 재량권을 부분적으로 가지고 있어서 역대 왕조를 자주 위협하는 존재였다.

29 여러 개의 주(州)로 구성되어, 한 명의 도독이 총괄하는 군관구(軍管區)-지은이.

송(宋), 제(齊), 양(梁), 진(陳)으로 이어진 남조의 역대 왕조는 모두 이런 군부 사령관급에서 무력을 바탕으로 수립된 것이었다. 지방군부의 위협을 잘 알고 있는 남조의 황제들은 즉위하면 곧잘 군부의 힘을 줄이고 중앙집권화를 강화하는 노선을 추구하곤 했다. 재정의 집권화는 북조와 군사적 긴장이 높아진 송 효무제(孝武帝, 재위 453~454년) 시기부터 명확하게 드러났다. 징세감독관인 "대사(臺使)"를 파견하고 영리와 교역 활동을 담당하는 출장기관인 "대전(臺傳)"을 창설하여 지방에 잠재되어 있는 각종 재원을 장악하는 한편, 수도에서는 상고(上庫)라 불리는 공적 재물 창고와, 재고(齋庫)라 불리는 사적 재물 창고를 두어 중앙재정을 강화하려 하였다(川合 1985, 中村 2006).

이러한 움직임의 배경에는 후술하듯이 동전 사용의 활성화가 있었다. 이때를 즈음하여 포(布)와 비단[絹] 각 2장(丈), 비단실[絲] 3량(兩), 풀솜[綿] 8량, 조미(租米) 5석(石)으로 이뤄진 호조(戶調)와, 매 무(畝) 2두(斗)의 전세(田稅) 등 기존의 부과(賦課)에 더해서 고세(估稅, 교역세), 진태세(津埭稅, 통행세), 시세(市稅, 영업세) 등 유통 과세가 강화되었다. 이런 식으로 남조 재정은 동전에 대한 의존도를 서서히 높여 갔다(渡邊 2010).

강남 지역의 개발과 유통

삼국 오(吳)의 시대에 시작된 강남 개발은 동진 정권의 수립과 함께 가속화되었다. 수도인 건강(현재의 남경) 근교에서 시작된 개발이 주변으로 확대되면서 이를 주도한 귀족, 호족의 장원 경영이 광범위하게 전개되어 갔다(⋯▸ 테마 15 〈호족과 귀족〉, 185쪽).

서진 말기의 혼란 때문에 강남으로 이동했던 유민 집단은 주성(州城), 현성(縣城) 등 기존 도시에 정착하지 않고 교외에 독자적으로 촌락을 꾸렸다. 그들은 둔(屯), 촌(邨), 촌(村)으로 불리던 자연촌락을 거점으로 개발을 추진했는데, 농지에서 시작하여 후에는 숲과 습지[山林叢澤]까지 개발의 손길이 미쳤다(宮崎 1960). 하천과 소택지, 저습지가 많은 강남의 경우 배수 및 조수 방지에 필요한 기술이 아직 미숙하여, 지대가 약간 높은 지역을 중심으로 농지가 조성되었다(北田 1999). 한편, 광물·건축자재·연료·새와 동물·어패류 등 "숲과 습지[山林叢澤]"에서 나는 각종 자원은 교역을 위해 일부 농산물이나 각종 일용품, 사치품과 함께 시장에 나왔다. 귀족들은 각지에 세워 둔 가공 및 판매 시설을 거점으로 삼아 이런 물품들을 상품화하였으며, 이 시기 정비된 수상 교통망을 매개로 유통경제 발달을 주도하였다(···› 테마 16 〈강남 개발과 경제발전〉, 188쪽).

이리하여 전국 시대 이래 군주의 가산으로 간주되었던 숲과 습지에서 사적인 개척이나 점거가 늘어나고 촌락이 자생적으로 형성되는 상황이 나타났다. 정부는 이런 추세를 인정하는 방침을 채택하게 된다. 촌에 대표자를 세워 현에 협력하도록 함으로써 이러한 자생 촌락을 행정체계에 편입시키려 한 것이다. 농지에 대해서도 동진 시기에는 "도전(度田)"을 통한 조사 및 파악에 노력하였다. 또 숲과 습지에 대해서는 송(宋)의 대명(大明) 연간(457~464년)에 점산제(占山制)라는 소유제한 정책을 시도했다. 그러나 '대토지 소유자=호족·귀족'의 지지를 기반으로 하고 있던 남조 정권이 제한 정책을 끝까지 관철하기란 앞서 말한 대로 대단히 어려웠다. 또 유통경제 발달에 대해서, 정권은 동전에 철전까지 발행하면서 대응하려 했지만 치솟는 화폐 수요를 다 만족시킬 수가 없어 결국 사주전(私鑄錢)이 문제로 대두되었다(宮澤 2000).

2. 남북경제의 재결합 [오호북조(五胡北朝)~당(唐) 전기]

"탁발국가(拓跋國家)"의 재통일

서진이 자멸하면서 시작된 중원의 4세기를 "오호십육국(五胡十六國) 시대"라고 부른다. 몽골리아와 티베트에 기원하여, 후한 말에서 위진(魏晉) 시기에 걸쳐 중원으로 이주했던 흉노(匈奴), 갈(羯), 선비(鮮卑), 저(氐), 강(羌)의 "오호(五胡)"가 기마군단을 거느리고 이 지역을 석권한 후 중소 군벌 정권을 차례로 세웠다. 그리고 이 시대에는 "소수의 유목민 집단이 다수의 한인 사회를 통치하는" 도식이 처음으로 출현했는데, 이러한 도식은 훗날 청 대까지 자주 나타난다. 생업도 성격도 다른 두 집단 사이에, 즉 "호한(胡漢)" 관계에서 정치적·문화적 마찰이 수없이 발생했지만 혼란 속에서 새로운 질서가 만들어졌다. 그 선구가 된 것이 오호의 혼란을 수습하고 중원을 통일한 선비족 탁발부(拓跋部) 정권인 북위(北魏)이다. 뒤를 이은 북제(北齊), 북주(北周), 수(隋), 당(唐)은 정권 기반이나 시정 방침, 각종 제도의 설계 등 다양한 측면에서 북위를 계승한 정권이었다. 이들 국가는 민족적 뿌리를 공유했으며 문화적 연속성도 확인된다(岡崎 1995, 谷川 1971). 따라서 오늘날에는 그 점을 강조하기 위해 모체가 된 씨족집단의 성을 따서 "탁발국가"라는 명칭으로 이들 국가를 하나로 묶기도 한다. 중화사관(中華史觀) 내지 일국사관(一國史觀)에서 "중화 왕조의 정통적 계승자"로 라벨을 붙여 왔던 것을 상대화하려는 개념이다.

같은 시기, 몽골리아에서는 유연(柔然) 그리고 돌궐이 연이어 거대한 "유목 국가"를 수립하였고, 중앙아시아에서는 소그드인이 원격지 상인이나 군인의 신분으로 중국 내지로 이주해 오기 시작했다. 여러 민족과 교류가 깊어지면서, "탁발국가"는 경제적으로 몽골리아 및 서역(西域)과 강하게 연결되었다. 한편, 북위와 북주가 남방으로 세력을 확대하고 수(隋)가 진(陳)을 병합한 뒤 당(唐)이 재통일하는 과정을 거치면서, 장기간 분립 상태에 있었던 중국 남북 간의 경제관계가 오랜만에 다시 연결되었다. 그 상징이 바로 수(隋) 대에 개착된 "대운하"이다.

"탁발국가"가 먼저 중원을, 이어서 강남을 영유하는 과정에서 두 지역에 전개된 대토지 소유의 문제에 어떻게 대응해 나갈 것인지 역시 중요한 과제가 되었다.

이번 절에서는 북위에서 당에 이르는 "탁발국가"가 지역 간의 경제적 결합에 어떤 영향을 미쳤는지를 중심으로, 8세기 전기까지의 동향을 살펴보겠다.

북위 효문제의 재정개혁

북위라는 왕조가 직면한 최대 과제는 오호십육국 100년을 거치면서 사회를 뒤덮고 있던 각종 다원성—예를 들어 호(胡)와 한(漢), 병(兵)과 민(民), 호족(豪族)과 소농민(小農民) 등—을 극복하고 새로운 질서를 구축하는 것이었다. 경제 문제에 대입해 보면, 농업입국으로의 전환, 유력 호족과의 제휴 및 통제, 남조와 대치한 상황에서의 보급 체제 구축이 그들의 과제였다.

여러 과제 중에 오호 시대부터 북위 초기까지 비교적 이른 시기에 착수한 것이 인구 문제였다. 정복지의 백성들을 수도인 평성[平城, 오늘날의 대동(大同)] 부근으로 강제 이주시켜 인구를 충원하였고[사민 정책(徙民政策)], 그들 개개인에게 논밭을 지급하여[계구수전(計口受田)] 납세를 담당하는 호(戶)로 만들어 나갔다.

북위 초기의 세제는 서진(西晉)과 마찬가지로 호조(戶調)와 전조(田租)였다. 또 이전 왕조를 계승하여 ① 빈부격차를 고려하여 현(縣)에서 수취하는 부분과, ② 1호당 비단[帛] 2필, 풀솜[絮] 2근, 견사[絲] 1근, 겉겨를 벗기지 않은 곡식[粟] 20석으로 기준 납세액이 고정된 공조(公調), 즉 주(州)에서 중앙에 상납하는 부분의 이중 구조를 취하고 있었다. 하지만 이전과 크게 달라진 점도 있는데, 위의 기준 납세액과는 별도로 "조외비(調外費)"라고 하여 호마다 비단 1필 2장(丈)을 각지의 주고(州庫)에 납부하도록 한 것이다. 서진 이전의 재정에서는 중앙에 납부할 세금의 신정기준만 징해져 있었고, 지방경비에 대해서는 중앙에서 특별한 관리나 지휘를 하지 않았다. 북위에서 조외비를 설정한 것은 지방경비를 명확히 하고, 이를 중앙의 지휘 아래에 두었다는 점에서 획기적이다. 또한 이즈음 편호(編戶)의 요역(의무 노동) 부담은 그렇게 무겁지 않았다. 공공 공사가 늘 있지는 않았고 군무(軍務)는 선비족의 병호(兵戶)가 전담했기 때문에 한인(漢人) 편호에게까지 병역 부담이 내려오지는 않았던 것이다(渡邊 2010).

이상과 같은 세역 체계는 제3대 태무제(太武帝) 시기에 중원 통일과 감숙(甘肅) 지역의 제압(439년)이 이뤄지고, 제5대 헌문제(獻文帝) 시기에 회하(淮河) 이북을 병합하는(467년) 등 대외 확장의 성과가 나타날 즈음 크게 변화한다(시노 8). 군사적 우선노가 북의 유연(柔然)에서 남쪽의 양(梁)과 진(陳)으로 바뀌면서, 남방 전선에 대한 보급 체제가 구축되었다. 그때까지 백성의 노역으로 군수물자를 우송했던 것을 고쳐 ① 우송을 면제해 주는 대가로 백성에게서 직물(織物)[병자(兵資)]을 징발해 이를 재원으로 군량(軍糧)을 현지에서 구매하는 "화적(和糴)"을 실시하였고(⋯→ 테마 20 〈화적〉, 198쪽), ② 전선지대에서 둔전을 개발하고, ③ 군수물자의 중계 창고를 두고 전선까지 연결되는 수운망(水運網)을 정비하는 정책이 속속 실시되었다.

군사적 긴장으로 물자 수요뿐 아니라 종군할 수 있는 인원 확충도 필요해졌다. 이에 대응한 것이 편호 농민에게 병역의 의무를 지우는 징병

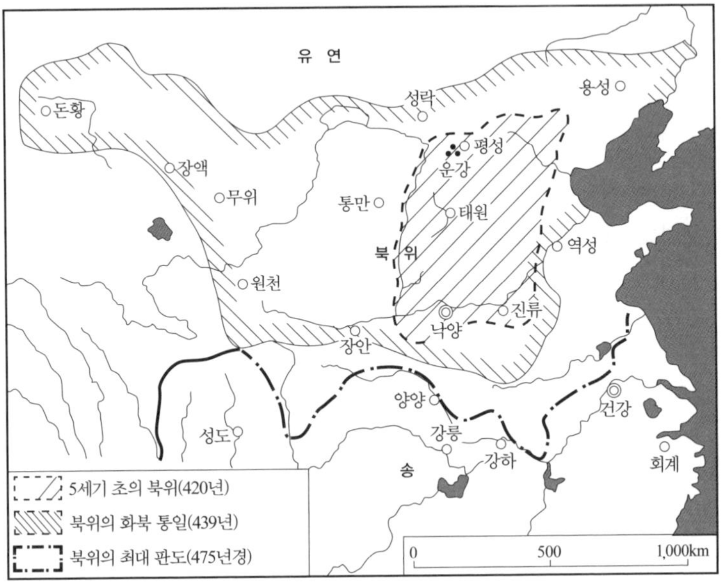

지도 8 북위(北魏) 영역 확대도(擴大圖)
출전: 川勝 2003.

제도이다. 이들은 선비족이 주체가 되었던 병호제(兵戶制)를 대신하여 점차 군의 주력이 되었다. 제6대 효문제(재위 471~499년) 치세기인 473년에는 남조로 파병하면서 편호농민을 10명에 1명꼴로 징병했다. 일정 인원수의 집단에게 윤번으로 부담하게 하는 병역 의무를 "정병제(丁兵制)"라고 부른다. 이 제도는 윤번의 단위가 되는 집단의 숫자에 따라서 훗날 명칭이 바뀌게 되었다. 예를 들어 10명에 1명꼴이라면 "십정병(十丁兵)"제, 15명에 1명꼴이라면 "십오정병(十五丁兵)"제와 같은 식이다(佐川 1999a).

"한화 정책(漢化政策)"으로 유명한 효문제 시대에는 그 외에도 삼장제(三長制), 균부제[均賦制, 민조제(民調制)]처럼 훗날 당(唐) 대에까지 영향을 준 여러 제도들이 만들어졌다. 우선 삼장제는 인보(隣保) 조직의 체계화를 꾀한 것으로, 5가(家)마다 인장(隣長), 5린(隣)마다 이장(里長), 5리(里)마다 당장(黨長)을 두어, 징병제와 아래에서 서술할 균부제, 균전제를 원활하게 시행하는 데 필요한 기초를 닦았다(佐川 1999a, 1999b).

균부제란 한 쌍의 부부에 대해 비단[帛] 1필, 겉겨가 붙어 있는 곡물[粟] 2석을 부과하는 새로운 세제이다. 과세 단위가 호(戶)에서 부부로 바뀐 점, 그때까지 지방 말단에서 빈부에 따라 차등 징수하던 것을 일률적으로 균등 부과한 점은 커다란 전환이었다. 또 징수한 재물의 50%는 중앙, 20%는 지방, 30%는 백관(百官) 봉록(俸祿)용으로 분할하되, 수취 전체를 중앙에서 관리하는 체제가 이때 완성되었다(渡邊 2010).

균전제란 남자 장정[男夫]에게 경작용 노전(露田) 40무, 직물용 상전(桑田) 20무, 마전(麻田) 10무를 지급하는 것이다(⋯→ 테마 17 〈전제〉, 189쪽). 또한 노전은 휴경이 필요한 토지라면 2배로 지급하여 예비용 전토를 같은 분량만큼 가산해 주었다고 한다. 전토는 노비나 소에게도 지급했기 때문에 노비와 소를 많이 보유한 호족에게 유리한 점이 많았다. 하지만 연령에 따라 전토를 지급했다가 반환하게 하는 "환수(還受)" 원칙이 이때 도입되었는데, 이를 보면 정부가 전토의 재분배에 적극적으로 개입하여 소농민을 편호로 유지하려는 자세가 예전보다 강했다고 할 수 있다(堀 1975).

일련의 개혁으로 일반적인 편호농민의 부담은 조(租), 조(調) 및 정병(丁兵)이 되었다. 정병은 공공공사에 노역하는 경우도 있었으므로 군무를 지는 병역과 일반적인 비(非)군사 노역인 요역이 확실히 분리되지는 않았다. 이 체제는 북위가 분열한 후 뒤를 이은 북주(北周) 왕조가 병(兵)과 민(民)을 재차 분리하기까지(574년) 지속되었다.

수 ~ 당 초의 재정개혁

북위는 "한화 정책"을 둘러싼 내부 대립이 원인이 되어 6세기 전기에 동위(東魏)와 서위(西魏)로 분열되었다. 양측의 대립과 각축은 이들을 각각 계승한 북제(北齊)와 북주(北周) 시대까지 계속되었다. 이 중에 군사와 경제 모두에서 뒤처졌던 서위·북주는 지도자인 우문태(宇文泰) 등 선비족 군단을 중핵으로 삼는 한편, 섬서(陝西)와 감숙(甘肅) 방면의 한인 유력자와 결합을 강화하였다. 이 호한(胡漢)이 융합한 "관농집단(關隴集團)"은 동위와 북제에 대항하여 제압하는 데 마침내 성공했다(577년). 이어서 북주를 계승한 수(隋)가 남조의 진(陳)을 병합하여(589년) 약 280년 만에 남북통일이 실현되었다. 수는 대외 원정 실패 등의 원인으로 단명으로 끝났지만, 수를 대신한 당이 안정적으로 장기 정권을 수립하게 되었다.

남북조의 분열 시대에 다양한 경위로 탄생한 여러 재정제도들은 수에서 당 초기에 걸친 통일 정권하에서 질서가 잡히고 통합되었다(Twitchett 1970). 이하 서술할 호적(戶籍), 전토, 세역에 관한 여러 규정은 호령(戶令), 전령(田令), 부역령(賦役令), 창고령(倉庫令)을 비롯한 율령(律令) 아래에서 체계화되었던 것이다. 이하에서는 이 점을 중시하여 수-당 전기의 재정을 "율령 재정"이라고 부르겠다. 재정의 집행기관인 상서호부(尙書戶部) 및 그 관하의 호부사[戶部司, 대장(臺帳)의 관리], 탁지사(度支司, 수지의 지령 및 통괄), 금부사[金部司, 포백(布帛) 및 동전의 관리], 창부사(倉部司, 곡류의 관리), 사농시(司農寺)는 모두 율령에 규정되어 있는 관공서들이었다.

이와 같은 체제에서 운영된 여러 재정제도의 특색과 구체상을 그려 보자. 우선 편호, 즉 만민을 호적에 올려 장악하는 것이 모든 것의 출발점이 된다. 매년 호주가 제출하는 "수실(手實)"[30]에 기초하여 "계장(計帳)"을 작성하고, 다시 이를 집약하여 3년에 한 번씩 호적을 만들어 데이터를 정기적

30 당송 시대, 호주가 매년 1회 식구 수, 전답의 수 및 요역 부담 등을 적어서 지방관에 제출하는 서류로, 호적 작성의 기초 자료가 된다-옮긴이.

으로 갱신하였다. 세역 부담자[과구(課口)]의 동향을 파악하는 것, 자산에 따라 등급을 매겨[호등(戶等)] 각호에 부여하는 것은 전토를 환수하고 세역을 부과하는 데 핵심적인 작업이었다(…▸ 테마 8 〈호적〉, 129쪽).

토지제도의 경우 균전제가 북위 이래 수를 거쳐 당 중기까지 유지되었는데, 내용 면에서는 다음과 같이 변경되었다(…▸ 테마 17 〈전제〉, 189쪽).

① 지목(地目)의 변경: 노전이 구분전(口分田, 80무)으로, 상전(桑田)과 마전(麻田)이 영업전(永業田, 20무)으로 바뀜. 구분전은 환수(수급과 반환)의 대상이 되고 영업전은 세습할 수 있음.

② 관인영업전(官人永業田): 관료에게는 지위에 따라 60~1만 무의 영업전을 수여함.

③ 공전(公田): 관직 단위로 지급된 직분전(職分田), 관청 유지경비에 쓰는 공해전(公廨田), 주로 군량 생산을 위해 설치한 둔전을 균전제하에서 제도화함.

수-당은 이러한 규정에 기초하여, 이전 왕조와 마찬가지로 대토지 소유를 제한하려 노력하였다. 하지만 귀족들의 대토지 경영에 관한 기록이 끊임없이 이어지고 있어 균전제의 실효성에 대한 의문이 오랫동안 제기되어 왔다. 그러나 20세기에 신강 위구르 자치구의 투르판 지역에서 각종 문서가 대량 발견되자, 이들 문서의 분석을 통해 구분전의 환수가 실제로 행해졌음이 판명되었다. 다만 규정액대로 전토를 지급하는 것이 어려운 경우가 많았다. 그럴 경우에는 우선 영업전부터 규정액을 인정해주고, 구분전의 부족분은 그냥 넘어간다는 방침을 취했다.

국가가 주는 토지를 받는 대신[受田] 농민이 져야 하는 부담은 앞의 〈표 2〉에 열거한 것처럼 조(租, 곡류), 조(調, 직물류), 세역(歲役, 노역) 세 가지가 중추를 이뤘다. 이를 조조역제(租調役制)로 총칭한다.

조(租)와 조(調)는 전대를 답습했지만, 부과 단위는 북위~수 대에 부부이던 것이 당 대가 되면서 개인[정(丁)]으로 바뀌었다. 세액은 조(租)가 매정(每丁) 2석, 조(調)가 매정 비단[絹] 2장(丈), 풀솜[綿] 3량, 혹은 마포 2.5장이었다. 이들 세금은 지방 주현(州縣)에서 징수된 뒤, 현지 주현의 경비 및 비축으로 지출되는 부분, 중앙에 송달되는 부분[상공(上供)], 다른 지방으로 전송되는 부분[외액(外額)]으로 나눠졌다. 조(租)와 조(調)는 인두세적 부과이기 때문에 정부가 징수할 수 있는 세입의 총액수는 등록된 호구의 숫자, 즉 정부가 편호농민을 얼마나 장악하고 있느냐에 달려 있었다. 그러므로 세출액은 세입액을 먼저 예측한 뒤 이에 따라 매년 결정되는 구조였다(→테마 18 〈당의 회계〉, 194쪽). 이 원칙은 『예기(禮記)』의 한 구절을 따라 "양입위출(量入爲出, 들어오는 양을 재서 지출을 한다)"로 불렸다(宮澤 1999). 또 그 외에도 호등에 따라 부과되는 세전[稅錢, 호세(戶稅)], 구황 비축용으로 1무당 2승의 곡물을 납부하는 의창곡(義倉穀) 등 자산 및 토지 점유액에 대응한 부담이 시대에 따라 추가되게 되었다.[31]

노역을 살펴보면, 북위 단계에서는 편호농민의 의무인 정병(丁兵)이 비군사 부문을 포함한 각종 노역에 종사하는 한편, 선비족 기마군단의 세습 병사였던 병호(兵戶) 역시 군무의 절반을 담당했다. 그 후에 서위·북주에서 수 왕조의 초기에 걸쳐 몇 차례 우여곡절이 있은 뒤, 최종적으로는 수의 통일 후에 다음과 같이 정리·통합되었다. 방인(防人)과 부병(府兵)으로 이뤄진 "병역(兵役)", 중앙정부가 배분해서 시키는 연간 20일 이내의 단순노동인 "세역(歲役)", 지방 주현에서 종사하는 연간 40일 이내의 단순 노동인 "잡역(雜役)", 이역(吏役)의 일종으로 말단 행정실무에 참여하는 특수 노

31 의창곡은 점차 구황 이외의 용도로 유용되었고, 마침내는 일반 재원이 되어 "지세(地稅)"라는 명목으로 징수되었다-지은이.

동인 "색역(色役)" 등 네 가지로 정리되었다. 또한 병역 의무 중에 변방 방위를 담당하는 방인은 모든 인민이 져야 하는 부담이었지만, 각지의 주둔 기지=군부(軍府)에서 하는 훈련과 수도 경비를 담당했던 부병(府兵)은 군부가 배치된 주(州)의 백성들에게만 부과되었다(渡邊 2010). 군부의 명칭은 수 대에는 응양부(鷹揚府)였으나, 당 대에는 절충부(折衝府)로 변경되었다.

이런 노역에는 날짜 추기에 관한 규정이 있었다. 임시적인 재정 수요가 발생하는 경우에는 규정 기간 이상의 노역을 백성에게 추가로 부과하고, 그 대신에 추가된 날짜만큼 조조(租調)를 깎아 주는 방식이었다. 앞에서 살펴본 것처럼 조조(租調)는 세입액이 거의 고정되어 있었으므로 수급 변화에 탄력적으로 대응하는 것은 주로 노역 징발을 조절함으로써 가능했다. 또한 이 시기에는 방대한 양의 곡물, 포백(布帛), 동전이 비축되었다. 비축해 둔 재고를 꺼내 쓰고 채워 두는 것도 수급 변동을 조정하는 방편으로 기능할 수 있었다(⋯→ 테마 19 〈상평〉, 196쪽, 테마 5 〈구황〉, 74쪽). 따라서 임시적인 재정 수요가 여러 형태로 갑자기 생겨도 이와 같은 노역의 추가나 비축의 출납, 또 지역 간에 재화를 이전하거나 부가세를 도입하는 등의 수단을 통해 유연하게 대응할 수 있었다. 그러므로 회계에서는 재정 적자가 발생하지 않았고, 외부의 차입에 의존해야 할 필요도 없었다. 이는 당 대에만 그랬던 것이 아니라, 중국의 역대 왕조를 통틀어 공통적인 특징이다. 외국이나 상업 자본에 채무를 져서 적자를 메우는 일본이나 유럽의 영주경제(領主經濟)와는 크게 다른 점이기도 하다.

지방의 주현(州縣)은 조조(租調)를 배분하는 문제에서 중앙정부의 재정지휘권에 종속된 존재였지만, 다른 한편으로 앞에서 말한 직분전, 공해전, 혹은 관청마다 배분된 운용기금인 공해본전(公廨本錢)처럼 관직별·관청별로 자주적인 재원도 확보하고 있었다. 공전(公田) 생산물이나 기금을 운용해서 얻은 이익이 직원 인건비나 시설 수선비, 비품 조달비에 충당되었던 것이다. 관청이 이런 곡물과 돈을 빌려주는 대상은 현지의 농민이나 관청에 출입하는 상인들이었는데, 때때로 "억지로 빌려 가게 하는" 폐해도 야기했다고 한다(橫山 1958). 왕조 정부가 민간에 대해 채권자의 모습을 하고 있었다. 이 또한 그 후 중국사에서 일관된 특징이 된다.

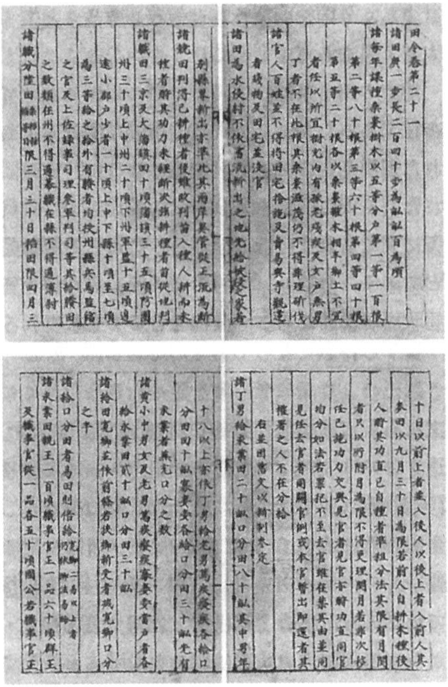

그림 9 북송의 천성령(天聖令)[권 21 전령(田令) 부분]
출전: 天一閣博物館ほか 2006.

이상과 같은 율령 재정을 규정한 당령(唐令)은 일찍이 기록이 흩어져 버렸기 때문에 각 책에 산재하는 일문(佚文)에 근거하여 복원하는 작업이 20세기 초 이래로 진행되었다. 니이다 노보루(仁井田陞)의 『당령습유(唐令拾遺)』(1933)는 그 정화(精華)이다. 1998년에는 영파(寧波)의 천일각(天一閣)박물관에서 『천성령(天聖令)』(천성은 북송의 원호. 1023~1032년)의 초본(鈔本)이 발견되어 2006년에 그 전모가 밝혀졌다(그림 9, 천일각박물관 외 2006). 잔존한 것은 『천성령』의 일부지만(10권 분량) 현행 송령(宋令) 뒤쪽에 구당령(舊唐令)이 보존·병기되어 있고, 전령·부역령·창고령·구목령(廐牧令)·관시령(關市令) 등이 포함되어 있어 당 대 재정사 연구는 새로운 단계로 들어서게 되었다.

경제적 결합의 진전

"탁발국가"의 확대 과정, 그리고 그 귀결로서 남북조의 통일은 중국 남북의 경제를 연결시켰다. 바로 전의 통일 왕조였던 한 대에는 강남 경제가 중원에 직접적인 영향을 미칠 정도가 아니었다는 점을 생각하면, 육조 시대를 거치면서 발흥한 강남 경제는 수당 시기에 이르러 처음으로 중원과 연결되었다고 할 수 있을 것이다.

남북 결합의 선구가 된 것은 북위 중기 이후 구축된 남방으로의 보급 체제였고, 이를 실질화한 것은 말할 필요도 없이 수의 대운하(大運河) 건설이었다. 양제(煬帝, 재위 604~618년)가 몸소 몇 번이나 강남을 순행한 것도[江南行幸] 남북 결합을 상징적으로 표현한 것이었다.

하지만 "탁발국가"의 확대 과정이 초래한 것은 강남과의 경제결합만이 아니다. 몽골 및 서역, 중앙아시아, 티베트 등 북방 및 서방과의 결합 역시 강화되었다. 소그드 상인은 이러한 지역과 중국을 결합시키는 매개자로서 이 시기에 중요한 역할을 하게 된다. 그들은 중앙아시아의 고향 소그디아나와 중국 내지를 연결하는 교역 루트 위에 점재하는 오아시스 도시에 순차적으로 거점을 구축하고, 앞서 이주하여 호적 등록을 받은 소그드인이 뒤에 오는 자의 보증인이 되는 구조를 확립하면서, 서서히 동방으로 활동 범위를 확대해 나갔다. 중국에는 오호십육국 시대 즈음부터 모습을 드러내기 시작하여, 당이 중앙아시아까지 세력을 확대한 7, 8세기가 이주(移住)의 절정기였다. 그들의 활동 범위가 얼마나 넓었는지는 신강 위구르 자치구 투르판 고묘(古墓)에서 출토된 일련의 문서군, 영하(寧夏) 회족(回族) 자치구 고원현(固原縣)에서 출토된 사씨(史氏)의 묘군(墓群), 북경 교외, 방산(房山) 운거사(雲居寺)의 석각군(石刻群) 등 각지에서 발견된 문물을 통해 생생하게 엿볼 수 있다(荒川 2010, 森部 2010, 森安 2007).

소그드인의 활동 영역은 사적 교역에 그치지 않았다. 그들은 당 왕조가 구축한 공적 운수 체제에도 참여했다. 7세기부터 8세기까지 당은 북방과 서방으로 군사적 확대를 거듭했다. 그리고 중국 내지와 주변을 연결하는 역전제(驛傳制)를 정비해 나갔다. 루트 위에 분포하는 주(州) 가운데 군사적 요지는 도독부로 격상시켜, 전선에 필요한 물자를 내지에서 수송할 때 집배 거점으로 삼았다. 예를 들어 서역 방면으로는 사천산(四川産) 포백이 양주(涼州) 도독부[오늘날의 감숙성 무위(武威) 시]를 거점으로 수송되었음이 알려져 있다(大津 2006). 포백과 군량 등 군수물자의 송달은 관운(官運)으로 하는 것이 원칙이지만, 8세기가 되자 상인들에게 우송을 청부하는 사례도 늘기 시작했다. 또 전선의 여러 주에서 식량을 현지 구매하는 "화적(和糴)"도 시작되었다. 구입가격을 시장가격보다 약간 높게 설정하여 상인들을 변경으로 유도하고 전선에 납부하도록 하려는 정책이었다. 이런 정책들은 서역에서는 소그드 상인의 네트워크를 전제로 하는 것이었다 (⋯→ 테마 22 〈소그드 상인과 동서교역〉, 203쪽).

그들은 이 외에도 불교, 음악, 각종 식량품 등 여러 문화와 문물을 서역에서 가져왔다. 북위의 평성[平城, 오늘날의 대동(大同)]과 낙양, 북제의 업(鄴), 수와 당의 장안, 유주[幽州, 오늘날 북경(北京)] 등 국제적 색채가 풍부한 도시의 번영은 소그드인이 가져온 서역 문화에 빚진 바가 크다.

수도와 변경은 관료, 군인, 상공업자 등 비(非)생산 인구를 대량으로 떠안고 있다. 그런 지역을 경제적으로 유지하기 위해 당은 영토 전역을 몇 개의 블록으로 나누어 물류를 조직하고 수급 균형을 꾀했다(지도 9). 그 블록들을 크게 나누면 ① 사천, 섬서에서 서역으로, ② 산서 북부, 섬서 북부에서 내몽고, 영하로, ③ 산서 남부, 낙양에서 수도 장안으로, ④ 하북, 강남, 화남에서 부도(副都)인 낙양으로, ⑤ 하북, 산동에서 북경, 요녕으로 이뤄져 있다. 지도로 살펴보면 명확하게 보이는데, 물류권은 서북(①, ②)과 동남(④, ⑤)으로 크게 분단되어 있고, 양자는 낙양-장안 사이(③)에서 겨우 연결되어 있는 것에 불과하다(渡邊 2010). 중국 남북의 경제를 연결함에 있어 최대의

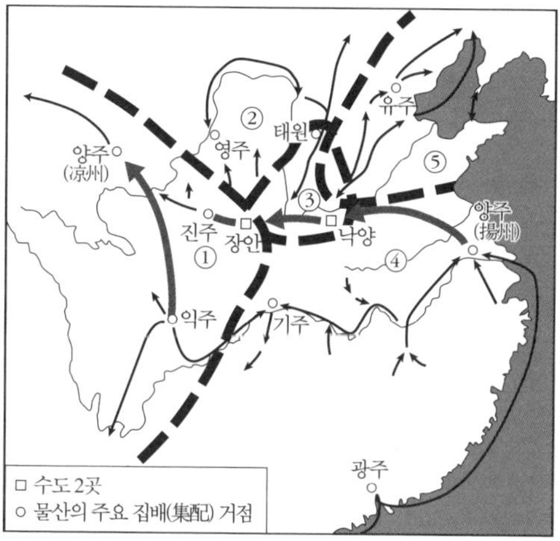

지도 9 당 전기의 수송로
출전: 渡邊 2010을 참조하여 필자가 작성함.

난관은 사실 두 수도 사이의 수송이었다. 얼핏 보기에 "황하-위수" 루트로 연결될 것 같지만, 황하에는 최대의 난관인 지주[砥柱, 하북성 삼문협(三門峽) 시]가 있고 위수는 강바닥[河床]이 높다. 둘 다 수운이 어려운 것이다. 후술하듯이 현종 시대에는 배요경(裵耀卿)의 운수 개혁으로 두 수도 사이의 수송이 원활하게 되었지만, 그때까지 대운하로 남방경제와 연결된 것은 낙양까지였다. 그렇기 때문에 배요경의 개혁 이전에는 장안에서 식량이 부족해진 조정이 통째로 낙양으로 이사 오는 "동도취식(東都就食)"의 기록이 빈번히 보인다. "물건이 못 움직인다면, 사람이 움직여라"는 도리이다. 도식적으로 말하자면, 당 전기까지 "중국 남북의 경제결합"이란 "남-북동" 사이의 연결에 그쳤다. 장안을 끼고 있는 "북서" 지역과의 결합을 과대평가해서는 안 된다.

이상과 같이 당 대까지의 유통경제는, 소그드 상인의 활약이 컸다고는 하지만, 그 규모로 보아 당 왕조 자신이 조직한 재정 운수가 주된 기동력

이었다. 재정 운수든지, 앞에서 본 공해본전(公廨本錢)이든지, 또 다음 절에서 살펴볼 당 후기 이후의 전매제든지 간에 상인은 관업의 청부로 수익을 얻는 존재에 그쳤다.

화폐 사용을 보면, 북위 말부터 당의 "개원통보(開元通寶)"에 이르기까지 동전이 발행되고 사주전은 금지되었다(…→ 테마 23 〈동전(위진남북조~청)〉, 254쪽). 그러나 국고의 수지(收支)에서 동전이 사용되는 경우는 세전[稅錢, 호세(戶稅)]의 징수, 백관봉료전(百官俸料錢)의 지급, 공해본전의 운용에 한정되어 있었다. 남북조 시대와 마찬가지로 화폐 기능을 담당한 것은 오히려 포백과 같은 실물화폐 쪽이었다. 원래 서역에서는 서아시아에서 유래한 은화가 많이 사용되었지만 당이 이 지역에 진출하고부터는 포백의 사용이 오히려 은화를 압도했는데, 이런 현상을 보더라도 당에서는 실물화폐가 우월했음을 알 수 있다(荒川 2010).

도시에서의 교역 활동도 공설 마켓인 "시(市)"의 내부에 한정되었다. 장안으로 대표되듯이, 당시 도시는 방(坊)이라고 불리는 몇 개의 블록으로 구분되어 있었는데, 각 블록은 벽으로 둘러싸여 있었고 야간에는 방문(坊門)이 폐쇄되었다. 시 역시 그런 규칙의 적용을 받는 방의 하나였다. 이즈음의 교역 활동은 공간적으로도 시간적으로도 제약을 받았다(妹尾 2001).

3. "남북분업(南北分業)"의 형성[당(唐) 중기~오대(五代)]

당의 분해

당의 대외적 팽창은 7세기 단계에서 정점을 찍었다가, 그 후에는 내우외환에 휩싸여 쇠망과 분해로 치달았다. 그 계기는 제2대 태종(太宗, 재위

628~649년) 시대 이래로 당에게 복속했던 동돌궐(東突厥)이 682년에 재차 독립한 것이었다. 이른바 돌궐 제2 카간국의 성립이다.

북변의 긴장으로 당은 하북, 산서, 섬서, 감숙의 북쪽 국경 지대에 방위 라인을 구축해야만 했다. 그곳에 배치된 변경군은 기존의 병역제 대신에 모병으로 조직되었다. 그 사령관이 절도사(節度使)이다.

국방의 핵심으로 기용된 여러 명의 절도사 중에서 대외적인 무공에 있어서나 북방 및 서방에 대한 견식·인맥에 있어서나 압도적인 존재감을 과시하면서, 황제 현종(재위 712~756년)의 신임을 한 몸에 받은 이가 바로 안녹산(安祿山)이었다. 하지만 안녹산은 궁정 내의 주도권 다툼 끝에, 외적에 겨누라고 받은 무력을 수도를 향해 겨누고 말았다. 이 안사(安史)의 난(755~763년)을 계기로 당 왕조는 존망의 위기에 빠졌고, 관료 간의 당파 싸움, 환관의 전횡, 번진(藩鎭)으로 불리는 지방 군벌의 발호, 나아가 토번(吐蕃)과 위구르의 위협 등 여러 내우외환 속에서 가까스로 명맥을 유지하는 데 급급하게 되었다. 그리고 지방 번진 세력 중에서 당의 뒤를 이어 오대십국(五代十國)의 할거 정권이 탄생했다.

이러한 과정 중에 정치 무대에서는 오랫동안 영화를 누려 왔던 귀족이 몰락하고, 과거(科擧) 출신 관료들이 신흥지주세력으로 대두한다. 경제·재정의 형태도 예외가 아니었다. 다양한 재정 정책이 신시대의 주역이 될 관료들의 손으로 고안되었다. 이러한 신정책은 계속된 내우외환 속에서 수많은 어려움에 봉착하면서도 앞서서 변혁을 이끌고, 차세대를 위한 길을 여는 독창적인 아이디어를 풍부하게 만들어 냈다. 이 절에서는 이 시기의 경제·재정의 변화를 살펴보면서, 이른바 "당송변혁(唐宋變革)"의 발자취를 조명해 보겠다.

율령 재정의 동요

당 대 초기에 확립된 율령제 재정은 7세기 후반부터 삐걱거리기 시작한다. 최초의 위기는 앞에서 언급한 동궐 제2 카간국의 독립이었다. 이 사태로 당 왕조는 북변에 방위부대를 상주시켜야만 하게 되었는데, 수 대 이래 농민 주체의 병역으로 특화된 군제(軍制)로는 항상적인 방위 체제를 유지하기 어려웠다. 농민의 생활은 농업의 계절적 순환(cycle)에 제약을 받으므로 일 년 내내 종군하도록 강요할 수 없었기 때문이다. 당 대의 노역은 앞에서 서술했듯이 날짜를 추가할 수 있는 장치가 있었기 때문에 처음에는 병역에 종사하는 날을 연장해서 대응하려고 했지만, 늘어나기만 하는 군사적 수요를 충당할 수 없었고, 결국에는 모병제로 전면적인 전환을 하게 되었다(표 3의 ②와 ⑦을 참조). 이 중에서 황제와 수도를 지키는 금군(禁軍) 병사는 "확기(彍騎)", 절도사의 지휘 아래에 있는 변방군대[邊軍]의 병사는 "장정건아(長征健兒)"라고 불렸다.

뒤를 이어 또 하나의 위기가 거의 동시에 표면화되었는데, 바로 도호(逃戶), 즉 편호농민의 도망이었다. 병역 부담의 과중과 균전제에 나타난 격차 문제 등 복합적인 원인이 작용했을 것으로 추정할 수 있다. 무엇이 문제였든지 간에 율령 재정은 "편호농민을 기초로 한 전토 관리와 세역 부과"라는 두 요소가 서로 떨어질 수 없는 정책 패키지였기 때문에 일단 편호농민이 유출되자 전토 및 세역의 운영 전반이 그 즉시 엉망이 되었다.

대외위기와 군대의 모병화, 나아가 편호농민의 유출, 세역 징수의 동요 등 수많은 모순 속에서 시작된 현종 정권은 개원(開元) 연간(713~741년) 중반 이후에 각 문제들에 다양한 대응책을 실시하였다. 이를 아래에 열거해 보자.

〈표 3〉의 ①은 도망간 편호를 본적지로 송환하여 세역을 다시 부과하

표 3 개원 연간의 여러 제도 개혁

①	우문융(宇文融)의 괄호 정책(括戶政策)	721~724년	도호(逃戶)에 이주한 곳에서 호적 등록을 하도록 허락함. 본적지주의(本籍地主義)에서 현재지주의(現在地主義)로 전환함.
②	확기제(彍騎制)	722~725년	금군(禁軍) 병사를 모병으로 전환함.
③	배요경(裴耀卿)의 조운 개혁	733~736년	낙양에서 장안 사이의 수송로를 원활히 하여 강남의 부를 장안에 바로 보낼 수 있게 함. 강남 지방의 지세(地稅)[의창곡(義倉穀)=구황용 비축분을 일반 재원으로 한 것]를 전송(轉送)함.
④	각종 관업(官業)의 정리 및 인원 삭감	735년	부(部)와 국(局) 및 관원(官員)의 직위, 색역(色役) 및 경비 중에 65만 건을 정리·폐지함.
⑤	세역(歲役)에서 용(庸)으로[조조역(租調役)에서 조조용(租調庸)으로]	733년 이후	③과 ④를 통해, 실제 노동 징발[歲役]에서 용(庸)을 재원으로 노동력을 고용하는 것으로 전환함.
⑥	장행지조(長行旨條)	736년	수지 항목을 정리하고 정액화하여(예전에는 해마다 수지계획을 짰음) 재정사무를 간소화함.
⑦	장정건아제(長征健兒制)	736년	국경 지역 군사[邊軍兵士]를 모병제로 바꾸기로 확정함.
⑧	우선객(宇仙客) 등의 관중(關中) 지역 화적(和糴) 정책	737년	장안에서 필요한 곡물을 조달하는 데 매수 정책을 도입함. 정부가 강남에서 곡식을 옮겨 오는 조운(漕運)과 이를 병행하는 시스템이 됨.

는 것을 단념하고, 그냥 현재 거주지에서 호적 등록을 하도록 인정한 것이다. ③, ④, ⑤는 노동력을 직접 수취하던 것에서 시장에서 조달하는 것으로 전환한 것이다. ⑥은 호적 데이터의 갱신을 포기하고 수지(收支)를 정액으로 고정한 것이다. ⑧은 정부가 직접 장안으로 곡물을 이송하던 것을 상인들을 유도하여 실현한 정책이다. 모두 율령 재정의 원칙을 전환하는 정책들이었다(⋯▸ 테마 20 〈화적〉, 198쪽).

특히 노역을 축소한 것, 즉 "세역(歲役)에서 용(庸)의 징수로", "병역에서 모병으로" 변화한 것은 영향이 컸다. 그때까지 재정수요를 충족해 온 무상노동을 유상노동으로 전환하면서 세원 확대 등 재정적 조치를 고안해야만 했기 때문이다. "세역의 축소, 재정의 비대화", 그중에서도 모병화에 따른 "군비 격증"에 어떻게 대응할 것인가는, 이때부터 송 대 이후까지 일관되게 역대 왕조의 최대 정책 과제가 되었다.

이러한 동향은 회계의 형태도 변화시켰다. 종래 노동력이라는, 계량화하기 어려운 방식으로 충족되었던 재정 수요가 이제부터는 포백(布帛)이나 동전 같은 재물 단위로 수치화·계량화할 수 있게 된 것이다. 그 결과 재정수지의 총체를 합계 내서 전체를 파악하고자 하는 발상이 생겨났다. 그것이 최초로 나타난 것이 『통전(通典)』에 채록된 천보(天寶) 연간(742~756년)의 재정통계(표 4)이다(李 1995, 渡邊 2010).

표 4 천보(天寶) 재정통계

	수입		지출	
곡물[粟]	조(租) 지세(地稅)	1260여 만 석(石) 1240여 만 석(石)	중앙 비축 인건비 등 군사 절도군량(節度軍糧) 지방 비축 인건비 등	600만 400만 190만 890만 500만
	소계	2500여 만 석(石)	소계	2500여 만 석(石)
직물[布絹綿]	용조견(庸調絹) 면(綿) 포(布) 강남절포(江南折布)*	740여 만 필(疋) 185여 만 둔(屯) 1035여 만 단(端) 570여 만 단(端)	중앙 장안·낙양으로 수송 군사 인건비·화적(和糴) 재원 지방 인건비·통신비	1400만 1100만 200만
	소계	2500여 만 필/둔/단 (疋/屯/端)	소계	2700여 만 필/둔/단 (疋/屯/端)
동전[錢]	세전(稅錢)	200여 만 관(貫)	군사 화적(和糴) 재원 지방 인건비·통신비	60만 140만
	소계	200여 만 관(貫)	소계	200여 만 관(貫)

세수 합계	5340여 만 단/필/둔/관/석
자과(資課)**·구박(勾剝)***	470여 만
총계	5700여 만 단/필/둔/관/석

* 강남의 조(租)를 곡물 대신에 포(布)로 환산해서 내는[절납(折納)] 것

** 색역(色役)을 면제받고 지불하는 대가

*** 정부 민간 대부금의 회수액

이 통계에서 흥미로운 점은 다양한 재물에 대해서 각각의 단위 차이를 고려하지 않고 숫자 부문만을 단순하게 가산하여 말미에 각종 단위를 병기하고 있는 점이다. "복합단위"로 불리는 이 독특한 통계 방법은 오늘날 근대적 관점에서 산술적으로 불합리하다고 자주 지적된다. 하지만 노역의 축소로 "재정수지의 총량이 왜곡은 있더라도 수치라는 형태를 띠고 열거되어 한눈에 볼 수 있게 된" 것은 이 시대로서는 기다란 전환이었다. "복합단위"는 그러한 움직임 속에 생겨난 관행이라고 보는 편이 동시대인의 사고에 눈높이를 맞춘 이해라고 할 것이다(丸橋 2010).

또 장행지조(長行旨條)(표 3의 ⑥)에 기초하여 "정액제"가 도입되어, 재정수지가 회계상으로는 늘 균형을 이루고 있는 점에도 주의를 할 필요가 있다. "정액제"로 수입과 지출에 고정된 틀이 씌워졌다고는 해도, 실제 한 해의 수입과 지출은 각종 이유로 정액과 차이가 날 수밖에 없다. 이런 "차이" 중에서 정액보다 남아서 다음 해로 이월된 동전과 물자는 회계장부에는 "현재(見在)"라는 항목에 적었고, 조세가 덜 걷히거나 대부를 미처 회수하지 못하거나 해서 생겨난 결손은 "응재(應在)"라는 항목에 기재했다. "현재"는 현재 가지고 있는 것이라는 의미이고, "응재"는 마땅히 있어야 하는 (그럼에도 불구하고 실제로는 국고에 없는) 것이라는 의미이다. 재정적으로 문제가 되는 것은 후자였는데, "응재"가 불어나서 관민 모두 운신이 어려워지면 황제가 대규모 사면을 명하여 탕감해 주고 장부에서 없애 주었다(渡邊 2013a). 재정의 교란 요인이 "재정적자", 즉 정부가 안고 있는 채무의 누적이 아니라 "응재"라는 정부가 보유한 채권의 누적에서 나온다는 점이 특색이다.

이상과 같이 가시적으로 계량할 수 있는 재정 영역을 지칭하는 개념으로 "국계(國計)", "국용(國用)" 혹은 "재용(財用)"이란 용어가 당 중기 이후부터 자주 사용되게 되었다(鞠 1944, 宮澤 1999). 9세기에는 이길보(李吉甫)의 『원화국계부(元和國計簿)』, 위처후(韋處厚)의 『대화국계(大和國計)』와 같은 책이 편찬되었다. 그 상세한 내용은 오늘날 전해지지 않지만, 사상은 천보의 재정통계를 계승한 것이었다.

안사의 난 후의 근본적 개혁

7세기 후반부터 대두된 재정 과제에 대응하기 위해 현종 정권이 채택했던 각종 정책들은 안사의 난 때문에 좌절되었다. 반란을 평정한 후에도 지방군벌 세력인 "번진(藩鎭)"이나 토번(吐蕃) 등 외적에 농락당해 실효적 지배 영역이 줄어든 가운데, 당 왕조는 보다 근본적인 재정개혁을 실행하여 난국을 타개하려 했다(鞠 1944, 李 2001).

안사의 난 이후 당 왕조가 직면한 재정 과제는, 수입 측면에서는 호적제도의 붕괴와 그에 따른 세역 징수의 곤란이었고, 지출 측면에서는 모병제화에 대응해 나갈 재정 조치의 필요성이었으며, 그 외에도 운수 및 보급제도의 부실 등 극히 다방면에 걸쳐 있었다.

이에 우선 제오기(第五琦), 유안(劉晏)의 주도로 소금 전매가 시작되었다(758년). 소금 판매를 지정 상인에게만 특허하고 원가의 10배, 때로는 30배까지 염세를 부과하는 방식을 채택했다. 유통 과정을 대상으로 한 간접세의 도입이며, 그 징수액은 전체 세입의 절반 가까이를 차지하여 이후 역대 왕조에게 계승되는 기본 세목이 되었다(⋯→ 테마 24 〈염정(당~원)〉, 260쪽). 이렇게 얻은 수익은 강남의 재물을 대운하를 경유해 장안으로 수송하는 경비에 충당했다. 이런 사정 때문에 전매 업무를 주관하는 염철사(鹽鐵使)는 전운사(轉運使)를 겸임하는 경우가 일반적이었다. 전매제는 직접세 계통의 세금처럼 생산자를 현지에서 파악할 필요가 없고 인센티브로 유도

하여 확실한 세수를 기대할 수 있었으므로 후에 소금뿐만 아니라 술[누룩(麴)], 차[茶], 명반(明礬) 등으로 확장되었다. 간접세 계통의 여러 세금들은 "과리(課利)"라고 총칭되었다(妹尾 1982).

한편 직접세 계통에는 조용조(租庸調) 붕괴 후에 지세(地稅), 세전(稅錢)에다가 신설된 각종 잡세(雜稅)까지 있었는데, 780년에 재상 양염(楊炎)이 각종 세금을 하나로 묶어 양세법(兩稅法)으로 재편했다. 양세(兩稅)는 동전 및 곡물로 납입하도록 하여, 전자는 양세전(兩稅錢), 후자는 양세곡두(兩稅斛斗)로 불렀다. 후자는 작부 품목에 따라 여름이나 가을 중에 한 번만 납부하면 되었다. 조용조 제도처럼 인두세적으로 일률적인 세액을 부과한 것이 아니라, 경지면적이나 호등(戶等, 국가가 정한 자산 등급)을 기준으로 빈부에 따라 과세액을 달리 설정했다(…→ 테마 21 〈양세법〉, 200쪽). 이때에 와서, 본적지의 호적 등록과 소유액 제한을 기본으로 하는 한(漢) 대 이래의 방침은 종지부를 찍고, 현재 거주하는 지역에서의 사적 토지 소유를 공인하는 토지 정책상의 일대 전환이 일어났다(…→ 테마 17 〈전제〉, 189쪽).

양세법하에서도 736년 장행지조(長行旨條)의 도입(앞의 표 3의 ⑥)을 계기로 채택된 "정액제"가 계승되었다(渡邊 2013b). 징수한 양세는 "현(縣)→주(州)→도[道, 절도사(節度使)]→중앙(中央)"의 행정 각급에 따라, 순차적으로 "유현(留縣)→유주(留州)→유사(留使)→상공(上供)"으로 유보(留保)되어[32] 각급 행정기관의 경비로 지출했다. 이를 양세분수제(兩稅分收制)라고 부른다. 그러나 안녹산의 근거지였던 유주(幽州, 오늘날 북경)에 가까운 하북, 산동의 절도사처럼, 양세 수입을 "유사(留使)" 단계에서 사사로이 다 차지하고 중앙에

32 현지에서 징수하거나 하급기관에서 보낸 세수 중에서 현지 행정기관의 행정경비 명목으로 상급에 보내지 않고 일정액을 남겨 두는 것을 유보(留保)라고 한다. 현에서 징수한 세수 중에 상급기관에 보내는 비용을 빼고 현청에 남겨 두는 분량을 유현(留縣)이라 하고, 주에서 유보하는 분량을 유주(留州), 절도사가 관할하는 도에서 유보하는 분량을 유사(留使)라고 하는 식이다-옮긴이.

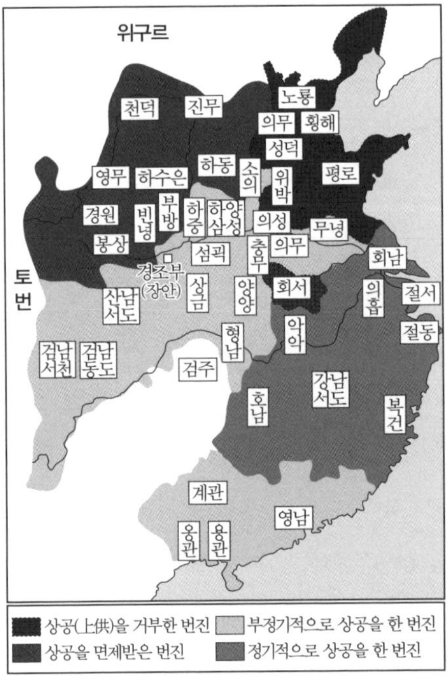

지도 10 9세기 초 번진(藩鎭)과 양세(兩稅) 상공(上供)의 양상
주: □ 안은 번진(藩鎭)의 이름
출전: 愛宕元·冨谷至編 2005.

보내야 할 상공(上供)을 거부하는 번진까지 나타났다. 헌종(憲宗, 재위 805~820년) 시대에는 이런 교만한 번진[驕藩]을 군사적으로 압도하는 데 성공했기 때문에 그 군사적 실력을 배경으로 분수제(分收制) 개혁을 단행한다. 즉 절도사의 휘하에 있는 여러 주(州)에게 "유사(留使)" 분량을 도(道)에 보내지 말고 중앙에 직접 상공하도록 분수제를 개편하여, 절도사가 중간에서 유보(留保)하는 분량을 삭감하고 중앙 수입을 늘리려는 조치였다(지도 10).

그 외에 보조적인 재원을 다루는 부서였던 호부(戶部)와 내고(內庫)가 이 시대에 점차 중요해졌다. 호부 재정은 ① 정부가 지불할 때 0.2%를 공제하는 "제맥전(除陌錢)", ② 인건비를 변통해서 남긴 비용인 "별저전(別貯錢)"을 재원으로 삼았다(陳 1991). 한편 내고는 환관이 운영하는 황제의 사적 재고로, 백관(百官)·만민(萬民)이 "진봉(進奉)", "공헌(貢獻)"이라 칭하여 황제에게 바치는 공납품을 수납하였다. 호부의 수입은 관료 인건비나 화적(和糴)의 재원에 사용하고, 내고의 수입은 각종 임시 지출에 사용하여, 양세와 같은 기본 수입으로 대응할 수 없는 경비 지출에 대비하였다.

염철전운사와 호부, 그리고 재정 전반을 총괄하는 탁지(度支)는 "삼사(三司)"라고 통칭되었는데, 율령 재정 시대와는 확연히 다른 당 후반의 재정 운영을 도맡았다(礪波 1986). "삼사"는 각각 "순원(巡院)"이라 불리는 출장 기관을 각지에 설립하여 지방 업무 운영의 원활을 기하였다(高橋 1972). 염철전운사와 탁지는 당의 판도를 동과 서로 나누어, 양주(揚州)에 부임하는 경우가 많았던 염철전운사는 하북·하남·산동에서 장강 중하류 지역까지를, 수도에서 전체를 지휘하는 탁지는 산서·섬서·사천을 책임지는 지역 분장제(地域分掌制)를 채택했다.

이렇게 분장제가 도입된 데에는 안사의 난 직후에 수도권을 재건해야 했던 필요성과 북변 정세가 긴박해지던 군사적 상황이 요인으로 작용했다. 토번, 위구르와의 관계 악화로 수도권과 황하 만곡부[彎曲部, 대만곡지대(大灣曲地帶)]에 도합 100만 명이나 되는 병력을 상주시키게 되면서, 전선에 보급 체제를 구축하는 것이 급무가 되었던 것이다.

염철전운사가 강남의 부(富)를 장안으로 가져오는 구조에 관해서는 이미 위에서 서술한 대로지만, 장안 이북에서는 이 지역을 담당하는 탁지가 중심이 되어 정세 진흥을 추신하고 양세와 눈전 수익을 확보하면서(史 1998, 1999) 수도권에서 곡식을 사들이는 등[관중화적 정책(關中和糴政策)] 후방 지원의 보급 체제를 구축하였다. 이리하여 탁지와 염철전운사의 분담하에 "강남-수도권-북변"이 재정 운수의 대동맥으로 상호 연결되어 나갔다. 당 후기는 내우외환에 농락당한 시기였지만, 이러한 어려움 속에서도 장안 및 변방 방위군을 유지하기 위해 구축한 보급 체제는 당 왕조가 안사의 난 이후에도 150년이나 명맥을 유지하는 데 큰 기여를 했다(丸橋 2006).

이상 여러 개혁을 통해 떠오르는 것은 "양세법과 각종 전세를 조합하여 북방의 군사비 수요를 남방의 경제가 지탱하는" 구도이다. 송부터 명까지 이어지는 중국 역대 왕조의 기본 구도가 이때 탄생했던 것이다.

경제적 결합의 다원화

당 재정의 강남 의존은 육조 시대 이후 이 지역이 개발된 덕분이었다. 진(晉)이 남쪽으로 옮겨 간 이후 시작된 일련의 개발은 저습지로 진입하는 바닷물을 막는 데 기술적으로 어려움이 있었기 때문에 7세기까지는 일시적으로 정체 국면을 맞았다. 하지만 8세기 이후 방조제(防潮堤)의 건설, 토사의 준설, 조석(潮汐)을 이용한 관개가 서서히 시작된다. 이러한 수리 사업은 강남 저습지 개발이 송 이후로까지 연결되는 새로운 단계로 나아갈 수 있게 했다(北田 1989).

농업 경영의 면에서도 변화가 나타났다. 우선 농기구의 개량과 이년삼작(二年三作) 방식의 보급으로 빈곤한 하층민의 소규모 경영은 오랜 정체에서 벗어나고 있었다. 그런 빈곤한 하층민 중에서 소 한 마리가 끄는 소형 쟁기를 이용해서 1경(頃)가량의 토지를 두세 명의 가족이 경작하는 중산층이 나오게 된다. 이 시기의 농촌 상황은 빈곤 하층, 새로 등장한 중산층, 부호층(富豪層)[33]의 삼층 구조를 이루고 있었다(渡邊 1986, 大澤 1996).

각지의 번진도 경지 개발에 적극적으로 관여했다. 강남은 농업생산과 함께 전매제도를 동력으로 한 유통경제가 발흥하여 당 말에는 불법상인의 온상이 되었다. 그들은 단속의 눈을 피해 무장까지 하고 있어 무력충돌이 종종 발생했는데, 그중에는 황소(黃巢)의 난(875~884년)처럼 당의 목줄을 누른 대규모 반란으로 확대된 사례도 있었다. 907년 당 멸망 후, 오대십국의 할거 정권이 고유의 경제기반을 가지고 독립할 수 있었던 것은

33 소 두 마리가 끄는 대형 쟁기를 이용해 2경 정도를 대여섯 명이 경작하였다-지은이.

바 로 당 후기 번진 체제하에서 각지의 농업생산과 유통경제가 발전했던 데에 그 근원이 있다.

이상과 같이 원심력이 작용하고 있던 반면에, "강남의 부(富)로 북변의 군수(軍需)를 지탱하는" 구도 아래에서 남에서 북으로 경제적 구심력이 강화되어 간 측면도 확실히 있다. 남북조 이래로 "분립" 상태가 계속되었던 남북 경제는 수당 이후 점차 유기적인 연계를 갖기 시작하여, 최종적으로 양자는 "분업" 관계를 수립해 결합했던 것이다. 남북의 분업관계를 잇는 일원적 집배(集配) 체제는 송 이후에도 행재정(行財政) 기구를 떠받치는 척추(강조는 원문-옮긴이) 역할을 하게 된다(山根 2004).

중국 남북 경제가 이처럼 결합되어 간 것 외에도, 위구르와의 견마교역(絹馬交易)이나 거란의 대두로 나타난 북방·서방과 중원의 경제적 결합 역시 무시할 수 없다. 하지만 당 판도의 축소, 토번과의 대립, 소그드 상인의 퇴조 등 여러 요인이 겹쳐서, 이 지역과의 경제적 결합은 당 전기와 비교하면 늘 긴장 관계를 내포하면서 전개되었다. 또 안녹산의 근거지였던 유주(오늘날의 북경)가 소그드인을 축으로 인적·경제적 교류거점으로 부상한 것은 요금(遼金) 이래로 이 지역의 번영이 오늘날까지 이어지게 되는 기점(起點)으로 중요한 사건이었다(森安 2007).

강남이 바다를 끼고 동방, 남방과 연계를 강화하기 시작한 것도 이 시기부터이다. 9세기 한반도에서 장강 하구까지의 근해 지역은 장보고(張保皐) 등 신라인의 주도로 교역망이 건설되었고, 남쪽으로부터는 페르시아인, 아랍인 등 해상(海商)이 동남아시아에서 광주(廣州)를 거쳐 강남까지 상권을 확대했다. 10세기에는 오대십국의 할거 정권 중에 오월(吳越), 민(閩), 남한(南漢) 등 연해 국가들이 해상교역에서 활로를 찾고 독자적인 외교망을 구축하였다. 마침 강남 연안에서 모래가 쌓여 수면으로 드러나는 현상

[沙漲現象]이 발생하여 그때까지 교역의 중심지였던 양주가 쇠퇴하고, 명주[明州, 오늘날의 영파(寧波)]나 항주(杭州)가 그 지위를 대체하게 되었다(山崎 2010).

마지막으로 유통경제 상황을 개괄해 보자. 당송 변혁기에 들어서면, 전매 등 유통 과정에 대한 과세제가 도입되고 또 양세에도 전납(錢納) 부분이 신설되어 이전에 비해 화폐경제가 일정 정도 진전되었던 것이 확인된다. 상인의 움직임이 활발해진 것은 말할 필요도 없다. 장안과 같은 대도시에서는 상업 활동을 공간적·시간적으로 규제해 온 시제(市制)가 동요하여, 길거리에 나와서 교역을 하는 "침가(侵街)"가 눈에 띄게 되었다(妹尾 2001).

하지만 동전을 비롯한 금속화폐의 중요성은 아직 과대평가할 수 없다. 양세전(兩稅錢)으로 전납 부분을 설정하자 곧바로 "전중물경(錢重物輕)", 즉 동전 부족과 물가 하락이 야기되었기 때문에 포백으로 대신 납부하는 것[절납(折納)이라고 부른다]이 일반적이었다(⋯→ 테마 21 〈양세법〉, 200쪽). 민간경제에서 수요에 맞는 화폐 공급은 이뤄지지 못했고, 관민 각자가 다양한 수단으로 치솟는 화폐 수요에 대응했다. 예를 들어 단맥(短陌)[34]과 사주(私鑄, ⋯→ 테마 23 〈동전(위진남북조~청)〉, 254쪽)가 있다. 전자는 합법, 후자는 위법이라는 차이는 있지만, 민간경제가 자주적·자립적으로 실시한 화폐공급 수단이었다는 점에서는 같다. 오대십국의 일부 정권이 발행한 철전이나 연전(鉛錢)도 같은 취지로 이해할 수 있다. 천보 재정통계에 나타난 "복합단위" 역시 화폐가 여러 재화 중 하나에 지나지 않는다는 점을 나타내고 있다. 화폐가 경제적 가치를 "가격"이라는 단독 지표로 표현할 수 있는 지위를 얻기까지는 여전히 시간이 필요했다.

34 몇 개를 빼서 100매가 채 안 되는 동전을 묶어서 100매=1맥으로 계산하기로 교역 당사자가 합의하는 경제 관행-지은이.

나카무라 케지(中村圭爾)

호족과 귀족은 모두 사료 용어가 아니라 한(漢)에서 당(唐)까지의 역사연구에 쓰이는 개념이다. 호족이란 본래 사적으로 소유한 토지를 경제적 기반으로 하여 사회적·경제적으로 우월한 세력을 가진 대가족을 의미한다. 이와 대조적으로, 귀족은 일반적으로 이미 지체 높은 가문에서 태어나 고귀한 신분을 가지며, 그것을 기초로 정치적·사회적 신분특권과 우월적 지위를 배타적으로 세습·독점하는 특정의 개인 혹은 가족을 가리킨다. 역사적 실체로서는 은주(殷周) 시대의 씨족제 사회에서 정치적·군사적으로 지배적 지위에 섰던 왕족이나 공신(功臣) 계층, 정복 왕조에서 정권 구성원에 해당하는 지배민족 출신 및 일부 피지배민족 출신의 고급관료층을 귀족으로 부르기도 한다. 하지만 특히 위진남북조 및 수당 시대에 이런 성격을 갖추고 출현하여 정치·사회·문화 각 측면에서 현저한 활동을 했던, "사(士)", "사족(士族)", "세족(世族)", "의관(衣冠)" 등으로 사료에 기록된 존재에 한정하여 지칭하는 경우가 많다. 이 테마에서 말하는 귀족은 후자에 해당한다.

호족과 귀족이 출현한 배경이나 그 차이를 밝히려면, 이들의 발생을 당시 정치적·사회적 상황 속에서, 또 지배 체제의 형태라는 측면에서 설명하는 것이 꼭 필요하다. "향리 공동체[里共同體]"라 부르는 비교적 단조로운 농촌 사회 내부에서, 사적 소유지를 집적하고 노동력으로 직접 예속시킨 경작노예뿐만 아니라 주변의 소농민(小農民)까지 자신의 소작농으로 포섭한 유력자가 전한 시대 중기부터 출현했다. 그들은 때로 "향리에서 전횡을 휘둘렀다[武斷鄕曲]"고 표현될 정도로 폭력적이고 강권적으로 향촌 사회를 지배하기도 했는데, 그런 상황은 특히 후한 시대에 현저했던 것 같다. 하지만 다른 한편으로는 농업기술의 지도나 향촌 사회의 유지 및 재생산을 위해 주도적 역할을 하기도 했을 것이다. 이와 같은 존재를 호족이라고 부른다. 그들의 주요 산업은 물론 농업이었지만, 그들의 활동은 곡물 생산에 그치지 않고 다양한 작물 재배와 가공, 또 그 상품화를 꾀했다. 그런 점은 한대의 농서인 『사민월령(四民月令)』이나 북조의 농업기술서 『제민요술(齊民要術)』에도 나타나는데, 비교적 저조했다고 평가받는 이 시대 유통경제의 한 측면을 엿볼 수 있다.

이러한 상황에서 일부 호족 가운데에는 사회에 강한 영향력을 가진 유교에 기초한 도덕관을 체현하고, 그런 이념하에 실시된 관료선출에서 중앙관료를 배출하는 등 여러 요소가 상호작용하여 향촌의 존경을 받으며 장기 존속한 특정 가족이 출현했던 것으로 보인다. 한편 당시 향촌 사회는 아직 생산력 수준이 낮아서 사회재생산을 하려면 호족과 소농민이 반드시 협동해야만 했기 때문에 호족이 강력한 사적 토지 소유자로서 향촌과 대립하는 식의 일방적 경제 지배는 불가능했다고 보고, 오히려 향촌의 (이해를 대변하는-옮긴이) 지도자적 입장을 취하는 유력자 계층이 출현한 것으로 해석하는 학설도 있다. 그랬던 그들이 사적 토지 소유자로서 지배적 지위를 정당화하기 위해 고위직 관료로서 지위를 갖추었을 때, 우리는 그들을 귀족이라고 부른다. 귀족은 위와 서진 시기쯤 출현한 것으로 보인다.

남북조 시대에는 남북 간에 성격상 차이는 다소 있지만, 대체로 귀족은 고위 관료로 존재하면서도 사회적 위망이나 명성에 의해 그 가문을 세습하고 유지해 가는 경향이 강했다. 그러나 당 대가 되면, 사회적 명망을 세습적으로 지켜 나가는 명족(名族)이 있기는 하지만, 이미 이들은 고도로 완성된 관료제도에 편입되었다. 귀족은 관료 귀족이란 성격이 더욱 강해져서 관료 신분에 따라오는 각종 특권이 그들 존재의 기반이 되었던 것이다.

귀족의 또 다른 존재 형태가 고위 관료였으므로 가족 중 어떤 자는 도시에 거주하게 되면서 차차 향리(鄕里)와의 관계가 희박해졌고, 생활 기반 역시 소유지가 있는 농촌에서 유리되는 경향이 생겨났다. 그 최초의 전형은 3, 4세기에 화북의 전란을 피해 본적지인 군현을 이탈하여 건강(建康) 주변으로 이주한 동진 남조의 귀족들이다. 그들 일부는 미개척지인 강남 지역에서 대규모의 토지 소유를 재현하기도 했지만, 대부분은 수도인 건강 및 그 주변 지역에 거주하면서 봉급생활을 하는 존재가 되었다. 남조 귀족층 중에는 운수업·창고업·금융업을 생계로 삼는 자도 나타났다. 그 후 수당(隋唐) 시대가 되어도 귀족의 도시거주 경향은 계속되었을 뿐 아니라 더욱 현저해졌다.

귀족의 도시거주 경향은 토지 소유의 형태에 변화를 가져왔다. 양진(兩晉) 이후 관료의 관품을 기준으로 토지나 전객(佃客)의 소유를 공인하는 토지제도가 도입된 결과(⋯→ 테마 17 〈전제〉, 189쪽), 고위 관료로 존재하는 것이 보통이었던 귀족의 경우, 같은 토지 소유자라도 현지에서 직접 농업경영을 하는 일반적인 호족과는 이질적인 측면을 갖게 되었다. 또 수 이후가 되면, 관료는 "음(蔭)"[35]이나 다른 여러 방식으로 광범위하게 관인영업전(官人永業田)을 세습할 수 있게 되어 경제적 기반을 확보하였다.

귀족층의 대규모 소유지[장원(莊園)]는 이러한 왕조 내의 지위에 따라 왕조로부터 지급받는 토지를 포함하고 있었다. 그런 면에서 재지 사회의 일반 호족들이 직접 소유·경영하는 토지와는 성질이 달랐다. 이와 같은 사례는 양진 시대부터 구체적으로 출현했다. 낙양(洛陽) 근교인 금곡(金谷)에 별관(別館)을 소유한 발해(渤海)의 석숭(石崇), 각지에 토지[園田]를 보유한 낭야(琅邪, 앞에는 瑯邪였음-옮긴이)의 왕융(王戎)은 유명하다. 이들의 장원은 단지 한거하면서 휴양하는 장소가 아니라, 수차(水車) 여러 대를 갖춘 제분소를 설치하여 곡물을 가공하고 판매하는 등의 경제 활동을 전개하는 거점이기도 했다. 동진 남조 때에는 이런 토지를 "서(墅)"라고 불렀다. 시인 사영운(謝靈運)의 시령서(始寧墅)나 회계(會稽)의 대족(大族)인 공씨(孔氏)의 영흥서(永興墅)가 대표적이다. 서들은 하천이나 삼림, 호수 등의 미개간지를 광범위하게 에워싸고 있었는데, 그곳에서 지상과 지하의 각종 자원이 조직적으로 채취·가공되었다.

당 대가 되면, 장원(莊園)은 더욱 발전하여 귀족뿐 아니라 황족이나 사원이 소유하는 장원도 많았다. 장원의 규모는 다양했지만, 직접 생산자는 양민인 객호(客戶)나 사천민(私賤民)이었다.[36] 생산은 농경지를 경작하는 데 그치지 않고, 농산물이나 장원 내의 산과 강에서 나는 자원을 이용한 생산품 가공, 나아가 이를 상품으로 내놓는 유통 활동까지 이루어졌다. 귀족 장원의 경제 활동은 그들이 보유한 특권의 도움을 받아 당 후반기에 이르기까지 한층 활발해졌다.

[참고문헌] 宇都宮 1955, 堀 1975, 王 1979~1980, 川勝 1982, 高主編 1996.

35 과거를 거치지 않고 고위 관료의 자손을 조상의 음덕으로 관료에 임명하는 것-옮긴이.

36 당 대의 인민은 자유민인 양민(良民)과 예속민인 천민(賤民)으로 나뉘는데, 천민은 다시 국가에 종속된 관천민(官賤民)과 개인에게 종속된 사천민(私賤民)으로 구분되었다. 객호(客戶)는 호적에 등록된 양민인 편호가 본적지를 이탈해서 타지로 간 경우로, 사실상 도호(逃戶)였다. 이들은 타지에서 장원의 소작민[佃戶]으로 전락하는 경우가 많았다-옮긴이.

테마 16 / 강남 개발과 경제발전

나카무라 케지(中村圭爾)

이 테마에서 말하는 강남이란 한 대부터 당 대까지를 대상으로 하기 때문에 책의 본문과는 달리 장강 하류 남안부(南岸部)인 강소, 안휘 두 성 지역 및 절강성(浙江省) 북부 지역을 가리키는 것으로 하겠다. 이 지역의 개발과 경제적 발전은 손오(孫吳) 시대에 시작되어, 그 후 동진 남북조 시대에 걸쳐 비약적으로 진전되었다. 후한 말 이후 화북의 사회적 혼란과 전란 때문에 강회(江淮) 지역 및 화북에서 인구가 이동해 온 것이 개발의 직접적인 계기가 되었다. 그중에 장강을 건너 강남 내부로 이주한 화북 사람들은 대부분이 강남에 오랫동안 정주한 유력 가족, 즉 강남의 호족에 의탁했고, 그들의 비호 아래에서 경제 활동의 중심적 노동력을 담당하면서 강남 개발과 경제발전에 커다란 영향을 미쳤다.

개발은 손오 시대 이전에도 이미 이 지역에서 가장 오래된 군(郡)인 회계군(會稽郡)의 중심지인 산음[山陰, 오늘날 소흥(紹興)]에서 진전되고 있었다. 그 상징이 후한 시대(140년)에 건설된 경호(鏡湖)이다. 경호는 산지와 해안 사이에 끼어 있던 충적지의 배수와 염해(鹽害) 방지를 위해 축조된 길이 수십 킬로미터에 이르는 제방으로, 9,000여 경(頃)이나 되는 거대한 관개 면적을 자랑한다.

손권 정권이 성립했을 당시 국내정치의 최대 과제는 강남 평야 남쪽 산지에 사는 원주민인 민산월(民山越)을 진압하는 것이었다. 손권 정권은 이들의 거주지를 점령하고 민산월인들을 강제로 수용하여 병사로 만들거나 둔전민으로 만들었다. 이런 둔전이 각지에 설치되어 농경지[農田] 개발이 진척되었고, 또한 사람이 살지 않는 광대한 산지의 구릉 지역이 개발 대상지가 되어 독자적인 산업을 일구게 된다.

한편 손권 정권의 본거지였던 회계군, 오군(吳郡)에 오랫동안 터를 잡은 강남 호족들은 들판의 경작지 개발에 속도를 냈다. 하지만 경작지 조성 기술의 한계 때문에 평야 지역의 저습지는 기피했다. 이 시기 수리설비가 위치한 소재지를 보면 오(吳)의 최대 둔전 지구인 비릉[毗陵, 오늘날 진강(鎭江), 상주(常州) 주변]처럼 약간 높은 지대에서 개발이 이뤄졌음을 추측할 수 있다.

동진 왕조가 성립한 후에는 강남 호족에 더해서 화북에서 이주해 온 서진의 유력 가문들까지 개발에 참여하게 되었다. 개발 전선은 평야 지역에서, 그보다 남쪽의 아직 개간되지 않은 산지나 구릉의 산림 지역으로 확대되었다. 둔(屯), 전(傳), 저(邸), 야(冶)로 불리는 대규모 미개간지 개척 조직이 배치되었다. 주요 산업 역시 농경지에서 생산하는 것 외에도 자연환경에 따라 지하자원의 채취나 대나무 및 목제품의 제작, 과수원 또는 양어장 경영, 나아가 도자기 제조나 제지(製紙)로까지 확대되었다. 이곳에서 생산된 상품들은 오 정권이 건설한 파강독(破崗瀆)을 비롯한 내륙운하를 통해 강남 서북변에 위치한 인구가 많은 소비 대도시인 건강(建康)으로까지 팔려 나갔고, 운수업·창고업을 동반한 독특한 유통경제의 활성화를 가져왔다.

수의 천하 통일 이후 건강은 파괴되었고, 강남은 지리적으로는 변경 지역이 되어 유통경제의 모습이 크게 변했다. 하지만 문헌기록에 나타난 강남 지역의 수리사업 건수는 다른 지역을 능가하고, 농경지 조성 기술이 개선되어 태호(太湖) 주변을 중심으로 저습한 호수 지대에 초보적인 위전(圍田)이 조성(⋯→ 테마 2 〈수리·치수〉, 59쪽)되었으며, 영파(寧波) 지역의 타산언(它山堰)이 건설되었다. 강남 개발은 생산기반을 정비하면서 주곡 생산 중심으로 순조롭게 진전되었고, 강남은 줄곧 당 왕조의 중요한 경제기반 지대로 기능하였다.

[참고문헌] 唐 1957, 江蘇省六朝史研究會·江蘇省社科院歷史所編 1989, 許·蔣主編 1993, 中村 2006.

테마 17 ／ **전제(田制)**

사가와 에지(佐川英治)

당의 두우(杜佑)는 역대 전장(典章)과 제도를 총람한 『통전(通典)』의 맨 처음에 「전제(田制)」를 배치했고, 원의 마단임(馬端臨)도 『문헌통고(文獻通考)』를 「전부(田賦)」에서 시작하고 있는 데서 알 수 있듯이, 모든 정치제도의 근간에 전제가 있다는 사고방식은 중국의 전통적 경세제민(經世濟民) 사상에 깊게 뿌리내린 것이다. 『관자(管子)』가 교묘하게 갈파했듯이, 백성[民]은 먹고 입는 게[衣食] 충분해야 예절을 안다고 보았던 중국에서 토지는 위정자가 통치를 하는 데 가장 중요한 자본이었다.

역대 왕조가 이상(理想)으로 삼았던 토지제도[田制]는 주(周)의 정전(井田)이다. 정전을 토지제도의 이상형으로 거론한 이는 전국 시대의 맹자였다. 그에 따르면 우선 900무의 토지를 우물 정(井) 자 모양으로 구획하여, 가운데 100무를 공전(公田)으로 삼고, 이를 둘러싼 8개 구획을 사전(私田)으로 삼아 8개 가(家)에 준다. 그러면 8개 농가는 먼저 공전을 경작하여 그 수확을 군주에게 바치고, 후에 각자의 사전을 경작하여 자신의 생계를 꾸린다. 맹자의 정전설은 이상적 토지제도로서 후세에 큰 영향을 끼쳤지만, 본디 정전이란 이름의 토지제도가 주(周) 대에 실시되었다는 확실한 증거는 없어서 꼭 현실에 존재했다고 보기는 어렵다. 하지만 정전이 실시되었다는 인식은 일찍부터 널리 공유되었으므로 단순히 공상(空想)이라고 할 수는 없다. 전국 초기 제(齊)에서 완성되었다고 보는 『사마법(司馬法)』이라는 병법서에는 "100무를 부(夫)로 하고, 부가 3이면 옥(屋)이 되고, 옥이 3이면 정(井)이 되고, 정이 10이면 통(通)이 되고, 통이 10이면 성(成)이 된다. 성은 혁차(革車) 1승(乘)을 내놓고, 72명이 (그 뒤를) 따른다"라는 기록이 있는데, 정전과 대단히 유사한 제도로 보인다. 이처럼 군사제도[軍制]와 일체화된 토지제도[田制]로서의 정전은 『맹자』와 더불어, 정전에 관한 내용이 자세히 기술되어 있는 『주례(周禮)』의 정전제와도 통하는 바가 있다. 맹자 이전에 "정(井)"이라는 편제를 가진 어떤 군사적 토지제도가 있었고, 이 제도가 미화되면서 정전이란 이름이 생겼을 가능성도 있다.

전국 시기의 진(秦)에서는 상앙변법이라 불리는 대담한 개혁이 있었다고 한다. 한 대의 유학자들은 이 개혁으로 주(周)의 정전이 해체되어 토지 겸병과 과점(寡占)의 길이 열렸다고 평했다. 이들이 주(周)를 과도하게 미화한 것은 사실 진(秦)을 폄하하려고 꾸며낸 허구(fiction)이지만, 토지 소유의 형태는 확실히 이즈음 크게 변화했던 것 같다. 1980년 사천성(四川省) 청천현(青川縣)에서 발견된 목간에는 전국 시대 진의 전율(田律, 토지법－옮긴이)이 기록되어 있어, 진이 천맥(阡陌)이라는 도로로 정연하게 구획된 획일적 토지 조성을 추진하고 있었음을 알 수 있다(渡邊 1986). 『사기』나 『상군서(商君書)』가 전하는 바에 따르면 상앙은 "분이(分異)의 법[分異令－옮긴이]"

에 따라 대가족을 해체하여 균일한 소가족으로 분리해 내고, 군공작제(軍功爵制)를 창설하여 적의 수급 하나를 참수할 때마다 작(爵) 1급, 전(田) 1경, 택(宅) 9무를 주기로 했다. 이와 같이 작위가 서민에게까지 내려진 것은 전국 시대 이후의 일이다. 작위에 따른 토지는 작위를 보유한 자[有爵者]의 개인 명의에 속할 터이고, 작위의 보급에 따라 토지의 사적 소유 역시 확대되었을 것이라 생각한다. 한에서는 토지를 자기 명의로 귀속시키는 것을 "명전(名田)"이라고 했다.

1983년에 호북성(湖北省) 강릉현(江陵縣) 장가산(張家山) 한묘(漢墓)에서 출토된 죽간에는 진작(秦爵)을 계승한 한의 이십등작(二十等爵)의 "수전(受田)" 정액(定額)이 기록되어 있다. "이년율령(二年律令)"으로 불리는 이 율령의 남아 있는 조문[殘文]은 여후(呂后) 2(기원전 186)년의 것으로 추정되는데, 그 전까지 한에 이런 제도가 있었으리라고 전혀 생각하지 않았기 때문에 연구자들을 놀라게 했다(宮澤 2011). 아래 등급부터 순서대로 전토액(田土額)을 말해 보면, 우선 작위가 없는 자[無爵者] 중 사구(司寇)와 은관(隱官)은 0.5경, 공졸(公卒), 사오(士伍), 서인(庶人)은 1경이었다. 이어서 작위가 있는 자[有爵者] 중 제1급 공사(公士) 1.5경, 제2급 상조(上造) 2경, 제3급 잠뇨(簪裊) 3경, 제4급 불경(不更) 4경, 제5급 대부(大夫) 5경, 제6급 관대부(官大夫) 7경, 제7급 공대부(公大夫) 9경, 제8급 공승(公乘) 20경, 제9급 오대부(五大夫) 25경, 제10급 좌서장(左庶長) 74경, 제11급 우서장(右庶長) 76경, 제12급 좌경(左更) 78경, 제13급 중경(中更) 80경, 제14급 우경(右更) 82경, 제15급 소상조(少上造) 84경, 제16급 대상조(大上造) 86경, 제17급 사차서장(駟車庶長) 88경, 제18급 대서장(大庶長) 90경, 제19급 관내후(關內侯) 95경이었다. 제20급인 열후[列侯, 철후(徹侯)]는 별도로 봉토를 사여하기 때문에 "액(額)"은 따로 규정하지 않았다. 한 초에는 제8급의 공승(公乘)부터 고작(高爵)으로 삼았기 때문에 공승 이상과 공대부 이하는 전토액에서 격차가 컸다. 그러나 제2급 상조(上造)부터 제5급 대부(大夫)까지는 작 1급마다 일률적으로 1경씩 증가하고, 또 제10급 좌서장부터 제18급 대서장까지는 작 1급마다 일률적으로 2경씩 늘고 있다. 여기에서 작 1급마다 전택(田宅, 농경지와 택지 – 옮긴이)을 일정하게 늘려 주었던 진의 군공작제(軍功爵制)가 아직 영향을 주고 있음을 알 수 있다. 동시에 특정 지위를 가진 자에게 많은 토지를 주어 지배자로서의 지위를 보장해 주려는 대토지 소유제도로의 변질이 읽힌다.

명전(名田)이 보급된 결과, 한 대에는 토지의 배타적 독점이 문제가 되었다. 이러한 현실과는 정반대되는 극단적 이상으로서 힘을 가지게 된 것이 앞에서 말한 정전제였다. 한의 동중서(董仲舒)는 "가난한 자는 송곳을 꽂을 땅[立錐之地]조차 없는" 현실을 앞에 두고 "갑자기 정전을 부활하기는 어렵겠지만, 조금이라도 옛날에 가까워지도록" 백성[民]의 명전(名田)을 제한하도록 무제(武帝)에게 상주했다. 이처럼 정전의 차선책으로 선택한 한전(限田), 즉 토지 소유를 제한하는 시도는 결국 오래가지 못했지만, 전한 말 애제(哀帝) 시대에 법제화되어 왕망 때에는 왕전제(王田制)로 시행되었다. 한전은 또 "균전(均田)"이라고도 불렸다. 애제가 총신인 동현(董賢)에게 2,000여 경의 땅을 사여하여 스스로 한전의 규칙을 어기자, 당시 승상(丞相)이었던 왕가(王嘉)는 "균전제가 이때부터 무너졌다"고 말했고, 이에 대해 삼국 시대의 학자 맹강(孟康)은 "균전이란 공경에서 관리, 백성[吏民]까지 모두 경(頃)의 수를 정해 지위에 따라 균등하게 하는 법이다"라고 해설했다. 이처럼 "균전"에는 지위에 따라 토지 소유를 결정한다는 의미가 있다. 명전을 제한하여 대토지 소유를 억제하는 한편, 토지 소유를 통해 지배질서를 안정화하려는 목적이 있었던 것이다.

예전에는 한 대에 일반민까지 포함하는 수전제도(受田制度)는 존재하지 않았다고 보고 있었으므로, 토지에 대한 통제는 위의 둔전제, 서진의 점전(占田)·과전제(課田制)로 점차 강화되다가 북위의 균전제에 이르렀다고 이해했었다(··· 테마 15 〈호족과 귀족〉, 185쪽). 그러나 "이년율령(二年律令)"의 발견으로 한 대부터 이미 토지의 상속이나 매매까지 국가의 통제가 미치는 중앙집권적 지배가 이뤄지고 있음이 명백해졌다. 따라서 이를 전제로 위진 이후의 토지제도[田制]를 어떻게 보아야 할지 재고가 필요해졌다. 다만 (북위의 - 옮긴이) 균전제가 토지의 "환수(還受)", 즉 장년이 되면 국가로부터 토지를 받았다가[受田] 늙으면 반납하는[退田] 시스템이었다는 점에서 전무후무하게 특이한 토지제도[田制]였다는 것은 변함이 없다. 북위는 선비족 탁발부가 중심이 되어 건설한 왕조로, 처음에는 선비족이 군사를 담당하고, (한족-옮긴이) 민중은 생산을 담당하는 분업 체제를 취했다. 하지만 5세기 말 효문제(孝文帝)의 치세와 문명태후(文明太后) 풍씨(馮氏)의 리더십 아래 이런 체제는 크게 변경되어, 호족의 비호 아래에 있던 민(民)을 호적(戶籍)에 편입시켜 군단(軍團)처럼 편제하는 삼장제(三長制)가 시행되었다. 이런 구조는 앞서 『사마법』의 "정승(井乘)"의 법을 모방한 것으로 생각된다. 균전제는 삼장제의 실시와 함께 출현한 것이었다. 환수라는 발상 역시 정전에서 유래한다. 북조의 균전제는 (장정뿐만 아니라-옮긴이) 부인, 노비, 농사용 소[耕牛]까지 토지 지급[給田] 대상으로 삼아 모든 노동력에 생산 의무를 지우려고 했다. 거기에는 민에게 무거운 공납 의무를 부과했던 병농(兵農) 분업 시대의 영향이 있었다고 볼 수 있지만, 토지 환수의 최대 목적은 "선빈후부(先貧後富, 빈민을 부자보다 우선시함-옮긴이)", 즉 빈자에게 경작지를 주어[給田] 편호(編戶)의 몰락을 방지하려는 데 있었다(佐川 2001).

균전제는 북조(北朝)에서 수당(隋唐)으로 계승되었으나 그사이 토지의 영구적 소유를 인정하는 영업전(永業田)이 생겨났는데, 부인, 노비, 소에게 주는 토지[給田]는 삭감된 반면, 관료의 지위에 따라 토지를 주는 관인영업전(官人永業田)이라는 대토지 소유제가 추가되었다. 이러한 변화는 6세기 후반 북제(北齊)에서 비롯되어, 수당 왕조를 거치며 정비되어 갔다(堀 1975). 덧붙이자면, 북위 시대에 시작된 이 전제(田制)에 처음으로 "균전제"라는 이름을 붙인 것은 북제 시기 저술된 『위서(魏書)』였다. 따라서 북위는커녕 수당 시대에도 "균전"이 정식 명칭이었는지 의심스럽다(曾我部 1971). 앞에서 서술한 것처럼 "균전"이 신분에 따른 토지 소유를 의미한다면 "균전"이란 명칭에는 북제 이후 제도의 변질이 반영되어 있을 가능성이 있다. 당의 율령을 도입한 일본의 위정자들은 그 전제를 균전제라 부르지 않고 "반전수수법(班田收授法)"이라고 불렀는데, 이것이 오히려 제도의 본질을 정확하게 꿰뚫어 보았던 것일지도 모른다. 균전제의 실태에 대한 구체적인 실마리는, 변경에서 나온 사료이기는 하지만, 20세기 서역에서 발견된 돈황 문서나 투르판 문서에 남아 있다. 이들 문서의 연구는 균전제 연구의 주요한 테마 중 하나가 되었다(氣賀澤 1993). 또한 1998년에는 영파의 천일각박물관에 소장된 명 대의 발췌 필사본[抄本] 중에서 당의 전령(田令)이 나왔는데, 여기에서 균전제 및 둔전제에 대해 종래 알려지지 않은 조문이 발견되었다(渡邊 2006).

7세기 후기 균전제의 퇴조에 대해서는 조용조제[租庸調制, 원문은 조조용제(租調庸制) - 옮긴이)]가 한계에 부딪힌 것에서 원인을 찾는 학설, 부병제(府兵制)의 해체에서 원인을 구하는 학설이 있지만 아직 정설이라 할 만한 것은 없다. 그러나 북위 이래 균전제의 역사를 보면, 대토지 소유를 제도 내로 포섭해 나간 것이 균전제의 긴 해체 과정일지도 모른다. 780년에 양세법(⋯→ 테마 21 〈양세법〉, 200쪽)이 시행됨으로써 균전제의 이념은 최종적으로 방기되었고, 이후 고급관료나 무인이 소유한 장원(莊園)이 토지 소유의 전형이 되었다. 그 후에도 균전을 하자는 주장은 있었지만, 그 경우 "균전"이란 토지나 재산을 파악하고 그에 근거해서 부담을 분배하자는 "균세(均稅)"의 의미가 되었다(周藤 1954). 송 대에도 장원제가 발전하자 그 규제책으로 균세법(均稅法)이나 한전법(限田法)이 채용되었다. 왕안석(王安石)의 방전균세법(方田均稅法)(⋯→ 테마 26 〈신법〉, 266쪽)은 전자의 대표적 사례이다. 한편, 휘종(徽宗) 정화(政和) 연간에는 품관한전법(品官限田法)을 실시하여, 위로는 1품 관료에 100경까지를 상한으로, 아래로는 9품 관료에 10경까지 토지 소유를 제한했는데, 이는 한도 외의 토지에 대해서는 편호와 마찬가지로 역(役)을 부과하려는 정책으로, 토지 소유 자체를 제한하려는 것은 아니었다.

테마 18 / **당(唐)의 회계**

오츠 토루(大津透)

당 전반기의 국가재정 회계는 다음과 같은 구조로 이뤄져 있다. 각 주현(州縣)에서 제출한 계장(計帳)을 기초로 탁지사(度支司)가 수입을 감안하여 재정지시(財政指示)를 작성하고, 이 안을 황제에게 상주하여[奏抄] 재가(裁可)를 얻는다. 확정된 재정지시를 금부사(金部司)가 각 주(州)에 하달하면,

각 주는 이에 기초하여 징세 및 세물(稅物)을 중앙에 바친다[送納]. 비부사(比部司)가 이 과정을 회계 감사한다.

이 과정에 중심이 되는 것은 상서육부(尙書六部) 중 호부(戶部) 아래에 있는 탁지사이다. 담당 직무[職掌]는 "국가의 살림을 헤아려 계획하는 것[支度國用]"으로, "세금을 얼마나 거둘지, 물산을 어떻게 소비하고 절약할지, 육로와 수로 중 어느 쪽이 유리할지[租賦多少之數, 物産豊約之宜, 水陸道路之利]"를 파악하여 "매년 (수입이) 나올 만한 곳을 계산하고, 그것을 써야 할 곳에 지출한다"(『대당육전(大唐六典)』)라고 되어 있다. 즉 탁지사는 수입을 조정하고 중국 전역의 물산을 고려하여 품목을 조정하면서 재정을 운영하는 관리였다. 그 지시가 당의 부역령(賦役令)[당령습유(唐令拾遺), 천성령(天聖令)]에서, 매년 계장(計帳)이 상서성(尙書省)에 올라오면 탁지는 내년의 것을 안배하여 10월 말 이전에 상주하라고 규정한 "주초(奏抄)"이다. 이는 이듬해 조용(調庸) 등의 징수와 각종 경비 지출에 관한 지시, 바로 국가예산이다.

류코쿠대학(龍谷大學)이 소장하고 있는 오타니 탐험대(大谷探檢隊, 1902~1914년 실크로드를 조사한 학술탐사대-옮긴이) 장래문서(將來文書) 내의 문서 조각과, 중화인민공화국 건국 후 중국 학자들이 발굴한 투르판 출토문서(吐魯番出土文書)의 문서 조각을 접합하여 문서 하나가 복원되었다. 이 문서는 7세기 후반 의봉(儀鳳)3(678)년의 주초(奏抄)가 금부(金部)에서 부(符, 행정 명령 및 공문의 일종-옮긴이)로 시행되어, 이듬해 서주(西州)가 이를 수령하여 시행하면서 작성한 문서 사본이었다. 주초(奏抄)의 실례가 발견됨으로써 당 대 재정 전체를 조감할 수 있게 되었다.

기본이 되는 계장(計帳)은 매해 초에 각호(戶)가 제출한 수실(手實)을 기초로 주현에서 작성한 호구 수(戶口數) 및 과세대상 호구 수[課口數]의 통계이다. 5월 중에 계장사(計帳使)가 계장을 호부에 제출하면 호부는 호구 수 등을 황제에게 상주하고, 정(丁)과 조용조(租庸調)의 숫자, 봉주(封主) 분량과 납관(納官) 분량, 구징[勾徵, 미진분(未進分)의 징수] 등 다음 해의 수입을 확정지어 7월에 탁지에 보고한다. 그리고 8월 상순에 각 주사(州司)가 각종 재원의 지출, 잔고를 금부(金部)·탁지에 보고하면, 이를 받은 탁지는 다음 해의 과역(課役) 징수, 조용(調庸)을 송납(送納)할 곳, 조운(漕運),

각치(脚直), 군사 경비 등의 지시(指示)를 작성하고 주초(奏抄)를 만들어 상서성, 문하성을 거쳐 황제에게 10월 말까지 상주한다. 금부(金部)에서 주초를 부(符, 황제의 재가를 거쳤기 때문에 지부(旨符)라고 부른다)로서 각 주에 내려보내 시행하면, 이듬해 각 주는 이에 근거하여 9월에 조용(調庸)을 징수하고, 9월부터 12월에 걸쳐 수도의 중앙정부로 운송하는[運京] 한편, 군대에 제공할 분량[供軍分]을 지정된 서역(西域)이나 북변의 주(州)로 보내[送納] 군사재정을 지원했다. 목감(牧監)에 대한 지원도 여기에 포함되었다. 조(租)는 11월 상순부터 이듬해 1월에 걸쳐서 윤납(輪納)했다. 탁지가 주초를 책정할 때 기본이 되는 것은 "양입위출(量入爲出)", 즉 조용조(租庸調) 등의 수입을 기초로 운영한다는 것이다. 또 그해 초의 사람 수를 기초로 이듬해에 들어올 수입(收入)의 지시(指示)를 작성하기 때문에 주초는 2년 혹은 그 이상에 걸치게 된다는 특색이 있다.

각 주에서는 매년 연말에 구장(勾帳)이란 장부를 작성하여 이듬해 1월에서 3월 사이에 형부(刑部) 휘하의 비부(比部)에 제출하여 검사를 받고[중앙 각 사(司)는 계절마다 제출], 결산과 감사를 한다. 5월 말에 비부는 미진(未進) 등 징수액을 결정하여 황제에게 상주하고, 6월에 탁지(度支)에 보고해서 그해 분의 수입으로 넣도록 한다. 또 각 관사(官司)에 구검관(勾檢官)이 배치되어 상시 검사하는 체제였다.

이 율령제 방식은 중앙집권적으로 기동성 있게 대처할 수 있는 대신에 번잡했다. 그 때문에 개원(開元) 24년에 이를 개혁하여 매년 주초(奏抄)를 편성하던 것을 그만두고, 장행지조(長行旨條)라는 영속적으로 고정된 규정을 실시했으나, 재정의 경직화를 초래했다.

[참고문헌] 大津 2006, 李錦繡 1995·2009.

테마 19 / **상평(常平)**

마루하시 미츠히로(丸橋充拓)

상평이란 넓은 의미로는 물가를 안정시키고 만민의 생활을 보호하려는 정책이다. 사료 용어로는 "경중(輕重)", "평준(平準)"과 같은 말로도 쓰인다.

다만 전근대 시대에 물가 변동에 결정적인 영향을 미치는 것은 주곡(主穀)이었기 때문에 곡물류의 유통에 대한 정부 개입에 특화하여 이 말을 사용하기도 한다. 구체적으로는 풍작으로 물가가 하락할 때 국비를 투입하여 잉여 곡물을 사들여[이를 적(糴)이라고 한다] 상평창(常平倉)이란 시설에 비축하였다가, 흉작으로 물가가 크게 오를 때 비축해 두었던 곡물을 싼값에 내다 팔아[이를 조(糶)라고 한다], 물가 안정을 꾀하는 것이다.

식량 저장에 의존하여 위기에 대응한다는 점에서 상평은 의창(義倉)과 겹치는 부분이 많다. 그러나 의창은 평상시에 조세(租稅)를 거둘 때 부수적으로 일정량의 곡물을 강제 징수했다가 기근이 들면 진급(賑給), 즉 무상으로 제공해 주는 것으로, 구황에 주안점을 둔 정책이었다. 이에 비해 상평은 물가 정책이란 면을 겸비하고 있다는 특색이 있다.

물가 정책을 어떻게 운영했는지는 『관자』 경중편(輕重篇)에 벌써 그 구체적인 방법론이 나와 있다. 그러나 춘추 시대 제(齊)의 환공(桓公)과 관중(管仲)의 문답에 빗대어 논했던 이 책의 성립 연대는 전국 시대부터 왕망 시대까지 여러 설이 분분해서 정확히 알 수 없다. 정확한 시기가 판명되는 이른 시기의 것으로는, 풍년에 "적(糴)", 흉년에 "조(糶)"를 실시했던 전국 시대 위(魏)나라의 이회(李悝)의 사례가 알려져 있다.

전한 후기인 기원전 54년에는 경수창(耿壽昌)이 상평창을 창설하여, 마침 개발이 진척되고 있던 관중 지역의 잉여 생산물을 수매하고 저장하도록 했다. 이를 시작으로 후한, 서진, 남북조에 걸쳐서 상평창에 관한 기록이 여기저기에서 나타난다. 수당에 이르면 상평창과 의창을 나란히 설치하는 체제가 확립되었고, 규모 역시 커져서 750년에는 전국적으로 의창에 약 6300만 석, 상평창에 약 460만 석이나 되는 비축 예비고가 달성되었다. 안사의 난 이후 일시적인 혼란을 보이기도 하지만, 806년 헌종 때에는 정부의 노력으로 상당히 재건되었다. 이즈음에는 상평창과 의창을 구별하기가 점차 애매해져 "상평의창"으로 일괄 기록하는 경우가 많아진다(船越 1996).

송 대에는 992년에 경기(京畿) 지역에 상평창이 설치되었고 1006년 이후에는 서서히 전국으로 확대되었다. 왕안석 신법 시기에는 각 로(路)에 "제거상평(提擧常平)"과 같은 전담 기관이 설치되어 식량 비축과 운영 자금이 확충되는데, 이는 청묘법(靑苗法)으로 저리 대부를 실시할 기반을 마련한다는 측면이 강했다. 이즈음에는 비축품의 구성이 다양해졌는데, 특히 동전의 배분이 많아지게 되었다. 비축량을 무작정 늘리기보다는 3년 정도의 비축분을 시적(市糴)(⋯→ 테마 20 〈화적〉, 198쪽)을 통해 계획적으로 유지해 나가는 것이 더욱 중시되었다(西奧 2004).

남송 이후가 되면 주희(朱熹)의 사창(社倉)처럼 지방관과 향촌 사회가 주도하는 구황 체제가 약진하면서, 중앙정부가 실시하는 상평의 역할은 상대적으로 후퇴한다(⋯→ 테마 5 〈구황〉, 74쪽). 그러나 상평창 그 자체는 금, 원, 명, 청을 통틀어 일관되게 유지되었으며, 경제 정책의 기본인 곡가 안정에 기여하였다(岸本 1997).

[참고문헌] 今堀 1995.

테마 20 / **화적**(和糴)

마루하시 미츠히로(丸橋充拓)

화적이란 원래 곡류를 사들이는 정책 전반을 가리킨다. 관민(官民)이 합의한 가격으로 매매가 성립하고 있음을 강조하여 화적(和糴)이라고 칭하는 것이다. 그렇지만 사들이는 방법이 다양화되면서, 곡류를 농민에게서 직접 구입하는 경우에 한해서 이 말을 사용하는 경우가 많아졌다. 송 대 이후에는 상품화되어 시장에 유통 중인 곡류를 상인들에게서 구입하는 경우까지 포함한 총칭으로는 화적보다 "시적(市糴)", "적매(糴買)"를 사용하는 경우가 일반적이었다.

"적(糴, 곡류의 수매)"은 원래 "조(糶, 곡류의 판매)"의 상대적 개념으로, 곡가 안정책인 상평의 절반을 담당하는 것이다(⋯→ 테마 19 〈상평〉, 196쪽). 그렇지만 "조세만으로 충당할 수 없는 평시의 곡물 수요를 정부가 대가를 지불하고 충족하는" 방책으로서 전자만이 화적이란 이름으로 점차 확대되어, 특히 군사전선 지대로의 군량 공급과 결부되면서 독자적인 전개를 보이게 되었다. 5세기 후기, 남조와의 대치가 본격화되자 북위가 남부 전선에 군량을 보급할 목적으로 화적을 채용한 것에서 시작되었다.

당 대가 되면, 시가보다 높은 수매가격을 설정하여 원격지 상인의 곡물 판매를 유도하는 방법이 서역에서 발전하였다(荒川 2010). 이 방법이 737년부터 내지에도 응용되어 수도 주변에서 매년 수매가 행해지게 되었다[관중화적 정책(關中和糴政策)]. 화적은 수매량이 매년 작황에 따라 좌우되기는 하지만 실무 비용을 줄일 수 있다는 장점이 있기 때문에, "각직(脚直, 수송비)" 등 실무 비용이 늘어도 안정적 공급이 가능한 조운(漕運)과 상호 보완적으로 조합하는 방식으로, 모병제화에 따른 군량 수요의 증가에 대응할 수 있었다(丸橋 2006). 그러나 한편으로 담당관이 농민에게 팔 것을 강요하거나 대가를 적게 주거나 아예 지불하지 않는 등 폐해도 생겨났다.

화적을 매년 실시하는 것은 당 대에는 수도권에 국한되었지만 송 대가 되면 전선 지대에서도 그것이 가능해져, 식량 조달에서 시적(市糴)이 차지하는 비중은 더욱 커졌다. 상인을 변경으로 유치할 수 있었던 것은 식량 납입자에게 교인(交引)이라고 불리는 어음[手形]을 납부 지역[納地]에서 발행할 수 있도록 해 주었기 때문이다. 납품을 한 상인이 납품 대가로 얻은 교인을 개봉(開封)에 가져가면 동전이나 염초(鹽鈔), 다인(茶引)과 교환할 수 있었다. 염초나 다인은 생산지에 가져가면 소금 및 차로 교환할 수 있었고, 지정 지역에서 판매를 할 수 있었다. 편적(便糴)이라고 불리는 이러한 방식뿐만 아니라, 송 대에는 관에서 발행한 동전 이외의 금은, 포백, 차 등으로 지불하는 박적(博糴), 왕안석의 "시역법(市易法)"의 일환으로 대출의 상환을 곡물 납입으로 하는 결적(結糴), 표적(俵糴) 등, 방식이 대단히 다양해졌다(日野 1988, 斯波 1988). 방법론의 성숙은 이후에도 계속되어 명 대 개중법(開中法)으로까지 발전해 나갔다(⋯▸ 테마 24 〈염정(당~원)〉, 260쪽. 테마 30 〈염정(명 이후)〉, 322쪽).

농민이 생산한 잉여생산물은 강제적으로 수탈되는 조세와, 관민 합의로 매매되는 형식을 띠는 화적, 이 둘을 양대 지주로 하여 정부에 집적되었다. 소비지로의 수송은 관운(즉 조운) 또는 상인을 유치하는 방식이 이용되었다. 둘 다 전매제도와 링크됨으로써 운영이 유지되었다. 남쪽의 경제로 북쪽의 군사를 뒷받침하는 "남북 분업" 구조는 재정 각 제도가 이처럼 유기적으로 연관됨으로써 성립되었던 것이다.

테마 21 / 양세법(兩稅法)

시마스에 카즈야스(島居一康)

당은 8세기가 되자 대토지 소유의 전개 때문에 균전, 조조역제(租調役制)에 기초한 세수가 점차 감소하는 반면, 서북변에서는 토번(吐蕃), 회흘(回紇)과의 관계가 긴장되면서 군사 지출이 증대했다. 안사의 난(755~763년) 후에도 강력한 번진에 의한 중앙재정 침탈이 계속되었고, 경상 경비의 조달 역시 곤란해졌다. 정부는 764년에 관원 봉급의 재원으로 전국의 간전(墾田, 작부 농지)에서 "청묘전"을, 다음 해에는 경조부(京兆府, 수도권)의 간전에서 "지두전(地頭錢)"을 징수하고, 770년에는 양자를 전국적 부가세인 "청묘전"으로 통합하여 현전(見錢) 수입을 확보하였다(⋯→ 테마 23 〈동전(위진남북조~청)〉, 254쪽). 또 군사비 재원으로 763년부터 염세를 추가 징수하고(⋯→ 테마 24 〈염정(당~원), 269쪽), 765년에는 경조부의 간전에서 여름 보리[夏麥], 이듬해에는 가을 조[秋粟] 수확의 각 10%를 납부하는 "하세, 추세"를 징수하여 군량의 부족분을 메웠다. 그러나 이러한 부가세의 추가 징수만으로는 재정수지가 호전되지 못했다. 780년에 재상 양염(楊炎, 727~781년)은 구분전(口分田)의 점유에 기초하여 균등하게 세역을 부담하는 것을 과세 원리로 하는 균전, 조조역제를 폐기하고, 현재의 간전 소유에 기초하여 같은 비율로 세역을 부담하는 것을 과세 원리로 하는 획기적인 세제인 양세법을 고안하여 실시했다.

양세법은 새로운 세제가 시행되기 전해인 779년의 조조역(租調役) 징세 실적의 총액을 물납제[곡액(穀額)]의 "곡두(斛斗)"와 전납제[전액(錢額)]의 "양세전(兩稅錢)"으로 나누어 징수하는 이원적 세제이다. 간전(墾田) 소유자를 납세자로 정하여["세호(稅戶)", "주호(主戶)"] 토지가 없는 "부객(浮客)", "객호(客戶)"에게는 과세하지 않는다. 이 중에 "곡두(斛斗)"는 "조(租)"곡과 그 부가세인 "지세(地稅)"[의창곡(義倉穀), 수확의 10%] 총액을 779년의 간전 면적에 동일 세율로 부과한 토지세인데, 수확한 곡물이 보리[大麥]나 밀[小麥]이라면 "하세(夏稅)"로 6월 말에, 조나 쌀이라면 "추세(秋稅)"로 11월 말에 납부하게 했다. 또 "양세전(兩稅錢)"은 조조용(租調庸)을 현전(見錢), 견백(絹帛)으로 대납했던 정세(正稅) 및 부가세, 전액제(錢額制)의 잡세를 하나로 합한 뒤, 납세 호구의 자산을 등급으로 나누어 동일 세율로 부과한 자산세로, "곡두"와 마찬가지로 여름과 가을 두 시기로 나누어 징수했다.

양세법을 시행한 780년의 징세 실적은 "곡두"의 미맥(米麥)이 약 600만 석, "양세전", 부가세인 "청묘전"의 현전(見錢)이 약 3000만 관으로, 그 총액은 시행 전해 조조용(租調庸)의 정세 및 부가세의 총 수입(염세를 제외)과 거의 같은 액수였다. 이해에 징수한 "곡두"와 현전 총액은 그중 3분의 1을 중앙정부에 납부하고["송상도(送上都)", "상공(上供)"], 나머지 3분의 2를 번진의 경비["송사(送使)"]와 주현(州縣)의 행정경비["유주(留州)·유현(留縣)"]로 양분하여 지출했다.

양세법 시행 후에도 간전은 경작자와 작부 면적 모두 변동이 커서 각호 "곡두"액의 정확한 사정(査定)은 거의 이뤄지지 못했다. 또 경조부의 "하세·추세" 등 지방의 부가세나 번진의 불법적 과세도 많았으며, 주현의 과세지에서는 전토 면적과 납세액을 적정하게 대응시키지 못했다. 그 결과 세율의 지역 간 격차 역시 커져 갔다. 특히 강남의 수도작 지대에서는 전토의 비옥도 및 수리의 편익에 따라 수확량의 차가 커서, 당 말부터 오대(五代) 시기에 걸쳐서 간전의 생산성을 감안한 전토 등급별 과세가 보편화되었다. 그런데 "양세전(兩稅錢)"은 화폐 유통량 부족 때문에 시행 당초부터 견백(絹帛)으로 대신 납부[物納]할 수 있도록 인정했고, 견백의 시장가격에 따라 과세액["양세전(兩稅錢)"액(額)]과 납입액을 환산했다. 그러나 견백 절납(折納)의 급속한 확대는 전국적으로 견백의 시장가격을 급락시켜 납세자의 부담을 가중시키는 한편, 현전의 납입 비율은 떨어뜨려 정부와 번진이 필요로 하는 현전 수입을 저하시켰다. 이에 9세기 초, 정부는 주(州) 마다 적정한 견백의 납세가격을 정하여 시장가격의 하락을 억제하는 한편, "양세전"액 중에서 견백과 현전의 납세 비율을 정해 정부와 번진의 재정운용에 필요한 현전량을 확보했다.

이리하여 "양세전"액 중에서 견백과 현전의 구성비를 정하여 납세하도록 하는 "분수정액(分數定額)" 방식이 전국적으로 보급되었다. 오대가 되자 화북에서는 후당(後唐) 이후 번진 정권이 절납을 금지하고, 각호의 전토 소유에 기초하여 직접 "정세(正稅)" 견백을 부과했기 때문에 양세는 전면적인 물납제로 이행했다. 이에 대해 "곡두(斛斗)"의 전토 등급별 부과가 보급된 강남과 사천(四川)에서는 후주(後周)를 이은 북송(北宋)이 전국 통일을 완성한 후에도 "분수정액" 방식이 계속되어, 견백으로 절납할 때에는 전토 등급별로 부과한 "양세전"의 총액을 각호의 전토에 부과하여 납세액을 정했다. 강남, 사천의 견백 절납은 11세기 초에 폐지되어, "양세전"액을 매개로 하여 "하세" 견백 납세액을 정하는 방식이 채용되었다. 이리하여 세호의 전토 면적·등급에 기초하여 견백을 납부하는 "하세(夏稅)"와, 곡두를 납부하는 "추세[추묘(秋苗), 묘미(苗米)]"를 정세로 하는 송 대 양세법의 통일 과세방식이 확립되었다. 오대 시기에 각지의 번진 정권이 징수한 부가세·잡세는 송 대에 이르면 "하세", "추세"의 부가세로서 각각 납입 시에 일괄 징수되었다.

송 대 전반기에는 양세법에 기초하여 호등(戶等)(9등급, 후에는 5등급)을 정하고, 호등에 상응하여 직역(職役)을 부과하는 차역법(差役法)이 행해졌는데, 왕안석은 모역법(募役法)을 시행하여 자산세인 "면역전(免役錢)"을 창시하고, 하세의 부가세로 징수했다. 금은 북송의 양세법을 계승하여 "하세", "추세"로 불렀는데, 금의 "하세"는 북송의 "하세"에서 견백, 면역전을 뺀 여름 보리와 밀[夏麥]만으로, 견백이나 면역전에 상당하는 부가세는 인정(人丁)·경우(耕牛)를 단위로 하는 전납제의 "물력전(物力錢)"으로 바꾸었다. 몽골, 원은 화북을 영유하자 옛 금의 "하세", "추세"를 "지세[곡두(斛斗)]"로, 그리고 "물력전(物力錢)"을 물납화하여 "정세(丁稅)"로 부르고("지세(地稅)", "정세(丁稅)"를 합하여 "세량(稅糧)"이라고 부른다), 이와는 별도로 호등을 기준으로 견백을 징수하는 "과차(科差)"를 두어 "세량"과 "과차"를 정세(正稅)로 삼았다. 원은 남송을 멸망시킨 후, 강남과 사천 지역에서는 송 대 양세법을 그대로 계승했다. 명은 송, 원 시대 이래의 양세법을 계승하여 "하세(夏稅)", "추량(秋糧)"이라고 불렀는데, 화북에서는 옛 원의 "세량", "과차" 제도가 계속되어, 물납제인 "지세(地稅)", "정세(丁稅)"와 "과차(科差)"가 잔존했다. 15세기 중엽부터 전국적으로 전부(田賦), 요역(徭役)의 은납화가 진전되면서 화북에서도 "지세", "정세"를 각각 은납화한 "지은(地銀)", "정은(丁銀)"으로 일괄하는 "일조편법(一條鞭法)"이 실시되었다. 18세기 초의 "성세자생인정(盛世滋生人丁)"으로 "지은"을 "정은"에 포함시킨

"지정은(地丁銀)", "지정병징(地丁併徵)"이 전국적으로 보급되어, 양세법 아래 마지막까지 남아 있던 요역 노동은 최종적으로 전부(田賦)로 흡수되었다(⋯→ 테마 35 〈지정은〉, 335쪽).

[참고문헌] 鳥居 1993a, 船越 1996.

테마 22 / 소그드 상인과 동서교역

아라카와 마사하루(荒川正晴)

소그드 상인이 그들의 본거지인 소그디니아(파미르 서쪽, 현재 우즈베키스탄 지역)를 떠나 멀리 중국을 향해 교역 활동을 본격적으로 전개한 것은 후한 시대, 즉 기원후 1세기 때부터라고 추정된다. 소그드인들은 카라반대(隊)의 리더를 "살보(薩寶, sārtpāw)"라고 불렀는데, 사실 이 말은 본래 소그드 단어가 아니라 산스크리트어의 sārthabāha가 박트리아어를 경유하여 소그드어로 들어온 차용어이다. 이 경위에서 알 수 있듯이, 인도인들이 1세기경에 동방세계로 교역 활동을 전개하자 아프가니스탄 북부의 박트리아인과 다시 그 북쪽에 있던 소그드인들이 그 대열에 합류했거나 그렇지 않으면 인도인들에게 선도되었거나 해서 동방으로 오게 된 것이다. 소그드어가 이란어의 일파이면서도, 이란어 기원의 카라반(kārvān)을 안 썼던 것도 이런 사실을 감안하면 쉽게 이해된다.

박트라(오늘날 아프가니스탄 발흐) 근처에서 발흥하여 인도에 진출한 쿠샨조(朝)가 로마 제국과 한(漢) 제국 간의 중계교역으로 번영한 것도 바로 이즈음부터이므로, 국제교역이 활발하게 전개되던 이 시대의 파도를 타고 소그드 상인의 중국 진출이 시작되었음을 엿볼 수 있다. 이 사실을 뒷받침해 주듯이, 이집트에 살던 그리스 상인의 견문록인 『에리트레아 항해지(*Periplus of the Erythraean Sea*)』에는 1세기 후반 당시 중국에서 출발하는 주요 교역루트가 박트리아의 수도 박트라를 거쳐, 인도 서해안에 있는 항구도시 바리가자[현재 인도 서부의 구자라트 주(州) 남동부의 항구도시 브로치]까지 뻗어 있었음이 기록되어 있다.

그 후에도 소그드 상인들의 동방진출은 당(唐) 대까지 계속되었다. 이들은 각지의 주요 도시에 식민지(colony)를 구축하고, 그곳을 거점으로 교역을 추진해 나갔다. 다만 후한의 멸망을 전후하여 유라시아 전역에서 유목민과 목축민이 농경 정주지대로 대규모 이동을 시작하자 중국 본토는 큰 혼란에 빠지고, 소그드 상인들의 활동 역시 정체한 것처럼 보인다. 다시 이들의 활동이 왕성해지는 것은 5세기가 되면서인데, 이 시기 그들의 식민지(colony)는 중국 본토에만 머무르지 않고 북방의 스텝 지역까지 확대되었다. 에프탈이라는 강력한 "유목 국가"가 소그디아나·아프가니스탄 방면에 성립한 것이 이들의 세력 확대를 도왔다. 마침 이 시기는 중국에서도 북위가 발흥하면서 화북 일대에 대한 지배를 확립하고, 에프탈과 사절을 주고받고 있었다. 이러한 새로운 시대 상황 속에서 소그드 상인의 활동이 재차 활발해졌던 것이다.

계속해서 6세기에도 투르크 계통의 "유목 국가"인 돌궐이 일어나 사산조 페르시아와 협공하여 에프탈을 격파하고, 그 세력을 동쪽으로는 몽골리아에서 서쪽으로는 소그디아나를 넘어 오늘날의 아프가니스탄까지 확대했다. 5세기부터 계속된 이러한 유목세력의 대두는 소그드인을 북방의 스텝 지역으로 유도했고, 그러한 과정에서 이들은 가한(可汗, 카간)을 비롯한 유목 집단의 리더들과 제휴하는 형태로, 카라반대(隊)를 여러 외국과 오아시스 도시로 파견하여 적극적으로 교역 활동을 전개하였다. 이러한 활동이 "유목 국가"의 융성을 경제적으로 크게 뒷받침했음은 의심의 여지가 없다.

이윽고 7세기에 당 제국이 성립하자, 이러한 유목세력과 소그드인 간의 제휴에 쐐기를 박아 둘 필요가 있었던 당은 재정을 퍼부어 군진(軍鎭)을 중앙아시아에 주둔시키고, 그 지역을 자신의 세력하에 두었다. 그 결과 소그드인의 교역 활동은 완전히 당 제국의 관리하에 놓이게 되었다. 카라반대의 편성은 당이 통제했으며, 당의 군사지배를 확보하기 위해 교역상품에도 그때까지 없었던 동향이 나타났다. 예를 들어 특정 오아시스를 중심으로 둔전개척을 적극적으로 추진하여, 그곳에서 생산한 잉여 곡물을 상인을 통해 주변 오아시스로 유통시키는 구조가 만들어졌다.

또 7세기 초까지 유라시아 동부에 걸친 광역 교역은 거의 소그드인이 독점했다고 해도 좋을 정도인데, 당이 지배하던 시대에는 한인 상인이 소그드 상인과 나란히 중앙아시아 지역에 진출하게 되었다. 당은 이러한 상인들의 왕래를 이용해 매년 대량의 견포(絹布)를 군수물자로 운반시켰는데, 이는 그때까지 서아시아 은화 유통 경제권에 완전히 포함되어 있던 중앙아시아를 비단과 동전이 유통되는 당의 경제권으로 전환시키는 결과를 가져왔다. 하지만 당의 중앙아시아 지배는 당 정부에게 커다란 재정 부담을 지웠으며, 그렇다고 소그드 상인의 활동이 당의 국내 재정을 지접저으로 윤택하게 하지도 않았다. 당에게 중앙아시아 지배란, 경제적 의미보다는 소그드인에게 의존하고 있던 "유목 국가"의 교역 활동에 타격을 입히는 동시에 이들 소그드인을 당의 수도[國都]로 유도하여 최신의 정보·기술·문화를 입수하려는 군사적 측면에 더 큰 의미가 있었을 것이다.

한 가지 주목할 만한 점이 있다. 일반적으로 당시 소그드인(粟特, sughdhīk)으로 간주되었던 사람들은 소그디아나에 점처럼 흩어져 있던 오아시스 국가들 출신일 것이라고 생각하기 쉬운데, 실제로는 박트리아어를 쓰는 박트리아인이 소그드어 이름을 자칭하고 다녔던 경우도 적지 않다. 또한 소그디아나 이외의 지역 출신의 소그드인도 다수 포함되어 있었다. 예를 들어 천산(天山)의 북쪽이나 몽골리아 초원 지역에는 소그드인의 취락이 흩어져 있었는데, 그쪽 출신자들이 바로 그런 예이다. 그들 중 가장 유명한 사람은 안녹산(安祿山)일 것이다. 최근에는 돌궐 "국가" 내에 취락을 형성하고 있던 소그드인을 "소그드계 돌궐"로 총칭하면서, 이들이 당 후반기부터 오대·송 초의 역사 전개에서 보여 준 적극적 역할을 여러 방면에서 검토하고 있다.

소그드인의 이러한 유라시아 동부로의 진출과 비교하면 얼마 되지는 않지만, 유라시아 서부로도 이들의 족적이 남아 있다. 하지만 그것은 극히 미미한 흔적이고, 식민지 건설도 기본적으로 용인되지 않았다. 서아시아의 원격지 상인과 영역 분할이 있었다고도 생각할 수 있다. 소그드 상인의 주된 상권은 소그디아나에서 볼 때 동쪽에 있었다고 볼 수 있는데, 장기간에 걸친 이들의 왕래 및 이주는 정치·군사·경제·사회·문화 전반에서 유라시아 동부에 커다란 영향을 계속해서 미쳤던 것이다.

[참고문헌] 吉田 1997, 榮 1999, De la Vaissiére 2002, 荒川 2010.

제 3 장

송·요·금(宋·遼·金)~원(元)

북방의 충격과 경제 중심의 남천(10~14세기)

후루마츠 다카시(古松崇志)

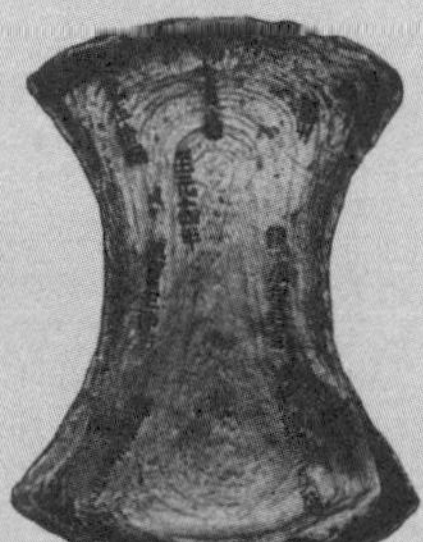

제3장 **송·요·금**(宋·遼·金)~**원**(元)

북방의 충격과 경제 중심의 남천(10~14세기)

1. 다국 체제와 경제 사회의 새로운 전개 - 거란[契丹, 요(遼)], 북송(北宋)(10~12세기)

거란의 패권과 다국 체제(多國體制)

당의 붕괴 전후로, 중국 본토와 몽골 고원의 혼란을 틈타 그 사이에 끼어 있던 몽골 고원 동남부에서 발흥한 것이 "유목 국가" 거란[契丹, 요(遼)]이다. 10세기 초에 족장 야율아보기(耶律阿保機)의 지도 아래 국가를 형성한 거란은 기마 군사력을 무기로 만주와 중국 본토 북부까지 영역을 확대하여, 12세기 후반까지 유라시아 동부의 패자(覇者)로 군림했다.

한편 중원에서는 당의 용병 군단이었던 투르크계의 사타(沙陀)가 대두하는 등 "오대(五代)"라고 불린 군벌 정권이 속속 등장했다. 그중에 최후로 나타난 것이 북송(北宋)으로, 북송은 남방 각지의 정권을 차례차례 병합하더니 979년까지 중국 본토를 일단 통일하는 데 성공한다. 그러나 북방의 거란에게는 시종일관 열세였다. 최종적으로 거란과 북송은 1004년에 "전연(澶淵)의 맹(盟)"을 체결하고 강화를 하였는데, 송이 거란에 세폐(歲幣)를 바치는 등 실질적으로는 거란이 상위에 섰지만 명분상으로 두 나라는 대등한 관계를 맺어, 이후 120년에 걸쳐 평화롭게 공존할 수 있었다.

그 후 제3의 세력으로 중원과 중앙아시아를 잇는 교역 요충지에 소그드족의 서하(西夏)가 흥기하자 북송은 서하의 공세에 시달리게 되었다. 1044년에 북송과 서하 두 나라는 전연의 맹[澶淵之盟]을 모델로 유사한 맹약을 체결하는데, 이후에도 양국 관계는 전쟁과 강화가 반복되며 불안정했다. 그러나 거란이 자주 중재 역할로 개입해 어느 한쪽이 일방적으로 상대를 압도하는 일은 없었다.

이리하여 11세기 유라시아 동부에서는 거란과 북송의 맹약에 기초한 우호관계를 주축으로 하여 고려, 서하, 서(西)위구르 등을 포함한 여러 국가[多國]가 때로는 긴장을 내포하면서도 대체적으로는 안정적으로 병존하게 되었다.

거란의 한인 지역[漢地] 지배

10세기 전반 중원에서 혼란이 계속되는 가운데, 거란은 한발 앞서서 안정된 통치를 실현하였다. 대흥안령(大興安嶺) 남쪽 기슭, 거란의 본거지 일대에는 자발적이든 강제적이든 한인(漢人)과 발해인(渤海人)이 개척과 식민을 위해 모여들었다. 특히 군벌의 폭정이 횡행하던 중원 북부에서 많은 한인 이주민이 유입하여 남에서 북으로의 인구 이동이 현저했다. 농업·수공업과 같은 생산 활동에 종사하는 이주민들을 정주시키기 위해 거란 본거지의 초원 유목지대에는 성벽으로 둘러싸인 도시가 차례로 건설되었다. 거란에서는 흉노 이래 유목 국가의 분봉(分封) 제도를 답습하여, 목지(牧地)는 크게 황제의 직할지와 왕족 이하의 영지로 나뉘어 있었다. 도시는 이러한 목지의 생산 거점으로 기능하여 도시 주변으로 농지가 개발되었다(⋯→ 테마 7 〈유목 국가의 계절 이동〉, 82쪽).

936년 거란은 중원의 사타 군벌 간의 내분에 개입했는데, 거란이 후원하는 석경당(石敬瑭)이 중원을 제압하고 후진(後晉)을 건국하자, 그 보답으로 연운십육주[燕雲十六州, 오늘날 북경(北京), 대동(大同) 지역]를 할양받게 되면서 본격적으로 한인 지역[漢地] 지배가 시작되었다. 그 결과 거란은 국내에 더

지도 11 11세기의 유라시아 동부

옮긴이 주: 영문명은 옮긴이가 덧붙였다. 발라사군은 카라한조의 수도로, 한문명은 팔랄사곤(八剌沙衮)이다. 비슈발리크는 천산위구르왕국[한문명 고창회골왕국(高昌回鹘王国)]의 수도이며 한문명은 별실팔리(別失八里)이다. 토크즈 타타르는 구성(九姓)타타르국이라고도 하며, 한문명은 조복(阻卜) 또는 달단(達旦)으로 기록되었다.

욱 많은 농경민들을 포섭하게 되었다. 11세기까지 거란은 오경(五京)을 설치하여 지역을 블록으로 나누어 시배하는 방식을 확립하게 된다. 연운십육주에 대해서는 현재의 북경에 남경[南京, 연경(燕京)]을 설치하고, 대동에 서경(西京)을 설치하였다. 두 곳에는 각각 거란의 왕족이 유수(留守)로 부임하는 유수사(留守司)를 설치하여 통치하였는데, 하위 행정에서는 당 대 이래의 주현제(州縣制)를 유지하고 세제(稅制) 역시 양세법(兩稅法)을 답습했다. 이런 한인 지역에 배치된 군대는 거란이나 해(奚) 등 유목민을 중핵으로 삼으면서 발해인이나 한인 부대도 포함했다. 이웃나라인 북송에 비해 군사비용이 저렴해 염세와 같은 과세[課利] 세율을 낮게 유지할 수 있었다. 그 때문에 북송 영내로 소금 밀매가 횡행하게 되었다.

거란은 한인 지역을 본격적으로 지배하면서 농경 사회의 생산력을 확실히 포섭할 수 있었다. 그리고 역전(驛傳)과 문서행정 등 정보전달 제도, 지방 각지의 군사력 장악, 유목 사회와 농경 사회 각각에 알맞은 징세제도와 관료기구, 도시를 거점으로 중급 구역으로 블록화한 지배인 오경(五京) 제도 등, 주로 당(唐)의 제도를 모델로 삼으면서도 집권적 지배에 유리한 구조를 정비해 나갔다. 이리하여 거란은 종래의 유목 국가보다 훨씬 강력해진 통치 체제를 구축하는 데 성공한다. 이러한 유산의 상당 부분이 훗날 몽골[대원(大元) 울루스]의 중국 지배에 계승된 점은 주목할 필요가 있다.

북송의 군사 체제

이어 중원으로 눈을 돌려 보자. 960년에 한인 군벌 지도자였던 조광윤(趙匡胤)이 즉위하여 성립한 북송은 단명으로 끝난 오대 정권의 전철을 밟지 않기 위해 지략가인 조보(趙普)의 헌책을 받아들여 중앙집권 정책을 연달아 추진했다. 그 핵심은 황제가 전국의 군대를 장악하는 것이었다. 정부는 번진(藩鎭)의 병권을 회수하여 전투력이 있는 정예부대를 전부 황제 직속의 근위부대인 금군(禁軍)으로 개편한 뒤 수도인 개봉에 집중시켰다. 당 대 후반 이래 지속되었던 번진 체제는 이에 종언을 고했다. 그리고 중앙과 지방 각 군대의 통솔은 중앙 관청인 추밀원(樞密院)이 장악하고, 군대를 이끄는 장군의 권한은 대폭 줄어들었다. 이렇게 군사에 대한 문신(文臣) 통제가 확립되어 "문(文)"이 "무(武)"를 부리는 송 대의 통치원칙이 만들어졌다.

하지만 현장인 군대에 권한을 주지 않는 극도의 집권 정책은 정권 기반은 안정시켰지만 군사 면에서 약체화를 초래한 점은 부인할 수 없다. 북송 군대는 남방에 대해서는 공세로 나올 수 있었지만, 전투력에서 앞서는 유목 기마군단을 보유한 거란에게는 거의 상대가 되지 않았으며, 서하와의 전투에서도 수세에 몰리는 경우가 많았다. 거란과 서하의 군사적 압력은 북송에게는 왕조의 존망이 달린 근본적 과제였다. 그 때문에 북송 정부는 방어를 견고히 해야만 했고, 북방의 국경을 따라 대군을 배치하게 되었다.

북송 초에 금군과 상군(廂軍, 각종 노동에 종사하는 비전투 부대)으로 구성된 북송 상비군 규모는 40만 명 남짓이었다. 그 후 국경 연변의 부대를 중심으로 서서히 늘어났다가, 11세기 초 전연의 맹약을 체결하면서 한때 크게 삭감되었다. 그러나 11세기 전반에 탕구트[西夏]가 발흥하면서 섬서(陝西) 북부 국경지대에 군대가 대거 배치되었다. 결과적으로 11세기 중반까지 상비군 병력 수는 최대 140만 명까지 팽창했다.

북송의 재정 구조

북송 군대는 모병제로 운용된 용병 부대였으므로 100만 명이나 되는 상비군을 유지하는 데에는 막대한 비용이 필요했다. 물자와 재화를 확보하여 군대에 공급하는 것은 정권에게 사활이 걸린 문제였다. 군사비는 많을 때에는 정부 재정지출의 80%를 차지했다고 한다. 북송에서 입안·실행된 재정·경제 정책의 거의 대부분은 이 상비군 유지를 위해서였다고 해도 과언이 아니다.

군사비 조달이 최우선 과제였던 북송 재정의 특질을 잘 보여 주는 것으로, 건국 당초에 번진(藩鎭) 체제를 극복하는 과정에서 확립한 중앙집권적 재정 운용을 꼽을 수 있다. 모든 재화는 그 소재가 중앙이든 지방이든 간에 중앙재무기관[건국 초는 삼사(三司), 11세기 후반부터는 호부(戶部)]의 관리하에 놓여 있었기에 주현과 같은 지방정부가 자유 재량으로 운용할 수 있는 재원이 없어져 버리는 문제가 생겼다. 이를 대신해 지방관청과 향촌의 각종 노역에 해당하는 직역(職役)이 재원의 구멍을 메우는 역할을 했고, 향촌의 유력(有力) 농민들은 돌아가면서 이 직역에 징발되는 괴로움을 당해야 했다. 이러한 문제를 해결하기 위해 직역을 전납화(錢納化)하여 지방정부의 재원으로 삼는 시책이 나왔는데, 바로 11세기 후반 신법 정책 중 하나인 모역법(募役法)이다(宮崎 1953).

중앙과 지방에서 필요로 하는 재화를 조달하는 방법에는 크게 두 가지가 있다. 첫 번째가 주로 양세[兩稅, 정세(正稅)]와 과리(課利)로 구성된 각종 세금을 거두어들이는 것이다. 전자인 양세는 당 대 이래의 제도를 답습하였고, 후자인 과리는 특정 생산품에 부과하는 염세(鹽稅), 다세(茶稅), 주세(酒稅) 및 상업유통에 부과하는 상세(商稅)를 가리킨다. 그 외에 다양한 부가세가 있었다. 송 초는 토지세에 해당하는 양세가 세수의 주축이었는데, 그 세액에는 일정한 틀이 정해져 있어서 함부로 늘릴 수 없었으므로 군사비 증대에 직면하여 염세를 중심으로 한 과리의 세액을 늘려 갔다 (···▸ 테마 24 〈염정(당~원)〉, 260쪽). 두 번째가 관이 민간에서 재화를 사들이는 것이다. 북송의 재정수지 항목 중에서 중심적인 위치를 차지한 것은 화폐(특히 동전), 곡물, 견직물이었는데, 그중에 현물인 곡물과 견직물은 정부의 매수["화적(和糴)", "화매(和買)" 등]로 상당 부분을 조달했다.

이처럼 세금의 징수와 구매를 통해 전국에서 조달된 재화는 지방 현지에서 지출을 위해 약간 남겨 두는 것을 빼고는 전부 수도를 비롯해 필요한 장소(주로 군대 주둔지)로 수송된다. 이렇게 수송되는 재화를 "상공(上供)"이라고 한다(鳥居 2012).

11세기 이후 상공(上供)은 품목(쌀, 견직물, 금은, 은화 등)별로 매년 정액이 정해져 있었다. 그중에서도 중요한 것은 양자강 중하류 지역의 동남육로(東

그림 10 송 대의 해염(海鹽) 생산
출전: 『重修政和經史証類備用本草』 大蒙古國平陽刊本.

南六路)에 할당되어 있던 상공미(上供米)였다. 양세 징수와 화적으로 조달되는 매년 600만 석에 달하는 상공미는 대운하(大運河)를 통해 수도 개봉(開封)까지 수송되었다(鳥居 1993a).

농촌 사회의 피악

체질적으로 비용이 많이 드는 군사재정을 지탱하기 위해 북송 정부는 어떻게 농촌 사회를 파악하고 세수를 확보했을까. 건국 당초 북송은 당 말부터 전란이 계속된 중원 농촌 사회의 생산을 재건하고, 후주(後周) 이래의 농지 측량[장량(丈量)]을 실시하여 세액을 확보하는 데 진력했다. 강남 지역의 여러 국가를 병합하게 되자, 각지에서 추진 중이던 지역개발을 계승하면서 종래의 무거운 세금 부담을 경감하여 중원과 똑같이 10분의 1 정도로 세율을 낮추고 각종 부가세는 폐지해 나갔다(周藤 1954).

세제의 주축은 양세였다. 중원과 강남의 서로 다른 과세 방식은 11세기 초까지는 통일되었다. 여름과 가을 두 차례, 농민에게서 견백(絹帛, 견직물)과 곡물(보리와 쌀 등)을 현물로 징수했고, 토지 면적과 등급에 기초하여 과세를 하였다(⋯→ 테마 21 〈양세법〉, 200쪽).

농민에게서 세역(稅役)을 징수하기 위해 북송 때에는 토지 재산 소유자를 "주호(主戶)"로, 비소유자를 "객호(客戶)"로 분류하는 주객호제(主客戶制)를 확립한다. 양세를 부담하는 주호는 "세호(稅戶)", "양세호(兩稅戶)"라고도 부른다. 객호는 양세를 부담하지는 않지만, 지역에 따라 인두세인 신정전(身丁錢)이나 보갑역(保甲役)으로 불리는 향역[鄕役, 향촌의 잡역(雜役)] 등 세역에 징발되기도 하였으므로 무산자라도 정부가 파악할 필요가 있었다(鳥居 1993a, 高橋 2002). 북송의 호구 통계에 따르면 11세기 중반 이후 전 호수에서 객호의 비율은 대략 30~35%였는데, 무산 농민이 농촌 사회에서 적지 않은 비중을 차지하였음을 알 수 있다. 주객호제를 도입한 목적은 토지 개간이 진척되고 농민의 이동이 빈번해진 사회 상황에 대응하여 정부가 세수를 확보하기 위해서였다. 주호에 대해서는 재산에 기초하여 9등급(후에 5등급으로 변경)으로 나누는 호등제(戶等制)가 도입되어 농민을 직역에 징발할 때 기준으로 삼았다.

송 대 사회에서는 당 대의 문벌귀족을 대신하여 "사인(士人)" 혹은 "사대부(士大夫)"라 불리는 신흥 지식인층이 지배계층을 차지하였다. 그들의 경제적 기반 역시 토지 경영이었으며, 대토지 소유자가 많았다(⋯→ 테마 17 〈전제〉, 189쪽). 11세기 중반 이후 관료[문무품관(文武品官)]를 배출한 가문은 "관호(官戶)"로 지정되어 직역을 면제받는 특권을 향유할 수 있었다. 그 외에 송 대의 특징적인 지주층으로, "벼락출세"한 사람을 뜻하는 "형세호(形勢戶)"를 들 수 있다. 당 말 오대에 처음 나타난 형세호는 관과 민을 매개하며 행정실무를 담당한 지방의 말단 서리이다. 그들은 형세판부(形勢版簿)에 등록되어 호적상으로 일반 민호(民戶)와 구별되었다(柳田 1986, 梅原 1988). 한편 이 시대에는 중산(中産)·중호(中戶)로 불린 자립형 소농민층(小農民層)이 현저히 성장하여 정부의 세역 징수 대상에서 중핵을 담당했다.

지주 아래에서 노동에 종사한 것은 고용인(雇傭人) 혹은 전호(佃戶)로 불린 사람들이었다. 양인(良人)과 천인(賤人)을 신분법상으로 구별하는 양천제(良賤制)는 당 대까지 존속했다가 송 대에 폐지되었다. 당 대에 천인이었던 노비를 대신하여 송 대에 지주층의 가내노동(家內勞動) 담당자로 광범위하게 나타난 것이 양인인 고용인[雇傭人, 노복(奴僕)]이었다. 한편 규모가 다양한 지주의 토지를 경작하는 소작농이 전호(佃戶)이다(⋯→ 테마 25 〈전호〉, 263쪽). 전호에는 두 종류가 있었는데, 고용인 신분이어서 주가(主家)에 대한 예속성이 강한 "전복(佃僕)", "지객(地客)"과, 소작료[조(租)]를 지불하는 조건하에 토지를 빌리는 계약을 맺고 다른 곳으로 옮겨 갈 자유도 있는 "전객(佃客)"이 그것이었다(高橋 2001). 즉, 전호와 지주 사이의 관계가 다양했기 때문에, 이들이 자유로웠다거나 토지에 매어 있었다고 일률적으로 결론내릴 수는 없다. 다만 전객이 완전한 이전(移轉)의 자유를 갖고 있었음은 분명하므로 당시 농촌 사회는 대체적으로 유동성이 상당히 높았다고 할 수 있다.

강남 개발과 농업

북송, 남송을 포함한 송 대는 당 말 오대 이래의 추세를 이어 북쪽에서 남쪽으로 인구 대이동이 발생하여 개간과 식민이 현저히 진전된 시대였다. 인구 이동의 추세는 당 중기 742년과 북송 중기 1080년에 신뢰할 만한 호수(戶數) 통계를 비교함으로써 파악할 수 있다. 이에 따르면 북과 남의 호수 비율은 8세기 중반에는 5.5 대 4.5이던 것이 11세기 후반에는

3.5 대 6.5로 큰 변화를 보였다. 이 변화는 중국사의 분기점을 시사한다. 이후 오늘날에 이르기까지 남쪽은 인구에서 줄곧 북쪽을 능가하게 된다(그림 1, 39쪽). 북송 시대 호구 통계는 구수(口數) 통계가 완전하지 못해 정확한 인구는 알 수 없지만, 호수에 기초하여 볼 때 12세기 초 북송 말 전국의 인구가 1억 명에 달했다는 추계가 통설로 되어 있다.

300년 사이에 일어난 남북 인구의 역전 현상은 당 말부터 북송 시대에 걸쳐 장강 중·하류 지역 및 절강, 복건 등을 포함한 강남 개발의 진전에서 증명된다. 특히 장강 하류 델타와 복건 개발이 현저했다. 강남에서 경지 개발은 하곡평야(河谷平野, 산 사이에 끼인 골짜기 바닥의 평야 지역) 혹은 선상지(扇狀地)에서 시작되었다가 상부 델타, 하부 델타 순서로 진척되었다(斯波 1988). 장강 하류 유역을 살펴보면, 당 대까지는 하곡평야와 선상지에 머물러 있던 개발의 최전선이 송 대가 되면 하부 델타의 저습지나 호수, 못[湖沼]까지 확대되었다. 그리고 해안선을 따라 방조제(防潮堤)를 건설하고 수로망(水路網)을 정비하는 토목사업을 기초로 하여 "우전(圩田)", "위전(圍田)"이라 불린, 제방으로 둘러싸인 농경지 조성이 활발히 진행되게 되었다(周藤 1969)(⋯→ 테마 2 〈수리·치수〉, 59쪽). 이러한 농경지 조성은 11세기 후반 신종(神宗) 연간에 신법의 일환으로 실시된 농전수리법(農田水利法)이란 농지개간 진흥 정책으로 한층 탄력을 받았다. 정책이 시작된 1070년에서 불과 6년 만에 신전(新田)은 30% 가까이 증가했다. 이리하여 북송 후기부터 남송 시대에 걸쳐 태호[太湖, 강소성 소주(蘇州) 부근] 남쪽 일대의 저습지를 중심으로 한 장강 하류 델타 지대에 대지주의 대규모 경영으로 운영되는 쌀 단작(單作, monoculture－옮긴이) 지대가 출현했던 것이다(北田 1999). 이 하부 델타를 포함한 개발의 진전으로, 강남은 북방의 곡물 수요를 충족시키는 곡창지대로 성장하였고 매년 대량의 쌀을 수도인 개봉까지 조운할 수 있게 되었다.

또 송 대 장강 하류 지역에서는 쌀 품종의 분화가 진전되어 경작지의 환경과 조건에 맞추어 품종을 선택하게 되었다. 12세기 중반에 편찬된 진부(陳旉)의 『농서(農書)』에는 사람의 분뇨, 기름 찌꺼기, 각종 폐기물을 이용한 시비(施肥), 중간 물 빼기[中干し][37]를 비롯해 땅을 갈고 잡초를 없애는[中耕除草] 정교한 최첨단 집약농법이 기록되어 있어, 명청 이후에 보급된 집약적 도작농업의 기초가 구축되어 있었다. 그러나 이러한 선진적 농법은 장강 하류 유역 중에서도 토지의 경사를 이용해 관개가 쉬워 개발이 일찍 진전된 하곡평야나 선상지의 일부 농지에만 적용되었다. 송 대에 와서 새로 개발된 하부 델타 저습지의 도작은 배수 기술이 아직 미숙하여 2~3년에 한 번 정도밖에 수확을 못하는 경지가 많았고, 아직 조방농경으로 수확이 불안정한 수준에 머물렀다(⋯➝ 테마 3 〈농업기술〉, 65쪽).

상업·유통의 발달과 군수물자의 조달

10세기 후반 북송이 중국 본토를 통일한 것을 계기로, 전국 규모의 상업과 유통이 발달했다. 송 대 상업발전의 특징으로는 우선 원격지 사이를 연결하는 이동상인인 "객상(客商)"의 활동을 들 수 있다. 객상의 물류는 중국 남북을 연결하는 대운하를 기초로 수운 중심의 운송업 발달이 뒷받침하고 있었다. 황하 유역과 장강 유역, 나아가 항주(杭州)와 명주[明州, 오늘날의 영파(寧波)] 등 동남 연해부의 여러 도시들이 연결되었다. 한편 상품 거래에서는 도매에서 소매에 이르기까지 분업에 기초한 유통기구가 성장했다. 특히 매매를 중개하는 "아인(牙人)"과 같은 중개업자와, "저점(邸店)", "방랑(房廊)", "정탑(停塌)" 등 도시에 세워진 창고 여관업자(중개업을

37 모내기와 이삭이 패는 중간 시점에 논에 물을 빼서 질소 순환을 돕고 제초에 도움을 주는 농법-옮긴이.

겸하는 경우가 많음)의 발전이 중요하다(斯波 1968). 또 "편전(便錢)", "교자(交子)" 등 일종의 환어음이나 신용거래인 "외상[賖]" 등, 객상의 원격지 간 거래를 원활하게 돕는 비즈니스 관행이 널리 보급된 점도 주목할 만하다(日野 1982, 加藤 1953).

도시에 거주하는 상인은 "행(行)"이라 불리는 동업조합으로 조직된 경우가 많았다. 일찍이 "행"은 중세 유럽의 길드에 비견되어 영업을 독점하는 자치조직일 것이라고 여겨졌었는데(→ 테마 32 〈행회(행)〉, 325쪽), 최근에는 정부가 물품 공출을 위해 도시 상공업자의 일부를 조직화한 것이라는 견해가 제기되었다(宮澤 1998).

북송 정부는 이러한 상업 발전에 착목하여 상품유통에 과세하는 상세(商稅)를 제도로 확립했다. 당시의 상업적 융성을 반영하여, 상세는 정부의 재정수입 중 적지 않은 비중을 차지하게 되었다. 이후 청 대에 이르기까지 역대 왕조에게 상세는 줄곧 중요한 수입원이었다(→ 테마 38, 〈관세와 해관〉, 344쪽).

그러나 북송 단계에서는 민간 시장유통의 자율적 성장은 아직 제한적이었다. 이 시대에 현저해진 전국 규모의 원격지 간 물류는 오히려 정부가 조직한 것이었다(宮澤 1998). 앞에서 서술했듯이, 북송 시대 내내 일관되게 중요한 과제였던 북변 군대로의 물자 공급이 주요 목적이었던 것이다.

물류의 주요 경로는 곡창지대인 강남에서 대운하를 통해 수도인 개봉까지, 또 나아가 개봉을 허브로 하여 북방 거란과의 국경지대였던 하북(河北)·하동(河東)(현재의 산서성)으로 연결되는 경로, 남쪽의 사천에서 서하와의 국경지대인 섬서로 연결되는 경로였다. 북변의 군대를 부양할 군량을 객상이 조달해 주면, 정부는 그 대가로 현금(동전)이나 각종 유가증권[현금, 소금, 차와 각각 교환할 수 있는 교인(交引), 염초(鹽鈔), 다인(茶引)]을 지급해 주는 획기적인 시스템을 만들어 냈다(→ 테마 20 〈화적〉, 198쪽). 북송 정부는 역대 왕조

중에서도 최대인 연간 수백만 관에 달하는 동전을 주조함으로써 지출을 뒷받침했고(…→ 테마 23. 〈동전(위진남북조~청)〉, 254쪽) 소금과 차처럼 큰 이익을 얻을 수 있는 과리수입(課利收入)을 이용함으로써 대량의 군수물자를 조달할 수 있었다(日野 1983b, 宮澤 1998).

이상과 같이 북송 정권은 "강남의 부로 북방의 군수를 감당하는" 중국 남북의 분업에 기초한 경제적 결합을 창출했다. 이는 앞 장에서 시술했듯이 8세기 후반 이후 당 대 후반에 이미 나타난 구조이지만, 거란과 서하와 같은 북쪽으로부터의 압력을 계속해서 받은 11세기 북송 대에 와서 보다 체계적이고 규모가 큰 형태로 완성되었다고 할 수 있다. 그리고 이러한 움직임과 함께 나타난 강남 개발의 진전과, 남북 간 경제 중심의 역전은 이후 중국경제사의 전개에 결정적인 의미를 가지게 된다.

국제교역의 성행

북송의 상업 발전은 국내에 그치지 않고, 복건이나 광동에서 해상무역을 중심으로 국외와의 무역도 활발해졌다. 해상무역에 대해서는 남송 항목에서 다루기로 하고 여기서는 육로 교역만 살펴보겠다.

11세기 초 전연의 맹약이 맺어진 뒤, 북송과 거란의 국경선을 따라서 "각장(榷場)"이라 불리는 공정무역 시장이 설치되었다. 이곳에서는 관의 감독과 아인(牙人)의 중개하에 양국 상인들이 상품을 교환하는 관리무역이 이뤄졌다. 송에서는 차와 비단이나, 향약(香藥), 물소 뿔, 상아(象牙) 같은 동남아시아[南海] 물산이, 거란에서는 포(布), 양, 낙타, 모피, 주옥(珠玉) 등이 수출되어 남북의 물산을 교환하는 형태로 무역이 이뤄졌다. 무역은 송 측의 대폭적인 수출 초과로, 거란은 매년 북송에게 세폐로 받는 은 10만 량(후에 20만 량으로 증액) 중 절반 이상을 각장무역에서 상품 대금으로 지불했다고 한다. 즉 세폐 은 중 상당 부분이 각장무역을 통해 북송으로 다시 흘러들어 갔던 것이다(日野 1984).

한편 거란은 몽골 초원에서 투르키스탄으로 연결되는 경로를 통해 서(西)위구르나 카라·한조(朝)와 같은 서방 국가들과 교류했다. 상경[上京, 현재의 내몽고 적봉(赤峰) 부근], 연경[燕京, 현재의 북경]과 같은 도시에는 국경을 뛰어넘어 활동하는 위구르 상인을 유치하여 거주지를 조성했다. 거란은 이들 위구르 상인을 이용함으로써 중국 본토와 중앙아시아 방면을 잇는 중계무역으로 큰 이익을 얻었다(畑地 1974). 또 하서회랑(河西回廊)에서 번영했던 서하는 북송과 대립관계에 있는 경우가 많았지만, 지리적 이점을 살려 역시 중국 본토와 중앙아시아를 잇는 중계무역을 왕성하게 행했다. 북송과 거란, 서하 사이에는 각장무역 외에 밀무역도 빈번했다. 말, 곡물, 소금, 서적 등 금수품(禁輸品)이 거래되는 경우도 있었다. 합법·불법을 막론하고, 여러 국가가 병존했던 11세기 유라시아 동부는 국경을 뛰어넘어 국제무역이 활발한 시대였다.

도시의 발전

당 후기부터 송 대에 걸친 시기는 상업이 활성화되면서 도시가 발전한 시대이기도 했다. 가장 현저한 사례가 수도 개봉의 탄생과 성장이다.

수도로서 개봉의 역사는 당이 멸망한 후인 10세기 초에 사타(沙陀) 정권인 후진(後晋)이 낙양에서 천도해 온 후부터 시작되어, 10세기 중반 송의 건국까지는 수도로서 지위가 확립되었다. 변하(汴河) 부근에 위치한 개봉은 황하와 대운하 양쪽에 수로로 이어져 있어 수운이 편리했다. 오대에서 북송에 걸쳐 황제의 신변을 지키는 금군은 규모가 늘 수십 만에 달했는데, 이들에 대한 보급을 주로 고려하여 교통과 운수의 편리성을 중시해 개봉이 선택되었던 것이다. 수·당의 수도인 장안(長安)과 달리 개봉은 도시 건설이 그다지 계획적으로 이뤄지지 않았고, 오대의 후주(後周) 때에 외성(外城)을 늘려서 3중의 성벽으로 에워쌌다. 그 후 인구가 크게 늘어나자 11세기 후반에는 외성을 확장하였다. 최전성기의 개봉 인구는 100만 명에 달했는데, 군대·관료 및 그 가족 등 수십만 명의 방대한 비생산 인구를 안고 있었다. 그 때문에 정부는 대운하를 통해 강남에서 식량을 보급하는 데 진력했다.

앞에서 서술하였듯이 개봉은 군수물자 조달을 위한 전국 물류의 허브이기도 했으므로 물자 집산과 금융의 일대 중심이 되었다. 매년 수백만 관(貫)에 이르는 대량의 동전이 운반되어 소비 활동이 활발했다. 성내에는 남북 각지에서 운반되어 온 다양한 물산을 취급하는 상점이 즐비했고 소극장 등이 늘어서 있는 "와자(瓦子)"라고 불리는 번화가가 조성되었다. 음식점과 유곽을 겸한 주루(酒樓)가 들어서서 도시민들에게 오락과 여흥을 제공했다. 이러한 개봉의 번영은 남송 초에 쓰인 『동경몽화록(東京夢華錄)』에 생생히 묘사되어 있다.

주현(州縣)의 관청이 위치한 성곽도시[성시(城市)]에 방제(坊制)와 시제(市制)가 붕괴하는 것은 당 후반기부터지만 송 대가 되면 한층 진전된다. 도시 내부에서 상업 활동의 제한이 사라지면서, 성 안 곳곳에 밤낮을 가리지 않고 영업하는 상점이 늘어났다. 또 성 외곽의 향촌에서도 정기시가 열리는, "시(市)"나 "진(鎭)"으로 불리는 시장 마을이 지역의 상업거점으로 자생적으로 발전하였다(加藤 1952).

향촌에서 새로운 상업취락이 우후죽순처럼 생겨나는 상황은 11세기 중반 북송 중기의 통계를 보면 확실히 알 수 있다. 즉 당에서 송에 걸쳐 인구가 증가했음에도 현(縣)은 전국적으로 1,100개 정도로 증가하는 데 그쳤지만, 진(鎭)은 1,800개, 하도전(河渡錢, 나루터 세)이나 방장전[坊場錢, 지방의 주세(酒稅)] 같은 세금을 징수하는 소규모 취락[시(市)]은 26,000개로 늘어났다. 1077년 북송 정부의 상세(商稅) 통계에 따르면, 세액 규모에서 진이 현과 비슷하거나 혹은 현을 능가하는 경우도 있어, 진이 상업거점으로 얼마나 성장했는지 엿볼 수 있다. 성시와 향촌 사이에 시진(市鎭)이 성장하는 추세는 훗날 남송, 금, 원, 명, 청 대까지 계속 이어졌다(斯波 2002).

도시의 발전은 거란의 지배하에 들어간 중원 북변에서도 나타난다. 남쪽의 중원 정권과 국경 지대에 위치하여 거란 최대의 도시였던 연경(燕京, 오늘날의 북경-옮긴이)은 10세기에는 중원 정권과 대치하는 중요한 군사 거점이었지만, 11세기가 되면 남쪽의 북송과 교역이 활발해지면서, 뭍과 바다의 산물이 폭주하는 상업도시로 대단히 번성하였다. 거란 치하 연경의 번영이 훗날 이 도시가 금의 중도(中都), 원의 대도(大都)로 발전하는 초석이 되었다.

신법의 이념과 현실

11세기 중반 이후 북송은 겉으로는 번영을 누리는 듯 보였지만 위기가 잠복한 상황이었다. 1040년대에 북송은 서하(西夏)와의 전쟁과 이를 틈탄 거란의 위협을 둘 다 맹약을 체결하는 것으로 겨우 위기를 넘겼다. 하지만 서하에 대한 경계를 늦출 수 없어 북변의 군사비를 계속 증가시켜야 했고, 정부의 재정 운영은 커다란 곤란에 직면했다.

이러한 재정난을 비롯해 오랫동안 쌓인 국정의 폐해를 뿌리부터 개혁하고자 한 사람이 제6대 황제 신종(神宗)과 그가 재상으로 발탁한 왕안석(王安石)이었다. 1069년부터 5년 정도의 기간 동안 속속 추진된 여러 개혁을 "신법(新法)"이라고 부른다(⋯→ 테마 26 〈신법〉, 266쪽). 신법의 내용은 다양한 분야에 걸쳐 있었지만, 그 목적은 간단히 정리하면 정부 재정을 재건하여 군사력을 증강하고자 하는 부국강병이었다. 신법의 큰 특색은 부국강병을 실현하기 위해 농촌과 도시 같은 경제 활동의 현장에 정부가 적극적으로 개입한다는 것이었다. 농촌에는 청묘법(青苗法)과 면역법(免役法)을, 도시에는 시역법(市易法)을 시행하여 당시 세력을 뽐내던 지주층과 대상인 등 일부 특권계급의 권익을 억제하고, 대다수를 차지하는 중소 농민 및 상인을 보호함으로써 농촌과 도시 기층 사회를 근본적으로 다시 세우고자 했던 것이다.

이러한 개혁은 당연히 지주와 대상인을 배경으로 하는 보수파[훗날 "구법당(舊法黨)"으로 불림]의 큰 반발을 샀다. 또 신법을 시행하는 현장 관료들의 자질 부족도 문제가 되어, 1076년 왕안석이 은퇴하자 신법은 존속은 했지만 대폭 수정되어 당초 왕안석이 내걸었던 이념은 점차 퇴색했다. 신종 사후 신법당과 구법당의 대립이 격화되었는데, 전반적으로는 신법당이 우세했기 때문에 신법은 도중에 몇 번 중단되는 등 우여곡절을 겪으면서도 북송 멸망까지 거의 50년에 걸쳐 계속 실시되었다.

신법은 당초 목표대로 진행되지 못한 부분이 적지 않았으나, 그래도 재정 재건의 면에서는 당초부터 큰 성과를 거두었다. 자신감을 얻은 신종 정권은 부국강병 실현을 목표로 대외적극책을 추진하였다. 서북에서는 티베트계 청당(靑唐)을 회유하여 새로운 영토인 희하로(熙河路)를 획득한 뒤, 이를 발판으로 서하(西夏)를 침공하였다. 또 전연(澶淵)의 맹(盟) 이후 단교했던 고려와 국교를 회복하였다. 하지만 이러한 적극책이 거란을 협공하기로 여진[女眞, 금(金)]과 해상(海上)의 맹(盟)을 밀약하게 되면서 결국 망국의 비극을 맞게 되는 단초를 제공했다는 점은 부정할 수 없다. 그런 의미에서도 신종과 왕안석의 신법 실시는 북송의 역사에서 전환점이었다고 할 수 있다.

2. 가속화하는 경제 중심의 남천(南遷) – 금, 남송(12~13세기)

금의 패권과 다국 체제(多國體制)의 지속

거란과 북송의 공존은 12세기 초 여진의 발흥을 계기로 종언을 맞았다. 일찍이 고구려와 발해에 통합된 소그드계 집단의 혈통을 잇는 여진인(女眞人)들은 대흥안령산맥의 동쪽에 흩어져 살면서 수렵과 조방식(粗放式) 농경을 영위했다. 그중에 송화강(松花江) 유역의 집단인 완안아골타(完顔阿骨打)가 거란에 반기를 들고 1115년 대금국(大金國)을 건국한다. 여진, 발해 계통의 집단을 끌어모은 금은 남쪽으로 세력을 넓혀 1125년에 거란을, 1127년에 북송을 연이어 멸망시켰다. 금은 거란의 영역에 더해, 북송의 영역 중 회하(淮河) 이북의 중원 전체를 손에 넣게 되었다. 그 사이에 거란의 일부 세력은 서쪽으로 옮겨 가 투르키스탄 지역을 정복하는데[통칭은 카라키타이, 서요(西遼)], 대부분의 거란인 집단은 그대로 남아 금의 지배하로 편입되었다. 송은 고종이 즉위하고 강남으로 도망하여, 금의 거듭되는 공격을 겨우 막아 내면서 임안[臨安, 항주(杭州)]을 사실상의 수도로 정하고 살아남았다[남송(南宋)].

1142년, 금과 남송 사이에는 화의가 맺어져 회하를 국경선으로 정하고, 남송에서 금에게 세공(歲貢)과 신하의 예[신례(臣禮)]를 바치기로 하였다. 금은 고려와 서하도 신하로 복종시키고 각국과 맹약을 맺었다. 이렇게 12세기 유라시아 동부에서는 금을 맹주로 하여 전연의 맹약 이래의 다국 체제가 존속했던 것이다.

그 후 금의 제4대 황제 해릉왕(海陵王)은 수도를 여진의 고향인 상경[上京, 오늘날 흑룡강성 아성(阿城)]에서 중도(中都, 현재의 북경)로 옮기고, 중국 통일을 목표로 남송 원정에 나섰으나 국내의 반란으로 실패하였다. 뒤를 이은

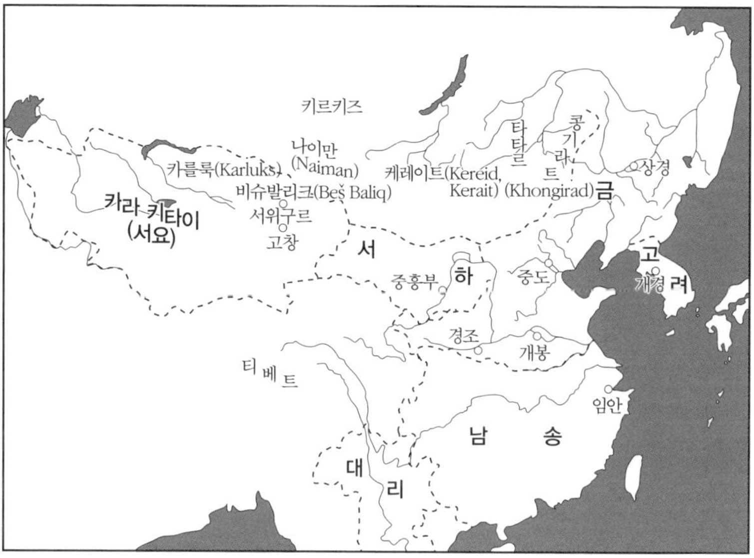

지도 12 12세기의 유라시아 동부
옮긴이 주: 영문명은 옮긴이가 붙였다. 카를룩의 한자명은 갈라록(葛邏祿), 나이만의 한자명은 내만(乃蠻), 콩기라트의 한자명은 홍길랄(弘吉剌)로, 모두 부족명이다.

세종(世宗)은 내정 재건을 우선시하여 1165년에 남송에게 대폭 양보를 한 화의를 맺었고, 양국은 전연의 맹약 이후 거란과 송의 관계를 본보기로 보다 대등한 관계로 바뀌었다.

금 대 중원의 사회경제

금의 중원 지배는 북송을 멸망시킨 후 하북 및 하동을 영유하면서 시작되어, 괴뢰국가였던 제국(齊國)을 없애고 1137년부터 하남, 섬서, 산동을 직접 통치하면서 완성되었다. 금 지배하의 중원에는 송의 제도를 답습한 주현제를 통해 지배하는 재래의 한인 사회와, 맹안(猛安), 모극(謀克)으로 편성된 여진인 등 북방에서 온 이주자 사회가 병존했다. 맹안과 모극이란 금이 건국 전후부터 모든 여진인을 편성한 군사조직으로, 100~300호 정도를 1모극으로, 10모극을 1맹안으로 편성하여 평상시에는 주어진 토지[둔전(屯田)]를 경작하다가 전시에는 각호(戶)에서 병사를 내놓는 시스템이었다. "맹안"은 여진어로 "천(千)"을 의미하는 것에서 알 수 있듯이, 유목국가의 십진법에 기초한 군사제도에서 유래한 것이다. 금의 세력 확대와 더불어, 투항한 거란 및 해인(奚人)을 포함하여 맹안, 모극 역시 확대되었다. 중원이 지배하에 들어오자 금은 맹안, 모극으로 편성한 병사와 그 가족들을 본격적으로 입식(入植)하기 시작했다. 토지를 지급받은 여진인들은 "촌채(村寨)"라고 불리는 방어시설을 갖춘 주거지에 살았으므로 한인의 향촌과 명확하게 구분되었다(三上 1972). 12세기 말 즈음의 경지면적을 보면, 한인이 대부분인 민전(民田)은 9000만 무가량인 데 반해, 맹안과 모극에 속한 둔전은 무려 1억 6000만 무에 달했다. 이는 일부 여진인 왕후와 귀족이 대량의 노비와 대토지를 소유했기 때문이다. 여진인과 한인 사이에는 토지를 둘러싼 다툼을 비롯해 알력이 생겨났고, 금 중기 이후에는 군사를 담당하던 여진인이 나약해지는 현상이 표면화되는 등 각종 문제가 생겨났다.

한인의 민전에서는 송의 제도를 답습해 토지 등급에 따라 곡물로 징수하는 양세법이 실시되었다. 중원의 농촌 사회는 12세기 전반기의 전란으로 인구가 감소하고 농지가 황폐해졌다. 금 정부는 주민[人戶]을 초모하고 개간을 장려하며 관개와 수로의 신설 및 재건을 추진하여 생산체계를 다시 세우기 위해 노력했다. 그 결과 12세기 말까지 총인구가 4500만 명으로까지 회복되었고, 둔전을 비롯한 등록경지는 2억 5000만 무까지 늘었다. 이 수치는 북송 중기의 중원 등록경지인 1억 4000만 무를 능가하는 것이다. 금이 중원을 지배하면서 꾀한 부흥 정책이 상당한 성과를 거둔 것으로 보인다. 상업의 부흥, 도시의 번영, 시진의 성장에서도 이 점이 확인된다. 또 12세기 후반이 되면 정부는 농촌 사회 내의 빈부 격차 확대에 대처하기로 하고, 전국적으로 관리를 파견하여 농촌의 각호별 "물력(物力, 재산)"을 조사하는 "통검추배(通檢推排)"를 약 10년에 한 번 꼴로 널리 실시하여 농민의 세역 부담을 균등화하기 위해 노력하였다.

금의 재정은 불명확한 점이 많았지만, 세제는 송과 마찬가지로 양세와 현금(동전, 지폐)으로 징수하는 과리(課利)로 나뉘져 있었다. 과리 수입에서는 산동과 하북 연안의 해염을 중심으로 하는 염세가 가장 중요했다(→ 테마 24 〈염정(당~원)〉, 260쪽). 맹안, 모극이 군사의 주력이어서 평상시의 군사비는 송에 비하면 훨씬 적었지만, 12세기 중반 해릉왕의 천도와 남정으로 재정 지출이 증가했다.

중원 정복 후 금은 북송의 수도인 개봉에 쌓아 둔 1억 관(貫)이나 되는 동전을 손에 넣었다. 정복 초기에는 동전을 따로 주조할 필요 없이 이 방대한 동전을 그대로 유통시키면 되었다. 그러다가 12세기 중반 해릉왕 시대에 재정지출이 증가하자 정부는 동전 주조를 개시했다. 그러나 중원의 동 산출량이 적어 동이 만성적으로 부족해 주조액은 얼마 되지 않았다. 그 부족분을 메우려고 "교조(交鈔)"로 불리는 지폐를 발행하기 시작했다. 이후 교초는 동전을 대신하여 주요 화폐가 되어 농촌에까지 침투했다. 12세기 말이 되면, 승안보화(承安寶貨)로 불리는 은정(銀錠) 화폐도 발행되었다. 이 은화는 겨우 4년 만에 폐지되었는데, 13세기 초 금 말년에 지폐 가치가 하락하면서 신뢰할 수 있는 통화로 은의 사용이 점차 확대되었다. 이러한 금 말년의 화폐 변천은 다음에 올 몽골 시대의 광범위한 은의 사용으로 연결된다는 점에서 중요하다(→ 테마 27 〈지폐〉, 267쪽).

금이 패권을 장악한 시대에 유라시아 동부에서는 그 이전 시대에 이어서 여전히 국제교역이 활발했다. 금은 남송과의 사이에, 또 거란과 북송과의 사이에 똑같이 각장(榷場)을 설치하여 관리무역을 행했으나, 다른 한편에서는 방대한 국경지대와 해로를 통한 밀무역이 활발했다(加藤 1953). 금도 거란과 마찬가지로 주변 국가와 활발히 교역을 하여 중앙 유라시아와 중국 전체를 잇는 교역을 통해 이익을 얻었던 것이다.

강남으로의 이민과 개발의 진전

금의 남침은 중원 사회를 뒤흔들었고, 북송 멸망에 따른 혼란 속에서 유민이 대량으로 발생했다. 그중에는 중원을 떠나 신천지를 찾아 강남으로 남하한 사람도 있었다. 강남에 새롭게 유입된 이민자의 정확한 규모는 알 수 없지만 도합 500만 명 정도라는 추계가 있다. 이러한 북에서 남으로의 인구 이동의 파도 속에서 남송이 성립하여 강남을 지배하게 되었고, 강남에서는 지역 차는 있지만 전체적으로 급속한 개발이 진전되었다. 중국경제의 중심은 북송 시대에 이미 남쪽으로 이동하기 시작했지만, 남송의 성립으로 이러한 추세가 확고해졌다. 이민의 큰 줄기로는 장강 하류 유역에서 복건, 광동 등 남부 연해부로 옮겨 간 흐름과, 장강 하류 유역에서 강동[江東, 오늘날 안휘성(安徽省)], 강서, 호북, 호남으로 거슬러 올라갔다가 다시 남쪽 지류를 따라 산간 지역으로 분산되어 일부는 남쪽의 광동, 광서까지 도달한 흐름, 다른 일부는 섬서 방면에서 사천으로 남하한 흐름이 있었다(吳 1997).

인구는 국경지대를 제외하고 거의 대부분의 지역에서 늘어났다. 남송의 인구 통계는 북송과 마찬가지로 누락이 있기 때문에 총인구가 얼마였는지는 정확히 알 수 없지만, 가장 많을 때에는(12세기 말 즈음) 6천만 명을 넘었다는 것이 지금까지의 통설이다. 특히 복건, 사천, 강서, 호남에서 현저히 증가했는데, 북송 말(12세기 초)부터 남송 후기(13세기 전반)까지 거의

100년 사이에 호구 숫자가 20% 이상이나 증가했다. 그리하여 다음에 오는 원 대에 걸쳐서 강남 전역에서 개발이 진척되었다. 다만 남송 단계에서는 예로부터 개간되어 오던 사천 중심부인 성도(成都) 부근, 당 대부터 개발이 본격화된 장강 하류 유역, 가경지가 적은 복건 등지로 인구가 조밀하게 몰리는 한편, 장강 이남의 산간부에는 여전히 광대한 미개간지가 있어 인구 분포는 얼룩덜룩한 반점 형태를 띠었다(青木 2009).

남송의 군사와 재정

북송 멸망 후 혼란 속에서 출발한 남송은 초기에는 잡다한 군벌을 모아 둔 정권에 불과했다. 1142년에 금과 화의를 맺은 남송은 항주를 사실상의 수도로 하여 자리를 잡고 마침내 왕조 정부로서 체제를 정비하게 되었다.

남송도 북송과 마찬가지로 거대한 관료와 군대를 보유하여, 가장 많을 때에는 관료가 4만 명, 모병제의 상비군이 100만 명에 이르러 군사비가 재정지출의 80~90%를 차지했다고 한다. 국경지대의 수비를 위해 대군을 배치한 점은 북송과 마찬가지인데, 남송과 금의 국경지대는 회하에서 진령산맥(秦嶺山脈)까지 동서 방향으로 길게 뻗어 있었다. 남송 정부는 이러한 국경의 지리 형태에 대응하여 대군을 배치한 국경지대를 동쪽에서 차례대로 회동(淮東), 회서(淮西), 호광(湖廣), 사천(四川) 등 네 블록으로 나누고, 각각의 중심지인 진강(鎭江), 건강[建康, 현재의 강소성 남경(南京)], 악주(鄂州), 이주[利州, 현재의 사천성 광원(廣元)]에 총령소(總領所)라 불리는 재무기관을 설치했다. 또 총령소마다 각각 군량 조달원을 지정하였는데, 회동은 절서[浙西, 현재의 절강성(浙江省)], 강동(江東), 강서(江西), 회서는 강동(江東), 강서(江西), 호광은 강동 및 형호(荊湖) 남북(현재의 호북성 및 호남성), 사천은 사천 사로(四路)로 지정하여 남쪽의 생산지에서 조달한 군량을 전선의 군대로 효율적으로 보급할 수 있는 시스템을 완성하였다(長井 2008). 수도 임안의 관료와 군대에 나가는 지출은 이 총령소와는 별도로 중앙의 재무관청인 호부가 관장했고, 기본적으로는 총령소의 관할 밖에 있는 양절[兩浙, 현재의 절강성 전체와 강소성, 안휘성 일부]과 복건의 세수로 충당했다.

총령소와 호부는 북송과 마찬가지로 양세(兩稅)와 상인에게서 거둔 화적(和糴)을 조합하여 곡물을 조달하였다. 군수 물자의 조달에 상인을 대대적으로 활용한 것은 북송과 마찬가지였는데, 상인에게 지불할 대가로 가장 큰 비중을 차지한 것이 염초였다. 회남, 양절에서 소금의 판매어음이었던 회절염초(淮浙鹽鈔)는 사천을 제외한 세 개의 총령소 지역 및 임안에서 유통되어 최전성기의 한 해 수입이 2500만 관을 넘었다(⋯→ 테마 24 〈염정(당~원)〉, 260쪽).[38]

그 밖의 지방에서 주세 및 상세 등 잡다한 세수를 중앙정부에 납부하도록 한 경제전(經制錢)이나 총제전(總制錢) 등 새로운 상공전(上供錢)을 창설한 점도 중요하다. 지방에서 동전으로 징수한 다양한 명목의 세수는 차례로 중앙정부로 흡수되어 막대한 군사지출을 보충했던 것이다(鳥居 2012).

남송의 화폐 유통

앞에서 서술한 대로 북송의 동전 주조액은 중국 화폐사에서 단연 최대였으나, 남송 때에는 주조액이 연간 십수만 관 정도까지 급격히 떨어졌다. 그 원인은 금의 침공으로 주조를 관장하는 기관인 주전감(鑄錢監)과

38 염초는 소금을 생산지에서 수령하여 판매할 수 있는 증명서이자 어음이었다. 염인(鹽引)이라고도 한다. 정부는 상인에게 염초를 팔고, 상인은 이 염초의 액면가대로 염장에서 소금을 수령하여 지정 지역 내에서 판매할 수 있었다. 『송사』 식화지에 따르면 염초 1장에 116.5근의 소금을 수령할 수 있었는데, 가격은 6관(貫)이었다. 원래 회남과 양절 지역에서 소금 판매어음이었던 회절염초는 신용이 높아 화폐처럼 전국적으로 유통되었다-옮긴이.

동 광산의 경영이 어려워졌기 때문으로 추정된다. 그러나 금과 화의를 한 후 남송 정권이 안정되고 나서도 주조액은 늘지 않았다(宮澤 2007).

한편 동전주조의 부진을 보충한 것이 지폐였음은 금과 마찬가지다. 1160년대 효종 시대 이후 이전부터 사천의 전인(錢引)에 더해 동남회자[東南會子, 행재회자(行在會子)], 호광회자(湖廣會子), 회남교자(淮南交子)로 불리는 지폐가 발행되었다. 각종 세금을 징수할 때에 동진과 지폐를 절반씩 납부하도록 하는 등 정부는 온갖 수단을 동원하여 지폐 사용을 강력하게 추진하였고, 그 결과 회자가 민간에까지 널리 유포되었다. 남송 치하에서는 동남회자, 회남교자, 호광회자, 철전(鐵錢)이 유통된 장강 이북, 동남회자와 동전이 유통된 장강 이남, 전인(錢引)과 철전이 유통된 사천, 이렇게 세 개의 화폐 블록이 형성되었다. 동전 부족에 시달리던 남송이 동전이 북쪽 금으로 유출되는 사태를 막으려고 국경지대의 장강 이북에서는 동전 사용을 아예 금지하고 대신에 철전을 유통시켰기 때문이다. 이러한 배경에는 앞에서 서술한 금과 남송 사이의 밀무역 횡행이 있었다. 동남회자에 대해서는 3년의 통용 기한마다 발행액을 1000만 관으로 정해 놓고서 기한이 끝나면 정부가 회수하고, 납세수단으로 쓸 수 있게 하여 신용을 유지시켰다. 그러나 13세기에 들어서 금과의 전쟁, 몽골의 침공에 직면하면서, 임시로 필요한 군사비를 마련하기 위해 회자의 발행액이 격증하였는데, 정부가 신지폐와 구지폐를 교환해 주지 않자 회자는 신용이 실추되어 가치가 대폭 하락하였다(⋯→ 테마 27 〈지폐〉, 267쪽).

강남 수운의 발전

수자원이 풍부한 강남에 자리를 잡은 남송에서는 당 말(9세기 즈음) 이래의 추세를 이어서 수운이 현저하게 발전했다. 그 기초가 된 것이 송 대

조선 기술의 비약적 진보였다. 해상 수운에 사용되는 배로는 강남의 항만을 기점으로 동중국해나 남중국해로 출항하는, "정크"라고 불리는 배가 광범위하게 보급되었다. 늦어도 9세기까지는 등장한 것으로 추정되는 정크는 배 바닥에 량(梁)이라 불리는 십여 개의 격벽판(隔壁板)과 방형(方形)의 돛[帆]이 있는 것이 특징으로, 예전의 배보다 안정적으로 항해할 수 있었다. 또 잘 썩지 않는 소나무로 배 바닥을 만들거나 철 못을 대거 이용하여 선재(船材)를 고정시키거나 동유(桐油)를 배 전체 표면에 두껍게 바르는 등 다양한 아이디어가 응축되어 있었다. 송 대에 완성된 조선 기술은 그 후 19세기까지 기본적으로 계승되었다(羽田 편 2013).

조선업과 수운 조직의 발전에 힘입어, 대동맥인 장강과 수많은 지류로 이뤄진 하천 및 운하를 연결한 내륙 수운, 연해 지역의 여러 도시를 잇는 해상 수운이 모두 크게 발전할 수 있었고, 이후에도 계승되는 강남 수운의 기초가 이 시기에 거의 완성되었다. 수운의 발전은 싼 운임으로 대량의 물자를 옮길 수 있게 했고, 전국적 규모로 지역 간 물자 수송이 이전 시대에 비해 약진했다. 그 결과 이 시대에는 각지에서 소금, 차, 과일, 설탕[砂糖], 목재, 견직물, 도자기, 종이, 칠기 등의 특산품이 활발하게 생산되면서 원격지 간 교역의 주력상품으로 취급되었다. 최대 소비지였던 수도 임안에는 서쪽으로는 장강 상류 유역의 사천에서, 남쪽으로는 복건과 광주에 이르기까지 각 지역의 상인들이 상품을 배에 싣고 찾아왔다(斯波 1968).

또 조선업과 수운업의 발달을 기초로 남송 정권이 민간의 선박을 징용하여 수만 명 규모의 수군을 보유하게 된 점은 특기할 만하다. 남송은 하천이나 운하 등 물로 둘러싸인 강남의 지리적 이점을 살려서, 장강과 해상의 수상 군사력으로 북방으로부터 금과 몽골의 공세를 막아 냄으로써 13세기 후반까지 명맥을 유지하는 데 성공했다.

도시의 활황

상업 활동이 전국적으로 융성함에 따라 남송 시대에 이르러 경제도시가 한층 뚜렷하게 대두하였다. 지방의 중심도시나 주현의 성(城)에 더하여, 시진(市鎭)의 성장은 장강 하류 유역에서 상류와 중류 지역까지 확대되었다.

화려하게 성장하던 남송의 여러 도시 중에서도 정점에 위치한 것은 수도인 임안(臨安, 항주)이었다. 항주는 원래 진당강(錢塘江) 하구의 어촌에 지나지 않았는데, 10세기에 오월(吳越)이 이곳을 수도로 삼으면서 해외무역을 비롯한 상업 이익을 통해 크게 발전하였다. 북송 때가 되면 항주는 강남에서 소주(蘇州)에 다음가는 대도시로 대두한다. 12세기 전반에는 남송의 수도가 되어, 정부를 따라서 관료, 황실, 군대 등 비생산 인구가 유입되었다. 그리고 13세기 중반 남송 말기에는 인구가 100만 명이 넘는 세계 최대의 도시로 성장한다.

임안을 수도로 선정한 것은 교통과 경제적 측면을 중시했기 때문으로, 수도 건설의 계획성은 전무했다. 도성은 자연지형의 제약을 받아 남북으로 좁고 길쭉한 모양을 하고 있었고, 궁성은 성내에서 높고 메마른 지대인 남쪽에 위치했다. 방대한 인구를 먹여 살리려면 대량의 물자 보급이 필요한데, 임안은 장강 하류 유역의 곡창지대에 인접해 있고 수운이 발달하여 북송의 개봉보다 보급이 용이했다. 임안성 내부로 운하를 끌어들여 북으로는 대운하, 남으로는 전당강과 절동운하(浙東運河)에 연결시켰으므로 장강이나 해로로 들어가기에 편리했다. 중심의 상업 지구는 성 안을 남북으로 종단하는 두 줄기 운하 사이에 끼인 성내 중심부의 남북으로 좁고 긴 일대에 집중되었다. 그곳에는 금융 기관 외에도 금은, 서적, 견직물, 칠기, 향약, 진주, 설탕[砂糖] 등 귀중품을 취급하는 점포가 즐비하였고, 주변에는 술집[酒樓], 기생집[妓館], 소극장[瓦子] 등 오락시설이 줄줄이

들어서 있었다. 상인의 동업조직인 행(行)이나 각종 정부 재무기관도 중심의 운하를 따라 들어섰다. 성의 외곽 주변부에는 교외에서 싣고 온 쌀, 야채, 목재, 장작과 석탄, 생선, 고기 등 도시 주민의 일상에 없어서는 안 될 식품과 연료를 사고파는 도매시장이 설치되었다(斯波 1988, 2002).

활발해진 해상교역

향약(香藥, 향신료와 약)을 비롯한 유라시아 남부의 열대 및 아열대 지방에서 산출되는 물산은 사람들이 많이 사는 온대(溫帶)에서는 입수할 수 없었으므로 예로부터 귀중한 상품으로 여겨져 인도양 해역의 해상교역에서 활발하게 거래되었다. 남중국해의 해로를 따라 이 해역과 연결되는 중국에도 일찍부터 동남아시아를 중심으로 한 열대, 아열대 물산이 전해졌다.

8세기 이후 아랍계와 페르시아계 무슬림 해상(海商)이 중국 남부의 항구로 빈번하게 내항하면서 동중국해-남중국해-인도양을 연결하는 해상교역이 활기를 띠게 되었다. 그리고 당이 붕괴한 후 10세기 연해 지역의 각 정권하에서 교역이 성행하고, 뒤이은 북송도 이를 받아 무역을 장려함에 따라 11세기와 12세기에 강남 연해부의 해상교역은 비약적으로 발전하였다.

당에서 북송에 걸친 남해(南海) 교역의 창구는 광주(廣州)였는데, 11세기 이후 특히 남송 시대에 들어와서부터 복건 남부의 천주(泉州)가 무역항으로 대두했다. 광주와 천주에서는 무슬림 해상이 거주하면서 "번방(蕃坊)"이라 불린 거류 지구를 형성하였다. 북송과 남송 내내 정부는 광주, 천주, 명주(明州) 등을 개항장으로 지정하고, 시박사(市舶司)라는 관청을 설치하여 행상의 출입국 관리 및 수입품의 검사와 구입·징세 업무를 담당하도록 하여 큰 수익을 올렸다(藤田 1932, 桑原 1968b).

수입된 것은 향약, 물소 뿔, 상아, 진주, 산호 등 열대 물산인 사치품이었다. 그 대가로 금은과 동전이 지불되고, 견직물과 도자기가 수출되었다. 특히 동전의 대량 유출은 정부에게 골칫거리였다. 수입품 중에 중요한 것은 향약이었는데, 송 대에는 분향 재료로 유향(乳香), 침향(沈香), 백단(白檀)이, 약으로 후추[胡椒]가 널리 사용되었다. 특히 아라비아산 유향을 중요시하여 선적 물품의 대부분을 정부가 사들여 수도까지 운반해 전매했다(山田 1982, 林 1986). 향약은 가볍고 고가여서 송 국내에서 원거리 교역품으로 널리 거래되었을 뿐 아니라 유라시아 동부 각지에서도 귀하게 여겨져 북송, 남송에서 거란, 금, 서하, 고려, 일본으로 국경을 넘어 활발하게 재수출되었다.

연해 지역의 상업화 - 남송 시대의 복건

국내외로 상업 활동이 활발해진 남송 시대의 강남 연해부를 대표하는 지역으로 복건의 상황을 살펴보자(斯波 1968, 1995, So 2000). 당 말 이후 복건은 중원이나 주변 지역으로부터의 인구 이동이 장기간 시속되었다. 복건의 지세는 산이 대부분이라서, 해안을 따라 있던 평야 지역에 농업의 집약화가 진전되었음에도 늘어나는 인구를 수용할 만한 경지가 부족했다. 농업 발전이 제약되었기 때문에 노동 인구의 과잉과 빈궁은 농업 이외의 생산에 종사하는 사람, 특히 상인이 속속 배출되게 하였다.

인구 과잉에 신음하던 복건에서는 식량인 쌀을 자급할 수 없어서 장강 하류 지역이나 광동성에서 대량의 잉여미를 수입하였다. 복건의 농업 중심은 쌀에서 차, 사탕수수, 과일인 여지(荔支), 감귤, 용안(龍眼) 등의 상품작물로 바뀌었다. 이러한 상품작물이나 목재, 철기, 도자기, 서적 등의 특산품을 외지로 판매하기도 하고, 천주(泉州)에서 남해교역(南海交易)을 통해 수입한 침향을 비롯한 열대 특산 사치품을 재수출하기도 하는 등, 복건상인은 국내외를 막론하고 원격지 상업에 적극적으로 나서서 큰 이익을 얻었다. 남송이 되면서 천주의 무슬림 해상 거류자가 증가하여 해상교역의 활성화를 이끈 것도 복건 사회를 한층 상업화시켰다. 한편 복건 상인을 중심으로 한 송의 해상(海商) 또한 남중국해 및 동중국해로 진출했다. 12~13세기에는 중국의 정크선이 동남아시아로 빈번하게 왕래했을 뿐 아니라 벵골 만을 넘어 인도 남서부의 마라바르 해안까지 도달했다. 또 11세기 이후 절강, 복건의 해상이 명주[明州, 현재의 영파(寧波)]를 기점으로 고려, 인도로 활발히 도항하여, 12세기가 되면 일본 하카다[博多]에 중국인[宋人] 거류지가 형성된다.

해상교역의 활성화로 복건의 해안 및 내륙교통로를 따라 있는 도시에는 부가 집적되었고, 주변의 산업 발달이 촉진되었으며 도시로 인구가 집중되었다. 경쟁이 치열하고 유동성이 높은 사회 분위기 속에서 진취적 기상이 넘치는 복건인들은 전국적으로도 눈에 띄게 많은 과거 합격자를 배출했다. 복건은 문화·학술 면에서도 중요한 위치를 차지하게 된다. 이러한 사회 환경 속에서 주자학의 시조가 되는 주희(朱熹)와 같은 인물이 나타날 수 있었던 것이다(中砂 2002).

3. 유라시아 통합 속의 중국경제 - 몽골 시대(13~14세기)

몽골의 유라시아 통합과 중국

1206년 몽골 고원에서 유목민 집단을 통합한 칭기즈 칸은 대(大, 예케)몽골국(國, 울루스)(Yeke Mongol Ulus－욹긴이)을 건국한다. 이후 수십 년 동안 몽골은 군사원정을 반복하며 세력을 확대하여, 13세기 후반까지 유라시아 대륙의 동서에 걸쳐 인류역사상 최대의 판도를 구축하였다. 유라시아의 대부분 지역을 몽골이 지배한 13세기에서 14세기까지 약 1세기 동안을 "몽골 시대"라고 부른다.

몽골의 지배는 중국에도 미쳤다. 몽골의 중국 지배는 몇 차례 단계를 거쳐 확립되었다. 우선 칭기즈 칸 즉위 후 5년이 지난 1211년, 몽골의 제1차 금(金) 원정이 시작되자 두려움을 느낀 금은 남쪽의 개봉으로 수도를 옮겼다. 이어서 제2대 칸(황제) 오고타이가 즉위한 1234년, 몽골은 금을 멸망시키면서 중원의 직접 지배를 시작하였다. 칭기즈 칸의 손자로 제5대 칸인 쿠빌라이가 정권의 본거지를 몽골 고원 중앙부에서 동남쪽으로 옮겨 대원(大元) 울루스[통칭 "원조(元朝)"]를 건국하자 중원은 몽골 정권의 중심지로 변모하였다. 쿠빌라이는 중원 지배를 발판으로 1276년에 남송을 정복하여 마침내 강남을 병합하였다. 당 대의 안사의 난 발발 이후부터 따져 보면 실로 500년 만의 중국 통일이었다. 그러나 원조는 중국을 통일적으로 지배하지 않고 중원의 옛 금의 영토를 "키타이[거란(契丹)]"로, 상남의 옛 송의 영토를 "만지[만자(蠻子)]"라고 불러 명확히 구별하였다.

유라시아 대륙에서 첫째가는 인구와 생산력을 자랑한 중국 본토는 광대한 몽골 지배영역의 중요한 일부분을 구성했다. 이 시기 중국경제의 여러 측면은 몽골의 유라시아 정치 통합, 또 이에 수반하여 유라시아 규모로 활성화된 사람, 물건, 정보의 교류를 염두에 두고 생각하지 않으면 안 된다.

몽골의 중원 지배 – 투하령(投下領)과 세제(稅制)

1213년에 금이 개봉으로 천도한 이후 몽골의 중원 지배는 중도(中都)

주변까지만 미쳤다. 금이 포기한 황하 이북은 무정부 상태에 빠져 유민이 발생하고 기근까지 덮쳐 중원 인구는 격감한다. 각지에서 자위를 위해 무장세력이 나타나는 와중에, 하북(河北) 진정[眞定, 현재의 하북성 정정현(正定縣)]의 사씨(史氏)나 산동 동평[東平, 현재의 산동성 동평현(東平縣)]의 엄씨(嚴氏) 등 여러 명의 한인(漢人) 군벌이 대두하여 각각 일정 지역의 지배를 확립했다. 그들의 세력권은 대혼란에 빠진 중원 각지로부터 피난처가 되어 많은 지식인들이 그곳에 몸을 의탁하였다. 이에 따라 그곳은 중원의 학술·문화를 보존하고 계승하는 장으로서 중요한 의미를 가지게 되었다.

1234년에 금이 멸망하자 중원은 유라시아를 통합한 몽골 울루스의 일부로 편입되었다. 몽골 정권은 즉시 중원의 전후 처리에 착수하여 각지의 정주민을 대상으로 인구 조사를 실시하고 호적을 작성하였다. 그리고 이를 근거로 칭기즈 일족인 왕족과 기타 부족의 공신들에게 "위하(位下)" 혹은 "투하(投下)"로 불리는 영지(領地) 및 영민(領民)을 분배하여, 결과적으로 중원 사회의 모습이 크게 바뀌게 된다. 이를 "병신년(丙申年, 1236년)의 분발(分撥)"이라고 부른다(⋯ 테마 28 〈투하령〉, 271쪽). 이후에도 한인 군벌의 세력권은 정리와 통합이 가해지면서도 온존되어, 투하령과 뒤섞이면서 병존하게 되었다.

다음으로 세제에 대해 살펴보자. 오고타이가 즉위한 1220년대 즈음부터 몽골 정권은 농경지대(중원, 투르키스탄, 1250년대 이후 이란이 추가됨)에 재무기관을 설치하였다(前田 1973). 농경지대에서 재물을 수취하는 방법은 이전까지 정복전쟁에 수반한 자의적 약탈이나 공납이었던 것이 일상적인 징세로 점차 바뀌어 나간다.

중원에서 세제(稅制)를 정비하는 작업은 금의 멸망을 전후해서 시작되었다. 우선 곡물 단위의 세금으로 세량(稅糧)이 있는데, 정세(丁稅, 인두세)나

지세(地稅, 토지세) 둘 중 하나가 징수되었다. 그 외에 "사료(絲料)"라는 세금이 신설되어 중앙정부와 투하영주(投下領主) 양쪽에 다 납세하였다(→ 테마 28 〈투하령〉, 271쪽). 그 후 제4대 칸인 몽케 시대인 1250년대에 한인 군벌이 독자적으로 징수하던 "포은(包銀)"이 중원 전체의 세제로 도입되었다. 이 사료와 포은, 두 가지 부세를 합해서 "과차(科差)"라고 부른다. 둘 다 호(戶) 단위로 징수했으며, 금 말기 이후 중원의 화폐유통 현황을 반영하여 각각 견사(絹絲)와 은(銀)으로 징수되었다(安部 1972). 그 외에 다양한 직역(職役)의 징발이 이뤄져 "잡범차역(雜泛差役)"이라고 불렸다.

이렇게 몽골 지배하의 농경지대에 대한 세제는 13세기 후반쯤에 확립되는데, 모두 호(戶)나 인정(人丁)을 단위로 과세하는 세(稅), 곡물로 징수하는 세량(稅糧), 상세(商稅), 역마(驛馬)의 공출, 역전(驛傳)으로의 식량 공급 등의 세목(稅目)이 보인다는 것, 또 상인이 징세를 청부한다는 것이 공통점이다. 이러한 공통점이 나타나는 이유는 옛 호라즘 출신의 마흐무드 야라우치와 같은 무슬림 상인을 중심으로 한 재무관료가 칸의 위임을 받고 재무기관을 도맡아 몽골 지배하의 세제를 정비했기 때문이었다. 이리하여 중원에서는 500년 가까이 존속했던 양세법(兩稅法)이 폐지되고 새로운 세제가 도입되었다.

쿠빌라이의 중국 통일과 대원 울루스 건국

1260년에 즉위한 쿠빌라이는 햇수로 4년에 걸친 황위 계승 전쟁에서 승리하고 새로운 나라 만들기에 나서서 대원 울루스를 건국한 뒤, 남송을 멸망시키고 중국을 통일했다. 그러나 몽케 시대까지 유지되었던 유라시아의 정치 통합은 13세기 후반이 되면 약해져, 쿠빌라이와 그 자손이 다스리는 대원 울루스를 종주국으로 삼지만 유라시아 각지에 칭기즈 칸의 후예인 몽골 정권이 다수 병립하는 상황이 되었다.

쿠빌라이의 신정권은 정권의 중심지를 종전의 몽골 고원 중앙부에서 옮겨 중원 북변, 내몽골 초원에 걸친 농업과 목축의 경계지대에 두었다. 그런 뒤 조정은 겨울의 수도로 새로 조영한 대도성(大都城, 오늘날 북경)과 여름의 수도인 상도성[上都城, 오늘날 내몽고 다륜현(多倫縣) 부근]을 연결하여 수도권을 설정하고 매년 계절 이동을 반복했다(⋯→ 테마 7 〈유목 국가의 계절 이동〉, 82쪽). 원래의 몽골 고원의 유목 군사력에 더해서, 중원의 농업 생산력을 활용하려는 데 목적이 있었다.

쿠빌라이 정권은 중원으로 근거지를 옮기면서 중국 왕조 고유의 제도를 다수 도입하였다. 예를 들어 중통(中統), 지원(至元)과 같은 원호(元號)의 채용이나, 중국 고전인 『주례(周禮)』의 규범에 따라 대도성을 조영한 것, "대원(大元)"으로 국호를 정한 것, 중서성(中書省, 행정), 추밀원(樞密院, 군사), 어사대(御史臺, 감찰)로 이뤄진 중앙집권적 관료제도를 확립한 것이 그러하다. 그러나 정부의 중추는 케시크[近侍集團]에서 칸이 발탁한 심복들이 장악하여 유목 국가의 전통에 따른 측근정치가 행해졌다.

한편 지방행정제도 역시 개혁이 이뤄졌다. 1264년 이단(李璮)의 난을 평정하면서 한인 군벌을 해체하고, 금 이래의 중원 지방행정 체제를 크게 개혁하였다. 예로부터 내려온 주현제를 계속 유지하면서도, 그 위에 로(路)라는 광역의 행정단위를 신설하고 그 구획을 투하령에 맞추어 설정하였다. 로에는 다루가치[達魯花赤]와 총관(總管) 두 사람의 장관을 두었는데, 투하영주가 감시 역으로 파견한 다루가치는 주로 군사를 관장하여, 행정 사무 전반을 담당하는 총관보다 상위에 있었다.

대도와 그 주변은 중앙정부[中書省]가 로 이하의 지방정부를 직할하는 "복리(腹裏, 경기권-옮긴이)"로 삼았다. 복리 바깥에는 광역의 지역 단위별로 행중서성[行中書省, 행성(行省)]을 설치했다. 행성은 지역의 중심도시에 두고, 행정 전반에 걸쳐 로 이하의 지방정부를 총괄하도록 했다. 남송을 합병한 후에는 전국적으로 12개의 행성 설치가 제도화되었다. 행성은 명청 이후 성(省) 제도의 기원으로 중요한 의미가 있다(前田 1973).

대원 울루스의 경제 정책

13세기 전반 몽골이 유라시아를 통합하면서, 육로에는 자무치(站赤, Jamuchi)로 불리는 관영의 역전을 비롯해 교통과 통신제도가 정비되어 유라시아의 동서를 잇는 사람과 물건의 움직임이 활발해졌다. 쿠빌라이는 이러한 선대 유산을 바탕으로 중국 본토를 통합함으로써 유라시아의 동서를 잇는 육상교통로와 남송 치하에 크게 발전한 해상교통로를 서로 연결하여, 새로운 수도인 대도를 중심으로 하는 교통과 물류체계를 창출해 냈다(杉山 2004). 구체적으로는 금과 남송이 분단되는 바람에 12세기 이래 황폐해졌던 대운하를 다시 보수하여 남북 간 수상교통의 대동맥으로 복구하였으며, 또한 외항(外港)인 직고[直沽, 현재의 천진(天津)]에서 출발하는 운하를 건설하여 대도를 해운항로와 연결하였다. 대도에는 운하와 연결되는 인공 호수에 선착장이 건설되어 거대한 시장이 조성되었으며, 세계 각지로부터 다양한 물자가 모여들었다(陳 1984).

유라시아 규모의 교역 활성화를 배경으로, 쿠빌라이 정권은 무슬림 상인의 헌책을 받아들여 중상주의라고 할 만큼 통상을 중시하는 재정·경제 정책을 펼쳤다(杉山 1995). 원래 몽골은 칭기즈 칸 시대부터 중앙아시아에서 서아시아로 영역을 확대하는 과정에 이미 "오르톡[ortoq, 한자로는 알탈(斡脫)이라고 함 – 옮긴이]"이라고 하는 위구르인·무슬림 어용상인들과 긴밀한 협력관계를 맺었고, 앞에서 언급했듯이 오고타이나 몽케 시대에는 이들

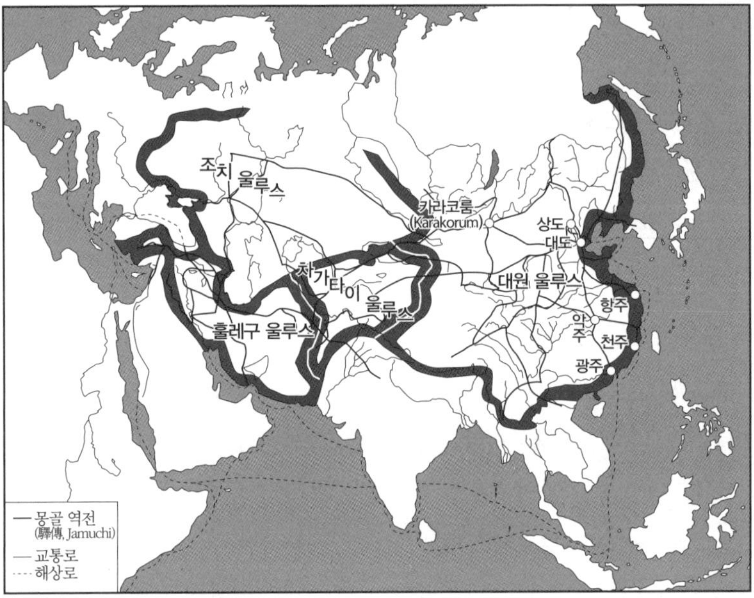

지도 13 몽골 시대의 동서 교류
옮긴이 주: 영문은 옮긴이가 추가한 것이다. 몽골 역전 시스템을 가리키는 자무치의 한자명은 참적(站赤)이다.
출전: 本田 1991에서 작성.

을 재무관료로 임명해 각지의 징세를 청부시켰다(⋯→ 테마 29 〈몽골 시대의 동서교역〉, 273쪽). 쿠빌라이는 이러한 흐름을 수용하였는데, 특히 이란계의 무슬림 상업세력을 발탁·중용하여 재정 및 경제 정책의 입안을 담당시켰다. 그 대표적인 인물이 중앙아시아 출신의 무슬림 재무관료인 아흐마드[Ahmad Fanākatī, 한자로는 아합마(阿合馬)라고 함 – 옮긴이]이다. 그는 쿠빌라이 시대 초기에 발탁되어 제국용사사(制國用使司), 상서성(尙書省) 등 재무 및 경제 전문 관청을 설립하고 20년 동안이나 재무행정에 수완을 발휘하였다.

그렇다면 대원 울루스의 경제 정책은 어떠한 것이었을까. 첫째로 은 경제를 배경으로 한 지폐제도의 도입이다. 몽골은 유라시아를 통합하는 과정에서 광역적으로 통용시킬 통화로 예전부터 쓰였던 은을 선택했다. 한

자어로 "정(錠)", 몽골어로 "스케[부(斧)]", 투르크어로 "야스토크[침(枕)]", 페르시아어로 "바리슈[침(枕)]"로 불린 무게 2킬로그램의 은괴[銀塊, 50량, 1량=40그램]를 기준으로, 은의 중량 체계가 몽골 지배하의 유라시아 각지에서 통일되었다(前田 1973). 징세 및 공납을 통해 몽골 조정에 집적된 은은 유라시아의 동서에서 유통되었다. 13세기 후반에 대원 울루스가 중국을 통일하여 육지와 바다의 교통로가 연결되자, 유라시아 각지에서의 은 사용은 "최초의 은의 세기"라고 부를 정도로 활발해졌다(Kuroda 2009). 이는 16세기 이후에 전 지구적 규모로 전개된 은 경제를 앞서는 것으로 중요한 의미를 지니지만, 몽골 시대의 은 유통량은 각지에서 활발해진 상업 거래를 충족시키기에는 불충분한 수준에 머물렀다. 이에 쿠빌라이 정권은 금은과 태환 가능한 "중통원보교초(中統元寶交鈔)"라는 지폐를 발행하여 중원의 은 부족을 메웠다(⋯→ 테마 27 〈지폐〉, 267쪽). 처음에는 지폐와 은을 함께 사용했지만 정부의 수지와 민간 거래 모두에서 중통초(中統鈔)가 점차 널리 쓰이게 되었다. 이후 지원초(至元鈔)와 같이 액면가치가 높은 지폐가 발행되는 등 여러 차례 폐제개혁이 이루어지기는 했지만, 정부 재정은 기본적으로 중통초를 기축통화로 운영하였다. 남송을 병합하자 지폐 발행액이 크게 늘어나 지폐의 가치하락과 물가등귀가 서서히 진행되었다. 그렇지만 대원 울루스가 강남을 상실하는 1350년대까지, 지폐[鈔]를 기축으로 하는 재정은 대체로 건전한 상태를 유지하였다(von Glahn 2010, 宮澤 2012).

두 번째는 염세와 상세 등 상업 유통에 대한 과세수입을 주축으로 한 재정 운영이다. 염인(鹽引)을 상인들에게 판매하여 징수하는 염세는 정부의 지폐 단위 재정수입의 50~80%나 차지했다. 전국 각지의 거점 도시에는 도전운염사사(都轉運鹽使司)가 설치되었는데, 주로 무슬림 재무관료가 파견되어 소금의 생산과 과세를 책임졌다(⋯→ 테마 24 〈염정(당~원)〉, 260쪽). 한편 상세는 지폐 단위 재정수입의 15%가량을 차지했다. 세율은 판매지 판매액의 30분의 1에 불과하여, 송 대 상세(商稅)가 한 주(州)를 지날 때마다 2%의 유통세[過稅]를 징수하고 3%의 교역세[住稅]를 부과했던 것에 비하면 낮았다(宮澤 1998). 몽골 정권은 물류에 장애가 되는 유통세[過稅]를 철폐하여 원거리교역을 보호·장려했던 것이다.

세 번째는 남송을 정복한 후부터 높은 생산력을 자랑하던 강남에 의존하여 재정을 운영한 점이다. 염세를 보면, 중국 최대의 염 산지인 양회(兩淮, 현재의 강소성)에서 거둬들인 염세만 전국 염세수입의 40%를 차지했다. 또 매년 강남에서 대도까지 해운으로 쌀을 운반했는데, 절정기에는 그 양이 300만 석에 달했다(⋯→ 테마 4 〈조운〉, 70쪽). 14세기 초에는 그중에 다시 수십만 석이 몽골 고원까지 운반되어 유목민 군대에 공급되었다(松田 2010b).

즉 대원 울루스는 염세나 상세 위주의 세수와 곡물의 해운을 통해, 강남을 중심으로 한 중국 본토에서 몽골 조정으로 재물을 빨아들이는 시스템을 만들었던 것이다. 조정은 중국에서 거둬들이는 세수에 더해 유라시아 규모의 교역에서 얻는 이익까지 막대한 부를 장악했다. 최대의 지출은 왕족 이하 몽골 유목민 집단에 주는 사여(賜與)와 진휼이었다. 역대 칸은 쌓은 재물을 통 크게 분배함으로써 수하의 유목민 집단에게서 지지와 복종을 얻어 냈다. 이런 식으로, 단순한 유목경제만으로는 도저히 얻을 수 없는 막대한 부가 초원의 유목지대로 흘러들어 갔던 것이다.

농업 진흥과 개발

몽골이 유라시아 각지를 정복해 갈 때, 많은 정주 농경지대가 전투와 그에 따른 치안악화로 적지 않은 피해를 입었다. 그러나 농경지대에 일상적인 지배를 확립한 각지의 몽골 정권은 세수를 확보하고 사회를 안정시키기 위해 농업의 보호에 노력한다. 중국에서는 쿠빌라이 정권이 금 말기의 전란으로 인한 생산체계의 붕괴와 인구감소에서 완전히 회복되지 못하고 있던 중원의 농업 생산력을 재건하고자 농업 진흥책을 차례로 내놓는다.

우선 농업 진흥책을 추진할 조직으로 권농을 전문으로 하는 관청을 설치했다. 쿠빌라이는 즉위 직후 권농관(勸農官)을 지방에 파견하고 감찰기관으로 지방에 신설된 제형안찰사[提刑按察司, 훗날 숙정렴방사(肅政廉訪司)로 개칭]에 권농 업무를 중요 직무로 맡겼다(井黑 2013). 또 권농을 뒷받침할 향촌 조직으로 사제(社制)를 새로이 도입했다. 촌락 안에 50가(家)마다 사(社)를 설치하여 유력자를 사장(社長)으로 뽑아 농민 지도자로 삼고, 농업기술 지도, 의창(義倉) 설치와 구황대책, 사학(社學)에서의 민중 교화, 치안 유지를 담당하도록 했다(中島 2001). 사제가 실제로 어느 정도 기능했는지는 알 수 없지만, 정부가 농촌 사회 말단까지 개입하여 기층조직을 편성하려 했던 구상은 중국 역사에서는 상당히 독특한 시도이다.

또 정부는 선진농업기술을 보급하는 데 노력했다. 대표적 사례가 대사농사(大司農司)의 농업기술서인 『농상집요(農桑輯要)』(1273년 완성)의 편찬과 출판이다. 중원 건조지대 농법을 체계화한 북위 시대의 농서 『제민요술(齊民要術)』을 중심으로 그때까지의 농업기술을 집대성한 『농상집요』는 관계 관청에 배포되어 각지에서 농업기술을 지도하고 보급하는 데 활용되었다. 처음에 발행부수가 얼마였는지는 알 수 없으나, 1286년 이후 50년 사이에 총 발행부수가 1만 7500부에 달했다(宮 2006~2008). 그 외에 원 대의 농서로는 강남도 포함한 남북 중국의 다양한 농법과 농기구에 대해 도해(圖解)를 삽입하면서 해설한 왕정(王禎)의 『농서(農書)』가 획기적인 저작인데, 이 책도 정부에서 출판한 것이다. 정부가 특정 농업기술을 보급하려고 한 실제 사례로는, 구획을 한 토지 일부에 작물을 심어 비료와 물을 집중적으로 투입하는 구전법(區田法)이라는 집약농법을 들 수 있다. 조건이 나쁜 토지에서도 수확을 할 수 있도록 하는 뛰어난 농법이라며, 정부가 그림까지 넣은 안내서를 작성·배포하여 보급에 노력하였다(井黑 2013). 대원 울루스의 농업 진흥책은 역대 왕조와 비교해도 적극적이었다.

황폐해진 토지가 많았던 중원에서는 병사를 입식하여 경작시키는 둔전을 이용한 개간이 추진되었다. 쿠빌라이 정권 초기에는 남송과의 전쟁에 대비한다는 의미도 있어, 특히 하남·섬서·사천 등지에서 널리 행해졌다. 남송을 정복한 후에는 오랜 분쟁으로 황폐해진 회하 유역을 비롯해 강남을 포함한 전국으로 확대되었다. 원 대의 둔전 개간은 중국 역사상 일찍이 없던 규모였다(陳·史 2000).

이상과 같이 중원은 대원 울루스의 농업 진흥책으로, 관민의 광범위한 협력하에 관개용수를 재건하는 조직적인 수리사업과 토지 개간이 본격화되는 등 많은 성과를 거두어 13세기 전반의 황폐함에서 다시 일어설 수 있었다.

원 대 강남의 경제발전

대원 울루스의 지배하로 들어간 강남에서는 행성(行省)과 로(路)의 도입, 투하령의 설정 등 지방통치의 재편이 이뤄져 몽골 지배의 영향을 받게 되었다. 그러나 세제에서는 중원과 달리 남송 이래의 양세법이 답습되었으며, 전쟁의 피해를 면한 강남의 대부분 지역에서는 여전히 남송 시대의 토지대장을 기초로 징세가 이뤄졌다. 다만 세율은 남송 때보다 낮은 경우가 많았다(陳·史 2000). 토지에 대해서는 남송 말에 군사비 염출을 위해 장강 하류 지역에 공전법(公田法)이 추진되어 정부가 많은 민전을 강제로 사들여 정부 소유의 공전으로 삼았는데, 원 대에도 이를 답습하여 관전으로 삼고 호민(豪民)의 전답을 몰수하는 식으로 그 면적을 더욱 늘려 갔다. 칸에게서 관전을 시여받은 몽골 왕후들이나 유력자가 강남에 광대한 토지를 보유하는 사례도 자주 있었다. 관전은 특히 절서(浙西)에 많아 명 대에도 이어졌다(植松 1997, 高 2010).

그림 11 강남 델타 지대의 관개에 이용된 용골차(龍骨車)
출전: 王禎『農書』明代 刊行本,「農器圖譜」卷13, 翻車圖.

강남이 대원 울루스에 병합되었을 때, 전투의 영향으로 인구가 격감한 사천과 복건을 제외하고 대다수의 지역은 거의 아무런 타격을 입지 않았다. 이는 송 대에 크게 성장한 장강 중하류 지역의 생산력을 몽골 정권이 그대로 손에 넣을 수 있었다는 뜻으로, 이 지역에서 얻는 부가 정부 재정수입을 지탱할 대들보가 되었다. 정치력과 군사력에서 앞선 북방을 경제력이 풍부한 남방이 지원하는 남북 분업의 구조가 몽골 지배하에서 재현된 것이다. 그리고 중국 남북이 통일된 데다 유라시아 규모의 교역권에 연결되면서 강남 경제 자체도 13세기 말부터 14세기에 걸쳐 한층 발전할 수 있었다.

우선 생산력이 가장 높았던 장강 하류 지역의 농업 발전에 대해 살펴보자. 12세기 인구 증가로 이 지역의 가경지는 거의 개간이 끝났는데, 남송부터 원 대에 걸쳐 수도작 품종에서 생육 기간에 따라 일찍 수확하는 조생종(早生種), 더 늦게 수확하는 중생종(中生種) 및 만생종(晩生種)으로 벼의 구별이 명확해졌으며, 농기구와 비료에서 기술혁신이 일어났다. 이에 따라 농민 1호당 경지면적은 감소해도 쌀 수확량은 증가하는 등 훗날 명대에 들어서 뚜렷해지는 농업 집약화가 이때에 서서히 나타나게 되었다. 한편 태호(太湖) 동쪽 델타 지역에서는 정부가 14세기에 들어서면서 임인발(任仁發)과 같은 수리 전문가를 기용하고 도수용전사(都水庸田司)나 행도수감(行都水監)과 같은 관청을 특설하여 오송강(吳松江)을 비롯해 하도를 준설하기도 하고, 우전(圩田)과 위전(圍田)의 제방을 수축하기도 하는 등 대규모 치수토목사업에 착수하였다. 이를 통해 송 대부터 줄곧 과제였던 배수 문제를 해결하려 노력하였고, 마른 땅이 되어 가던 경지의 질을 일정 정도 개선하는 성과를 거두었다(李 2003).

강남에서는 남송 초기에 북방에서 온 이민자들이 밀을 재배하여 국수를 먹으면서 밀 경작[麥作]이 본격화되고 벼와 밀의 이모작이 시작되었다(周藤 1962). 밀과 유채 등 그루갈이 작물을 수전에 심으려면 벼를 수확한 뒤 배수가 중요한데, 점성이 강한 강남 토지를 인력으로 깊게 갈 수 있는 철탑(鐵搭) 등의 농기구를 이용한 경지정리 기술 및 배수 기술이 남송 말에서 원 대에 걸쳐 이용되어, 하곡평야와 선상지(扇狀地)의 고전(高田) 지대를 중심으로 이모작이 꽤 보급되었던 것 같다(李 2003).

또 인도가 원산지인 목면이 중국에 보급된 것은 동서교역이 활발해진 몽골 시대의 일이다. 목면은 남송 때까지 해로로는 광동 및 복건에 전해지고 강남에 광역적으로 보급되었으며, 육로로는 섬서까지 전래되어 중국 농서로는 처음으로 『농상집요』에 목면 재배법이 실렸다. 목면 재배가 확대되면서 강남을 중심으로 면직물 생산이 본격화되었다. 남송 이후 견직물 발전과 함께, 이 시대에 명 대 이후 강남에 전개된 방직업 발전의 기초가 놓였다고 할 수 있다. 그 배경에는 몽골 정권의 제조업에 대한 중시와 장려가 있었다.

한편 강남에서는 송 대에 이어 원 대에도 상업이 활발했다. 특히 몽골의 패권 아래에 동중국해, 남중국해, 인도양, 지중해 등 각 해역을 연결하는 교류가 활성화됨으로써, 남송 이래 번성한 강남 연해부의 해상교역은 중국 북부, 동남아시아 도서부(島嶼部), 한반도, 일본열도를 연결하는 항로를 주축으로 삼아 공전의 번영을 구가하였다. 정부는 남송의 제도를 계승하여 천주(泉州) 등 주요 항구에 시박사(市舶司)를 설치하여 해상무역을 관리하고 세금을 징수하였다(⋯→ 테마 38 〈관세와 해관〉, 344쪽). 또 시기에 따라 오르톡 무역을 관리하는 행천부사(行泉府司)가 항주에 설치되기도 하였다. 몽골 정부는 이러한 기관을 통해 무역을 철저하게 관리하면서도, 조정과 왕족이 자금을 제공하기도 하고 교역품을 사들이기도 하면서 무역에 적극적으로 개입하였다(⋯→ 테마 29 〈몽골 시대의 동서교역〉, 273쪽). 해상교역의 담당자는 남송 때와 마찬가지로 강남에 와서 거류하던 무슬림 해상과, 해외로 진출해 나간 한인해상이었으며, 이동하는 사람과 물건의 규모는 확대되었다. 강남의 무슬림 해상은 남송 때부터 천주와 광주에서 세력을 키웠을 뿐 아니라 항주, 경원(慶元), 송강(松江) 등 절강(浙江)의 항구에도 거류지를 늘려 나가 몽골 조정과 왕후와 유착하면서 무역에서 막대한 이익을 얻었다. 이들과 마찬가지로 상업과 운수업에 종사하는 강남 출신의 한인 대상인들이 정부의 비호를 받아 거부를 축적하는 사례도 다수 나타난다. 13세기 말에 강남에서 대도까지 곡물의 해운을 청부하여 권세를 떨쳤던 주청(朱清), 장선(張瑄)이 그 대표적 사례이다(植松 1997).

이상과 같이 유라시아 규모로 해상무역이 활성화되면서, 상업의 융성이 도시 발전을 견인한 송 대 이래의 추세는 원 대에 들어와 더욱 가속화되었다. 남송 이래의 거점도시는 기본적으로 계속 번영을 누렸다. 가장 현저한 사례가 남송의 수도였던 항주이다. 항주는 대원 울루스에 정복될 때도 거의 파괴를 당하지 않아 그대로 강남의 중심도시로 번영하였고, 다양한 출신의 사람들과 세계 각지의 물산이 집결하는 국제적 색채가 농후한 도시로 한층 빛을 발하였다. 인구가 100만 명이 넘었던 항주는 몽골 시대에 세계 최대의 도시로서, 마르코 폴로를 비롯한 서양에서 찾아온 여행자들의 기록에 남송 황제의 주거지를 뜻하는 "행재(行在)"에서 유래한 "킨자이"라는 이름으로 특필되고 있다. 그 외에 시진(市鎭)도 남송 이래 계속 발전하였다. 장강 하류 지역을 보면 남송부터 원 대에 걸쳐 비단, 면방직을 전문으로 하는 시진이 나타났으며, 해상교역과 해운의 융성으로 항만 시진 역시 현저하게 대두하였다(von Glahn 2003).

위기의 14세기와 몽골의 해체

1320년대 즈음을 경계로 유라시아 각지에서 기상(氣象) 이변이 나타난다. "소빙하기[小氷期]"로 불리는 전 지구적 규모의 한랭화가 진행되면서, 14세기 중반부터 후반에 걸쳐 유라시아 각지의 몽골 정권들은 해체 국면에 들어섰다. 중국 본토에서도 1340년대 이후 황하의 범람을 비롯한 재해가 광역적으로 연이어 발생하여 기근과 역병이 찾아왔고, 비밀결사인 백련교도(白蓮教徒)가 일으킨 홍건적의 난 등 반란이 각지에서 빈발하였다. 강남에서는 정부가 반란 진압에 실패하여 1350년대 이후 군웅이 할거하는 상황이 되었으며, 대원 울루스는 연해부의 소금 산지를 비롯해 가장 큰 재정수입을 가져다주던 강남을 완전히 상실하고 말았다. 그리고 주원장(朱元璋)이 건국한 명의 군대가 1368년 북벌을 감행하여 대도와 상도를 함락시키면서, 130여 년에 걸친 몽골의 중국 지배는 종언을 맞이했다.

14세기 후반 원명 교체기의 기상이변과 그에 따른 전란은 중국 본토의 사회·경제에 커다란 상처를 남겼다. 13세기 전반에 중원 지역의 인구 격감을 겪었다가 14세기 초에 와서 8천만에서 9천만 명까지 다시 회복되었던 중국 인구는 이 시기에 6천5백만에서 7천만 명까지 줄어들었던 것 같다. 특히 하남, 하북, 산동의 황폐화는 심각했다. 또 북송 이래 대규모 전란이 거의 없어 순조롭게 개발되고 성장하던 강남 역시 광역적으로 심각한 타격을 입었다. 그리고 유라시아 각지의 몽골 정권들이 붕괴하면서 동과 서를 연결하던 교역은 한순간에 냉각되었다. 중국에서도 송 대 이후 지속되었던 강남을 중심으로 한 상업의 번영은 이때에 와서 크게 좌절을 겪어야만 했다.

테마 23 / 동전[銅錢, 위진남북조(魏晉南北朝)~청(淸)]

미야자와 토모유키(宮澤知之)

중국의 금속화폐에는 청동전(靑銅錢), 진수전(眞鍮錢), 철전(鐵錢), 연전(鉛錢), 은(銀), 금(金) 등이 있다. 이 중 주된 것은 청동이나 진유(眞鍮)로 만든 동전과 명 이후에 보급된 은으로 만든 동전이다. 전근대 동전은 기본적으로 계수(計數)화폐이며, 은은 특정 모양으로 주조하기는 하지만 순도를 측정하고 무게를 달아서 사용하는 칭량(稱量)화폐이다. 화폐는 금속제만 있었던 것이 아니다. 포백(布帛)이나 곡물과 같은 실물화폐가 어느 시대이든 민간에서 늘 통용되었고, 재정에서는 포백이 제도적 화폐로 당 대까지 기능했다.

동전이 재정화폐로 확립된 것은 실물화폐를 없앤 북송 시대로, 중간에 원대에는 지폐[鈔]가 사용되었다가 명청 시대까지 동전이 재정화폐로 기능했다. 하지만 남송 때에는 동전과 회자(會子, 지폐)를 둘 다 쓰는 이중화폐제도였고, 명 대 중기 이후는 동전과 은의 이중화폐제도였다. 동전은 액면가치가 큰 대전(大錢)이 발행된 적도 있지만 기본적으로는 한 개에 1전(錢) 혹은 1문(文)의 소액화폐였다. 이 1문 화폐를 송 대에는 "소평전(小平錢)", 명청 시대에는 "제전(制錢)"이라고 불렀다. "소평전"이란 소형의 표준 동전이라는 뜻이고 "제전"이란 관에서 주조한 동전이라는 의미이다. 제전은 꼭 1문 동전이었던 것은 아니지만 대체로 1문짜리 동전이었다.

동전의 형상은 "방공원전(方孔圓錢, 즉 네모난 구멍이 나 있는 둥근 모양)"으로, 표준 직경은 24~25밀리미터, 표준 중량은 오수전(五銖錢)이 약 3.3그램, 송의 소평전이 4그램이었다. 하지만 실제로는 이것보다 가벼워 송 대 동전은 3.3그램 정도였다. 성분 조성은 청동전(靑銅錢)의 경우 동이 60~70%, 연(鉛)이 20~30%, 주석[錫]이 약간 섞여 있었고, 진유전(眞鍮錢)의 경우 동이 60~70%, 아연(亞鉛)이 20~30%, 주석과 연(鉛) 등이 10%가량 섞였다. 동전 재료의 비율은 법으로 규정되어 있었지만 일반적으로 크기, 중량, 성분은 개개 동전마다 편차가 커서 엄밀하지 않았다. 그래도 일정한 크기의 "방공원전"이면 1개가 1전 혹은 1문으로 통용되었던 것이다.

다음으로 시대순으로 동전의 역사적 변천을 살펴보자. 삼국 시대 위(魏)

는 한(漢)의 오수전처럼 정교하게 제작하지는 못했으나 한을 계승해 오수전을 발행했다. 하지만 재정은 포백(布帛)이 주축이었다. 오(吳)는 오수전을 기준으로 하되 500, 1,000, 2,000, 5,000과 같이 액면가치가 엄청나게 큰 대전(大錢)을 발행했다. 촉(蜀)은 처음에는 오수전을, 후에는 대단히 소형인 "직일전(直一錢)"을 기준으로 액면가치 100의 대전(大錢)을 발행했다. 오와 촉 모두 민간에서 관용물자를 사들이는 데 대전을 썼다.

동전 이름에 새로운 경향이 나타나는 것은 오호(五胡) 때의 일이다. 성한(成漢)의 "한흥전(漢興錢)"은 연호를 딴 동전, 전량(前涼)의 "양조신천(涼造新泉)"은 국호를 딴 동전, 후조(後趙)의 "풍화전(豊貨錢)"은 상서로운 말을 붙인 동전, 하(夏)의 "태하진흥(太夏眞興)"은 국호와 연호를 둘 다 붙인 동전이다. 그때까지는 반량(半兩)이나 오수(五銖)처럼 무게를 동전 이름으로 붙였는데, 나라나 황제를 의식한 명칭이 차례로 등장하여 마침내 남조에까지 이런 경향이 확산되었다.

남북조 시대에는 재정에서든 시장에서든 실물화폐를 쓰는 경우가 많았으며, 시장에 투입된 동전의 수량은 불충분했다. 다만 북조보다 남조가 동전의 투입이나 회수 모두 더 많았던 것 같다. 그렇다고는 해도 이 시대 남북의 화폐 상황은 상당히 비슷했다. 즉 주조권이 확립되지 못하여 크기가 다르고 다양한 관전(官錢)이 주조되었을 뿐 아니라, 각종 사주전이나 관전을 변조한 동전이 유통되어 비교적 좁은 지역에서도 통화가 제각각이었다. 동전 크기가 작아지는 현상도 두드러졌다. 사주전은 물론 관전조차도 4수(銖)[약 2.7그램]나 2수(銖)[약 1.3그램]짜리 동전이 출현하였다. 극단적인 경우 동전 하나를 중심부와 주변부로 절단해서 두 개로 만들어 쓰는 경우도 있었다.

동전의 지역적 분열은 동전을 사용하는 방식에서도 드러난다. 즉 끈으로 묶어서 채 100개가 되지 않는 것을 100문(文)으로 치는 "단맥(短陌)"의 관행이다. 맥(陌)이란 100개라는 의미로 이 시대에 성립한 화폐 계산단위이다. 그 이전에는 계산단위가 전(錢)이었는데, 4세기에 맥(陌), 5세기 말에 문(文)과 관(貫)이 성립했다.

문(文)은 전(錢) 대신에 쓰게 된 최소 단위이고 관은 북조에서는 1,000문을, 남조에서는 맥과 마찬가지로 100문을 뜻했다. 수가 남조의 진(陳)을 병합하자 1,000문=1관이 정착하여 맥은 표면적으로는 나타나지 않게 되었다.

위진남북조 시대의 혼란한 화폐제도를 어느 정도 수습한 것은 수(隋)이다. 원래 중량이 정해져 있는 오수전을 표준 화폐로 정해 두고 사주전을 엄격히 단속하였다. 하지만 수 말의 혼란기에 사주전이 다시 범람했다.

한 이래 오수전 체제에 종지부를 찍은 것은 당 초에 발행한 "개원통보(開元通寶)"이다. 당 대에는 종전의 양수제(兩銖制)[1량(兩)=24수(銖)]를 양전제(兩錢制)[1량(兩)=10전(錢)]로 바꾸었다. 1량=40그램, 1전=4그램이다. 이 십진법 중량단위 체계는 양(兩), 전(錢)보다 하위의 분(分)과 리(釐) 단위까지 더해져서 청 대까지 계승되었다. 개원통보는 당시 개통원보라고도 불렸는데, 이후 "통보(通寶)"와 "원보(元寶)" 둘 다 동전 이름에 들어가게 되었다.

당 대에는 남북조 때와 마찬가지로 사주전[私錢]이 넘쳐 났다. 정부는 악성 주화[惡錢]를 사들이고 "동금[銅禁, 동의 판매 및 동기(銅器)의 제조 금지]"을 실시하였으며, 사주전의 금령을 강화하기도 하고 사주전이라도 순도가 괜찮으면[好錢] 공인해 주기도 하는 등 각종 정책을 다 펼쳤지만 효과가 없었다. 시대는 동전 화폐를 필요로 하고 있었다. 하지만 당 왕조가 시장에 투입하는 통화는 많은 해라도 100만 관(貫) 정도였고 보통 때는 그것보다 훨씬 적었다. 대량으로 유통되는 사주전은 소액화폐를 필요로 하는 시장의 요청에 부응한 측면이 있었다.

안사의 난이 발생하자 당 조정은 군사비 증대에 대응하기 위해 50문 및 10문짜리 건원중보(乾元重寶)를 발행했다. 액면가치와 동전 중량의 균형이 맞지 않았던 데다가 급속히 모양이 작아져서, 이 대전은 시장에 혼란만 일으키고 4년 정도 지난 뒤에는 모두 1문짜리로 처리한 뒤 주조를 정지했다. 그 후 폐불 정책(廢佛政策) 실시로 유명한 회창(會昌) 연간에는 동전 뒷면에 주조 지역이 나오도록 한, 이른바 "회창개원(會昌開元)"을 대량으로 주조했다. 하지만 당은 폐불 정책을 철회하자 바로 회창개원을 녹여 버리고 이전의 개원통보 체제로 돌아가서 결국 통화의 부족, 사주전의 횡행이라는 이 시기 동전 문제는 해결되지 못했다.

오대십국 시대에는 나라마다 독자적인 주조화폐 규정[錢法]이 있어 소재와 액면가치가 다른 각종 동전이 나왔다. 그러나 크게 보면 오대 왕조는 소평동전(小平銅錢), 남방 왕조는 연전(鉛錢)과 철전(鐵錢)으로 정리할 수 있으며, 전국적으로는 개원통보가 공통 화폐로 기능했다.

북송은 전국적으로 통화를 소평동전으로 통일하고, 예외적으로 사천(四川)만 철전(鐵錢) 전용 지역으로 삼았다. 북송은 동전 이름에 연호를 기본으로 붙이고 동금(銅禁) 및 전금(錢禁, 주화의 국외 유출 금지)을 실시하여 정부의 주조 독점권을 확정지음으로써 마침내 오대까지 계속되었던 통화 혼란을 종식시킬 수 있었다. 이리하여 사주전이 줄어들고 관전(官錢)이 재정을 운용하는 화폐로 확립되었다. 하지만 서하(西夏)와의 군사적 긴장이 고조되자 섬서 및 하동을 동전과 철전을 병용하는 지역으로 삼았고, 남송 때에도 국경지대에 철전을 도입하였다. 이는 재정을 보충하고 동전의 국외 유출을 방지하기 위한 정책이었다. 송에서는 재정 압박이 생기면 중량은 소평전의 3배 정도이면서 액면가치는 10배인 10문짜리 대전을 주조했다. 하지만 대전 뒷면에 액면가치를 아예 안 넣고 그때그때 정부의 형편에 따라 5문짜리나 3문짜리로 바꿔 가며 통용시켰기 때문에 경제에 혼란을 초래하였다. 남송 때에는 철전에 2문, 3문, 5문 등 여러 종류가 있어도 뒷면에 액면가치와 기호를 주조해 넣어서 자의적으로 액면가치를 바꿀 수 없었다. 송 대는 신법(新法) 시기 연간 동전 주조액이 약 600만 관이나 되어 중국 역사상 가장 많았다.

단맥(短陌)에도 새로운 상황이 나타났다. 재정에서는 예를 들어 80맥이라면 100개의 동전을 125문으로 계산하는 식으로 단맥을 비례정수로 사용했는데, 상품유통의 장에서는 80맥이라면 100개의 동전을 120문으로 계산하여 단맥을 자릿수로 사용했다.[39] 그 경우 주화의 숫자와 상품가격이 비례하지 않기 때문에 송 대의 주화는 상품가치를 표시할 수 없었다. 단맥은 상인 조직인 행(行)마다 달라서 지역적 차이가 있던 위진남북조 시대의 단맥과

39 80맥은 동전 80개를 100문으로 계산한다는 뜻인데, 비례정수로 사용할 경우 그 비율인 1.25를 취하여 동전 숫자에 1.25를 곱한 것이 문으로 환산한 수치가 된다. 자릿수로 사용할 경우, 80맥은 20개가 모자란 것을 100문으로 계산한 것이므로 동전 100개는 20개를 더해서 120문으로 환산하는 방식이다-옮긴이.

는 달랐다. 단맥은 상품경제의 발전도를 재는 척도였다(宮澤 1998).

10세기 이래 중국 주변의 여러 민족은 건국 이후 동전을 주조했다. 요(거란)에서는 10세기부터 동전을 주조했고 1030년대에 들어와 이를 본격화했다. 서하 역시 11세기 중엽 이후 동전을 주조했다. 두 나라의 동전은 (모양은) 방공원전(方孔圓錢, 둥근 모양에 네모난 구멍이 뚫린 것-옮긴이), (액면가치는) 소평전(小平錢, 1문짜리 송 표준 동전-옮긴이), (동전 이름은) 연호전(年號錢, 연호를 따서 명명함-옮긴이)으로 공통된다. 다만 서하에서는 철전을 사용하고 서하 문자[西夏文]를 주조해 넣은 동전도 있었다는 점이 특징적이다. 하지만 요와 서하 두 나라에서 실제 통용된 화폐의 대부분은 북송의 동전이었다(三宅 2005). 베트남과 고려에서도 주조액이 많지는 않지만 소평동전을 주조했다. 북송을 멸망시킨 금은 스스로 초(鈔, 지폐)를 발행했다. 승안보화(承安寶貨)라는 은화를 발행하기도 했으나 3년 만에 폐지했다. 일본은 황조십이전(皇朝十二錢)을 주조했다가 후에는 북송전을 수입했다(森 1975). 이처럼 북송의 소평전은 동아시아 공통의 화폐가 되었다.

원 대의 주된 화폐는 지폐[鈔]로, 동전 발행은 단기간에 그쳤다. 원 왕조의 동전에서 주목할 만한 점은 동전과 지폐의 관계이다. 남송에서는 회자(會子, 지폐)와 전(錢)이 서로 충분히 링크되지 못해 물가에 지폐가격과 동전가격 두 가지가 따로 형성되는 현상이 발생했다. 원에서는 거의 지폐[鈔] 단일의 통화 정책을 채용했으므로 이런 현상은 없었지만, 원 말기에 지폐가격의 하락이 현저해지자 지폐가격을 유지하기 위한 보증으로 동전[지정통보(至正通寶)]을 이용하였다. 지정통보에는 중량에 상응하는 액면가치가 새겨져 있었다. 또 지폐와 주화를 링크시키기 위한 권초전(權鈔錢)이 있었다. 예를 들어 유명한 지정지보(至正之寶)는 권초오전(權鈔伍錢)이라고 새겨져 있는 것이 중통초(中統鈔) 5전(錢)과 같은 가격으로, 중량이 소평전의 50배인 50문 전이었다. 각지에서 독립한 정치세력들도 동전을 발행했다. 그 중에 장사성(張士誠)이 발행한 천우통보(天佑通寶)는 액면가치를 주조해 넣었고, 주원장의 대중통보(大中通寶)나 홍무통보(洪武通寶)는 소평(小平, 즉 1문-옮긴이)부터 10문까지 5종류가 있었으며 주화에 무게를 새겨 넣기도 했다. 원 말 명 초의 동전은 주화의 무게와 액면가치를 서로 대응시켜 화폐 신용을 보증했던 것이다.

명 대에는 보초(寶鈔)를 발행했지만 재정은 실물재정으로 기울었고 동전[제전(制錢)]의 주조액 역시 줄어들었다. 또한 15세기 초에서 18세기 초까지는 홍치(弘治) 연간을 제외하면 주조가 정지되었다. 이 사이에 사주전이 횡행하여 명의 동전과 역대 동전 사이에, 또 명 동전 중에서도 주조지에 따라서 환율이 생겨났다(足立 2012). 이즈음 은 경제가 중국에 확실히 자리를 잡게 되어 가정(嘉靖) 연간에 동전 주조가 재개되자 은과 동전의 이중 체제[銀錢二貨體制]가 성립했다(黑田 1994).

명 말 청 초 제전에 새로운 사태가 발생한다. 명 말의 제전은 모양이 작고 조악한 진유전(眞鍮錢)이 많았는데, 그중에 (화폐 단위인 문(文) 대신에-옮긴이) 동전의 무게[錢重][1전(錢) 혹은 8분(分)]를 새겨 넣은 것이 있었다. 한편 청 초에 발행한 순치통보(順治通寶) 중에는 동전 1문에 상당하는 은의 중량 1리(釐)를 동전에 주조해 넣은 것이 있었다. 이처럼 청 초에는 동전과 은의 관계를 고정시키려 했다. 하지만 동전과 은은 원래 독자적인 화폐이므로 동전과 은의 환율은 크게 변동했다. 건륭 연간에 동전 시세가 크게 오른 것은 유명하다.

세선은 1분 전이 기본이지만 태평천국운동이 일어났을 때 재정난을 겪던 청 왕조는 1,000문, 500문, 100문짜리 함풍대전(咸豐大錢)을 발행했다. 그것은 동전 무게와 액면가치의 균형이 완전히 맞지 않았던 데다 주조 지역과 주조 시기에 따라 액면가치가 같은 동전인데도 크기가 완전히 달랐다. 함풍대전은 성(省)을 넘어 통용시킬 의지가 아예 없는 화폐였다.

그 후 청 대 동전은 규격화되지 못한 채 청 말까지 이르렀고 청 말 광서 연간에 근대 동전(coin, 구멍이 없고 둥근 모양-옮긴이)의 일반적 형태를 가진 동원(銅元)이 발행되었다. 은원(銀元)을 전국적으로 발행한 것도 이 시기이다. 둘 다 주조가 아니라 두드려 눌러서 (근대 서양의 화폐 제작 방식인-옮긴이) 찍어 내는 방식[打製]으로, 규격화가 크게 개선되었다. 이렇게 경제의 근대화를 뒷받침하는 화폐는 은원과 동원이 되었으며, 제전의 역사적 사명은 끝이 났다.

[참고문헌] 宮澤 2007.

테마 24 / **염정**[鹽政, 당(唐)~원(元)]

후루마츠 다카시(古松崇志)

중국에서 소금은 한정된 장소에서만 채취되어 예로부터 귀중한 상품이었다. 그 때문에 수익성이 높은 데다 생산과 유통을 통제하기도 쉬워서 이에 주목한 역대 왕조 정부는 소금을 전매해 왔다. 전매는 일찍이 기원전 2세기경 한 대에 시작되었는데(⋯▸ 테마 11 〈소금과 철〉, 136쪽), 제도로 정착된 것은 당 대 후반인 8세기 중엽 이후의 일이다.

안사의 난 이후 군사비 증대와 세수 감소로 인해 심각한 재정난에 빠진 당 정부는 758년에 재무관료인 제오기(第五琦)를 기용하여 염철사(鹽鐵使)를 설치하고 소금의 전매를 개시한다. 소금 생산자인 정호(亭戶)를 관의 관리하에 두고, 소금 산지에서 소금을 사들여서 운반·판매까지 전 과정을 정부가 도맡아 하는 제도였다. 훗날 "금각법[禁榷法, 즉 관매법(官賣法)]"이라 불린 제도이다. 뒤를 이어 발탁된 유안(劉晏)은 소금의 운반과 판매를 지정 상인에게 위탁하여 상인에게 도매가로 팔 때에 염세(鹽稅)를 징수하는 새로운 제도를 도입했다. 이른바 "통상법(通商法)"의 시작이다. 하지만 소금은 산지별로 판매 지역[행염지(行鹽地)]이 엄격히 지정되어 있었고 상인은 정부 관리하에 소금을 판매했으므로 자유로운 통상은 아니었다. 당시 성장하고 있던 상인 계층을 활용한 유안의 개혁은 성공을 거두어 하동(河東)의 해주염지[解州鹽池, 산서성(山西省) 운성(運城)]와 함께, 회남(淮南)·양절[兩浙, 즉 강소성(江蘇省)과 절강성(浙江省)] 연해부가 소금의 일대(一大) 생산지로 성장했다. 염세 수입은 크게 늘어나 정부 재정수입의 절반을 차지했으며, 군사적으로 약체화한 당의 명맥을 연장하는 데 공헌했다(妹尾 1982).

당이 붕괴한 후 "오대십국(五代十國)"으로 불린 시대에 번진(藩鎭)에서 유래한 군벌세력이 할거했는데, 소금 산지를 끼고 있는 나라에서는 소금이 군사력을 뒷받침하는 주요 재원이 되었다. 예를 들어 회남(淮南)을 장악한 남당(南唐)은 소금을 타국에 팔아 큰 이익을 얻었다. 이 시대에는 금각법(禁榷法)을 중심으로 일부 지역에서는 정부가 소금을 백성들에게 배급해 주는 대신에 동전, 비단, 쌀 등을 징수하기도 했다. 이런 소금을 "단염(蛋

鹽)", "식염(食鹽)", "염미(鹽米)"로 불렀다. 조악한 소금을 강제로 지급하는 등 많은 폐해가 생겨났으나, 제도는 북송에도 그대로 이어졌다.

북송의 염정은 전대를 답습하여 지역마다 다양했는데, 제도의 변천 역시 복잡하기 이를 데 없으나 대체로는 "금각(禁榷)" 중심에서 "통상(通商)" 중심으로 이행하는 흐름이었다. 북송 정부는 군사비 증가에 직면하여 생산량이 많은 해주의 지염(池鹽)과 회남의 해염(海鹽)을 염세 수입으로 활용했다. 특히 중요한 점은 북변에서 객상(客商)에게 곡물을 납입시키는 대가로 차, 명반, 향약과 함께 소금의 판매어음인 "염교인[鹽交引, 즉 염인(鹽引)]"이나 "염초(鹽鈔)"를 발급해 주게 된 것이다(⋯→ 테마 20 〈화적〉, 198쪽). 북송 정부는 11세기 전반에 서하의 발흥에 대응하여 섬서 변경에 대군을 배치하고, 재무에 정통한 범상(范祥)의 헌책에 기초하여, 객상이 변경까지 납입하던 곡물을 동전으로 바꾸고, 객상에게는 그 대가로 염초를 지급하여 해주 염지로 가서 소금으로 바꾸어 판매하도록 했다. 상인에게 염초를 주고 얻은 동전은 현지에서 화적(和糴, 시장에서 식량을 구입하여 창고에 저장하는 것-옮긴이)을 하는 자금에 충당하였다. 이렇게 하여 해주의 소금 수입을 이용해 변경의 군대를 유지하는 안정적 구조가 생겨났다. 또 해주 염지가 수해를 당한 북송 말에는 재상 채경(蔡京)의 주선으로 정부 판매[官賣]와 통상을 병용하고 있던 회남, 양절 소금의 정부 판매를 폐지하고 염초를 지급하는 통상법으로 전부 바꾸어 대량의 세수를 얻을 수 있었다(戴 1981, 日野 1983a).

북송에서 도입된 소금의 판매어음은 이후 역대 왕조에 계승되었다. 남송에서는 북송 말의 제도를 그대로 답습하여 일관되게 염초를 이용한 통상법을 실시했다. 최대의 생산량을 자랑하는 회남, 양절 소금으로 교환할 수 있는 회절염초(淮浙鹽鈔)와, 사천(四川) 내륙부의 정염(井鹽)으로 교환할 수 있는 염인(鹽引)이 주로 유통되었다. 이러한 염초, 염인을 판매하여 얻은 수입은 막대한 군사비 지출을 지탱해 주었다. 중원을 장악한 금(金)에서도 염초와 염인을 이용한 통상법이 실시되었다. 금 대에는 중원 연해부의 개발이 진척되어 산동(山東)과 하북(河北)의 해염(海鹽) 생산량이 현저히 늘어났다.

몽골은 중원 지배를 개시하자마자 바로 소금에서 얻을 수 있는 세수에 착목하였다. 오고데이 시대에 야율초재(耶律楚材)가 중원 각지에서 십로과세소(十路課稅所)를 창설했을 때, 해주 염지를 비롯해 각 소금 산지에서 소금 전매가 시작되었다. 대원(大元) 울루스[원조(元朝)]가 남송을 병합하자, 송 대 이래 최대의 소금 산지였던 회남과 양절의 강남 염세가 몽골 정부 수입에서 큰 부분을 차지하게 되었다. 원 대에는 빈민에게까지 소금을 널리 보급할 목적으로 상평염국(常平鹽局)이 설치되어 관청에서 백성들에게 직접 소금을 판매하는 경우도 있었지만, 염정을 장악한 도전운염사사(都轉運鹽使司)에서 상인이 염인을 사서 소금 산지인 염장(鹽場)이나 염창(鹽倉)에서 소금을 받아 판매하는 통상법이 일반적이었다(吉田 1983). 소금과 교환할 수 있는 증서인 염인은 지폐 대용품으로 널리 사용된 듯한데, 내륙부의 파라호트 유적[내몽고(內蒙古) 액제납기(額濟納旗)]에서 염인이 출토된 사례가 있다(제3장 첫 페이지 사진).

8세기 후반에 소금 전매제가 도입된 후 정부의 공정 판매가는 급등했다. 전매가 개시되기 전에는 1두에 10문이던 것이 일약 110문으로 가격이 올랐고, 780년대에는 300문을 넘어서기까지 하였다. 이후 역대 정부의 소금 판매가격은 원가에서 크게 멀어진 수준까지 높게 책정되었다. 그 때문에 정부가 정한 가격보다 더 싸게 사고파는 소금 암거래[사염(私鹽)]가 횡행하게 되었다. 그러자 높은 가격의 전매 소금은 안 팔리게 되고 정부의 중요한 재원인 염세 수입은 감소하고 만다. 이런 사태를 막기 위해 역대 정권은 사염 거래에 관여한 위반자들을 가혹하게 처벌하는 규정을 두어 단속을 실시했다. 소금 전매가 시작된 당 대에는 사염을 단 1석(石)이라도 밀매하면 사형에 처하도록 규정하였고, 오대와 송 초에는 한층 혹형이 가해졌다. 송 대 이후에는 형벌이 경감되었지만 그래도 절도범보다는 훨씬 가혹한 형벌이 내려졌다. 사염 거래를 엄벌할수록 사염업자들은 지하로 잠복했고 무장 조직화가 촉진되었다. 왕조 정부의 치안 유지가 기능할 때에는 이들을 단속하거나 누를 수 있었다. 그러나 일단 지배 체제가 동요하면, 암거래로 얻은 경제력을 기반으로 군사력을 축적한 사염업자들이 종종 왕조의 존망을 좌우하는 중대한 위협으로 등장하였다.

[참고문헌] 郭 1997, 佐伯 1987, 島居 2012.

테마 25 ／ 전호(佃戶)

미키 사토시(三木聰)

1950년 6월 30일에 공포된 "중화인민공화국 토지개혁법"에 따른 토지개혁으로 중국의 지주적 토지 소유는 최종적으로 폐지되어 사라졌다(⋯▸테마 50 〈토지개혁〉, 423쪽). 그때까지 오랫동안 지주제(소작제)하에서 지주가 소유한 토지를 빌려 경작하는 직접 생산자 농민, 즉 소작농민을 중국사에서는 일반적으로 전호(佃戶)라고 부른다. 이 전호라는 단어 자체는 역사 문헌에 나오는 사료 용어로, 이 외에도 전농(佃農), 전객(佃客), 전인(佃人), 전정(佃丁) 등 "전(佃)" 자가 들어간 단어가 몇몇 있는데, 이런 단어들은 송 대 이후 각종 사료 속에 아주 흔하게 나타난다.

중국에서 지주제(혹은 그와 비슷한 경제제도)의 역사는 대단히 오래되었다고 할 수 있다. 이미 한 문제 때에 동중서(董仲舒)는 전국 시대에 "부자는 밭이 여러 천맥(仟佰)에 걸쳐 있는데, 빈자는 송곳을 꽂을 땅조차[立錐之地] 없었다"고 전했다(『한서』 식화지). 또 청 대 고증학의 개조(開祖) 중 한 사람인 청 초의 대학자 고염무(顧炎武)는 한 대에는 "호민(豪民)의 밭을 경작하여 십 중 다섯을 세금으로 냈으며", 당 대에는 "민간[私家]의 소작료[收租]에는 1무(畝)에 1석(石)에 달하는 것도 있다"고 하여, 지주적 토지 소유의 전개에 따른 소작료 형태의 차이를 지적하고 각각 "분조(分租)" 혹은 "포조(包租)"라고 불렀다고 기록했다(『일지록(日知錄)』 권10). 그러나 지주제가 중국 역사에서 일반적인 경제 제도가 되고 지주-전호 관계가 일반적 경제관계가 된 것은 송 대 이후의 일이라고 생각한다. 고염무는 한 대에는 "호민", 당 대에는 "겸병의 무리[兼并之徒]"로 불렸던 존재가 송 이후에는 "공공연하게 땅주인[田主]으로 불리게 되었다"고 썼는데(상동), 그의 지적은 이러한 점을 단적으로 보여 준다고 할 수 있다.

전호가 지주에게 납부하는 소작료를 일반적으로 전조(佃租)라고 한다. 그냥 조(租) 또는 전조(田租)라고 하거나 그 형태에 따라 조미(租米), 조곡(租穀)이라고 부르기도 했다. 전조에는 노동을 바치는 역조(力租)에서 생산물을 바치는 물조(物租) 혹은 돈을 바치는 전조(錢租)까지 다양한 형태가 있었다. 이른바 지대(地代)의 발전단계론적 이해에서는 전조의 형태가 역조에서 물조로, 다시 물조에서 전조로 역사적으로 이행했다고 도식화하지만 중국사에서는 그렇지 않다. 그 당시의 경제적 사정 혹은 지주의 자의적인 결정에 따라 전조의 형태는 수시로 혹은 위의 도식과는 거꾸로 변경되곤 했다. 다만 중국 지주제의 역사를 통틀어 가장 보편적인 형태는 물조였다. 물조에는 지주와 전호 사이에 수확물을 절반씩 나누는 분익조(分益租)라는 정률 소작제와, 1무당 전조(佃租) 1석처럼 일정량의 수확물을 바치는 정액 소작제가 있었다. 정률 소작제가 고염무가 말한 "분조"이며, 정액 소작제가 그가 말한 "포조"이다. 평균하면 둘 다 수확량의 거의 50%라서 대단히 고액이었다. 항일전쟁 시기에 중국공산당은 지배 지역인 변구에서 감조감식 정책(減租減息政策, 소작료와 고리대 이자를 낮추는 정책－옮긴이)으로 "이오감조"(소작료의 25% 감액)를 실시하여 소작료의 최고 상한액을 수확량의 37.5%로 설정했는데, 이는 기존 소작료가 50%나 되었음을 잘 보여 준다.

송 대 이후 지주와 전호 관계는 기본적으로는 소작계약으로 성립하는 관계였지만, 지주와 전호 사이에는 "지주와 전호의 구분[主佃之分]"이라 불리는 신분적 규제가 존재했다. 남송 시대의 판결집에는 "지주와 전호, 명분은 명료하다[一主一佃, 名分曉然]"(『명공서판청명집(名公書判淸明集)』)라고 써 있고, 명 초인 1372(홍무 5)년에 나온 태조 주원장의 조칙에는 지주와 전호 사이를 "어른과 아이의 서열[長幼의 序]"에 비정하고 있어 "지주와 전호의 구분"이 신분 규제로 존재했음을 엿볼 수 있다. 청 건륭 연간의 법률서에서도 "이미 지주와 전호의 구분이 있다면, 또한 평민과는 차이가 있다"고 법률적 차별을 지적하고 있듯이(『대청율례통고(大淸律例通考)』 권27), "지주와 전호의 구분" 때문에 주현(州縣) 아문(衙門)은 지주와 전호 간 분쟁을 다룬 재판에서 전호에게 더 가혹한 판결을 내리고 있다.

한편 명청 시대에는 화중과 화남을 중심으로 "일전양주제(一田兩主制)"가 발전했다. 토지 하나에 전면권(田面權, 경작권)과 전저권(田底權, 소유권)이 성립하여 각각을 물권(物權)으로서 독립적으로 소유·매매할 수 있게 된 것이다. 일반적으로는 지주가 전저권을, 전호가 전면권을 소유했다. 이런 제도와 관행이 처음에 어떻게 생겨나게 되었는지는 학설이 나뉘고 있지만, 중국공산당의 토지개혁법에 "전면권을 보유한 자"를 배려해야 한다고 명기되어 있듯이, 일전양주제는 20세기 중반까지도 존속했다. 한편, 전저와 전면이란 명칭은 모든 지역에서 통용된 것은 아니어서 전저와 전면을 각각 전골(田骨)과 전피(田皮), 전면(田面)과 전근(田根), 대묘(大苗)와 소묘(小苗), 대업(大業)과 소업(小業)으로 부르기도 했다. 그런데 일전양주제는 특정 지역의 경작지 전체에 다 적용되는 식으로 전개되지는 않았다. 예를 들어 19세기 전반 도광(道光) 연간 복건(福建)의 한 지역을 살펴보면, 전골, 전피로 불리는 일전양주제가 적용되는 토지가 있는가 하면, 압조(押租, 소작 보증금)를 내면 소작인[佃戶]이 경작권을 보장받는 "기경전(起埂田)"도 있고, 압조조차도 없는 "하당전(荷當田)"도 있어 여러 형태의 소작이 혼재하고 있었다(『문속록(問俗錄)』 권1). 특히 일전양주제하에 있던 전호에게는 전면권이야말로 지주의 소작료[佃租] 수탈에 대항할 수 있는 "항조(抗租)"의 근거가 되었다.

중국사에서 지주제가 발전하는 가운데 전호의 역사성을 집약적으로 보여 주는 것으로 항조를 주목할 만하다. 항조(抗租)란 전호가 지주에게 소작료[田租] 납부를 주체적·의식적으로 거부하는 행위로, 지주와 전호 간의 긴장관계를 단적으로 말해 준다. 항조 자체는 이미 송 대 문헌에도 나오지만, 화중과 화남의 농촌 사회에서 일반화되는 것은 16세기 후반에 가서였다. 이 시기 항조가 전호가 경영하는 상품 생산(농촌수공업 및 상품작물의 재배)과 밀접하게 연관되어 있다는 것은 만력(萬曆) 연간의 강남 『수수현지(秀水縣志)』나 복건 『천주부지(泉州府志)』 등 지방지(地方志)에 생생하게 묘사되어 있다. 그 후 명청 교체기에는 "전변(佃變)" 혹은 "항조반란(抗租反亂)"이라 불렸던 비일상적인 항조가 고양되다가, 다시 청 중기에 일상적인 항조가 전개되는 시기를 거쳐, 청 말에 이르면 재차 폭동을 동반한 항조가 나타났다. 그리고 다시 20세기 중반 토지개혁에 이르기까지 전호는 지주에 대한 항조를 지속적으로 해 왔던 것이다.

[참고문헌] 周藤 1954, 谷川·森, 小山 1992, 高橋 2001, 三木 2002, 田中 2004.

테마 26 / 신법(新法)

키다 토모오(木田知生)

신법이란 북송 시대(960~1127년) 후기에 신종(神宗) 황제(재위 1067~1085년)의 지시로 왕안석(王安石, 1021~1086년)이 주도하여 실시한 여러 개혁을 가리킨다. 개혁이 시작된 1069[희령(熙寧) 2]년은 북송이 건국되고 대략 100년이 지난 시점으로, "적빈적약(積貧積弱, 나라가 갈수록 가난해지고 약해진다 – 옮긴이)"이란 말로 상징되듯이 수많은 문제들이 산적해 있었다. 송의 북쪽에서는 요가, 서북쪽에서는 서하라는 군사 정권이 북송 정권을 위협하고 있어 재정 기반은 약해지고, 군사제도와 관료제도에는 빈틈이 생겨나 국정 전체를 바로 세우는 것이 급하게 되었다.

신종의 전폭적 지지를 얻어 시작한 왕안석의 개혁은 우선 전문 관청으로 "제치삼사조례사(制置三司條例司)"를, 그 후 정책 결정 및 추진 기관으로 "사농시(司農寺)"를 설치했다. 이 모든 정책은 "부국강병"에 주안점을 두었는데, 부국 정책으로는 균수법(均輸法), 청묘법(靑苗法), 농전수리법(農田水利法), 면역법(免役法)[모역법(募役法)], 시역법(市易法), 방전균세법(方田均稅法)을 순차적으로 실시하였다. 균수법과 시역법은 북송 시대에 더욱 활성화된 상업 자본에 대한 개혁안이며, 그 외는 기본적으로 재정의 근간을 이루는 농업에 관한 개혁안이었다. 강병 정책으로는 보갑법(保甲法), 보마법(保馬法), 장병법(將兵法)을 실시하여 북변의 위협을 줄이고 국내 방어 능력을 향상시키려 노력하였으며, 이어서 병기를 개선하기 위해 군기감(軍器監)을 설치하였다.

신법 개혁의 대상은 다방면에 걸쳐 있지만 기득권자의 권익을 위협하는 것으로, 황실이나 관료 등 특권계층으로부터 강력한 비판이 쏟아졌다. 그 중에서도 시역법은 상업 물류를 제어하는 "시역무(市易務)"를 각지에 설치하여, 시가를 조작해 상업적으로 큰 이익을 얻고 있던 대상인의 상업 활동을 규제하려고 하였으나, 이들과 결탁하고 있던 일부 관료들에게 강력한 비난의 소리를 들어야만 했다.

청묘법은 매년 두 차례, 여름과 가을 중 곡물이 아직 익지 않은 시기에 정부가 빈궁한 농민들을 위해 돈과 물자를 빌려주는 것이다. 농민이 자발적으로 차입을 희망하는 것이 전제 조건이지만 실제로는 강제 대여가 될 수도 있다며 강력한 비판이 나왔다. 면역법은 호등(戶等)에 준하여 순차적으로 차역(差役, 노역)을 담당하던 옛 방식을 없애고, 주현(州縣)의 관아에 대신 돈을 내고 사람을 고용하도록 새로 면역전(免役錢)과 조역전(助役錢)을 납부하게 한 것이다. 이 정책에 반대하는 사람들은 노역 부담이 없던 사람까지 납세 부담이 생기고 또 고용을 원하는 부랑자들이 모여들어 강간과 절도의 위험이 늘어난다며, 그 해악은 청묘법보다 심하다고 혹평을 퍼부어 신법의 추진 자체를 멈추게 할 정도로 그 세력이 커졌다.

국력 회복을 지향하며 전면적으로 추진했던 신법의 여러 정책 중에서도 위에서 지적한 정책들은 처음부터 수구파 관료의 끈질긴 반대에 부딪혔고, 또 실제로 정책을 실시하는 지방 말단조직이 중앙정부의 의도를 충분히 이해하지 못하고 어설프게 정책을 운용하는 바람에, 구상대로 잘 실시되지 못했다.

왕안석의 개혁에는 과거 개혁과 학교교육 개혁도 포함되어 있었는데, 왕안석이 하야한 후에는 신종이 관제 개혁에 나서서 불필요한 관원 수를 줄이고 지출을 삭감하여 어느 정도 성공을 거두었다. 하지만 왕안석과 신종이 죽자 신법 개혁은 중단되었고, 주장을 달리하는 관료들 사이에 파벌투쟁이 계속되어 정국은 혼란해졌다. 신법을 계속 실시하자는 관료들 중에서도 적임자가 나오지 않아 십수 년에 걸친 개혁에 대한 열정과 그 성과는 차차 사라져 국가 멸망을 재촉하는 결과를 초래했다.

[참고문헌] 佐伯 1990, 木田 1994, 鄧 1997, 漆 2001, 李 2004.

테마 27 / **지폐(紙幣)**

다카하시 히로오미(高橋弘臣)

중국에서 지폐(정부 지폐)의 연원을 찾자면, 적어도 당 대까지는 거슬러 올라가야 한다. 당시 장안과 낙양 같은 도시에는 기부포(寄附鋪), 궤방(櫃坊)이라 불린 금융업자가 있어서 타인의 재물을 맡아서 보관하기도 하고 각종 어음(약속어음, 환어음, 수표 등)을 발행했다. 당 왕조 역시 기부포나

궤방을 모방하여 어음을 발행했다. 이러한 어음은 비전(飛錢), 편전(便錢), 편환(便換)이라 불리며 주로 고액결제 및 원거리 결제수단으로 사용되었는데, 여기에 그치지 않고 넓은 의미의 지폐 혹은 신용화폐로서 이리저리 유통된 흔적을 확인할 수 있다.

북송 시대가 되면 상업 발전에 따라 어음은 더욱 널리 사용되었고 지폐처럼 유통되는 현상도 한층 활성화되었다. 그런 상황을 본 북송 왕조는 어음을 지폐로 발행하여 관료 및 병사들의 봉급과 군수물자 구입비 등 지출에 충당하게 된다. 그 대표적인 것이 1023년 이후 사천(四川)에서 발행했던 교자(交子)이다. 교자란 서하와의 전쟁에 군사비를 조달하기 위해, 기부포[사천에서는 교자포(交子鋪)라고 불렀음]가 발행하던 어음인 교자의 경영권을 정부가 빼앗아 지폐로 발행한 것이다. 지폐로서 교자는 사천에 유통되던 철전(鐵錢)과 태환되었다. 또 유통기한을 3년, 그 기간 동안의 발행액을 125만 관(貫)으로 고정하고, 3년마다 새로 신구 지폐를 교환하였다.

북송 왕조는 교자 이외에도 1105~1106년에 걸쳐 수도인 개봉 주변과 요와 서하의 국경지대에서 철인(鐵引)이란 지폐를 발행했다. 하지만 북송 시대의 지폐 발행은 국지적이고 일시적이었으며, 지폐의 사용자 역시 거의 관료, 군사, 상인으로 제한되어 있었다.

남송과 금 시대에 이르면 군사비가 팽창하여, 남송의 경우 국가재정의 70~90%를 점할 정도였다. 남송과 금 왕조는 주로 군사비 지출을 위해 12세기 후반 이후 지폐를 대량으로 게다가 항상적으로 발행하였다. 남송의 지폐 발행액 총액은 13세기 중반에 이르면 10억 관을 넘어섰다.

금 왕조는 교초(交鈔), 정우보권(貞佑寶券), 흥정보천(興定寶泉), 천흥보회(天興寶會) 등 지폐를 발행했다. 금 왕조는 지폐의 유통기한을 없애고 교초에 유통구역도 설정하지 않은 채 전국적으로 사용했다. 또 지폐 사용을 촉진하기 위해 민간에서 동전과 은을 사용하는 것을 금지했다. 이런 점들은 원의 화폐 정책에 계승되었다.

반면에 남송 왕조는 지폐에 유통기한을 설정했다. 또 사용구역을 한정하여 회남교자(淮南交子), 호북회자(湖北會子)[강북(江北) 유통], 전인(錢引)(사천 유통), 동남회자(東南會子)(강북과 강남 유통)를 발행했다. 하지만 동남회자는 남송 말이 되면 유통기한이 폐지되고 사천 지역 이외에도 발행되어 전국적으로 유통되었다. 남송의 지폐 역시 원 대의 지폐로 연속되는 측면이 나타나는 점은 흥미롭다.

남송, 금 대에는 재정수지, 교역에서의 지불, 물가 표시가 주로 지폐로 이뤄지게 되었다. 지폐는 동전 및 금은으로 바꿀 수 있는 주요 화폐가 된 것이다. 지폐의 사용자층 역시 확대되어 농민이 지폐를 취급하기에 이른다. 지폐 사용은 남송, 금 대에 크게 발달했다고 할 수 있다. 또 남송, 금 대의 지폐는 처음 발행할 때는 동전 및 철전과 태환되었지만, 증발(增發)을 하면서는 태환이 정지되었다. 불환지폐가 되었음에도 그 신용과 가치가 유지될 수 있었던 것은 납세, 특히 소금의 전매세를 지폐로 납부하도록 하여 지폐를 회수했기 때문이었다.

1260년 몽골 제국의 제5대 황제에 즉위한 쿠빌라이는 아릭 부케와 치른 황위계승전쟁의 비용과 신정권 수립에 필요한 비용을 염출하기 위해, 그해 본거지인 중원에서 금은을 태환 준비로 한 지폐 중통초(中統鈔)를 발행했다. 중통초는 금 대의 지폐를 모방하여 유통기한과 유통구역을 설정하지 않았다. 또 중통초의 운용기관 역시 금 대의 지폐운용기관을 한층 정비한 것이었다고 볼 수 있다.

아릭 부케에게 승리를 거둔 쿠빌라이는 1269년부터 남송 총공격에 착수하여 1271년에 국호를 원으로 정했다. 원 왕조는 남송을 병합하는 과정에서 남송 지폐와 교환하는 형태로 중통초를 발행했다. 남북으로 분열되어 있던 중국 지폐가 중통초에 의해 통일된 것이다. 원은 중통초의 발행과 함께, 민간에서 금은의 사용을 금지했다. 1277년에는 동전 사용도 금지하였다. 이리하여 일찍이 지폐만을 전적으로 사용하도록 하는 화폐 정책이 성립한 것이다. 그러나 금은, 동전의 사용 금지령은 철저하지 못해서 민간에서의 사용이 그치지 않았으며, 1285년 이후에는 원 왕조 스스로도 자주 금령을 해제했다. 또 원 왕조는 13세기 이후 지원초(至元鈔), 지대은초(至大銀鈔), 지정교초(至正交鈔) 등 다른 지폐도 발행하였다.

원이 중통초를 발행할 당초에는 발행액이 많지 않아 지폐 가치가 높았으며, 유통도 양호하고 물가도 안정되었다. 하지만 남송 병합을 전후하여 원은 연간 100만 정(錠, 1錠=50貫)이 넘는 지폐를 인쇄하여 지출에 썼고, 금은과의 태환도 정지시켰기 때문에 지폐 가치가 하락하고 물가가 뛰기 시작했다. 그 후 지폐의 연간 인쇄 발행액은 200만 정을 넘기도 하여 정부가 납세를 통한 회수나 화폐의 평가절하 등 여러 조치를 취했지만 지폐 가치의 하락과 물가 등귀 문제는 해결되지 않았다. 참고로 원 대의 물가 상승률은 가장 말기를 제외하면 평균 4%가량이었다고 한다.

명은 동전과 동 자원 부족으로 1375년 대명보초(大明寶鈔)라는 지폐를 발행했다. 대명보초는 처음 발행할 때부터 불환지폐여서, 그 가치와 신용은 오로지 납세를 통한 회수에 의지하여 유지되었다. 또 보초의 발행과 함께 민간에서 금은 사용을 금지하였다. 그러나 납세로 회수한 액수가 얼마 되지 않았기 때문에 지폐의 신용과 가치는 발행 당초보다 낮아져, 액면가치 1관(=1,000문－옮긴이)인 보초가 1390년에 이르면 그 4분의 1까지, 1394년이 되면 160문까지 하락했다. 그 후로도 지폐 가치는 계속 하락하여 15세기 전반에는 건국 초의 40분의 1에서 70분의 1까지 떨어졌다. 이러한 상황을 보고 명 왕조는 금은의 사용 금지령을 반복해서 내렸고 1394년에는 동전 사용마저 금지했다. 반면에 납세를 통한 지폐 회수는 강화하였다. 그러나 어떤 조치도 효과를 보지 못해, 지폐는 15세기 말이 되면 민간에서는 종잇조각이나 마찬가지로 되어 더 이상 사용하지 않게 되었다.

청조는 송부터 명까지 지폐 증발이 큰 혼란을 일으킨 것을 보고 지폐 발행에 신중한 태도를 취했다. 청 대에는 1651~1661년 사이에 초관(鈔貫), 1853~1861년에 걸쳐서는 대청보초(大淸寶鈔), 호부관표(戶部官票)라는 지폐를 발행하였다. 19세기 말에는 근대 구미의 은행을 모델로 신식은행이 다수 설립되었는데, 이들 은행이 발행하는 은행권이 중국에 진출한 외국은행의 은행권과 더불어 널리 유통되게 되었다.

[참고문헌] 草野 1966, 前田 1973, 日野 1982, 1983b, 1983c, 彭 1988, 宮澤 1998, 高橋 2000.

테마 28 ／ 투하령(投下領)

마츠다 오이치(松田孝一)

"투하령"이란 역사 연구에서 쓰는 용어로, 몽골 제국, 원 왕조 시대에 왕족과 제후가 나눠 받은 영지(領地)와 영민(領民)을 가리키는 말이다. "투하(投下)"는 몽골어 단어일 것이라고 생각했던 적도 있는데, 보통 "두하(頭下)"로 표기되기도 하는 한어(漢語)로, 요와 몽골 제국 시대에 황제(칸, 카한)의 수하, 부하를 말한다. 몽골 제국의 유목민은 십인대(十人隊)를 모아서 백인대(百人隊)를 만들고, 백인대를 모아서 천인대(千人隊)를 만들고, 거기에서 다시 만인대(萬人隊)를 형성하는 십진법의 군사단위로 칸 휘하에 조직되어 있었다. 만인대, 천인대에서 대장 수준의 장(長), 바로 칸 휘하의 무장이 "투하"이다.

흉노 이래 유목민 집단은 이 십진법 단위로 조직되었는데, 수장을 정점으로 왕족과 제후가 자신의 영민으로 일정 규모의 천인대를 보유하고 그 유목지를 영지로 삼았다. 몽골 제국은 칭기즈 칸이 1206년에 건국할 때에 95개의 천인대가 있었다(후에 129개로 늘어남). 칭기즈 칸은 몽골 고원 중앙부를 유목지로 삼고 천인대의 대부분을 보유했으며, 중신 2명을 좌익의 만인대장과 우익의 만인대장으로 삼아 휘하에 천인대를 분속시켜 이른바 "천령(天領)"을 만들었다. 한편, 천인대 조직을 아들과 동생들에게 여러 개씩 분배하여 3명의 아들은 고원 서쪽에, 3명의 동생은 고원 동쪽에 왕으로 분봉한 뒤 각각 소번(小藩), 이른바 "친번(親藩)"을 만들게 했다. 이렇게 천령(天領)과 친번령(親藩領)에 천인대가 분산 배속되는 체제, 즉 "투하"가 배치되는 체제, 이러한 분봉제(分封制)가 제국의 원점의 형태 내지 원형이 되어(杉山 2004) 제국이 확대됨에 따라 그 영토 전역으로 이 체제가 적용되었던 것이다.

1234년에 금을 정복한 몽골은 옛 금의 영토인 중원[中原, 당시 호칭은 "한지(漢地)"]에서 일정 지역 및 그 지역에 호적이 등록된 평민["민호(民戶)"라고 함]을 1236년 친번의 왕들과 천령 소속의 공신들["투하(投下)"]에게 분배했다(松田 2010a). 또 1279년 남송을 정복하자, 1281년 남송의 옛 영토인 강남에다가도 일정 지역에 호적이 등록된 주민을 마찬가지로 배분해 주었다. 이렇게 하여 몽골 통치하의 동방 지역에서 몽골 왕들과 공신들은 몽골 고원, 중원, 강남 모두 세 곳에 영지를 보유한 영주(領主)가 되었다. 이들 왕과 공신이 보유한 영지 전체를 "투하령(投下領)"이라고 총칭하고 연구를 진행하고 있다(杉山 2004).

영주는 고원 유목지에서는 유목민을 지배했고, 중원에서는 영지에 호적이 등록된 민호에게서 견사세(絹絲稅)의 일부분["오호사료(五戶絲料)"라고 함]을, 강남에서도 마찬가지로 현금["강남호초(江南戶鈔)"라고 함]을 수입으로 얻었다. 견사세는 10호에 7근씩 납부하였다(후에 2배로 늘어남). 영주가 가져가는 몫은 7근 중에 2근, 약 30%였고 나머지 5근, 약 70%는 관(칸)이 가져갔다. 공납을 칸(황제)과 영주가 나눠 가져가는 것은 당(唐)에서 왕과 공주(公主)의 식읍(食邑) 수입을 배분[영주는 3분의 2, 관(官, 황제)은 3분의 1]하는 것과 비슷했는데, 몽골 제국에서는 관[칸]이 가져가는 몫이 압도적으로 많았다는 점이 특징적이다. 강남호초(江南戶鈔)는 1호마다 5전씩[후에 4배인 2관(貫)으로 증액됨] 냈다. 중원 영지의 배치와 영민 수의 규모는 몽골 고원에 보유한 영지의 배치와 천호 조직의 규모에 준해서 결정했다. 고원 분봉제의 원형이 그대로 새로운 점령지인 중원으로, 다시 강남으로 옮겨졌던 것이다(村岡 1997).

영주의 권한에 대해서는, 유목지대에서는 영주의 지배권이 강했지만 농경지대에서는 앞서처럼 오호사료(五戶絲料)의 영주 몫이 적었고 또 영주가 이를 직접 징수하는 것이 규정상 금지되어 있었던 점(원 왕조 성립 후의 규정으로 처음에는 없었다)에서 영주의 권한은 제한적이었으며 중앙권력인 칸의 권한이 우세했다는 학설이 제기된 적도 있었다(村上 1940). 하지만 몽골 영주에게 자신의 몽골 고원, 중원, 강남 세 지역의 투하령을 구별하는 의식이 있었을까 묻는다면, 상당히 의문스럽다. 영주가 중원의 투하령에 자신의 유목민을 보내 방목을 시키는 경우도 자주 있었다. 몽골 초원의 유목지는 상위의 만인대장에게서 천인대장, 다시 백인대장으로 아래로 가면서 순차적으로 세분화되었는데, 중원의 투하령도 완전히 똑같이 상위에서 하위로 재분할되어, 하위의 영주가 수입을 얻는 영지는 겨우 촌 몇 개 정도 규모인 사례도 있었던 것으로 알려져 있다(岩村 1968).

중원에서 땅을 구획하는 최상위의 행정단위는 "로(路)"인데, 왕과 중신 가문들은 이 로에 사법관인 자루가치[한역하여 "단사관(斷事官)"]를 파견하고, 또 각 영주는 로와 그 하위의 주(州), 현(縣) 등 행정단위에 장관으로 다루가치[한역하여 "감군(監郡)", "감현(監縣)"]를 두었다. 중원 영지의 민호는 영주가 그들의 거주지를 이동시키는 것이 금지되었다. 그러나 중원 영지 내에는 정복전쟁으로 영주가 획득한 포로와 같이 영주의 사유민(私有民)도 상당수 존재했는데, 이들은 영주가 필요에 따라 마음대로 유목지나 다른 영지로 이동시킬 수 있었다. 사유민은 직물 등의 공예 직인, 수렵민, 매부리 등으로, 가족 단위로 움직이거나 혹은 거점["국(局)"]에 집결하여 각각 특정 기술을 이용해 생산 활동을 하면서 영주에게 매년 공납을 바쳤다.

또 각 영주가 파견한 자루가치는 영지에서 사법권을 행사했을 뿐 아니라, 연경(燕京)·대도(大都, 현재의 북경)에 설치한 몽골 제국의 한지(漢地) 통치기관 회의에 영주의 권익을 대표하여 참가했다(牧野 1966). 영주의 지배권은 중원에서도 일정 정도 확보되었다고 할 수 있다. 원 왕조가 성립한 후 몽골 제국은 분열했지만, 원의 칸은 칸으로서 권위를 유지하기 위해, 심지어 적대하는 영주의 투하령 권리도 보전해 주고 빼앗지 않았다. 원과 우호 관계에 있던 일 칸국(훌레구 울루스)의 경우에는 본거지인 이란에서 원으로 사절을 파견하여 중국에 있던 일 칸국의 각종 권익을 다 수령했을 뿐 아니라, 인도양을 항해하여 이란으로 돌아갈 때 가지고 돌아가기까지 했다(松田 1980).

테마 29 / **몽골 시대의 동서교역**

마츠이 다이(松井太)

유라시아 동서에 걸치는 몽골 세계 제국의 출현은 그 지배영역의 안팎으로 교역과 물류를 촉진하였다. 특히 몽골 정권이 서방 유라시아와의 교역에 대량의 은을 투입한 결과, 13세기 후반부터 14세기 전반에는 유럽, 이집트, 인도, 동남아시아 등 몽골 지배의 외연까지 포함한 유라시아 전역에서 은의 유통량이 증대했다. 동방교역에서 일방적으로 수입초과 상태였던 유럽은 (수입에 필요한 지불수단을-옮긴이) 몽골에서 나오는 은에 의지하고 있었다. 14세기 전반에 피렌체에서 편찬된 『상업지침[商業指南]』 첫 장이 몽골 지배하의 중국 지역과 교역하는 방법으로 서술을 시작하고 있는 것은 당시 유럽에게 몽골 제국이 얼마나 중요한 교역 상대였는지를 말해 준다. 몽골 지배하의 중국, 중앙아시아, 이란에서는 은의 중량 단위가 2킬로그램을 기준으로 단일체계로 표준화되었는데, 이탈리아 상인이 사용하는 은 단위도 이와 연동되는 형태로 교환비율이 정해지게 되었다. 한편, 14세기 후반에 유럽, 이집트, 이란에서 급격한 은 부족이 발생한 것 역시 몽골 지배가 붕괴하면서 유라시아 규모의 은 순환이 두절되었기 때문이다.

몽골 지배영역의 경제적 중심으로 중국을 지배하던 대원 울루스는 은의 민간 유통을 원칙적으로 금지했다. 그러므로 유라시아 서쪽과 남쪽으로 흘러들어 간 은은 몽골 황제가 스스로 지출한 은이거나, 아니면 조치, 차가타이, 훌레구 등 서쪽의 세 왕가를 비롯한 몽골 왕족과 귀족들에게 사여한 은[세은(歲銀)]일 것으로 생각된다. 이러한 몽골 지배층의 주머니에 있는 은을 세계 각지에 유통시키는데 큰 역할을 한 것이 "오르톡[ortoq, 알탈(斡脫)]"이라고 불리는 상인집단이다. 오르톡이란 "동료, 파트너"를 의미하는 투르크어에서 유래한다. 이들 오르톡 상인은 몽골 지배층의 "상업적 파트너"로서, 금·은·지폐(교초) 등의 자본을 몽골 지배층에게서 빌려 와 몽골이 설치한 육로·해로의 교통망을 이용해 유라시아 각지에서 교역 활동을 전개했다.

그들은 몽골 정권에서 재무관료나 외교사절로 중용되기도 했다. 예를 들어 13세기 말에 훌레구 울루스에서 대원 울루스로 파견된 사절 파크룻딘은 훌레구 울루스의 국고에서 황금 10만을 "무역 자금"으로 받고, 또 "자신의 상품과 교단(教團) 대표, 동료들의 상품"까지 가지고 원에 갔는데, 그는 외교에 참가한 오르톡 상인의 한 예로 볼 수 있다. 또 오르톡 상인에는 이슬람교도뿐 아니라 불교도나 크리스트교도도 적지 않았다. 쿠빌라이는 이그미슈[Yïrmïš, 한자명은 역흑미실(亦黑迷失)]를 인도, 스리랑카로 파견하고 오르톡 상인을 관할하는 천부태경(泉府太卿)에 임명했는데, 그는 불교도로 위구르인이었다. 제노바 상인인 부스카레로는 훌레구 울루스 제4대

당주(當主) 아르군, 제7대 당주 가잔의 사절로 유럽에 파견되었다. 두 경우 모두 몽골 제국의 교역 활동이 관민일체(官民一體), 즉 국책과 표리를 이루어 행해졌음을 시사한다.

여러 몽골 정권은 오르톡 상인에게 출자를 하여 교역을 했을 뿐 아니라, 그 밖에 상인들이 궁정(오르도)으로 가져오는 상품도 활발히 구매했다. 일찍이 칭기즈 칸, 오고데이 시대부터 아직 몽골 지배를 받지 않던 서아시아의 이슬람 상인이 가져온 상품을 특별 우대하여 사들여, 이슬람 상인들 사이에 몽골의 영향력을 확대하는 효과를 거두었다. 대원 울루스가 남송을 접수한 후 전개한 해상무역에서도 동남아시아·인도·서아시아 각지에서 집적된 고급상품 중 일부가 육해로의 관용 역전(驛傳)을 이용해 중앙 궁정에 "바쳐졌는데[貢獻]", 중앙정부는 그 가격을 계산해서 대량의 금·은·지폐를 "답례로 내려 주었다[回賜]."

앞에서 언급한 『상업지침』은 중국의 수입품 중에서 견직물을 첫째로 꼽고, 이탈리아에서 마포(麻布)를 싣고 중앙아시아로 가서 은과 교환한 다음 그 은으로 중국의 비단을 사도록 장려하고 있다. 몽골 시대의 "실크로드" 교역의 성행을 볼 수 있다. 주지하듯이 서아시아의 코발트안료와 경덕진(景德鎭)의 백자를 융합한 청화(靑花)백자를 비롯한 도자기 역시 견직물과 어깨를 나란히 하는 중요한 중국산품이었다. 마르코 폴로의 『동방견문록』에 따르면, 숙주[肅州, 감숙성(甘肅省) 주천시(酒泉市)]의 대황(大黃)이나 영하[寧夏, 은천시(銀川市)]의 낙타털 모포도 전 세계적으로 수출되었다고 한다. 한편, 몽골 궁정에 "바쳐진[貢獻]" 사치품으로는 금·은·보석(루비·진주·터키석·옥·호박 등)·향료·약품·견직물 등이 있었다. 아이누인과 불가르인이 가져온 산족제비, 담비 가죽은 몽골 궁정뿐 아니라 유럽에서도 고급상품으로 귀하게 여겨졌다. 조치 울루스는 이집트로 투르크계 군인 노예를, 또 인도에는 훌레구 울루스와 함께 군마(軍馬)를 수출하고 동전·도자기·차·서적·약품·견직물을 수입했다. 특히 동전은 대원 울루스에서 공식 통화의 지위를 잃고 일본으로 대량 유입되어 일본의 화폐경제를 진전시켰다.

이상의 교역 활동을 담당했던 상인들은 많은 경우 불교, 이슬람교, 크리스트교 등 종교 교단과 제휴하고 있었다. 상인 입장에서는 칭기즈 칸 이래 각종 특권을 부여받은 종교집단과 제휴를 하면 교역 활동에서 여러 가지로 이점이 있었고, 종교교단 입장에서도 교단 경영과 교세 확대에 상업 네트워크의 이용은 불가결했다. 프란시스코 수도회를 중심으로 한 카톨릭 교회의 동방선교는 제노바 상인의 지원을 받고 있었다. 중앙아시아의 위구르인 불교도들이 동방 유라시아 거의 전역으로 전개한 종교순례권(宗教巡禮圈)은 위구르 상인의 상업권과 겹친다. 대원 울루스 궁정이 매년 대도(大都)에서 개최한 티베트 불교의 대법회(大法會)는 사원에 하사되는 막대한 금·은·재물을 겨냥하여 각지에서 상인들이 몰려드는 상업 이벤트이기도 했다. 일본에서 몽골과의 교역을 주로 담당한 것이 선종(禪宗) 교단의 "사사조영료당선(寺社造營料唐船)"이었던 것도 상인과 종교집단의 제휴라는 점에서는 몽골 시대 유라시아 전역에서 동시대적으로 나타났던 현상 중 하나로 볼 수 있다.

[참고문헌] 宇野 1989, 杉山·北川 1997, 四日市 2006, 陳·史 2000, Kuroda 2009.

제 4 장

명(明)과 청(淸)

전통경제의 형성과 변천(15~19세기)

오카모토 다카시(岡本隆司)

제4장 명(明)과 청(清)

전통경제의 형성과 변천(15~19세기)

1. 명 왕조가 설계한 제도(14~15세기)

명의 성립과 이데올로기

14세기 후반 세계적인 경제위기에 직면하여 약화된 몽골 정권을 대신해 중국 본토를 지배한 것은 명 왕조이다.

명은 원래 남경(南京)에서 탄생한 정권이다. 명 태조 주원장은 장강 유역에 할거한 군웅세력과의 패권 전쟁에서 승리하여, 남방의 강남 지역에 기반을 굳혔다. 이어서 그는 1368년 대도를 함락시켜 유목민 출신의 몽골 정권을 만리장성 밖 북쪽으로 내몰아, 북방의 중원까지 정치적·군사적으로 병합하는 데 성공했다.

즉 명은 다원적 종족과 지역의 복합체였던 몽골 정권을 중국 본토로부터 이탈시켰던 것이다. 그리고 이종족인 몽골을 대신하여 중국 본토에 군림하고 자신의 통치를 정당화하기 위해 "중화"와 "외이(外夷)"의 구별, 한인(漢人)의 자존이라는 주자학적 이념을 정통성의 증거로 삼아 내외에 선포하였다. 또한 명은 여기에 그치지 않았다. 명의 특징은 그러한 이념을 명분으로만 끝내지 않고, 제도와 정책으로 실행하고 실현하고자 한 점이다.

그때 문제가 되는 것이 중국의 남북 격차였다. 중원 지역은 몽골 제국 이전부터 오랫동안 사실상 강남과 분열된 상태였다. 짧게 잡아도 12세기 전반, 금과 남송의 남북 대치부터 그랬다. 중국 전역을 병탄한 몽골 제국 역시 남과 북에 대해 통치를 달리하였다. 군사·정치뿐 아니라, 경제적으로도 그러했다. 200년 이상 그 상태가 지속되었기 때문에, 중원은 강남보다 오히려 북쪽의 유목민 정권과 결속되기 쉬워졌다.

"중화"를 표방하려면 "중화"의 영역을 확실히 정해 하나로 묶어 낼 필요가 있었고, 그러려면 줄곧 분리 상태였던 중원을 명의 근거지인 강남과 통합해 내지 않으면 안 되었다. 이것이 명 초기의 가장 중요한 정치방침이 되었다. 그 점을 경제적으로 나타낸 것이 바로 "현물주의 제도"이다.

현물주의

지금 (필자가-옮긴이) 편의적으로 현물주의라고 칭한 것은 명 초에 정해진 재정경제의 원칙을 말한다. 화폐를 개입시키지 않고, 정부의 재정 활동을 실현하고자 한 방침으로, 곡물이면 곡물, 사료면 사료, 인민들에게 현물로 세금을 징수하여 정부 당국도 그것을 그대로 소비했다. 관청이 필요로 하는 노동력도 마찬가지로, 널리 인민들에게 직접 징발했던 것이다.

명이 건국하자마자 이런 현물주의를 채택한 것은 당시의 경제적 조건과 정책 지향이란 두 가지 요인이 이중으로 작용했기 때문이었다. 주원장 정권은 군량과 말 사료[糧秣], 병기, 의료 등 현물 조달이 최대의 급무였던 군사집단이었다. 게다가 몽골 정권이 실시해 온 지폐 위주의 통화제도가 붕괴해 버렸던 것도 한 원인이었다. 대원 울루스 정부가 발행한 지폐는 14세기 후반의 혼란으로 신용을 잃고 종잇조각이나 마찬가지가 되었으며, 지폐의 신용 보증이 될 금과 은 등 귀금속과 동전은 민간에 퇴장(退藏)되어 유통에서 사라져 품절 상태였다. 그렇다고 새 화폐를 주조하여 투입할 만한 자원 조건도 마련되어 있지 않았다. 명은 정권 발족 초부터 현물로 정권 운영을 할 수밖에 없는 입장이었던 것이다.

그러나 그런 점은 건국할 때의 환경과 조건에 불과하다. 명이 굳이 현물주의를 영속적인 제도, 항구적 원칙으로 채택하여 지속시킨 것에는 보다 적극적인 이유가 있었다. 바로 "중화"의 통합이다. 명은 몽골 정권을 내몰고 정치적·군사적으로 강남과 중원을 통합하는 데에 성공했다. 하지만 그 통합을 실효성 있게 강화하고 지속해 나가기 위해서는 정치적·군사적 시책만으로는 부족하다. 경제적으로도 남북의 일체화를 목표로 해야만 했다.

몽골 정권의 통화제도 붕괴의 영향은 특히 중원에서 심각했다. 생산력이 떨어지는 지역이어서 민간에 축장된 귀금속의 양도 적었고, 지폐에 유통을 의존했었기 때문이다. 주로 경제적 후진 지역에서 시대의 흐름을 역행하듯이, 중원에서는 물물교환이 출현했다. 중원과 달리 강남에는, 유통에 잘 나오지는 않지만 그래도 민간에 귀금속이 적지 않게 축적되어 있었을 것이다. 전란의 영향으로 현물 거래가 있었다고는 해도, 그것은 극히 일시적이고 이례적인 현상이었을 터였다.

이러한 남북 격차를 해소하려면 어느 한쪽이 다른 쪽에 통합되어야 하는데, 후진적 경제 상태를 갑자기 선진적 경제 수준에 맞추기는 도저히 무리나. 하시반 거꾸로는 쉽지는 않아도 불가능하지는 않다. 명은 그렇게 판단하여 북방 중원의 당시 상태를 기준으로 삼은 재정·경제 정책을 남쪽 강남까지 포함한 중국 전역에 적용·시행한 것으로 보인다(Huang 1974).

생산과 세제

그렇다면 현물주의 재정 운영을 실행에 옮기려면 구체적으로 어떻게 해야 할까. 물자, 노동력을 직접 징수해야 하므로 첫 번째 조건으로는 과세대상이 되는 토지와 사람을 일일이 파악하고 관리해야만 한다. 두 번째로는 현물징수를 방해할 수도 있는 상업·유통을 제한하고 엄중한 관리·통제하에 둘 필요가 있다. 이 두 가지는 모두 전란으로 황폐해진 농지와 농업 재건에 전념한다는 적극적 의의가 있기 때문에, 명은 요컨대 "농업입국(農業立國)"이라고 할 만한 성격을 지녔다고도 하겠다. 그중에 우선 첫 번째 조건을 보자.

토지 조사를 "장량(丈量)"이라고 하고, 인민 조사를 "편심(編審)"이라고 한다. 그 등록대장이 역사상 유명한 "어린도책(魚鱗圖冊)"과 "부역황책(賦役黃冊)"으로, 이 대장에 근거하여 토지에서 세금을 거두고, 사람에게서는 노동력을 징발한다.

징세는 여전히 당 말 이래의 양세법이었다(⋯→ 테마 21 〈양세법〉, 200쪽). 또한 명은 이전 왕조의 방식을 계승하여 세수 부족을 초래하지 않도록 생산력이 높은 강남 델타, 소주(蘇州) 일대의 광대한 수전을 수용하여 "관전(官田)"을 설치했다. 정부가 그 땅의 지주가 되고, 경작하는 농민은 정부의 소작인이 되는 셈이다. 그 때문에 농민들은 통상적인 세율보다 훨씬 높게, 소작료에 준하는 조세(租稅)를 납부해야만 했다. 시간이 흘러 더 이상 땅이 정부 소유가 아니게 되어도, 세율은 낮아지지 않았다. 명 말 고염무가 개탄한, 청 말에 이르기까지도 개선되지 못했던 강남 델타의 무거운 세금 부담은 이때에 시작된 것이다(森 1988, 鳥居 1993b).

토지에서 거둔 세수를 필요로 하는 장소, 관청까지 옮기려면 인력이 필요하고, 이 외에도 관청에서 잡일을 할 인력이 필요했다. 이런 노동력 역시 현물로 충당되었다. 그 징발을 요역(徭役)이라고 부른다. "요역(徭役)"은 "정역(正役)"과 "잡요(雜徭)"를 축약한 말이다.

명의 제도에서 "정역"은 부역황책에 등록된 중산층 이상의 인민이 예외 없이 부담하는 정기적 의무를 뜻하는데, 그것은 이갑제(里甲制)에 상당한다. 따라서 이갑정역(里甲正役)이라고도 불렸다. 십 년마다 교대로, 세금의 징수와 운반 혹은 그와 관련된 분쟁 조정을 담당하는 것으로, 행정에 관계된 사무 처리를 윤번으로 돌아가면서 담당한다고 보면 된다. 이와 달리, "잡요"는 그 지역에서 재산과 힘이 있는 사람들에게 역전(驛傳) 및 관청의 심부름꾼처럼 비정기적이고 임시적인 노역을 부과하는 것이다.

유통과 화폐

다음으로 두 번째 조건이다. 상업, 유통을 확실히 관리하여 현물주의를 원활하게 운영하기 위해서는, 그 전제 조건이 화폐를 되도록 사용하지 않는 것이다. 그러려면 실물 그 자체로 유통 가치를 가지는 금과 은 등 귀금속의 사용을 금지해야만 한다.

명은 화폐를 완전히 폐지하지는 않았다. 소액으로는 중국 전통 동전을, 고액으로는 원 대를 답습하여 지폐를 발행했다. 일본에도 대량 유입된 영락전(永樂錢), 즉 영락통보(永樂通寶)는 전자의 예이고, 대명보초(大明寶鈔)(이 장 첫 페이지 사진)는 후자의 대표적 사례이다(⋯→ 테마 23 〈동전(위진남북조~청)〉, 254쪽).

하지만 동전 주조 발행량은 광산 자원의 고갈이라는 이유도 있어 경제 규모에 비해 극히 적었고, 민간에서 광범위하게 사용할 만큼 충분한 양이 못 되었다. 금은을 화폐로 사용하는 것은 금지되었으며, 동전의 비축량도 빈약했고, 보초(寶鈔)는 처음부터 발행 준비금이 없는 불환지폐나 마찬가지였다. 동전이나 보초나 원래 현물주의를 추진하는 데 보완적으로 발행한 것에 지나지 않았기 때문이다.

이런 금령(禁令)과 폐제(幣制)는 권력과 정치력이 미치는 범위 내에서만 적용할 수 있기 때문에, 그 범위의 안과 밖을 확실히 경계 짓는 폐쇄적인 자세가 나오기 마련이다. 예를 들어 외국과 무역을 하려면, 내외에서 통용되는 가치를 갖는 금과 은을 매개로 하지 않을 수 없기 때문에, 금은의 금령을 철저하게 하려면 외국과의 무역도 원칙적으로 금지해야만 한다. 그러므로 중국 본토와의 대외적인 교류는 조공을 통해서만 하도록 한 것이다.

조공(朝貢)이란 문자 그대로 신하가 군주가 있는 곳에 공물을 가지고 인사를 하러 오는 의례적 행위이다. 명은 조공을 허용한 외국의 군장(君長)에 대해서, 그 지위를 승인하는 사령(辭令)을 내려 준다. 이를 책봉(册封)이라고 하는데, 외국과 관계를 맺는 방식 가운데 "중화"의 자존심을 가장 만족시키는 형태이다. 공물을 가져오면 반드시 답례품을 사여해 주었고, 또 조공을 할 때 가져온 화물을 사 주기도 하여 일종의 경제행위로 볼 수 있기 때문에, 조공무역이라고 부르기도 한다. 이때에 명이 사절에게 지급해 준 것은 불환지폐인 보초였다. 물론 해외에 가져가도 유통되지 않는다.

위와 같은 무역과 화폐를 효과적으로 제한하려면, 사람의 출입도 엄중히 규제해야만 한다. 해외에서 내항하는 것도, 중국 연안에서 출항하는 것도 불가능한 엄중한 해금(海禁)이 실시되었다. 원래 해금은 연해의 적대세력을 평정하고 치안을 유지하려고 시작한 것이었지만, 뒤로 갈수록 경제통제의 의미가 더욱 강해졌다(→ 테마 36 〈해금과 조공〉, 338쪽).

금은의 비축량이 풍부하고 지형적으로 해상교통이 편리한 강남 지역은 이렇게 하여 해외와 독자적인 상업행위를 할 수 없게 되었다. 또한 명조는 그때까지 중원 지역에서 다수 유통되던 지폐를 강남에 강제로 유통시켜서 남북의 일체화를 꾀했다. 중국 내에서만 통용되는 보초를 강제적으로 사용하게 한 것은, 내외에 통용되는 금은의 유통을 금지시킨 것과 맞물려, 강남을 해외로부터 격리시키는 동시에 중원과 결속시키는 역할을 했던 것이다(檀上 1995, 岡本 1999a).

현물주의와 불환지폐가 똑같이 효과적으로 적용되는 범위, 즉 지리적으로 말하면 만리장성과 해안선 안쪽의 영역이 바로 명이 생각한 "중화"였다. 명은 그 바깥쪽을 "외이(外夷)"로 삼아 낮추어 보고, 조공과 책봉으로 상호 위계적 관계를 과시하였다. 이렇게 하여 명의 이데올로기에 딱 맞는 세계질서가 구축되었는데, 이 질서는 대외 정책만이 아니라 명의 재징·경제 체제에도 깊게 연관되어 있었다.

2. 전환의 시대(15~16세기)

천도(遷都)와 운하

명은 몽골 제국에서 분리 독립한 정권인데, 몽골이 만리장성 이북에서 여전히 건재했으므로 몽골에 대항하는 북방의 군사 경영은 명 왕조 300년 내내 커다란 과제였다.

군사는 순수한 소비 활동이라서 지속적인 물자의 보급 및 조달이 반드시 필요하다. 처음에는 현지에서 둔전을 설치하여 곡물을 자체 생산해서 수요를 충당하려고 하였다. 그러나 생산력이 낮은 변경에서는 이 방법으로 도저히 수요를 충당할 수 없었다. 배후지인 중원에서 세수(稅收)로 현물을 수송해 오는 방법도 시도되었지만 역시 곤란했다. 이에 상업에 의존할 수밖에 없게 된다.

당시 최대의 상업은 소금 매매였고, 명 왕조도 소금 전매를 실시했다. 다만 명 제도의 특징적인 점은 위와 같은 군비 보급의 요청에 부응하기 위해 개중법(開中法)을 창안한 것이다. 이 방법은 소금 전매를 이용하여 군수품을 조달하는 것으로, 본래의 취지는 어디까지나 화폐를 사용하지 않는 현물주의에 충실한 것이었다. 그러나 개중법이 실시되면서, 상권을 독점하는 거대 상인집단이 나타나게 된다(⋯→ 테마 30 〈염정(명 이후)〉, 322쪽, 테마 31 〈산서상인과 휘주상인〉, 323쪽).

조카인 제2대 황제 건문제(建文帝)를 무너뜨리고 제위를 탈취한 영락제는 몽골에 대항하기 위해 만리장성에 가까운 북경에 본거지를 두고, 손수 진두지휘를 하면서 기동력 있게 군대를 움직였다. 이것이 사실상 수도 이전으로 이어졌다. 그러나 영락제 이래 몽골에 대해 우위에 섰던 명은 15세기 중반 몽골 오이라트 부(部)의 엣센에게 대패하여 황제마저 포로로 잡히는 "토목(土木)의 변(變)"을 계기로 결정적으로 수세에 놓이게 되었다. 만리장성을 수축하고, 그 선을 따라 아홉 개의 군관구인 구변진(九邊鎭)을 설치하여 방어에 주력하였다. 이렇게 15세기에 들어 정치·군사적 중심이 결정적으로 북쪽으로 옮겨 가면서, 이제는 상업과 유통에 기댈 수밖에 없는 형세가 되었다.

생산력이 낮은 경제적 후진 지역에 관료와 군대가 집중하여 일대 소비지가 생겨났기 때문에, 물자의 이동 및 유통의 필요성이 높아졌다. 특히 강남에서 북경으로의 식량 공급은 불가결했다. 대운하가 다시 정비되어 기능을 재개하였으며, 송 대 절정기를 뛰어넘어 세미(稅米) 400만 석을 대운하로 수송했다. 이 경로와 물자의 흐름을 축으로 남과 북의 특산품이 생산과 유통을 늘려 갔다. 14세기에 도입된 현물주의 체제는 벌써 큰 전환점을 맞이하게 되었다.

세제와 화폐

명이 북방 몽골에 대해 정치·군사적 우위를 잃고 수세로 돌아선 15세기 중반은 사회·경제적 측면에서도 하나의 전환기였다. 1449년 토목의 변을 일으키고 전사한 왕진(王振)이란 환관(宦官)은 창고로 60동이나 되는 금은을 비축하였다고 한다. 금은, 화폐를 개재시키지 않는 현물주의의 재정경제 운영이 거의 파탄에 면해 있었음을 이 사실만으로도 충분히 알 수 있다. 이 점을 명 건국 초에 정했던 구체적인 제도별로 확인해 보자.

우선 조세이다. 1433[선덕(宣德) 8]년, 명조는 강남의 "관전(官田)"에서 징수하는 세수를 쌀 1석(石)에 은 2전(錢) 5분(分)으로 환산해 은으로 대신 납부[代納]하도록 하여, 400만 석 분량에 해당하는 은 100만 량(400만×0.25량=100만 량-옮긴이)을 제실(帝室) 창고에 납부하게 했다. 이를 별도로 "금화은(金花銀)"이라고 부른다. 조세인 미곡은 수납을 할 남경(南京)까지 납세자인 농민이 직접 운반해야 했는데, 농민들이 그 노력과 부담을 견디기 힘들어 하므로 특별히 은으로 납부하도록 편의를 봐 준 것이라고 한다.

그로부터 3년 뒤인 1436[정통(正統) 원]년, 북경의 무관들이 봉급을 은으로 지급해 달라고 요구했다. 당시에는 문무백관 모두 북경에서 교환증을 받아 남경까지 가지고 가서, 교환증에 쓰여 있는 만큼 쌀을 수령하는 방식으로 봉급을 받았다. 그런데 그 쌀을 남경에서 팔아 다른 물자와 바꾸어 북경에 가지고 돌아오면, 쌀을 팔 때는 값이 싸고 물건을 살 때는 비싸서 곤궁하다는 것이 요구의 이유였다. 그 요구를 받아들여 은으로 봉급을 지급하기 위해 강남 지역 중에 절강, 강서, 남직예(南直隸, 현재의 강소성과 안휘성), 호광(湖廣, 현재의 호북성과 호남성) 지역은 양세(兩稅)를 은으로 징수하기 시작했다.

여기에서 알 수 있는 것은 우선 쌀값의 하락이다. 미가의 하락은 생산성 향상을 의미하므로, 명 건국 초기의 과제였던 농업의 재건이 일단 달성되었음을 알 수 있다. 두 번째로 아마 이러한 농업 부흥에 수반한 추세로 더욱 중요한 것은, 북경과 같은 도시 혹은 강남에서는 이미 상품경제가 활발해져서 은이 유통되고 있었다는 점이다. 세수의 은납화는 재정 운영을 유통의 현실에 맞추려는 조치와 다름없다. 바꿔 말하자면 현물주의는 이제 경제 실태와 괴리되었음을 의미한다.

토지 과세만 그런 것이 아니었다. 요역도 마찬가지이다. 15세기 중반에 이르면 "잡요"의 각종 부담은 시대를 내려갈수록 무거워져서 잡역 할당이 "정역(正役)"인 이갑(里甲)과 겹치는 등 대단히 불공평해져 버렸다. 이에 따라 부담 항목을 정리하고 할당 방식을 개혁하고자 강서성에서 창안한 것이 균요법(均徭法)으로, 이는 머지않아 전국적으로 확대되었다.

15세기 말에는 노역 부담 일부가 은납화되기 시작했다. 토지세와 마찬가지로, 편리한 은의 입수를 희망하는 관료와 실질적으로 부담이 더 가벼운 은으로의 지불을 선호하는 농민의 이해가 맞아떨어졌다. 은으로 노역을 대납하는 것을 "은차(銀差)"라 하고, 종전대로 직접 복무를 하는 노역을 "역차(力差)"라 하여 양자를 구별했다. 이후 "역차"는 점차 "은차"로 대체되었다.

소금의 전매제 역시 마찬가지이다. 15세기 후반에 상인이 곡물을 북방으로 수송하던 것을 그만두고, 곡물량에 준하는 은을 정부 당국에 직접 납부하고, 그 대신에 전매권을 얻는 방식으로 바뀌었다(→ 테마 30 〈염정(명 이후)〉, 322쪽). "납량중염(納糧中鹽, 양식을 납부하고 소금을 얻음)"으로 불리던 개중법은 이때부터 "납은중염(納銀中鹽, 은을 납부하고 소금을 얻음)"으로 불리게 되었다. 이 "곡식[糧]"에서 "은(銀)"으로의 변화가 시대의 전환을 단적으로 말해 준다.

"호광숙(湖廣熟) 천하족(天下足)"

그렇다면 이러한 은의 유통을 초래한 이 시기의 경제 사정이란 어떤 것이었을까. 극히 개괄적으로 추세를 더듬어 보겠다.

여기에서 초점이 되는 것은 〈지도 14〉에 나타난 강남 델타 지역이다. 중국 전역에서 생산력이 가장 높은 이 지역은 14세기 말부터 15세기 초에 걸쳐, 북방의 물자 수요가 높아 가는 가운데, 수리조건이 변화하여 생태계와 산업 구조를 완전히 바꾸어 나가게 된다.

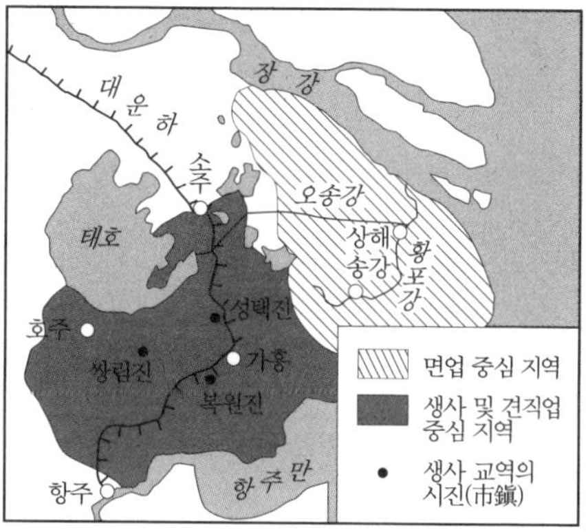

지도 14 강남 델타
출전: 岡本 2011.

그때까지 태호(太湖)에서 동쪽으로 흐르면서 넘쳐 나는 물을 농지에 흘려보내던 오송강(吳淞江)이 말라붙어 수위가 낮아지면서, 그 기능을 남쪽으로 흐르는 황포강(黃浦江)에 넘겼기 때문에, 90%가 수전이었던 도작 지역은 물 부족 사태로 작물을 바꾸지 않을 수 없게 되었다. 델타 중앙부에서는 겨울 작물을, 태호 남쪽에서는 쌀과 뽕나무를, 주변 지역에서는 보리와 마(麻) 혹은 몽골 시대에 재배가 보급된 목면(木棉)을 심었다. 특히 목면을 특화한 송강(松江), 양잠이 왕성하게 된 호주(湖州)가 특화 산지로 유명했다. 생산성을 높이기 위해 시장에서 비료를 구입하고 가축을 대여하는 등 자본과 고용 노동력이 많이 필요하게 되었다.

이 강남 델타는 그때까지 "소호숙(蘇湖熟) 천하족(天下足)", 즉 소주와 호주 일대가 풍작이면 정부 식량이 다 해결된다고 할 정도로, 지역 전체가 수도작 지대였던 곳이다. "쌀 단일경작(monoculture)"이라고 해도 과언이 아니었다(北田 1999). 그러나 15세기 이후 미작이 감소하고 농업이 상업화·집약화되면서, 이윽고 생사와 목면을 중심으로 직포, 염색, 광택 등 고도의 수공업이 발흥했다. 이에 따라 노동력의 증가가 더욱 불가결하게 되었다.

그 때문에 인구는 계속 늘어나서 상대적으로 (강남의 주곡 생산능력에 비해-옮긴이) 과잉 상태가 되었고, 주곡의 공급을 다른 지역, 특히 새로 개발된 장강 중류 유역에 의지해야만 했다. 대체로 해마다 150만 석이 강남 델타에 이입되었는데, 그중 50만 석이 강서와 안휘에서, 100만 석이 호북과 호남에서 이입되었다. 그에 비해 강남 델타에서 다른 지역으로 이출된 쌀은 겨우 15만 석에 불과했다. 이렇게 미곡을 이입하는 대신에, 강남 델타는 견과 목면 등 주력 상품을 팔았다(宮崎 1999).

이에 따라 명 대에는 "호광숙(湖廣熟) 천하족(天下足)", 즉 호북과 호남이 풍작이면 식량을 다 조달할 수 있다는 말이 생겨났다. 16세기 초에는 쓰였던 표현이므로 그 이전부터 그랬을 것이다. 이 말은 단순히 곡창지대가 호북과 호남으로 옮겨 갔다는 뜻만은 아니다. 강남 델타의 산업이 전환되어 농산물은 상품화되고, 새로운 지역의 개발이 진전되었으며, 지역과 지역 사이의 분업과 상호의존이 심화되었음을 뜻한다. 물자가 이동하면 사람도 이동하게 되니, 교통도 더욱 빈번해졌을 것이다. 그러므로 "호광이 풍년이면 천하가 풍족하다"는 말은 주곡의 생산과 수급만을 가리켰던 "소호가 풍년이면 천하가 풍족하다"는 말과는 달리, 15세기의 이러한 갖가지 경제 동향을 집약적으로 표현한 캐치프레이즈였다.

통화의 생성

경제 전체의 상업화와 사회 전체의 유동화는 이처럼 멈출 수 없는 도도한 흐름이 되었다. 그중에서도 강력한 집약화의 길을 걸어간 선진 지역인 강남 델타에서 화폐 수요가 증가하는 것은 당연한 이치이다. 하지만 당시에는 그런 수요를 충족시킬 화폐가 존재하지 않았다.

이미 서술했듯이, 명 왕조의 법정 통화로는 동전과 보초를 꼽을 수 있지만, 둘 다 현물주의의 보완적 존재에 지나지 않았다. 대규모로 상업화해 나가는 경제 수요에 부응할 만한 화폐가 결코 아니었다.

동전 발행량은 경제의 실태나 규모에 비춰 보면 극히 부족했으며, 애당초 유통의 현장에서 신뢰를 얻고 있었다고 보기도 힘들다. 15세기 중반에 홍무통보(洪武通寶), 영락통보(永樂通寶) 등 동전은 사용되고 있지 않다고 써 놓은 사료도 엄연히 나온다.

보초(寶鈔)는 어떤가 하면, 불환지폐라는 성격이 여전했기 때문에 역시 민간의 신뢰를 얻지 못했다. 명 정부의 공정환율은 보초 1관(貫)=동전 1,000문(文)=은 1량(兩)=쌀 1석(石)이었다. 하지만 보초 가치가 15세기 전반에는 미가(米價)에 비해 명 초의 70~80분의 1로, 15세기 후반에 들어서면 은 비가(比價)로 1,000분의 3까지 떨어졌다. 요컨대 종잇조각이나 마찬가지가 된 것이다(⋯→ 테마 27 〈지폐〉, 267쪽).

그렇다고 명 정부가 화폐제도를 실정에 맞게 개혁했나 하면 그렇지도 않았다. 현물주의, 금은의 사용 금지는 위대한 왕조의 시조가 정한 신성한 조법(祖法)이므로, 자손이 함부로 고쳐서는 안 된다는 것이 유교의 효 사상에 기초한 당시의 통념이었기 때문이다. 정부 당국은 보초 가치를 유지하려고 노력하는 등 나름의 대책을 취하였다(⋯→ 테마 38 〈관세와 해관〉, 344쪽). 하지만 결국 화폐제도 그 자체를 개혁하려는 정책적 의지는 없었다. 그 사이에 동전도 보초도 전부 쓸모가 없게 되었다.

더 이상 정부가 발행한 화폐는 소용이 없었다. 이에 민간에서는 독자적으로 통화를 설정하여 날마다 늘어나는 화폐 수요를 조달하려는 움직임이 뚜렷해졌다. 소액 거래에는 사주전(私鑄錢)이 유행하였고, 큰 규모의 고액 교역에는 송, 원 시대부터 보급되기 시작한 은(銀)을 지금(地金, 은괴–

옮긴이) 그대로 사용하기 시작했다. 둘 다 명백한 위법행위였지만, 그렇게라도 하지 않으면 경제를 꾸려 갈 수가 없었다. 이는 민간경제가 정부의 폐제와 현물주의에 불신임을 선언한 것이나 마찬가지이다.

민간에 통용되는 사주전은 예전부터 있던 동전을 마모시켜 중량을 줄이거나, 동기(銅器)를 녹여서 만들었다. 정규 동전에 비해 질이 떨어지는 것은 물론이고, 질을 떨어뜨리는 방식도 따로 정해 둔 기준이 없었기 때문에, 사주전의 종류는 때와 장소에 따라 제각각이 될 수밖에 없었다. 거래를 할 때는 서로 신용하기로 합의한 사주전만을 쓰지만, 그런 신용은 개인 각자의 자발적 합의에 따른 것이므로 결국은 일정 범위에서 벗어나면 더 이상 확대되지 못한다. 그 범위를 넘어서면, 또 다른 규격과 품질의, 다른 방식으로 신용을 얻은 별도의 사주전이 통용되는 것이다(足立 2012).

이렇게 동전은 종류도 잡다하고 지방마다 다 달랐던 터라, 각자 공통의 신용을 얻은 일정 범위의 지역 안에서 내부 유통에만 사용되었지, 그 범위를 벗어나 타 지역에서 사용될 수는 없었다. 현대에 비유하자면, 일본에서 사용되는 10엔짜리 동전을 미국에 가져가도 쓸 수 없는 것과 비슷하다. 지역과 지역을 연계하는 외부 유통에는 그 자체로 가치가 있으며 누구나 공통적으로 그 가치를 신용하고 인정하는 통화가 아니면 안 된다. 또한 규모가 큰 거래가 많기 때문에, 소량이라도 가치 있는 귀금속이 적합하다. 그것이 바로 은이었다(⋯→ 테마 33 〈은과 동전의 이중화폐제〉, 329쪽).

그런데 이미 당시에 중국 내에서는 매장되어 있는 귀금속이 거의 고갈되어 버렸기 때문에, 은을 손에 넣으려면 해외에서 가져오는 수밖에 없었다. 그 때문에 무역을 하려는 욕구가 강해지게 된다.

"북로남왜(北虜南倭)"

물론 중국 내의 은 수요만 있었던 것은 아니다. 공업화한 강남 델타가 생산하는 생사, 견 제품은 국내의 시장을 제압하고, 해외에서도 높은 평가를 받았다. 일본에서 "백사(白絲)"로 불렸던 호주산(湖州産) 생사(生絲)인 "호사(湖絲)"의 수출량은 18세기 초의 추계에 따르면 47만 근에서 56만 근이다.

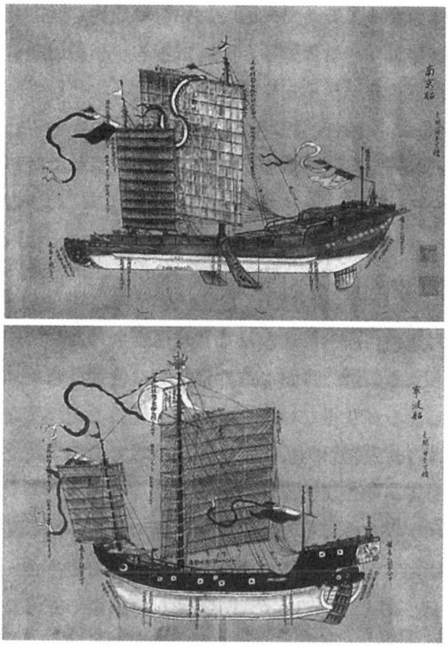

그림 12 「당선지도(唐船之圖)」
출전: 朝日新聞社 2000. 松浦資料博物館 所藏.

한편, 송강(松江), 태창(太倉) 방면에서 새롭게 생산된 목면도 현지에서 소비되는 것 외에, 중국 국내 시장에서 타 지역 목면과 경쟁하면서, 점차 시장을 해외로 옮기게 되었다. 명 말 일본으로 수출된 송강 면포 2000만 필은 총 생산량의 90%에 해당하는 양이라고 한다. 송강 면포는 남경 목면(南京木綿, Nankeen)이라고 불리며, 호주 생사와 함께 세계에서 으뜸가는 중국 브랜드의 특산품이었다.

이에 더해서 이전 시대부터 브랜드로 정착한 특산품 차와 도자기도 있다. 두 상품 모두 해외 국가들이 군침을 흘리며 갈망하는 상품이었다. 이렇게 무역은 필연적인 사태가 된다.

그러나 명 정부는 민간 무역을 금지하고 있었다. 그것은 앞에서 쓴 대로 명 건국 이래의 국시(國是)와 관련된 사항이었다. "중화"의 통일과 자존을 위한 현물주의와 금은의 사용금지 정책을 철저히 실현하려면 무역을 해서는 안 되었다. 화폐의 경우와 마찬가지로 이는 신성한 조법이었으므로, 명 대를 통틀어 마지막까지 전면적인 해금의 해제는 없었다. 그래도 무역을 하려면 결국 밀무역이 될 수밖에 없다.

사회의 상업화와 민간의 무역에 대한 요구는 명의 이러한 이념과 정책을 압도했다. 현물주의는 파탄났고, 초원·해외와 중국을 분단하려던 만리장성과 해금을 뛰어넘어 밀무역이 성행한다(⋯→ 테마 37 〈호시〉, 343쪽). 무역이 본격적인 융성기를 맞이한 것은 16세기에 들어와서부터이다. 이때에 세계는 바야흐로 대항해 시대, 신대륙에서 생산된 다량의 은이 서쪽에서 동쪽으로 지구를 반 바퀴 돌아 중국에 쇄도했다. 그 대부분은 스페인과 멕시코가 주조한 둥근 모양의 달러 은화였기 때문에 은원(銀圓), 은원(銀元)이라고 불렸다(이 장 첫 페이지 사진). "원(圓)"과 "원(元)"은 발음이 같다.

신대륙뿐 아니다. 더 가까이에 은을 원활하게 공급해 주는 곳이 있었다. 일본열도이다. 너무나 유명한 센고쿠[戰國] 시대의 금은 광산의 개발과 채굴 붐은 중국의 수요에 자극받은 것이다. 이렇게 일본은 중국에게 최대의 밀무역 상대국이 되었다.

현지 사정을 잘 알고 있고, 또 몰라도 무사안일한 관헌이라면 밀무역을 보고도 못 본 척 묵인했다. 이런 위법적 상태가 오히려 예사였다. 그래도 위법은 위법이므로 정색하고 위법이라며 단속과 탄압을 강화한 적도 있다. 그렇게 되면 밀무역업자는 무력에 호소해서라도 저항하게 된다. 일본이 제일의 무역 상대국이었으므로 이러한 연해의 분규를 칭하여 "왜구(倭寇)"라고 한다. 16세기 중반에 발생한, 명 당국과 밀수집단 간의 일대 무력충돌사건은 그 전형적 사례로, "가정(嘉靖)의 대왜구(大倭寇)"라고 부른다.

밀무역은 북방에서도 왕성하여, 유목민의 말과 중국산 차를 주요 품목으로 거래했다(…→ 테마 6 〈마정〉, 77쪽). 이쪽도 분규가 그치지 않고 대립은 오히려 점점 확대되었다. 동남 연해의 "가정의 대왜구"와 시기를 같이하여, 알탄 한이 이끄는 몽골 세력이 총력으로 대규모 침공을 해 와, 북경을 포위 공격하는 일까지 발생했다. 그러한 외환을 명은 "북로남왜(北虜南倭)", 즉 북방의 몽골 "달로(韃虜)"와 남방의 해적 "왜구(倭寇)"의 위협이라고 불렀다(상소는 원문 – 옮긴이). 하지만 그 실태는 사실 명 초 이래 재정경세의 조법에 대한 집착과 그 파탄을 보여 주는 것이다.

3. 명과 청의 교체(16~17세기)

청의 흥기

이처럼 16세기 말이 되자 명 초에 설계한 체제는 파탄에 직면했다. 새로운 시대가 이미 도래하고 있었으며, 이윽고 그에 걸맞은 주역이 나타난다.

북쪽에서 명을 위협한 것은 "북로" 몽골만이 아니었다. 역사를 결정지은 것은 그보다 동쪽 요동지방에 사는 쥬센[여진(女眞)]이라는 퉁구스계의 종족이다. 12세기에 금 왕조를 세워 강남의 남송과 대치했던 그들도 당시는 거의 명에 복속하고 있었다.

쥬센이 거주하는 삼림 지역에서는 고려 인삼과 담비 가죽[貂皮]이 특산물이었다. 16세기의 상업화로 밀무역이 요동 지역에서 번성하자, 남쪽으로 명과 조선, 서쪽으로 몽골과 인접한 부족이 "상업자본가" 집단을 결성하게 된다. 그 지도자 중 한 사람이 누르하치이다(三田村 1965).

누르하치는 1583년 겨우 100명으로 거병하여, 거의 30년 걸려서 쥬센을 통일했다. 쥬센은 이후 스스로를 만주[만쥬, 만주인(滿洲人)]로 개칭하고, 훗날 청나라로 발전하였다.

이 정권의 성격에서 가장 중시해야 할 점은 이들이 다민족[多種族]으로 구성된 "무장 무역집단"이란 측면이다(岩井 1996). 무역거래를 하려면 반드시 외국, 이민족[異種族]과의 교섭이 필요하다. 그 무역이 탄압을 받을 수도 있는 상황이라면, 대항할 군사력을 갖추고 무역 상대인 이민족과도 단결하여 집단의 조직력을 높여야만 한다. 그러기 위해 청은 처음부터 만주인을 핵심으로 한인, 몽골인을 포함한 다민족[多種族] 혼성 정권을 지향했다.

이처럼 청 정권은 상업을 기피하고 화(華)와 이(夷), 이민족과 한인, 외국과 중국을 나누려던 명의 지향과는 완전히 상반된다. 요컨대 청이란 존재 자체가 명조의 체제 및 질서에 대한 안티테제인 것이다.

이후 명이 멸망하고 청이 북경에 입성한 1644년까지 양자의 대치가 계속되었다. 그러나 인구와 경제력에서 세력 격차가 확연했기 때문에, 사실 명청 교체는 기적이나 다름없다. 실제 청은 어떻게 해도 자력으로 만리장성을 돌파해 남하할 수 없었다. 명이 유적(流賊)과 내란으로 자멸했기 때문에 북경으로 넘어와 중국에 군림할 수 있었던 것이다.

그러나 그것 역시 우연은 아니다. 명의 안티테제라고 할 만한 청 정권의 체질이 시대의 추세에 더 잘 맞았다. 그 추세를 경제면에서 다시 확인해 보자.

"상업혁명(商業革命)"과 제도의 추이

그 추세를 한마디로 하면 민간경제의 활성화와 사회의 상업화이다. 이러한 동향은 중국 역사상 이미 당송변혁에서 경험했다. 그 동향을 서양의 역사에 비유하여 "상업혁명"이라고 부르려는 움직임도 있다. 즉 송 대를 제1차, 명 대 후기를 제2차 "상업혁명"으로 보는 견해인데, 송 대의 상업혁명은 충적평야의 개발과 수도작 보급에서 시작하여 강남 델타의 인구 집중, 대운하 연변의 교통, 광산 채굴, 금융 발전 등 수많은 기술혁명에 뒷받침된 질적 "혁명"이었다. 반면, 명 말의 상업혁명은 그 이전의 "혁명"에 입각한 양적 "혁명"이라고 할 수 있다. 일찍이 선진 지역에서 일어난 혁신이 더욱 세련돼지고 중국 전역으로 보급되면서, 경제의 지역적 분업과 상호의존이 훨씬 강해졌다. 게다가 이 흐름은 대항해 시대로 시작된 은의 세계적 순환[奔流]으로 촉진되었으므로, 글로벌한 규모에서 뒷받침되고 있었던 것이다.

중국의 경우 제2차 "상업혁명"이 정부의 의지를 거스르면서 권력과 괴리되어 진행되었다는 점이 큰 특징이다. "상업혁명"이 중상주의와 일체화되지 못하고 그 후 중국의 경제 체제가 서구와 크게 다르게 된 데에는 이것이 원인이라고 볼 수도 있다. 그렇기는 해도 민간경제는, 싫다는 정부권력을 억지로 질질 끌어내 그 재정경제 제도를 변형시켜 나갔다고 할 수 있다.

명 초의 현물주의는 자작농의 존재를 전제로 구상된 것이다. 세제도 요역도 그러하다. 장량(丈量, 토지조사－옮긴이)이든 편심(編審, 호구조사－옮긴이)이든 그런 구상에 기초하여 추진해야 할 절차였다. 그러나 상공업 발달과 은 유통의 침투, 나아가 조세의 은납화는 농민들을 어쩔 수 없이 은을 손에 넣도록 만들었고, 상인들에게 의존할 수밖에 없게 만들었으며, 결국 그 지배하에 놓이게 했다. 그리하여 중소 규모의 자작농은 몰락하고, 유력자들이 토지를 겸병·집적하여 부재지주를 형성했다.

주목해야 할 점은 과거 학위를 소지한 신사(紳士)들이 엘리트의 우대특권으로 요역과 조세를 감면받았다는 것이다. 이를 "우면(優免)"이라고 한다. 그러자 서민은 부담을 면하려고 토지와 재산은 물론이고 몸까지 신사들에게 기탁했다[기진(寄進)]. "궤기(詭寄)", "투고(投靠)"라고 불린 현상이다. 이처럼 사람과 토지가 (고정되지 못하고-옮긴이) 유동적으로 움직이게 되면서, 장량과 편심을 실시해도 의미가 없게 되었다. 행정과 농촌을 잇는 자치조직인 이갑제(里甲制) 역시 당연히 붕괴되기 시작했다.

이렇게 되자, 정부 당국 역시 안정적 재원을 확보하기 위해 새로운 징세방법을 고안해야만 했다. 지방 각지에서 사정에 따라 개별적으로 실시되긴 했지만, 크게 "일조편법(一條鞭法)"으로 총칭되는 방식이 바로 그것이다. 실제로는 지역마다 제각각으로 실시되었으나, 잡다한 부담, 특히 요역 항목을 한데 묶어서 보유 토지와 성년 남자의 수에 따라 은으로 할당한 점은 공통된다. 할당 기준으로 가장 중시된 것이 토지였기 때문에 납입 부담을 지주에게 지운 것이다. 이렇게 하나로 통일되어 은납화된 세금에서, 토지세를 지은(地銀)이라고 부르고, 요역부담을 정은(丁銀)이라고 부른다(⋯→ 테마 35 〈지정은〉, 335쪽).

'부(富)'와 '부담(負擔)'이 둘 다 부유층에 집중되는 현상은 상업 영역에서도 나타났다. 소금 전매가 그 전형적인 사례이다. 소수의 유력 상인이 소금 거래를 독점하는 현상이 심해지면서, 개중법(開中法)으로 전매권(專賣權)을 할당하던 것은 유명무실해졌다. 그 결과 유력 상인을 아예 지정해서 세금 부담과 소금 전매를 둘 다 청부시키는 강법(綱法)이 고안되어 정착되게 되었다(⋯→ 테마 30 〈염정(명 이후)〉, 322쪽).

이런 추세를 읽고 중앙정부의 재정을 그에 맞추어 재건한 사람이 16세기 후반 만력(萬曆) 초년의 재상이었던 장거정(張居正)이다. 명 대에 손꼽히는 개혁을 추진했던 그의 시정(施政)은 재정 측면에서 보자면 부유층에게 부담이 집중되어 있던 세금을 더 철저하게 거둬 세수를 늘여서 중앙정부로 끌어오려는 의도였다. 관료의 근무 성적을 엄격하게 평가하고, 지주의 자산을 조사하여 상당한 성과를 거두었다(岩井 1989). 그러나 장거정 사후 바로 반동이 일어났다. 정치는 문란해졌고, 연이은 내우외환과 맞물려 정부의 재정수지가 악화일로를 걸으면서, 명은 멸망의 길로 나아갔다.

청의 제도 설계

17세기 이후 재정경제는 이상과 같은 추이를 거쳐 만들어졌다. 즉 사회의 상업화와 유동화, 은의 침투와 계층 분화가 전제가 된 것으로, 명 대나 청 대나 이 점은 다르지 않다. '명청 시대(明清時代)'로 묶어서 부르는 이유이다.

청의 중국 지배는 몽골 등 다른 이민족 정권과 마찬가지로, 전 왕조의 관행을 존중하고 현지의 기존 질서에 되도록 손을 대지 않는 것을 원칙으로 삼았다. 금방 눈에 띄는 것으로, 황제 지배, 관료제, 과거제도의 답습, 한인의 전면적인 등용을 꼽을 수 있다. 불필요한 혼란을 피하여 신속하고 원활하게 지배를 안정시키려는 판단이었을 것이다. 재정경제 역시 예외가 아니었다.

원래 명의 제도는 하나하나 조금씩 변용을 겪으며 바뀌었다. 세금의 은납만 해도 정규 제도가 된 것은 아니었고, 어디까지나 관행에 지나지 않았다. 당시 현물을 "본색(本色)", 은을 "절색(折色)"이라고 불렀는데, "절(折)"은 환산의 의미이므로 어디까지나 현물이 정규이고 은은 임시적인 대체물이었다. 현물주의의 원칙과 이념이 여전히 견지되었음을 간과해서는 안 된다.

그러므로 청은 명의 그런 특징도 온존시켰다. 예를 들어 같은 토지세의 은납이라도 통상적인 양세(兩稅) 징수와 "금화전(金花錢)"은 제도상 구별하였다. 은을 징수한다는 자체는 차이가 없는데도, 세목이 다르다는 이유로 미곡과의 환산율이나 세금을 내는 기관 및 지출되는 용도를 달리했다. 요역과 소금 전매도 은납이 확산되었으나, 여전히 항목 수는 엄청나게 많았다. 왜 그렇게 되었는지 묻는다면, 역시 현물주의의 영향 때문이다.

현물주의로 구축한 재정체계는 오늘날 우리가 생각하는 체계와는 대단히 다르다. 징수한 물자가 현물이므로 곡물이라면 식량이나 사료, 목재라면 건축, 이런 식으로 세금의 종류도 용도도 처음부터 정해져 바꿀 수가 없었다. 세금을 징수하는 지역도 소비하는 지역도 저절로 정해진다. 그렇게 되면 세수를 일일이 재정당국에 집중시킬 필요도 없고 그렇게 하기도 곤란했다. 이런저런 물자를 징수한 지역에서 소비할 기관에 직접 배송하는 편이 효율적이다.

그 결과 중앙과 지방의 구별 역시 달라진다. 발송하는 지점과 배송을 받는 지점을 선택·조정·지시하는 것은 전국을 두루 다 지켜보는 중앙정부가 할 수밖에 없다. 중앙의 역할은 전국 각지의 세수 물자를 적절하게 움직이는 지시를 내리는 것이었지, 전국에서 거둔 세수를 한데 모아 국고금(國庫金)으로 직접 보관·관리·지출하는 것이 아니었다. 서양의 "공동기금(common purse)"이란 개념이 없었던 것이다(Morse 1908; 坂野 1973). 그러므로 이런 구조에서는 국가재정과 지방재정이란 개념도 존재할 여지가 없다. 통일적이고 정확한 수지 산정도 불가능하다.

그런데 각지의 엄청난 수의 수지 항목과 액수를 매년 바꾸어야 한다면, 당시의 제한적인 정보 수집·관리 능력으로는 중앙정부가 그것을 파악하고 결정하고 통제하기가 극히 힘들 수밖에 없다. 대신 수지와 배송액을 미리 일정하게 정해 두면 통제하기가 훨씬 쉬워진다. 기후, 작황 등 그때그때의 상황에 따라 액수를 조정하는 것이 이상적이기는 하지만, 실제로는 그렇지 못한 경우가 많았다. 이것을 '원액주의(原額主義)'라고 한다.

그런데 현지의 재무행정에서는 일정하게 정해 놓은 금액을 넘어 경비가 불어날 때가 있다. 하지만 그 금액은 고정되어 있어 바꿀 수 없기 때문에, 필요를 충족시키려면 비정규적이라도 틀 밖에서 재원을 확보하지 않으면 안 된다. 그런 이유로 요역의 추가 징발이나 부가세 징수가 반복해서 생겨났다. 이 같은 원액주의 운용은 필요한 경비를 계상하여 징세하는 예산제도와는 대척점에 있는 것으로, 재정상 중앙과 지방의 구별이 없다는 점과 함께 이후 중국 재정의 특질을 이룬다(岩井 2004a).

이상의 체계는 명 대 내내 변함이 없었다. 은은 어디까지나 현물의 대체물에 지나지 않았고, 세목의 구별, 배송의 방식, 공동기금(common purse)의 결여, 원액주의 등 기본은 변하지 않았다. 청 역시 이를 계승하였으며, 이 점이 청 재정의 첫 번째 특징이었다.

두 번째 특징은 청이 재래의 관행에 손대지 않는다는 원칙에 입각하여 민간의 상업화와 은 침투를 용인한 점이다. 청은 출신 자체가 '화'와 '이'가 섞어 만들어진[華夷混成] "상업자본가", "무장무역집단"이었기 때문에, 명이 설계한 "중화" 자존의 이데올로기와 내외의 격리 정책, 이와 불가분에 있던 문자 그대로의 현물주의와는 정반대의 입장에 있었다. 그러므로 청은 "본색"이니 "절색"이니 에둘러 말하지 않았다. 민간에서 그때까지 은과 사주전을 화폐처럼 사용해 온 것도 그대로 용인해 주었다. 청 왕조 역시 (이전 왕조처럼) "제전(制錢)"을 주조하기는 했지만, 어디까지나 종래 사주전의 대체물에 지나지 않는다. 청 정부 당국은 동전의 가치와 사용을 통제할 의사도 없었고, 주조하여 발행하면 그걸로 끝이라는 식이었다(…→ 테마 23 〈동전(위진남북조~청)〉, 254쪽, 테마 33 〈은과 동전의 이중화폐제〉, 329쪽).

은과 사주전이 화폐처럼 사용된 것은 앞에서 서술했듯이 민간경제가 정부권력(명 왕조－옮긴이)에 불신임을 선언했음을 의미한다. 요컨대 청은 굳이 그 불신임을 철회시키려고 정책적으로 노력하지 않았으며, 정치가 민간의 질서[私法]와 영역에 간섭하는 것을 삼갔다고 할 수 있지 않을까(…→ 테마 34 〈세와 역으로 본 중국의 국가와 사회〉, 334쪽).

그렇다면 민간 레벨에서 사법(私法)을 제정하고 행사하며, 국가를 대신해 경제 활동을 보호하고 통제하는 존재가 없어서는 안 된다. 그 역할을 한 것이 이른바 종족(宗族)과 행회(行會)였다. 종족은 성(姓)과 조상이 같고 제사를 함께 지내는 부계의 혈연집단이고, 행회는 주로 상공업자의 동향 및 동업단체를 가리킨다(…→ 테마 32 〈행회(행)〉, 325쪽).

그러므로 그 구성원에게는 바로 종족, 행회야말로 귀속되어야 할 사회, 복종해야 할 권력이었다. 종족과 행회의 지도자들은 대개 신사(紳士)의 신분을 지닌 특권계층이었다. 서장에서 언급한 향신(鄕紳)이 그런 존재이고, 상인이라면 "신상(紳商)"이었다.

정부의 재정경제 활동도 대부분이 이러한 향신, 신상 등 종족과 행회의 유력자들에게 일종의 청부를 맡겨서 이뤄졌다. 그 전형은 징세이다. 재부(財富)가 부유층에 집중되고 있었으며, 또 원액주의도 존속했기 때문에 민간의 사회경제에 되도록 손을 대지 않고 세금을 거두려면, 소수인 유력계층에게 일정액을 납세시키면 가장 간편하다.

그런 방법은 소금의 전매에서 이미 강법(綱法)으로 실현되었으며, 상업과 무역에서도 대규모의 도매업자, 창고업자를 "아행(牙行)"으로 인정하여 납세를 맡겼다(…→ 테마 38 〈관세와 해관〉, 344쪽). 나아가 인두세 기준으로 부과했던 요역 계통의 정은(丁銀)은 총액을 고정시키고, 그것을 지은(地銀)에다가 집어넣어서 토지세 하나로 합쳐 버렸다. 이것을 "지정병징(地丁併徵)"이라고 부르는데, 위에서 말한 움직임의 일환이다. 물론 이 새로운 토지세의 납입도 유력 지주에게 청부시켰다(→ 테마 21 〈양세법〉, 200쪽, 테마 35 〈지정은〉, 335쪽).

"위기"의 시대

그렇다고 해도 청의 중국 지배는 쉽게 안정되지 않았다. 1644년 북경에 입성했지만, 곧바로 중국 전역에 군림할 수 있었던 것은 아니다. 우선은 명 정권을 멸망시킨 유적(流賊) 집단과 남방의 명 잔존세력을 소탕해야 했다. 즉 이전부터 지속된 중국의 내란상태는 쉽게 수습되지 않았고, 청이 평정을 마무리하기까지는 40년의 세월이 더 걸렸다. 그중에서도 주목할 만한 것이, 일본에서 "국성야합전(國姓爺合戰)"[40]으로 알려진 정성공(鄭成功)을 비롯한 3대에 걸친 정씨 해상세력과의 대결이다.

정성공은 아모이[廈門]를 거점으로 삼고, 네덜란드 인이 통제하던 대만을 정복하여, 명의 부흥을 부르짖으며 해상에서 청을 괴롭혔다. 이들의 반항을 봉쇄하기 위해 청은 엄격한 해금을 실시하고, 곧 해안에 거주하는 것조차 금지하는 명령을 내렸다. 일종의 대륙봉쇄령이다. 물론 공공연하게 무역도 할 수 없었다(→ 테마 36 〈해금과 소강〉, 338쪽).

무역을 할 수 없게 되자, 중국 특산품을 해외에 팔지 못해 은이 들어오지 않게 되었다. 게다가 1660년대 이후에는 그때까지 원활하게 은을 공급해 주던 일본에서 중국으로 은 수출이 격감했다. 은광이 마침내 고갈된 것이다. 또한 당시 군주였던 강희제는 검약을 장려하여 긴축재정을 실시했다. 지출을 줄이자 은은 시장에서 자취를 감췄다. 이렇게 하여 은의 유통이 격감하였다. 무역제한에 따라 유통은(流通銀) 부족 사태가 발생

40 에도 시대 정성공을 주인공으로 한 인형극과 가부키극 제목-옮긴이.

하면서, 일대 불황을 일으킨 것이다. 당시의 용어로 "곡천상농(穀賤傷農)"이다. 요컨대 디플레이션 경제 국면이었던 것이다.

"17세기의 위기"라는 말이 있다. 원래 유럽사 연구의 용어로, 그 정의는 사람마다 다르지만, 공통적으로는 15세기 후반부터 17세기 초까지의 경제 상승과, 18세기 후반 이후 경제 상승 사이에 경제가 하강하는 국면을 가리킨다. 1630년대부터 1640년대까지 세계적으로 이상기온과 기근이 발생하고, 또 신대륙의 은 수출이 격감하면서, 사회적·경제적 혼란이 야기된 것이 그 계기였다. 이 "위기"를 극복하는 과정에서 유럽은 "근대"를 얻어 냈다.

명 말 청 초의 중국은 이 (유럽의-옮긴이) "17세기의 위기"와 시기적으로 같고, 동일한 현상이 나타났다. 본래 구체적인 사실관계는 서로 다르고,[41] 중국과 유럽이 어느 정도로 상호 연관되었는지도 정확히 알기 어렵다. 그렇지만 전란도 일종의 재앙이라 할 수 있고, 은 유입의 감소 역시 두 지역에서 공통적으로 일어났다. 17세기는 바다 동쪽과 서쪽을 불문하고 전 지구적으로 "위기"의 시대였음에는 틀림없다.

그 "위기"는 중국의 경우 명 말 이래의 경제 구조가 전제에 깔려 있었다. 동전의 신용 범위가 개별 지역으로 분할되어 있고, 은이 서로 다른 지역 간을 연결시키며 상호 거래를 결제해 주었다. 그러므로 은이 줄어들면, 국내든 국외든 지역 간의 교역이 감소하고, 나아가 지역 내부의 경제도 위축된다. 이것이야말로 물건이 안 팔리는 "곡천(穀賤, 디플레이션)"의 원인이었다(岸本 1995, 1997, 2013). 이러한 불황에 내란이 가세하면서 인구 역시 정체하고 감소했다.

41 경제 하강 국면은 똑같아도 중국은 직접적인 원인이 전란이지만 유럽은 재해였다-옮긴이.

그렇지만 청은 해금을 국시로 삼은 명과는 달랐다. 그들 자신이 원래 무역집단이었기 때문이다. 이때의 해금은 정치적·군사적 필요에 따라 어쩔 수 없었던 일시적 무역통제에 불과했다. 1683년 정씨가 항복하고 해상의 위협이 사라지자, 강희제는 곧 해금을 풀고 연해지방에 해관을 설치해 무역을 공인하였다(⋯ 테마 38 〈관세와 해관〉, 344쪽). 청 왕조 본연의 지향으로 돌아가, 상업에 관용적인 정책으로 전환한 것이다. 그 효과는 비로 나타났다. 17세기 말부터 물가 하락에 브레이크가 걸리면서, 중국은 불황을 벗어나 새로운 시대로 접어든다.

4. "성세(盛世)"(18세기)

번영의 시대로

강희제는 중국 역사상 제일가는 명군으로 이름 높다. 그러나 경제면에서 그의 치세 전반기는 "위기"의 시대였다. 이전부터 불황이 이어진 데다 통치도 아직 안정되지 못했었기 때문에 치세 후반기까지도 한인에게 관대한 정치를 택해야만 했다. 이러한 자세 덕분에 한인들이 청의 지배에 익숙해진 것은 맞지만, 반면에 기강이 해이해진 것도 부인할 수 없다. 자칫 잘못하면 명 말과 같은 폐정(弊政)으로 되돌아갈 수도 있었다. 그런 위험을 피하고 청의 통치를 반석에 올려놓은 사람이 바로 강희제의 뒤를 이은, 아들 옹정제(雍正帝)이다.

옹정제는 재위 13년간 내내 뼈를 깎는 노력과 부지런함으로 정치 전반의 개혁에 노력하여 괄목할 만한 치적을 쌓았다. 그렇지만 중국경제사의 시각에서 보자면 대서특필할 만한 것이 생각보다 많지 않다. 명 대의 재정 체계, 경제 구조를 답습한다는 청의 기본 틀을 벗어나지 않았기 때문이다. 기존 틀 속에서 폐해를 철저히 제거한 것이 옹정제의 노력이고 수완이었다. 그 방식은 주로 중국 고유의 관료제를 합리화하고자 한 것으로, 앞에서 언급한 지정은(地丁銀)을 설정한 것이나, 재정의 중앙집권 강화, 지방재정의 실체화, 근무지 수당인 양렴은(養廉銀)의 지급 등을 꼽을 수 있다(岩井 2004a, 東洋史研究會 1986).

주위 환경도 호전되기 시작하였다. 옹정제는 아버지 강희제가 해금을 일부 개방한 것을 더욱 확대했는데, 그 결과 대외 무역이 착실히 늘었다. 이렇게 용인된 무역은 조공처럼 정치적 관계나 의례를 동반하지 않는 형태로 이뤄져, 훗날 "호시(互市)"로 통칭되었다(→ 테마 36 〈해금과 조공〉, 338쪽, 테마 37 〈호시〉, 343쪽).

하지만 그때까지 비중이 제일 높았던 일본과 중국 간의 무역은 일본의 은 생산량 급감으로 쇠퇴하였다. 일본이 주요 수출품을 동으로 바꿔서 중국의 수요에 계속 부응하려고 했기 때문에 무역 거래는 계속되었지만, 예전과 같은 활황을 회복하지는 못했다.

그렇다면 당시 중국에게 중요한 무역상대는 어디였을까? 바로 동남아시아와 인도였다. 샴과의 무역에서 중국은 미곡을 수입하고 수공업제품을 수출했는데, 중국 제일의 항구였던 광주(廣州)로만 3만 5000톤의 미곡이 수입되었다고 한다. 인도와는 남경 목면(南京木綿, 난킨)의 원료인 면화를 수입하고 설탕[砂糖]을 수출했다.

새로운 무역상대도 등장한다. 영국을 비롯해 세계 각국의 무역 상인이 17세기가 저물 무렵 광주(廣州)로 찾아와 본격적으로 무역을 시작한다. 18세기 초까지 서구와의 무역량은 미미한 수준이었다. 그러나 18세기 후반에 이르면 중국 상품의 구매가 크게 늘어나, 1770년에는 18세기 초에 비해 40배가 늘어난 2만 톤이 거래되었다. 수출상품은 생사, 도자기 등 주로 중국의 특산품으로, 특히 차가 중요했다. 서양 각국은 동남아시아처럼 중국에 수요가 있는 물산을 가지고 있지 않았기 때문에 자연히 은을 대가로 내놓을 수밖에 없었다.

이와 같은 무역의 활성화에 따라 중국의 경기는 회복되었다. 그리고 일본을 대신하여 은의 새로운 공급자로 서양 각국이 등장한 것이 이후 중국경제의 귀추를 좌우한다.

무역의 발전과 경기 변동

강희 시대의 디플레이션에서도 드러나듯이, 명 대 중기 이후의 중국경제 구조는 외부로부터의 무역수요, 즉 외부로부터 은의 공급 여부, 바꿔 말하면 해외무역의 성쇠에 영향을 받기 쉬운 체질이 되었다. 그 점에서 주목해야 할 대상이 영국이다. 세계시장이 형성되고 산업혁명이 진전되면서, 영국에는 끽차(喫茶)의 풍습이 정착·보급되어, 중국특산의 차를 대량으로 소비하는 시장이 되었다. 1784년에, 100%를 넘던 차의 수입 관세율을 거의 10분의 1까지 낮춘 감세법(減稅法, commutation act)이 시행되자, 차의

표 5 영국 동인도 회사의 차 무역통계

기 간	수입량 (중량, 파운드)	판매액 (화폐, 파운드)
1711~1720	2,645,337	1,769,649
1721~1730	7,467,874	2,731,078
1731~1740	13,263,164	2,901,324
1741~1750	18,069,606	4,399,556
1751~1760	25,869,753	7,236,421
1761~1770	58,587,416	11,519,985
1771~1780	60,689,183	10,548,302
1781~1790	123,171,196	19,808,196
1791~1800	200,017,212	30,617,781
1801~1810	240,438,275	38,272,303

출전: 佐々木 1971.

구매는 폭발적으로 늘어났다(표 5). 영국은 수출할 만한 대표 특산품이 모직물이었는데, 중국에서는 전혀 팔리지 않았기 때문에 차를 구매하는 대가로 엄청난 양의 은이 중국으로 유출되었다.

은의 유입으로 중국은 18세기 후반부터 물가가 상승하기 시작하여, 미증유의 호황을 맞이했다. 중국의 부력(富力)은 이 인플레 호황으로 비약적으로 증대한다. 이때가 마침 옹정제를 이은 건륭제 치세의 후반기에 해당하여, "건륭성세(乾隆盛世)"로 불리는 청의 황금시대가 출현했다. 고증학의 융성과 사고전서(四庫全書)의 편찬 등, 특색 있는 문화가 꽃을 피운 것도 이러한 부의 축적에 힘입은 바가 크다. 호황으로 부유해진 상인들은 지식인과 문화인의 후원자를 자처하고 나섰는데, 그중에서도 양주(揚州)의 염상(鹽商)이 유명하다(→ 테마 30 〈염정(명 이후)〉, 322쪽, 테마 31 〈산서상인과 휘주상인〉, 323쪽).

물가만이 아니다. 은의 유입과 경기 회복은 동전의 가치도 전례가 없을 정도로 상승시켜, 각지에서 동전 부족 사태가 나타났다. 지역 내의 통화가 부족해진 것이다. 그러자 청 정부는 옹정부터 건륭 연간 전반기에 걸쳐 동전을 대량으로 주조하여 공급해 주었고, 이에 따라 은과 동전의 역할 분담이 최종적으로 확정되었다(→ 테마 33 〈은과 동전의 이중화폐제〉, 329쪽). 청의 동전 정책은 일본으로부터의 동 수입을 확대하고, 동 광산을 채굴하기 위해 운남(雲南) 지역 개발을 촉진하는 등, 국내외의 경제 정세에 큰 영향을 미쳤다.

인구 증가와 이주민

이 미증유의 호황기에 무엇보다 눈에 띄는 현상이 인구의 증가이다. 전란과 불황의 17세기, 1억 명가량에 정체되어 있던 중국 인구는 18세기에 들어 증가세로 바뀌었다. 강희 연간에서 옹정 연간에 걸쳐 지배가 안정되면서 평화를 되찾고 생산이 회복된 점이 크게 작용했다. 호황의 지속과 확대는 이런 경향을 더욱 강화시켰다. 인구는 18세기 중반에 이전 세기의 3배인 3억 명에 달하더니, 그러고도 증가를 계속하여 19세기에 들어서면 4억 명을 돌파한다. 폭발적인 증가라고 할 만하다.

왜 이 정도로 인구가 늘었을까. 그 궁극적인 요인을 다 규명하는 것은 이 책의 역량을 뛰어넘는 문제이다. 다만 확실하게 말할 수 있는 것은 교역의 성행과 방대한 화폐 공급이 (국내) 수요를 불러일으키고, 늘어난 수요가 생산 증가를 자극한 것이 인구 동향의 저변에 있다는 점이다.

기존의 경지와 작물만으로 늘어난 인구를 전부 먹여 살리는 것은 불가능했다. 따라서 새롭게 나타난 현상이 이주민과 이들이 이끈 개발로, 명말 이후 중국 사회의 유동성을 보여 주는 전형적인 움직임이었다. 포화된 기존의 경지에서 밀려난 사람들은 아직 미개간 상태였던 강서, 호북, 호남, 사천의 산지로 이주하여 조악한 움막을 짓고 살았다. 이런 동향은 원산지가 신대륙인 신작물 담배, 옥수수, 고구마의 보급과 큰 연관이 있었다. 이들 신작물은 경사지에서도 재배할 수 있었고, 옥수수와 고구마는 주곡을 대체할 수 있는 작물이었다. 사람들은 산림을 벌채하여 목재를 생산하거나, 경지에 담배 등 상품작물을 심고 옥수수와 고구마로 허기를 달랬다. "산구경제(山區經濟)"로 불리는 이러한 경제생활(山田 1994)이 당시의 개발과 인구 증가, 혹은 중국경제의 양적 확대를 뒷받침하고 있었다.

내륙의 산악지대뿐만이 아니다. 앞에서 다룬 운남, 광서, 귀주, 대만 등 더욱 변경이었던 지역까지도 이민의 파도가 미쳤다(⋯→ 테마 43 〈이민과 화교〉, 355쪽). 동삼성(東三省)은 전형적인 사례이다. 만주인이 북경에 입성한 후, 인구가 희박한 상태였던 이 지역에 한인 이주민이 들어가 곡물 재배가 보급되었다(荒武 2008). 특히 주목할 만한 작물이 콩[大豆]이다. 기름을 짠 후의 콩 찌꺼기[大豆粕]는 사료와 비료로 유용하여, 대부분이 강남 델타의 목면 재배에 비료로 투입되었다. 동삼성과 강남 델타의 교역은 정크선을 이용한 해상교통이 이어 주었다(足立 2012, 松浦 1983, 2002). 19세기 후반부터 20세기 초까지 콩이 국제상품으로 발전하면서, 동삼성의 이민과 개발이 가속화되는 한편, 산림은 파괴되어 줄곧 감소하였다(⋯→ 테마 44 〈만주의 경제개발〉, 360쪽).

이러한 움직임은 중국 내에 그치지 않았다. 이주민은 동남아시아 각지로도 진출하여 이른바 화교(華僑)의 전신이 되었다. 미곡 수출에 종사한 샴의 이주민들이 대표적이다. 이들 미곡 상인의 배후에는 다수의 이주민 노동자가 있었다. 지역 간 분업과 화인의 교역권, 생활권은 바다를 훌쩍 뛰어넘어 세계로 확대되어 갔다.

세계의 동향

영국의 흥성은 이미 서술한 대로 중국 무역과 적지 않은 관계가 있던 만큼, 일방적인 수입초과[入超]는 그냥 내버려 둘 수 없는 문제였다. 영국은 1792년 무역조건을 개선하고자 전권대사 매카트니(George Macartney, 1st Earl of Macartney) 사절단을 중국에 파견했다. 그러나 청은 요구를 전부 거부한다. 중국은 "지대물박(地大物博)", 즉 있을 것 다 있어서 원래 무역이 필요 없는데도 차와 생사가 서양 국가들의 필수품이라고 하니 특별히 은혜를 베풀어 무역을 허락해 준 것인데, 이것저것 요구하다니 주제넘다는[僭越] 이유였다(Macartney 1975). 중국 산물이 서양 각국의 필수품이라는 말은 맞다. 그러나 중국에게도 해외에서 들어오는 은과 동은 없어서는 안 되는 품목이었다.

때는 바야흐로 산업혁명의 시대였다. 국내에서 자금 수요가 높아 가던 영국에서 차의 수입 대금으로 대량의 은을 내주는 무역은 이제 힘들어졌다. 그래서 영국은 식민지화가 진행 중이던 인도에서 마약인 아편을 중국에 가져갔고, 아편 판매가 늘어나자 그것으로 차 값의 지불을 상쇄할 수 있었다. 인도와 중국의 무역은 인도가 흑자, 중국과 영국의 무역은 영국이 적자, 이렇게 조합을 이뤄서 손익이 상쇄되는 삼각무역이 성립하였다.

또한 면공업이 발흥하자, 영국은 원료인 면화를 비롯해 더 많은 수입을 미국에 의존하게 되었다. 그러자 미국에 대한 지불도 아편 수출의 흑자로 마련하는 무역 구조로 바꾸어, 최종적인 결제를 런던의 국제금융시장에 집약시키는 글로벌한 다각적 결제 네트워크를 구축했다. 영국에서 산업혁명이 진전되면 될수록, 더 많은 아편이 중국으로 들어가는 구조였던 것이다. 18세기 말 중국의 아편 수입량은 파악된 것만으로 거의 40만 명분이었는데, 1838년에는 그 10배인 400만 명분으로 급증했다. 아편무역이 없어지면 산업혁명이 한창이던 영국경제는 물론이고 세계경제도 굴러가지 않는다. 여기에 아편전쟁이 일어날 수밖에 없었던 필연성이 있다(田中 1973, 濱下 1990, 井上 2004).

무역 확대 때문에 생겨난 문제는 이런 마약의 수입만이 아니다. 매카트니의 요구 중 하나로 거래상대의 문제가 있다. 영국 측은 은행과 주식회사를 발달시켜 대규모 거래를 할 수 있는 상태였다. 정부권력에 의해서 광역적인 금융 관리, 시장 규제, 배임에 대한 제재가 잘 갖춰져 있어, 생면부지의 사람에게 돈을 빌려줘도 변제받을 수 있다는 보증이 있었기 때문에, 불특정 다수의 사람들로부터 흩어져 있던 유휴자금을 모아서 대자본을 형성할 수 있었다. 이와 대조적으로, 중국에서 영국과의 무역을 담당하던 사람들은 "양행(洋行)"이라고 불리는 공인 무역 상인이었는데, 그들은 거래량이 늘어나면서 늘 운전자금의 부족에 시달렸다(岡本 1999a). 청 대 중국에서는 경제 활동에 대해 권력이 보호와 통제를 해 주지 않아서 신용은 신뢰할 수 있는 동료끼리의 범위 안에만 머물렀고, 금전을 빌려주는 대상도 자연히 제한되었다. 그러므로 생업자본(生業資本)은 상상 이상으로 적었다. 이처럼 양측이 가지고 있는 자본 규모에 격차가 커서는 거래가 삐걱거리는 것도 무리가 아니다. 영국 상인에게 자금을 빌렸다가 도산하는 "양행"이 속출했다.

번영의 시대는 그 빛이 눈부셨던 만큼, 그늘도 깊었다. 건륭제의 붕어는 마침 18세기가 끝나는 시점이었다. 그것은 바로 그늘이 확대되어 가는 다음 시대의 시작이기도 했다.

5. 서양 근대와의 대치(19세기)

전란의 시대와 "독무중권(督撫重權)"

18세기의 인구 급증은 이주민과 개간 덕분이었다. 원래 인구의 급증은 경제규모를 확대시키지만, 경지와 생산 확대가 인구 증가를 쫓아가지 못하면 사회 전체를 빈곤하게 만들고 치안을 악화시킬 수도 있다. 동시대에 이미 그러한 가능성에 경종을 울린 사람들도 있었다.

실제로 이주민의 생활은 결코 쉽지 않았다. 산림을 베고 화전을 만들어 상품작물과 구황작물을 조합하는 약탈적 농법으로는 안정적이고 영속적인 수확을 바랄 수 없었고, 자연환경을 파괴하여 재해를 일으킬 위험도 컸다. 또 원래 살던 선주민(先住民)이 있는 지역에서는 그들과의 알력도 생기기 마련이었다. 그런 환경 속에 생존경쟁은 심화되고, 기성 사회에서 성공하기는 점점 더 어려워졌다. 앞날에 실망한 사람들이 자기 나름의 규범과 질서를 만들고자 한 것도 당연한 흐름이었다(山田 1995).

그 실마리가 된 것이 반정부적 색채를 띤 일종의 지하조직인 비밀결사

(秘密結社)의 결성이다. 비밀결사의 조직원리 자체는 앞에서 살펴본 보통의 행회(行會)와 크게 다르지 않다. 그러나 기성 사회의 질서에서 일탈한, 일종의 무법자들(out-laws)이 구성원인 점에 큰 차이가 있다. 거기에 체제교학(體制教學)인 유교 이외의 종교(백련교, 크리스트교, 이슬람교)나 금지 품목[사염(私鹽), 아편 등]의 거래가 결속의 유대가 되었다. 이러한 결사는 18세기 후반부터 증식하여, 관헌의 탄압에 반항하면서 단결을 다지고 무장을 갖췄다.

치안이 급속히 악화되고 내란으로까지 비화되었다. 규모가 큰 것만도 18세기 마지막에 발생한 백련교도의 난, 그로부터 반세기 후의 태평천국, 다시 반세기 후의 의화단 사변(義和團事變)[42]을 꼽을 수 있다. 거기에 더해 아편전쟁부터 청일전쟁에 이르는 대외전쟁이 있었다. 태평성대였던 18세기와는 정반대로, 19세기 중국은 전란의 세기였다.

이에 대해 18세기에 인구가 과잉포화 상태가 되었기 때문에 사망률이 일시적으로 급상승하여 경제·사회의 규모에 맞는 수준으로 인구 조절이 이뤄졌다고 해석할 수도 있다. 19세기를 전체적으로 보면, 인구는 약 4억 5000만 명 정도에 머물렀다. 이전 세기에 축적된 여러 문제들이 밖으로 드러났고, 이를 해결해야만 하는 상황에서 시행착오를 거듭한 결과였다고도 할 것이다.

그 전형이 "독무중권(督撫重權)"이라 불린 현상이다. 이는 한 성(省) 혹은 여러 성의 군정·민정을 총괄하는 독무와 순무가 군사권 및 재정권의 대부분을 장악하고, 청의 내정과 외교에 커다란 발언권과 지도력을 가지게 되는 역사 현상을 말한다. 1851년부터 1864년까지 지속된 태평천국의 내란을 평정하는 과정에서 이러한 경향이 굳어졌다. 이것이 중화민국 시대

42 원문 그대로. 보통은 의화단의 난 혹은 의화단 운동이라고 한다-옮긴이.

의 군벌항쟁의 유래라고 보는 시각에서는, 중앙집권의 국민국가에 역행하는 체제로 자주 비판의 대상이 되고 있다. 그러나 처음에는 나름대로 합리성을 가진 것이었다.

당시 가장 중대한 과제는 치안의 회복이었다. 백련교도, 태평천국 등 내란을 일으킨 원동력은 18세기 후반 이래 우후죽순처럼 생겨난 비밀결사였다. 이런 반체제 세력의 준동, 결집, 봉기를 확실히 눌러 소란을 미연에 방지하려면 가장 가까이 있는 현지의 당국자가 기동력 있게 군대를 움직일 수 있도록 더 많은 재량권을 지방 대관에게 맡기는 편이 합리적이었다.

그 와중에 그때까지의 종족, 행회, 비밀결사는 독무와 순무를 지지하는 군사적·경제적 세력으로 변화해 나갔다. 상군(湘軍), 회군(淮軍) 등 지방의용군의 편성, 그리고 아편과 사염을 징세 대상으로 합법화하는 기능을 가졌던 이금(釐金)의 징수가 그 대표적 사례이다(→ 테마 39 〈이금〉, 347쪽, 테마 30 〈염정(명 이후)〉, 322쪽, 테마 41 〈국산 아편〉, 350쪽). 이상 모두가 18세기 이래 행회의 존재와 기능을 전제로 생겨난 것이므로, 정치·사회는 기존 질서의 연속이라는 측면이 강하다. 그렇다면 경제에는 어떤 변화가 생겨났는지 살펴보도록 하자.

무역의 확대와 환율 변동

19세기에 들어서 큰 전환은 우선 대외무역이 항상적으로 이뤄지게 된 것과 양적으로 증가한 것이다. 아편전쟁 시기인 1840년의 무역총액은 약 4000만 량인데, 이를 곡물, 면제품, 견제품, 차, 소금 등 주요산품의 생산총액 추계와 비교하면 약 10분의 1에 해당한다. 25년 후인 1864년이 되면, 무역액은 2배가 넘는 약 1억 량, 다시 20년 후인 1883년에는 3배 이상인 1억 4000만 량, 다시 20년 후인 1903년에는 5억 4000만 량으로, 통계수치의 단순비교로도 100년 만에 10배 규모로 늘어났다. 이런 상황에 부응하여 국내 주요상품의 생산에도 필연적으로 변화가 생겨났다.

차, 생사를 영국이 은으로 사들이는 것이 18세기까지의 무역 구조였다면, 19세기에 들어서면서 차, 생사와 아편, 면화 등을 인도산 상품과 교환하는 것으로 바뀌었다. 그 과정에서 1830년대에 중국에서 은이 유출된 것은 잘 알려져 있지만, 사실 그 실태는 잘 알 수 없으며, 은 유출 추세가 이후에도 고정화되었냐면 그것도 아니다. 1850년대에는 캘리포니아와 오스트리아의 골드러시(Gold Rush)로 해외 수요가 늘면서 차와 생사 수출이 격증한 반면에 국산 아편이 늘어나(…→ 테마 41 〈국산 아편〉, 350쪽) 수입이 정체되어 은 유입이 확연히 나타났다(林 2007, 2013). 아편은 이윽고 국제적 금지 품목이 되었다(…→ 테마 42 〈아편 금지 운동과 국제 문제〉, 352쪽).

새로운 동향이 현저해진 것은 1880년대에 들어와서이다. 오랫동안 누에병으로 침체되었던 유럽의 잠업·제사업이 회복되고 일본의 제사업과 인도의 차가 발흥하여 전통적인 차와 비단 수출은 시장을 빼앗기고 점유율이 낮아졌지만, 다른 1차 산품 수출이 늘기 시작했다(木越 2012).

때를 같이하여 수입에도 큰 변화가 생겨났다. 식민지이지만 아시아에서 최초로 공업화에 성공한 인도의 방적업이 생산한 기계제 면사가 중국에 대량으로 흘러들어 와 수입품목 제1위를 차지한 것이다(濱下 1990, 杉原 1996). 이 인도면사는 오로지 중국 시장을 타깃으로 한 제품이었다는 점에서, 중국의 국산 아편 생산으로 팔리지 않게 된 인도 아편을 대신한 것이었다고 할 수 있다. 그렇다고 해도, 중국 입장에서는 둘은 전혀 의미가 달랐다.

원래 중국 면방직업은 농촌 부업이었다. 농가는 면화를 근처에서 입수해서 수공으로 직접 실을 자아낸 뒤 바로 천을 짰다. 그런 뒤 자가 소비를 포함해 지역 내에서 소비하고, 나머지를 외부에 이출하는 것이 전통적인 패턴이었다. 그런데 무역과 기계제 면사업이 이 과정에 끼어들어서 그 패

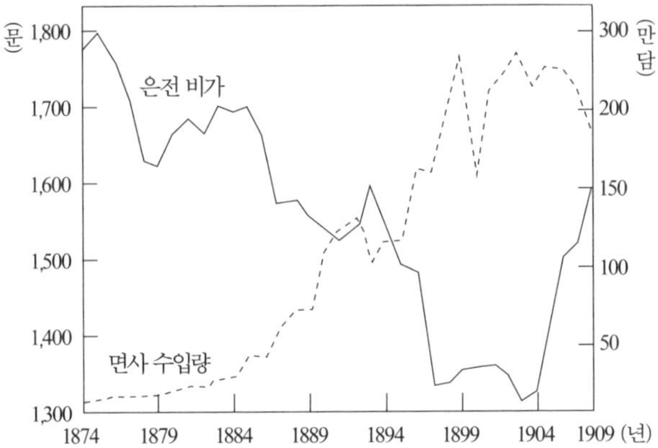

그림 13 강소(江蘇)의 은전 비가와 면사 수입량
출전: 森 2001.

턴을 해체시켜 버렸다. 면화와 면사의 공급 방법이 바뀐 것이다. 이는 중국만이 아니라 일본까지도 휩쓸리게 한 산업의 구조적 변동의 시작이었다.

중국 농촌이 (직접 실을 잣지 않고) 기계제 면사를 구입하게 된 것은 물론 인도 면사가 튼튼한 태사(太絲, 굵은 실 - 옮긴이)여서 품질이 농촌 수요에 잘 맞았기 때문이지만, 당시 환율 변동에도 힘입은 바가 컸다. 1870년대 중반부터 구미의 금본위제 채용으로 은이 남아돌아, 금에 대한 은의 상대가격이 떨어졌다. 은을 무역 결제에 사용하는 중국에서는 구미로의 수출 환경이 좋아졌고, 실제 수출 초과[出超]가 계속되었다. 인도도 같은 은화권이지만, 중국 농촌은 지역 내 통화인 동전을 사용하기 때문에, 은으로 가격이 매겨지는 인도 면사의 구입은 은과 동전의 비가에 따라 좌우된다. 남아돌게 된 은의 가격은 동전에 비해서도 상당히 하락하여 인도 면사의 가격도 할인되었던 것이다. 하지만 환율 조건이 또 바뀌면 면사의 공급형태도 바뀔 수 있으므로, 이런 구조는 20세기 이후의 중국 공업화에 큰 영향을 주게 되었다(그림 13, 森 2001). 명 대부터 형성된 은과 동전의 이중화폐제가 중국 산업혁명의 전제가 되었음을 잊어서는 안 된다.

거래와 금융

무역의 확대에 따라 무역 주체에도 변화가 생겨났다. 이미 서술했듯이, 중국인 상인은 대자본을 확보할 수 없었기 때문에, 아편전쟁 이전에 "양행(洋行)"은 액수가 큰 거래를 감당하지 못하고 줄줄이 도산했다. 그 결과, 주식회사처럼 자금이 풍부한 외국상사가 영세한 중국인 상인에게 개별적으로 자금을 빌려주고, 수출입품의 매매를 위탁하게 되었다. 무역의 효율화와 원활화를 이런 방식으로 꾀했던 것이다. 그 과정에서 양행(洋行)은 이제 외국상사를 가리키는 말로 바뀌고, 위탁을 받은 중국인 상인을 매판(買辦)이라고 불렀다. 양행은 지역별로 다른 중국의 도량형 사정이나 상관습에 어두워서 매판 없이는 사실상 무역거래를 할 수 없었다. 매판은 이 점을 이용해 중국시장의 주도권을 쥐고 우위에 서서, 때때로 외국상인, 양행과 분쟁을 일으켰다(→ 테마 40 〈매판〉, 348쪽).

외국상사, 중국인 상인의 통상 활동을 지원한 것이 새로운 금융업이다. 1860년대부터 본격적으로 중국에 진출한 외국은행은 중국과 외국 사이의 송금과 결제, 외국상사로의 융자와 같은 업무를 취급하기 시작했으며, 영국령 홍콩에서는 (금본위 파운드 화폐를 발행하는 영국과 달리-옮긴이) 은 달러(=銀元-옮긴이) 기준으로 독자적인 화폐를 발행했다. 다른 한편, 중국 내의 송금과 중국인 상인으로의 융자를 담당한 것이 토착 금융기관인 표호(票號)와 전장(錢莊)이다. 공금의 환전과 송금은 주로 산서성(山西省) 출신의 표호가 담당했고, 교역에 대한 융자는 절강성(浙江省) 영파(寧波) 출신의 전장이 맡았다(→ 테마 57 〈홍콩〉, 441쪽).

매판상인 중에 외국무역 경험이 풍부한 광동인(廣東人)이 많았던 점을 함께 고려하면, 개항 이후 활성화된 무역·금융 업종이나 기업에도 여전히 동향과 동업으로 결집하는 행회(行會)의 조직 원리가 관철되고 있었다(⋯→ 테마 32 〈행회(행)〉, 325쪽). 또 무역상의 경우와 마찬가지로, 표호와 전장도 대자본을 보유하지는 못했기 때문에, 대부업무를 확대하려면 외국은행에서 융자를 받아야 했다. 이 구조는 매판과 양행의 관계와 대단히 흡사하다. 서양처럼 주식회사나 은행을 조직할 수 없기 때문에 외부와 해외의 자금 주입으로 거래와 유통을 활성화하는, 명청 이래 중국경제의 구조가 여기에도 그대로 드러나 있다고 할 수 있다.

경제의 변천과 상해

이러한 변화의 핵심에 있던 것이 새로운 개항도시 상해였다. 상해는 원래 중국경제의 심장부인 강남 델타로 들어가는 창구이자, 소주(蘇州)의 외항으로 개항된 항구였다. 그러나 1860년 소주가 태평천국에게 공격받아 점령되어 버리자, 그곳 사람과 재부(財富)의 대부분이 상해로 피난해 왔다. 그 이후 상해는 아예 소주를 대체하는 지위에 올라선다.

소주는 대운하의 교통과 중국내의 상공업으로 번영한 도시였지만, 상해의 번영은 해운과 무역에서 나왔다. 물론 소주가 무역과 관계가 없던 것은 아니다. 지역 산업의 대부분이 해외시장에 의존하고 있던 것은 앞에서도 말한 대로이다. 하지만 소주 자체가 해외에 직결되어 있지는 않았다. 상해는 그렇지 않다. 처음부터 해외와의 연계를 전제로 하여, 동쪽으로는 동중국해를 넘어 일본과, 서쪽으로는 장강을 거슬러 올라가 내지와, 남쪽으로는 광주, 홍콩을 거쳐 화남, 동남아시아와, 북쪽으로는 천진, 발해 연안과 통하는 요충지에 위치했다. 유통 기능에서 그때까지 심장(心臟)이 소주, 대동맥(大動脈)이 대운하와 하천 수계였다면, 19세기 후반이 되면 심장은 상해로, 대동맥은 연해와 장강으로 바뀌었고, 해외에 대한 의존이 한층 심화·확대되었다.

급속히 발전한 상해는 또한 이민을 갈 수 있는 도시이기도 했다. 상해로 이주한 집단 중에 가장 힘이 있던 그룹은 광동인(廣東人)과 절강인(浙江人)이다. 그들이 경영한 업종과 기능이 무역과 금융이기 때문이다. 이민 현상 그 자체는 18세기부터 계속된 것이지만, 상해의 특색은 19세기 후반의 경제적 변천을 여실히 보여 주고 있다.

이러한 변화는 공업에서도 확인할 수 있다. 이즈음 새롭게 발흥한 기계제 공업은 상해가 중심이었다. 이 업종이 무역과 밀접한 관계가 있었기 때문이다. 예를 들어 1870년대에 기계 제사업이 보급된 것은 앞에서 말한 해외시장의 동향을 읽고 유럽, 일본의 제사업에 대항하고자 하는 움직임이었다.

근대적 면업도 마찬가지이다. 이 분야의 첫 근대기업은 1878년에 설립된 상해기기직포국(上海機器織布局)인데(→ 테마 46 〈근대적 기업〉, 414쪽), 수입 면포에 대항하는 것이 원래 목적이었다. 그렇지만 1880년대에 들어와 인도 면사 수입이 급증함에 따라 새롭게 여기에 대항해야만 했고, 태사(太絲)를 생산하는 방적(紡績)으로 업종 중심을 옮겨 조업을 개시했던 것이다(鈴木 1992).

재정의 변용

이렇게 경제적 중심이 상해를 핵심으로 연해와 강변으로 이동하면서, 정부의 재정 역시 그에 상응하는 형태로 바뀌게 되었다. 우선 무역을 관할하는 해관이다. 외국상사에게서 직접 관세를 징수하고, 수출입 물량과 그에 대한 과세 및 징세를 정확하게 산정하는 제도를 도입했다. 무역의 확대와 함께 세수가 증가하여, 해관세는 이제 외국에서 보아도 신뢰할 수 있는 재원이 되었다. 그 때문에 관세수입은 외국 차관의 담보로 이용되어, 훗날 청 재정에 외국은행, 나아가 열강이 개입하게 되는 발판을 제공했고, 재정제도 그 자체를 점차 바꿔 나가게 되었다(⋯→ 테마 38 〈관세와 해관〉, 344쪽).

둘째로 국내유통에 대해서는 이금(釐金)을 부과했다. 이금은 일종의 내지 통과세로, 대부분 상인들에게 징수를 청부시켰다는 점에서 재래의 재정 관행과 통한다. 그러나 독무와 순무가 자신의 재량으로 전례 없이 영세한 규모의 거래까지, 그리고 예전이라면 밀수·금지 품목이었던 거래까지 관리와 징세를 장악했다는 점은 새로운 특징이다(⋯→ 테마 39 〈이금〉, 347쪽). 하지만 이금이 고액의 수입원이 될 수 있었던 것은 무엇보다 상업거래가 그만큼 활발했기 때문이었다. 이금의 출현 역시 무역의 확대에 따른 새로운 움직임이었던 것이다.

이러한 사태에 따라, 구래의 세수는 감소 혹은 비중이 줄어드는 경향을 보였다. 예를 들어 19세기 말의 통계수치를 보면, 그때까지 정부 세수의 대종(大宗)이었던 지정은(地丁銀)[전부(田賦)]에 해관세 수입이 필적하고 있다. 소금에 대한 과세 역시 유통 단계의 이금에 중점이 놓였다(⋯→ 테마 30 〈염정(명 이후)〉, 322쪽). 이것 역시 19세기 후반 정권 운영이 무역과 그와 관련된 유통에 의지하게 된 것을 반영한다. 그렇지만 다른 한편에서는 통계숫자에 나타나지 않는 부가세같이 원액주의에 따른 재래의 관행 역시 존속했다. 명청 시대의 제도적 기초를 계승하면서, 새로운 국면에 대처하고 적응해 나간 것이 이 시기의 특징이다.

새로운 시대로

19세기의 경제 재편은, 18세기 번영의 부작용으로 누적된 문제가 겉으로 드러나고 이에 대처하면서, 그리고 서양열강에 의한 개항과 그 영향에 규정되면서 진행되었으며, 이러한 재편 과정은 그대로 다음 세기, 즉 20세기의 전제가 되었다.

무역이 확대되고 주요 품목이 바뀌고 은가는 계속 하락했다. 또 공업화가 태동하기 시작했고, 연해와 강변으로 경제 중심이 이동했으며, 정부 재정도 이에 적응하는 태세로 바뀌었다. 그런 한편으로 은과 동전의 이중 본위라는 통화제도, 해외의 수요가 국내 유통과 생활을 활성화하는 시장 구조라는 큰 틀은 변함이 없었으며, 종족(宗族), 행회(行會), 비밀결사가 지배적인 사회구성의 골격 역시 바뀌지 않았다.

청의 통치도 마찬가지이다. "독무중권(督撫重權)"이라는 방식으로 전환하여, 지방의 재량권이 확실히 증대했다. 재정을 보아도 대외무역, 국내 유통에 크게 의존하는 방향으로 기울었다. 그렇지만 19세기 내내 중앙과 지방의 기본적 역할, 권력의 분담 관계는 그다지 크게 변하지 않았다고 보는 것이 타당하다. 이것이 변하기 시작한 것은 19세기가 거의 끝나갈 무렵이었다.

1895년의 삼국간섭(三國干涉)으로 열강이 중국의 경제적 이권을 획득하는 데 광분하고, 중국 내에서도 위기감이 고조되었다. "망국을 구하자[救亡-옮긴이]"가 이후의 슬로건이다. 그 과정에서 탄생한 "변법(變法)"과 "혁명(革命)"이 경제와 관계없을 리 없다. 관료, 지식인의 경제관념도 크게 변화한다. 소극적 대증요법의 색채가 강했던 19세기 경제 정책은 극적으로 바뀌어, 적극적으로 경제 구조를 개혁하고자 한다. 그러한 움직임은 현실의 경제 구조와 어떠한 관계를 갖고 있었을까. 그것은 현대 중국경제에 직결되는 문제이기도 하다.

테마 30 / 염정[鹽政, 명(明) 이후]

오카모토 다카시(岡本隆司)

당 중기에 시작된 (상인을 이용한—옮긴이) 소금 전매제(⋯→ 테마 24 〈염정(당~원), 260쪽)는 명청 시대에도 존속했다. 제도의 큰 틀은 당 대와 같아서, 상인은 소정의 "세과(稅課)"를 납부하고서는 "염인(鹽引)"을 받아 산지로 가서 그것을 소금과 바꾸고, 공정소비지인 "행염지(行鹽地)"에서 판매했다.

다만 명 초에는 개중법(開中法)을 함께 시행했다. 북변의 군대 주둔지에 식량·물자를 조달하는 상인에게 "염인"을 발급해 주는 제도이다. 이렇게 하면 정부는 소금 생산만 확보해 두면, 화폐를 쓰지 않고도 필요한 군수품을 상인에게 자유롭게 얻을 수 있으므로(⋯→ 테마 20 〈화적〉, 198쪽) 현물주의를 유지하면서 몽골의 위협에 대처할 수 있었다.

이 방법은 북쪽 만리장성에 가까이 사는 상인들에게 유리했다. 주변 토지를 개간해서 곡물을 조달하면, 운송비용이 많이 드는 먼 곳의 상인들을 압도할 수 있기 때문이다. 하지만 15세기 후반 은의 유통이 보급되면서, 곡물을 북방에 직접 운송할 필요 없이, 가격에 상당한 은을 정부에 바로 납부하면 "염인"을 얻을 수 있게 되었다. 그 때문에 남방의 상인들도 소금 전매에 참여하게 되었고, 소금 산지와 "행염지"가 만나는 지점에 해당하는 양주(揚州)가 점차 중요해졌다(⋯→ 테마 31 〈산서상인과 휘주상인〉, 323쪽).

대상인의 형성에 따라, 소금 거래는 소수의 유력 상인에게만 집중되어 갔다. 그런 추세를 제도적으로 용인한 것이 명 말에 성립한 강법(綱法)으로, "염인"을 수령하여 전매를 담당할 염상을 지정하고, 그들에게 납세를 청부시키는 방법이다.

청 대 또한 18세기 들어서 은이 유입되어 호황을 맞으면서 인구가 급증한다. 염상은 은을 내고 소금을 입수하여 소매로 팔 때는 동전으로 받는데, 은이 싸고 동전이 비싼 유리한 환율 덕분에 이윤율이 높아졌고, 인구 증가로 소비가 크게 늘어 막대한 이익을 얻을 수 있었다. 건륭 시대의 문화적 번영은 이러한 염상의 부에 힘입은 바가 크다.

하지만 비밀결사가 세를 불리면서 사염 거래가 늘어나자, 전매제는 파탄의 위기에 직면했다. 결국 사염을 합법화하자는 움직임이 나타나, 19세기 후반 재정권을 장악한 지방대관들이 (사염을 사실상 용인하고 – 옮긴이) 이금을 실시하는 것으로 마무리 지어졌다(⋯→ 테마 39 〈이금〉, 347쪽). 이렇게 청말의 염세는 크게 도매 단계에서 징수하는 강법(綱法)과 유통과 소매 단계에서 징수하는 염리(鹽釐) 양대 세목으로 징수되게 되었다.

청일전쟁 이후 북경정부가 거액의 배상금과 외채를 껴안게 되자, 염세 역시 담보로 잡혔다. 이에 민국 시대 외국인이 관리하던 해관(⋯→ 테마 38 〈관세와 해관〉, 344쪽)을 본떠 염무계핵소(鹽務稽核所)를 설립하여 전매·징세의 합리화와 중앙집권화를 추진하였다. 그러나 군벌 항쟁과 일본과의 전쟁으로 둘 다 완수하지 못하고, 염정 근대화의 과제는 중화인민공화국에 넘어가게 된다.

[참고문헌] 藤井 1953~1954a, 佐伯 1987, 岡本 2001.

테마 31 / **산서상인(山西商人)과 휘주상인(徽州商人)**

우스이 사치코(臼井佐知子)

중국에서는 명 중기 이후 국제무역이 발전하면서, 상품생산과 유통이 활발해지고 규모도 확대되었으며, 그에 따라 본적지를 벗어나 타지에서 상업에 종사하는 사람들이 늘어났다. 그런 활동은 예전처럼 개인들이 분산적으로 영업하던 것에서 나아가, "상방(商幇)" 즉 상인들이 단체조직을 형성하기에 이르렀는데, 출신지 이름을 붙여 "진상(晉商, 晉=山西)", "섬상(陝商, 陝=陝西)", "휘상(徽商, 徽=安徽)" 등으로 불렸다. 그중에서도 가장 활약한 그룹이 휘주상인과 산서상인이다.

두 상인들은 섬서상인과 함께 명 대에 염정에 관여하여 부를 축적했다(⋯→ 테마 30 〈염정(명 이후)〉, 322쪽). 산서상인은 북경에 가까운 지리적 이점을 살려, 권력층에 접근하여 발전하였다. 이들은 소금, 식량, 생사와 비단, 면포, 목재, 차 등을 취급했고, 제철업과 금융업에도 종사했다. 특히 19세기 전반에는 환전을 취급하는 표호(票號)를 개설하고, 훗날 공금(公金)의 송금을 주력사업으로 경영하여 대단한 세력을 갖게 된다.

한편, 휘주상인은 15세기 후반의 "운사납은(運司納銀)"으로 두각을 나타냈다. 중국 최대의 소금 생산지이자 소비지인 장강 유역에 가까웠기 때문이다. "휘상이 없으면 시장[鎭]이 안 선다"고 할 정도로, 강남의 도시와 시진(市鎭)을 중심으로 전국적으로 활약하여, 19세기 전반까지 우세를 지켰다. 소금, 쌀 중심의 식량, 면포, 생사, 비단, 목재, 차, 먹·붓·종이 등 문구류, 도자기, 약 등을 구입·운반·판매하였고, 목재의 채벌, 광산 채굴, 염색 등 가공업, 제철업, 나아가 동산과 부동산을 담보로 돈을 빌려주는 전당업까지 전국 각지에서 경영했다. 전당업자의 경우 풍부한 자금을 바탕으로 금리를 낮게 유지할 수 있었기 때문에 남경과 같은 곳에서 다른 성 출신의 동업자들을 압도했다.

산서상인도 휘주상인도 소주(蘇州)를 비롯해 경제 중심지로 가서 상업에 종사했는데, 산서상인들이 본적을 고향에서 아예 옮기는 경우가 적었던 것에 반해, 주희(朱熹)의 조상의 땅[祖地] 출신인 휘주상인들은 대개가 교육에 열심이어서 자제의 과거시험에 더 유리하도록 새로운 지역으로 본적지를 옮겼다. 18세기 후반 이후 휘주상인의 활약을 기록한 문헌이 줄어드는 것은 상업권의 변화와 소금 밀매의 성행도 있지만, 본적지를 옮겼던 것에도 그 원인이 있다.

이들 명청 시대 상인들의 공통점은, 종족의 혈연관계나 동향관계를 자금 조달 및 정보수집 등 상업 활동의 기반으로 이용한 점이다. 행상을 나가는 지역에는 꼭 동향인을 위한 거점으로 회관(會館), 공소(公所)를 세웠다 (⋯▸ 테마 32 〈행회(行)〉, 325쪽). 그러나 산서표호의 경영담당자 중에는 강서(江西)나 휘주(徽州) 출신자도 적지 않다. 적어도 19세기에는, 산서상인, 휘주상인처럼 출신지 이름을 붙여서 부르기는 해도, 각지의 회관들이 다른 지역 출신자들이 병이 들거나 사망해도 의료 및 매장 서비스를 해 주었던 것을 참고해 보면, 상방의 활동이 꼭 폐쇄적·배타적인 것은 아니었던 것 같다.

[참고문헌] 寺田 1972, 唐 1993, 臼井 2005, 中島 2009.

테마 32 / **행회**[行會, 행(行)]

후마 스스무(夫馬進)

행회란 중국 수공업자들의 동업단체이다. 일본 학계에서는 보통 사료 용어 그대로 "행(行)"이라 부르고, "중국의 길드"라고 부르기도 한다. 중국 학계에서는 단체라는 점을 분명히 하기 위해 보통 학술 용어인 "행회(行會)"라고 부른다.

행회란 무엇인가. 연구자들의 생각은 천차만별이었다. 행회가 무엇인지 설명하려면, 먼저 그에 관한 연구가 어떻게 진행되어 왔는지를 설명하고, 다음으로 행회에 대한 평가가 왜 천차만별로 되었는지 지적하는 것이 적절할 것이다.

행회 연구는 청 말부터 민국 10년대(대체로 1920년대에 해당함-옮긴이)에 중국에 온 유럽인, 미국인들이 시작하였다. 그들은 모두 행회를 "중국의 길드"라고 불렀다. 맥커번, 모스(H. B. Morse), 바지스(J. S. Burgess)가 그러하다. 행회에는 확실히 도제(徒弟) 제도가 있고, 구성원의 상호부조를 꾀하며, 때로는 행규(行規)라고 불리는 계약서를 정해 두고, 때로는 영업 독점을 꾀하고, 때로는 가격과 자금을 공동으로 결정해 상호 경쟁을 배제하는 등, 유럽 중세의 길드와 비슷한 점이 있기 때문이다. 서구학자 중 일부는 동향인의 숙박시설 혹은 집회장을 주로 의미하는 회관(會館)과, 동업자들의 집회장 내지 사무소를 주로 의미하는 공소(公所)를 중국의 길드로 불렀다. 이들은 행회를 역사적으로 소급해서 고찰하지 않고, 주로 자신의 견문과 청취조사로 연구를 진행했다. 또 이들 서구학자들은 공통적으로 행회를 국가와의 관계에서 독립적이었다고 높게 평가하고, 행회가 동업자에 대한 통제라는 면에서 강력한 권한을 보유했다고 평가했다. 예를 들어 모스는 중국의 길드가 국가 법률 밖에서 결사(association)로 성장했고 국가의 민법으로 보호받지도 않았다면서, 민주적이고 자치적으로 운영되어 발전했다고 보았다(Morse 1909: 27). 또 바지스는 1926년에 북경의 행회를 조사했는데, 그는 대부분의 길드에서 결정사항의 이행을 위해 길드법정이 열렸다고 했다. 연차 대회가 열릴 때에는 길드 내의 인망 있고 경험이 풍부한 장로가 지명을 받아 재판관이 되고, 길드의 규칙을 어겼다고 보고된 자를 재판했다고 기록하고 있다(바지스 1942: 271).

한편 문헌을 근거로 한 역사연구를 처음 시작한 사람은 가토 시게루(加藤繁)였다. 가토는 1935년에 발표한 논문에서 주로 당송 시대의 "행"을 다루었다. 그가 논문 제목에 중국 길드라는 말을 쓰지 않고, 대신에 "행"이라는 사료 용어를 쓴 것은 아마도 의도적이리라. 그렇게 생각하는 이유는, 가토가 "행"에 유럽의 길드와 비슷한 부분이 있다고 인정하면서도, 유럽과 다른 이질적인 점, 즉 중국적 특수성이 크게 작용하고 있었음을 읽어 냈던 것 같기 때문이다.

그는 이 논문에서 우선 당 대에 "행"은 동업상점이 모여 있는 거리[일본식으로는 초(町), 마치(街)]를 의미했음을 분명히 밝혀내고, 그랬던 행이 동업자 단체를 뜻하는 말로도 사용되게 된다고 보았다. 이어서 한 대까지 사료를 거슬러 올라가, 당 대 이전의 도시에는 어떤 일정한 상업구역에 업종별로 행(行), 즉 거리가 정부 시책에 따라 조성되었다고 지적했다. 그런데 당(唐) 말기가 되어 이 제도가 이완되었고, 북송 중반 이후가 되면서 완전히 붕괴했다고 주장했다. 그런데 가토에 따르면, 국가가 편성한 특정 거리에 더 이상 살지 않는 동업자들에 대해서도 국가는 관청에서 필요로 하는 물품을 조달하는 의무를 똑같이 지웠다. 이를 "행역(行役)"이라고 부른다. 송 대에 왕안석이 신법을 실시했을 때도 상공업자들은 물납(物納)과 함께, 실제 노역을 하는 대신에 면역전(免役錢)이라는 금전을 지불하는 것으로 국가에 대한 행역을 면제받을 수 있었다. 가토는 송 대의 행 역시 유럽의 길드처럼 동업자의 이익을 지키기 위해 영업을 독점하려고 한다거나, 행에 가입하지 않은 상인을 배척한 것은 틀림없다고 하면서도, 중국 상인들이 이런 특권을 가질 수 있었던 것은 관청 물품의 조달이라는 행역을 부담했기 때문에 국가가 준 보상이었다고 하였다. 그때까지 행회를 유럽의 길드에 빗대서 국가로부터 독립적인 성격을 가졌음을 강조하고 조직 내의 강력한 통제력을 강조했던 견해와 달리, 행회가 국가의 통제하에 있었음을 강조하는 견해가 여기에서 처음으로 등장하여 두 학설이 병립하게 되었다. 또한 행회가 가지는 양면성이 드러났다고 할 수 있다.

일본에서는 이처럼 행회에 관한 역사적 연구가 시작된 한편으로, 중국 현지에 직접 가서 구미학자들처럼 실태조사를 하는 연구자들이 출현했다. 네기시 타다시(根岸佶), 니이다 노보루(仁井田陞), 이마호리 세지(今堀誠二) 등이다. 그들은 모두 행회를 중국의 길드로 불렀다. 그중에서도 네기시 타다시의 전전(戰前) 행회에 대한 평가는 구미 연구자들의 의견에 극히 가깝다고 할 수 있다(根岸 1932). 이들 연구 중에서는 니이다 노보루의 연구가 가장 뛰어나고 견해 역시 타당하지만, 그래도 상호 모순되는 사실이 그대로 병기된 부분이 많고, 앞서 서술한 행회의 이중성이 왜 나타났는지에 관해서는 고찰이 충분하지 않다. 예를 들어 행회의 기능 중에서 핵심적인 문제는, 행회가 가입을 강제화하려 했으므로 행회에 안 들어가면 그 직종에서 일을 할 수 없었는지 아닌지, 또 행회가 가격과 임금을 통제했는지 아닌지 두 가지인데, 니이다는 행회에 가입하지 않아도 일은 할 수 있었지만 힘들었다고 썼고, 또 행회가 나서서 입회를 유도하지는 않았지만 개인적으로는 권유했다는 인터뷰를 소개하여, 상업독점이 있었지만 절대적 독점은 아니었다고 애매한 서술로 끝내고 있다. 가격과 임금의 통제에 대해서도, 통제를 하는 행회도 있고 하지 않는 행회도 있다고 병기하는 데 그쳐, "중국의 길드"가 왜 그렇게 성격이 애매하고 결속이 느슨한지 고찰하지는 않았다(仁井田 1951).

중국에서는 인민공화국이 탄생하면서, 역사학계에서 "자본주의 맹아 논쟁"이 일어나, 행회 문제에 대해서도 회관, 공소 문제와 일괄하여 수많은 학자들이 연구에 뛰어들었다. 또 비각사료(碑刻史料), 즉 석비에 새겨진 기록이 대량으로 집대성되는 등, 연구가 심화되었다. 하지만 행규(行規)로 불리는 행회 규칙 기록이나 동업공소가 명 중기 이전부터 있었다고 확인할 만한 증거는 끝내 발견하지 못한 채 끝났다. 이미 문헌이 많아진 송 대 이후에도 왜 동업공소나 행규에 관한 기사가 하나도 안 나오는지 충분한 토론이 이루어지지 못했다.

이러한 연구 중에 주목할 만한 것이 부축부(傅筑夫)의 견해이다. 그는 중국 연구자들의 다수 의견과는 달리, 중국의 행회를 기원과 본질에서 유럽 중세의 길드와는 완전히 다르다고 보았다. 그는 당(唐) 대의 거리[街]로서의 행회와 송(宋) 이후 관용물품 조달을 부담하는 행회 모두 그 기원은 관부가 상공업자들로부터 물품을 착취하기 위해 만들었거나 아니면 관부의 착취에서 스스로를 지키기 위해 나타났거나 둘 중 하나라고 주장했다(傅 1980). 이 주장은 앞의 가토 시게루의 견해를 한층 진전시켰다고 할 수도 있고 한층 극단으로 나아갔다고 할 수도 있다. 요컨대, 중국에서도 자본주의 맹아 논쟁이 벌어지면서, 행회의 이중성이 확실히 부각되었다.

중국에서는 문화대혁명이 수습되고도 얼마간은 자본주의 맹아 논쟁에 관련된 행회, 회관, 공소 연구가 이뤄졌지만, 개혁개방 경제가 진전되면서 그나마도 없어졌다. 일본에서도 예전의 "행" 혹은 "중국 길드" 연구를 계승하는 학자는 거의 없어졌다. 여기에서는 마지막으로 1980년대부터 오늘날까지 연구 동향을 간단히 소개하겠다.

미국에서는 1980년대에 하버마스가 제창한 "공공영역(public sphere)" 개념을 중국사에 응용하고자 하는 연구가 나오면서, 행회가 주요 의제가 되었다. 윌리엄 로(William Rowe)가 호북성 한구진(漢口鎭)의 상업 길드를 연구한 것이 대표적이다. 일본에서는 후마 스스무(夫馬進)가 선회(善會), 선당(善堂)과 관련하여 행회에 대해 발언했다. 선회란 개개인이 자발적으로 선행을 하려고 맺은 결사이고, 선당은 그 시설 혹은 사무소이다. 후마는 로의 견해를 부정하면서, 선회와 선당이 결사(結社)와 결회(結會)가 유행하던 명말에 생겨난 것과 마찬가지로, 청 말 민국 시기에 관찰되는 행회 역시 그 시대에 시작된 것이 아닐까 생각했다. 또 적어도 청 말 대도시인 항주(杭州)를 살펴보면, 니이다 노보루나 이마호리 세지가 말한 것 같은 도시행정을 담당하는 길드 연합체는 확인되지 않는다며, 행회는 선회, 선당에 기부를 함으로써 공권력을 빌릴 수 있었고, 그렇게 해서 비로소 영업을 독점하거나 회원을 통제할 수 있었다고 주장했다.

행회 연구에 대해 오늘날 가장 주목할 만한 연구는 범금민(范金民)의 『파현당안(巴縣檔案)』이란 지방 문서를 이용한 연구이다. 그는 지방도시 중경(重慶)에서 상공업자가 영업독점을 꾀하는 행위를 "파지(把持)"와 "응차(應差)"라는 개념으로 풀어냈다. 즉 파지란 "파지행시(把持行市)"라고 할 때의 "파지"이고, 응차란 행역에 응하는 것, 즉 관용물건 조달을 청부하는 것이다. 『명률』과 『청률』에는 "파지행시" 즉 시장을 좌우하고 독점하는 것을 금지하는 법령, 환언하면 영업독점과 가격통제를 금지하는 법령이 있다. 하지만 중경의 지방정부는 상공업자들이 "파지" 행위를 해도, 관용물품 조달을 청부하는 한 묵인하고 허가했다. 범금민은 이 사실을 주로 소송재판 문서에서 읽어 냈다.

범금민의 견해는 가토 시게루 연구를 실제 소송재판문서를 통해 실증해 낸 것인데, 법제사의 주제인 "파지행시(把持行市)"를 결합시켰다는 점에서 지금까지의 행회사 연구의 한계를 크게 넘어선다. 행회 자체는 불법적 존재가 결코 아니지만, 영업독점을 꾀하는 경향을 보인다면 불법으로 볼 가능성이 있었다. "파지행시" 금령을 시야에 놓음으로써, 가격협정과 같은 행회에게는 가장 중요한 사항이 그 많은 행규에 왜 거의 나오지 않는지 비로소 이해할 수 있게 되었다. 또 법률이 엄연히 존재하는 것을 무시하고, 단순히 청취조사만 하는 것이 얼마나 위험할 수 있는지, "길드재판"으로 불리는 것의 실체는 과연 무엇인지 추론해 볼 수 있게 되었다. 실태조사의 관찰자가 견문한 것이 국가가 보자면 불법인데도 우연히 아직 단속을 안 받은 상태였을 수도 있고, 거꾸로 행역(行役)을 납부하는 대신에 개별적으로 관에서 묵인했을 수도 있다. 이미 서술한 행회의 결속이 느슨한 이유나, 왜 이중성을 띠는지 하는 의문들도, 이 (독점 금지-옮긴이) 법령이 엄연히 존재했음을 염두에 두면 간단하게 풀린다.

전근대의 동업자 단체가 영업독점을 꾀하려 한 것은 아마 세계사적으로 공통될 것이다. 그러나 중국의 경우, 상공업자는 일관되게 국가의 법제하에 놓여 있었다. 그 점을 무시하고 행회를 유럽 중세의 길드에 비유하려는 연구는 이제 완전히 끝났다고 할 수 있을 것이다.

[참고문헌] 加藤 1935, 夫馬 1997, 范 2011.

테마 33 / 은과 동전의 이중화폐제[銀錢二貨制]

야스토미 아유무(安冨步)

중화권의 동전 화폐[錢貨]는 한자(漢字)와 닮은 측면이 있다. 중화권에서는 어디라도 똑같은 한자를 쓰지만 읽는 방법은 지역마다 많이 다르다. 지금도 북경어(北京語), 상해어(上海語) 광동어(廣東語), 민남어(閩南語), 사천어(四川語) 등 유럽이라면 다른 언어라고 할 정도로 서로 다른 말들이, 모두 한자를 쓰기 때문에 똑같이 "중국어"로 불린다. 한자가 표의문자여서 가능한 현상이며, 이러한 한자 없이 거대한 "중국"은 존재하지 않았을 것이다.

마찬가지로 통화 역시 "표의문자"처럼 사용되었다. 중화권에서는 왕조가 발행하는 동전을 쓰도록 했지만, 그것을 어떻게 쓸지는 사람들의 자유에 맡겼다. 그 시대의 황제가 발행하는 동전을 사용할 필요도 없다. 그뿐 아니라, 그 왕조의 통화를 쓸 필요조차 없다. 한(漢) 왕조가 최초로 발행한 동전의 모양, 크기, 순도를 이후의 왕조도 계승했기 때문에, 어느 것이나 거의 비슷했다.

예를 들어 청 대라면, 청이 발행한 강희통보(康熙通寶)를 쓰는 지역이 있는가 하면, 바로 이웃한 지역에서는 명의 홍무통보(洪武通寶)를 사용하고, 또 그 옆의 지역은 천 년 전쯤 송 대에 발행된 함평원보(咸平元寶)를 사용하는 식이다. 이런 경우 진짜 원래의 송전이 남아 있을 리가 없기 때문에 대부분은 송전을 본떠 만든 사주전(私鑄錢)이었다고 보아야 할 것이다.

게다가 같은 지역이라도 한 종류의 통화만 유통된 것이 아니다. 상품의 종류에 따라 사용되는 통화가 다른 경우가 있다. 예를 들어 소흥주(紹興酒)를 사려고 한다면, 지금 가지고 있는 동전을 소흥 지역에서 널리 사용되는 통화로 바꿔 가져가지 않으면 술집에서 소흥주를 살 수 없다. 또 생사를 사려면, 우선 광주(廣州)에서 유통되는 화폐를 입수해야만 하는 식이다.

즉 지역뿐 아니라, 품목별로도 통화가 나뉘어 있었다. 아무리 작은 시장이라도 환전상이 반드시 있어서 다종다양한 화폐들을 환전해 주었고, 환율은 시시각각으로 변동했다.

또 통화에는 명확한 계층성이 있었다. 청 대의 경우, 동전 하나가 유통되는 범위가 하나의 "통화의 회로(回路)"를 이루고 있어, 그 회로를 넘어서서 다른 회로와 접속할 때는 은화가 매개로 쓰였다.

이러한 구조를 이론적 형태로 정리한 것이 구로다 아키노부(黑田明伸)이다. 구로다는 기초적 회로를 유통하는 통화를 "현지통화(現地通貨)", 회로와 회로를 접속하는 상위 회로를 유통하는 통화를 "지역 간 결제통화"로 불렀다. 중화 제국에서는 "(동)전"이 현지통화로, "은(화)"가 지역 간 결제통화로 사용되는 경우가 많기 때문에, 이를 "은과 동전의 이중화폐제"로 부르는 것이다.

이런 계층성이 생겨난 이유는 첫째로 통화가 회로를 환류하는 성질을 가지면서도 실제로는 상당 부분이 환류하지 않고 도중에 새어 나가 버리기 때문이다. 예를 들어, 왕조 재정이 동전을 발행하면, 그 통화는 왕조 재정을 포함한 상위 회로에 머무는 것이 아니라, 동전을 필요로 하는 하위의 회로로 새어 나간다. 이렇게 계속 아래로 아래로 새어 나가면, 최종적으로는 향촌 레벨의 회로까지 흘러 내려간다. 게다가 거기에서도 다시 동전은 샌다. 즉 가정집에서 오랫동안 가지고 있기도 하고, 광에 넣어 두기도 하고, 혹은 벽 속이나 땅속에 묻어 두었다가 잊어버리기도 한다. 혹은 녹여서 동괴로 쓰기까지 한다. 그러므로 동전 유통을 유지하려면 계속해서 투입을 해야만 하는데, 그래도 부족하기 때문에 상위의 회로는 동전이 아니라 은처럼 고액통화를 사용해서 하위로 유출되는 것을 막지 않으면 안 된다.

두 번째 이유는 사용빈도와 계절성의 문제이다. 재정과 대상인 중심의 상위 회로(回路)는 늘 통화를 사용해서 거래를 한다. 그러나 향촌 레벨의 회로에서는 농번기에는 통화를 조금만 쓰다가, 수확기가 되면 갑자기 방대한 통화 유통이 일어난다. 이러한 통화 유통량의 시간 변화에 따른 패턴 차이가 계층성을 필연적으로 만든다.

게다가 지역 간 결제통화인 은도 지역마다 제각각이었다. 청의 재정은 고평(庫平)이라 불리는, 무게로 계측한 은을 단위로 계산하고, 이 기준에 맞춰서 주조한 은으로 결제했다. 그러나 기준이 되는 저울이 지역마다 달랐다. 상해에서는 상해의 저울, 광주에서는 광주의 저울, 소흥에서는 소흥의 저울이 따로 있는 식이다.

또한 멕시코와 필리핀 사이의 정기항로로 운반된 멕시코 달러가 대량으로 중국에 흘러들어 와 광범위하게 유통되기 시작했다. 이 은화는 그 모양 때문에 "원(圓)"이라고 불렸는데, 이것이 일본의 "엔(円)", 중국의 "원(元)", 한국의 "원"의 기원이다. 세 글자 모두 정자로 쓰면 "원(圓)"이다.

통화(通貨)라는 것은 보통 어떤 "권역[圈]"에서 일반적으로 유통되는 것이라고 막연하게 생각한다. 예를 들어 "일본국(日本國)"이라는 "경제권(經濟圈)"에서 유통되는 것이 "일본 엔"이며, "타이왕국"에서 유통되는 것이 "바츠"인 것처럼 말이다.

그러나 이런 인식은 국제통화를 생각하면 금방 논리에 구멍이 생긴다. 미 달러는 전 세계에서 널리 쓰이고 있다. 많은 나라가 외화준비금으로 달러를 보유하고 있을 뿐 아니라, 다수의 국가에서 미 달러는 실제 지폐로 유통되고, 은행 구좌의 단위로 쓰이고, 결제에 이용되고 있다. 미 달러는 "아메리카 합중국"이라는 "경제권"을 유통하는 화폐가 아니라, 그것을 훨씬 뛰어넘는다.

통화라는 것은 특정 "권역" 안에서 유통하는 것이 아니라, "회로(回路)"를 타고 흘러다니는 것이다. 왜 그런지는 통화의 본질에 관련된다. 여기에 A, B, C라는 세 사람이 있는데, A는 B가 가진 상품을, B는 C가 가진 상품을, C는 A가 가진 상품을 각각 가지고 싶어 하는, 물고 물리는 관계라고 하자. 이때에 A→B→C→A로 닫힌 회로가 형성된다. 통화는 상품과 교환되어 이 회로를 흘러 다닌다. 이때 통화는 상품과 역방향으로 C→B→A→C로 회류(回流)한다.

경제가 발달할수록 이 회로는 점점 더 복잡해지고 계속 변화한다. 그러면 개개인에게는 통화가 도대체 어디를 통해 어디로 흘러가는지 전혀 보이지 않게 된다. 그러므로 막연하게 통화가 어떤 "지역권"을 돌아다니고 있는 것처럼 생각하게 된다.

그러나 그것은 소박한 착각에 불과하며, 통화는 늘 어떤 회로를 흘러 다니고 있다. 그 회로가 국경의 범위 내에 다 들어가 있고, 국경 범위 내의 회로 전체가 독점적으로 유통되는 경우에만 "통화권"="통화의 회로"가 될 것이다. 그러나 그런 경우는 예외적인 상황이다.

경제라는 것은 다종다양하고 시시각각 변하는 복잡한 회로로 형성되어 있다. 그리고 그것은 균질적인 네트워크가 아니라 다양하고 또한 계층화되어 있다. 통화는 그 회로를 뒷받침하는 동시에, 그 회로에 뒷받침되어 그곳을 흘러 다닌다. 그리고 통화는 회로에서 새어 나오기 때문에 늘 추가공급을 받지 않으면 회로가 유지될 수 없다.

중국에서 통화의 완전한 자유유통은 20세기 중반까지 계속되었다. 여기에서는 만주의 통화유통 상황에 대해 언급하겠다. 구로다 아키노부에 선행하여 이시다 고헤(石田興平, 1905~1988)가 화폐의 계층적 유통 구조를 해명하는 모델을 바로 만주에서 제창했기 때문이다.

만주에서는 동전도 은화도 부족해 중국 본토와는 다른 양상으로 통화가 유통되었다. 개척지이기 때문에 동전 축적도 별로 없고, 중국 본토로의 송금 압력이 작동하고 있어서 은화는 늘 이출 초과였다. 따라서 만주에서는 지폐가 유력했다.

각 현에서는 다수의 상인이 제각각 지폐를 발행했으며, 많은 곳은 한 현에 지폐가 백여 종류나 있었다. 그 전체가 "현지통화"이다. 장작림(張作霖) 정권이 출현하여, 각 성이 발행한 동전에 상당하는 소액지폐를 발행하자, 현지통화의 층(層)은 1920년대에는 장작림 지폐로 대체되었다. 이는 중국 본토와 크게 다른점이다.

그런데 이 "현지통화"를 서로 접속시키는 "지역 간 결제통화"의 역할을 각 성 은행과 여러 외국은행이 발행하는 지폐가 맡고 있었다. 예를 들어 일본 은행 지폐 중에서는, 조선은행(朝鮮銀行), 요코하마정금은행(橫濱正金銀行)이 발행하는 지폐가 만주에서 그런 지역 간 결제통화 역할을 했다. 그리고 그 상위에 다시 "일본 엔"이나 "상해 량(兩)", "파운드" 등 국제통화로 대외적 거래를 결제하는 구조가 굳어졌다. 이러한 계층 구조는 이시다가 제창한 "이시다 모델"로 분명히 밝혀졌다.

이런 복잡한 통화체계를 동시대 일본인들은 "복잡하고 문란하다"고 낮춰 보았고, "만주국"의 만주중앙은행이 실행한 화폐 통일을 틀림없는 "진보"라고 인식하고 있었다.

그러나 이러한 복잡한 통화체계에는 큰 장점이 있었음을 잊어서는 안 된다. 패닉이 전파되기 어렵다는 점이다. 예를 들어 쇼와공황이 발생했을 때 조선은행은 큰 쇼크를 입고 발행지폐의 신용이 현저히 떨어진 반면, 만주 경제는 큰 피해를 입지 않았었다. 조선은행권이 기능부전에 빠지면, 요코하마정금은행권이나 중국은행들의 지폐, 혹은 러시아의 루블화로 메우면 그만이었기 때문이다. 각지의 환전상과 상인들은 자주 파산했지만, 그것은 그들이 발행한 지폐를 갖고 있던 사람들에게나 커다란 타격이었지, 경제 전체에 파급되지는 않았다.

이와 같이 복잡하고도 자유로운 통화체계는 단순하게 관리되는 체계와 비교해서 거래가 번잡하지만 안정성에서 앞선다. 어딘가에서 모순이 생겨나면 그 모순은 곧 들통이 나서, 바로 다른 기관이 그 기능을 대체하기 때문이다. 중화 제국의 은-동전 이중화폐제는 이러한 정교하고 교묘하며 안정적인 통화 시스템의 대표적 사례로 보지 않으면 안 된다.

[참고문헌] 安富 1997, 安冨, 深尾 2009, 黑田 2003, 石田 1964.

테마 34 / 세(稅)와 역(役)으로 본 중국의 국가와 사회

이와이 시게키(岩井茂樹)

모든 사람, 단체가 자산과 수입에 따라 세금을 부담하는 것은 (근대적-옮긴이) 국민국가를 떠받치는 기반이다. 그런데 중국에서는 이와 유사한 "조세국가"와 보편적인 세와 역의 징수가 일찍부터 실현되었다. 그렇다면 조세란 무엇인가, 무엇을 위해 지불하는가? 어려운 질문이다. 공공 서비스의 대가라고 하는 설, 일종의 보험료라고 보는 설 등이 있다. 근대 시민 사회에서는 의회가 제정한 법에 따른 공적 부과[公課]가 조세라고 설명한다. 의회에서의 합의를 인민과 국가 간의 계약으로 보고, 거기에서 조세의 정당성을 찾는 것이다.

부담자의 이해 없이 징세를 하려 할 때의 어려움은 통치자 역시 잘 알고 있었다. 청 세종(世宗) 옹정제(雍正帝, 재위 1722~1735년)는 『성유광훈(聖諭廣訓)』의 제16조 "세금[錢糧]을 완납하고, 납부 독촉[催促]은 줄인다"에서, 납세를 "고금의 통의(通義)라서 고치지 않는다", 즉 타고난 의무라고 단정짓고는, 이어서 "관료의 봉급을 적당히 하여 우리 백성을 다스리고, 군비를 지출하여 우리 백성을 지키고, 흉작에 대비하여 우리 백성을 먹여 살린다. 이를 위해 천하에서 수취하여 천하를 위해 사용하는 것이지, 군주의 창고는 인민을 괴롭혀 자신이 잘살고자 하는 것이 아니다"고 논했다.

과거 시험에는 『성유광훈』의 암기가 출제되고, 인민 교화를 위해 백성들에게 선전하도록 했다. 구어체에 해설까지 곁들인 『성유광훈』 판본도 다수

출판되었다. 세와 역을 징수하면, 권력 기구를 유지할 수 있을 뿐 아니라 식량 비축 등 사회 정책을 펼칠 수 있으므로 세는 환원되어 사회를 위해 쓰인다는 내용이다. 이런 정책을 펼칠 근본적 자산이 세금이니까 납부하라는 설득은 근대 조세론과 통하는 바가 있다. 자립한 인민과 사회의 존재를 전제로 한 논리이다.

"천하의 땅이 왕토이고[普天王土]", "만민 위에 군림하는 유일한[一君萬民]" 황제가 관료와 군대를 써서 실현하는 통치는 확실히 "전제적"이다. 그러나 (큰 틀만 정해 주고 자질구레한 것은 알아서 하라고 풀어 주는-옮긴이) 조방형의 통치 아래에, 인민의 자유로운 활동과 사회조직이 키워졌다. 세금의 할당과 징수 업무에도 영리 목적의 청부가 확대되어, 정규의 세금으로 경비 처리가 안 되는 업무나 관료의 부수입은 부가세, 요역(徭役), 차역(差役)에서 나왔다. 재정은 경직되어 있지만, 통치기구와 사회를 잇는 조직은 유연했다. 법과 제도보다 이익과 타협, 그리고 날것 그대로의 힘이 이러한 유연한 질서를 떠받쳤다. 말 잘 안 듣는 인민들 사이에서는 말단의 권력을 쥐는 것도 경쟁의 대상이었고, 기층에서 "절대 권력의 토호[土皇帝]"나 작은 전제(專制)가 생겨나는 경우는 흔했다. "천자(天子)"가 통치하는 자립적 인민의 사회가 어떤 형태인지, 그것을 잘 비춰 주는 거울이 중국의 조세와 요역의 역사이다.

[참고문헌] 岩井 2004a, 2009.

테마 35 / **지정은(地丁銀)**

다카시마 코(高嶋航)

지정은(地丁銀)은 당 말 양세법이 도입된 이래 인민들이 부담해 온 세와 역이 은납(銀納)으로 바뀌고 세액이 고정되는 과정에서 탄생했다.

명 대에는 토지대장인 어린도책(魚鱗圖冊)과 호적장부인 부역황책(賦役黃冊)이 작성되었다. 부역황책에 따라 세와 역을 부과하고, 징수와 납입의 책임은 이갑(里甲)이 졌다. 이 시스템이 기능부전에 빠지자, 16세기 중반에 일조편법(一條鞭法)이 도입되었다. 세와 역은 지은(地銀)과 정은(丁銀)으로 정리되어, 이갑 대신에 납세자가 직접 지방관청에 은을 납부하게 되었다.

원래 역은 지방관청이 필요에 따라 부과하는 것이므로 수지(收支)가 연동되어 있었다. 그런데 일조편법 하에서 세와 역을 은 단위로 일괄 징수하게 되자, 지출항목별로 은을 분배해야 했다. 그러한 필요에 따라 지방관청에서는 세와 역의 징수액과 그 용도를 표시한 부역전서(賦役全書)를 작성되게 된다. 다만 부역전서는 세와 역의 총액과 그 과세 근거를 표시한 것으로, 부역황책처럼 각호별로 내야 할 세금의 과세 근거를 제시한 것은 아니다. 어린도책과 부역황책은 일찌감치 현실과 괴리되어, 지방관청은 백책(白冊)이나 실징책(實徵冊)으로 불리는 장부를 따로 만들어 징세를 했다.

역은 본래 지방관청에서 소비되는 것이지만, 세와 일괄 징수되게 되면서, 지방관청에서 소비하는 부분[존류(存留)]과 상급 관청에 보내는 부분[기운(起運)]을 명확히 구별해야만 하게 되었다. 부역전서가 주현(州縣)뿐 아니라, 부(府)와 성(省) 등 각급에서 다 작성된 것은 관청 간의 세수의 움직임을 명확히 할 필요가 있었기 때문이다. 이처럼 일조편법과 부역전서는 명 왕조의 재정 시스템을 크게 바꾸어 놓았다.

청은 기본적으로 명 대의 재정 시스템을 계승하여, 명 말에 추가된 부가세 징수는 금지했지만, 명 만력 연간의 부역전서에 근거해 징세를 실시하였다. 토지세의 부과대상이 된 토지는 명 말에는 7억 7300만 무(畝)였으나, 전란 등의 영향으로 1661년에는 5억 4900만 무까지 줄어들었다. 청은 과세 토지를 확대하려 노력했는데, 18세기 중반에 명 말 수준으로 회복될 때까지 그러한 노력은 계속되었다.

청 대에는 5년마다(처음은 3년마다) 편심(編審)을 실시하여 장정 수를 조사한 다음, 그 결과에 따라 정은(丁銀)을 할당했다. 그러나 편심으로는 정확한 정보를 얻을 수가 없었고 오히려 혼란만 가중되어, 1711년 장정 수를 2462만 명으로 고정하고, 이후에 더 늘어나는 장정은 "성세자생정(盛世滋生丁)"이라 하여 정은을 면제해 주었다(⋯→ 테마 8 〈호적〉, 129쪽).

세와 역의 근거가 되는 토지, 인정(人丁)이 거의 고정됨으로써, 지정은 도입의 조건이 갖춰졌다. 1716년 광동성을 시작으로 각지에서 지정은이 도입되어, 옹정 연간(1723~1735년)까지는 거의 전국에 보급되었다. 정은을 지은에 합치는 방법에는 두 가지가 있었다. 강소, 안휘에서는 토지 면적을 기준으로 1무(畝)에 정은 일정액을, 그리고 호남, 산서에서는 세액을 기준으로 1석(石)에 정은 일정액을 추가로 부과했다.

지정은은 청의 재정이 안정된 동안에는 나름대로 합리적인 제도였다. 필요한 수입은 확보할 수 있었고, 세액을 고정시킴으로써 세액 조사에 들어갈 방대한 비용을 줄일 수 있었다. 그러나 대량의 세금 체납이 문제가 된 강소성에서는 사정이 달랐다. 강소성에서는 지정세(地丁稅) 도입을 전후하여 판도법(版圖法)이 확대되었다. 판도법은 토지 1필(筆)에 대해 납세를 청구하기 때문에, 징세사무가 극히 번잡하였다. 그러나 토지대장이 현실과 유리되어 제대로 역할을 못 하는 상황에서, 세금을 확실히 징수하려면 과세 대상인 토지와 그 소유자 간의 관계를 명확히 하는 작업이 우선 필요하다. 물론 인원, 경비 모두 부족한 지방관청에서는 이런 방대한 사무작업을 수행할 여력이 없었고, 결국 대규모 징세청부 기관이 발달하게 되었다.

정규 재정은 지방관청에 최소한의 필요 경비조차 주지 않았기 때문에, 할 수 없이 지방관청은 공인되지 않은 부가세에 의지해야만 했다. 옹정제는 화모(火耗), 화선(耗羨)과 같은 부가세를 공인하여, 인건비[양렴은(養廉銀)]와 각종 경비에 충당하게 했다. 하지만 그것으로도 충분하지 않아, 이번에는 "평여(平餘)"라는 명목으로 부가세를 징수하게 된다. 이 외에도 징수의 각 단계에서 공인되지 않은 징수가 발생하여, 납세자는 때로는 정규 세액의 몇 배에 달하는 부담을 강요당했다.

18세기 중반 지정은(地丁銀)의 징수는 청의 세수 총액인 6000만 량의 거의 절반을 차지했다. 주(州)와 현(縣)에서 징수하는 지정은의 대부분은 성(省)으로 보내는데, 성은 호부(戶部)의 지시에 따라 일부는 북경(北京)에, 일부는 운남(雲南)과 귀주(貴州)같이 늘 적자가 나는 성(省)에 보냈다. 그리고 나머지는 성(省)에 보관하여 성내의 경비(대부분은 군사비)에 충당하였다. 각 성에서 북경에 보낸 은은 해에 따라 변동이 있으나, 대략 1000만 량으로 대부분은 성과 마찬가지로 군사비에 충당되었다. 19세기 후반이 되면, 각 성이 호부의 지시를 따르지 않아, 지정은의 태반은 사실상 성의 수입이 되었다. 이러한 상황은 중화민국 시기에 가도 마찬가지여서, 군벌 할거를 재정적으로 가능하게 하였다. 1928년에 남경국민정부(南京國民政府)가 전부(田賦, 토지세)를 지방세로 바꾼 것은 이런 현실을 추인한 조치였다고 할 수 있다.

[참고문헌] 岩井 2000, 2004a, 重田 1975, 高嶋 2001.

테마 36 / 해금(海禁)과 조공(朝貢)

단죠 히로시(檀上寬)

예로부터 중국 왕조와 해외 각국의 교류는 정부 간 조공제도와 민간의 국제교역[호시(互市)]의 두 형식이 주류였다. 그러다가 명 대에 국제교류에서 커다란 영향을 미친 해금(海禁)이 정부 주도로 실시되었다.

해금이란 "바다로 나가 타국과 통하는 것[下海通番]의 금지[禁]"를 줄인 말로, 명청 시대에 실시된 중국 왕조의 해양통제 정책의 총칭이다. 해금 체제 아래의 중국 민중은 바다로 나가거나 해외로 도항하거나 혹은 교역을 하는 데 여러 가지 제약을 받아 자유롭게 활동할 수 없다. 그러나 해금에는 시대적 변천이 있고, 그 목적과 금령의 내용 역시 일괄적으로 논할 수 없다.

송 이후 해외무역의 발전은 중국 해상(海商)의 대외 진출을 촉진했을 뿐 아니라, 해외로부터도 많은 상인이 내항하여 활발한 민간교역이 전개되었다. 원 대에는 정부의 후원을 받아 해외무역이 한층 활발해져, 거점항구에 설치된 무역관리 기관인 시박사(市舶司)의 세수가 왕조 재정에서 큰 비중을 차지했다. 반면에 해상무역이 성행한 만큼, 해적 활동과 교역에 얽힌 분쟁도 빈발하여, 연해 지역에서 불안정한 상황이 연출된 것도 사실이다.

특히 14세기 중엽 원 말에 이르면, 중국 국내의 동란을 틈탄 해적 활동이 만연하고 밀무역업자가 횡행하여, 해상 치안이 급격히 악화되었다. 거기에 일본에서 왜구(倭寇)가 습격해 오면서, 중국 연해 지역은 완전히 무질서한 상태에 빠졌다. 해적과 왜구가 때때로 손을 잡는 경우도 있어, 해상의 소란은 순식간에 동아시아 규모로 확대되었다. 하지만 원 왕조를 비롯해, 고려와 일본 등 동아시아 각국은 정치정세의 불안과 통치 능력의 약화로 이러한 혼란에 제대로 대처할 수 없었다.

주원장(朱元璋)은 명 왕조를 창건하자, 해상 안정을 위한 정책 하나를 시작한다. 연해 지역의 민중이 해적 활동을 하거나 혹은 해적·왜구와 결탁하지 않도록, 바다로 나가는 것[出海]을 금지하고 엄중한 감시 체제를 구축한 것이다. 이것이 해금의 시작이다. 해금은 연해 지역의 치안 유지가 목적이었고, 명의 해방(海防) 정책의 일환으로 실시되었다고 보는 것이 맞다. 그렇기 때문에 상인의 해외 도항이나 교역은 용인되었으며, 처음부터 해외무역이 금지된 것은 결코 아니었다.

그러나 왜구, 해적, 밀무역업자가 발호하는 가운데, 정부 공인의 해외무역만을 지속하기는 대단히 어려웠고, 결국 시박사를 폐지하고 민간무역을 전면 금지하였던 것이다. 해외무역은 주변 국가들이 조공을 할 때 행하는 조공무역만 인정되어, 표면적으로는 해상에서 상선의 모습이 사라졌다 (··· 테마 37 〈호시〉, 343쪽). 해금은 원래의 해방 정책에서 밀무역 단속으로 기능의 폭이 넓어져, 조공무역을 유지하기 위한 보완장치로서 작동하게 되었다. 그 배경에는 해금을 실시할 수 있을 만한 강력한 전제국가의 탄생과, 명 초 전제주의의 고조가 크게 작용하였다.

원 말의 혼란을 경험한 주원장은 관료기구의 개혁을 통해 황제권력을 강화하여 유례없이 강력한 전제 체제를 구축하고 사회 각 분야를 통제하였다. 그는 이러한 방침을 국외까지 적용하여, 해금으로 백성들이 바다에 나가는 것을 금지했을 뿐 아니라, 민간무역조차 단절시키는 등 국제무역을 엄격히 통제했다. 한편으로는 조공무역의 이익을 미끼로 주변 국가들을 조공 체제 속으로 편입하여, 혼란했던 동아시아에 오랜만에 국제질서를 회복시켰다.

해금은 조공제도와 합체함으로써 국제질서 유지에 공헌하게 되었고, 해방, 무역통제, 국제질서의 유지라는 삼위일체의 기능을 가진 해금=조공 시스템이 형성되었다. 원 말 이래의 해상 혼란은 이 조치로 마침내 진정 국면에 들어섰다. 해금은 14세기 동아시아의 바다를 꿰뚫어 본 명 왕조 나름의 해양 통제 정책이었다. 해상이나 어민에 대한 역대 왕조의 단순한 출해(出海) 규제와 동열에 놓고 논할 수 없다.

해금=조공 시스템이 가장 효과적으로 작동했던 영락 시대를 지나, 15세기 중반에 접어들 무렵부터 이 체제가 동요하기 시작했다. 조공국이 감소하고 밀무역이 성행한 것이다. 특히 밀무역은 해금의 법망을 뚫고 해가 갈수록 왕성해져, 이완된 명의 해방 체제로는 제대로 대응할 수 없었다. 15세기 후반이 되자, 연해 지역의 향신(鄕紳) 중에서도 밀무역에 손을 대는 자가 나타났는데, 원양 항해용 대규모 선박을 건조하여 공공연하게 무역을 하는 지경이었다.

16세기에 들어서면, 밀무역은 더욱 활성화된다. 가장 큰 원인은 중국 국내의 상품경제 발달과 이에 따른 은(銀) 수요의 확대였다. 중국 국내의 만성적 은 부족이 이런 상황에 박차를 가했다. 때는 바야흐로 대항해 시대가 한창이던 무렵이었고, 중국 상품을 사려고 포르투갈 인들이 중남미의 은을 대량으로 중국에 가져왔다. 일본산 은 역시 밀무역업자를 통해 격류처럼 중국 사회로 흘러들어 왔다.

연해 지역에는 교역 붐이 일어, 영파 앞바다의 쌍서(雙嶼)나 복건의 장주(漳州) 월항(月港)에 비합법적인 국제시장이 형성되었다. 밀무역업자들은 관헌에 대항하기 위해 무기를 소지하고 교역했고, 탄압을 받자 흉폭하게 변해 약탈 활동을 일삼았다. 그 유명한 가정대왜구(嘉靖大倭寇)의 소란이다. 당시 북방에서는 몽골 세력이 맹위를 떨쳤는데, 이 양자는 “북로남왜(北虜南倭)”라고 불리며 명 왕조를 크게 위협했다.

그런 와중에 중국 국내에서는 16세기 초반부터 관료, 지식인들 사이에 해방을 둘러싼 논쟁이 일어났다. 해금을 이완하고 바다에 나가는 것을 용인할 것인지, 더욱 엄격하게 단속할 것인지를 두고 첨예한 논전이 벌어진 것이다. 논쟁 과정에서 “바다로 나가 타국과 통하는 것[下海通番]의 금지[禁]”를 약칭하여 “해금”이라는 말이 사용되었고, 역사 용어로서 해금이 최초로 정착되었다.

다만 해금이란 용어는 단순히 바다에 나가는 것[出海]을 금지하는 조치(협의의 해금)만 의미하는 것이 아니라, “바다로 나가 타국과 통하는 것[下海通番]”을 단속하기 위한 금령 및 이를 포함한 명 왕조의 총체적인 해양통제 정책, 즉 해금 시스템(광의의 해금)까지 포괄한 의미였다. 이윽고 16세기 말 나라의 제도[國制]를 집대성[總覽]한 『만력대명회전(萬曆大明會典)』에 “해금" 항목이 따로 신설되어, 정부가 공인하는 정식의 해금 개념이 성립했다.

장기에 걸친 해금 논쟁은 1567년에 밀무역의 거점인 장주 월항을 개항하는 것으로 결론이 났다. 중국 해상이 일본을 제외한 동서양의 바다로 나가는 것을 용인한 것이다. 곧 명은 독향관(督餉館)을 설치하여 징세를 개시하는데, 월항 개항을 당시 용어로 "개해금(開海禁, 해금을 열다)"이라고 했다. 해금의 해제이기는 하지만, 엄밀히 말하면 출해 금지조치를 푸는 협의의 해금 해체였고, 해방 체제로서 해금 시스템 자체가 소멸한 것은 아니었다.

이 조치 이전에 이미 16세기 전반에 광주에서는 조공 형식을 취하지 않은 외국 선박과의 무역이 시작되고 징세가 슬금슬금 행해졌다. 그러므로 월항 개항은 바다로 나가는 무역과 중국에 들어오는 무역의 거점 항구가 정해졌다는 뜻으로, 밀무역업자의 발호 기세를 늦추고 세수를 확보하자는 두 가지 의도가 내포되어 있었다. 그런 의미에서 이때의 "개해금"은 명 건국 이래의 해금=조공 시스템을 대신할 새로운 해금 시스템으로의 재편이었다고 이해할 수도 있다.

명청 교체의 동란을 거쳐 성립한 청 왕조는 해상세력인 정성공의 반청 활동에 대처하기 위해, 명 초와 동일하게 철저한 해금 정책을 연해 일대에 실시했다. 그러나 1683년 정씨 정권이 청에 투항하자 이듬해에는 재차 "개해금"을 실현하여 광주, 하문, 영파, 상해에 해관(海關)을 설치하고 해외무역을 허가했다(⋯→ 테마 38 〈관세와 해관〉, 344쪽).

개항을 계기로 증가한 외국 선박에 대해서 청은 해방상의 이유로 갖가지 규제를 두고 경계를 늦추지 않았다. 후에 서구 선박의 입항 지역을 광주 한 항구로 한정한 것도 그러한 정책과 무관하지 않다. 중국 해상(海商)의 출해 무역에 대해서도 마찬가지로 출해 수속을 엄격히 하고 배의 규격을 제한하였으며, 자위용 무기 휴대에 관한 규정을 세밀하게 정했다. 18세기 초에는 미곡 유출을 막기 위해 해선의 출해를 규제하기도 하고[미금(米禁)], 재외 화교[華人]와의 결탁을 두려워하여 동남아시아 방면으로 해상이 도항하는 것을 금지하기도 했는데[남양해금(南洋海禁)], 명 대와는 달리 일시적이고 부분적인 조치에 그쳐, 전면적 해금으로까지 나아가지는 않았다.

19세기 중반 아편전쟁의 패배와 남경조약으로 다섯 개 항구[광주(廣州),

하문(厦門), 복주(福州), 영파(寧波), 상해(上海)]를 개항함으로써, 해양 및 연해의 상황은 크게 바뀌었다. 원양항운과 국내항운 모두 서구 선박이 우위를 점했고, 중국 선박의 활동 범위는 쇠락의 길을 걸어갔기 때문이다. 청 정부의 해금 대상 역시 대폭 축소되어, 청의 제해권은 시간이 흐를수록 줄어들었다.

다른 한편, 해금 개념은 명 대 이상으로 엄격하게 규정되어, 『건륭대청회전(乾隆大清會典)』 이후 출해자(出海者, 도항자 – 옮긴이), 수익자(受益者)에 관한 금령은 회전 본문에, 감시자와 단속자에 대한 벌칙 규정은 칙례(則例, 사례)에 수록되었다. 19세기 초의 『가경회전(嘉慶會典)』에 이르면, 해금 개념은 "도서지금(島嶼之禁, 도서로의 잠입 및 개간에 대한 금지)", "선외지금(船桅之禁, 해선의 규격 제한)", "상어지금(商漁之禁, 배의 해양출입에 관한 규정)", "기물지금(器物之禁, 무기 휴대에 관한 규정)"으로 정리되어, 이 체제는 최후의 『광서회전(光緒會典)』까지 계승되었다.

그렇지만 해금 개념은 상세해졌어도, 해금 자체의 실제 효력은 점차 감소하여, 최후의 "개해금(開海禁)"이라고 할 만한 다섯 항구의 개항으로 협의의 해금은 그 역할이 거의 끝났다. 이후 개항장은 시대와 함께 늘어났다. 그렇다고 해금 규정이 새롭게 논의되는 일도 거의 없었다. 이는 한편으로 시스템으로서 광의의 해금이 이미 유명무실해졌음을 보여 주는 증거이기도 하다.

사실상 『광서회전사례(光緒會典事例)』에도 1855년을 마지막으로 해금에 대한 기록이 전혀 없다. 역설적이게도 해금 개념이 최종적으로 확립되었을 때에는 이미 해금의 존재 의의 자체가 사라져 버렸다는 뜻이다. 조공선의 입항만을 허가했던 명 초로부터 약 500년이 지난 시점에 해상에서 우선 눈에 들어오는 것은 청의 연해를 자기 안방처럼 항해하는 무수한 서양 선박의 모습이었다.

[참고문헌] 佐久間 1992, 鄭 1995, 檀上 2013, 岩井 2004b, 岡本 1999a, 松浦 2002, 万 2000, 晁 2004.

테마 37 / **호시(互市)**

이와이 시게키(岩井茂樹)

중국 문헌에 나타나는 "호시"는 무역을 의미한다. 만주인은 호시를 ishunde hūdašambi(서로 장사하다)로 번역했다. 장사는 쌍방향 행위이므로 "호(互)"=ishunde인 것은 당연하지만, 글자 그대로 직역하는 것이 만주 스타일이다. 그러나 직역으로는 그 말에 담긴 함의를 알 수 없다. 호시는 넓은 의미에서 교역을 지칭해도 틀린 것은 아니다. 하지만 도시와 농촌 시장에서의 교역을 "호시"라고 하지는 않는다. 이것은 제도와 관련된 딱딱한 용어이다. 외교 전략의 일환으로 무역의 틀을 규정하고, 그 제도를 호시라고 불렀다. 영역을 하자면, "regulated border trade(통제된 변경무역)"가 맞을 것이다.

교역의 장="입구[口]"가 되는 것이 호시장(互市場), 각장(榷場), 항시(港市)이다. 시장에 들어갈[入市] 때에 무장해제나 행동 제한, 금지품목의 단속, 과세를 위해 검사가 이뤄진다. 교역 기간이 한정되는 경우도 많다. 또 통제를 위해 참가가 제한되어 무역허가서를 사용하는 경우도 있다.

명의 조공제도에서는 각국의 왕이 파견하는 사절단만이 시박사(市舶司)나 경사(京師, 수도)의 회동관(會同館)에서 교역을 허가받았다. 왕은 황제에 대해 신하의 예를 갖추어야만 한다. 민간 상인은 사절단에 들어가지 않는 한 배제되었다. 내륙변경에서도 비슷하게 관직임명서[칙서(敕書)]를 받은 몽골이나 여진의 유력자들이 관문(關門)에서 호시를 할 수 있었다. 조공무역은 황제와 각국 군장(君長) 사이의 의례상의 군신관계에 기초한 무역 독점의 제도가 되었다. 명은 무역통제와 "천하" 질서를 일체화하려 했다(⋯▸ 테마 36 〈해금과 조공〉, 338쪽).

그러나 이러한 의도와는 반대로 이 체제는 질서 안정과 무역의 이익을 둘 다 훼손했다. 청은 왕권 간의 접촉이나 직접적인 외교교섭을 피해서, 정권 밖에 있는 민간 상인에게 통제와 과세 하에서 상업적 무역을 하도록 하는 제도를 확대했다. 광주무역은 물론이거니와, 나가사키와 동남아시아 지역과 중국 각 항구를 왕래하는 "당선(唐船)" 무역은 이런 의도에 따라 제도화되었다. 청 대에는 호시에 참가할 수 있는 자유가 보장되었다.

청 대에도 조선, 류큐, 섬라(暹羅, 타이) 등 조공국이 있어서, 면세 특권을 누리며 조공무역을 행했지만, 그 규모는 호시의 수십 분의 일 정도였다. 광주의 호시를 조공 시스템의 일환으로 보는 학설은 호시와 조공무역이 원리에서부터 다르다는 점을 경시한 것이며, 또한 명의 조공 체제를 극복하기 위한 체제로 호시가 재구축된 사실의 의의를 제대로 보지 못한 것이다.

[참고문헌] 岩井 2007, 2010, 岡本 1999a, 2007, 廖 2009.

테마 38 / **관세(關稅)와 해관(海關)**

오카모토 다카시(岡本隆司)

관세라는 한자어 개념은 일본에는 없었다. 중국에서 전래된 말이다. 하지만 중국의 "관세"는 원래 현대의 관세를 의미하는 것이 아니었다. 오늘날 일본과 중국에서 공통적으로 쓰고 있는 글자 그대로의 현대적 의미의 관세는 오히려 일본에서 건너간 어휘이다. 다소 복잡하기는 하지만, 저간의 사정을 추적해 봄으로써, 중국경제와 그 정책 추이의 한 면을 살펴볼 수 있다.

"관세(關稅)"란 명청 시대에 일상적으로 쓰이게 된 용어(term)이다. 바꿔 말하자면, 이 시기에 제도로서 "관세"가 정착한 것인데, 그 말이 의미하는 내용은 현대의 관세와는 같지 않았다. 제도적인 계보는 송 대의 상세(商稅)(梅原 1960, 斯波 1968)를 계승했기 때문이다.

송 대에는 유통경제가 발달하여, 거기에서 세수를 올리는 "과리(課利)"의 하나로 상세라는 제도가 갖춰지게 되었다. 크게 나누어 유통 과정에서 지불하는 상품 가격의 2%에 상당하는 "과세(過稅)"와, 시장에서 판매할 때에 부과하는 상품 가격의 3%에 해당하는 "주세(住稅)"가 있었다. 주요 집산지에 징수처가 설치되어 있었는데, "세장(稅場)", "세무(稅務)"를 합해서 "장무(場務)"라고 불렀다. 특정 상품에 관해서는 10%의 "추세(抽稅)"가 있었는데(鳥居 2013), 항구에 설치한 시박사(市舶司)라는 기관이 관장하는 해외무역에서도 이를 징수했다.

몽골 제국, 대원 울루스는 이 상세를 계승·발전시켜, 중앙정부 재정의 일대 지주(支柱)로 삼았다. 그와 동시에 무역을 장려하여 시박사의 "추세"를 상세와 링크시켜 세율을 똑같이 한 후에 항구와 내지에서 이중으로 과세하지 않도록 하는 등, 국내외를 일원화하여 유통을 활성화하는 경제 정책을 추진했다.

14세기 중반 이후 전 세계 경제가 불황에 빠지면서, 중국에서도 화폐경제, 상품유통이 쇠퇴하였다. 그 와중에 등장한 명 왕조는 유통과 상업에 대해 소극적이고 억압적인 정권이었다. 국내 유통에 대해서는 송 대와 마찬가지로 집산지에서 상세를 부과하고, 중요한 교통 요충지에는 "관(關)"을 설치하여 보초(寶鈔)(⋯→테마 27 〈지폐〉, 267쪽)로 상세를 납세하도록 의무화하였다. 불환지폐인 보초를 유통시키기 위해, "관세(關稅)" 징수로 이를 회수하여 그 가격을 유지하려 했기 때문이다. 그래서 이를 "초관(鈔關)"이라 칭한다(佐久間 1943).

또 명 왕조는 해외 각국과의 통교를 조공에만 한정하고, 해상무역을 금지했다(⋯→테마 36 〈해금과 조공〉, 338쪽). 시박사라는 기관은 명 대에도 존속했지만 그 역할은 조공을 접수하는 것에 그쳐, 송원 시대처럼 해외무역을 관할하는 기관이 아니게 되었다.

그런데 15세기부터 16세기에 걸쳐 국내의 유통경제가 부흥·발전하고, 나아가 대항해 시대로 은의 세계적 순환[奔流]이 발생하면서 그 영향으로 연해 지역에서 무역이 활발해졌다. 그러나 명 왕조의 억압적 정책은 변하지 않았기 때문에 밀수가 성행할 수밖에 없었고, 바다와 육지 변경 지역의 치안이 악화되었다. 17세기에 들어와 위기로 발전하면서, 명은 멸망하고 청이 중국을 지배하게 된다.

청은 상업과 무역에 억압적인 태도를 취하지 않았다(⋯→테마 37 〈호시〉, 343쪽). 내지에서는 명 대의 "초관(鈔關)"을 계승했지만, 이미 보초는 없어지고 있었기 때문에 오로지 세수를 올리는 기능을 중시하였다. 1684년에 해상무역을 개방할 때에도 종래의 시박사를 대신해 해관(海關)을 광주, 하문, 영파, 상해에 설치했다. 바다의 "관(關)"이라는 명칭에서 알 수 있듯이, "초관"을 연해의 항구에도 설치한 것으로, 구조와 기능은 전혀 다르지 않았다. 둘 다 정부가 공인한 상인인 "아행(牙行)"이 그곳에서 거래를 중개하면서 동시에 징세를 청부했다. 최대의 무역항구로 성장한 광주의 "양행(洋行)"이 그 전형이다.

18세기 후반, 산업혁명이 진전되던 서양과의 무역이 발전하면서, 광주에서는 일찍이 없던 거액의 거래가 이뤄지게 되었는데(…→ 테마 37 〈호시〉, 343쪽), "양행"의 자본 능력으로는 그렇게 큰 금액을 다 마련할 수 없었고, 부채를 감당하던 끝에 도산하는 양행이 속출했다. 결국 아편전쟁 이후 자본이 큰 외국상사는 중국 사정에 밝은 매판(買辦) 상인과 개별적으로 계약을 맺어 무역을 하게 되었다(…→ 테마 40 〈매판〉, 348쪽). 하지만 그렇게 하면 종전의 "아행"의 청부가 사라지게 되므로 해관은 징세를 할 수 없게 된다. 따라서 해관에 외국인 관리를 두어, 서양식의 관세 업무로 외국상사에게서 세금을 받아 내게 되었다. 이는 1850년대 중반의 일로, 이때에 와서 내지관(內地關)과 해관(海關)이 제도적으로 나눠지게 되었으므로 전자를 상관(常關), 후자를 해관(海關)이라고 부른다. 이것이 현대의 관세 및 해관의 직접적인 기원이다.

해관은 외국무역의 발전과 확실한 징세로 세수를 대폭적으로 신장시켰고, 때마침 지방 대관(大官)들이 점차 재정권을 장악해 나갔기 때문에, 관세는 북경 중앙정부의 관리가 통하는 유력 재원으로 중요해졌다. 그 때문에 관세는 특히 청일전쟁 이후 외채와 배상금의 유력한 담보가 되었다. 또 재정 기반이 약한 중앙정부 역시 관세를 담보로 내채(內債)를 발행하여, 해관[洋關] 세수는 주요 재원으로 자리 잡게 되었다(岡本 1999a).

이처럼 해관은 원래 오로지 세수를 올리기 위한 기관이었기 때문에 세율을 올리거나 내려서 국내 산업을 보호·육성한다는 관념은 없었다. 아편전쟁 이후 서양 각국과 맺은 조약에서, 청이 편무적 협정관세율을 별 저항 없이 흔쾌히 받아들였던 것도 그 때문이었다. 19세기 말 보호관세 개념이 처음 도입되면서, 중국에서 관세자주권 "회복"의 기운이 점차 고조되었다. 한편 서구는 지방정부의 재원인 상관(常關)과 이금(釐金) 등 내지 과세가 외국 수입품의 유통을 저해한다고 보았기 때문에, 관세율의 인상과 내지 과세의 철폐 이 둘을 조정하는 것이 국제적 문제가 되었다(…→ 테마 39 〈이금〉, 347쪽). 1925년 북경관세특별회의는 그 클라이맥스였다.

1928년 북벌에 성공한 국민정부는 관세자주권을 일부 회복하여 세수를 올리면서 산업을 보호하는 경제 정책을 추진할 수 있게 되었다(久保 1999). 이때에 와서 개념적으로도 현대적 관세가 정착되었던 것이다. 다만 제도로서 내지 과세가 완전히 철폐되고 해관으로 관세가 통일되는 것은 중화인민공화국의 성립을 기다려야만 했다.

테마 39 / 이금(釐金)

오카모토 다카시(岡本隆司)

이금은 원래 사료 용어로는 "이연(釐捐)"이라고 부르는 경우가 많다. 문자 그대로는 100분의 1 비율로 모집하는 기부금을 의미한다. 19세기 중반에 태평천국을 비롯한 내란에 대처하기 위해 청이 새로 과세한 내지 통과세이다. 근대적 경제사상의 관점에서 보자면 이금은 유통을 방해하고 국내시장의 통일을 지체시킨 악세라고 할 수 있지만, 이금을 그렇게만 볼 수는 없다.

이금이란 원래 합법이든 불법이든 간에 행회(行會)를 운영하기 위해 그 구성원에게서 염출한 경비를 가리키는 것으로, 예전부터 존재했었다. 군사비 염출이 필요했던 지방당국은 대개의 경우 그때까지 공인되지 않은 거래에 관여하던 행회(行會, 비밀결사)에 그 징수를 청부시켰다. 즉 이금 징수는 원래 불법적이었던 교역과 행회를 당국이 승인하고 보호해 주는 대신에 그 이익금과 운영비의 일부를 상납으로 뜯어내는 방식이다. 비합법적인 행회(비밀결사)를 자기편으로 끌어들여, 반란세력의 자금원을 거꾸로 당국의 재원으로 포섭하는 일석이조의 방법이었다.

이금은 과세대상에 따라 크게 세 종류로 나뉘는데, "백화이금(百貨釐金)"은 당국이 승인하지 않은 상인이 관여하는 일반적인 거래에 대해서, "양약이금(洋藥釐金)"과 "염리(鹽釐)"는 비합법적 상품에 과세한 것이다. 그 종류를 더 자세히 살펴보면 그야말로 천차만별인데, 각지의 다종다양한 행회에 대응하다보니 그렇게 된 것이다.

이금은 군사비의 현지조달이라는 어디까지나 편의적·잠정적 조치였다. 이금을 가장 효과적으로 활용한 사람은 지방의용군인 상군(湘軍)과 회군(淮軍)을 이끌었던 증국번(曾國藩)과 이홍장(李鴻章)이다. 이들 군대가 사병(私

兵)의 성격을 불식시키지 못하면서도 국방군으로서 지위를 차지하게 되면서, 이금 역시 정규의 재정체계에 포섭되지 않은 채 항구적 세금이 되었다. 그러한 동향은 군사와 재정에서 중앙정부의 통제가 통하지 않는 청 말의 "독무중권(督撫重權)", 중화민국 시기의 군벌 분립에 상응하는 것이었다.

게다가 이금은 중국 내지의 상품유통에 대한 과세였기 때문에 그 청부를 맡은 매판과 화상(華商)의 행회를 이용한 내지시장 지배 문제나, 중국 무역에 이해관계가 있던 열강과의 대립과 같은 문제를 불러일으켰다(⋯→ 테마 40 〈매판〉, 348쪽). 이금의 삭감과 폐지를 조건으로 관세를 올려 주겠다는 조치가 (중국 정부와 열강 사이에－옮긴이) 줄곧 논의되었음에도 불구하고, 구체적인 증감률 등 이해관계의 조정은 쉽지 않았다(⋯→ 테마 38 〈관세와 해관〉, 344쪽). 국민정부는 관세자주권을 회복한 1931년 1월 이금을 폐지하지만, 실질적으로 이금은 명목만 바꾸어 끈질기게 존속하여 오늘날까지도 완전히 소멸하지 않고 있다.

[참고문헌] 岡本 1999a, 岩井 2004a, 本野 2004.

테마 40 ／ **매판(買辦)**

모토노 에이치(本野英一)

청 말 민국 초의 대외 경제관계에 대해서는, 두 번의 중영전쟁을 거쳐 영국을 필두로 외국기업과 은행이 진출하여 중국의 대외무역을 좌지우지했다는 통설이 일본에서는 지금도 버젓이 통용되고 있다. 하지만 이 통설은 1970년대 이후의 연구로 (학계에서－옮긴이) 완전히 부정되었다. 중국 소재의 외국기업과 은행은 언어와 제도, 관습의 장벽 등의 이유로 개항장 밖으로 나오지 못했다는 것이 진상에 가깝다. 이 시기의 대외 경제관계를 사실상 도맡아 처리하던 이들은 그들 대신에 개항장과 내지를 왕복하던 "매판(買辦)"이라 불리는 중국인들이었다. 그들은 바로 그런 이유로 당시 민중들로부터 자신들을 착취하는 파렴치한 무리로 백안시당했다.

그러나 대항해 시대 이래 인도, 이슬람 문화권에서 서구기업의 사업 활동에 종사하던 "컴프라도[comprador(e)]"나 화폐의 품질을 감정하던 "쉐로프

(shroff)", 혹은 에도 막부 말기 일본에서 활약했던 "우리코미 상인(売込商人)"이나 "히키토리 상인(引取商人)"을 연상한다면 쉽게 알 수 있듯이, 매판과 비슷한 존재는 아시아 전역에 존재했으며, "매판"은 중국에만 있는 고유한 존재는 전혀 아니다. 여기에서 주목하고 싶은 것은 중국 소재의 외국기업을 위해 일하는 중국인 일반을 호칭하는 "매판"이 본래 어떤 의미의 단어였느냐는 것이다.

"매판"이란 "오항개항(五港開港, 1842년 남경조약 이후 5개 항구 개항–옮긴이)"보다 훨씬 이전인 명 대부터 존재하던 단어이다. 그때는 "관청에 필요한 물자를 조달하는 것", "중앙정부나 조정이 필요로 하는 물자를 상납하도록 명하면, 지방관청이 재정경비로 이를 구입하는" 것, 혹은 "관전(官錢), 관초(官鈔, 즉 지폐)로 물자를 구입"하는(岩井 2004a: 331, 354, 361) 행위를 의미하는 동사였다.

이러한 정의가 청 말 민국 초기에도 변하지 않았다고 한다면, 당시 중국 개항장에서 활동하던 상인은 중국 소재의 외국기업을, 혹은 극단적으로는 외국인 그 자체를 "관청", "중앙정부, 조정"과 동열로 보고 있었다는 말이 된다. 그런 인식 위에서, 이들은 중국 소재의 외국기업 혹은 외국인의 자금과 신용을 이용해 자신들의 주인(즉 외국 기업, 외국인–옮긴이)이 필요로 하는 (중국–옮긴이) 물자를 조달하거나 (외국에서 수입한 상품의–옮긴이) 매각을 하는 대리인 역할을 맡아서 했던 것이다. 이러한 매판의 활동을 보면, 명 대에도 그랬던 것처럼, 주인(즉 외국기업–옮긴이)이 조달 자금을 대폭 삭감하거나, 자금 공급을 지연시키거나, 혹은 자금 공급 자체를 거부하는 사례가 드물지 않다. 하지만 거꾸로 중국인 상인들에게 "관청", "중앙정부, 조정"으로 대접받던 중국 소재 외국기업 역시, 자신은 전혀 관여하지도 알지도 못하는 물자 조달이나 매각의 책임을 추궁받는 경우도 생겨났다(本野 2004).

그렇기 때문에 이 시대 중국 개항장 사회를 살아가던 중국 소재 외국기업은 "매판"을 결코 믿고 방심해서는 안 될 무리들로 보았고, "매판" 측도 외국기업을 여차하면 자신들을 저버릴 수 있는, 마음 놓을 수 없는 주인으로 생각했다.

"매판"의 활약은 제1차 세계대전 이후 점차 사라지지만, 외자기업이 눈사태처럼 밀어닥쳤던 "개혁개방" 체제 이행 이후의 중국에서는, "신흥 비즈니스 엘리트"(Pearson 1997)가 매판과 유사한 사회적 기능을 담당하여, 연해지역의 대도시에서 외국기업이 중국기업과 합작 사업을 시작할 때 중개역으로 활약하였다(Kennedy 2005). 이러한 "신흥 비즈니스 엘리트"를 매개로 한 합작사업의 문제점을 이해하기 위해서도, 청 말 민국 초기의 매판 활동과 그 실태는 충분히 연구할 만한 가치가 있다.

테마 41 / **국산 아편**

니무라 요코(新村容子)

"국산 아편"은 영국 측 사료에서는 native opium으로, 중국 측 사료에서는 "토연(土煙)", "토약(土藥)" 등으로 표기되는데, 나는 중국 아편으로 부른다.

양귀비 재배는 당 대에 서역에서 전파되었고, 아편 제조방법 역시 늦어도 15세기에는 서역에서 전파되었다고 보고 있다. 중국 아편은 명 대에 아편 소비의 혁명적 변화에 따라 생산이 확대되었다. 혁명적 변화란 첫째로 아편이 의약품에서 미약(媚藥)으로 이용 목적이 바뀐 것, 둘째로 끽연(喫煙)의 대유행을 배경으로 담배에 아편을 섞어서 피우는 소비방법이 보급된 것이다. 새로운 아편 소비문화는 우선 사대부계층의 강력한 지지를 획득한 뒤, 일반 대중에게까지 확대되어, 아편 수입을 증가시켰을 뿐 아니라 아편 생산을 증대시켰다(Zheng 2005: 19~35).

17세기 이후 아편 생산은 감숙과 운남 등 회교도 거주 구역이 중심이었다. 19세기 초에는 절강성에서도 아편 생산이 확인된다. 이들 중국 아편은 전국적으로 유통되어, 1830년 한 영국인 여행자가 광주(廣州) 상관(商館, factory, 구미 각국 상인이 광주에 세운 무역과 거주를 위한 건물−옮긴이) 내에 중국 서부(西部)산 아편 견본들이 널려 있는 것을 목격했는데, 그 품질이 대단히 우수했다고 한다. 1830년에 이미 영국인은 중국 아편을 경쟁상대로 인식하고 있었던 것이다(Zheng 2005: 101).

청 정부는 1823년 아편 생산을 금지하는 최초의 금령을 발했다(Bello

2003: 1119). 그러나 1835년 강서성의 한 지식인은 아편 생산을 어디에서든 흔히 볼 수 있다고 말한다. 청 관료 중에서는 운귀총독(雲貴總督, 재임 1826~1835) 완원(阮元)처럼 청 정부의 아편 생산 금지령에 대해 반론을 펼치고, 중국 아편이 외국 아편의 수입을 저지한다며 아편 생산을 옹호하는 자도 있었다. 이러한 논리는 외국 아편 수입의 급격한 증가가 은을 유출시켰다고 생각하던 1830년대 청 정부에게 어느 정도 영향을 미쳤다(新村 2000: 220~224). 그러나 완원의 본심은 운남 소수민족 사이에 깊이 침투한 아편 생산을 도저히 금지할 수 없다는 판단에 따른 것이라고 생각한다(Bello 2003: 1125).

천진조약(1858년)으로 아편 수입이 합법화되자, 중국 아편의 생산은 더욱 확대되었다. 생산자인 농민에게 아편은 대단히 수익성이 높은 상품작물이었고, 또 지방관들이 세수 목적으로 아편 생산을 장려했기 때문이다. 1881년 의창(宜昌) 영사였던 도널드 스펜스(Donald Spence)는 사천성 한 성의 아편 생산량이 최저 17만 7000담은 될 것으로 추정했다. 당시 중국 아편 총 수입량인 9만 담(擔, 1담은 약 60킬로그램-옮긴이)의 2배에 가까운 양이다. 1883년 런던회(런던선교회, London Missionary Society-옮긴이)의 그리피스 존(Griffith John)은 "중국인 자신이 그들이 소비하는 아편의 주된 생산자이다"라고 말하고 있다(新村 2000: 125). 1906년 해관 통계에 따르면, 당시 아편 총 생산량은 58만 4800담으로, 이 수치는 같은 시기 중국 아편 총 수입량의 9배에 상당한다.

1859(함풍 9)년 청 정부는 그 전해의 수입 아편에 대한 관세 금액에 준하여 중국 아편에 대해서도 "양약이금(洋藥釐金)"을 도입하였다. 이 "양약이금"은 "양약"이란 명칭에도 불구하고 중국 아편에 과세되었고, "이금"이라는 명칭에도 불구하고 도입 후 10년 동안은 종종 토지세에 부과하여 징수되어 결과적으로 아편 생산을 촉진하였다(新村 2000: 336~337). 그러나 청 정부는 그 후 급격하게 늘어난 국내 아편 생산과 유통을 재원으로 파악하는 것을 게을리했다. 1890(광서 16)년과 1897년, 청 정부는 총세무사 로버트 하트(Robert Hart)의 제언에 따라, 중국 아편의 세수를 중앙에 집중시키는 통연(統捐)을 도입하려고 하였다. 그러나 이 시도는 아편을 생산하던 여

러 성들의 저항에 부딪혀 실패했다(何 2001: 548~553).

1901년 이후, 청 정부는 의화단 배상금의 지불에 어려움을 겪으면서, 아편에 전매제를 도입하는 방법을 모색하였다. 정부 전매제 도입을 저해하는 요인은 두 가지가 있었다. 하나는 외국의 간섭으로, 그들은 전매제 도입이 지부조약(芝罘條約) 부가조항(1885년 7월)의 외국 아편 과세액 규정에 위반된다고 반발하였다. 두 번째로 아편을 생산하던 성 정부들이 중국 아편이란 중요 재원을 청 중앙에게 넘겨주길 거부하며 반발하였다. 그즈음 영국 정부 내에서 강해지고 있던 아편 무역 반대의 목소리는, 외국 아편의 수입을 중지시키고 전매제 도입에 대한 외국의 간섭을 배제할 수 있는 기회였다. 1906년 9월 금연칙령(禁煙勅令)으로 시작된 아편 추방 운동은 아편 전매제 도입의 모색과 동전의 양면과 같았다(新村 2012: 23).

1913년에 인도에서 중국으로의 아편 수출이 중단되었다. 하지만 중국 아편의 프랑스령 인도차이나로의 합법적 수출, 홍콩으로의 밀수는 확대되었다. 중국 아편은 중국 국내의 정치세력에게 극히 중요한 재원이 되었다. 군벌, 국민당, 일본관동군, 중국공산당 등 모든 정치세력이 중국 아편을 장악하는 것을 사활이 걸린 문제로 인식했다. 현재 중국에서는 아편 생산이 다시 활발해지고 있다(Zheng 2005: 195~200). 중국 아편은 중국 사회의 복잡함과 역동성을 나타낸다.

테마 42 / 아편 금지 운동과 국제 문제

고토 하루미(後藤春美)

여기에서는 아편 문제를 국제 사회의 입장에서 살펴보겠다.

영미에서는 1870년대부터 아편 반대 운동이 점차 고조되었다. 그 원인으로는 금주(禁酒), 절주(節酒)운동과의 관련, 의학 및 약학의 발달, 아편의 폐해에 관한 선교사들의 보고, 중국인 노동자의 해외 이동에 따른 아편 흡연(opium smoking) 습관의 확산에 대한 염려 등을 그 원인으로 들 수 있다 [또한 인도 같은 곳에서는 아편을 먹기도 했다(opium eating)].

19세기 말에는 미국과 일본도 아시아에 식민지를 영유하게 되는데, 대만,

필리핀에서도 아편 문제가 존재했다. 미국은 (전형적인−옮긴이) 식민지 지배에 반기를 들고, 아편에서 막대한 수입을 얻어 온 구미 국가들과는 다른 통치를 지향했다. 미국은 아편 문제에 관해서 대만, 상해, 홍콩, 해협식민지, 버마 등지를 조사·비교하여 1905년에 보고서를 발표했는데, 여러 지역 가운데 대만의 시책을 높이 평가하였다. 한편 (자국 식민지인) 필리핀에서 아편 흡연자가 주로 중국계 주민이었던 이유도 있어, 이 보고서는 중국인 사회에는 비판적이었다. 이러한 비판은 많은 중국인, 특히 해외 유학을 경험한 젊은 지식인들을 격분시켰고, 그들로 하여금 아편을 박멸해야 할 필요성을 통감하게 했다.

영국에서는 1906년 5월 의회에서 중국과 인도 간의 아편 무역을 종결하도록 요구하는 안이 가결되었다. 청 정부는 이 움직임에 주목하여 9월에 양귀비 재배와 아편 소비를 금지하는 칙령을 발표했다. 청은 영국에게 인도 아편의 수입과 중국 국내의 아편 생산을 매년 10분의 1씩 줄이자고 제안하였는데, 이 영중교섭은 1907년 12월에 합의에 도달하였다.

나아가 미국에서는 국제협력을 통해 아편을 단속하자는 움직임이 일어났다. 미국 주도로 1909년에는 상해에서, 1911년과 1912년에는 헤이그에서 국제회의가 개최되었다. 헤이그에서는 만국 아편조약이 작성·조인되었는데, 제1차 세계대전 발발까지 이 조약을 비준한 국가는 얼마 없었다.

국제연맹은 아편 및 기타 마약 단속을 임무로 삼았고, 아편자문위원회(OAC)의 활동은 꽤 성과를 올렸다. OAC의 결정으로 1924년과 1925년에는 국제 아편회의가 제네바에서 개최되어 연맹 비가맹국인 미국도 참가했다. 최종적으로 미국과 중국 두 나라는 신조약에 조인하지 않고 회의에서도 이탈했지만, 대영 제국은 이 회의를 계기로 인도에서 의료과학용이 아닌 아편을 수출하는 것을 1930년대 중반까지 종결시키기로 결단을 내렸다.

아편 단속은 경제적으로 어떠한 영향을 미쳤을까. 아편은 인도, 동남아시아 식민지, 대만 등지에서 식민지 정부가 재정수입을 올리는 수단이었다. 인도에서는 아편 제조로 얻는 수입이 1880년대까지는 식민지 정부 전체 수입의 약 14%, 1905년에는 약 7%를 차지했다. 이 수치는 1907년 영중 합의의 효과가 나타나자 약 2%까지 줄어들었고, 또 의료과학 목적 이외의 수출을 종결시킨 1930년대 중반 이후에는 약 0.5%까지 내려갔다. 즉 식민지 정부는 다른 수입원을 확보하지 않으면 안 되었다.

동남아시아의 사례로 영령 해협식민지(싱가포르, 말라카, 페낭)를 살펴보자. 이 식민지가 위치하는 말레이 반도에서는 통조림 캔의 원료인 주석이 채굴되어, 19세기 이래 많은 중국인 노동자가 이주하거나 일자리를 구하러 찾아왔다. 그러나 해협식민지만 보자면 경제 활동의 중심은 무역이었다. 대영 제국은 관세를 부과하지 않는 자유무역을 원칙으로 했으므로, 해협식민지는 무역에서 수입을 얻을 수 없었다. 그 때문에 식민지 정청(政廳)은 19세기에는 징세청부제도, 1910년 이후는 전매제도를 실시하여 아편에서 수입을 얻었고, 1920년대가 되어서도 수입의 절반 가까이를 아편에 의존했다. 제네바 회의 이후 의존율을 낮추려고 했으나, 전매제도하의 아편은 전면 금지된 비합법 약물은 아니어서 제2차 세계대전 발발 직전까지도 해협식민지 수입의 약 20%가 아편에서 나왔다. 아편 전매는 동남아시아 다른 식민지에서도 널리 행해졌다.

동아시아에서 아편은 각 정부와 정권의 수입원이었다. 중국에서는 신해혁명 후의 혼란으로 각지에서 양귀비 재배가 부활하여, 1920년대 중반에는 상당히 광범위하게 아편이 생산·흡연되었던 것 같다. 그러나 국제연맹에서는 중국의 실정을 정확히 알지는 못했다. 중국도 OAC에 위원을 내보내고는 있었지만, 결석을 하거나 연맹이 요구하는 연보(年報)를 제출하지 않았다. 또 연맹은 1929년부터 1930년에 걸쳐 동아시아, 동남아시아의 아편 흡연 실태를 조사했는데, 이 조사단도 중국에서는 조계와 조차지 이외에는 들어갈 수 없었다.

1931년 9월에 일본이 만주사변을 일으킨 후, 동아시아에서는 아편 마약 문제가 더욱 혼미를 거듭하게 되었다. 일본이 수립한 괴뢰 정권인 "만주국"은 아편 전매제를 채용했다(岡田 외 1986, 山田 2002).

1933년에 일본이 국제연맹 탈퇴를 통고한 이후, 중국은 아편 마약 문제에 관해서도 연맹을 일본을 비난하는 장으로 삼고자 했다. 또 1934년 11월 OAC에서 중국은 그때까지 아편 전면 금지 정책의 효과가 없으므로, 양귀비 재배와 아편 흡연을 6년간에 걸쳐 서서히 금지하는 새로운 정책을 채용하겠다는 계획을 선보였다. 1930년대 중반 이후 중국은 일본에 대항하기 위해 국제 사회에 적극적으로 참여할 필요성을 느꼈던 듯한데, 국제연맹이 작성한 아편에 관한 규칙 역시 수용하는 자세를 보였다. 그렇게 함으로써 중국은 국제 사회, 특히 미국의 지지를 받았다.

다만 중국이 실제로 양귀비나 아편을 박멸할 수 있었는지 묻는다면, 중국 각지로부터 영사 보고를 받고 있던 영국은 냉소적인 시각을 갖고 있었다. 원래 아편이 대량으로 생산되고 있는 데다 전쟁 상태에 처해 있던 중국에서, 국민정부나 중국공산당이 군사비 등의 자금원이었던 아편과 거리를 둘 수 있었을까(Zheng 2005, Slack 2002). 이 점에 관해서는 중국경제사 연구가 좀 더 심화되기를 기다려야 할 것이다.

[참고문헌] 後藤 2005, Lim 1969.

테마 43 / 이민(移民)과 화교(華僑)

친 라이코(陳來幸)

부계 종족을 기준으로 삼는 한족(漢族) 가족의 발전사는 대체로 유교적 규범이 서민층에게 침투한 송 대까지 소급할 수 있다. 남자 균분상속을 지속적으로 발전시키기 위해서는 계속해서 새로운 토지를 개척해야만 했다. 신천지의 개척은 기본적으로 남쪽의 저지대를 지향했다. 근대적 국경 개념이 없고 이종족도 쉽게 감화시키는 힘을 갖고 있던 한자(漢字)와 조상 제사 같은 의례, 그리고 때로 강력하게 발휘된 황제의 통치력은 긴 세월에 걸쳐 언어체계가 상당히 다른 남방 중국의 선주민들까지 통합해 나갔다.

송 대부터 세계적 대제국의 일부였던 대원 울루스 시대까지, 중국인이 당시의 항해 기술로 나갈 수 있었던 아시아의 여러 연해 지역에서는 화교 사회의 단서가 나타났다. 송 대의 대형 범선[大帆船]은 1,000명 가까운 사람들을 태울 수 있을 정도였다고 한다. 현재 인도차이나 반도 동부부터 타이 남부 연안과 인도네시아 일대가 바로 중국인이 장기 체류한 지역이다. 천주(泉州) 항구에서 해외로 나간 상인의 귀환은 계절풍의 영향을 받았다. 상인들은 외지에서 겨울을 나고 남풍이 부는 봄에 돌아왔다. 어떤 자들은 체류 기간이 수년에서 10년까지 이르렀기 때문에 문헌에서는 이들을 "주동(住冬)", "주번(住蕃)"이라고 불렀다. 대원 울루스 왕조는 해외 진출 욕구가 왕성했는데, 일본과 샴에 함대를 파견한 것이 유명하다. 샴에서는 그때 현지에 잔존한 군대가 화교의 뿌리 중 하나라고 보고 있다. 그리고 원군(元軍)을 몰아내고 건국한 마자파힛 왕국(Kerajaan Majapahit)은 중국인의 조선과 화폐 주조 기술을 흡수했다.

한편, 명 왕조의 기본적인 입장은 원의 잔존 세력과 왜구 견제를 목적으로 (대외 교류에 대해－옮긴이) 강력한 관리 정책을 취한다는 것이었다. 명은 책봉 체제와 조공무역을 기축으로 서민의 출국과 해상교역을 통제하는 "해금"을 원칙으로 삼았다. 15세기 초 영락제 시대에는 환관 정화(鄭和)가 일곱 차례에 걸쳐 조공을 권유할 목적으로 대규모 선단(船團)을 조직하여 "서쪽 바다[西洋]"로 건너가, 멀리는 실론 섬에서 페르시아 만, 아프리카 동해안까지 이르렀다. 대륙의 정권이 바다도 통제하려고 한 시도였다. 그러나 해금 정책에 수반된 벌칙 규정은 해외 도항자의 귀국을 막는 장애가 되었고, 한편으로는 그들이 해외에 그냥 눌러살도록 유도하는 요인으로 작용했다.

이후에 조공무역이 유명무실해지면서 아시아 해상무역이 활발해진 것은 16세기 들어와서부터이다. 명 왕조의 영역 내에서는 1436년에 관리 봉급을 은으로 지급하기 시작하면서 세금의 은납화가 정착되었고, 대규모 교역을 위해 은에 대한 강한 수요가 생겨났다. 왕조 말기의 1567년 명 왕조는 복건성의 월항(月港)을 개항하여, 상선에 감찰(鑑札)을 발행하고 남양(南洋, 동남아시아－옮긴이)으로의 교역 활동을 합법화하였다. 1550년에 (일본의－옮긴이) 히라도(平戸), 1557년에 마카오, 1571년에 마닐라와 나가사키를 개항하고, 17세기에 들어와 네덜란드가 1619년에 바타비아, 1624년에 대만[台灣, 대원(大員)]을 각각 개항한 것은 우연이 아니었다. 일본 은과 함께, 스페인이 갈레오선에 실어 마닐라로 가져간 멕시코 은이 은에 대한 강력한 수요가 있던 명 왕조의 영역 내로 흘러들어 가기 시작한 것이다. "교역의 시대(Aga of Commerce)"로 불리는 세계의 일체화(一體化)가 심화된 시대이다[リード(Anthony Reid) 1997]. 교역하는 자에게 남양의 물산은 가

치가 높은 상품이 많았으므로, 자본을 가진 자들은 리스크를 알고도 당선(唐船)에 출자하여 선주와 선장의 경영수완에 기대를 걸었다. 배가 무사히 귀환하기만 하면 거액의 배당을 챙길 수 있었기 때문이다. 중국식의 합고경영(合股經營)[43]의 뿌리를 이 당선교역에서 찾을 수 있다(根岸 1943).

16세기 말에 네덜란드가 동인도 제도에 진출할 무렵, 자바 서쪽의 항구도시 반텐에는 이미 상당한 규모의 중국인 공동체가 후추 교역으로 번성하고 있었다. 네덜란드 동인도 회사의 거점으로 바타비아(현재의 자카르타) 건설에 중국인들이 다수 동원되어, 이윽고 (자카르타의-옮긴이) 고타(Kota), 그로도크(Glodok) 지구(地區)에는 민남(閩南, 복건성 남부-옮긴이) 출신자를 중심으로 수만 명의 중국인이 집중적으로 정주하면서, 자카르타는 중국과의 교역 중심지로 성장했다. 네덜란드 당국은 중국인 카피탄[갑필단(甲必丹), Kapitan Cina로 부름-옮긴이]이나 루테넌트[뇌진난(雷珍蘭), Lieutenant에서 옴-옮긴이]를 통해 이들 중국인을 간접적으로 통치하였다. 현지에서 태어난 "토생(土生)"의 중국계 남자는 "바바", 여성은 "뇨냐"로 불렸다. 중국계 공동체에는 "공관(公館)"이 설치되어, 공동의 사묘(寺廟, 불교의 절과 도교 사원-옮긴이)와 묘지 등을 관리하고, 공민 등기나 중국인의 제사를 도맡았다. 3세기에 걸친 바타비아 중국인 공관의 공문서와 회심(會審) 기록이 현재 대량으로 남아 있다.

필리핀의 중국인 인구는 스페인 점령 전인 1570년에는 150명 정도였으나, 16세기 말에는 3만 명 정도로 급증했다. 스페인 당국이 중국인의 거주를 파리안(parian) 거류구로 제한했음에도 중국인 배척사건이 빈발했다. 1603년에 일어난 2만 명의 중국인 학살은 비극적이다. 당국은 1621년에 파리안 거주 인구에 제한을 가하는 한편, 가톨릭으로 개종한 중국인이나 현지 여성과의 사이에서 태어난 메스티조에게는 파리안 지구가 아니라도 자유롭게 살 수 있도록 허가하였다. 이 개종 정책과 혼인으로 중국계 이민자의 현지 동화가 진전되었다. 청 강희제 시대에 천계령(遷界令)에서 전해령(展海令)으로 방침을 전환한 것도 해외 이민의 충동을 자극했다. 바타비아에서

43 중국의 전통적 공동 출자 형태로, 고(股)는 지분을 의미한다-옮긴이.

는 1740년에 네덜란드 당국이 1만 명에 달하는 중국인을 죽인 대학살이 발생했다. "홍계참안(紅溪慘案)"으로 불리는 사건이다. 화교의 해외 정주는 결코 평탄하게 진행된 것이 아니었다.

19세기 초 기선의 출현은 대서양과 태평양의 도항을 용이하게 했다. 북미 대륙의 골드러시(Gold Rush)를 계기로 광동인(廣東人)을 중심으로 대량 해외 이민이 시작되었다. 캘리포니아 주의 샌프란시스코, 캐나다 밴쿠버 섬의 빅토리아가 초창기 이들 이주민의 상륙지였다. 샌프란시스코가 구금산(舊金山)이란 한자 이름을 가진 것도 이런 연유이다. 1840년대 말에 수십 명 정도였던 캘리포니아 화교 인구는 1852년에는 2만 5000명, 1880년에는 10만 명을 넘었다. 미국에 약간 뒤처져 이주의 파도가 밀어닥친 곳은 오스트레일리아의 빅토리아 주(州)였다. 주도(州都)인 멜버른에는 신금산(新金山)이란 별칭이 붙었다. 이곳에서도 1900년 즈음에는 중국인 인구가 3만 명 정도로 급증하여, 미국과 마찬가지로 중국인들이 현지 백인노동자와 일자리를 둘러싸고 대립하게 되었다. 일본과 조선으로의 이민에는 다른 배경이 있었다고는 하지만, 19세기의 산물이라는 점에서는 마찬가지이다.

청 말의 개국을 계기로 해외 이민이 합법화된 것과 중국인의 대량 출국은 관계가 없지 않다. 동인도 제도와 말레이 반도로의 이민도 급증했다. 복건인(福建人)이 주류였던 자바 섬과 개척이 진척되던 수마트라 섬 이외에, 칼리만탄(Kalimantan), 술라웨시(Sulawesi) 섬뿐만 아니라, 롬복(Lombok), 발리(Bali) 등 작은 섬까지도 (중국 광동성의－옮긴이) 광주(廣州) 주변이나 조주(潮州), 객가(客家) 지역 출신의 신이민(新移民)이 밀어닥쳤다. 금과 주석 광산, 고무·사탕수수·담배 재배의 플랜테이션 노동자로서 화남(華南) 출신자가 대량으로 입식되었는데, 이러한 이주의 파도는 1930년대 즈음까지 계속되었다. 싱가포르 개발이 시작된 것도 19세기에 들어와서부터이다. 구이민(舊移民)자들이 그때까지 200~300년에 걸쳐서 서서히 현지화되었던 것과 달리, 신이민자들은 중국의 풍속과 습관을 간직하고 있어 "토톡", "신케[신객(新客)]"로 달리 불렸다. 한편 현지에서 태어난 "바바"나 "뇨냐"는 "페라나칸"이라고 불렸다. 이윽고 신이민을 매개로 하여, 청 말에 고양된 중국 내셔널리즘이 현지 화교 사회에 전해지면서, (중국인의 정체성이 희박해지고 현지에 상당히 동화되었던-옮긴이) 구이민자들도 새롭게 중국화[再中國化]가 진행되었다.

청 왕조의 기둥이 뒤흔들리게 된 데는 신사조의 유입 탓이 크다. 진화론의 유입으로 망국의 위기감이 체제변혁을 희구하는 열정을 만들어 냈다. 자금성에서 멀리 떨어져 있고 정보가 범람하는 홍콩, 마카오에는 인접한 광동성에서 정관응(鄭觀應), 강유위(康有爲), 양계초(梁啓超) 등이 지식인 신사조 혹은 개혁유신 운동의 주력으로 등장했다. 게다가 이 지역은 해외 이민자의 배출지이기도 하다. 파격적인 혁명가로 세상에 알려진 손문 역시 주강(珠江) 하구 지역 출신으로, 친형이 이민 간 하와이에서 소년기를 보내고, 고향 인근인 홍콩에서 청년기를 보낸 경험이 그러한 소양을 결정지었다. 손문이 적극적으로 손을 잡은 것은 과거제도 폐지 후에 급증한 재일(在日) 중국인 유학생이었다. 이 사이 청 정부는 파탄 직전의 재정을 재건하고자, 화교들을 타깃으로 연관(捐官, 관직 매매-옮긴이)이나 귀국 실업 투자의 장려, 교육 기회의 제공[기남학당(暨南學堂)의 설치]과 같은 정책을 내놓았다. "기민(棄民)"으로 돌보지 않던 화교를 "국민(國民)"으로 포섭하려고 한 것이다.

1903년에 사상 처음으로 상부(商部)가 설치되었다. 국가 차원에서 상인을 지원하겠다는 자세를 보인 것이다. 이듬해인 1904년에 공포된 상회간명장정(商會簡明章程)은 민간의 활력을 최대한 이용하고자 외국의 상업회의소 제도를 모방하여 전국적으로 "상회"를 설립했다. 청 조정은 신민이 거주하는 곳은 교화(敎化)가 미치는 곳으로 보았다. 그러므로 해외의 화교 집주 지역에도 상회 설립을 장려하고, 본국의 상무 주관 관청과 긴밀히 연락하도록 했다. 중화민국 시대에 상회는 중화총상회(中華總商會)로 명칭을 바꾸어, 화교 사회와 본국과의 연계를 확보하는 중요한 고리가 되었다. 싱가포르, 홍콩, 방콕, 고베 등지에는 오늘날도 여전히 건재한 중화총상회가 있다. 본국에서는 사회주의 혁명으로 일단 끊긴 상회의 역사가 해외에서는 면면히 숨 쉬고 있는 것이다(陳 2008).

같은 시기에 설립이 촉진된 것으로 중화회관(中華會館)이 있다. 서로 방언 체계를 달리하는 동업공소(同業公所)나 동향회관(同鄕會館)을 통합하는 상위 조직이다. 화교 사회에서 중화총상회와 중화회관 이외에 이 시기에 대거 나타난 중화학교 및 중화의장(中華義莊) 등 "중화"라는 이름을 씌운 조직 단체들은 내셔널리즘을 구심력으로 한 20세기 초의 새로운 산물이었다. 신이민자를 중심으로 본국의 변혁을 기대하는 계층이 탄생하고, 신해혁명으로 본토에서 공화제 국가가 출현함으로써, 화교가 본국 정치에 참여하는 길도 열리게 된다.

화교의 수를 정확하게 제시하기는 어렵다. 1876년경에 300만 명, 1896년경에 400만 명, 1926년에는 600만 명을 넘었다는 수치가 있다(李 1927). 근년 중국 국적 보유자를 화교(華僑), (중국인 혈통이지만-옮긴이) 현지 국적 보유자를 화인(華人)으로 파악하는 방식이 일반화되었는데, 2006~2007년 현재 전 세계의 화교 화인 총수는 약 4543만 명으로 추정하고 있다(庄 2010). 중일전쟁 시대에 화교가 항일 통일전선을 결성하여 조국을 후방에서 지원했던 것은 화교사(華僑史)에 길이 남을 빛나는 공헌의 한 장면이었다. 그러나 내전 시기를 거쳐 인민공화국이 탄생한 이후, 공산주의 전파를 두려워한 거주국 정부는 화교들의 충성심을 시험하게 된다. 현지화에 더욱 박차가 가해졌고, 본국과의 관계는 소원해졌다. 세계화상회의(世界華商會議)라는 명목으로 화교화인 네트워크가 선전된 것은 개방 정책 이후의 일이다.

[참고문헌] 斯波 1995, 潘 1998, 檀上 2013, 岩井 2004b, 弘末 2004, 羽田 2013.

테마 44 / 만주의 경제개발

야스토미 아유무(安富步)

20세기 초 만주에는 극히 풍부한 산림이 남아 있었다. 아마 청의 봉금 정책(封禁政策)으로 보호 내지 형성된 것이리라. 러시아 작가 니콜라이 바이코프가 『위대한 왕』과 같은 작품에서 생생히 그려 낸 것처럼, "수목의 바다[樹海]"로 불린 동부 삼림에는 사자보다 큰, 몸 길이 4미터에 가까운 시베리아 호랑이가 다수 서식하고 있었다. 표범은 호랑이 이상으로 널리 서식하고 있었고, 무순(撫順) 가까운 산에까지 나타나 두려움의 대상이 되었다. 또 북부 대흥안령과 소흥안령에는 몸무게가 최대 800킬로그램까지 나가는 거대한 만주 말코사슴이 셀 수 없을 정도로 많은 무리를 이루고 있었다. 또 몽지(蒙地, 몽골 땅-옮긴이)로 불리는 서부 초원에는 대형 설치류인 타르바간[44]이 그야말로 초원을 메울 정도로 서식하여, 그 털가죽이 매년 수백만 장이나 출하되었다. 감탄이 나올 정도로 풍요로운 생태계가 이 지역에 형성되어 있었던 것이다.

그러나 이러한 만주의 풍요로운 생태계는 20세기 전반기에 급격하게 파괴되었는데, 중화 제국이 세계경제에 본격적으로 편입되면서 붕괴가 시작되었다.

만주 자연환경의 특색으로는 지구상에서 여름과 겨울의 기온차가 가장 큰 시베리아형 기후와 동부 북부 삼림과 서부 초원으로 둘러싸인 남북 1,000킬로미터에 달하는 동북평원의 존재를 들 수 있다. 일찍이 광대한 초원과 깊은 삼림에 둘러싸였던 동북평원은 한인의 대량 유입으로 거대한 밭농사 지대로 변모했다. 비옥한 토양과 함께, 고온의 하계에 강수량이 집중되는 기후 특성을 살려서, 보리·대두·고량·옥수수 등을 생산했던 것이다. 그중에서도 특산인 대두 3종(콩[大豆], 콩기름[大豆油], 콩깻묵[大豆粕])은 천진조약에 따라 1860년 우장(牛莊)이 개항한 이후 순식간에 국제적 상품으로 떠올라, 결과적으로 동북 평원에서 대량의 유기성분을 빼앗았다.

20세기 초에 성립한 철도와 마차를 이용한 대량 수송 시스템이 이러한 흐름을 가속화했다. 러시아는 청일전쟁 후 삼국간섭으로 요동반도의 양도를 저지해 준 대가로, 청에게 만주에 시베리아 철도의 지선을 부설할 권리를 얻었다. 이것이 동청철도(東淸鐵道)이다. 1930년대까지 철도 건설에 사용된 침목과 기관차 연료로 쓰인 장작은 연선(沿線)의 만주 북부(대흥안령산맥, 소흥안령산맥) 및 동부(장백산맥)의 침엽수와 활엽수가 섞여 있는 산림에서 조달되었다. 그야말로 산림을 잡아먹고 달리는 철도였다.

이에 더해서 동청철도 남부 지선[만철(滿鐵)]과, 일본에 의해 안봉선(安奉線)이 개통되자, 장백산(長白山, 원문 그대로 표기함. 백두산을 지칭함-옮긴

44 Mongolian Marmot로 불리는, 몽골 초원 지대에 생식하는 다람쥐과 동물-옮긴이.

이) 산림에서 무겁고 단단한 활엽수가 채벌되어 동북평원에 대량으로 운반되었다. 이 목재는 비중이 무거워 물에 띄워 수송하기 곤란했기 때문에, 철도 부설 이전에는 대량으로 벌채되는 일이 없었다. 이 목재와 서부 초원의 몽골산 말[蒙古馬]은 적재량 1톤의 견고한 대형 마차[대차(大車)]가 되어 동북평원을 달리게 되었다.

동북평원은 겨울에는 얼어붙어 스케이트장처럼 평탄하고 견고한 대지로 바뀌는데, 1920~1930년대에는 만주 전체에서 약 50만 대에 가까운 대차(大車)가 사용되어 철도와 연결됨으로써, 대두 단일경작(monoculture)이 더욱 가속화되었다. 이 대두는 일본과 유럽에서 구입했다. 일본은 주로 기름을 짠 뒤에 나오는 콩깻묵을 비료로 수입했다. 유럽, 특히 독일은 대두를 수입한 후 기름을 짜서 식용유 및 화학공업원료로 쓰는 한편, 콩깻묵은 가축에게 사료로 주고 그 분뇨를 다시 비료로 썼다. 이러한 수요가 폭발적으로 늘어나면서, 만주는 근대 중국에서 보기 드문 무역흑자 지역이 되었다.

대두가 창출한 외화는 장작림 정권이 대두하는 기반이 되었다. 또 대도시, 도시[현성(縣城)], 촌락이 철도, 마차 수송 시스템으로 직접 연결됨으로써, 경제·정치·인구가 현성 한 곳으로 집중되는 현상이 나타났다. 그것 역시 장작림 정권의 통치를 용이하도록 도왔다. 그리고 이러한 지역 정권의 기반 강화가 대두 수출을 촉진하는 역할을 하였다.

이처럼 경제발전과 사회 체제의 변혁을 배경으로, 무순(撫順) 탄광과 안산(鞍山) 제강소처럼 일본이 주도하는 철광업 역시 발전했다. "만주국" 성립 또한 철도, 마차 시스템에 의존하고 있었다고 생각한다. 그 후 "산업개발 5개년 계획"에 따른 일본의 철도 및 중화학공업에 대한 과잉 투자는 총력전 체제 구축이란 외적 요인 때문에 만주에 밀어붙인 것이어서, 경영 효율은 일반적으로 나빴고 일본경제에도 큰 부담이 되었다. 그런 이유로 1940년대가 되면 공업화 계획은 절반이 방기되어, "만주국"은 대동아공영권에서 식량공급기지로 자리매김하게 된다.

만주의 엄혹한 겨울, 대두, 장백산의 활엽수림, 몽골의 말, 비적(匪賊), 화북으로부터의 이민 압력, 타르바간에 의한 폐 페스트의 유행 등, 이러한 요소는 각각 독립적으로는 큰 변화를 일으킬 수 있는 것이 아니었다. 그러나 거기에 철도 부설이라는 요소가 더해지자 사태는 한순간에 바뀌었다. 장백산의 활엽수와 몽골의 말이 광범위하게 결합되어, 만주 전역에 마차 수송 시스템이 구축되었다. 마차는 겨울의 얼어붙은 대지를 질주하여, 철도역과 배후지를 직접 연결하고 현성 경제를 형성시켰다. 철도로 항구에 옮겨진 대두는 중국 본토, 일본, 유럽으로 수출되어 막대한 외자를 벌었다. 이 자금이 철도를 뒷받침하고, 장작림의 권력을 강화했으며, 이민을 끌어들여 개척을 추진시키고 대두 생산을 확대시켰다. 이처럼 근대 "만주"는 풍부한 자연자원을 탕진함으로써 경제적 선진 지역으로 발전했던 것이다.

이렇게 형성된 "만주"의 사회경제 기구는 혁명 후의 중국 동북지구(만주는 중국에서는 동삼성 혹은 동북으로 불린다 – 옮긴이)에서도 기본적으로 계승되었다. 동북은 사회주의 시대 중국의 우등생이었는데, 그것은 이 지역이 철도와 대도시를 주축으로 하여 개개의 촌락이 특정 읍내와 연결되고, 이 읍내가 도시로, 도시가 대도시로 각각 종속되듯이 피라미드형 구조를 이루고 있었던 것과 관련이 있다. 화북처럼 대평원에 정기시가 균일하게 분포하여 복잡하고 계층적인 네트워크를 형성한 경우에는 대도시가 말단 촌락을 파악하기 곤란하지만, 동북에서는 그것이 가능했으며, 이런 특성이 효율적인 인민공사의 형성 및 운영으로 귀결되었던 것이다. 대규모 중공업의 경우도 이와 같은 커뮤니케이션의 기반 위에 형성된 것이지, 단순히 일본의 경제개발을 계승한 것만은 아니다. (종전 직후 만주를 일시 점령한 – 옮긴이) 소련이 공업시설을 (해체하여 자국으로 – 옮긴이) 이전시키면서 자행한 대규모의 파괴에도 불구하고 동북 지역이 급속하게 다시 일어설 수 있었던 배경에는 이러한 구조가 있었다고 추정된다.

[참고문헌] 安冨 1997, 安冨, 深尾 2009, 松本 2000.

제 5 장

근현대

국민국가 형성의 시도와 경제발전(20세기~현대)

가지다니 카이(梶谷懷)
가지마 쥰(加島潤)

제5장 **근현대**

국민국가 형성의 시도와 경제발전(20세기~현대)

1. 청 말의 근대화(20세기 초~1911년)

개항장 시장권(市場圈)과 외국자본의 진출

청 왕조 말기부터 중화민국 시기에 걸쳐 중국에서는 관민(官民)을 막론하고 누구나가 열강의 압력 아래 "과분(瓜分)", 즉 조국이 (수박 쪼개지듯이-옮긴이) 분열될 위험에 처해 있는 것은 아닌가 하는 절박한 위기의식을 느끼고 있었다. 그러한 상황하에서 어떻게 통일적인 국민경제를 형성할 것인가 하는 과제가 각 시기의 정권들로 일관되게 계승되었다. 이 "통일적인 국민경제의 형성"이야말로 근현대 중국경제를 이해하는 데에 가장 중요한 키워드 중 하나이다. 또 하나의 중요한 키워드로는 "전통과 근대의 상극(相克)"을 들 수 있다. 외국자본의 진출로 근대적 상업원리와 제도가 도입되는 가운데, 기존의 전통경제는 크게 바뀔 수밖에 없었다. 그러면서도 전통적 경제 질서는 근대적 제도로 완전하게 대체되지 못하고, 그 후에도 꽤 긴 시간 동안 존속했다. 이러한 점에도 주의를 기울이고자 한다.

여기에서는 시장질서와 그 담당자의 측면에 주목하여, 청 말기에 "국민경제 형성의 어려움"과 "전통과 근대의 상극"이 어떤 형태로 발현되었는지 살펴보도록 하겠다. 청 대에 성숙기를 맞이한 중국 전통경제는 한정된 범위에서 상품이 유통되는 국지적(局地的) 시장권(市場圈)과 원격지 간의 교역을 포함한 지역적(地域的) 시장권(市場圈)이 공존하여, 각 시장권 사이에 느슨한 분업관계가 형성되어 있었다. 아편전쟁 후의 불평등조약으로 상해, 천진, 남경, 한구, 하문, 광주 등지가 개항된 후에도 한동안 이러한 전통적 시장질서에는 변화가 없었다.

그 질서가 재편되기 시작한 것은 1880년대 이후의 일이다. 우선 구미 각국이 금본위제로 이행하면서 은가가 하락하게 되자, 경쟁력이 커진 일차산품(一次産品) 수출이 규모와 범위에서 비약적으로 확대되었다. 다른 한편으로 인도산·일본산 면제품 등 아시아의 물산이 중국시장에 침투하게 되었다. 대외무역의 창구가 된 개항도시가 점차로 더욱 중요해졌고, (중국경제는-옮긴이) 아시아 지역 간의 무역을 통해 분업 체제 속으로 편입되어 갔다. 하지만 그러한 흐름 속에서 전통적으로 형성되어 온 연해 지역 국지 시장권끼리의 상호 연계와 분업관계는 점차 해체되었다(宮田 2006).

청 말기에는 위에서 말한 연해 개항도시를 중심으로 차, 생사 등 일차산품의 수출품 물류가 조직화되어, 이른바 "개항장 시장권"이 점차 형성되었다. 화북 및 장강 하류 지역처럼 개항도시 주변 지역에서는 면사 및 성냥, 권련, 비누 등 간단한 가공품 분야에서 현지 생산을 통한 수입대체화의 움직임이 생겨났다. 이렇게 각각의 개항장이 세계경제와의 직접적인 연계를 강화해 간 반면에, 국민경제 형성에 불가결한 (국내-옮긴이) 시장권 상호 간의 연계는 여전히 불충분했다(木越 2012).

더구나 1895년 청일전쟁에서 청의 패배로 시모노세키조약이 체결되자 독일, 러시아, 프랑스는 자국 거류민과 현지 주민 사이의 분쟁을 구실로 청에 군대를 파견하여, 개항도시를 중심으로 조차지를 획득해 나갔다. 동시에 열강들은 청일전쟁과 의화단 배상금 지불로 재정난에 빠진 청 정부에게 차관을 주고, 철도 부설 및 공장·광산의 건설 경영을 통한 이권을 확보하려 한다. 무엇보다 러일전쟁 후 열강들의 연이은 철도 건설 투자는 훗날 신해혁명의 원인 중 하나가 되는 철도이권 회수 운동을 불러일으켰다. 또 이 시기에는 불평등조약을 기반으로 외국자본이 급속히 진출하였다. 대부분은 차관의 형태로 자본이 투하되지만, 외국자본이 직접 공장 경영에 나선 경우도 있었다.

다만 청 말 국내경제에서 "근대"적 상업 원리에 따라 경영하는 중국 내 외국인들이 불평등조약상의 특권의 보호를 받으며 중국 국내시장을 좌지우지했다는 식의 이해는 옳지 않다. 국내의 상품유통에서는 지방 관료와 신사·향신 등 지역 엘리트, 또는 동업단체인 행회(行會)가 내지의 각종 세금 및 이금을 독점적으로 징수하는 등(⋯ 테마 39 〈이금〉, 347쪽), 중국 전통경제의 시장 및 유통 구조가 진입 장벽을 구축하고 있어, 외국제품이 낮은 관세로 수입되어도 국내시장에 침투하기는 쉽지 않았기 때문이다. 해외 수입품이 중국에서 시장을 넓혀 가려면, 중국 내 외국인들의 불평등조약상의 특권을 자신의 비즈니스 찬스로 활용하려는 매판상인이나 지주 등 지역 엘리트의 협력이 필요했다(⋯ 테마 40 〈매판〉, 348쪽).

관영공장과 식산흥업

일반적으로 뒤늦게 근대화의 파도를 경험한 후진국이 공업화로 선진국을 따라잡으려(catch - up) 할 때에는 외국기업, 국영·공영기업이 큰 역할을 한다고 보는데, 청 말 중국 역시 예외가 아니었다. 국영·공영기업에서 중심이 된 것은, 이홍장과 같이 중앙의 군사권·재정권까지 장악한 유력 지방 관료들이 설립한 모범공장이다. 예를 들어 이홍장은 1878년에 최초의 근대적 탄광인 개평광무국(開平鑛務局)을 관독상판(官督商辦) 기업으로 개설했다. 또 1890년에는 당시 대표적 실업가였던 정관응(鄭觀應)이 이홍장의 위촉을 받아 상해기기직포국(上海機器織布局) 총판(總辦)이 되어 조업을 개시했다. 한편, 장지동(張之洞)은 철도건설용 강재(鋼材)를 공급하기 위해,

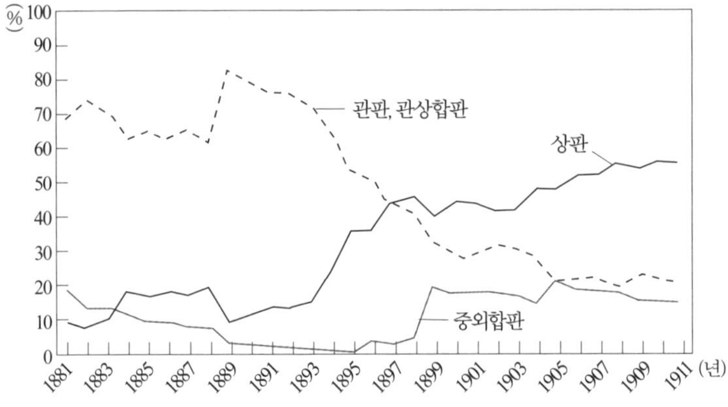

그림 14 청 말~민국 초기 근대 자본의 (자본형태별) 구성
주: 수치는 각 자본형태의 기업 누적자본 스톡(stock)이 전체에서 차지하는 비율이다. 누적자본 스톡은 감가상각률(減價償却率)을 연간 3%로 추계하였다.
출전: 嚴中平 등편 1955: 93.

1893년에 한양(漢陽)에 제철·제강공장인 한양제철소(漢陽製鐵所)를 건설하고 이듬해 조업을 개시하였다. 당시 중국 사회에서 근대적 공장 건설에 필요한 자금 및 인적 자본을 모으려면 "관(官)"의 힘에 의지하는 수밖에 없었다(⋯→ 테마 46 〈근대적 기업〉, 414쪽).

이런 관독 모범공장들은 관료적 경영수법으로 효율이 좀처럼 오르지 않았고, 결국 정권의 재정난으로 인하여 관료 출신 혹은 정부와 유착한 민간의 특권적 자본가에게 경영을 맡기게 되었다. 일례로 한양제철소는 유력 특권자본가였던 성선회(盛宣懷)에게 불하되었다. 이렇게 하여 관상합판(官商合辦)[반관반민(半官半民)] 내지 상판(商辦)(민영) 공장이 탄생하여 점차 그 비중을 늘려가게 된다(그림 14).

또 청 정부는 외국을 모방해 상부(商部, 훗날의 농공상부), 상무국(商務局), 상회(商會)와 같은 산업행정기관을 설치하여 산업 진흥과 중국 상인의 통합을 꾀했다. 상회는 원래 행회와 같은 동향동업단체를 기반으로 결성된 상인 조직이다(→ 테마 32 〈행회(행)〉, 325쪽). 그런 한편, 이러한 상공업자의 조직화를 둘러싸고, 중앙 상부와 상회보다 먼저 각 지방에 설립된 상무국 사이에 경제 행정의 집권화와 분권화를 두고 중앙-지방 사이의 줄다리기 관계가 생겨났다.

외국의 치외법권 철폐를 위해 국내 법제의 정비가 진행되는 가운데, "상률(商律, 상법)", "공사율(公司律, 회사법)" 등 근대적 경제 제도 역시 정비되었다. 그러나 공적 권력으로 민간 경제 활동을 보호·통제하는 전통이 없었던 청 정부는 상인의 재산보호 등 상거래를 공정하고 원활하게 진행시키는 집행기관으로서 제 역할을 충분히 수행할 수 없었다. 예를 들어 이 시기에는 중국 내 외국인의 상거래에 대해 인정하던 세금 감면 특권을 매판상인이 악용하는 행위가 횡행했는데, 청 정부는 이를 효과적으로 단속할 수 없었다(本野 2004). 또 팽창하는 재정 부담을 메우기 위해 20세기에 들어서면 방연(房捐, 가옥세), 인화세(印花稅, 인지세) 등 상공세가 새로 신설되는데, 이런 세금들은 민중의 생활을 압박했으며, 정부에게 중세(重稅)를 항의하거나 소작농[佃戶]에 부과된 높은 지대를 낮춰[감조(減租)] 달라는 민중폭동이 각지에서 발생하였다.

중앙정부가 재정난에 신음하는 반면에, 지방 관료와 지역 엘리트 등 각 지방 세력들은 자립성이 점점 더 커졌다. 지방의 유력 관료들이 "독무중권(督撫重權)"의 재량을 이용하여 독자적인 재원을 확보하고 이를 관할 지역의 산업 진흥과 병력 증강에 충당하는 행위가 일반화되었다. 지방 차원의 산업진흥에는 지방 관료와 더불어 현지의 선구적 상공업자도 큰 역할을 하였다. 현지 상공업자들의 자본을 모아 상판(商辦)의 면방적공장인 대생사창(大生紗廠)을 설립한 강소성 남통(南通)의 장건(張謇)은 그러한 지방 실업가를 대표하는 인물이었다(中井 1996).

근대적 경제 정책의 개시

개항을 계기로 나타난 경제 근대화와 열강의 "과분(瓜分)" 위협은 청 정부에게 부국강병, 식산흥업이라는 근대적 산업·경제 정책의 필요성을 자각시켰다(千葉 2006). 나아가 이에 필요한 재원을 확보하고 그것을 가능하게 하는 재정제도를 개혁하도록 요청한다.

청 대에 중앙정부의 재정수입은 대부분 지방[외성(外省)]에 징수를 맡기고 있었다. 중앙정부로의 송금액[경향(京餉)], 적자를 기록하는 성에게 보낼 보조금[협향(協餉)]을 제외한 일정 부분이 지방에 남겨져, 지방정부의 지출에 충당되었다(岩井 2004a). 한편 화폐제도는 원격지 간의 고액결제에는 은이, 일상거래에는 동전이 쓰였다. 동전은 소재가치와 거의 같거나 그보다 낮은 액면으로만 주조되었고, 은은 시종 주조되지 않은 채 칭량화폐로 사용되었다(⋯→ 테마 33 〈은과 동전의 이중화폐제〉, 329쪽).

이처럼 재정·금융제도에 초연했던 왕조 권력의 자세는 열강의 군사 침략과 경제 진출로 흔들리게 되었다. 이때에 식산흥업 정책을 적극적으로 담당하여 그 주체가 된 것이 바로 지방 유력관료들이었다. 그중 한 사람으로 호광총독(湖廣總督)이었던 장지동(張之洞)은 새로운 화폐를 적극적으로 주조하여, 화폐주조 차익(seigniorage)을 식산흥업의 재원에 충당하는 수법을 구사했다.

장지동은 우선 19세기 말과 20세기 초에 걸쳐 해외에서 대량 유입된 은원(銀元)에 대항하기 위해 주조기계를 도입하여 독자적으로 은화를 발행했다. 그리고 일상적 거래에 사용되던 동전을 대체하여, 소재가치보다 훨씬 높은 액면가치를 가진 동원(銅元)을 주조하여 유통시키는 데 성공했다. 나아가 동전을 본위통화로 하여 호북성정부(湖北省政府) 발행 지폐인 관전표(官錢票)를 발행해 광범위한 지역에서 유통시키는 데 성공했다. 이렇게 해서 확보한 화폐 발행 이익으로 철도 부설과 제철소 건설 같은 근대화 프로젝트를 차례차례 실현해 나갔다(黑田 1994).

장지동이 추진한 일련의 폐제개혁과 재정개혁의 성공은 대두하는 지방 세력이 자주적인 재원 확보 수단으로 화폐주조 차익에 의존하는 경향을 강화시킨 선구적 사례로 중요한 의미가 있다. 이 점은 뒤에서 서술하듯이 민국 초기 군벌의 분권적 통치에도 강한 영향을 주었다. 이처럼 근대적 재정·통화 정책이 중앙정부와 지방 세력의 역관계에 강하게 규정되는 형태로 실시되었다는 점은 청 말 이후 중국경제의 큰 특징 중 하나이다(→ 테마 45 〈금융〉, 410쪽).

2. 중화민국의 성립(1912~1928년)

근대적 산업의 태동

1911년 철도이권 회수 운동을 배경으로 무창에서 발생한 무력봉기가 신해혁명으로 발전하여 중화민국이 성립하였다. 이로써 중국은 근대국가로의 길을 걷기 시작하지만, 그 길은 결코 평탄하지 않았다. 근대화를 추진하려 한 북경정부의 권력기반은 취약했으며, 통일적 재정·화폐 제도를 구축하려는 시도는 몇 차례나 좌절되었다.

한편 제1차 세계대전 후부터 1920년대에 걸쳐, 열강 각국이 연이어 금본위제로 복귀한 결과, 은의 국제가격이 하락하여 은을 통화로 사용하던 중국 국내에 (대량의 은이-옮긴이) 유입되었다. 은의 유입으로 완만한 인플레이션 기조가 유지되면서, 상해 조계를 중심으로 장강 하류 유역에서는 중국 자본의 섬유공업, 또 여기에 자금과 담보를 공급하는 근대적 은

행업, 부동산업, 그리고 그 원자재를 공급하는 농촌이 각각 유기적으로 결합되어 발전하는 선순환이 이루어졌다. 조계는 치외법권으로 치안이 상대적으로 잘 유지되는 지역이었고, 전력·수도 등 산업기반시설이 비교적 잘 정비되어 있었기 때문에, 근대적 산업 발전의 요람이 되었다. 장강 하류 유역을 중심으로 한 공업화의 움직임은 훗날 "민족자본의 황금시대"라 불리는 호황을 가져왔다.

공업화의 중심에는 섬유산업이 있었다. 먼저 면업(면방직업)을 보면, 19세기 말부터 인도산 기계제 면사가 신토포(新土布, 기계제 면사를 사용한 재래식 수직면포)의 원료로 농촌에서 급속히 시장을 넓혀 갔다. 또 청일전쟁 후에는 일본에서 수입된 면사가 인도산 면사를 능가하는 기세로 점유율을 신장시켰다. 중국 국내의 근대적 면업은 이들 수입면사를 대체하면서 재래 수공업을 재편하는 형태로 20세기 초부터 서서히 생산을 늘려 갔다. 하지만 당시 중국 자본의 공장은 인도면사와 경쟁하는 태사(太絲, 굵은 실 – 옮긴이) 생산으로 특화되어 있어서, 얇은 면직의 원료가 되는 고부가가치의 세사(細絲, 가는 실 – 옮긴이)는 여전히 일본산 수입품에 주로 의존하였다(森 2001).

특히 제1차 세계대전 후인 1919년부터 1921년 사이에, 중국 자본의 면업은 보유 방추 수를 급격히 늘려 "황금시대"라 불리는 급속한 확대를 이뤄 냈다. 그 배경으로는 제1차 세계대전의 발발로 영국에서 면제품 수입이 끊긴 것과, 원료인 면화 가격은 하락하고 면사 가격은 오르는 "사귀화천(紗貴花賤)" 현상이 제조업 부문에 상당한 마진을 보장한 것, 이 두 가지 요인을 들 수 있다. 그 결과 중국 자본 기업은 태사 분야에서 최대의 경쟁 상대였던 인도 면사를 국내시장에서 몰아내는 데 성공했다. 제1차 세계대전 후 중국에서는 생산력 확대를 배경으로 면사의 국내자급률이 급속히 높아지는 전형적인 수입대체 공업화 과정이 나타났다(표 6).

표 6 중국의 면사 자급률 추이

단위: 천 담(擔)

연도	중국 면사 생산량(A)	외국 면사 수입량(B)	중국 면사 수출량(C)	중국 국내소비량 (A+B−C)	면사 자급률(%)
1912	1,464	2,298	–	3,762	38.9
1913	1,623	2,685	–	4,308	37.7
1914	1,935	2,542	4	4,473	43.3
1915	1,935	2,686	20	4,601	42.1
1916	2,178	2,467	13	4,632	47.0
1917	2,385	2,127	28	4,484	53.2
1918	2,784	1,132	28	3,888	71.6
1919	2,754	1,405	67	4,092	67.3
1920	2,781	1,325	70	4,036	68.9
1921	3,033	1,273	26	4,280	70.9
1922	5,715	1,219	39	6,895	82.9
1923	5,694	775	89	6,380	89.2
1924	5,673	576	147	6,102	93.0
1925	5,727	527	65	6,189	92.5

주: 중국 면사 생산량에는 재화방(在華紡)의 생산량도 포함된다.
출전: 森 2001: 159.

그러나 "황금시대"는 오래가지 않았다. "사귀화천"으로 높은 수익률을 얻을 수 있어서 신규 업자들의 참여가 연이었지만, 품질 향상을 위한 노력이 부족하여, 국내 면업은 얼마 지나지 않아 생산과잉 상태에 빠지고 말았다. 특히 1922년부터 1924년에 걸쳐 원면 가격이 치솟는 사태가 벌어지자, "사천화귀(紗賤花貴, 면포 판매가격은 싸고 원료인 면화 가격은 비쌈−옮긴이)"의 곤경을 겪으며 중국 방직업계는 심각한 불황에 직면하게 되었다.

한편 이러한 중국 자본 기업의 약진 속에서, 중국을 주요 판매시장으로 삼고 있던 일본의 수출 면사는 일본 국내 면제품 시장의 축소와 임금 수준의 상승, 중국의 관세 인상 등 여러 요인으로 중국 시장에서 밀리게 되었다. 그 대신에 "재화방(在華紡, 일본 자본의 중국 현지 면업 공장−옮긴이)"이라 불리는, 직접투자로 중국에 진출하는 형식이 일반화된다(高村 1982). 재화방은 가격이 하락한 인도 면화를 원료로 세사 생산과 직포를 하여 수입 면사 및 면포와의 경쟁에서 승리하여 점차 (중국 시장-옮긴이) 점유율을 늘려 갔다. 〈표 6〉에 보이는 중국 면사 자급률의 향상에는 재화방의 진출이 적지 않게 공헌을 하고 있다.

기존 연구에서는 재화방이 일본 제국주의가 중국에 진출하는 데 일익을 담당하면서, 민족자본의 성장을 억압했다고 보고, 중국경제에 대한 부정적 영향을 강조했었다. 공장의 직공들이 열악한 노동 조건에 반발하여 대규모 노동쟁의를 자주 벌였다든가, 이에 호응하는 형태로 "일화배척(日貨排斥, 일본 제품 보이콧-옮긴이)"을 외쳤던 것을 그 사례로 들고 있다. 그러나 오늘날에는 재화방과의 경쟁이나 기술협력이 중국 방직업의 생산성 향상을 가져왔다고 보는 등, 중국 공업화에서 재화방의 존재가 재평가되고 있다(久保 2005, 森編 2005, 富澤·久保·萩原編 2011).

또 다른 대표적인 경공업인 기계 제사업은, 손으로 켜는 재래식 생사가 조악한 제품이 많고 가격이 폭락하자, 이를 대신하여 중국의 대표적 수출 상품으로 발전했다. 그러나 면업과 마찬가지로, 중국 자본의 제사 공장은 규모가 영세했기 때문에, 대부분 자기 자본이 적어서 고정자본·유동자본의 상당 부분을 외부 자금에 의존했다. 예를 들어 기계 제사업의 경우, 누에고치를 거래하는 농촌의 도매점인 "견행(繭行)"이라는 곳에서 원재료인 누에고치를 공급받았는데, 가격 변동이 커서 영세한 제사업자에게는 원료의 조달 비용이 큰 부담이었다. 그러므로 공장은 생산한 생사를 담보로 잡혀서 은행으로부터 융자를 받는 돌려막기식 영업을 할 수밖에 없었다(增田 1994).

기업이 장기적으로 자금을 조달하기는 더 어려웠고, 부동산과 같은 담보가 필요한 것이 일반적이었다. 이러한 상황에서 영세업자가 경공업에 참여할 수 있었던 것은 실질적 자본과 경영을 분리함으로써 높은 이윤율을 실현한 조창(租廠)제도, 즉 대여(rental) 공장제의 채용 덕분이었다. 1920~1930년대 상해 주변에 세워진 제사 공장 대부분이 조창제도를 이용해서 낮은 창업비용(set-up cost)으로 조업을 개시했다고 추정된다. 그러나 한편으로 조창제도하에서는 기업 소유자나 경영자 모두 기술 개발에 대한 투자 리스크를 회피하는 경향이 강해서 기계 제사업 기술을 정체시키는 원인이 되었다(清川 2009).

이 외에도, 제1차 세계대전으로 밀가루 수입이 중단되고 외국 시장을 겨냥한 수출이 급증하면서, 기계 제분업이 순조롭게 발전하였으며, 성냥·비누·시멘트 등 각 산업으로 중국 자본이 줄지어 투자되면서 수입 대체화가 진전되었다. 한편 상해 공업을 중심으로 시장권이 형성되면서, 공업화가 진척된 "중심"인 연해 지역과, 공업화가 뒤처진 "주변"인 내륙 지역 간의 경제 격차는 확실하게 커져 갔다(加藤·久保 2009).

지방 세력의 융성과 재정적 자립화

중화민국 성립 이후 북양군(北洋軍) 등 각 성의 군 사령관은 동시에 "보경안민(保境安民, 성의 경계를 확보하고 그 안의 민생을 안정시킨다-옮긴이)"을 외치면서, 교육·위생·산업진흥 등 근대화 정책을 왕성하게 추진했다. 이처럼 군사력을 배경으로 삼은 지방 세력, 이른바 군벌(軍閥)의 분권적 통치 형태가 북경정부 시기 중화민국의 성격을 규정했다. 지방분권적 성격을 단적으로 나타내는 것은 중앙-지방 사이의 재원(財源) 구분이었다. 이 시기에는 상대적으로 세력이 약한 중앙정부 아래에서 지방 권력의 재정 자립적 경향이 두드러졌던 것이다.

원세개(袁世凱) 정권 이후 중앙정부는 중앙과 지방의 재원을 명확히 구분하는 "국지재정획분(國地財政劃分)" 실시를 비롯해 수차례에 걸쳐 재정의 규범화를 시도했다. 그러나 지방에서 권력을 장악한 독군(督軍), 성장(省長)의 저항에 부딪혀 성공하지 못하고, 각 성이 징세한 재정수입의 일부만을 송금하고[중앙해관(中央解款)], 나머지는 성 정부의 재정자금으로 남겨 두는 청 이래의 전통을 계승한 재정제도가 계속 채용되었다. 그때 각 성이 징세한 재정수입은 재원에 따라 형식적으로 "국고재정(國庫財政)"과 "성고재정(省庫財政)"으로 나뉘어, 전자는 성의회(省議會)가 아니라 국회의 비준을 받게 되어 있었다.

또 국고재정에는 전부[田賦, 지정은(地丁銀)]와 이금 등 주요 세목이 할당되어 비율상으로는 국고재정이 성고재정을 압도했다. 하지만 이런 세수는 성 재정청(財政廳)의 실질적 관리하에 있었기 때문에, 중앙정부가 그 재원에서 수입을 확보하는 것은 불가능했다고 한다. 이 시기에는 원격지 간의 상품유통이 확대되는 가운데, 각 지방 세력은 이금을 부과하여(…→ 테마 39 〈이금〉, 347쪽) 중요 재원으로 활용하였고, 그 결과 상품의 전국적 유통이 저해되었다.

압도적 군사적 우위를 배경으로 각 성에게 "충성"을 강요하던 원세개가 1916년에 사망하자, 각 지방정부는 중앙으로부터 이반하는 태도를 분명히 했다. 그 상징적 움직임이 각 성이 중앙정부로부터 자립성을 강화해 나간 "연성자치(聯省自治, 연방제에 의한 민국 통합)" 운동이며, 각 성의 자치 풍조였다. 이런 상황에서 중앙정부로의 재정자금 송금은 걸핏하면 중단되어 성(省)에 남겨져, 지방군을 확대하는 데 이용되었다. 1916년 이후 북경정부가 마음대로 쓸 수 있는 수입은 관세, 염세, 철도 수입, 직예지(直隸地, 중앙정부 직할지)의 전매 수입뿐이었다. 동시에 (성 아래의-옮긴이) 현(縣)과 기층 권력층의 독자적 재정 기반은 붕괴하여, 오히려 성 정부로의 집권이 강화되었다(金子 2008). 동삼성(東三省)을 통치한 장작림(張作霖)처럼 독자적인 재정개혁으로 재정 기반을 다지고 세력을 확대하는 군벌 정권도 대두하였다. 이처럼 민국 전기에는 재정제도의 근대화를 지향했음에도, 중앙정부의 권력 기반이 취약했기 때문에 재정난은 해소되지 못했고, 중앙재정이 외채(外債) 발행에 크게 의존하는 상태가 계속되었다.

화폐제도의 혼란과 수렴(收斂)

20세기 초에는 세금이나 채권 등 근대적 재정수입 확대의 수단이 제한적이었기 때문에, 지방 세력은 또 다른 재원확보 수단인 화폐주조 차익(seigniorage)에 의존하는 경향이 더욱 강해졌다. 즉 이 시기 지방 세력은 잇따라 동원(銅元), 은원(銀元)을 (순도를 떨어뜨려-옮긴이) 개주(改鑄)하였는데, 그 결과 이들 화폐 가치가 끊임없이 절하되었다. 더욱 심각한 것은 동원의 남발 때문에 20세기 초 은원에 대한 동원의 교환비율이 줄곧 하락했다는 것이다. 이에 청 정부는 화폐의 악성 주조에 제동을 걸기 위해, 1910년 화폐에 함유해야할 귀금속의 정량을 밝힌 "폐제칙례(幣制則例)"를 공포하였다. 그 규정에 기초하여 은원이 대량으로 발행되고 광범위하게 유통되는 것은 신해혁명 후인 1914년에 와서의 일이다. 당시 은원은 대총통 원세개의 초상이 새겨져 있어 "원세개 은원(袁世凱銀元)"이라고 한다 (이 장의 첫 페이지 사진 참조).

중국의 통화제도는 이른바 "잡종폐제" 혹은 "화폐제도의 문란"으로 그려졌었다. 해외에서 유입된 "양은(洋銀)", 중국 정부가 주조한 원세개 은원 및 잡다한 동전, 각 성의 공금을 다루는 관은호(官銀號, 훗날의 각 성 은행-옮긴이)가 발행하는 관첩(官帖, 훗날의 각 성 은행권-옮긴이), 또 군벌과 결탁한 지방 은행이 발행하는 동원표(銅元票)나 소양표(小洋票) 등의 각종 지폐 등, 지역에 따라 형태가 다른 화폐가 유통되고, 서로 복잡한 환율을 형성하고 있었기 때문이다(→ 테마 33 〈은과 동전의 이중화폐제〉, 329쪽).

그런데 최근의 연구는 당시 지방 세력이 발행한 통화 및 지폐는 그 가치가 사실상 본위통화인 은(銀)과의 태환성으로 뒷받침되고 있었기 때문에 남발을 제한하는 시스템이 작동하고 있었음을 강조한다(城山 2011). 실제로 이 시기에는 지역경제권의 통합이 진전되는 한편, 장강 중류 유역과 연해 지역 간에 유기적 연계가 강화되면서, 전국적 화폐인 원세개 은원과 이 은원과 태환되는 정부계 지폐가 (전국적으로-옮긴이) 광범위하게 유통됨에 따라, 실질적인 은본위제의 성립이 진전되었다. 그러므로 최근 연구가 취하는 관점에서 보자면, "잡종폐제(雜種幣制)"라고 비판적으로 불렸던 상황 역시 이러한 은본위제의 성립으로 향해 가는 과도기적 현상이었다고 이해할 수 있다.

한편 금융기관을 살펴보면, 중국은행(中國銀行), 교통은행(交通銀行)으로 대표되는 정부계 은행이 북경정부의 공채를 적극적으로 인수하여 이를 기초자금으로 은행권 발행량을 늘리고, 유통범위를 점차 확대했다. 군벌과 관계있는 지방 은행이 발행하는 지폐 중에서도 장작림이 동삼성에서 발행한 봉천표(奉天票)처럼, 정권의 신용을 바탕으로 비교적 넓은 지역에서 유통되는 지폐가 나타났다(澁谷 2005).

3. 국민정부의 통합(1928~1949년)

남경국민정부의 성립과 국민경제의 형성

1928년 북벌을 완성하고 남경에 통일 정권을 수립한 국민당(國民黨, 국민정

部)은 그때까지 애매했던 중앙과 지방 사이의 재정 권한을 다시 정리하고, 통일적 국민경제를 형성하기 위한 개혁을 실행에 옮겼다(…→테마 47 〈경제통계〉, 417쪽).

1928년부터 1930년에 걸쳐, 국민정부는 송자문(宋子文) 재정부장(財政部長)이 중심이 되어, 미국, 영국, 일본과 개별 교섭을 진행한 결과, 마침내 관세자주권을 회복하는 데 성공한다. 이에 따른 보호관세 정책으로 1930년대에 중국의 평균수입관세는 30% 정도까지 인상되었고, 관세수입이 국민정부 재원의 절반 가까이를 차지하게 되었다. 때를 같이하여 개정한 염세(鹽稅)와 신설한 "통세(統稅, 통일화물세)" 수입을 합하면, 국민정부의 국고수입은 80~90%가 이 세 가지 유통 간접세로 조달되게 되었다(표 7). 1931년 경제위원회(經濟委員會)를 설치한 것은, 관세자주권의 회복을 바탕으로 경공업 부문 중심으로 수입대체공업화를 한층 강력하게 추진하겠다는 국민정부의 자세를 잘 보여 주는 것이었다(久保 1999).

표 7 국민정부 시기의 중앙 세수와 내역 단위: 백만 위안(元)

연도	중앙세수 총액	관세(關稅)		염세(鹽稅)		통세(統稅)		이상 3종 세 합계의 비율(%)
		금액	비율(%)	금액	비율(%)	금액	비율(%)	
1927	46.5	12.5	26.9	20.8	44.7	6.0	12.9	84.5
1928	259.3	179.1	69.1	29.5	11.4	29.7	11.5	92.0
1929	461.7	275.5	59.7	122.1	26.4	40.5	8.8	94.9
1930	535.0	313.0	58.5	150.5	28.1	53.3	10.0	96.6
1931	615.2	369.7	60.1	144.2	23.4	88.7	14.4	97.9
1932	583.0	325.5	55.8	158.1	27.1	79.6	13.7	96.6
1933	659.4	352.4	53.4	177.4	26.9	105.0	15.9	96.2
1934	417.6 (748.3)	71.2 (382.9)	17.0 (51.2)	206.7	49.5	115.3	27.6	94.1
1935	385.3 (704.9)	24.2 (341.4)	6.3 (48.2)	184.7	47.9	152.4	39.6	93.8
1936	1,057.3	635.9	60.1	247.4	23.4	131.3	12.4	95.9

주: 괄호 안의 숫자는 해당 연도의 예산 금액 및 비율이다.
출전: 劉 2006: 101.

이금을 폐지하는 대신 도입한 것이 오늘날의 부가가치세에 해당하는 "통세"였다. 각지를 통행하는 화물에 몇 번이나 과세하는 이금에 비해서, 공장에서 출하할 때 한꺼번에 과세하는 통세는 중앙정부가 파악하기 쉽다는 이점이 있었다. 한편 이금을 폐지한 후 지방에는 주요 재원으로 전부와 영업세를 대신 할당해 주었다. 이렇게 일련의 재정개혁을 거쳐 국민정부는 중앙 재원과 지방 재원을 나누어 징수하는 "국지재정획분(國地財政劃分)"을, 중앙 재원을 확대하는 형태로 실현시킬 수 있었다(金子 1988).

재정에서 또 하나의 큰 변화는 정부계 금융기관이 중심이 되어 국내채(國內債)를 인수하여 재정 적자를 메우는 방법이 확립된 것이다. 이미 북경정부 시기인 1920년대부터 관세 징수를 관장하는 총세무사(總稅務司)의 높은 신용을 바탕으로 관세수입을 담보로 하여 국내채 발행이 많아졌다. 국민정부는 기본적으로 그 체제를 계승하면서 관세수입을 1928년에 설립한 중앙은행에 집중시킴으로써 보다 안정적으로 국내채를 발행할 수 있게 되었다(岡本 1999a). 여기에서 중요한 역할을 한 것이 상해를 거점으로 활약한 절강(浙江)·강소(江蘇) 두 성 출신의 금융자본가, 이른바 절강재벌(浙江財閥)이다. 절강재벌은 국민당과 깊은 관계를 맺고, 국민정부의 국내채를 적극적으로 인수하여 국민정부가 주도하는 수입대체공업화를 자금면에서 뒷받침했다(→ 테마 48 〈절강재벌〉, 419쪽).

또한 통화, 폐제 부문에서는, 1933년 칭량단위였던 "은량(銀兩)"이 폐지되고 은 본위통화의 단위가 "원(元)"으로 통일되어[폐량개원(廢兩改元)], 폐제개혁 이후 관리통화제도로 가는 길이 열렸다.

다만, 이러한 국민정부의 재정 중앙집권화가 진척되는 중에도, 현(縣)보다 아래의 기층 재정은 폐지된 이금 대신에 등장한 통과세처럼 각종 형태의 가연잡세(苛捐雜稅, 자의적 비용 징수)에 의존할 수밖에 없어서, 중국의 전통적 재정제도의 문제는 오히려 그대로 온존되었다(岩井 2004a).

근대적 경제제도 형성이란 점에서는 청 말의 "공사율(公司律)", 북경정부 시기의 "공사조례(公司條例)"에 이어 1931년에 시행된 "공사법(公司法)"이 중요하다. 당시 중국에서 지배적인 기업형태는 출자자의 무한 책임이 요구되는 합고제(合股制)였는데, 고배당의 관습이 기업 투자자금을 부족하게 만들어 경영을 압박하는 요인이었다. 공사법의 성립은 합고제 대신에 주식회사, 합명회사(合名會社)와 같은 근대적 회사조직의 증가와 조직 강화에 제도적으로 기여하였다(⋯→ 테마 46 〈근대적 기업〉, 414쪽).

마지막으로 국민정부의 농촌·토지 정책에 대해서도 개관해 보자. 손문이 제창한 "평균지권(平均地權)"과 "경자유기전(耕者有其田)"[45]의 실현을 지향하는 토지 정책을 실시하기 위해, 1933년 하응흠(何應欽), 송자문 등 국민당 유력자의 후원을 받아 중국지정학회(中國地政學會)가 창설되었다. 중국지정학회는 토지측량과 토지대장[地籍]의 정리, 전부(田賦) 폐지와 지가세(地價稅)의 도입, 자작농의 창출을 기본 방침으로 하는 토지개혁을 주창하여, 전통적인 소작료(수확의 약 50%)에서 25%를 할인해서 소작농에게 돌려주는 "이오감소(二五減租)"를 추진했다. 이로써 소작농의 부담은 상당히 경감될 것으로 기대했지만, 법규가 불충분하고 행정 실행능력에 한계가 있어 만족할 만한 결과를 내지는 못했다(笹川 2002).

세계공황에서 폐제개혁으로

1929년 세계대공황의 발생은 앞 절에서 언급했듯이 도시 공업과 농촌

45 손문의 삼민주의(三民主義) 중 민생주의(民生主義)에 해당하는 것이 "평균지권"으로, 이는 토지권의 평등화를 뜻하며, 그 구체적인 방안으로 "경자유기전", 즉 경작자가 그 토지를 소유하는 것을 원칙으로 삼았다-옮긴이.

사이의 유기적 연계를 크게 동요시켰다. 우선 대공황은 생사와 원재료의 해외수출을 격감시켜 상품 가격의 하락과 교역조건 악화를 불러왔을 뿐 아니라, 심각한 자금부족에 빠진 농촌 금융 시스템을 와해 상태로 내몰았다. 한편 국제시장의 은가(銀價) 폭락으로 수출품 가격이 하락하면서 중국제품에 대한 수요가 커져, 1930년까지 국내 면업은 반짝 호황을 누렸다. 또 국제적 은가 하락으로 인해 해외시장으로부터 상해 은 시장으로 대량의 은이 유입되었는데, 여기에 더해서 원재료 수출 부진으로 심각한 불황에 빠진 농촌 지역으로부터도 상해로 은이 유입되었다. 이렇게 은이 급격히 유입된 상해에서는 과잉 자금이 자산 투자로 몰려, 채권 및 부동산 시장이 공전의 호황 = 버블 경기를 맞이하게 되었다.

그러나 이러한 호황은 길게 가지 않았다. 1931년 이후 영국 등 주요국의 금본위제 이탈과 환율 인하로 중국제 섬유제품의 가격 우위가 사라지면서 수출이 다시 움츠러들었기 때문이다. 더구나 1931년의 장강 대홍수, 일본의 만주침략, 국공(國共, 국민당과 공산당 – 옮긴이)의 대립 격화로 면방적업 생산이 큰 타격을 입은 것도 여기에 연타를 날렸다. 특히 1932년 "만주국"의 성립은 동삼성(東三省) 지역과 중국 여타 지역[관내(關內)] 간의 무역을 현격히 감소시켰다. 국민정부의 보호관세 정책으로 "외국"이 된 동삼성과의 무역에 대해서도 고관세가 적용되었다(⋯→ 테마 44 〈만주의 경제개발〉, 360쪽). 또 "만주국"이 채용한 아편 전매제도 역시 지역 긴장을 높이는 요인이 되었다(⋯→ 테마 42 〈아편 금지 운동과 국제 문제〉, 352쪽).

나아가 1934년에 미국의 은 구매 정책으로 국제 은값이 폭등하면서, 호황이었던 상해 경제는 결정적으로 타격을 받았다. 높은 은가 때문에 이번에는 중국 국내에서 해외로 은이 유출되었고, 상해 부동산 가격이 떨어지면서 버블이 붕괴한다. 동시에 섬유제품의 수출 하락과 담보 가치의 하락으로 채무 상환 불능 상태에 빠진 기업이 늘어났고, 금융기업의 도산 역시 연이어, 상해를 중심으로 심각한 금융공황으로 발전했다(城山 2011).

이와 같은 불안정한 상황을 끝내기 위해서는 은값의 국제적 변동에 국내 금융 정책이 크게 좌우되는 구조에 종지부를 찍을 필요가 있었다. 이를 실현한 것이 1935년의 폐제개혁이다. 폐제개혁은 금융과 재정의 분리, 중앙은행의 재정으로부터의 독립, 외채를 대신한 국내 장기채(長期債)의 발행, 중일관계의 안정화 등 영국의 리스 로스 사절단이 제시한 일련의 조언을 받아들이면서, 재정부장 송자문이 중심이 되어 실행에 옮겨졌다. 개혁을 실시하면서, 남경국민정부는 은지금(銀地金)을 국유화하고, 지방은행에 새로운 정부 발행지폐인 법폐(法幣)를 매입하도록 하여 법폐의 유통을 꾀하고, 통화준비위원회(通貨準備委員會)에 은행의 법폐 태환 준비 상황을 감시하도록 하여, 법폐의 달러와 파운드에 대한 환율을 안정시키는데 성공했다.

동시에 산업계의 재편이 진척되었다. 금융은 정부계 삼대은행(三大銀行, 중앙은행, 중국은행, 교통은행을 가리킨다 – 옮긴이)으로 자산이 집중되었고, 민간 전장(錢莊)은 사실상 붕괴상태에 빠졌다. 섬유업계는 성정부가 중심이 되어 동업자 간의 카르텔이 형성되는 식으로 재편되었다. 한편, 중앙정부 및 지방정부는 피폐한 농촌경제의 재건에도 나섰다. 장강 하류 유역의 농촌에서는 농촌공황에 대한 대책으로 지방정부 주도하에 일종의 협동조합 조직인 합작사(合作社)가 활발하게 조직되었으며, 공업 원재료 생산을 위한 금융기관이 정비되었다.

일련의 폐제개혁 및 산업 재편이 성공리에 끝나면서, 1935년 말에는 공황이 거의 바닥을 치고, 이듬해인 1936년에 경제는 순조롭게 회복 기조로 돌아섰다. 우선 물가수준은 개혁 직후에 10% 정도 상승한 뒤 안정적인 추이를 보이다가, 1936년 말부터 1937년 초에 걸쳐 연 15%가량 급등했다. 중앙은행이 산출한 생산지수는 1935년 후반부터 1936년 전반에 걸쳐서는 전년 대비 마이너스를 기록했지만, 1936년 3/4분기에는 전년도 같은 기간보다 13.3%, 4/4분기에는 14.6% 상승하였고, 1937년 2/4분기에는 23.5%나 상승하여 눈부신 생산 회복이 확인된다(久保 1999). 기타 생산 및 유통지수를 보더라도 1936년에 대체로 경제가 회복 기조에 있었음을 알 수 있다(표 8).

표 8 폐제개혁 전후의 주요 경제통계 　단위: 1926년을 100으로 한 지수(指數)

연도	생산 지수	전력 소비량	곡물 도매 물가	면사 거래량	면사 가격	철도 수송량	장강의 기선 수송량
1932	99.5	159.1	112.4	111.3	106.2	109.4	67.2
1933	97.2	188.0	103.8	176.0	97.8	111.9	78.8
1934	100.7	205.2	97.1	187.6	92.5	127.4	102.2
1935	102.1	208.9	96.4	161.6	92.6	127.8	111.9
1936	103.4	229.6	108.5	412.9	107.4	146.7	138.1
1937	–	–	129.1	–	129.5	–	–

출전: 久保 1999: 208.

이처럼 성공을 거둔 폐제개혁이지만, 새로이 관리통화제(管理通貨制)하에서 법폐를 공급하던 국민정부는 아래와 같은 모순을 안고 있었다. 법폐를 발행하는 국민정부에 대한 국민의 신뢰는 아직 부족했고, 법폐의 신용은 주로 파운드, 달러와 같이 신용이 높은 국제통화와의 태환성에 의지해 지탱되었다. 그러므로 법폐의 신뢰성을 확보하기 위해서는 법폐 공급량에 일정한 원칙을 세워 적용하고, 규율 있는 재정 운영을 하는 것이 불가결했다. 하지만 산업계는 끊임없이, 정부의 재정지출로 구제책을 강구해 달라고 목소리를 높였다. 국민정부는 국력 증강을 위한 산업 진흥의 필요성과, 화폐 가치를 유지하기 위한 재정규율 사이에서 끊임없이 흔들릴 수밖에 없었다(城山 2011).

중경 천도와 전시 동원경제

1937년 중일전쟁이 발발한 이후, 일본은 군사적 침략을 거듭하여 점령 지역을 확대해 나갔다. 특히 일본군은 화북을 직접 지배하여, 만주국과 일본 본토의 경제관계를 심화시켰다. 동시에 일본 엔에 링크시킨 연은권(連銀券)을 발행하여 이른바 "일만지(日滿支, 일본·만주·중국[支那]을 뜻함 – 옮긴이) 경제 블록"의 형성을 추진했다. 또 국민당 내부의 왕정위(汪精衛)에게 접근하여 중국 정권의 내부 분열을 획책했다. 1938년에 중경국민정부(重慶國民政府)를 이탈한 왕정위는 1940년에 남경(南京)에 국민정부를 수립했지만, 실효지배 지역은 양자강 하류 유역의 강소, 절강, 안휘 정도에 그쳤다. 일본과 왕정위 정권이 국민당 지배 지역에 타격을 주기 위해 실시한 경제봉쇄·물가통제는 상해 주변의 공업과 장강 유역의 일차산품의 연계를 비롯해 국내경제의 유기적 연계를 해체하였다. 또 이러한 경제통제는 통제를 시행하는 측인 일본 점령 지역과 왕정위 지배 지역에 사는 주민들에게도 궁핍한 생활을 강요하였다. 다만 1941년 12월 일본과 미국이 개전하기 전에는 상해 조계 주변의 공업은 아직 건재하고 해외로의 수출 역시 상승하여, "고도(孤島)의 번영"이라 불리는 발전이 나타났다.

한편 일본의 침략에 대응해야 할 국민정부는 폐제개혁 전부터 이미 국방을 중심으로 한 경제건설을 기획하고 있었다(萩原 2000). 1930년대 후반에는 자원위원회의 주도하에 전략적 물자를 수출하고 그 대가로 각종 공업설비와 무기를 수입하는 물물교환(barter) 무역이 추진되어, 군수공업에 중점을 둔 생산이 이뤄지게 되었다(⋯→ 테마 49 〈자원위원회와 전시 동원〉, 420쪽). 그러나 1938년 이후 경제 중심지를 상실하고 중경으로 천도한 국민정부는 세력을 "대후방(大後方)"이라 불린 내륙부의 서남, 서북 지역에 봉쇄당하여, 빈약한 경제 기반 위에서 전쟁을 계속할 수밖에 없었다. 후진 지역인 서남, 서북 지역에 근대 공업을 발전시키기 위해 "비상 시기 농업·광업·공업·상업 관리조례(非常時期農鑛工商管理條例)", "항전건국강령(抗戰建國綱領)", "국가총동원법(國家總動員法)" 등 정부방침과 법령이 차례로 발표되어, 총력전 수행을 목적으로 한 중공업 발전을 위해 한정된 물자를 동원하는 체제를 구축했다(石島·久保編 2004).

이처럼 전시경제를 지탱하는 경제기반의 취약성은 중경 국민정부를 괴롭혔다. 경제 중심지를 상실함으로써, 경제 거래에 대해 과세하는 통세 등 간접세 수입의 대부분을 잃어버린 국민정부는, 전부(田賦)를 다시 중앙으로 이관하고 금납에서 물납으로 바꾸는 방식으로 농촌에서 수취하는 재정수입을 확대하려 했다. 그러나 "총력전 체제"하에서 비대화한 군사비를 조달하기에는 역부족이었고, 결국 영국·미국·소련의 차관과 화폐 남발에 기댈 수밖에 없었다. 이러한 군사비 조달 방법은 주민에게 부담을 강요하는 인플레 과세를 실시했음을 의미하는데, 1940년에는 식량가격이 전전의 5배를, 이듬해인 1941년에는 20배를 넘었다. 그런 한편으로, 1937년 제2차 국공합작으로 국민당과 사이에 통일항일전선을 구축한 공산당은 전화(戰火)에서 비교적 떨어진 내륙 농촌 지역에 근거지를 틀고, 독자적인 토지 분배 정책을 실시하면서 점차 세력을 확대해 나갔다(→ 테마 50 〈토지개혁〉, 423쪽).

중화민국경제의 재통합과 좌절

제2차 세계대전 후, 중국인들은 신헌법 아래에서 국민당을 중심으로 연합정부가 새로운 통치를 시작하리라 기대했다. 그러나 국민당 정권이 점차 독재의 기미를 강하게 띠면서, 민주적 정치 실현을 기대하던 사람들 사이에 실망감이 확산되었다.

국민당의 전후 경제 정책은 아래 네 가지를 주축으로 이뤄져 있었다.

① 전전(戰前)의 보호무역 경향이 강한 관세 정책에서 미국 주도의 브레튼 우즈 체제(Bretton Woods system)의 일원으로서 자유무역 정책으로의 전환

② 마샬 플랜(Marshall Plan)으로 대표되는 미국의 자금원조를 이용한 전후 부흥

③ 대만 및 동삼성에 남겨진 구 일본자산의 접수와 민간 불하, 일부 기업의 국유화[자원위원회(資源委員會)의 구 만주국 광공업기업의 접수, 재화방(在華紡) 공장을 계승한 중국방직건설공사(中國紡織建設公司)]

④ 전전 일본점령지의 연은권(連銀券), 왕정위 정권 세력하에 있던 화중(華中) 지역의 저비은권(儲備銀券)을 법폐와 교환하여 회수하는 것

국민정부는 이러한 일련의 전후 처리를 통해 본래 제2차 세계대전 후 대만과 동삼성을 편입시킨 새로운 중화민국 국민경제를 형성하려고 했었다(→ 테마 58 〈대만의 경제개발〉, 445쪽). 항일전쟁 시기 영국과 미국 중심의 차관 원조와 통제무역에서 얻은 수입으로, 국민정부는 거액의 외화준비금을 확보하고 있었다. 또 전후에 부흥자금이란 형태로 미국을 중심으로 유엔에서 거액의 자금이 중국 국내로 유입되었다. 이런 풍부한 외화에 접근 가능하다는 호조건이 국민정부로 하여금 자유무역 체제하에서 전후 부흥을 하자는 방침을 결단하게 했다(久保 2009b).

그러나 현실에서 국민정부의 방침은 제조업을 비롯하여 국내경제에 정체와 혼란을 낳았는데, 거기에는 정부의 경제운영이 미숙했던 탓도 있었다. 국민정부의 경제적 실책으로 상해 주변을 중심으로 유통되던 연은권과 저

비은권을 법폐와 교환하여 회수할 때에 시가보다 과소평가한 환율을 설정한 점을 먼저 들 수 있다. 특히 저비은권의 과소평가 정도가 커서, 이 화폐가 유통되던 상해 주변 지역에서는 국민당 지배 지역과의 교역으로 유입된 물자 가격이 치솟아, 지역 전체의 물가 상승을 이끌었다(木越 2012).

또 브레튼 우즈 체제에 무비판적으로 따라가는 식으로 자유주의 무역 정책을 채택함으로써 수입을 대폭 확대시켰다. 그러나 전쟁으로 피폐한 국내 산업은 그에 상응할 정도로 수출제품을 생산할 수 없었다. 게다가 법폐가 달러에 대해 과소평가되었기 때문에, 중국 경상수지는 급속하게 악화되었다.

경상수지의 급속한 악화 때문에 1946년 국공내전(國共內戰) 발발 이전부터 법폐의 가치는 하락하는 추세였다. 설상가상으로 내전이 시작되어 국민정부가 "총력전 체제" 아래에서 비대화한 군사비 조달을 화폐 남발에 의존하게 되자, 국민당 지배 지역은 기록적인 하이퍼인플레이션(hyperinflation)에 휩싸였다. 내륙 농촌 지역은 항일전쟁 시기와 마찬가지로 척박한 식량 상황과 전시의 병역 부담을 감당해야 했고 지역경제는 심각하게 피폐했다. 일련의 경제 정책 실패는 그대로 도시 및 농촌 주민의 부담 증가로 나타났다. 국민당 정권은 점차 국민 다수의 지지를 상실했으며, 결국 군사적으로 압도적 우위에 있었던 국민당이 공산당에게 패배하는 결과를 가져왔다.

4. 사회주의 체제의 형성(1949~1956년)

중화인민공화국의 성립과 "신민주주의"

중국공산당이 내전에서 국민당에게 승리하고 중화인민공화국의 성립을 선언한 것은 1949년 10월 1일이었다. 공산당이 오늘날 중화인민공화국이 통치하는 전 영역을 사실상 장악한 것은 1950년대 후반이지만, 건국 선언에 의해 국민당 정권이 지배하는 대만을 제외하고 중국 대부분은 공산주의 정권 치하에 놓이게 된다.

그렇지만 공산당이 정권 성립 당초부터 계획경제 도입과 생산수단의 공유화 같은 사회주의화 정책을 추진하려고 했던 것은 아니었다. 이 점을 상징하듯이 인민공화국 성립 시점에서 국가의 기본 방침을 정한 "공동강령(共同綱領)"의 중심에 자리 잡은 것은 "신민주주의"라는 개념이었다. "신민주주의"란 공산당이 당시 중국 사회를 마르크스주의의 발전단계론에 맞추어 설명하는 과정에서 고안한 개념이다.

마르크스주의 발전단계론에 따르면 인류 사회는 원시 공산주의 사회에서 노예제 사회, 봉건제 사회, 자본주의 사회, 사회주의 사회를 거쳐 최종적으로 공산주의 사회로 발전한다고 되어 있다. 그중에서 사회주의 사회는 자본주의 사회의 생산력이 충분히 발전하고 사회 모순이 극한에 달했을 때 혁명이 일어나 실현된다고 보았다.

이 발전단계론에 근거하여 공산당은 중화민국 시기까지의 중국 사회를 제국주의 국가들의 침략으로 왜곡된, 봉건주의 이상이기는 하지만 자본주의 미만인 "반(半)식민지·반(半)봉건"사회라고 규정했다. 그러므로 1946년 혁명은 사회주의 사회를 실현하는 사회주의혁명이 아니게 된다. 다만 그 혁명은 공산당이 지도하기 때문에, 서구 자본주의 사회를 낳은 부르주아 민주주의 혁명과는 다르다. 그것이 새로운 민주주의 혁명, 즉 "신민주주의(新民主主義)" 혁명이라고 주장했다(奧村 1999).

민국 시기까지 중국 사회를 "반식민지·반봉건"사회로 보는 것이 타당한지는 차치하고, 1949년 시점에서 중국이 제1차 산업을 중심으로 한 국가였음은 틀림없다. 민국 시기에 어느 정도 공업 발전이 나타났지만, 1949년 농촌인구는 총인구 5억 4167만 명 중에 89.4%를 점했으며, 근년에 소급 계산한 GDP추계로 1952년 제1차 산업비율이 51.0%(제2차 산업 20.8%, 제3차 산업 28.2%)였다(國家統計局國民經濟綜合統計司 編 2010, 國家統計局國民經濟核算司編 2007). 그러므로 공산당이 1949년 정권 탈취를 자본주의 사회에서 사회주의 사회로 이행하는 혁명으로 생각하지 않았던 것은 그리 이상한 일이 아니다.

당시 공산당은 중국 사회에게는 생산력 향상이야말로 중요하다고 생각했다. "공동강령"에는 "국가 경제와 인민 생활에 도움이 되는"이라는 단서를 달았지만, 사영경제의 보호와 장려가 명확하게 제창되었다. 또한 공산당의 주요 농촌 정책인 토지개혁도 지주의 토지를 몰수하여 소작농에게 재분배해서 대량의 자작농을 창출하는 것이었으므로, 정책 방향성에서는 훗날의 농촌집단화와 크게 달랐다(⋯→ 테마 50 〈토지개혁〉, 423쪽).

그러나 이러한 "신민주주의"에 근거한 방침은 인민공화국 성립 후 수년 만에 완전히 버려졌다. 최고지도자였던 모택동(毛澤東)이 중국의 사회주의화에 대해 처음 언급한 것은 1952년 9월의 일이며, 당의 공식 정책노선으로 정식화한 것이 1953년의 "과도기의 총노선"이다. 이렇게 돌연히 방침을 전환한 이유에 대해서는 1950년 6월의 한국전쟁 발발과, 같은 해 10월의 중국 참전으로 동아시아에 냉전 구도가 정착되어, 국방에 자원을 동원하기 더욱 쉬운 사회주의 체제가 선택되었다고 보는 설이 유력하다(奥村 1999). 어떻든지 간에 중국의 사회주의화는 공산당 지도자들도 예상하지 못했던 타이밍에 시작되었다.

사회주의화의 전제

하지만 공산당 지도자들의 주체적인 방침 전환과는 별도로, 인민공화국 성립 전후부터 사회주의 체제 구축에 적합한 환경이 서서히 만들어져 왔다는 점에 주의해야 한다. 이 점은 통화 금융의 측면에서 뚜렷했다. 공산당 정권은 중화민국 말기부터 계속된 격렬한 인플레이션을 국채의 강제 할당 등 급격한 화폐 회수 정책으로 눌렀다. 또 한국전쟁 발발로 다시 물가가 상승하자 물자·금융에 대한 통제를 강화하여, 새로운 통화인 인민폐(人民幣)[원(元)]의 가치를 안정시켰다. 사회주의 체세하의 계획경제에서는, 계획의 책정과 실시라는 면에서 통화 안정이 불가결한데, 이 시점에서 통화금융 통제의 기초가 닦였다는 것은 이후 사회주의 체제의 구축에 중요한 전제가 되었다(泉谷 2007).

여기에 더해서 국유 부문의 확대 역시 착실하게 진전되었다. 옛 국민정부 계통의 금융기관 및 자원위원회 소속의 광공업기업(구 만주국 일본계 기업을 포함), 섬유산업의 최대 기구인 중국방직건설공사는 인민공화국이 성립할 때 접수되어 국영기업이 되었다. 또 민간기업을 장려하기 위해 정부기관 및 국영기업에서 민간에 가공위탁 및 발주를 하도록 한 정책이, 한국전쟁으로 군수(軍需)가 증가한 것과 맞아떨어져, 국유 부문과 민간 부문 간의 관계를 밀접하게 만들었다. 특히 국유 부문과의 거래는 국영인 중국인민은행(中國人民銀行)을 통해 장부로 결제되어야 했으므로, 정부의 화폐 유통에 대한 감시 범위는 민간까지 크게 확대되었다.

그리고 더 중요했던 것은 냉전으로 중국의 대외 경제관계, 특히 미국, 서구, 일본 등 자본주의 국가들과의 관계가 1949년 이전에 비해 대폭 축소된 것이다. 한국전쟁이 발발하고 중국이 참전하자, 미국은 대(對)공산당 수출통제위원회(COCOM) 및 그 산하의 대(對)중국위원회(CHINCOM)를 통해 국제 사회에 중국과의 수출입 거래를 금지하도록 요청했다. 중국의 대외 경제관계는 공산주의권을 중심으로 좁혀졌고, 정부의 일원적 관리하에 놓였다. 상해 등 도시에 있던 외자기업도 이 시기에는 거의 철수하든가, 중국 정부에게 접수되었다. 이렇게 하여, 대항해 시대 이래 중국경제를 크게 규정하던 세계경제와의 링크는 홍콩 등 특수한 창구를 제외하고는 크게 제한되게 되었다(⋯→ 테마 57 〈홍콩〉, 441쪽).

자본주의 국가들과의 관계 축소는 선진기술의 수입과 외국자본의 도입 등 중국이 대외 경제관계에서 얻을 수 있었을 편익을 잃어버리게 만들었다. 그러나 다른 한편으로는 결과적으로 볼 때 공산당 정권이 환율 변동과 같은 세계경제의 영향을 그다지 고려하지 않고도 국내에 독립적인 통화금융 정책을 펼 수 있도록 하였다. 국민정부가 법폐를 발행하고 유통시키려면 파운드나 달러 같은 신뢰성이 높은 국제통화와의 태환성을 늘 유지해야만 했던 것과는 대조적이다(城山 2011). 즉 국민당 정권의 경제 정책이 세계경제와의 링크에 기초를 두고, 또 그 제약을 받았던 것과는 달리, 공산당 정권은 냉전 구조 속에서 내향적으로 전환함으로써 사회주의 체제의 전제가 될 독자적인 통화금융 관리 체제를 실현했던 것이다.

정부에 의한 강력한 통화금융 관리 체제는 새로이 도입된 재정제도를 뒷받침하는 기초가 되었다. 공산당 정권 아래에서는 1950년의 혼란기에 극도로 중앙집권적인 "통수통지(統收統支)" 제도가 채용되었다가, "통일지도(統一指導)·분급관리(分級管理)"로 불리는 제도로 이행했다. 이 제도는 중앙-지방 간의 재원 구분을 명확히 하지 않고, 중앙정부가 매년 각 지방의 재정수입액의 큰 틀을 설정하고, 중앙-지방 혹은 각 지방 간의 재정 이전(移轉)을 관리하는 것이다(田島 2000).

이러한 중앙 주도의 재정제도는 계획경제를 수행하기 위해 중앙정부의 재정권 우위를 무조건적으로 인정한 소련의 "민주집중주의(民主集中主義)" 재정을 모델로 하였다. 중앙과 지방의 재정과 재원을 명확하게 구분한 민국 시기의 "국지재정획분"과는 방향이 완전히 거꾸로 된 것이었다고 할 수 있다. 민국 시기까지 중앙-지방 재정관계를 참고해 보면, 중앙 주도의 제도가 기능하려면 지방이 중앙의 지시대로 송금을 하느냐가 가장 중요한데, 위에서 살펴본 강력한 통화금융 관리 체제로 중앙정부의 모니터링 능력이 높았기 때문에 이런 문제를 해결했던 것이라고 생각한다(加島 2007).

그런데 공산당 정권은 어떻게 강력한 통화금융 통제나 대외 경제관계의 일원적 관리 같은, 민국 시기까지라면 사회에서 맹렬한 저항에 부딪혔을 정책을 성공적으로 실행할 수 있었을까. 큰 이유 중 하나로 거듭된 공산당 주도의 대중동원형 정치 운동으로 반대 의견이 완전히 봉쇄되었던 점을 들 수 있다. 1950년대 전반에는 "삼반오반운동(三反五反運動)"(관료의 오직과 자본가의 부정 행위에 대한 규탄 운동)으로 대표되는 "대중 운동"이 연이어 실시되어, 자본가나 지식인이 자유롭게 의견을 말할 공간이 줄어들었다(泉谷 2007). 그리고 그런 운동은 1957년 "반우파투쟁(反右派鬪爭)"으로 지식인을 탄압했듯이, 명칭을 바꾸어 몇 번이나 반복되었다. 물론 이런 "대중 운동"을 통한 봉쇄가 가능했던 것은 물질적 통제가 동시에 강화되었기 때문이다. 물자와 사상 양면이 모두 엄격히 통제되는 가운데, 도피처를 잃어버린 사람들은 어쩔 수 없이 공산당의 통치를 받아들일 수밖에 없었던 것이다.

사회주의 체제의 확립

중국에서 사회주의 체제가 확립된 것은 1950년대 중반이다. 경제 체제로서 사회주의 체제의 중요한 요소는 극히 단순하게 말하면 계획경제(계획에 따른 자원 분배)와 생산수단의 공유(公有)인데, 이하 이 두 가지 점을 중심으로 사회주의 체제의 확립 과정을 살펴보자.

계획경제에 관해서는 일단 1953년 제1차 5개년 계획의 개시를 시작점으로 볼 수 있다. 제1차 5개년 계획은 중앙정부 내의 국가계획위원회가 입안하였는데, 소련의 유상원조 156개 투자 안건을 중심으로 한 694개 공장 프로젝트로 구성되어 있다. 각 프로젝트는 중앙의 담당 부문이 주관하고, 생산에 필요한 "물자"(국영기업 간에 유통하는 생산재, 자본재)는 국가계획위원회와 중앙 각 부문이 통일적으로 분배하게 되었다(石原 1990). 이 계획경제의 도입이 가진 중요한 의의는 시장경제의 배제와 표리 관계에 있다는 점이다. 그 이후 중국에서는 국지적 거래 및 암시장(black market)을 제외하고, 시장에서 자유로운 교환은 기본적으로 모습을 감추게 되었다.

그리고 또 하나의 요소인 생산수단의 공유는 1956년 사회주의 개조 완성으로 실현되었다. 사회주의 개조란 구체적으로는 농업의 집단화, 개인 경영 수공업의 공동 경영화, 자본주의 상공업의 공사 합영화 등 "삼대 개조(三大改造)"를 지칭하는데, 1953년에 모택동이 "과도기의 총노선"을 제기한 이후 약 3년이라는 대단히 짧은 기간 내에 달성되었다.

"개조" 대상자의 숫자를 보더라도 가장 영향이 컸던 것은 농업 집단화이다. 1955년부터 1956년에 걸쳐 총인구의 90% 가까이에 달하는 농민 전체가 200~300호가량의 농가로 구성되는 고급합작사(高級合作社)로 개조되었다(→ 테마 52 〈인민공사〉, 430쪽). 고급합작사는 그 전 단계의 초급합작사와 달리, 구성원에 대한 분배와 할당을 종전에 각자 보유했던 토지면적과는 아무 상관없이 노동량만으로 결정했기 때문에, 생산수단 공유화의 실현으로 간주되었다. 개인 경영 수공업의 공동 경영화도 마찬가지로 수공업 생산 합작사로 조직하는 식으로 달성되었다.

또 자본주의 상공업의 공사 합영화(公私合營化)를 통해, 그때까지 존속을 허용했던 사영기업을 전부 공적 자본과 사적 자본의 합자 형태로 "개조"

하였다. 합자라고 해도, 사적 자본의 출자자에게는 경영에 관여할 권리가 없고, 출자액에 따라 "정식(定息)"이라고 해서 5% 정도의 이자가 지급되는 것이 전부여서, 실질적으로는 국영기업과 다르지 않았다. 1960년대에는 "정식"의 지급이 종료되어 공사합영기업이 전부 국영기업으로 바뀌었다. 이런 가운데 구래의 행회(行會), 동향·동업단체의 네트워크 역시 재편되어야 했다.

이 사회주의 개조 과정에서 주목해야 할 것은 모든 생산수단을 공유화한다는 정책 목표 아래에, 소수민족이나 변경에 살던 사람들을 포함한 국내의 다양한 경제주체가 일괄적으로 "개조"되었다는 점이다. 그리고 그 결과 모든 기업 및 개인이 그 규모에 상응하는 수준의 공적 단위, 즉 중앙, 성, 현 등 각급 정부, 혹은 그 이하의 합작사 등 집단으로 조직되게 되었다는 점이다. 특히 기업의 경우, 국영 및 공사합영기업(公私合營企業)의 세후(稅後) 이윤은 "기업수입(企業收入)"으로 소속 단위 정부의 재정수입이 되었기 때문에, 정부와 기업 관계는 밀접하게 되었다. 그리고 그 "기업수입"이야말로 사회주의 체제하의 "국가재정"수입(중앙·지방재정수입의 총화)의 절반 가까이를 차지하는 주요 재원이었다(加島 2007).

이러한 중국의 사회주의 체제 형성에 가장 큰 영향을 미친 것은 당시 공산주의권의 맹주였던 소련이다. 모택동은 인민공화국 성립을 전후하여 "소련 일변도"의 입장을 명확히 했다. 당시 중국공산당에게 1930년대 스탈린이 완성한 소련 사회주의 모델은 모범으로 삼을 만한 것이었으며, 그 중앙집권적 특징은 중국 사회주의 체제에도 깊숙이 반영되었다. 일례로 사회주의 개조 당시, 주요 대기업은 중앙정부 직속기업이 되어, 1957년 시점에서 그 숫자는 9,300여 개로, 공업 총생산액의 49%를 차지했다고 한다(田島 2002).

사회주의 체제하의 경제발전 전략

사회주의 체제하에서 추구된 경제발전 전략은 한마디로 하면 중공업 우선 전략이었다(⋯→ 테마 51 〈중공업〉, 426쪽). 이 중공업 우선 전략도 역시 소련을 모델로 했다. 구체적으로는 1920년대에 소련에 발표된 펠드만(Grigori Alexandrovich Fel'dman)의 발전 이론이 그 기초였다. 펠드만의 이론이란 장래에 높은 소비수준을 달성하려면 개발 초기에는 소비를 억제해 저축률을 끌어올리고, 그 저축분을 중공업에 높은 비중으로 투자해야 한다는 것이다(石川 1960, 丸川 2000, 中兼 2012).

이미 살펴봤듯이 민국 시기까지 중국의 공업은 면업 및 제사업·제분업 등 경공업 중심으로 발전했는데, 사회주의 체제하에서는 위와 같은 전략에 기초하여 정부 재정에서 중공업에 대해 중점 투자가 이뤄졌다. 〈그림 15〉는 민국 시대 이래의 제조업 생산액에서 업종별 구성비를 나타낸 것인데, 여기에서 1950~1960년대에 걸쳐 중공업 비율이 대폭 상승했음을 확인할 수 있다. 하지만 경공업 역시 생산량으로 보면 1950~1978년 사이에 기계제 면사가 5.5배, 기계제 면포가 4.4배로 대폭 증가하여(久保 1995), 공업생산 전체의 수준이 향상되었다고 할 수 있다.

중공업 우선 전략을 뒷받침한 것은 농민에게서 상대적으로 낮은 가격에 농산물을 사들여 도시의 공업노동자들에게 공급함으로써, 임금을 억제하고 국영 공업기업의 고이윤을 유지하며, "기업수입"으로 (이 고이윤을-옮긴이) 정부 재정에 회수한 뒤 다시 공업투자로 돌리는 일련의 메커니즘이었다.

이 메커니즘에서는 농산물 가격을 낮게 억제하는 것이 꼭 필요했는데, 주요 농산물의 유통 통제[통구통소(統購統銷)]는 1953~1954년 단계에 이미 완료가 되었다. 그리고 그 후의 농업 집단화를 통해 농민은 생산 단계에

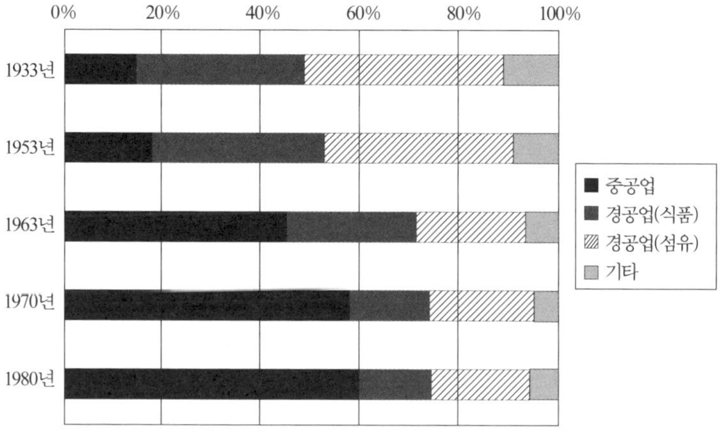

그림 15 제조업 생산액의 업종별 구성비(1933~1980년)
주: "중공업"은 원래 표의 "금속공업", "기계공업", "화학공업"의 합계이다.
출전: 久保 1995: 47.

서 조직화되어, 정책적으로 생산의 주력을 (상품작물에서-옮긴이) 식량으로 옮겨야만 했다. 판매도 소속 합작사를 통해서 정부의 공정 가격으로만 할 수 있었다. 19세기 말 이후 중국 농촌이 국내외 시장에 상품작물을 판매함으로써 소득 상승을 달성해 왔던 점을 염두에 둔다면(木越 2012), 이 메커니즘은 농민의 자유로운 경제 활동 기회를 현저히 제약하는 것이었다.

농민은 1958년의 "호구등기조례(戶口登記條例)"로 대표되는 호적제도와 이와 결부된 식량배급제도로 도시로 자유롭게 이동하기 어려웠기 때문에, 이러한 메커니즘에서 벗어나기는 쉽지 않았다(內田 1990, 松村 2009). 제도적 이동 제한의 영향은 인구 분포에서도 나타난다. 중국 인구는 1958년에 6억 5994만 명, 1968년에 7억 8534만 명, 1978년에 9억 6259만 명으로 전근대와는 비교가 안 되는 속도로 증가했는데, 농촌 인구는 1978년 시점에 와도 여전히 총인구의 82.1%를 차지하여, 증가한 인구의 대다수가 농촌에 머물렀다고 해석할 수 있다.

이상과 같이 중국 사회주의 체제의 기본 틀은 1950년대 중반에 형성되는데, 주요 부문은 소련을 모델로 한 것이었다. 그러나 그 체제는 1950년대 후반부터 내실(內實)이 서서히 변질되었다.

5. 중국 모델 사회주의의 귀결(1956~1978년)

소련의 대립과 중국 모델 사회주의의 모색

중국공산당의 지도자들은 이미 1950년대 중반부터 소련 모델의 사회주의 체제를 수정할 필요성을 느끼고 있었다. 1956년 소련에서 일어난 흐루시초프의 스탈린 비판을 계기로 공산주의권 안에서 소련 모델에 대해 재검토하려는 움직임이 있었는데, 그것이 배경이 되었다. 그리고 중국이 사회주의 체제를 실제 운영하는 과정에서도 소련 모델의 문제점이 두드러지게 나타났기 때문이다.

소련 모델 사회주의 체제의 수정은 1956년에 모택동이 "십대관계론(十大關係論)"을 강연하면서 제기했다. 그는 중공업과 경공업 및 농업, 중앙과 지방, 연해 공업과 내륙 공업, 경제 건설과 국방 건설 사이의 관계를 논하면서, 종래의 소련 모델을 재검토할 것을 주장했다. 이런 기존 사회주의 체제의 수정방침은 같은 해 중공 제8회 당대회에서 추인되었던 점을 볼 때, 당시 공산당 지도부 내에서 어느 정도 공통적인 인식이었다고 볼 수 있다(田島 2002).

다른 한편, 소련과의 관계는 소련의 핵기술 이전 거부와 경제원조 중단을 계기로 1950년대 말부터 악화되기 시작하여, 1960년대 초 중소논쟁으로 비화되더니, 1969년 중소 국경분쟁으로 절정에 달했다. 중소관계의 악화는 중국에 새로운 국방 과제를 안겼다. 1964년 베트남 전쟁 격화 이후 중국은 미국과도 첨예하게 대립했기 때문에, 새로운 모델의 모색은 미국과 소련 두 강대국과 대치하는 속에서 추진하게 되었다.

하지만 새로운 사회주의 모델의 추구는 1950년대에 확립한 사회주의 체제의 근간을 바꾸는 것은 아니었다. 계획경제와 생산수단의 공유라는 사회주의 체제의 기본 요소는 유지되었으며, 중공업 우선 노선도 시종일관 변하지 않았다. 주로 수정이 가해진 부문은 소련 모델의 특징인 중앙집권 시스템이었는데, 이는 미소 양대 강국과의 전쟁에 대비한 국방전략과도 밀접한 관련이 있었다.

대약진 정책과 지방분권화

중국의 독자적인 사회주의 모델 모색은 1957년 가을에 모택동이 제기한 대약진 정책 속에서 전개되었다. 대약진 정책이란 농업·공업에서 진행된 대중동원 형태의 생산 운동인데, 이것 때문에 1958년부터 추진될 예정이었던 제2차 5개년 계획은 형해화되었다. 농업에서는 대규모 수리건설과 식량증산이 추진되었고, 공업에서는 "15년 뒤에는 조강(粗鋼) 생산에서 영국을 추월한다"는 모택동의 슬로건에 호응하여, 각 부문에서 극히 야심적인 수치 목표가 설정되었다. 그러나 대중동원 형태로 진행된 생산은 많은 경우 바람직한 성과를 내지 못하였고, 대약진의 상징인 소형 용광로로 생산된 강철의 대부분은 질이 낮아 쓸모가 없었다고 한다.

또 1958년에 여러 개의 고급합작사를 합병한 인민공사가 각지에서 설립되었다(→ 테마 52 〈인민공사〉, 430쪽). 인민공사 설립은 대약진 정책의 극단적인 증산 운동과 더불어 생산·유통 현장에 큰 혼란을 야기했다. 인민공사나

생산대대의 지도자는 증산 목표를 달성하기 위해 농업생산을 "뻥튀기 보고"했고, 또 그 엉터리 보고서에 따라 상부에서 지나치게 많은 식량을 공출하도록 했기 때문에, 결과적으로 1959년 식량위기를 불러왔다. 이 식량위기가 정부 공식통계에 기초한 추계조차도 3000만 명을 넘는 아사자를 낸 대참사였음은 널리 알려진 대로이다[ディケーター(Frank Dikötter) 2011].

그리고 소련 모델 사회주의 체제로부터의 전환이라는 의미로 중요했던 것이 1958년 실시된 중앙기업이 관리권 및 재정·금융 통제권을 "하방(下放, 지방으로의 권리 이양)"한 것이다. 이는 중국 사회주의 체제가 지방분권화로 옮겨 가는 최초의 큰 변화였다. 〈그림 16〉에서 중앙·지방 재정 구조의 변화를 보면 1959년 이후 지방재정수입원의 증가는 뚜렷한데, 국가재정수입에 대한 중앙재정수입의 비율이 70~80%에서 10~35%까지 급락했음을 알 수 있다. 이는 지방정부가 국가재정수입의 주요 담당자가 되었음을 뜻한다. 다른 한편으로 주목해야 할 점은 (국가재정지출에서-옮긴이) 중앙재정지출의 비율이 1958~1961년 사이에 낮아진 이후로는 늘 50~60%가량을 유지하고 있다는 것이다. 1950~1970년대 국가재정수지는 거의 균형이 맞았으므로, 이 중앙재정의 수지 차액은 실질적으로는 지방에서 보내온 송금으로 메워지고 있었음을 나타낸다. 즉 중앙은 각종 권한을 지방에 이양하는 한편으로, 재정 이전(移轉)의 목줄을 손에 꽉 쥐고 지방에서 자금을 빨아올리고 있었던 것이다.

대약진의 실패가 이미 명백해진 1961년, 정부는 국민경제의 "조정, 강화, 충실, 향상"을 제창하고, 농산물 가격의 인상과 부분적 시장원리의 도입으로 경제를 회복시키려 했다. 또 급격한 지방분권화에 대한 반동으로 중앙집권으로 회귀하는 현상이 나타났는데, 그중 하나로 공업 각 분야를 중앙정부의 주관 부문이 수직적으로 관리하는 트러스트 정책이 추진되

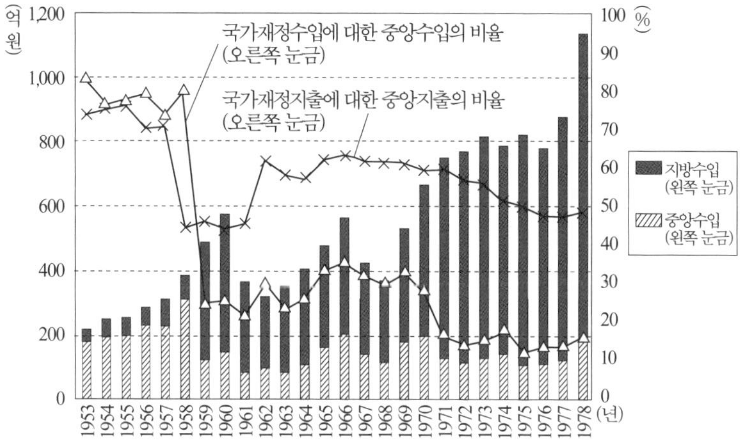

그림 16 중앙·지방재정수입액 및 국가재정수지에 대한 중앙재정수지의 비율(1953~1978년)

주: 1) 국내외 채무 수입, 채무 원금과 이자 지출, 외국차관의 기본건설 지출은 포함하지 않는다.
2) "국가재정수입(지출)"은 중앙·지방재정수입(지출)의 총합산이다.

출전: 樓 2000: 25~26, 79~80, 157~159.

었다. 1963년에 경공업부(輕工業部) 아래에 설립된 중국연초총공사(中國煙草總公司)는 그 효시이며, 이듬해에는 그것을 자동차, 트랙터, 염업 등의 분야로 확대하는 방침이 제기되었다(田島 2002).

한편, 베트남 전쟁이 격화되던 1964년에는 모택동이 "삼선건설(三線建設)"이라는 국방전략을 제기했다(⋯→ 테마 53 〈삼선건설〉, 432쪽). "삼선건설"은 미국·소련과의 경쟁에 대비하여 내륙부에 중점 투자하는 중앙 주도의 프로젝트인데, 몇 개 거점에 거대한 공업기지를 건설하는 "대삼선(大三線)" 프로젝트와 함께, 성(省)·현(縣)급의 지방정부가 주체가 되어 중소 규모의 풀세트(full set)형 공업화를 진행하는 "소삼선(小三線)" 프로젝트가 추진되었다. 이처럼 대약진 이후에 중앙집권으로 다시 돌아가는 현상이 일부 나타나기는 했지만, 중앙정부가 직접 개입하는 부문 밖에서는 대체로 지역 내의 자급적인 분권 정책이 계속되었다.

이러한 중국형 사회주의 모델의 모색 속에서 제기된 것이 "자력갱생(自力更生)"이란 슬로건이다. 이 "자력갱생"은 두 가지 의미를 갖고 있다. 하나는 미소 양 강국과 대치하는 속에서 일국으로 자급자족 가능한 체제를 구축하자는 의미이고, 다른 하나는 계획경제가 충분히 기능하지 못하는 현실에서 지방에 일정한 권한을 주어 (지방 내에서-옮긴이) 자급자족을 촉진하자는 의미이다. 특히 1964년 이후 공업에서는 중국의 석유 자급화와 수출을 가능하게 한 흑룡강성의 대경유전(大慶油田, 다칭 유전), 농업에서는 산서성 석양현(昔陽縣)의 대채생산대대(大寨生産大隊, 다짜이 생산대대) 등 "자력갱생" 모델로부터 배워야 한다고 강조되었다. 하지만 일국 내의 자급자족은 꼭 절대적인 원칙은 아니었고, 1962년 이후는 자본주의 국가들로부터 플랜트 도입이 일부 진행되어, 일본과 중국은 같은 해부터 중일장기총합무역(中日長期總合貿易, LT무역)이 개시되었다. 여기에서 국제적 고립 속에서 기회를 살펴 외국기술을 도입하려는 공산당 정권의 현실적 자세를 엿볼 수 있다.

문화대혁명과 중국경제

1966년 모택동이 발동한 문화대혁명은 사회 전 계층을 끌어들인 대중동원형 정치투쟁으로, 일반적으로 1976년 모택동의 사망과 그에 이은 "사인방(四人幇)"[46]의 체포까지 "동란의 십 년"으로 불린다. 그러나 실태를 보면, 그 유명한 홍위병(紅衛兵)에 의한 동란의 시기(1966~1969년)와, 그 이후 군사통제 시기(1970~1976년)로 나누어 파악하는 것이 적절하다. 경제 면에서도 각지에 혁명위원회(革命委員會)가 성립하여 정치정세가 비교적 안정된

46 문화대혁명을 주도했다고 하는 모택동 부인 강청(江青), 장춘교(張春橋), 요문원(姚文元), 왕홍문(王洪文)-지은이.

1969년을 경계로 상이한 전개가 나타난다.

문화대혁명 초기 홍위병의 동란이 중국경제에 미친 영향은 심각했다. 직장과 학교에서 비교적 높은 지위에 있던 자를 정치적으로 비판하는 "탈권투쟁(脫權鬪爭)"으로 많은 정부기관과 기업은 기능부전 상태에 빠졌고, 계획경제는 큰 타격을 입었다. 결과적으로 1967~1968년에 중국경제는 마이너스 성장을 기록해, 1968년에는 재정위기에 빠진 중앙정부가 세수 확보를 위해 1950년대 초의 "통수통지(統收統支)" 제도를 일시적으로 부활시킬 정도였다. 그렇기는 하지만, 문화대혁명의 혼란 속에서도 삼선건설은 중소 국경분쟁을 배경으로 군사 통제하에 놓여, 계획의 실행이 우선된 점은 유의해야 한다(田島 2002).

그리고 홍위병의 동란이 어느 정도 수습된 1970년에는 소련과의 전쟁에 대비해 지역 내 자급자족 체제를 구축하기 위해, 공업체계가 독립된 경제협작구(經濟協作區, 전국을 10개 지역으로 분할)의 형성과 중앙 직속기업의 대규모 "하방(下放)", 농업의 지역자급, 오소공업(五小工業, 철강·시멘트·농업기계·전력·화학비료 등)을 중심으로 농촌 공업화 정책이 제창되었다(···→ 테마 54 〈오소공업〉, 434쪽). 이는 1950년대 말에 이은 내내석인 시방분권화 정책이었으며, 지방정부의 적극적 투자를 불러일으켰다. 1973년 이후는 재차 중앙집권으로의 회귀가 보이지만, 이때 인민공사 및 생산대대급에서 형성된 사대기업(社隊企業)은 1980년대에 활약한 향진기업(鄕鎭企業)의 원류가 되었다(···→ 테마 55 〈향진기업〉, 437쪽).

이런 가운데 오랫동안 공산당 정권의 국가전략을 규정한 미소 양 강국과의 대립 구도를 엎고 중국이 세계경제와의 연계를 회복하는 계기가 된 것이 1970년대 초 미국과 중국의 접근이었다. 중화인민공화국은 1971년에 유엔대표권을 획득하고, 1972년에 미국 대통령 닉슨의 방중으로 미국과 평화공존을 확인했다. 같은 해에는 그 영향으로 중일 국교가 정상화되었다. 이를 계기로 플랜트 수입을 중심으로 자본주의 국가들과의 무역관계가 확대되어, 1950~1971년에 10~50억 달러 사이에서 움직였던 중국 무역액(수출입 합계)은 1972년 이후 급증하여 1975년에는 147.5억 달러에 달했다(『中國對外經濟貿易年鑑』 編輯委員會 1984). 바야흐로 대외적 "자력갱생"은 반드시 최우선 정책과제가 아니게 된 것이다.

그리고 1976년에 문화대혁명이 종결되자, 모택동의 후계자로 활약한 화국봉(華國鋒)이 일본을 비롯한 자본주의 국가들로부터 대규모 플랜트 수입계획을 발표했다(⋯→ 테마 59 〈중일 경제관계 100년〉, 448쪽). 화국봉의 시도는 훗날 "양약진(洋躍進)"으로 비판받았지만, 실질적으로는 1972년 이래 대외관계 확대노선을 더욱 진전시킨 것이었다. 그러나 화국봉 자신이 모택동의 의지 계승을 첫째로 내걸고 있었고, 기존 사회주의 체제의 틀 자체를 변경할 의도는 없었다. 사회주의 체제의 근본을 뒤흔드는 일대 방침 전환은 문화대혁명 이후 두 번의 실각에서 권토중래하여 점차 실권을 장악하게 된 등소평(鄧小平)에 의해 이뤄지게 된다.

개혁개방 정책에 따른 시장경제화 - 전망

1978년 중국공산당 제11기 중앙위원회 제3회 전체회의(보통 제11기 3중전회로 약칭한다 - 옮긴이)에서 시작되었다고 보는 개혁개방 정책은 그때까지 몇 번이나 시도된 제도 개혁과는 달리, 사회주의 체제를 구성하는 기본 요소 그 자체에 메스를 들이대는 것이었다.

우선 종래 계획경제에서 시장경제로의 전환이 시도되었다. 계획 밖의 가격 자유화가 일부 진전되어 시장에서의 교역이 활발해지자, 계획에 기초한 공급은 그 비율이 현저히 낮아지게 되었다. 또 생산수단의 공유에 있어서는, 농촌에서 개별 농가 경영을 일정 정도 인정하는 농촌생산 청부제가 도입되어, 집단소유의 상징인 인민공사(人民公社)가 향진정부(鄕鎭政府)로 개조되었다. 도시에서는 기업자주권을 용인하는 것을 신호탄으로, 국영기업 개혁이 단계적으로 추진되었다. 주요한 경제발전 전략이었던 중공업 우선 정책은 기본적으로 유지되었지만, 농업·경공업에도 어느 정도 투자가 돌아가게 되었다.

대외경제 면에서도 큰 전환이 보인다. 이미 본 것처럼 1970년대 전반부터 대외무역이 확대되었지만, 1978년 이후부터는 그때까지 금지되었던 외자(外資) 및 외국차관 이용이 재개되었다. 대만, 홍콩 등 아시아 NIEs 수출지향형의 경제발전 전략을 모델로 하여 광동성과 복건성에 설립한 경제특구는 외자도입의 수용처가 되어 중국의 경제발전을 견인했다. 그리고 1980년에 중국은 IMF·세계은행 회원국이 되는 데 성공하여, 세계경제에 본격적으로 복귀할 수 있었다.

하지만 이러한 제도개혁과 대외개방이 등소평이 이끄는 공산당 정권이 미리 작성한 로드맵에 기초하여 전개되었다고 보는 것은 잘못이다. 오히려 사회주의 체제를 지탱하는 체제를 이완시킨 결과, 각 경제주체가 그에 민감하게 반응하여 활동을 활성화시켰고, 정부 당국은 그 과정에서 발생하는 변화를 추인해 나갔다고 보는 편이 실태에 가깝다. 특히 주목해야 할 것은 1980년대에 채택한 정책이 생산청부제, 재정청부제, 기업자주권 확대 등 모두 분권화를 통한 개혁이었다는 점이다. 1980년대 경제발전의 담당자는 대규모 중앙기업과 경제특구의 외자기업, 약간의 신흥 민영기업, 그리고 향진기업으로 대표되는 지방정부 소속기업이 중심이었다. 이들은 분권화 속에서 활력을 얻어 경제발전의 원동력이 되었다(→ 테마 55 〈향진기업〉, 437쪽).

이러한 분권화 정책은 어떤 면에서는 1950년대 말 혹은 1970년대 초 분권화의 연장이었다고 할 수 있다. 그러나 크게 다른 점은 중국경제 전체의 시장경제화가 진전되면서, 생산 요소의 유동성이 높아 가는 가운데, 지방정부를 비롯한 각 경제주체의 활동 규모와 자유 역시 증대했다는 점이다. 그 결과 재정·금융 면에서 중앙정부의 통제력은 서서히 약화되어, 경제 전체에서의 존재감도 상대적으로 낮아졌다. 중앙정부가 1994년에 민국 시기의 "국지재정획분"과 유사한 분세제(分稅制) 개혁을 실시하여, 안정적인 중앙재정수입의 확보를 꾀한 것은 이러한 이유 때문이었다.

이처럼 중국은 1949년부터 1978년까지 30년간에 걸친 계획경제 시기를 거쳐, 시장경제가 중심적 역할을 하는 국가로 세계경제에 복귀했다. 중국이 장기적 근대화 과정 속에서 시장경제를 배제하고 생산수단을 공유화하는 사회주의 체제를 경험한 것은 국내 통일시장의 미형성이나 지역경제에서 지방정부의 강한 존재감(presence)이라는 형태로 오늘날 중국경제에도 큰 영향을 미치고 있다. 다른 한편으로 근현대 중국의 과제가 "중국"이라는 국민국가 혹은 국민경제의 형성에 있었다는 점을 생각하면, 사회주의 체제 아래에서 단일 통화가 장기적으로 유통되고, 통일적 제도하에서 여성의 지위 향상을 비롯한 인적 자원의 축적 및 사회 인프라의 정비가 진척되는 등, 국민경제의 초보적 기반 형성이라는 의미에서는 사회주의 체제의 경험이 어느 정도 의미가 있다고 할 수 있다(⋯→ 테마 56 〈여성의 교육과 취로〉, 438쪽).

19세기 후반 이래 세계경제와의 연계가 강화되는 과정에서 재편될 수밖에 없었던 중국경제는 민국 시기의 국민당 정권에 의한 국민국가 건설 시도를 토대로 하여, 내향적 사회주의 체제하에서 국민경제의 틀을 형성해 왔다. 그 사이 우여곡절 속에서 지속적으로 공업화가 진행되면서, 개혁개방 이후에는 경이적인 경제발전을 실현한다. 그러나 경제의 글로벌화가 심화되는 가운데, 지역 간 혹은 도시-농촌 간의 격차, 민족 간(ethnic group)의 충돌로 상징되는 국내의 다양한 격차(gap)가 재차 현저히 나타났다. 이러한 격차가 즉시 중국경제의 분열로 이어질 것이라는 생각은 섣부른 판단이지만, 점차 커져 가는 격차의 존재가 중국 정부의 경제 정책에도 큰 영향을 줄 것임은 확실하다(梶谷 2011).

또 개혁개방 이후 시장경제화에서 전통 사회의 경제 질서가 다시 모습을 드러내는 것처럼 보이는 것은 주목할 만하다. 농업생산 청부제나 지방재정 청부제 등 시장경제화 과정에서 중요한 역할을 했던 "청부(承包)제"와 전통 사회의 청부관계의 윤리규율인 "포(包)"와의 관련을 지적하는 연구도 있다(柏 1948, 加藤·久保 2009). 이러한 전통적 경제질서는 계획경제와 시장경제를 혼합하여, 세계경제의 불확실성에 노출된 개혁개방 시기의 불안정한 경제 상황에 대해 개개의 경제주체가 유연하게 대응하고 지속적으로 발전할 수 있도록 해 주었다. 다른 한편으로 그것은 근대적 "규범화"의 움직임과는 대립적인 측면이 있어, 그 때문에 관료 부패의 만연이나 격차 확대에 대한 서민의 불만과 같은 사회 문제의 발생을 조장하는 등 부정적인 측면도 있음을 지적해야 할 것이다.

그런 의미에서 근현대 중국을 파악할 때의 키워드로서 "통일적 국민국가의 형성"과 "전통과 근대의 상극"은 오늘날에도 여전히 유효하다.

테마 45 / 금융

야스토미 아유무(安冨步)

금융이란 개념은 예를 들면『대사천(大辭泉)』[일본 소학관(小學館) 출판사에서 발행한 국어사전－옮긴이]에서는 "금전의 융통. 특히 자금을 빌리는 자와 빌려주는 자 사이에 이뤄지는 화폐의 신용거래"라고 설명되어 있다. 그러나 이렇게 금융을 "화폐의 신용거래"로 생각하면, 금융이란 현상을 이해하기 어렵다. 예를 들어, A와 B라는 상인이 있다고 하자. A가 자신이 보유한 상품을 B에게 빌려주고, B가 그것을 팔아서 매상의 일부로 A에게 갚는다고 한다면, 이는 금융이다. 그러나 A가 빌려준 것은 금전이 아니라 상품이다.

그렇다면 금융이란 무엇인가 하면, "신용의 공여"라고 생각해야 할 것이다. 그리고 "신용"과 "화폐"는 완전히 별개의 현상이다. 예를 들어, 오른쪽 위의 그림과 같이 삼자가 서로 맞물리는 상태가 있다고 하자. A는 B의 소유상품 B를, B는 C의 소유상품 C를, C는 A의 소유상품 A를 각각 갖고 싶어 한다. 이럴 때 사태는 삼자가 서로 맞물리는 상태가 되어, 직접적인 (양자 간의－옮긴이) 물물교환은 성립할 수 없다.

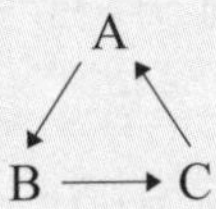

이 상황을 해소하는 방법에는 "신용"과 "화폐"와 "상인"이 있다. "신용"이란 다음과 같은 경우이다. 우선 A가 B에게 교환을 제안한다고 하자. 그러면 B는 A에게 상품을 대여하고, 그 대신 A는 B에게 차용증을 교부한다. 다음으로 B가 C에게 교환을 제안하면, B는 C에게 차용증을 발행해 주고 상품 C를 대여 받는다. 이번에는 C가 A에게 교환을 제안하면 A는 C에게 상품 A를 제공하고, 그 대신에 C가 가지고 있는 B가 써 준 차용증을 입수한다. 왜냐하면 그 차용증을 B에게 제시함으로써, 자기가 발행한 차용증과 상쇄할 수 있기 때문이다. 이렇게 해서 A와 B와 C는 각자 자신이 필요로 하는 상품을 입수할 수 있고, 대차관계는 소멸한다.

한편, "화폐"는 다음과 같은 경우에 출현한다. A가 B에게 교환을 제안할 때에 B는 자신의 상품이 A의 상품과 교환 가능하다는 것을 알게 된다. 이에 B는 C에게 "A 또는 B와 교환할 수 있는지" 제안했다고 하자. 그러자 C는 "A라면 교환하겠다"고 회답한다. 그러면 B는 A와 교환하고, 이어서 상품 A를 C와 교환한다. 이렇게 해서 세 명은 각각 필요한 상품을 손에 넣는다. 이때에 상품 A는 A→B→C의 경로로 유통하면서, 교환의 매개 즉 화폐로서 기능하고 있다.

또한 "상인"은 다음과 같다. A가 B에게 교환을 제안할 때에, B가 "상품 C라면 교환하겠다"고 A에게 답변했다고 치자. 그러면 A는 C에게 교환을 제안한다. C가 교환에 응할 경우, A는 상품 C를 입수한 다음, 그것을 B와 교환해서 거래를 완료하고, 그 결과 전원이 필요한 상품을 손에 넣는다. 이때에 A는 다른 두 명과 교섭하여 교환을 매개하는 역할, 즉 "상인"이 된다.

그렇다면 이들 세 가지 방법은 지식의 구조와 밀접히 관계가 있다. "신용"의 경우에 필요한 지식은 자신이 신용을 공여할 상대에 관한 것이다. 그 인물이 신용할 만하면 대여할 것이고, 신용할 수 없다면 대여하지 않을 것이기 때문이다. "화폐"의 경우에는 어떤 상품이 어느 정도 타인에게 수요가 있는지 알아야 한다. 많은 사람들에게 늘 수요가 있는 상품이라면 교환의 매개로 이용할 수 있으므로, 자신도 그것에 수요를 가지고 입수해 두어야만 한다. 그 수요는 또한 다른 사람들이 화폐에 수요를 갖게 되는 기반이 된다. "상인"의 경우는 누가 무엇에 수요를 가지는지에 관한 지식을 특정 개인이 가지고 있어야만 한다.

이처럼 "신용", "화폐", "상인"은 교환할 수 없는 상태를 해소하기 위해, 각각 독립된 세 가지 수법을 논리적 기원으로 삼고 있다. 유통이란 현상은 늘 이 상품교환의 욕구가 실현되지 않은 상황을 배경으로 성립하는 것이므로, 그것에 대한 세 가지 상이한 해결방법이 상호 침투함으로써 문제가 해결되어 가는 과정이라고 생각할 수 있다. 다만 이 세 가지 계기가 어떻게 상호 침투하는지에 대한 이론적 지식은 아직 얻지 못하고 있다. 그렇다고 하더라도, "신용"의 공여에는 개인의 성실성에 관한 지식이, "화폐"의 사용에는 무엇이 사람들에게 잘 받아들여지는지에 대한 지식이, "상인"의 활동에는 사람들이 무엇을 필요로 하고 있는지에 대한 지식이 각각 결정적으로 중요하다는 것은 변함이 없다.

현실에서 우리들이 목도하는 경제에서는 교환을 매개하는 이 삼자가 융합되어 있다. 금융의 주된 존재 방식은 "상인"이 그 "신용"에 근거하여 "화폐"를 빌리는 형태이다. 상인이 대규모 자금을 조달할 필요가 있는 것은, 비즈니스라는 것 자체가 본질적으로 양을 크게 함으로써 비용(cost)을 줄여 이익률을 확대할 수 있는 성질을 가지고 있기 때문이다. 그러려면 손에 쥐고 있는 자금을 알뜰하게 조금씩 늘려가기보다는, 신용 공여를 받아 사업을 확대하는 쪽이 좋다. 그렇기 때문에 어떤 세계에서도 금융이란 보유 자금에 여유가 있는 개인이 자금을 공여하고, 상인이 그것을 빌리는 형태가 주력이 된다.

자금을 빌리는 자와 빌려주는 자 사이에 또 하나의 자금 부문(sector)은 정부이다. 정부는 자금을 빌려주는 자(대부자)도, 자금을 빌리는 자(대출자)도 될 수 있다. 정부가 대출자가 되는 경우는 대개 전쟁을 할 경우이다. 그 외의 경우에는 주로 대부자가 된다. 중국 왕조, 특히 명청 시기 정부는 거의 이 규칙에 맞게 행동하고 있다.

이와 대조적으로 센코쿠 시대 이후 일본의 정부는 전쟁을 하지도 않는데 대출자가 되는 경우가 많았다. 그것은 자립성이 높은 지역 정권[보통의 경우 번(藩) 정부 – 옮긴이]이 영지 내의 산업을 진흥하여 경제를 확대한다는 경제적 지향을 갖고 있었기 때문이다. 과거 관료가 계속 전근을 반복하는 중국의 지역 정권이 이런 일을 하는 경우는 드물었다.

정부가 금융에 대해 어떠한 방식으로 관여했는지는 화폐·금융의 존재 방식 그 자체에 막대한 영향을 준다. 그렇기 때문에 정치권력의 구조와 화폐·금융의 존재 방식은 늘 불가분의 관계에 있다. 거꾸로 화폐·금융 구조가 정치권력의 존재 방식에 주는 영향 역시 크며, 양자는 강한 상호 의존관계에 있다.

금융의 최대 문제는 (1) 다수의 개인이 갖고 있는 여유자금을 어떻게 모을 것인가, (2) 신용할 만한 대출자를 어떻게 찾아낼 것인가이다. 이 두 가지 문제는 둘 다 커뮤니케이션(communication)의 문제이다. 이 두 가지 문제를 해결하려면 타인이 현재 손에 쥐고 있는 여유자금의 잔고와 대출자의 신용 상황이라는, 둘 다 대단히 비밀스러운 정보를 폭넓게 입수할 필요가 있다. 이 곤란을 타개하려면, 그 사회의 문화적 문맥(context)에 상응하는 방법을 취하지 않으면 안 되며, 그렇기 때문에 금융은 문화와도 불가분의 관계에 있다.

예를 들어 메이지 유신 이후 일본에서는 구 다이묘(大名)나 상급 사무라이[士族], 지주를 중심으로 한 명망가들이 각지에서 국립은행을 설립하여 폭넓게 자본 조달에 성공하였고, 그것이 이른바 산업혁명이라 불리는 서구식의 기계화 생산을 개시하기 위한 밑천이 되었다. 그렇지만 같은 시기 중국에서는 직접적인 인간 관계를 통한 금융이 주류였으므로 일본과 같은 규모의 자금 조달은 곤란했다. 양자의 차이는 "발전단계"와 같은 것이라기보다는, 커뮤니케이션(communication)의 존재 방식이 상이한 데 따른 것이다.

중국 본토에서는 소농(小農)에 대해서 상인이 생산자금을 융통하는 경우가 드문데, 이것은 정기시(定期市) 네트워크가 광범위하게 형성되어 있던 것과 관계가 있다. 왜냐하면 개별 소농들은 주변에 있는 여러 정기시에 접근할 수 있었기 때문에, 각 정기시의 시세를 잘 살펴서 임기응변식으로 더 유리한 쪽에 농산물을 판매했다. 그러나 그렇게 해서는 상인과 소농 간에 개별적이고 장기적인 (신뢰와 거래－옮긴이) 관계는 형성되기 힘들고, 따라서 상인이 소농에게 생산자금을 융통해 주고 리스크를 감수하는 일은 생기기 어렵다. 이러한 분산성은 복잡하고 다양한 지역통화의 형성과도 관계가 있다.

한편 20세기 초 만주(滿洲)에서는 대두 재배를 위한 자금이 광범위하게 공급되었다. 이는 현성과 향촌이 마차로 직접 교섭하는 특이한 커뮤니케이션 시스템(communication system)이 형성되어 있었기 때문으로, 상인과 소농 간의 직접적 교섭이 있었던 것이 한 원인이다. 이러한 소농에 대한 금융이 대두의 대규모 상품생산을 가능하게 했고, 만주 대두를 국제상품으로 만들었으며, 거기에서 얻은 외자(外資)가 이 지역의 장작림(張作霖) 정권의 급격한 성장을 가져왔다. 만주에서는 중국 본토에 비해 통화의 통일이 진전되었는데, 이것도 커뮤니케이션(communication) 형태와 통화·금융과의 상호의존 현상의 일부이다.

신용의 공여에는 "이자"라는 문제가 늘 따라다닌다. 이자가 왜 존재하는지, 이자율은 어떻게 결정되는지에 대해서는 여러 학설이 있으며, 결정적인 답은 없다. 이자율은 결국 돈을 빌려주는 사람과 빌리는 사람 쌍방이 서로 납득할 만한 선에서 결정된다. 한편 사람이 어떻게 모종의 일에 대해 납득을 하는지를 명확히 설명하는 이론은 존재하지 않는다. 예를 들어 부모가 자녀의 주택 구입자금을 지원하는 경우에 이자를 받지 않는 경우가 많은데, 이는 쌍방이 그것을 납득하기 때문이라는 것 이상의 설명은 무리이다. 납득이란 것은 문화나 역사 정황에 의존하는 것으로, 그렇기 때문에 이자 역시 불가피하게 이들에 의존한다.

이상과 같이 금융이란 현상은 모든 측면에서 각 사회의 문화 및 역사와 관련되어 있다. 이런 측면을 무시하고 "경제"에만 의식을 집중한다면, 금융이란 현상을 이해할 수 없다. 또한 금융은 경제뿐 아니라, 정치·사회·문화에도 심각한 영향을 미치는 현상이다. 그렇기 때문에 역사를 생각할 때에 금융을 무시하는 것은 바람직하지 않다.

[참고문헌] 安冨 2000, 黑田 2003.

테마 46 / **근대적 기업**

토미자와 요시아(富澤芳亞)

여기에서 근대적 기업이란 근대적 기술을 이용해서 대규모 생산·유통에 종사하는 기업 및 이들 기업에 저리로 많은 자금을 조달해 주는 금융기관을 지칭한다. 이러한 근대적 기업은 대규모 자본을 필요로 하며, 또한 조직의 계속성을 전제로 한다. 그렇기 때문에 서구에서는 사회에 산재한 영세 자본을 불특정 다수의 사람들로부터 모을 수 있는 제도로서 주식회사 등 회사 조직이 발달하였다. 회사[Company, 중국어로는 이를 음역하여 "공사(公司)"]란 법률에 의해 법인격(法人格)을 부여받은 법인 기업이며, 그 구성원인 자연인을 떠나서 독자적으로 권리와 의무의 주체가 되고, 그 기업 활동은 회사의 이름으로 행해진다. 회사의 대표적 형태가 주식회사[중국어로는 고빈유한공사(股份有限公司)]인데, 그 특징은 출자자의 유한책임 제도에 있다. 이런 보장이 있으므로 비로소 소액의 자금을 가진 사람들로부터도 출자할 수 있고, 그것을 주식의 형태로 전매(轉賣)를 할 수 있게 함으로써 자본의 유동화가 실현된다.

1949년 중화인민공화국이 성립할 때에 전국적으로 약 130만 개의 기업이 존재했으나, 그중에 주식회사 등 회사 조직을 채용하여 법인격을 보유한 기업은 약 1만 1천 개에 불과했고, 그 나머지 99%는 법인격을 가지지 않는 개인 기업이거나 "합고(合股)" 기업이었다고 본다.

그런데 근대 중국 기업이 합고를 모태로 하여 그 경영 체질이 농후하게 남아 있었다는 점은 이전부터 지적되었다(中井 1996). 합고란 중국의 전통적 기업형태로서, 지연·혈연·지인으로 구성되는 다수의 출자자가 정액으로 똑같이 분할한 주식[株]을 일정 금액씩 보유하고, 일정 연한(1년 혹은 3년)에 한해서 사업을 경영하는, 법인격을 갖지 않는 조합조직이다. 출자자는 자본의 불입 및 합고의 채무에서 연대책임·무한책임을 지지만, 일반적으로 경영에는 관여하지 않고 외부에서 초빙한 기업가에게 경영을 맡기며, "관리(官利)"와 "홍리(紅利)", "여리(餘利)"의 취득을 기대했다. 출자자에게 지불되는 관리(官利)란 출자금에 대한 이자를 말하고, 일반적인 이익배당에 해당하는 것이 홍리와 여리이다.

합고처럼 인적 신용의 범위 내에서만 자금을 조달하고 기업 활동의 연한을 딱 그어 놓고 매 기간 이익의 대부분을 출자자에게 환원해서는, 근대적 기업의 전제가 되는 대자본의 형성이나 투자의 지속성 같은 조건을 맞출 수 없다.

중국사에서 근대적 기업의 선구는 청 말 양무운동 시기에 설립된 윤선초상국(輪船招商局, 기선업), 상해기기직포국(上海機器織布局, 면방직업) 등 "관독상판(官督商辦)" 기업이다. 예를 들어 윤선초상국은 장강 및 연해 항로를 독점하는 기창(旗昌, Shanghai Steam Navigation Co.－미국 자본, 옮긴이)이나 태고(太古, China Navigation Co.－영국 자본, 옮긴이) 등 구미 기선회사에 대항하기 위해, 이 회사들과 마찬가지로 기선과 주식회사 조직을 도입하였다. 구미회사들은 치외법권에 근거하여 중국 조계에서 본국의 회사법에 따라 설립된 것들이었다. 그러나 당시 중국에는 회사법이 존재하지 않았고, 기업 투자에 대한 법적·제도적 보장이 갖춰져 있지 않았다. 그렇기 때문에 설립을 주도한 이홍장은 "관"에 의한 "감독"을 극력 제한하고, 민간 상인에게 합고에 준한 기업 경영을 하도록 하여 자금을 조달했던 것이다. 그러나 1883년 금융공황으로 합고식 경영의 문제점이 드러나면서, 많은 관독상판 기업은 도산의 위기에 처했다. 그중에서도 이익을 내든 못 내든 무조건 관리(官利)를 지불해야만 하는 관습은 기업경영의 안정에 큰 장애가 되었다(鈴木 1992).

이러한 관독상판 기업의 좌절에서 정부와 기업경영자 쌍방의 문제점을 확인할 수 있다. 정부는 민간 경제 활동에 대해 "개입하지 않는다"는 전통적 방침을 바꾸어 기업투자를 위한 신용을 구축하고 리스크를 회피할 수 있도록 관련 법률과 제도를 정비하고 안정적으로 운영할 필요가 있었다. 또 기업경영자는 이런 법률과 제도를 전제로 근대적 기업을 경영할 만한 능력을 갖추어야 했던 것이다.

이리하여 중국 정부는 청 말 이래 지속적으로 회사법 정비에 노력하였다. 1904년 "공사율(公司律)"은 중국 최초의 회사법으로, 주식회사제도와 유한책임제의 법적 지위를 확정했다. 하지만 공사에 법인격을 부여하는 규정이 애매하여 합고와의 구분이 여전히 명확하지 않았다. 이 문제는 중화민국 시기인 1914년에 북경정부가 공포한 "공사조례(公司條例)"에서 공사에 대해 법인격 부여를 확실히 명기함으로써 해소되었다. 그러나 증권·금융시장이 아직 정비되지 못한 당시 상황에서, 관리(官利) 지불을 용인하지 않는 이상, (회사를 더 키울 자금은커녕 – 옮긴이) 회사[公司]를 설립할 자금조차 모집하기 쉽지 않았고, 관리에 대한 규제는 여전히 불충분했다. 국민정부 때인 1931년에 시행된 "공사법(公司法)"은 회사의 경영 안정에 관한 조항을 개선하려고 시도하여, 관리 지불에 대한 규제 및 미등기기업에 대한 단속을 대폭 강화하였다. 그리고 제2차 세계대전 중에 치외법권을 철폐하면서 1946년의 "수정(修正) 공사법"에서는 외자기업 역시 중국 회사법의 범주에 들어가게 되었다.

이처럼 법률과 제도의 정비를 바탕으로, 민국 시기에는 대규모의 고정자본을 필요로 하는 면방직업이나 화학공업에서 주식회사 같은 회사조직의 채택이 착실히 확산되었다. 그리고 근대 교육이 보급됨에 따라, 전문지식을 몸에 익힌 경영자나 기술자가 양성되면서, 회사 경영능력 역시 개선되었다.

중화인민공화국 성립 후 1950년대에 전개된 "사회주의적 개조"에 의해, 대부분의 기업은 국유화·공사합영화되어, 국가 행정부문이나 당 조직이 각 기업의 경영권을 장악했다. 이러한 상황이 1980년대 국유기업 개혁까지 지속되게 된다.

이렇게 보면 중국에서 근대적 기업의 정착 과정이란 중국이 자국의 경제적 권익을 지키기 위해 구미의 근대문명이라는 이질적 문명하에서 생겨난 주식회사와 같은 법인기업 제도를 수용하고, 종전의 합고 같은 전통적 조직을 변혁시킨 것이 된다. 그러나 이질적 문명에서 태어난 제도를 중국 사회에 이식하여 안정적으로 운영하기는 쉽지 않았다.

그것은 합고 경영 중 최대 문제였던 관리 지불 관습이 장기간에 걸쳐 존속했던 것에서도 잘 알 수 있다. 이 관습의 존속은 민국 시기뿐 아니라 인민공화국 시기인 1950년대 사영기업과 공사합영기업, 나아가 1980년대 농촌의 주식합작기업 및 도시의 주식제 기업에서도 확인할 수 있다.

[참고문헌] 富澤 2009.

테마 47 / **경제통계**

구보 토루(久保亨)

19세기 중반 이후 각 개항도시에 설치된 해관(⋯▸ 테마 38 〈관세와 해관〉, 344쪽)은 외국인 총세무사(總稅務司)의 지도 아래 상세한 무역통계를 포함해 연차보고서를 작성했었다. 이것이 중국의 근대적 경제통계의 원류라고 해도 과언이 아니다. 그러나 다른 정부기관이 경제통계 작성을 시작한 것은 청 정부 농공상부(農工商部)의 통계표(1907~1908년), 우전부(郵傳部)의 철도통계 및 우편통계, 중화민국 북경정부 농상부(農商部)의 농상통계(1914~1924년) 등, 20세기 초부터였고, 일부를 제외하고는 신뢰성이 부족한 것들뿐이다.

그런 상황은 1920년대부터 1930년대에 걸쳐 크게 달라지기 시작했다. 물가통계, 금융통계 등이 정비되고, 이와 함께 중화민국 국민정부의 국방설계위원회(國防設計委員會)가 중국경제연구소(中國經濟研究所)에 위탁하여 실시한 전국적 공업조사(1933년)나 농림부(農林部) 중앙농업실험소(中央農業實驗所)가 실시한 농산물 생산량 조사(1933년 개시)로 어느 정도 신뢰할 만한 공업통계와 농업통계가 정비되었다. 이러한 성과를 종합한 금자탑이 1933년 국민경제계산을 제시한 무보삼(巫寶三) 편 『중국국민소득(中國國民所得)』(1947년)이다. 이 책은 중국 정부의 조사를 거부했던 외자계열의 공장 수치나 일본 점령하에 있던 동북 지역의 수치까지 각종 정보를 통해 보완하고, 수공업 부문에 대해서도 가능한 한 추계를 시도하여, 중국경제의 전모를 처음으로 통계적으로 그려 냈다(⋯▸문헌해제, 484쪽).

경제통계의 작성에 있어서 통계 작업을 뒷받침할 인재 양성과 학술연구 체제의 충실성은 없어서는 안 될 기본 조건이었다. 이 시기 구미나 일본의 통계학 교과서가 차차 번역되고, 금릉대학(金陵大學), 남개대학(南開大學)에서 통계학을 전공하는 학생들이 배양되면서, 1930년에는 정부의 주선으로 중국경제학사(中國經濟學社)라는 전문 학회가 탄생했다.

1949년에 성립한 중화인민공화국 역시 처음에는 20세기 전반의 성과와 인재를 계승하여 경제통계 작성에 진지하게 착수했다. 그러나 1950년대 말 "대약진(大躍進)" 운동으로 각지의 지방정부와 공산당 조직이 서로 경쟁적으로 생산 업적을 과장하게 되었고, 정치적 압력을 받은 통계 부문은 기능이 마비되었다. 1960년대부터 1970년대까지 "문화대혁명" 시기에는 같은 사태가 더욱 대규모로 재현되었으며, 국가통계국의 업무 대부분이 중단되고 말았다. 계획경제 시기의 경제계획은 실로 통계 근거가 빈약한 희망 사항의 표명에 불과했다. 어느 정도 신뢰할 만한 전국적 통계가 『중국통계연감(中國統計年鑑)』으로 매년 발표되게 된 것은 1980년대 이후이다.

[참고문헌] 李 등 1993, 久保編 2012, 木越 2012, 巫主編 1947.

테마 48 / 절강재벌(浙江財閥)

구보 토루(久保亨)

근대 중국에서 최대의 경제도시로 성장한 상해는 1930년대 중국 전체 대외무역의 거의 절반을 담당하였다. 근대적 제조업 생산설비와 금융기관의 본점 역시 대부분이 상해와 그 주변에 집중되어 있었다. 당시 이러한 상해 경제계에 군림했던 실력자 집단을 절강재벌이라고 부르는 경우가 있다. 상해 재계의 중진인 금융업자와 상공업자 중 많은 수가 절강 출신자였기 때문이다. 지방 현지의 중소 금융기관인 전장(錢莊)은 70~80%가량이 절강 출신이었고, 근대적 은행은 절반 이상이 절강 출신 경영자가 실권을 장악했다고 한다. 정부 계열의 중국은행과 교통은행의 상해 지점, 유력한 시립 은행인 절강흥업은행(浙江興業銀行), 절강실업은행(浙江實業銀行), 상해상업저축은행(上海商業儲蓄銀行)의 경영진은 대다수가 절강성 영파(寧波)와 소흥(紹興) 출신이었고, 저명한 기업경영자인 우흡경[虞洽卿, 흡경은 자(字)임], 유홍생(劉鴻生)을 비롯해 여타 상공업 분야에서도 절강 출신자가 눈에 띄는데, 그들 사이에는 강력한 인적·경제적 네트워크가 구축되어 있었다. 전통 있는 무역항인 영파에서 단련된 상업 감각 역시 그들의 비교 우위가 되었다.

그러나 실제로 상해 경제계를 좌우한 것은 절강성 출신자만은 아니었다. 중국 최대의 면방직기업 신신방적(申新紡績)을 이끌었던 영종경(榮宗敬)·영덕생(榮德生) 형제는 신흥 공업도시인 강소성 무석(無錫) 출신이었으며, 업계 제2위의 영안방적(永安紡績) 및 고급 백화점 영안(永安)백화점을 경영한 곽씨 일족은 광동 출신의 화교였다. 상해총상회(上海總商會, 상해시상회의 전신)를 비롯한 상해 경제단체 중에서는 절강 출신의 상인뿐만 아니라 광동 출신의 상인이나 복건 출신의 상인들이 배제하기 힘든 탄탄한 지위를 확보하고 있었다. 이처럼 다양한 출신지의 경영자들이 상해 경제를 주도했다는 점에서, 절강재벌이란 호칭이 반드시 적절한 것은 아니다. 그러한 까닭에 중국에서는 이 용어가 그다지 많이 사용되지 않고, 강소와 절강 두 성을 의미하는 강절(江浙)이란 약칭을 써서 "강절 집단[江浙財團]"이라고 표현하거나, 단순하게 "상해 자본가계급"이라고 부르는 편이다.

그렇지만 "절강재벌"이라는 말이 1920~1930년대 일본에서 선전된 까닭은 상해어가 영파 인근의 절강 방언을 기초로 하기 있기 때문에, 절강 출신자가 전 분야에 침투해 있다는 이미지를 갖기 쉬웠다는 점, 또 당시 같은 절강 출신의 장개석이 남경 국민당 정권의 지도자였기 때문에 정계와 재계의 실권을 절강 출신자가 다 장악했다는 이미지가 급속히 퍼져, 절강재벌이란 호칭이 확산되었다고 생각한다. 일본의 재벌처럼 주식 보유나 긴밀한 거래관계를 기초로 한 특정 기업집단이 존재했던 것은 아니다.

[참고문헌] 日本上海史研究會 2000.

테마 49 / 자원위원회(資源委員會)와 전시 동원

오쿠무라 사토시(奥村哲)

중일전쟁[中日戰爭, 항일전쟁(抗日戰爭)]은 중국에게 20세기 다른 국제전쟁과 마찬가지로 모든 자원을 동원하여 장기간 계속해서 싸워야만 하는 총력전이었다. 전쟁이 발발한 초창기에는 군사력·경제력, 사회의 조직과 동원 등 어느 측면에서도 중일 사이에 압도적인 격차가 있었다. 병기와 장비에 직결되는 철강업만 보더라도, 1937년 동북을 제외한 중국의 선철·조강 생산량이 각각 15만 톤, 4만 톤이었던 것에 비해, 1935년 일본은 191만 톤, 470만 톤이었다. 이 일본 생산량에 중국에서 빼앗은 동북 지역의 생산량을 더하면, 272만 톤, 522만 톤이 된다. 수준이 완전히 달랐다고 할 만하다. 게다가 (그나마 있는–옮긴이) 중국의 근대적 산업은 연해부와 장강 연변에 치우쳐 있어 일본군이 쉽게 점령했고, 국민정부가 전시에 의존한 서남의 내지는 근대 공업의 8%, 발전량의 2%를 차지하는 데 그쳤다. 일본의 몇 배나 되는 광대한 영토와 방대한 인구가 저항 전쟁을 계속할 때 의지할 만한 유일한 것이었다. 하지만 서민의 내셔널리즘이 약한 데다가, 물자 및 인적 조달 시스템이 확립되어 있지 않은 상태에서, 이런 조건들도 동원의 잠재적 가능성에 불과했다. 이것이 항전을 앞두고 중국이 직면한 현실이었다.

국민정부가 우선 서두른 것은 상해 등 연해와 하천 연변 지역에서 공장과 기술노동자들을 내지로 이전하는 것이었다. 이 "공장의 됭케르크"[47]로 불리는 지난한 작전으로, 1940년까지 중공업을 중심으로 449개 공장이 이전했다. 이어서 내지의 인프라, 특히 교통 정비에 노력하여, 버마(현 미얀마－옮긴이) 루트의 건설 및 소련과 통하는 서북 루트를 개축하고, 내지 내부의 철도 및 도로 건설을 추진했다. 또한 정부의 보조와 장려 아래에 1940년까지 406개 민간자본의 공장이 설립되었다. 그러나 이런 민간자본은 경공업이 많았고, 특히 전쟁을 직접 뒷받침할, 소요자본이 크고 회전은 느린 중공업 건설이나 자원 개발은 국가자본이 주체가 될 수밖에 없었다.

그 임무를 맡은 것이 자원위원회이다. 이 위원회는 만주사변 후 조사·연구를 위해 조직되었던 국방설계위원회가 1935년 4월에 군사위원회 직속으로 개조된 것인데, 일본의 전면적 침략에 대비하여 경제의 국방화를 추진하는 중심기관이 되었다. 위원회는 옹문호(翁文灝)·전창조(錢昌照)의 지도하에 내지의 호남·강서를 중심으로 주요 광물 및 철강, 전기 공업 기자재를 꽤 자급할 수 있게 되었다. 또 야심적인 "중공업 건설 5개년 계획"에 착수했으나, 중일전쟁이 발발하자 더 내지로 옮겨 가, 경제부 아래에서 전시 대후방(大後方)의 건설 및 개발을 중점적으로 담당했다. 그곳에서 자원위원회는 제철(대도구 강철공장[大渡口鋼鐵廠] 등), 기계(중앙기기공장[中央機器廠] 등), 화학(준의 알코올공장[遵義酒精廠] 등), 전기(중앙 전기공업기자재공장[中央電工器材廠] 등) 공업과 수력 및 화력발전소를 다수 건설했다. 여기에는 처음에는 독일과 소련이, 이후에는 미국과 영국이 제공한 중공업 플랜트 및 자재(資材)가 큰 역할을 담당했다. 중국은 그 변제를 텅스텐, 암모니아 등 희소한 군수 광물을 현물로 공여하여 해결했는데, 위원회는 이들 광물의 생산과 판매를 통제하는 한편, 철, 동, 석탄, 석유[옥문유광(玉門油礦)]의 신규 개발에 나섰다. 자원위원회는 1944년 내지에서의 총생산량 가운데 석유 제품, 정련 동제품[精銅], 전자관(電子管), 전선(電線)의 100%, 전동기의 81.4%, 강철의 56.9%, 선철의 31.2%, 알코올의 38.5%, 발전

47 불어로 Dunkerque, 영어로는 Dunkirk. 1940년에 연합군이 독일군에게 밀리면서, 프랑스 최북단 됭케르크에서 30만 명 이상의 영국군이 필사적으로 도버해협을 건너 본토로 탈출한 전투. 상해 지역의 공장과 설비를 필사적으로 대거 내지로 이전시킨 것을 비유한다－옮긴이.

량의 33.5%, 석탄의 20.6%를 담당하여, 군수경제의 중심 주체로 항전을 지원했다. 이 점은 다양한 전시 통제와 함께, 중일전쟁을 계기로 경제에 대한 국가의 관여가 급격하게 커졌음을 나타낸다.

전후 위원회는 일본이 남긴 광공업 기업을 접수하여(대부분이 동북 지역에 있었음) 생산 회복에 나서면서, 천 개에 가까운 대형·중형 기업과 30만 명 이상의 인원을 관할하는 거대 기구로 커졌다. 위원회의 상층부는 구미 유학자가 많았고, 소련과 독일의 영향도 받아서, 종전한 해에 기초한『물자건설오년계획(物資建設五年計劃)』에 나타나듯이, 통제(統制, 계획)경제에 기초하고 국방과 결합된 중공업 건설을 지향하는 경향이 강했다. 이런 점도 작용하여, 국공내전 이후도 전창조 등 위원회의 대부분이 대륙에 잔류하여, 공산당 정권하에서 경제계획 및 국영기업 경영에 참여하였다. 자원위원회의 활동은 결과적으로 "사회주의 경제"로 계승되었던 것이다. 한편 대만으로 옮겨 간 엄가감(嚴家淦), 손운선(孫運璇), 이국정(李國鼎)도 국민당 정권하에서 경제발전에 진력하였다.

중일전쟁은 국가와 권력이 개개인과 사회 기층까지 강하게 장악하는 계기가 되었다. 근대 국민국가는 개인을 지연적·중층적으로 조직하면서 교육과 정보로 내셔널리즘을 육성하고 국민으로 장악한다. 그러나 중국에서는 중일전쟁의 발발까지 취락과 같은 지연 관계는, 종족 등 혈연이나 토지와 수리 등 생산에 관한 조직 혹은 비밀결사 같은 여러 다양한 사회관계 중 하나에 불과했다. "마을[무라(むら), 村] 사회"라고 불리는 일본처럼 지연은 개개인의 생활을 강력히 규제하는 것이 아니었던 것이다. 그렇기 때문에 통치 권력 역시 실질적으로는 인구 수십만이나 되는 현(縣) 수준까지만 미쳤다.

그런데 중일전쟁이 이랬던 상황을 크게 바꾼다. 내셔널리즘이 침투하지 않았어도, "나라를 위해서"라며 많은 물자, 금전, 사람을 동원해야만 한다. 1400만 명이 징병되었고, 사천성(四川省)에만 교통로 수축에 250만 명 이상, 공군기지 건설에 약 90만 명이 동원되었다. 식량도 1941년부터 4년 동안 1250만 톤[탄파(攤派)라고 불리는 잡다한 임시 징수는 뺀 수치이다]이 징발되었다. 이러한 대동원이 가능하도록, 현 아래에 평균 2,000호(戶)를 관할하는 향(鄉)·진(鎮)[일본의 행정 촌(무라, 村)이나 정(초, 町)에 해당]을 행정

기구로 만들고[그 행정비용의 대부분은 탄파(攤派)로 충당했다], 그 아래의 보(保, 100호가량), 갑(甲, 10호가량)을 관할시켜[이를 신현제(新縣制)라고 한다], 기층 사회를 장악하고자 하였다. 이 무리한 총동원의 부담은 사회 구조가 변하지 않는 한 결국 약자에게 전가되므로, 결과적으로 사회 전체에 이해 대립과 혼란을 격화시켜, 국민정부의 기반을 거꾸로 붕괴해 나가게 된다. 중일전쟁에 이은 국공내전은 그 모순을 더욱 격화시켜 국민정부를 붕괴로 이끌었다. 하지만 기층 사회를 강하게 장악하고자 하는 흐름은 공산당 정권에게도 계승되어, 인민공사·생산대대·생산대에 와서 최절정에 이르렀다.

[참고문헌] Kirby 1990, 鄭·程·張 1991, 石川 1991, 薛 2005, 笹川·奥村 2007.

테마 50 / **토지개혁**

야마모토 신(山本真)

중국공산당이 실시한 토지개혁[토지혁명(土地革命)]은 토지의 재분배를 실시하여 빈부 격차를 해소함과 동시에, 계급투쟁을 추진함으로써 지역 사회 질서를 재편하여 기층까지 당 권력을 침투시키고자 한 것이었다.

공산당이 토지개혁을 실시해야 하는 필연성은 "반식민지·반봉건"사회에서 농민층의 "하강 분해[전층낙하(全層落下)]론"으로 정당화되어 왔었다. 이것은 ① 제국주의가 농작물 가격을 낮게 억제하는 바람에 농촌 수공업이 파괴되고, ② 지주가 토지를 겸병하고 착취하여 농민의 농업 재투자를 불가능하게 함으로써 농민층이 점점 하향 분해된다는 인식이다. 그러므로 농촌경제와 농민생활을 개선하려면, 제국주의와 지주의 착취에서 해방되는 것이 필수불가결하다는 결론이 나온다. 그러나 이 견해에는 최근 강한 반론이 제기되고 있다. 즉 민국 시기 농가경영에 대한 실증적 분석과 성과에 근거해서, 상품경제화와 소농의 집약적 경영을 통해 토지생산성이 향상되고 있었음이 분명히 드러났다. 또한 세계대공황기인 1930년대에 선전되었던 지주의 토지 겸병도 전국적이고 장기적인 추세로 확인되지는 않는다. 물론 지역 간의 경제 격차, 과잉인구 문제, 전쟁과 비적의 피해로 민생이 심각하게 곤란했음을 간과해서는 안 된다. 그러나 현재 연구수준에서 보자면, 토지개혁 필연론의 전제였던 "하강분해" 인식은 당시 농업경제와 농촌사회의 실태를 과장 없이 반영하여 이론화한 것은 아니었던 것 같다(奥村 2004).

또 공산당은 토지 분배로 농민의 지지를 획득해 중국혁명에 승리했다고 말해 왔다. 그러나 이것도 사실은 그렇게 단순하지 않다. 1920년대 말부터 1930년대 전반, 화남(華南)을 중심으로 한 혁명근거지에서 공산당은 토지혁명을 통해 세력 확대를 꾀했다. 그러나 당 조직이 취약한 데다, 재지 무장세력[종족, 지역을 배경으로 한 자위단(自衛團) 등]의 저항, 국민당의 반격 때문에 근거지는 단기간에 붕괴했다. 토지 분배를 받은 농민이 꼭 적극적으로 홍군에 가담했다고 할 수도 없었다. 그 대신 기존의 잡다한 무장인원이 용병식으로 홍군에 편입되어 공산당의 군사력을 담당했음이 최근 연구에서 밝혀지고 있다(阿南 2012).

그 후 국민당의 추격을 뿌리치고 북방으로 탈출한 공산당은 섬서성 연안에 근거지를 건설했다. 중일전쟁이 발발하자, (공산당은 국민당과의－옮긴이) 항일민족통일전선하에서 지주를 공격하는 토지혁명을 중지하고, 소작료와 고리대 이자를 감액해 주는 온화한 정책으로 전환했다. 그러나 중일전쟁이 끝나고 국민당과 군사충돌의 위기에 직면하면서, 공산당은 1946년 5월에 "토지 문제에 관한 지시"(5·4지시)를 발표하여, 실제로 이미 진행되고 있던 대일 협력자와 토호열신(土豪劣紳)·무뢰배 우두머리들의 토지 몰수를 공식화하였다. 또한 1947년 10월에는 모든 지주의 토지 소유권 폐지, 토지의 균분을 규정한 "토지법대강(土地法大綱)"을 제정했다. 예를 들어, 산동성에서는 적의 토지와 재산을 몰수·재분배함으로써, 빈농의 물질적 요구를 충족시켜 주려고 했다. 그러나 그 과정에서 옛 지주, 부농들에 대한 수탈뿐 아니라, 중농(中農)의 재산에 대해서도 침해가 발생하여, 농업생산이 타격을 입었다(王 2006). 또한 내전의 귀추를 결정지은 동북 지역에서는 공산당이 대량의 병사를 단기간에 징집하는 데 확실히 성공했지만, 이는 토지 분배에 따른 것으로, 농민의 자발적 지지를 획득했다고 볼 수만은 없다. 그것만큼이나 계급의 적으로부터 식량·재산을 몰수하여 신병을 모집하거나 고용하는 데 필요한 재원을 공산당이 독점할 수 있었던 것이 중요했다는 견해가 최근 제시되고 있다(角崎 2010).

인민공화국 성립 후인 1950년 6월에는 "중화인민공화국토지개혁법(中華人民共和國土地改革法)"이 공포되어, 화중 및 화남에서도 토지개혁이 실시되었다. 이 시기 토지개혁이 중일전쟁과 국공내전으로 극도로 궁핍해진 빈농층을 구제하는 사회 정책으로서 의의가 있다는 점은 물론 중요하게 평가해야 한다(笹川 2011). 하지만 다른 한편으로 토지개혁이 적정 규모 이하의 영세농을 대량으로 만들어 냈다는 점 역시 간과해서는 안 된다. 생산력의 관점에서 볼 때 과도한 영세화는 (생산력을 떨어뜨려–옮긴이) 그 후 농업의 집단화를 불가피하게 만들었다고 할 수 있다(⋯→ 테마 52 〈인민공사〉, 430쪽). 또한 1953년에 "통일 구입·통일 판매"를 실시하면서, 중공업의 추진으로 늘어난 도시 인구에게 배급할 식량 때문에 정부는 농촌에서 식량을 강제적으로 수매하여, 농민생활에 심각한 영향을 끼쳤다.

이처럼 농촌에서 식량을 철저히 징발할 수 있었던 것은 당과 국가 권력이 기층 사회에 침투했기 때문이라고 생각한다. 토지개혁 과정의 계급투쟁에 발맞추어, "반혁명진압운동(反革命鎭壓運動)"이 실시되어 사회 내부의 저항 세력과 잠재적인 적이 제거되었다. 또한 외부에서 파견된 공작대(工作隊)가 구 빈곤층에서 기층간부를 광범위하게 발탁하면서, 당과 국가권력이 사회로 한층 더 깊숙이 침투할 수 있었다. 그러나 내전과 한국전쟁을 배경으로 토지개혁이 추진되었기 때문에, 공산당의 사회통제력 강화는 전시동원을 지탱하기 위한 농촌 잉여의 수탈로 직결되게 되었다.

한편 중국 국민당은 중국 본토에서 토지개혁을 대규모로 실시할 수는 없었지만, 실제로 전통적 토지 및 지세 제도를 개혁하려 노력한 측면이 있다. 손문이 제창한 "민생주의(民生主義)"에는 "경자유기전(耕者有其田)", "평균지권(平均地權)"의 이념이 포함되어 있었고, 이를 실현하기 위해 국민당은 토지행정과 농정(農政) 테크노크라트를 갖고 있었다. 국민당은 처음에는 생산력 향상을 염두에 두고 경영 능력이 뛰어난 농호(農戶)의 육성을 중시했으며, 중일전쟁 시기에는 몇 군데의 실험구(實驗區)에서 소규모지만 자작농 창출을 시도했다.

또한 중일전쟁이 끝난 후에 내전이 심각해지자, 국민당은 공산당에 대항할 정치적 장치로 대규모의 농지개혁을 입안했다. 이 안은 1948년 여름에 실질적으로 국회의 기능을 하던 입법원(立法院)의 심의에 부쳐졌다. 그러나 국민당 내의 파벌항쟁이 심각해지면서, 지주 이익을 옹호하는 반대파의 거센 저항에 부딪혀 입법화가 저지당하고 말았다. 하지만 테크노크라트들은 내전 시기에 지방을 관할한 군정장관(軍政長官)과 협력하여 1949년 가을에 아직 남아 있던 거점인 사천성(四川省), 광서성(廣西省), 대만성(臺灣省)에서 소작료 감액과 토지 소유 제한 정책을 실행에 옮겼다. 다만 기층 사회에서 국민당 정권의 행정능력이 취약해 개혁의 집행이 쉽지 않았고, 곧 내전에서 패배해 중국 본토에서의 사업은 방기되었던 것이다. 한편, 일본 식민지 통치를 거치면서 토지에 대한 정보[지적(地籍)]가 정비되어 있고, 본성인(本省人, 대만 출신을 지칭함－옮긴이) 지주들이 무장한 외래 정권(본토에서 도망온 장개석 국민당 정권－옮긴이)에 저항할 방도가 없었던 대만에서는 농지개혁이 완수되었다. 그리고 농지개혁을 통해 국민당정부는 대만 농촌 사회를 더욱 장악할 수 있었다(山本 2009).

테마 51 ／ 중공업

다지마 토시오(田島俊雄)

마르크스는 그의 재생산표식론(再生産表式論)에서 생산수단 생산부문과 소비수단 생산부문의 균형을 논하였고, 호프만은 공업을 소비재 산업과 자본재 산업으로 구분하여 공업화가 진전됨에 따라 후자의 비율이 높아진다는 산업 구조의 경험법칙을 주장했다[ホフマン(Walther G. Hoffmann), 1967]. 소비재 공업은 경공업, 자본재 공업은 중공업으로 불리는데, 전후 일본에서는 고도성장 과정에서 석유화학공업의 발전이 현저했기 때문에 후자를 중화학 공업으로 부르는 경우가 일반적이며, 단순히 제품 무게의 경중을 나타내는 용어로 중공업·경공업을 구분해 사용하는 경우도 많다. 또 섬유산업처럼 최종상품이면 소비재, 중간재이면 자본재로 보아 선을 엄밀히 긋기가 어려운 산업부문도 있고, 가전제품처럼 내구소비재 생산에서 국

제 분업이 심화됨에 따라 국내중공업이 공급하던 부품을 수입으로 대체하는 공업발전도 상정되면서, 산업분류로서 중공업·경공업의 구별은 점점 힘들어지고 있다.

마르크스주의적 발전단계론에 입각한 중국공산당 치하의 중국에서는 뒤처진 중공업을 급속히 발전시켜 서구 진영 국가들을 쫓아가서 뛰어넘는 것이 정권이 발족할 때부터 지상명령이었다. 처음에는 소련이 제공한 원조에 의지해, 중공업 투자에 치중하는 형태로 제1차 5개년 계획(1953~1957년)이 실시되었다(石川 1960). 또 중화민국 시기 중국에 대해서는 "반식민지·반봉건"으로 공업 발전, 특히 중공업 발전이 뒤처진 경제로 보는 코민테른식의 시각이 안팎으로 일반적이었다.

그러나 최근에는 민국 시기의 조계와 강소성의 식품산업, 섬유산업 등 공업발전뿐 아니라, 여기에 견인되는 형태로 전개된 장강 상류의 중공업, 특히 전력산업과 방적기계공업에 대한 연구가 진척되고 있다(田島編著 2008, 王 2009). 또 영리화학[永利化學, 천진에서는 소다, 남경에서는 황산암모늄(硫安)을 생산함], 천원전기화학[天原電化, 상해에서 전해(電解) 소다를 생산] 등 민족자본의 수입대체형 화학공업의 전개, 계신시멘트[啓新洋灰, 하북성 당산(唐山) 등], 중국시멘트[中國水泥], 상해화상시멘트[上海華商水泥, 상해 소재], 서북실업시멘트공장[西北實業洋灰廠, 태원(太原) 소재], 서촌시멘트[西村士敏土, 광주(廣州) 소재] 등 민족계열 기업과 지방 공영기업이 이끈 시멘트 산업의 발전은 널리 알려져 있다(田島編著 2005, 田島·朱·加島 編著 2010). 계신, 중국, 상해화상 등 민족자본 시멘트 회사 세 곳은 1920년대 이후 일본의 수입 시멘트에 대항하기 위해 카르텔 조직을 만들어, 남경국민정부에게 관세자주권을 획득하여 시멘트에 보호관세를 적용해 달라고 요구했었다(久保 1999). 서북실업시멘트공장은 염석산(閻錫山)이 "산서성 건설 10년 계획[山西省政建設十年計劃]"의 일환으로 1930년대에 설립한 공영 복합기업(conglomerate)이며, 광동성에서 진제당(陳濟棠)이 추진한 지역개발도 마찬가지로 지방 수준의 식산흥업 정책으로 볼 수 있다(田島·朱·加島·松村 編 2011). 나아가 일본 통치하의 구 만주, 화북 점령지의 중공업 발전에 관해서도 대만 등 식민지 공업화와 비교하여 관심이 커지고 있다(松

村 2000, 峰 2009, 湊 2011).

민국 시기에 중공업화의 주체였던 이들 민족자본은 1956년까지는 공사합영(公私合營)으로 바뀌었으며, 공영기업이나 외자계열 기업은 인민공화국이 성립하면서 혹은 한국전쟁을 계기로 접수되어 대부분 중앙정부 산하의 국영기업이 되었다. 이들 중화민국 시기의 공업 유산은 제1차 5개년 계획을 전후하여 소련 및 동유럽에서 수입한 중공업 플랜트와 함께 신중국 계획경제화의 "관제고지(管制高地)"[48]를 형성했다.

그러나 1950년대 말 이후 중소관계가 악화되면서, 중국은 더 이상 소련에 의존한 발전을 할 수 없게 되었다. 그리고 어떻게 스스로의 힘으로, 혹은 서구 국가들과의 관계 개선을 통해서 중공업화를 실현할 것인지가 중국에게 정책적 대문제가 되었다. 농업, 식량 문제는 계속해서 공업화의 병목(bottleneck)이었으며, 농업, 경공업, 중공업의 우선순위를 두고 정책당국 내부의 균열은 심각했다. 그리고 1960년대가 되자, 베트남 전쟁이 격화되면서, 미소 냉전에 대비하여 "삼선건설(三線建設)" 및 지방 레벨의 "오소공업(五小工業)"의 추진이 본격화되어(丸山 1993, 馬 1998), 결과적으로 중공업화가 계속 진전되었다. 이렇게 지방 공업화에 편중된 냉전기 중공업화는 지방별로 추진하는 방식이나 산업조직이 분산적인 형태로 중국 경제발전의 한 측면을 규정했다.

다른 한편으로 서구로부터의 기술도입은 면화 생산을 대체할 비닐론 플랜트의 도입이란 형태로 1964년에(石川編 1964~1971) 먼저 시작되었고, 보다 본격적으로는 대경유전(大慶油田)이 본격적으로 가동되면서 중국이 마침내 석유수출국이 된 1970년대 이후 철강 및 석유화학 등 중공업 플랜트 도입이란 형태로 1972년과 1978년에 연이어 시행되었다(國家統計局固定資産投資統計司編 1987). 이 중에 1972년 플랜트 수입은 무한제철소(武漢製鐵所)의 압연공장 건설이 대표적인데, 당초 총액을 43억 달러로 추산해 "사삼방안(四三方案)"으로 불렸다. 1978년의 경우 보산제철소(寶山製鐵所) 프

48 레닌의 조어 Commanding Heights를 번역한 것으로, 국가가 경제를 주도하기 위해 장악해야 할 대공업·은행·운수·무역·토지 등 경제 전체에 연관된 핵심 영역을 말한다–옮긴이.

로젝트가 대표적인데, 자금 부족으로 결국 대외채무에 의존할 수밖에 없게 되어, 후에 "양약진(洋躍進)"으로 불리며 정권 비판을 불러일으켰다. 이처럼 우여곡절은 있었지만, 1970년대 일련의 플랜트 수입은 중국이 국제적 고립에서 벗어나는 데, 또 수입대체공업화와 산업발전의 병목을 해소하는 데 대단히 중요한 역할을 했으며, 결과적으로 1980년대 이후 중국의 대외개방으로 이어졌다.

1970년대 말 이후 중국경제 정책의 전환은 산업 구조의 측면에서는 중공업에서 경공업 우선으로 궤도를 수정하는 것이 그 내용이었다. 1979년 11월에 개최된 전국계획회의(全國計劃會議)에서는 "여섯 가지 우선(優先)"이란 구호로, 자금, 자원, 기술, 수송 방면에서 경공업 우선을 제시했다. 그러나 1970년대 말 이후에 도입된 수입 플랜트가 연달아 가동되면서, 중국에서는 1980년대 전반까지 재차 중공업화가 진전되어, 1980년대 중반 이후에 와서야 비로소 경공업 발전 추세가 뚜렷해졌다. 시장경제화와 기업자주권이 확대되면서, 다양한 경제주체가 용인됨에 따라, 자본절약적인 경공업이 발전한 것으로 보인다. 이리하여 중국은 경제개혁의 진전과 함께 종래의 "계획", "정책" 대신에 기본적으로 시장 메커니즘을 통해 산업 구조의 전환을 꾀하는 체제가 되었고, 최근에는 중공업·경공업의 구분을 명시한 발전전략론을 찾아보기 힘들어졌다. 그러나 대국이기 때문에 갖는 풀세트(full-set)형 공업화 경향이나, 지방 인프라 투자의 필요성, 또 2008년 리먼 쇼크(Lehman Shock)[49]를 계기로 내수 확대 정책을 편 것 등 여러 요인 때문에, 중국에서는 여전히 연해 지역뿐 아니라 내륙부에서도 시멘트, 철강 등 중공업 발전이 현저하다.

[참고문헌] 田島 1991·2011, 中華人民共和國國家經濟貿易委員會編 2000.

49 2007년 서브프라임 모기지 사태로 촉발된 금융기관의 연쇄 부도 사태로, 이듬해 미국 투자은행 리먼 브라더스(Lehman Brothers Holdings Inc.)가 파산하면서 세계적으로 확대된 금융위기-옮긴이.

테마 52 / 인민공사(人民公社)

엄선평(嚴善平)

농촌인민공사는 1958년부터 1983년까지 약 사반세기(四半世紀, 25년－옮긴이)에 걸쳐 중국 전역에 조성된 농촌경영과 말단행정 기능을 겸비한 조직으로, 도시부의 국영기업과 쌍을 이루어 계획경제를 수행하는 제도적 장치였다. 1960년대와 1970년대에 전국적으로 약 5만 개가 만들어졌는데, 공사 한 곳의 농가 세대수는 3,000호 정도였다. 1950년대 말에 많은 도시에서도 인민공사가 설립되었으나, 1966년까지 모두 없어졌다.

중화인민공화국 성립 후 토지개혁이 실시되어, 토지사유제에 기초를 둔 세대 단위의 소농은 농가경영의 일반적인 모습이 되었다. 한편 그 경우 발생하는 가족 경영의 영세성이나 농가 내의 새로운 양극 분화 같은 문제를 극복해야 했으므로, 정부는 이웃과 친척끼리 공동 작업을 하도록 하여 농업경영을 조직화하고자 하였다. 처음에는 수 세대의 느슨한 결합(공동노동)이었던 호조조(互助組)도 공산당 정권의 지도 아래 급속히 광범위한 협동조합[합작사(合作社)]으로 변질되었다. 노동뿐 아니라 대형 농기구의 공동 이용, 농지의 집단 소유도 거의 강제적으로 추진되었다. 호조조에서 초급합작사(初級合作社, 자연촌 단위)로, 다시 고급합작사(여러 개의 자연촌 규모)로 이행하는 데 3, 4년밖에 걸리지 않았다. 1958년에 모택동 주석의 지시로 더욱 넓은 범위를 포괄하는 인민공사가 단숨에 전국적으로 보급되었다.

초기 단계의 인민공사는 규모가 클수록 좋고 공유제의 범위가 넓을수록 좋다는 이념 때문에 수만 명 혹은 수십만 명 규모의 공사가 만들어졌지만, 대약진운동이 실패하고 그 때문에 대기근이 발생하자, 1960년대에 들어와서는 대체로 20~30세대로 1개 생산대, 10개 생산대로 1개 생산대대, 10개 생산대대로 1개 인민공사를 구성하여 피라미드형 조직을 형성하였다. 공사, 생산대대, 생산대는 각각 고정자산을 소유하지만, 농지, 농기구 등 생산재는 기본적으로 생산대가 소유한다. 생산대는 생산 활동, 식량·현금 등의 분배에서 가장 기초적인 단위로 설정되었다.

농가의 노동력 인구는 인민공사의 "사원(社員)"으로서 생산대의 생산 활동에 참가해야만 했고, 노동 참여의 양에 따라 노동 보수를 받았다. 한편, 생산대는 어린이와 고령자를 포함한 농가의 전 세대원에 대해, 식량 등의 실물을 나라가 정한 가격으로 배급할 의무를 졌다. 개개 농가의 노동 보수와 실물 배급 금액을 비교하여 농가와 생산대의 수지 관계가 확정되었다.

생산대는 노동, 분배의 기초단위기는 하지만 독립된 경영체는 아니어서 무엇을 얼마만큼 생산하고, 생산한 농산물을 누구에게 얼마의 가격으로 팔지, 일체의 의사결정권이 없었다. 생산대는 공사와 생산대대를 경유해서 내려온 국가의 지령계획에 따라 생산 활동을 하고, 나라에는 생산물과 농산물을, 공사와 생산대대에는 공익금(公益金), 적립금(積立金), 관리비(管理費)를 납부하고, 그 나머지를 농가들 사이에 분배하기만 하면 되었다.

공사, 생산대대는 주로 나라의 농업 정책, 생산계획을 생산대에 전달하고 그 실행을 감독하며, 때로는 생산대의 범위를 넘는 수리공사를 조직하거나, 학교 및 의료 등 공공 서비스를 제공했지만, 생산대의 구체적 생산 활동에는 개입하지 않았다.

이렇게 보면 인민공사는 잘 정비된 기능을 가진 조직이라고 할 만한데, 왜 1970년대 말에 붕괴하고 말았을까. 모택동의 사망과 등소평의 복권은 말할 필요도 없이 중요한 전기(轉機)였지만, 더 본질적인 이유로 다음의 세 가지를 들 수 있다.

첫째로, 인민공사가 자원 제약으로 빈곤의 악순환을 끊을 수 없었던 점을 들 수 있다. 국가 공업화 전략을 내걸었던 계획경제 시기에는 국가의 농산물 수매 가격이 낮게 억제되었으므로 농업수입의 증가가 극히 느렸다. 농촌에서 도시로 인구 이동이 제한되고 농지 면적도 감소하면서, 계속 늘어 가는 인구의 취업 문제가 심각해졌다. 이를 완화할 목적도 작용하여, 쌀의 이모작을 보급하고 축산물 발전에도 주력하였다. 그 결과, 농업생산에 들어가는 노동 투입이 급증했다.

하지만 농산물 수매 가격이 낮고 농촌 공업 발전도 제한적이었기 때문에, 1일당 노동단가는 거의 상승하지 않았다. 농가의 총수입은 눈에 띄게 증가하지 않았고, 현금수입 비율도 낮았다. 그중에서는 노동 보수가 식량 등 실물지급 금액을 밑도는 적자 상태의 농가 역시 높은 비율로 존재했다.

둘째로 소득분배의 절대 평등[悪平等]이 제도화되면서, 열심히 일하고자 하는 농가의 의욕(incentive)이 저하되었다. 생산대에서 집단노동에 참가하는 개개인의 능력과 노력은 별로 중시되지 않고, 출근만 하면 대체로 똑같은 노동점수를 받았다. 능력과 노력이 보답 받지 못하는 것이 일상화되자, 생산효율이 떨어지고 조직이 붕괴했다고 할 수 있다.

세 번째로 정부의 엉터리 지령계획 탓에 농업의 경영효율이 악화된 것도 인민공사의 붕괴를 가져온 큰 시대적 배경이다.

1970년대 말부터 농업생산 청부제가 서서히 도입되어, 1983년에 제도로서 인민공사는 소멸했다. 그 이후 말단행정단위로서 인민공사는 향진정부(郷鎮政府)에 계승되었으나, 농업경영은 토지집단 소유제 아래에서 가족단위로 행해지고 있다.

[참고문헌] 嚴 1996·2002, 嶋倉·中兼編 1980, 曹·張·陳 1995, 張 1997, 中兼 1992.

테마 53 / 삼선건설(三線建設)

마루카와 토모오(丸川知雄)

1964년 8월에 베트남에서 통킹 만 사건이 일어나, 미국은 베트남전쟁에 본격적으로 개입하기 시작했다. 이런 사태는 중국의 지도부를 충격으로 몰아넣었고, 미국과의 대규모 전쟁에 대비한 공업 재배치가 시작되었다. 그것이 삼선건설이다.

"삼선"이란 군사적 관점에서 중국을 지역 구분한 것이다. 연해부와 국경부근 등 적이 침입하기 쉬운 지역을 "1선", 그리고 1선을 돌파한 적이 다음으로 침입하리라 예상되는 북경-광주철도 부근을 "2선", 그리고 적에게 침략당한 중국군이 농성하며 장기전을 치를 기지로 삼는 내륙의 사천성, 귀주성, 섬서성, 감숙성 등을 "3선"으로 구분하였다. 삼선건설이란 이런 지역에 일반적 군수인 병기, 항공기, 핵병기 등 군사공업을 건설할 뿐 아니라, 그를 뒷받침할 기계공업, 철강업, 비금속공업, 화학공업, 전력, 철광석 및 석탄, 석유 채굴까지 풀세트의 공업체계를 구축하려는 장대한 프로젝트였다.

삼선건설은 1964년 5월경에 모택동이 구상하여, 원래는 유소기, 등소평이 추진한 농업 중시의 경제 정책을 동요시킬 구실로 사용되었으나, 통킹 만 사건 이후 지도부 전체가 위기라고 인식하게 되면서, 즉시로 내륙부에서 공장을 건설할 준비가 시작되었다. 그 이후 1975년까지 10년간, 국가 투자의 40% 이상을 삼선건설에 퍼부었고 2,000개 이상의 공장과 연구소를 건설했다.

삼선건설에서는 군사적 관점에서 공장의 입지를 결정했기 때문에 생산효율이 나쁜 공장이 많았다. 그 전형적인 사례가 모택동이 직접 건설을 명한 반지화제철소(攀枝花製鐵所)이다. 모택동은 사천성과 운남성 경계 부근에 철광석 자원이 있으니 제철소를 건설해야 한다고 끈질기게 고집했는데, 그곳의 철광석은 특수해서 외부에서 추가적으로 철광석을 반입하지 않으면 철을 만들 수 없었다. 또 호북성 서부에 구릉의 협곡 사이를 메우듯이 건설된 것이 제2 자동차 제조공장[第二汽車製造廠, 오늘날 동풍자동차회사(東風汽車公司)]이다. 처음에는 군용 수송차를 생산하는 공장으로 건설하기 시작했는데, 도중에 군의 수송차 수요가 없어져 버려, 산간 지역에 은폐되듯이 숨어 있는 이 공장에서 아주 일반적인 트럭을 만드는 앞뒤가 안 맞는 상황이 되었다.

시시각각 변화하는 국제 정세에 대응하려면 장기 투자가 필요한 내륙부에 공장을 건설해야만 한다는 데에 모순의 근원이 있었다. 삼선건설에 따른 공장 건설이 다 끝나기 전에, 중국이 미국과의 전쟁에 말려들 위험성은 낮아졌으나, 1969년에 중소 국경인 진보도(珍寶島, 다만스키 섬)에서 소련과 군사 충돌이 일어나 긴장감이 높아졌다. 이를 계기로 삼선건설 프로젝트가 다수 추가되었지만, 이 건설이 채 끝나기도 전에 1972년 미중 화해와 일중 국교 회복으로 전쟁의 위협이 줄어들었다. 삼선건설로 건설된 공장이 가동을 시작한 것은 1970년대 후반인데, 얼마 안 가서 중국이 경제발전을 중시하는 개혁개방 정책을 개시하여 삼선건설의 성과는 중국에게 짐만 되고 말았다.

[참고문헌] 丸川 1993·2002.

테마 54 / 오소공업(五小工業)

다지마 토시오(田島俊雄)

중국공산당은 1956년 9월 제8회 당대회에서 "국민경제발전 제2차 5개년 계획에 대한 건의"를 채택하고 "국가행정 시스템의 개선과 지방의 적극성 제고"를 슬로건으로 소련을 모방한 발전 모델을 수정하기로 했다. 재정경제 정책 담당의 진운(陳雲) 중앙 부주석(副主席)[중앙경제공작소조(中央經濟工作小組) 조장]은 스스로 "공업관리 체제의 개선에 관한 규정(초안)", "상업관리 체제의 개선에 관한 규정(초안)", "재정관리 체제의 개선에 관한 규정(초안)"을 기초하고, 이후 1957년에서 1958년에 걸쳐 중국에서는 중앙정부 직속기업의 관할을 지방으로 이전할 것, 재정·계획·투자 권한을 지방에 대폭 이양할 것, 지방의 공업관리 권한을 확대할 것 등을 내용으로 하는 일련의 분권화 조치가 실시되었다(石原 1990, 田島 2000).

이러한 "체제 개선[體制改進]" 조치는 1958년 시작된 대약진 정책의 실패와 맞물려 1960년대 초에 중단되었다. 그러나 베트남 전쟁이 격화되자, 1964년 중반에 들어와 모택동은 내륙부에 공업 기반을 이전하는 "삼선건설"을 추진하는 동시에, 중앙집권적 계획관리 체제를 시정할 것을 재차 주장하여, 1966년부터 시작되는 제3차 5개년 계획에서는 "비전(備戰)·비황(備荒)", 즉 전쟁준비와 농업지원에 중점을 둔 기초공업 발전이 강조되었다. 또 모택동은 1966년 3월에 유소기(劉少奇) 앞으로 "농업기계화 문제에 관한 서한"을 보내 "비전·비황"을 위한 농업기계화와 이를 통한 농업 생산력 향상을 주장했다. 이후 중국 각지에서는 철강 및 농업기계산업의 추진을 비롯한 지방의 "오소공업" 추진이 활발해진다(田島 1978, 馬 1998).

"오소공업"은 주로 전구(專區, 성과 현 사이에 위치한 행정구역으로, 지금은 "지구(地區)"라고 부른다) 혹은 현급에서 경영하는 소형 철강[소철강(小鐵鋼)], 소형 시멘트[소수니(小水泥)], 소형 농업기계[소농기(小農機)], 소형 탄광[소매탄(小煤炭)], 소형 화학비료[소화비(小化肥)], 소형 수력발전[소수전(小水電)] 등 국영중공업을 지칭한다. 중앙정부 귀속의 "중앙기업(中央企業)", 혹은 중앙계획 하에 구매와 판매가 규제되는 일정 규모 이상의 "대중형기업"[大中型企業, "직공기업(直供企業)" 혹은 "통배기업(統配企業)"이라고도 부른다]과는 관할 급이 다르기 때문에, 관용적으로 "소(小)"라는 말을 앞에 붙인다. 다른 한편, 농촌 인민공사 각급의 기업은 "사대기업(社隊企業)"으로, 시가지의 수공업에서 출발한 기업은 "성진집체기업(城鎮集體企業)"으로 불러, "국영기업"과는 어디까지나 범주가 다른 "집체기업(集體企業, 집단소유제 기업)"으로 구분했다.

"오소공업"은 "사대기업"과 함께 문화대혁명 시대에 생겨난 "신생사물(新生事物)"로서, 특히 소련과의 무력충돌 후인 1970년 이후 경제·재정 시스템의 새로운 지방분권화 정책과 함께, "삼취지(三就地, 지방 현장에서 원자재 조달·가공·판매를 완료하는 것)"를 슬로건으로 융성기를 맞이했다. 기술면에서는 중화민국 시기 중국에 소개되어 정착·발전한 "선가마(竪窯, shaft kiln)" 시멘트 생산기술, 냉전 시기 중국에서 독자적으로 개발한 소형 고로용 소결(燒結)[50] 기술과 탄산암모늄(炭安)비료 합성기술, 일본에서 개발되어 학습한 단기통(單氣筒) 디젤 엔진 생산기술, 또 설비투자가 저렴한 난굴채탄 기술(the method gophering/coyoting)[51] 등 (첨단기술보다는 평균적이면서 형편에 적합한 – 옮긴이) "중간기술(中間技術)", "적정기술(適正技術)"에 의지했다고 한다(赤木·佐藤 1975, 田島 2011). 또 이 시기 농촌부에서는 지방 현지의 수자원과 석탄자원에 의존하는 전력사업이 전개되어, 후에 "농촌전망(農村電網)"으로 불린 로컬의 송전 및 전기 배급 네트워크가 각지에서 만들어졌다(田島編著 2008). 이리하여 "중소공업"은 "사대기업"과 농업을 뒷받침하는 형태로 전개되어, 준전시 아래의 아우타르키(autarchy, 경제 자급자족) 지역경제의 발전을 촉진시켰다(嶋倉·中兼 1980).

서구와의 관계 개선과 1976년 모택동의 사망, 사인방의 실각을 거쳐, 1978년을 전후해 이선념(李先念, 국무원 부총리)과 부활한 진운(陳雲) 등이 경제 조정을 제안하면서, 대기업과 경합하는 "오소공업"은 구조 조정 대상이 되는 등 곡절을 겪었다. 그러나 1980년 2월 중공 제11기 5중전회(제11기

50 가루를 압축한 것을 녹는점 이하의 고열로 가열해, 가루가 녹으면서 서로 밀착하여 굳게 하는 것-옮긴이.
51 탄광의 구획, 분포도를 제작하여 계획적으로 채굴하지 않고, 무질서하게 채굴하는 소규모 채굴법-옮긴이.

중국공산당 중앙위원회 제5차 전체회의－옮긴이) 이래 호요방[胡耀邦, 훗날 중국총서기(中國總書記), 1987년에 실각], 조자양(趙紫陽, 역시 후의 중국총서기 역임. 1989년 실각)이 대두하면서, 경제 체제 개혁을 위한 방안 모색이 본격화되었고, 규제 완화를 통해 기존의 지방공업과 사대기업[1984년 3월 이후 향진기업(鄕鎭企業)으로 개칭]은 제2의 발전기를 맞이하게 되었다. 그리고 1990년대에 국유기업(1993년 3월 이후 국영기업으로 개칭)이 법인으로 개조되고 민영화되면서, 옛 "오소공업"은 계속해서 변모를 거듭하여, 업종에 따라 차이는 있지만, 지방 현지 유통에서 조달과 운송비가 저렴하다는 장점을 바탕으로 오늘날에도 지역(local) 시장에서 비중 있는 기업이 적지 않다.

하북성(河北省) 준화현(遵化縣)의 현영(縣營) 중소 철강기업을 모체로 발전한 당산건룡실업(唐山建龍實業)은 이제는 준(準)대기업급의 철강 메이커로 성장하였다. 북기 복전 자동차[北汽福田, the Foton Motor Group－옮긴이], 복전 로보 중장비 회사[福田雷沃, the Foton Lovol International Heavy Industry Co., Ltd－옮긴이], 산동 시풍 그룹[山東時風, Shifeng Group－옮긴이], 산동 쌍력 그룹[山東雙力, Shandong Shauangli Group Co., Ltd－옮긴이], 산동오정 그룹[山東五征, Wuzheng Group] 등 중견 자동차 및 농기구 메이커들은 모두 예전의 "오소공업" 및 "향진집체기업"을 모체로 하여 냉전 시기에 형성된 농업기계산업의 집적을 바탕으로 발전을 이뤘다(田島 2011).

그러나 철강, 시멘트, 화학비료, "농촌전망(農村電網)" 등 옛 "오소공업"의 대다수는 규모의 경제성에서 뒤떨어지기 때문에, 산업기술의 발전, 운송수단 및 송전수단의 발전에 따라, 또 지방보호주의에 대한 비판과 맞물려서, 1990년대 중반 이후 "경제성장방식의 전환", "경제발전방식의 전환"이라는 슬로건 아래 새로운 단계의 구조 조정의 대상이 되고 있다.

[참고문헌] 宇野·小林·矢吹 1986, 田島 2002, 田島·江·丸川 2003, 中華人民共和國國家經濟貿易委員會編 2000.

테마 55 / 향진기업(鄕鎭企業)

가토 히로유키(加藤弘之)

향진기업이란 농촌부에 입지한 중소기업의 총칭으로, 영어로는 Township Village Enterprises(약칭하여 TVEs)로 불린다. 향(鄕)과 진(鎭)은 중국 농촌부의 말단 행정조직이다. 향진 아래에는 다시 촌(村)이 있는데, 촌이 경영하는 촌영기업(村營企業) 역시 향진기업의 일종이다. 향진기업은 대개 지방자치체가 경영하는 공영기업이지만, 농민들이 공동으로 경영하는 기업이나 개인경영 기업도 농촌부에 입지해 있으면 모두 향진기업이라 부른다.

향진기업이 주목을 받은 첫 번째 이유는 중국의 고도성장에 지대한 공헌을 했기 때문이다. 개혁개방이 시작된 1978년 시점에 향진기업의 숫자는 152만 개, 종업원 수는 2826만 명이었다. 그랬던 향진기업이 2002년이 되면 기업 수는 2132만 개, 종업원 수는 1억 3288만 명, 이들 기업이 실현한 부가가치액 3조 2386억 위안(元)은 중국 GDP의 30%를 차지할 정도로 커졌다(『中國統計年鑑』 2003년판). 하지만 이 부가가치액의 약 70%를 차지하는 공업기업이라도 기업 1곳당 종업원 수는 12.2명에 불과하고, 향진기업 전체로 계산하면 겨우 6.2명에 지나지 않는다. 그러나 전국 유수의 가전 메이커로 성장하여 홍콩시장에서 주식 상장에 성공한 과룡 그룹[科龍集團, 광동성(廣東省) 순덕시(順德市) 소재][52]처럼 향진기업의 큰 무리 중에서 많은 대기업이 탄생했다.

향진기업이 주목을 받는 두 번째 이유는 향진기업이 경제학의 상식에서 벗어난 존재처럼 보이기 때문이다. 소유 구조가 명확해야 기업경영의 효율성이 보증된다는 통설["코스의 정리(Coase's theorem)"라고 부른다]에 따르면, 소유 구조가 애매한 향진기업은 국유기업이 그런 것처럼 비효율적이어야 한다. 그런데 국유기업과 비교하여 향진기업은 경영 실적이 극히 양호했다. 이런 의문에 대해 주류파는, 향진기업은 "붉은 모자"를 썼지만 사유기업이라서, 그 경영 메커니즘이 통상의 사유기업과 다름없기 때문이라고

52 Hisense Kelon Electrical Holdings Company Ltd.로, 중국 최대 가전 메이커인 해신[海新 Hisense, 원래 산동성 청도(青島) 소재]에 인수되어 해신의 자회사가 되었다-옮긴이.

답한다. 반면에, 와이츠만과 쉬(Weitzman and Xu 1994)는 "내부의 잠재적 모순을 해결할 그룹의 능력"에 주목하고, 소유 관계가 애매해서 명확한 계약 관계가 없어도 촌민들은 상호 신뢰에 기초해서 행동한다고 고찰했다. 또한 향진정부끼리의 격렬한 시장경쟁이 기업의 경영효율을 높이는 역할을 했다는 지적도 있다(青木 1995).

개혁개방 후 고도성장에 지대한 공헌을 한 향진기업이지만, 1990년대 중반 이후 큰 변화가 나타났다. 도시부에서 이뤄진 국유기업 개혁에 연동하여, 향진기업이 광범위하게 사유화된 것이다. 발전 초기 단계에서의 성공이 반드시 그 후까지의 성공을 보증하지는 않는다. 향진기업이 발전을 지속하려면, 기업 규모를 확대하고 기업 활동을 광역화하는 것을 피할 수 없다. 그러한 발전의 그다음 심화 단계에서 향촌정부가 향진기업을 유효하게 감독하고 향진기업의 경쟁력을 잘 지켜 갈 수 있을 것인가. 기업경영자와 지방정부의 공무원이 서로 의존하기도 제약하기도 하는 관계 속에서, 양자가 다양한 해결책을 모색하던 끝에 도달한 최대공약수가 바로 사유화의 가속화였다고 해석할 수 있다.

마지막으로 사족을 한마디 붙인다. 향진기업(郷鎮企業)은 (일본어로-옮긴이) "고친 키교"라고 읽는 경우가 일반적인데, "쿄친 키교"로 읽는 연구자도 있다. 근대사를 뒤져 보면, 향신(郷紳)을 "쿄신"으로 읽기 때문에, 학술표현으로는 "쿄친"이라고 읽는 쪽이 맞을 것 같다.

테마 56 / 여성의 교육과 취로

신보 아츠코(新保敦子)

전통적 중국 사회에서는 여성의 사회적 지위가 낮아서, "여자무재편시덕(女子無才便是徳, 여자는 재주가 없는 것이 덕이다)"이라고 여겨졌다. 에도시대에 전국적으로 보급된 테라코야[寺子屋]에서 많은 여아들이 남아들과 섞여서 교육을 받고, 여의사가 널리 존재했던 일본의 상황과는 대조적이다. 또 중화민국 시기에도 "현모양처"[중국어로는 "현처양모(賢妻良母)"][일본어로는 양처현모(良妻賢母)이다-옮긴이]가 여성의 이상형으로 제창되었다.

그러나 중화인민공화국 건국 후, "여성은 세상의 반이다"를 구호로 여성의 노동력 인구가 급증했다. 여성 노동자 수(16~54세를 노동연령인구로 할 때의 수치)는 제1회 인구센서스(1953년)에 따르면 1억 4천 명, 제3회 인구센서스(1982년)에 의하면 2억 6천 명까지 증가했다(中華全國婦女聯合會婦女研究所 1991). 또 전체 노동연령인구에서 여성 노동자의 비율은 제1회 인구센서스에서 이미 46.8%에 달했다. 여성 노동력이 중화인민공화국의 국가건설에서 기대를 받으며, 여성이 생산 노동력으로 동원되었음을 알 수 있다.

여성의 사회진출을 촉진한 요인으로 여성 교육의 보급은 주목할 만하다. 특히 문화대혁명 이후 움직임이 현저하며, 법적으로도 정비가 이뤄졌다. 예를 들어 1980년대 이후 개혁개방 정책하에서 여성에 관한 법률을 살펴보면, "중화인민공화국부녀권익보장법(中華人民共和國婦女權益保障法)"(1992년)에서는 "국가는 여성이 남성과 평등한 문화적 교육을 향유할 권리를 보장한다"(제15조)고 목소리 높여 선언하고 있다. 또한 "중국부녀발전강요(中國婦女發展綱要)(2001~2010)"에서는 여성교육의 발전목표로서, 여아에 대한 9년제 의무교육 권리 보장, 여성의 고교 및 대학 진학률 향상, 성인여성 식자율 향상 등이 제기되었다. 또 "중국부녀발전강요(中國婦女發展綱要)(2011~2020)"에서는 각 교육단계에서 여성 진학률의 구체적 목표 수치를 고교 90%, 대학 40%로 제시하였다.

이러한 정책에 기초하여, 최근 중국 여성의 교육수준은 현저히 향상되고 있다(莫 2008). 초등교육 단계에서 취학률을 보면 1992년에 남아 98.2%, 여아 96.1%로 성별에 따른 차이가 2.1%였는데, 2007년에 오면 남아 99.5%, 여아 99.56%로 여아가 남아를 0.06% 웃돌게 된다.[53]

여성의 고등교육 진학이 크게 늘어난 것도 주목할 만하다. 1978년에 전일제(全日制) 대학(단기대학을 포함) 학부에서 배우는 여성 대학생 수는 20만 7천 명이었으나(中華人民共和國教育部計劃財務司 1985), 2010년에는 1135만 명에 달했다(中華人民共和國教育部發展計劃司 2011). 1천만 명이 넘

53 원문은 남아, 여아 모두 99.5%로 되어 있으나 문맥에 맞지 않으므로, 여아 수치를 99.56%로 바꾸었다-옮긴이.

는 여성이 고등교육을 받고 있다는 점은 실로 특기할 만하다. 또한 대학 학부재적생 중 여성의 비율은 1978년에는 24.1%에 그쳤으나, 2010년에는 50.9%가 되었는데, 이는 같은 해 일본의 43.0%(고등전문학교를 포함)을 상회하는 수치이다. 1980년대 이후 중국경제의 급속한 발전의 배경에는 이러한 여성 교육사업의 확대가 있었음을 주목해야 한다.

여성 대학원생 숫자도 73만 6천 명에 달해, 전체 대학원생 중 여성 비율은 47.9%로 높았다(2010년). 하지만 이처럼 높은 수치는 여성의 취업난이란 현상이 배경에 있으므로 꼭 남녀평등 사회가 실현되었다고 볼 수만은 없다.

이와 같이 여성 중에서 고등교육기관에 진학하는 사람이 늘어남에 따라 취로 면에서도 여성의 근대적 부문으로의 진출이 현저하다. 전문직에서 차지하는 여성 비율은 1982년에는 38.1%였으나 2005년에는 49.9%에 달하여, 남녀 비율이 같아졌다(1982년 인구센서스 및 2005년 1% 추출조사). 또 여성 관리직의 비율은 1982년은 10.3%에 그쳤지만, 2005년에는 22.0%가 되어 급속히 상승했다(참고로 일본은 6.6%인데, 미국 35.7%, 영국 22.7%에 비해 상당히 낮다)(中國社會科學院婦女研究中心·孟 2010). 이는 중국에서 여성의 고등교육 진학자가 늘어난 직접적 영향이라고 생각할 수 있다.

한편, 중국에서 여성의 사회 진출은 일본 이상으로 뚜렷하지만, 젊은 여성들 중에서는 취직보다 신데렐라 선망이 강하여, 커리어를 추구하기보다 결혼해서 전업주부가 되기를 희망하는 여성이 늘고 있다고 한다. 이는 얼핏 보면 "남성은 사회에 나가서 일을 하고, 여성은 가정에서 가사를 한다"는 식의 전통적인 성역할 구분으로 되돌아간 것처럼 보이기도 한다. 하지만 오늘날 취로에서 엄존하는 남녀 불평등을 거꾸로 이용하여, 여성이 스스로의 상품 가치를 높이면서 취로와는 다른 새로운 길을 선택하는 대항 전략을 취하고 있다고도 해석할 수 있다.

또한 의무교육과 중등교육, 고등교육의 보급은 도시 지역만이 아니라 농촌 지역, 벽지, 소수민족 지역까지 포섭하면서 전개되었다. 그 결과 소수민족 지역에서도 교사와 같은 전문직에 여성이 진출하게 되었다. 이는 여성의 지위 향상이란 측면에서 주목해야 한다. 그러나 이러한 여성교사들은 자신들이 태어나고 자란 전통적 사회집단에서 괴리되어 정체성의 혼란을 겪기도 한다.

1990년대 이후 동아시아 여성들은 시장화, 경제의 글로벌화 속에서 경제발전이나 경제위기 같은 커다란 변화에 노출되어 왔다. 동아시아에서도 특히 변화가 심한 중국에서, 여성들은 근대 교육이 보급되는 가운데 직업생활과 가정생활 사이의 모순에 직면하면서 분투하고 있다.

테마 57 / **홍콩**

히사스에 료이치(久末亮一)

홍콩(Hong Kong)이란 도시가 한 세기 반이 좀 넘는 짧은 역사에도 불구하고 아시아 태평양의 요충지인 것은 의심할 여지 없는 사실이다. 홍콩의 거리는 다양한 인종과 언어가 섞여서 독특한 떠들썩함과 냄새 속에서 등을 떠미는 듯한 스피드와 굉장한 열기가 넘쳐 나고 있다. 그것은 다양한 배경을 지닌 사람·물건·돈·정보가 흡수·접속·조절되다가 다시 흩어지는, 이른바 "유동(流動)의 마찰"에 따른 것이다.

홍콩의 탄생은 19세기 중반 아편전쟁까지 거슬러 올라간다. 1841년 영국은 홍콩 섬을 점령하고, 남경조약(1842년)에서 정식으로 영구(永久) 할양을 받았다. 이 홍콩 점령은 우발적인 것이 아니라, 영국 측에서 보자면 당시 청조가 고집하고 있던 제한적 무역 체제를 타파하고자 하는 의지의 표현이었다. 광주(廣州) 한 항구로 무역을 제한한 것이나 거래 상대를 한정하는 제약에서 해방되어, 이른바 자유무역으로의 전환이다.

그러나 영국의 기대는 처음에는 크게 무너졌다. 역사적으로 광주에 집적된 중계·결제 기능이 홍콩으로 쉽게 이전되지 않았기 때문이다. 자유무역으로의 전환은 중국·외국 간의 무역량을 증가시키기는 했지만, 물자집산이나 여신결제는 상해 등 다른 개항장으로도 분산된 데다, 화남(華南) 일대의 대외무역은 여전히 광주에서 이뤄졌다. 이 때문에 홍콩은 할양 이후 10년 동안은 눈에 띄는 경제발전을 이루지 못했다.

전기가 찾아온 것은 1850년대였다. 태평천국으로 화남과 화중이 혼란에 빠지고, 제2차 아편전쟁으로 광주가 불타면서(1856년), 종래의 수송 루트·

결제 시스템은 회복이 불가능할 정도로 타격을 입어, 중국인 상인과 외국인 상인 쌍방이 무역결제의 새로운 방법을 모색하기 시작했다. 그리하여 19세기 후반에 걸쳐, 홍콩상해은행(香港上海銀行)이 설립되고 홍콩달러 결제의 도입이 진전됨으로써, 홍콩은 화남과 세계를 연결하는 중계·결제지가 되어 갔다.

시기를 같이하여 홍콩을 매개로 화남에서 아시아 태평양 사이에 화교를 묶는 경제권이 형성된 것이 홍콩의 지위 확립에 결정적인 계기가 되었다. 19세기 세계경제의 확대는 동남아시아, 아메리카, 오세아니아 등 신흥개발 지역에서 노동력 수요를 만들어 냈고, 주강(珠江) 델타, 조주(潮州), 복건(福建) 등 화남 연해 지역으로부터 대규모의 인적 이동을 촉진시켰다. 이러한 화교의 확산이 원동력이 되어 사람, 돈, 정보의 여러 요소가 항상적으로 순환하는 경제권이 출현한 것이다.

이상을 배경으로 홍콩에서는 외국자본의 상사나 "금산장(金山莊)" 혹은 "남북행(南北行)"으로 총칭되는 화교 자본의 상사 등 다양한 주체가 모여들어 거래를 시작하였다. 또 이들에게 편의를 제공할 은행이나 환전상 같은 금융, 대형기선부터 정크선 같은 물류, 전신 및 우편과 같은 통신 등, 경제 인프라 역시 홍콩에 집중되었다. 홍콩은 바로 이러한 조절 기능의 편리함을 갖춤으로써 커다란 경제권 전체의 작동을 원활하게 하는 중심축이 될 수 있었고, 이 점이야말로 아시아 각지의 다른 개항장과는 다른 홍콩의 특징이었다.

홍콩이란 도시는 1945년 이후 전후 시대에도 독특한 역할을 맡았다. 그때까지 홍콩을 존속시켰던 19세기 후반부터 20세기 전반에 이르는 경제공간은 태평양전쟁으로 완전히 붕괴했다. 또한 지역 내에서 국민국가의 성립으로, 경계가 없는 자유 또는 끊어짐이 없는 천의무봉의(seamless) 경제활동은 불가능해졌다.[54] 특히 중대했던 것이 그때까지 경험한 적이 없었던

54 전후 동아시아(조선, 중국), 동남아시아(동남아 각국), 남아시아(인도)에서 구 식민지들이 독립하여 국민국가를 수립하면서, 국경 사이의 통제가 엄격해진 것을 말한다. 특히 동남아시아에서 민족주의의 고양으로 그곳에 다수 거주하는 화교에 대한 배척이 심해지면서 주로 홍콩으로의 화교 송금이 큰 장애를 받게 되었다-옮긴이.

"닫힌 중국"의 출현이었다. 1949년 중화인민공화국의 성립은 홍콩과 표리 일체였던 배후지인 화남, 그 앞에 펼쳐진 아시아 태평양과의 관계를 공식적으로는 단절시켰다. 하지만 홍콩은 공간 전체를 연동시키는 역할이 끝났음에도 불구하고, 쇠퇴는 하지 않았다. 왜냐하면 전후 홍콩은 지역 내에서 유일하게 국민국가로 잡히지 않는 "진공지대(眞空地帶)"가 됨으로써, 새로운 편의성을 찾아냈기 때문이다.

예를 들어 중국 본토와의 관계를 보면, 국경이 닫힌 후에도 홍콩을 경유한 중국으로의 밀수, 중국에서 홍콩을 매개로 한 난민의 밀항 등, 비공식적이기는 해도 밀접한 관계가 계속 유지되었다. 기어코 문을 닫았다던 중국 정부조차도 무역상사·금융기관·운수·창고 등의 거점을 홍콩에다 두고, 장기에 걸쳐 각종 무역·화교 송금·결제 창구로 홍콩을 활용해 왔다. 또 홍콩과 동남아시아의 관계를 보자면, 예전처럼 사람·물건·돈·정보가 자유롭게 대량으로 유동하지는 못하게 되었다고 해도, 여전히 왕래는 빈번했다. 특히 동남아시아 각지에 국민국가가 성립하면서 정치적 불안정이 계속되자, 동남아시아에 있던 화교자본은 홍콩을 피난처 혹은 손실 회피(risk hedge)의 거점으로 이용했다.

또 다른 전후 홍콩의 특징은 사람·물건·돈·정보의 여러 요소가 다만 통과하는 것이 아니라 축적됨으로써 홍콩 지역 내의 발전을 촉진했다는 점이다. 특히 1960~1980년대에는 경공업 제품의 수출, 높은 땅값 정책으로 촉발된 부동산 개발이 크게 촉진되었다. 고도성장으로 증대한 부는 해외에서 유입된 자금과 함께 금융시장과 부동산시장에 풍부한 유동성을 공급하여 성장을 더욱 촉진시켰다. 또한 1983년에 홍콩 반환 교섭의 충격으로 홍콩달러 위기가 발생했을 때 1US$=7.8HK$의 고정환율제(dollar peg)가 도입됨으로써, 금융부문의 기능 발전과 경제 시스템의 장기적 안정에 기여하였다.

이렇게 경쟁력을 강화한 홍콩은 예전과 같이 지역 수준이 아니라, 세계적 수준에서 유력한 경제 중심이 되었다. 이는 20세기 후반 재차 "열린 중국"이 출현하여 세계경제에 편입되면서, 홍콩이 새로운 역할을 담당하기 위한 바탕이 되었다.

예를 들어 1970년대 후반 중국이 대외개방 정책으로 돌아서고, 1980년대 이후 외자유치를 개시하자, 이에 호응하여 다양한 자본이 홍콩을 완충지로 삼아 중국시장에 접근했다. 1979년부터 오늘날까지, 중국에 대한 직접투자는 건수와 금액 모두에서 홍콩이 1위를 차지하고 있다. 이 자본은 사실은 홍콩 현지자본만 있는 것이 아니라, 홍콩을 경유한 각국, 각 방면의 자본이기도 한데, 홍콩은 대중 투자의 창구 역할을 해 오고 있는 것이다. 그런 환경 속에서 21세기 초 이른바 "전점후창(前店後廠)"(앞에 세워 둔 상점=홍콩, 뒤에 있는 공장=중국 본토)이라 불리듯이, 저렴한 인건비와 상품 집적을 이점으로 중국 본토는 제조 거점이 되고, 고도의 금융기관과 세계 유수의 화물 터미널(container terminal)을 토대로 홍콩은 조절 거점이 되는, 분업과 연동의 구조가 기능하게 되었다.

한편 홍콩은 현대 중국에게 "국제적 계기(契機)의 장(場)"으로서 점점 더 큰 역할을 해 왔다. 금융 측면에서 20세기 말부터 홍콩시장이 중국의 국제 자본 조달 센터가 된 점에서도 분명히 알 수 있다. 홍콩시장에서는 1990년대부터 중국 본토의 기업들이 자본 조달을 본격화하였고, 21세기에 들어와서는 전신, 전력, 자원, 은행, 보험 등 국가의 기간 사업체 역시 단계적으로 홍콩 주식시장에 상장하였다. 중국이 세계경제에서 비중을 키우면서, 홍콩은 왕성한 중국의 자금수요와 세계의 투자수요를 중개하고 있다. 또 최근의 홍콩은 위안화[人民元]가 자유화, 국제화로 나아가는 시험대로서, 위안화 역외센터(Offshore Center, 중국어로는 离岸中心. 국내시장과 격리된 자유금융시장－옮긴이)의 창설을 맡고 있고, 위안화로의 자금결제나 채권발행 등에도 적극적으로 나서고 있다.

이상과 같이 홍콩의 역사와 현상을 보면, 이 도시의 존재이유에 대해서, 대영 제국의 직할 식민지(crown colony)였다거나 중화인민공화국의 "일국양제(一國兩制)"하에 있다는 것처럼 "제국" 내지 "국가"의 틀로 이해하려고 해서는 본질을 정확히 파악할 수 없다. 오히려 홍콩이란 도시는 이러한 틀 속에서 누릴 수 있었던 편의를 자신만의 매력으로 삼아, 각 방면에서 모였다가 흩어지는 무수한 경제 활동을 기초로 이들 활동을 연결하여 줄곧 조정함으로써, 지역과 세계 속에 굳게 자리 잡고 존립하고 있다. 이러한 역할을 약 150년에 걸쳐서 계속해 온 것은 싱가포르나 상해 같은 지역 내 경쟁 도시와 비교할 때 홍콩만이 가진 독자적인 우월성이다.

다른 한편으로 홍콩이 직면하고 있는 과제도 적지 않다. 예를 들어, 경제 구조에 뿌리박은 인위적 부동산 가격 형성 때문에 고비용(high cost) 체질이 되어 버렸으면서도 그러한 왜곡을 개혁하거나 벗어날 수 없는 딜레마를 안고 있고, 특정 재벌의 과도한 독점과 반(反)경쟁에 대해 적절한 징책 개입이 필요한 상태이며, 중국 본토에 인접해 있기 때문에 생겨나는 환경오염 같은 여러 문제점이 있고, 비대화하는 행정조직의 효율성을 어떻게 유지할 것인지도 과제이다. 이 외에도 큰 위험 요소(risk)는 홍콩이 1997년 주권 반환으로 중국의 일개 도시가 된 사실이다. 예전의 홍콩은 영국령이었기 때문에 중국으로 인한 직접적인 위험(China Risk)은 간신히 회피했었다. 하지만 현재는 중국의 주권 하에 있는 특별행정구(特別行政區)이며, 홍콩을 규정하는 여러 요인 중에서 중국의 영향력은 전례 없는 수준으로 확대되고 있다.

그럼에도 불구하고 중국과 세계를 묶는 기층(基層)으로서 경제 활동의 회로가 작동하는 한, 홍콩의 존재이유는 없어지지 않을 것이고, 또 장래에도 그것은 변함이 없을 것이다. 홍콩은 이 순간에도 "유동(流動)의 마찰(摩擦)"로 인한 열기를 뿜고 있으며, 여전히 약동하는 아시아 태평양의 "관문(gateway)"이다.

[참고문헌] 濱下 1996, 久末 2012.

테마 58 ／ 대만의 경제개발

야마다 아츠시(やまだ あつし)

한민족(漢民族)의 대만 이민은 명(明) 대 대만 남부에서 시작한다. 이주민이 생산한 쌀과 설탕[砂糖]은 중국과 해외로 수출되었다. 청조는 대만 개발에 적극적이지 않았다. 그렇지만 이민의 개척지는 대만 서부 평원까지 확대되어, 19세기 초에는 동북부까지 이르렀다.

대만이 구미열강에게 개항된 1860년 이후 한민족은 산지 개척을 추진했다. 차와 장뇌(樟腦, 화약의 연료)는 구미로의 중요 수출품이었다. 북부 산지는 차 재배에 적합했고, 장뇌를 생산하는 녹나무 역시 많았다. 같은 시기 1874년 일본의 출병으로 대만의 중요성을 알아차린 청조도 대만 개발을 시작했다. 특히 개발에 진력한 이가 1885년부터 1891년까지 대만순무(臺灣巡撫, 행정장관)를 지낸 유명전(劉銘傳)이었다. 유명전은 토지조사와 군사 근대화와 함께, 철도 및 전신 건설을 추진했다. 유명전의 개발은 재정난 때문에 좌절되었지만, 다음에 오는 일본 식민지 시대 개발의 선구가 되었다.

1895년에 대만을 식민지화하고 총독부를 설치한 일본은 우선 교통 건설과 조사사업에 착수했다. 총독부는 대만을 세로로 가로지르는 철도 건설을 추진하여, 1908년에 기륭(基隆)-타구[打狗, 고웅(高雄)] 전 구간을 개통했다. 기륭과 타구에 항만 공사도 추진하여, 1910년대에는 두 항구를 대형 선박이 출입할 수 있는 항구로 변모시켰다. 총독부는 이 두 항구에 일본과 연결하는 정기항로를 유치하여 대만 내륙에서 일본까지 하나로 관통하는[一貫] 교통로를 구축하고, 대만과 일본 사이를 물류로 연결했다. 조사사업은 토지조사(세수의 확보), 구 관습 조사[舊慣調査, 한민족의 상업과 법률 관습을 알기 위함], 호구조사(주민의 거주와 생업을 알기 위함) 등이다. 항일 게릴라를 진압하는 데 성공한 1902년 이후, 조사는 순조롭게 진행되었다. 호구조사를 실시하고 토지조사도 종결된 1905년 이후 총독부의 대만 통치는 안정되었다.

대만의 농업개발은 1910년대에 제당업이 본궤도에 오르면서 진전되었다. 일본 자본이 제당공장에 투자하고, 사탕수수 품종이 개량되면서, 대만은 일본의 설탕 공급기지가 되었다. 설탕 다음으로 중요했던 것은 쌀이다. 1920년대에 총독부는 일본인의 입맛에 맞는 봉래미(蓬萊米)를 개발하는 데 성공했다. 봉래미는 가격이 저렴하기도 하여 일본시장에서 어느 정도 자리를 잡을 수 있었다. 그 외에도 일본시장을 겨냥한 농작물로 바나나, 파인애플이 재배되었다. 구미 시장을 겨냥한 차·장뇌와 함께, 대만은 1920년대 농업 식민지로서 지위를 확립했다.

대만의 공업개발이 진전된 것은 1930년대이다. 1934년에는 10만 킬로와트나 되는, 당시로서는 대규모의 일월담수력발전소(日月潭水力發電所)가 완성되어 그 전력을 이용해 제품을 만들어 일본에 수출하는 알루미늄 정련공장이 세워졌다. 1936년에는 국책회사로 대만척식주식회사(臺灣拓植株式會社)가 창설되어, 이 회사의 주도로 일본의 중국 남부 및 동남아시아 진출(進出)을 예측한 군수공업화가 전개되었다. 그 외에도 일본에서 수입된 공업제품을 수리하기 위한 금속기계 공업이 발전했다. 그러나 전쟁의 격화로 전원(電源) 개발 확대 등 더 이상의 공업화는 중단되었다.

1945년 일본의 패전으로 대만은 중화민국의 수중으로 넘어갔다. 경제면에서 최초로 행해진 것은 일본기업의 접수이다. 대표적인 일본기업인 제당회사들은 대만당업공사(臺灣糖業公司)라는 공영기업으로 재편되었다. 중국에 본거지를 둔 공영기업도 대만에서 일본기업을 접수했다. 예를 들면 중국석유공사(中國石油公司)가 일본 해군의 연료기지 및 대척화학공업(臺拓化學工業)을 접수했다. 그렇지만 무역의 90% 이상을 점하고 있던 일본과 단절된 것은 타격이었고, 중국과의 무역 역시 전시(戰時) 인플레이션이 대만까지 파급되는 원인이 되었다. 1947년에 발생하여 대만 사회대립의 원점(原點)이 된 2·28사건 역시 경제 혼란이 그 배경에 있었다.

1949년 중화민국의 대북(臺北, 타이베이) 천도(국공내전에서 패배한 국민당의 대만 이전)와 1950년 한국전쟁 개시 후 미국의 중화인민공화국 봉쇄로 인해, 대만은 중국과의 교통로가 단절되고, 새롭게 동아시아 냉전 체제의 최전선 기지로 재편되었다.

1950년대에 들어서면서 대만경제의 재편이 시작되었다. 우선 미국이 대만을 지원했다. 1950년에 연합국군 최고사령관 총사령부(GHQ)와 중화민국 정부는 일본과 대만의 무역협정을 체결하고, 대만의 공영기업에 유리한 형태[55]로 일본과의 무역 관계를 부활시켰다. 1951년의 상호안전보장법(相互安全保障法)을 비롯한 여러 법령에 의해, 미국은 대만에 군사·경제 원조를 추진했다. 대표적인 것으로 원조 면화를 사용한 면방적공업의 발전, 식민지 말기 중단되었다가 재개된 전원(電源) 개발이 있다. 대만 내부에서도 1951

55 외화를 사용하지 않고 무역을 할 수 있고, 일본은 비교적 비싼 대만 설탕을 사야지만 대만에 상품을 팔 수 있었다-지은이.

년 이후 토지개혁이 행해져, 지주를 배제하는 형태로 중화민국 정권이 대만 사회 내부로 침투해 들어갔다.

1960년대에 들어서면서, 일본과의 무역이 외화를 지불하는 방식으로 바뀌고, 미국의 원조도 축소되었다. 대만 국내를 시장으로 삼는 공업은 성장의 한계에 달했다. 이에 대만이 채용한 것은 수출가공구(輸出加工區)의 창설을 통한 수출지향형 공업화 전략이었다. 1930년대부터 공업기반이 있던 고웅(高雄)에 수출가공구를 설치하고, 외국기업이 이 구역에 공장을 설립하여 제품을 수출하도록 장려했다. 1980년대 중국의 경제특구(經濟特區)의 모델이 된 이 수출가공구는 각종 투자장려조례(投資獎勵條例)와 함께 대만 공업발전의 원동력이 되었다.

1970년대에 들어서면서 "십대건설(十大建設)"이 진행되었다. 그때까지 중화민국 정권은 "대륙반공(大陸反攻, 중국 대륙으로 반격해 쳐들어간다-옮긴이)"을 내걸고 많은 군사비 지출을 하고 있었기 때문에, 전원 개발 이외의 인프라에까지는 대규모 투자를 못 하고, 일본 식민지 시대의 인프라를 계속 사용하고 있었다. 1970년대부터 정치 실권을 아버지 장개석에게서 물려받은 장경국(蔣經國)은 "대륙반공"을 사실상 단념하고, 도원공항(桃園空港), 남북고속도로(南北高速道路), 종관철도(縱貫鐵道)의 전력화 등 새로운 인프라 건설을 추진했다. 동시에 석유화학공업 등 중화학공업에 대한 투자도 확대하였다. 이러한 정부 주도의 투자와 1980년대부터 이뤄진 대만 전자산업에 대한 해외직접투자로 대만은 NIEs로 불리는 신흥 공업발전 지역으로 떠올랐다.

[참고문헌] 矢内原 1929, 凃 1975, 隅谷 等 1992, 河原林 2003, 堀 2008, 湊 2011.

테마 59 / **중일 경제관계 100년**

가토 히로유키(加藤弘之)

중일관계에 대해 쓴 근현대사 개설서에는 "앞선 일본"과 "뒤처진 중국"이란 대비로 중일관계를 설명하는 경우가 많다. 그러나 청일전쟁 전후 시기까지 소급하면, 일본과 중국은 둘 다 서구 국가들에 대항하여 근대화를 추진하던 이웃나라로서, 주로 경쟁과 대항의 관계에 있었다(加藤 2009). 그런데 청일전쟁 후 1894년 4월에 체결된 시모노세키조약으로 인해 근대 이래의 중일 경제관계는 크게 변화하게 된다. 이 조약을 계기로 일본을 포함한 외국자본의 제조업이 중국 국내에서 일제히 조업을 시작했다.

제조업의 중심은 면방직업이었는데, 대일본방적(大日本紡績, 다이니혼 방적), 내외면(內外綿, 나이가이 면), 종방(鐘紡, 카네보), 동양방(東洋紡, 토요보) 등 일본자본[이른바 "재화방(在華紡)"]은 중국 자본의 방적공장과 함께 그 중핵을 담당했다. 1931년 9월 만주사변 발발부터 1945년 일본 패전까지, 중일관계는 좋다고 할 수 없는 상태에 있었지만, 두 나라의 경제관계는 전쟁으로 오히려 강화된 측면도 있다(加藤·久保 2009). 동북 지역[만주(滿洲)]에서는 일본에 전략 물자를 공급할 목적으로, 자원개발을 중심으로 중공업화가 추진되었다. 또 중지나진흥주식회사(中支那振興株式會社), 북지나개발주식회사(北支那開發株式會社) 등 국책회사가 설립되었고, 민간기업도 대거 중국 대륙으로 진출했다.

이상과 같이 전쟁 전과 전쟁 중이던 시기 내내 일본과 중국의 경제적 연결은 끊어지는 법 없이 강화되어 나갔다. 글로벌화가 진척되는 오늘날과 비교하면, 양국 관계는 내용 면에서 특별히 깊은 관계라고 할 수 있으며, 특히 일본에게 중국은 자원·에너지의 공급기지로서 오늘날 이상으로 큰 존재였음을 확인할 수 있다.

전전(戰前) 및 전시(戰時)의 밀접한 중일 경제관계는 1949년에 중국공산당이 인민공화국을 건국하면서 일단 단절되었다. 동서냉전 구조를 배경으로, 양국 간의 경제관계는 얼어붙어, 본격적인 무역관계의 부활은 1962년 11월에 "중일 장기총합무역(長期總合貿易)에 관한 각서"가 조인될 때까지 기다려야 했다. 그 후에도 1966년에 시작된 프롤레타리아트 문화대혁명이 일본 국내에 불똥을 튀겨, 양국의 경제관계에 악영향을 주었다. 마침내 1970년대에 들어와 국제정세에 변화가 생기고 동서 냉전구도가 느슨해지기 시작했다. 1972년 2월 당시 닉슨 미국 대통령의 방중, 같은 해 9월의 다나카 가쿠에(田中角榮) 수상의 방중과 중일 국교 정상화의 실현, 나아가 1978년 8월 중일평화우호조약의 체결까지 이어지는 일련의 움직임은 중일

경제관계 개선에 크게 공헌했다.

1978년 2월에 체결된 "중일 장기무역 약정서"는 밀접한 경제관계 부활의 출발점이 되었다. 그것을 계기로 제1회 대중 경제 열풍(fever)이 불었다(田中 1991). 일본과 중국 사이에 상담(商談) 붐(boom)이 일어나, 상해 보산제철소 건설 계약을 비롯해, 대형 상담이 연이어 체결되었다. 그러나 이러한 상담은 모택동의 후계자가 된 화국봉(華國鋒)이 지도한 "양약진(洋躍進)"으로 불리는 비현실적 근대화계획에 기초한 것으로, 계획대로 실시하기는 곤란했다. 이런 사태를 맞아, 일본정부는 중국에 경제 협력을 함으로써 사태를 타개하려 민첩하게 대응하였다. 1979년 12월에 방중한 오히라 마사요시(大平正芳) 수상은 중국에 거액의 엔 차관을 제공하겠다고 제안했다[제1차 대중(對中) 엔 차관]. 이를 계기로 중일관계는 호전되어, 1980년에는 두 차례의 대중 투자 열풍이 일어난다. 그러나 중국 국내의 엄혹한 경제 상황 때문에, 중국 측은 플랜트 계약의 파기를 일방적으로 통고하게 되었다. 국제 관행을 무시한 중국의 행동에 일본은 크게 반발하였으나, 중국의 근대화를 지원하는 것이 아시아의 안정적 발전에 도움이 된다는 경제협력의 논리에 근거하여, 일본이 다시 자금 협력을 하기로 하면서 이 논란은 결국 마무리되었다.

(이러한 경험 때문에-옮긴이) 개혁개방 후에도 중국 진출에 신중했던 일본기업들은, 1985년 플라자 합의[56] 이후 엔고(円高)가 계속 진행되자 제1차 대중 투자 붐이 일어났다. 중국의 직접 투자유치액에서 일본이 차지하는 비중은 1988년에는 16.3%를 기록했다. 그러나 이 시기는 인프라의 부족 등 투자환경이 제대로 갖춰지지 않았기 때문에 제조업 분야에서 본격적인 투자 확대까지는 가지 못했고, 1989년 6월에 천안문사건이 발생하면서 투자 열기는 일거에 차갑게 식었다.

제2차 투자 붐은 1991년부터 1995년까지 일었는데, 1992년 봄에 최고 실력자인 등소평의 남방시찰이 그 계기였다. 이때는 인프라가 갖춰지기 시작

56 Plaza Accord. 미국의 적자를 해소하기 위해 G5의 재무장관들이 뉴욕 플라자 호텔에 모여 독일 마르크화와 일본 엔화의 달러 대비 환율을 인위적으로 인상하고 달러 가치를 평가 절하하기로 한 합의이다-옮긴이.

한 화남 지역을 중심으로 싼 노동력에 관심을 가진 중소 제조업의 생산 거점이 다수 건설되었다. 그러나 이 붐은 오래가지 않았다. 1997년에 아시아 통화위기가 발생하여 ASEAN 각국이 큰 타격을 받으면서 대중투자도 감소한 것이다.

제3차 투자 붐은 2001년 중국의 WTO 가맹을 중간에 낀 2000년부터 2005년까지 일었다. 이 시기에는 생산 거점 진출에 더해서, 중국시장 진출을 위한 판매 거점, 우수하고 저렴한 인재 활용을 통한 R&D 거점 확보를 목적으로 한 투자가 늘어났다. 또 투자 지역도 화남 지역에서 북상하여, 상해를 중심으로 하는 장강 델타 지역 및 북경, 천진을 중심으로 한 환(環)발해(渤海) 지역까지 확대되었다.

중일 무역액과 무역총액에서 차지하는 대중무역의 비중 추이를 보면, 무역액이 꾸준히 증가하고 있으며, 일본의 무역총액에서 차지하는 중국의 비중은 1991년 4.1%에서 2010년 20.7%로 증가했다. 참고로 일본의 무역총액에서 점하는 중국과 미국의 비중은 2006년에 역전되어, 2010년의 대미무역 비중은 12.5%까지 내려갔다.

2000년 이후 중일 경제관계는 대체로 순조로운 추이를 보이지만, 문제가 없는 것은 아니다. 그 상징이 센가쿠열도[尖閣諸島, 중국에서는 조어도(釣魚島, 다오위다오)-옮긴이] 영유를 둘러싼 중일 간의 알력이다. 2012년 여름에 일어난 중국 각지에서의 반일 사위는 일본계 백화점 파괴, 상품 약탈, 일본차 불태우기 등 중국 당국의 예상을 뛰어넘는 규모여서, 일본기업은 대중 전략을 수정하지 않을 수 없었다. 21세기에 들어와서도 정치가 경제를 규정하는 중일관계의 기본 구조에 변화가 없음을 새삼 확인하는 사건이었다. 그러나 지금까지 진전된 양국의 경제관계를 후퇴시키는 것은 어느 쪽에도 이익이 되지 않을 것임은 분명하다.

중일경제 100년의 교류사를 돌아보면, 우리들은 이제 새로운 중일관계를 구축할 출발점에 서 있음을 알 수 있다(加藤 2012). 개혁개방 35년의 성공으로 자신감을 가지게 된 중국이 일본과 대등하고 평등한 관계를 가지려 하는 것은 당연한 일이다. 때로 그 자신감이 폭주하는 것처럼 보일 때도 있지만, "앞선" 자신들이 "뒤처진" 중국을 오랫동안 가르치고 이끌어 왔다고 생각하는 일본의 사고방식에도 문제가 있다고 할 것이다. 함께 근대화를 추진해 온 아시아의 이웃나라로서, 일본이 약간 먼저 앞섰다가, 최근 급속하게 중국이 일본을 따라잡는 과정으로 이 100년을 돌아본다면, 중국에 대한 일본의 우월감이 근거가 없다는 점이 분명해질 것이다. 이제 일본인이 청일전쟁 이래 계속 가져 온 중국에 대한 인식을 뿌리부터 바꿔야 할 시기가 왔다고 할 것이다.

문헌목록

- 이 책에서 언급한 것만을 열거하였다.
- 일본어 히라가나 50음도, 중국어 병음, 구미어 알파벳 순서로 배열하였다.
- 서지 전체를 기재한 것은 아니며, 재간행이 된 것은 부기하였다.
- 서지가 언급된 이 책 페이지 수를 인용 말미에 기록해 두었다.

青木敦「中國經濟史研究に見る土地希少化論の傳統」大島眞理夫編著『土地希少化と勤勉革命の比較史－經濟史上の近世』ミネルヴァ書房, 2009年 〈pp.43, 231〉

青木昌彦『經濟システムの進化と多元性－比較制度分析序說』東洋經濟新報社, 1995年 (同『比較制度分析序說－經濟システムの進化と多元性』講談社 (學術文庫), 2008年として再刊) 〈p.438〉

赤木昭夫·佐藤森彦『中國の技術創造』中央公論社, 1975年 〈p.435〉

淺原達郎「蜀兵探原－二里岡インパクトと周·蜀·楚」『古史春秋』第2號, 1985年 〈p.98〉

朝日新聞社西部企畫部編『平戶·松浦家名寶展圖錄』朝日新聞社, 2000年 〈p.293〉

足立啓二『明淸中國の經濟構造』汲古書院, 2012年 〈pp.70, 259, 292, 310〉

阿南友亮『中國革命と軍隊－近代廣東における當·軍·社會の關係』慶應義塾大學出版會, 2012年 〈p.424〉

安部健夫『元代史の研究』創文社, 1972年 〈p.241〉

天野元之助『中國農業史研究』增補版, 御茶の水書房, 1979年 〈p.66〉

荒川正晴『ユーラシアの交通·交易と唐帝國』名古屋大學出版會, 2010年 〈pp.169, 172, 199, 205〉

荒武達朗『近代滿洲の開發と移民－渤海を渡った人びと』汲古書院, 2008年 〈p.309〉

新宮學『北京遷都の研究－近世中國の首都移轉』汲古書院, 2003年 〈p.73〉

井黑忍『分水と支配－金·モンゴル時代華北の水利と農業』早稻田大學出版部, 2013年 〈pp.247, 248〉

池田溫『中國古代籍帳研究 概觀·錄文』東京大學出版會, 1979年 〈p.131〉

池田誠·安井三吉·副島昭一·西村成雄『圖說 中國近現代史』第3版, 法律文化社, 2009年 〈p.55〉

石川滋『中國における資本蓄積機構』一橋大學經濟學研究叢書 11, 岩波書店, 1960年 〈pp.398, 427, 484〉

――編『中國經濟發展の統計的研究』Ⅰ－Ⅲ, アジア經濟研究所, 1960~1962年 〈p.484〉

――編『中國經濟の長期展望』Ⅰ－Ⅳ, アジア經濟研究所, 1964~1971年 〈pp.428, 484〉

石川禎浩「南京政府時期の技術官僚の形成と發展－近代中國技術者の系譜」『史林』第74卷第2號, 1991年 〈p.423〉

石島紀之·久保亨編『重慶國民政府史の研究』東京大學出版會, 2004年 〈p.388〉

石田興平『滿洲における植民地經濟の史的研究』ミネルヴァ書房, 1964年 〈p.334〉

石原享一「1970年代までの中國經濟管理－システムと實態」毛里和子編『毛澤東時代の中國〈現代中國論1〉』日本國際問題研究所, 1990年 〈pp.396, 434〉

泉谷陽子『中國建國初期の政治と經濟－大衆運動と社會主義體制』御茶の水書房, 2007年 〈pp.393, 395〉

伊藤正彦『宋元郷村社會史論－明初里甲制體制の形成過程』汲古書院, 2010年 〈pp.75, 76〉

伊藤道治『中國古代國家の支配構造－西周封建制度と金文』中央公論社, 1987年 〈p.104〉

井上裕正『清代アヘン政策史の研究』京都大學學術出版會, 2004年 〈p.311〉

今堀誠二『中國史の位相』勁草書房, 1995年 〈pp.76, 198〉

入矢義高·梅原鬱譯注『東京夢華錄－宋代の都市と生活』平凡社 (東洋文庫), 1996年〈p.479〉

岩井茂樹「張居正財政の課題と方法」岩見宏·穀口規矩雄篇『明末清初期の研究』京都大學人文科學研究所, 1989年 〈p.299〉

——「乾隆期の「大蒙古包宴」－アジア政治文化の一こま」河內良弘編『清朝治下の民族問題と國際關係』平成2年度科學研究費補助金·研究成果報告書, 1991年 〈p.85〉

——「十六·十七世紀の中國邊境社會」小野和子編『明末清初の社會と文化』京都大學人文科學研究所, 1996年 〈p.296〉

——「清代の版圖順莊法とその周邊」「東方學報 京都』第72冊, 2000年 〈p.338〉

——『中國近世財政史の研究』京都大學學術出版會, 2004年a 〈pp.28, 301, 306, 335, 338, 348, 349, 372, 383, 476〉

——「十六世紀中國における交易秩序の摸索－互市の現實とその認識」, 同編『中國近世社會の秩序形成』京都大學人文科學研究所, 2004年b 〈pp.342, 360〉

——「清代の互市と“沈默外交”」夫馬進編『中國東アジア外交交流史の研究』京都大學學術出版會, 2007年 〈p.344〉

——「中華帝國財政の近代化」飯島涉·久保亨·村田雄二郎編『ツリーズ20世紀中國史 1中華世界と近代』東京大學出版會, 2009年 〈p.335〉

——「朝貢と互市」和田春樹ほか編『東アジア近現代通史1 東アジア世界の近代19世紀』岩波書店, 2010年 〈p.344〉

岩村忍,「封建的領地制」, 同『モンゴル社會經濟史の研究』京都大學人文科學研究所, 1968年 〈p.272〉

ウィットォーゲル, カール·A(karl August Wittfogel) 著/湯淺赳男譯『オリエンタル·デスポティズム － 專制官僚國家の生成と崩壞』新評論, 1991年 〈p.60〉

上田信「中國における生態ツステムと山區經濟－秦嶺山脈の事例から」宮嶋博史ほか編『アジアから考える 6長期社會變動』東京大學出版會, 1994年 〈p.309〉

——『森と緣の中國史－エコロジカル·ヒストリーの試み』岩波書店, 1999年 〈p.59〉

植松正『元代江南政治社會史研究』汲古書院, 1997年 〈pp.249, 251〉

臼井佐知子『徽州商人の研究』汲古書院, 2005年 〈pp.324, 480〉

內田知行「戶籍管理·配給制度からみた中國社會－建國－1980年代初頭」毛里和子編『毛澤東時代の中國〈現代中國論 1〉』日本國際問題研究所, 1990年 〈p.399〉

守都宮清吉『漢代社會經濟史研究』弘文堂, 1955年 〈pp.112, 127, 146, 187〉

守野重昭·小林弘二·矢吹晉『現代中國の歷史 1949－1985 － 毛澤東時代から鄧小平時代へ』有斐閣, 1986年 〈p.436〉

守野伸浩「オゴディ·ハンとムスリム商人－オルドにおける交易と西アジア產の商品」『東洋學報』第70卷第3·4號, 1989年 〈p.276〉

梅原鬱「宋代商稅制度補說」『東洋史研究』第18卷第4號, 1960年 〈p.344〉

——「青唐の馬と四川の茶－北宋時代四川茶法の展開」『東方學報 京都』第45冊, 1973年〈p.80〉

——「宋代の形勢と官戸」『東方學報 京都』第60册, 1988年 〈p.217〉
—— 譯注『夢粱錄－南宋臨安繁昌記』全3册, 平凡社 (東洋文庫), 2000年 〈p.479〉
NHK 取材班編『大モンゴル3大いなる都 巨大國家の遺産』角川書店, 1992年 〈p.489〉
江村治樹「戰國時代における都市の發達と秦漢官僚制の形成」『岩波講座世界歷史 3 中華の形成と東方世界』岩波書店, 1998年 〈p.113〉
——『春秋戰國秦漢時代出土文字資料の研究』汲古書院, 2000年 〈p.113〉
——『春秋戰國時靑銅貨幣の生成と展開』汲古書院, 2011年 〈p.142〉
王穎琳『中國紡織機械製造業の基盤形成－技術移轉と四川秋次』學術出版會, 2009年〈p.427〉
大澤正昭『陳敷農書の研究』農山漁村文化協會, 1993年 〈p.68〉
——『唐宋變革期農業社會史研究』汲古書院, 1996年 〈pp.69, 154, 182〉
大津透『日唐律令制の財政構造』岩波書店, 2006年 〈pp.170, 196〉
岡崎文夫『魏晉南北朝通史 內篇』平凡社 (東洋文庫), 1989年 〈p.152〉
－著/川合安補訂·秋月觀暎解說『隋唐帝國五代史』平凡社 (東洋文庫), 1995年 〈p.159〉
岡田芳政·多田井喜生·高橋正衛編『續·現代史資料 12 阿片問題』みすず書房, 1986年〈p.354〉
岡村秀典「農耕社會と文明の形成」『岩波講座世界歷史 3 中華の形成と東方世界』岩波書店, 1998年 〈p.473〉
——『夏王朝 王權誕生の考古學』講談社, 2003年 〈p.473〉
——『中國古代王權と祭祀』學生社, 2005年 〈p.473〉
——『中國文明 農業と禮制の考古學』京都大學學術出版會 (學術選書), 2008年 〈pp.91, 92, 95, 97, 473〉
岡本隆司『近代中國と海關』名古屋大學出版會, 1999年a 〈pp.284, 311, 342, 344, 346, 348, 382〉
——「淸末民國と鹽稅」『東洋史硏究』第58卷第1號, 1999年b 〈p.323〉
——「淸末票法の成立　道光期兩淮鹽政改革再論」『史學雜誌』第110編第12號, 2001年〈p.323〉
——「「朝貢」と「互市」と海關」『史林』第90卷第5號, 2007年 〈pp.344, 481〉
——『中國「反日」の源流』講談社 (選書メチエ), 2011年 〈pp.46, 289〉
奧村哲『中國の現代史－戰爭と社會主義』靑木書店, 1999年 〈p.391, 392〉
——『中國の資本主義と社會主義－近現代史像の再構成』櫻井書店, 2004年 〈p.424〉
小澤正人·穀豊信·西江淸高『中國の考古學』同成社, 1999年 〈pp.92, 93〉
小島祐馬『岩波講座東洋思潮 [東洋思潮の展開]－支那思想 社會經濟思想』岩波書店, 1936年 (同『古代中國硏究』平凡社 (東洋文庫), 1988年に「中國古代の社會經濟思想」として再錄)〈p.146〉
愛宕元·冨谷至編著『中國の歷史(上) 古代－中世』昭和堂, 2005年 〈pp.180, 474〉
小山正明『明淸社會經濟史硏究』東京大學出版會, 1992年 〈p.265〉
戒能通孝「支那土地法慣行序說－北支農村に於ける土地所有權と其の具體的性格」, 同『法律社會學の諸問題』日本評論社, 1943年 〈p.482〉
柿沼陽平『中國古代貨幣經濟史硏究』汲古書院, 2011年 〈p.142〉
影山剛「均輸·平準と鹽鐵專賣」『岩波講座世界歷史 4 古代 4－ 東アジア世界の形成1』岩波書店, 1970年 〈p.145〉
——『中國古代の商工業と專賣制』東京大學出版會, 1984年 〈p.138〉
梶穀懷『現代中國の財政金融システム－グローバル化と中央－地方關係の經濟學』名古屋大學出版會, 2011年 〈p.409〉

加島潤「政權交代と上海市財政構造の變動 (1945~56年)」『アジア經濟』第48卷第7號, 2007年 〈pp.395, 397〉
柏祐賢『經濟秩序個性論Ⅱ 中國經濟の研究』人文書林, 1948年 (『柏祐賢著作集』第4卷, 京都産業大學出版會, 1986年に再錄) 〈p.409〉
加藤繁「漢代に於ける國家財政と帝室財政との區別竝に帝室財政一斑」『東洋學報』第8卷第1號, 第9卷第1·2號, 1918~1919年 (同『支那經濟史考證』上卷, 東洋文庫, 1952年に再錄) 〈pp.116, 138〉
——「唐宋時代の商人組合「行」を論じて清代の會館に及ぶ」『史學』第14卷第1號, 1935年 (同『支那經濟史考證』上卷, 東洋文庫, 1952年に再錄) 〈p.329〉
——『支那學雜草』生活社, 1944年 〈p.472〉
——『支那經濟史考證』上卷, 東洋文庫, 1952年 〈pp.223, 471〉
——『支那經濟史考證』下卷, 東洋文庫, 1953年 〈pp.220, 230, 471〉
—— 譯注『史記平準書·漢書食貨志』岩波書店 (岩波文庫), 1942年 〈p.147〉
—— 譯注『舊唐書食貨志·舊五代史食貨志』岩波書店 (岩波文庫), 1948年 〈p.147〉
加藤弘之「中國と日本」久保廣正·西島章次編『世界經濟と日本』ミネルヴァ書局, 2012年 〈p.451〉
——·久保亨『進化する中國の資本主義』岩波書店, 2009年 〈pp.377, 409, 449〉
加藤陽子『それでも, 日本人は「戰爭」を選んだ』朝日出版社, 2009年 〈p.449〉
角崎信也「新兵動員と土地改革－國共內戰時期東北解放區を事例として」『近きに在りて』第57號, 2010年 〈p.425〉
金子肇「中國の統一化と財政問題－「國地財政劃分」問題を中心に」『史學研究』第179號, 1988年 〈p.382〉
——『近代中國の中央と地方－民國時期の國家統合と行財政』汲古書院, 2008年 〈p.379〉
紙室正和『漢時代における郡縣制の展開』朋友書店, 2009年 〈p.122〉
狩穀棭齋著/富穀至校注『本朝度量權衡攷』全2册, 平凡社 (東洋文庫), 1991~1992年 〈p.133〉
川井悟「トッドと李儀祉－中國近代水利土木事業についての覺え書き」『中國水利史研究』第23·24合併號, 1995年 〈p.60〉
川合安「南朝財政機構の發展について」『文化』第49卷第3·4號, 1985年 〈p.157〉
川勝義雄『六朝貴族制社會の研究』岩波書店, 1982年 〈p.187〉
——『魏晉南北朝』講談社 (學術文庫), 2003年 〈p.162〉
河原林直人『近代アジアと茶業－臺灣茶業の歷史的展開』世界思想社, 2003年 〈p.448〉
カソ, エドワード(Eduard Kann) 著/宮下忠雄譯『カソ支那通貨論－金及び銀取引の研究』東亞同文書院支那研究部, 1934年 〈p.489〉
冀朝鼎著/佐渡愛三譯『支那基本經濟と灌漑』白揚社, 1941年 〈p.60〉
木越義則『近代中國と廣城市場圈－海關統計によるマクロ的アプローチ』京都大學學術出版會, 2012年 〈pp.16, 315, 368, 390, 399, 418〉
鞠淸遠著/中嶋敏譯『唐代財政史』國書出版, 1944年(大安, 1966年) 〈p.178〉
岸本美緒「清朝とユーラシア」歷史學研究會編『講座世界史2 近代世界への道－變容と摩擦』東京大學出版會, 1995年 〈p.304〉
——『清代中國の物價と經濟變動』研文出版, 1997年 〈pp.198, 304〉
——「比喩と「中國社會論」」『UP』第410號, 2006年 (同『地域社會論再考－明清史論集2』研文

出版, 2012年に再錄) 〈p.21〉
──『風俗と時代觀－明淸史論集1』研文出版 (研文選書), 2012年a 〈p.419〉
──『地域社會論再考－明淸史論集2』研文出版 (研文選書), 2012年b 〈p.481〉
──「明末淸初の市場構造－モデルと實態」古田和子編『中國の市場秩序－17世紀から20世紀前半を中心に』慶應義塾大學出版會, 2013年 〈p.304〉
──編『岩波講座「帝國」日本の學知 3 東洋學の磁場』岩波書店, 2006年 〈p.478〉
北田英人「8－13世紀江南の潮と水利··農業」『東洋史研究』第47卷第4號, 1989年 〈p.182〉
──「稻作の東アジア史」『岩波講座世界歷史 9 中華の分裂と再生』岩波書店, 1999年 〈pp.33, 34, 158, 218, 289〉
木田知生『司馬光とその時代』白帝社, 1994年 〈p.267〉
淸川雪彦『近代製糸技術とアジア－技術導入の比較經濟史』名古屋大學出版會, 2009年 〈p.377〉
草野靖「南宋行在會子の發展」上·下『東洋學報』第49卷第1·2號, 1966年 〈p.270〉
久保亨『中國經濟 100年のあゆみ－統計資料で見る中國近現代經濟史』第2版, 創研出版, 1995年 〈p.398〉
──『戰間期中國〈自立への模索〉－關稅通貨政策と經濟發展』東京大學出版會, 1999年 〈pp.347, 381, 386, 427〉
──『戰間期中國の綿業と企業經營』汲古書院, 2005年 〈p.376〉
──『20世紀中國經濟史の探究』信州大學人文學部, 2009年a 〈p.16〉
──「統制と開放をめぐる經濟史」飯島涉·久保亨·村田雄二郎編『ツリーズ20世紀中國史3 グローバル化と中國』東京大學出版會, 2009年b 〈p.389〉
──編『中國經濟史入門』東京大學出版會, 2012年 〈pp.16, 418〉
黑田明伸『中華帝國の構造と世界經濟』名古屋大學出版會, 1994年 〈pp.259, 373〉
──『貨幣システムの世界史－〈非對稱性〉をよむ』岩波書店, 2003年 〈pp.334, 414〉
桑原隲藏『桑原隲藏全集 第2卷 東洋文明史論叢』岩波書店, 1968年a (その一部が, 同『東洋文明史論』平凡社 [東洋文庫], 1988年として再刊) 〈p.478〉
──『蒲壽庚の事蹟』『桑原隲藏全集 第4卷 蒲壽庚の事蹟·考史遊記』岩波書店, 1968年b (平凡社[東洋文庫], 1989年) 〈pp.237, 477〉
氣賀澤保規「均田制硏究の展開」穀川道雄篇著『戰後日本の中國史論爭』河合文化教育研究所, 1993年 〈p.194〉
──『府兵制の研究』同朋舍, 1999年 〈p.475〉
嚴善平「人民公社經濟の構造と變容－江蘇省南部X生産隊の會計資料 (1965－82年) の整理と分析」I·II,『桃山學院大學經濟經營論集』第37卷第4號, 第38卷第1號, 1996年 〈p.432〉
──『ツリーズ現代中國經濟 2 農民國家の課題』名古屋大學出版會, 2002年 〈p.432〉
原州聯合考古隊編『唐史道洛墓』勉誠出版, 1999年 〈p.489〉
小泉袈裟勝『度量衡の歷史』原書房, 1977年 〈p.133〉
──編著『圖解 單位の歷史辭典』柏書房, 1989年 〈p.133〉
甲元眞之『中國新石器時代の生業と文化』中國書店, 2001年 〈p.89〉
後藤春美『アヘンとイギリス帝國－國際規制の高まり 1906－43年』山川出版社, 2005年〈p.355〉
齋藤勝「唐·回鶻絹馬交易再考」『史學雜誌』第108編第10號, 1999年 〈p.79〉

佐伯富『中國鹽政史の研究』法律文化社, 1987年 〈pp.262, 323〉
――『王安石』中央公論社 (中公文庫), 1990年 〈p.267〉
佐川英治「北魏の編戶制と徵兵制度」『東洋學報』第81卷第1號, 1999年a 〈p.163〉
――「三長·均田兩制の成立過程－『魏書』の批判的檢討を通じて」『東方學』第97號, 1999年b 〈p.163〉
――「北魏均田制研究の動向」『中國史學』第11號, 2001年 〈p.193〉
――「北魏均田制の目的と展開－奴婢給田を中心として」『史學雜誌』第110編第1號, 2001年 〈p.193〉
佐久間重男「明代の商稅制度」『社會經濟史學』第13卷第3號, 1943年 〈p.345〉
――『日明關係史の研究』吉川弘文館, 1992年 〈p.342〉
笹川裕史『中華民國期農村土地行政史の研究－國家－農村社會間關係の構造と變容』汲古書院, 2002年 〈p.383〉
――『中華人民共和國誕生の社會史』講談社 (選書メチエ), 2011年 〈p.425〉
――·奥村哲『銃後の中國社會－日中戰爭下の總動員と農村』岩波書店, 2007年 〈p.423〉
佐々木正哉「イギリスと中國－アヘン戰爭への過程」榎一雄編『西歐文明と東アシア』東西文明の交流5, 平凡社, 1971年 〈p.307〉
佐藤武敏「漢代江南の水利開發」『三上次男博士喜壽記念論文集 歷史編』平凡社, 1985年 〈p.126〉
佐原康夫『漢代都市機構の研究』汲古書院, 2002年a 〈pp.119, 139, 142, 147, 474〉
――「中國古代の貨幣經濟論と貨幣史認識をめぐって」 第1回中國史學國際學會實行委員會編『中國の歷史世界－統合のシステムと多元的發展』東京都立大學出版會, 2002年b 〈p.142〉
――「貝貨小考」『奈良女子大學文學部研究年報』第45號, 2002年c 〈p.142〉
――「書評 五井直弘著『中國古代の城郭都市と地域支配』」『日本秦漢史學會會報』第5號, 2004年 〈p.474〉
ヅヤック, ヅェルネ(Jacques Gernet) 著/栗本一男譯『中國近世の百萬都市－モンゴル襲來前夜の杭州』平凡社, 1990年 〈p.478〉
滋賀秀三『清代中國の法と裁判』創文社, 1984年 〈p.480〉
――『中國法制史論集 法典と刑罰』創文社, 2003年 〈p.480〉
――『續·清代中國の法と裁判』創文社, 2009年 〈p.480〉
重田德『清代社會經濟史研究』岩波書店, 1975年 〈p.338〉
重近啓樹『秦漢稅役體系の研究』汲古書院, 1999年 〈p.136〉
斯波義信『宋代商業史研究』風間書房, 1968年 〈pp.220, 234, 237, 344, 473〉
――『宋代江南經濟史の研究』汲古書院, 1988年 (訂正版, 2001年) 〈pp.199, 218, 236, 473〉
――『華僑』岩波書店 (岩波新書), 1995年 〈pp.237, 360〉
――『中國都市史』東京大學出版會, 2002年 〈pp.25, 46, 224, 236, 472〉
澁穀由里『馬賊で見る「滿洲」－張作霖のあゆんだ道』講談社 (選書メチエ), 2005年 〈p.380〉
嶋倉民生·中兼和津次編『人民公社制度の研究』アジア經濟研究所, 1980年 〈pp.432, 435〉
島居一康,『宋代稅政史研究』汲古書院, 1993年a 〈pp.203, 215, 216〉
――「中國における國家的土地所有と農民的土地所有」中村哲編『東アジア專制國家と社會·經濟』青木書店, 1993年b 〈p.282〉

――『宋代財政構造の研究』汲古書院, 2012年 〈pp.215, 232, 262〉
――「唐宋時代の抽稅」『唐宋變革研究通訊』第4輯, 2013年 〈p.344〉
『週刊中國悠悠紀行 44 南京と揚州』小學館 (ウィークリーブック), 2005年 〈p.489〉
白川靜「農事時の研究」『白川靜著作集 10 詩經Ⅱ』平凡社, 2000年 〈p.103〉
城山智子『大恐慌下の中國－市長·國家·世界經濟』名古屋大學出版會, 2011年 〈pp.380, 385, 387, 394〉
莊國土「グローバル經濟の中の中國の國家戰略と華僑華人」『華僑華人研究』第7號, 2010年 〈p.360〉
杉原薰『アジア間貿易の形成と構造』ミネルウァ書房, 1996年 〈p.315〉
杉山伸也『日本經濟史 近世－近代』岩波書店, 2012年 〈p.16〉
杉山正明『クビライの挑戰－モンゴル海上帝國への道』朝日新聞社 (朝日選書), 1995年 (同『クビライの挑戰－モンゴルによる世界史の大轉回』講談社 (學術文庫), 2010年として再刊) 〈p.243〉
――『遊牧民から見た世界史－民族も國境も越えて』日本經濟新聞社, 1997年 (增補版, 日本經濟新聞出版社(日本ビジネス人文庫), 2011年) 〈p.85〉
――『モンゴル帝國と大元ウルス』京都大學學術出版會, 2004年 〈pp.84, 243, 271〉
――·北川誠一『世界の歷史 9 大モンゴルの時代』中央公論社, 1997年 (中央公論新社 [中公文庫], 2008年) 〈p.276〉
鈴木智夫『洋務運動の研究－19世紀後半の中國における工業化と外交の革新についての考察』汲古書院, 1992年 〈pp.319, 416〉
周藤吉之『中國土地制度史研究』東京大學出版會, 1954年 〈pp.194, 215, 265〉
――『宋代經濟史研究』東京大學出版會, 1962年 〈pp.69, 250〉
――「宋代浙西地方の囲田の發展－土地所有制との關係」同『宋代史研究』東洋文庫, 1969年 〈p.218〉
――·中嶋敏編『宋史食貨志譯注』全6卷, 東洋文庫, 1960~2006年 〈p.147〉
隅穀三喜男·劉進慶·塗照彥『臺灣の經濟－典型 NIES の光と影』東京大學出版會, 1992年 〈p.448〉
妹尾達彥「唐代後半期における江准鹽稅機關の立地と機能」『史學雜誌』第91編第2號, 1982年 〈pp.179, 260〉
――「中華の分裂と再生」『岩波講座世界歷史 9 中華の分裂と再生』岩波書店, 1999年 〈p.151〉
――『長安の都市計畫』講談社 (選書メチエ), 2001年 〈pp.172, 184〉
曾我部靜雄「井田法と均田法」, 同『中國律令史の研究』吉川弘文館, 1971年 〈p.193〉
――「宋代の馬政」, 同『宋代政經史の研究』吉川弘文館, 1974年 〈p.80〉
曾田三郎『中國近代製糸業史の研究』汲古書院, 1994年 〈p.376〉
高嶋航「近代江南の土地, 徵稅, 國家－土地·徵稅文書と田賦徵收機構」京都大學大學院文學研究科博士論文, 2001年 〈p.338〉
高橋繼男「劉晏の巡院設置について」『集刊東洋學』第28號, 1972年 〈p.181〉
――「新唐書食貨志記事の典據史料覺書」(1)－(5)『東洋大學文學部紀要』第40·44·46·49號, 1987~1995年. (2)のみ「粟原益男先生古稀記念論集 中國古代の法と社會」汲古書院, 1988年, 所收 〈p.147〉

高橋弘臣『元朝貨幣政策成立過程の研究』東洋書院, 2000年 〈p.270〉
高橋芳郎『宋－清身分法の研究』北海道大學圖書刊行會, 2001年 〈pp.217, 265, 479〉
——『宋代中國の法制と社會』汲古書院, 2002年 〈pp.216, 479〉
高村直助『近代日本綿業と中國』東京大學出版會, 1982年 〈p.375〉
田島俊雄「中國における中小鐵鋼企業の存立條件」『中國研究月報』第369號, 1978年 〈p.434〉
——「經濟發展戰略と經濟體制」野村浩一·高橋滿·辻康吾編『もっと知りたい中國1政治·經濟編』弘文堂, 1991年 〈p.429〉
——「巫寶三研究員の逝去を悼む」『中國研究月報』第53卷第3號, 1999年 〈p.485〉
——「中國の財政金融制度改革 － 屬地的經濟システムの形成と變容」中兼和津次編『現代中國の構造變動 2 經濟－構造變動と市場化』東京大學出版會, 2000年 〈pp.394, 434〉
——「中華人民共和國 經濟」松丸道雄ほか編『世界歷史大系 中國史 5－清末－現在』山川出版社, 2002年 〈pp.397, 400, 403, 405, 436〉
——「中國の重工業化と地方産業」『産業學會研究年報』第26號, 2011年 〈pp.429, 435, 436〉
——編著『20世紀の中國化學工業 － 永利化學·天原電化とその時代』ISS Research Series No.17, 東京大學社會科學研究所, 2005年 〈p.427〉
——編著『現代中國の電力産業 －「不足の經濟」と産業組織』昭化堂, 2008年 〈pp.427, 435〉
——·江小涓·丸川知雄著『中國の體制轉換と産業發展』ISS Research Series No.6, 東京大學社會科學研究所, 2003年 〈p.436〉
——·朱蔭貴·加島潤編著『中國セメソト産業の發展 － 産業組織と構造變化』禦茶の水書房, 2010年 〈p.427〉
——·朱蔭貴·加島潤·松村史穗編『海峽兩岸近現代經濟研究』現代中國研究據點研究ツリーズ No.6, 東京大學社會科學研究所, 2011年 〈p.427〉
田中明彦『日中關係 1945－1990』東京大學出版會, 1991年 〈p.450〉
田中正俊『中國近代經濟史研究序說』東京大學出版會, 1973年 〈p.311〉
——『田中正俊歷史論集』汲古書院, 2004年 〈p.265〉
穀光隆『明代馬政の研究』東洋史研究會, 1972年 〈p.81〉
穀川道雄『隨唐帝國形成史論』築摩書房, 1971年 (增補版, 1998年) 〈p.159〉
——編著『戰後日本の中國史論爭』河合文化教育出版社, 1993年 〈p.15〉
——·森正夫編『中國民衆叛亂史 4 明末－清Ⅱ』平凡社 (東洋文庫), 1983年 〈p.265〉
檀上寬『明朝專制支配の史的構造』汲古書院, 1995年 〈p.284〉
——『明代海禁=朝貢システムと華夷秩序』京都大學學術出版會, 2013年 〈pp.342, 360〉
千葉正史『近代交通體系と清帝國の變貌 － 電信·鐵道ネットワークの形成と中國國家統合の變容』日本經濟評論社, 2006年 〈p.372〉
中國現代史研究會編『中國國民政府史の研究』汲古書院, 1986年 〈p.483〉
陳高華著/佐竹靖彦譯『元の大都 － マルコ·ポーロ時代の北京』中央公論社 (中公新書), 1984年 〈p.243〉
陳來幸「華僑·華人のネットワーク － 中華總商會を中心に」遠藤乾編『グローバル·ガバナンスの最前線』東信堂, 2008年 〈p.359〉
鄭肇經著/東亞研究所資料刊行會編/第二調查委員會譯『中國水利史－飜譯』覆刻版, 岡本書店, 1983年 〈p.63〉

鄭樑生『明·日關係史の研究』雄山閣, 1995年 〈p.342〉
ディケーター, フラソク(Frank Dikötter) 著/中川治子譯『毛澤東の大饑饉 - 史上最も悲慘で破壞的な人災 1958－1962』草思社, 2011年 〈p.402〉
寺田隆信『山西商人の研究 - 明代における商人および商業資本』東洋史研究會, 1972年 〈pp.324, 480〉
塗照彦『日本帝國主義下の臺灣』東京大學出版會, 1975年 〈p.448〉
東洋史研究會編『雍正時代の研究』同朋舍出版, 1986年 〈p.306〉
戸田裕司「黃震の廣德軍社倉改革 - 南宋社倉制度の再檢討」『史林』第73卷第1號, 1990年 〈p.76〉
礪波護『唐代政治社會史研究』同朋舍出版, 1986年 〈p.181〉
富澤芳亞「近代的企業の發展」飯島涉·久保亨·村田雄二郎編『ツリーズ20世紀中國史 3 グローバル化と中國』東京大學出版會, 2009年 〈p.417〉
──·久保亨·萩原充編『近代中國を生きた日係企業』大阪大學出版會, 2011年 〈p.376〉
內藤湖南『支那論』文會堂書店, 1914年 (『內藤湖南全集』第5卷, 築摩書房, 1972年に再錄) 〈p.472〉
──「概括的唐宋時代觀」『歷史と地理』第9卷第5號, 1925年 (同著/礪波護編『東洋文化社』中央公論新社 [中公クラツックス], 2004年に再錄) 〈p.472〉
中井英基『張謇と中國近代企業』北海道大學圖書刊行會, 1996年 〈pp.371, 415〉
長井千秋「南宋の補給體制試論」『愛大史學』第17號, 2008年 〈p.232〉
中兼和津次『中國經濟論 - 農工關係の政治經濟學』東京大學出版會, 1992年 〈p.432〉
──『開發經濟學と現代中國』名古屋大學出版會, 2012年 〈pp.13, 398〉
──編著『歷史的視野からみた現代中國經濟』ミネルヴァ書房, 2010年 〈pp.14, 15〉
中島樂章「元代社制の成立と展開」『九州大學東洋史論集』第29號, 2001年 〈p.247〉
──『徽州商人と明清中國』山川出版社 (世界史リブレット), 2009年 〈p.324〉
中砂明德『江南－中國文雅の原流』講談社 (選書メチエ), 2002年 〈pp.53, 238〉
──「付祿」礪波護·岸本美緒·杉山正明編『中國歷史研究人文』名古屋大學出版會, 2006年〈p.22〉
長瀨守『宋元水利史研究』國書刊行會, 1983年 〈p.62〉
永田英正·梅原鬱譯注『漢書食貨志·地理志·溝洫志』平凡社 (東洋文庫), 1988年, 〈p.147〉
中村圭爾「南朝國家論」『岩波講座世界歷史 9 中華の分裂と再生』岩波書店, 1999年 〈p.156〉
──『六朝江南地域史研究』汲古書院, 2006年 〈pp.157, 189〉
仁井田陞『唐令拾遺』東方文化學院東京研究所, 1933年 (東京大學出版會, 1964年) 〈p.168〉
──『中國の社會とギルド』岩波書店, 1951年 〈p.327〉
新村容子『アヘン貿易論爭－イギリスと中國』汲古書院, 2000年 〈pp.351〉
──「「王立アヘン委員會」とモリソソパソフレット」斯波義信編『モリソソパソフレットの世界』東洋文庫, 2012年 〈p.352〉
西奧健志「宋代市糴制度の財政的背景－儲備の獲得を中心として」『社會經濟史學』第70卷第3號, 2004年 〈p.198〉
西嶋定生譯注·中島敏編『晉書食貨志譯注』東洋文庫, 2007年 〈p.147〉
西山武一『アシア的農法と農業社會』東京大學出版會, 1969年 〈p.67〉
──·熊代幸雄『校訂譯注 齊民要術』アヅア經濟出版會, 1969年 〈p.67〉
日本上海史研究會『上海－重層するネットワーク』汲古書院, 2000年 〈p.420〉

根岸佶『支那ギルドの研究』斯文書院, 1932年 〈p.327〉
——『商事に關する慣行調査報告書－合股の研究』東亞研究所, 1943年 〈p.357〉
野澤豊編『中國國民革命史の研究』青木書店, 1974年 〈p.483〉
——編『中國の幣制改革と國際關係』東京大學出版會, 1981年 〈p.483〉
——編『日本の中華民國史研究』汲古書院, 1995年 〈p.483〉
バーヂス (John Stewart Burgess) 著/申鎭均譯『北京のギルド生活』生活社, 1942年 〈p.326〉
萩原充『中國の經濟建設と日中關係－對日抗戰への序曲 1927~1937年』ミネルヴァ書房, 2000年 〈p.387〉
橋本万平『計測の文化史』朝日新聞社 (朝日選書), 1982年 〈p.133〉
旗田巍『中國村落と共同體理論』岩波書店, 1973年 〈p.482〉
畑地正憲「北宋·遼間の貿易と歲贈について」『史淵』第111輯, 1974年 (同『宋代軍政史研究』北九州中國書店, 2012年に再錄) 〈p.222〉
羽田正編『東アジア海域に漕ぎだす 1 海から見た歷史』東京大學出版會, 2013年〈pp.234, 360〉
濱川榮『中國古代の社會と黃河』早稻田大學出版部, 2009年 〈p.60〉
濱口重國『秦漢隋唐史の研究』上·下, 東京大學出版會, 1966年a 〈pp.136, 475〉
——『唐代賤人制度の研究』東洋史研究會, 1966年b 〈p.476〉
——「唐の白直と雜徭と諸々の特定の役務」『史學雜誌』第78編第2號, 1969年 〈p.476〉
濱下武志『中國近代經濟史研究－清末海關財政と開港場市場圈』汲古書院, 1989年 〈p.481〉
——『近代中國の國際的契機－朝貢貿易システムと近代アジア』東京大學出版會, 1990年 〈pp.311, 315〉
——『香港－アジアのネットワーク都市』築摩書房 (ちくま新書), 1996年 〈p.445〉
原宗子「生産技術と環境」『岩波講座世界歷史 3 中華の形成と東方世界』岩波書店, 1998年〈p.27〉
——『「農本」主義と「黃土」の發生－古代中國の開發と環境 2』研文出版, 2005年 〈p.59〉
範金民「把持と応差－巴県檔案から見た清代重慶の商貿訴訟」夫馬進編『中國訴訟社會史の研究』京都大學學術出版會, 2011年 〈p.329〉
阪野正高『近代中國政治外交史－ヴァスコ·ダ·ガマから五四運動まで』東京大學出版會, 1973年 〈p.300〉
——·田中正俊·衛藤瀋吉編『近代中國研究入門』東京大學出版會, 1974年 〈p.15〉
久末亮一『香港「帝國の時代」のゲートウェイ』名古屋大學出版會, 2012年 〈p.445〉
日野開三郎『日野開三郎東洋史學論集 1 唐代藩鎭の支配體制』三一書房, 1980年 〈p.476〉
——『日野開三郎東洋史學論集 5 唐·五代の貨幣と金融』三一書房, 1982年 〈pp.220, 270〉
——「北宋時代の鹽鈔について 附交引鋪」『日野開三郎東洋史學論集 6 宋代の貨幣と金融 (上)』三一書房, 1983年a 〈p.261〉
——『日野開三郎東洋史學論集 6 宋代の貨幣と金融 (上)』三一書房, 1983年b 〈pp.221, 270〉
——『日野開三郎東洋史學論集 6 宋代の貨幣と金融 (下)』三一書房, 1983年c 〈p.270〉
——「銀絹の需給上より見た五代·北宋の歲幣·歲賜」『日野開三郎東洋史學論集 10 北東アジア國際交流史の研究 (下)』三一書房, 1984年 〈p.222〉
——『日野開三郎東洋史學論集 11 戶口問題と糴買法』三一書房, 1988年 〈p.199〉
平野義太郎『大アジア主義の歷史的基礎』河出書房, 1945年 〈p.482〉
弘末雅士『東南アジアの港市世界－地域社會の形成と世界秩序』岩波書店, 2004年 〈p.360〉

深尾葉子·安富步編『黄土高原·緑を紡ぎだす人々－「緑聖」朱序弼をめぐる動きと語り』風響社, 2010年 〈p.59〉
藤井律之「北朝皇帝の行幸」前川和也·岡村秀典編『國家形成の比較研究』學生社, 2005年〈p.83〉
藤井宏「明代鹽商の一考察－邊商·內商·水商の研究」(1)~(3)『史學雜誌』第54編第5~7號, 1953~1954年a 〈pp.323, 480〉
――「新安商人の研究」(1)~(4)『東洋學報』第36卷第1~4號, 1953~1954年b 〈p.480〉
藤田豊八『東西交涉史の研究－南海篇』岡書院, 1932年 〈p.237〉
船越泰次『唐代兩稅法研究』汲古書院, 1996年 〈pp.197, 203〉
夫馬進『中國善會善堂史研究』同朋舍出版, 1997年 〈p.329〉
星斌夫『明代漕運の研究』日本學術振興會, 1963年 〈p.74〉
――『大運河－中國の漕運』近藤出版社, 1971年 〈p.74〉
ホフマン, ワルター (Walther G. Hoffmann) 著/長洲一二·富山和夫共譯『近代産業發展段階論』日本評論社, 1967年 〈p.426〉
堀和生編『東アジア資本主義史論Ⅱ－構造と特質』ミネルヴァ書房, 2008年 〈p.448〉
堀敏一『均田制の研究』岩波書店, 1975年 〈pp.163, 187, 193〉
堀地明『明清食糧騷擾研究』汲古書院, 2011年 〈p.76〉
本田實信『モンゴル時代史研究』東京大學出版會, 1991年 〈p.244〉
マカートニー (George Macartney) 著/阪野正高譯注『中國訪問使節日記』平凡社 (東洋文庫), 1975年 〈p.310〉
前田直典『元代史の研究』東京大學出版會, 1973年 〈pp.240, 243, 245, 270〉
牧野修二「元朝中書省の成立」『東洋史研究』第25卷第3號, 1966年 (藤野彪·牧野修二『元朝史論集』汲古書院, 2012年に再錄) 〈p.273〉
增淵龍夫「先秦時代の山林藪沢と秦の公田」中國古代史研究會編『中國古代の社會と文化』東京大學出版會, 1957年 (同『新版 中國古代の社會と國家』岩波書店, 1996年に再錄) 〈pp.109, 139〉
――「春秋時代の貴族と農民」『一橋論叢』第72卷第1號, 1974年 (同『新版 中國古代の社會と國家』岩波書店, 1996年に再錄) 〈p.104〉
松浦章「清代における沿岸貿易について－帆船と商品流通」小野和子編『明清時代の政治と社會』京都大學人文科學研究所, 1983年 〈p.310〉
――『清代海外貿易史の研究』朋友書店, 2002年 〈pp.310, 342〉
松田孝一「フラグ家の東方領」『東洋史研究』第39卷第1號, 1980年 〈p.271〉
――「オゴデイ·カソの「丙申年分撥」再考 (1)－「荅裏眞官人位」の寧海州分地について」『西域歷史語言研究集刊』第4輯, 科學出版社, 2010年a 〈p.271〉
――「モンゴル帝國の興亡と環境」白石典之編『チソギス·カソの戒め－モンゴル草原と地球環境問題』同成社, 2010年b 〈p.246〉
松田壽男『松田壽男著作集 2 遊牧民の歷史』六興出版, 1986年 〈p.79〉
松田吉郎「黃河の治水史」『月刊しにか』第12卷第1號, 2001年 〈p.26〉
松村史穗「計畫經濟期中國における食糧配給制度の展開過程」『社會經濟史學』第75卷第4號, 2009年 〈p.399〉
松本俊郎『「滿洲國」から新中國へ－鞍山鐵鋼業からみた中國東北の再編過程 1940－1954』名古屋大學出版會, 2000年 〈pp.363, 428〉

丸川知雄「中國の『三線建設』」『アジア經濟』第34巻第2·3號, 1933年 〈p.433〉
――「中國の産業政策－清朝末期から 1990年代まで」, 同編『移行期中國の産業政策』アジア經濟研究所, 2000年 〈p.398〉
――「中國の『三線建設』再論」『アヅア經濟』第43巻第12號, 2002年 〈p.433〉
丸橋充拓『唐代北邊財政の研究』岩波書店, 2006年 〈pp.181, 199〉
――「府兵制下の『軍事財政』」『唐代史研究』第13號, 2010年 〈p.177〉
三上次男『金史研究 ― 金代女眞社會の研究』中央公論美術出版, 1972年 〈p.228〉
三木聰『明清福建農村社會の研究』北海道大學圖書刊行會, 2002年 〈p.265〉
三田村泰助『清朝前史の研究』同朋舎, 1965年 〈p.295〉
湊照宏『近代台灣の電力産業－ 植民地工業化と資本市場』禦茶の水書房, 2011年〈pp.428, 448〉
峰毅『中國に継承された「滿州國」の産業－ 化學工業を中心にみた継承の実態』禦茶の水書房, 2009年 〈p.428〉
宮紀子「『農桑輯要』からみた大元ウルスの勸農政策」『人文學報』第93·95·96號, 2006~2008年 〈p.247〉
宮川尚志「漢代の家畜（上·下）」『東洋史研究』第9巻第5·6號~第10巻第1號, 1947年 〈p.78〉
宮宅潔「漢初の二十等爵制－制度史的考証」, 同『中國古代刑制史の研究』京都大學學術出版會, 2011年 〈p.191〉
三宅俊彦『中國の埋められた錢貨』同成社, 2005年 〈p.258〉
宮崎市定「古代支那賦稅制度」『史林』第18巻第2·3·4號, 1933年（『中國古代賦稅制度」として『宮崎市定全集 3 古代』岩波書店, 1991年に再錄） 〈pp.103, 106, 472, 476〉
――「晉武帝の戸調式に就て」『東亞經濟研究』第19巻第4號, 1935年（『宮崎市定全集 7 六朝』岩波書店, 1992年に再錄） 〈p.475〉
――『五代宋初の通貨問題』星野書店, 1943年（『宮崎市定全集 9 五代宋初』岩波書店, 1992年に再錄） 〈p.472〉
――「胥吏の陪備を中心として－ 中國官吏生活の一面」『史林』第30巻第1號, 1945年（『宮崎市定全集 10 宋』岩波書店, 1992年に再錄） 〈p.476〉
――「宋代州県制度の由來とその特色－ 特に衙前の變遷について」『史林』第36巻第2號, 1953年（『宮崎市定全集 10 宋』岩波書店, 1992年に再錄） 〈pp.214, 476〉
――「唐代賦役制度新考」『東洋史研究』第14巻第4號, 1956年（『宮崎市定全集 8 唐』岩波書店, 1993年に再錄） 〈p.476〉
――「中國における村制の成立」『東洋史研究』第18巻第4號, 1960年（『宮崎市定全集 7 六朝』岩波書店, 1992年に再錄） 〈p.158〉
――「中國制度史の研究」『學術月報』第43巻第8號, 1990年（『宮崎市定全集 17 中國文明』岩波書店, 1993年に再錄） 〈p.476〉
――「六朝隋唐の社會」『宮崎市定全集 7 六朝』岩波書店, 1992年 〈p.475〉
――『宮崎市定全集 1 中國史』岩波書店, 1993年 〈p.472〉
――『九品官人法の研究－ 科挙前史』中央公論社（中公文庫), 1997年 〈p.48〉
―― 著/礪波護編『東洋的近世』中央公論新社（中公文庫), 1999年 〈pp.290, 472〉
宮澤知之「宋代農村社會史研究の展開」谷川道雄編著『戰後日本の中國史論爭』河合文化教育研究所, 1993年 〈p.479〉

――『宋代中國の國家と經濟－ 財政·市場·貨幣』創文社, 1998年〈pp.220, 221, 246, 258, 270〉
――「中國專制國家財政の展開」『岩波講座世界歷史 9 中華の分裂と再生』岩波書店, 1999年〈pp.166, 178〉
――「魏晉南北朝時代の貨幣經濟」『鷹陵史學』第26號, 2000年〈p.158〉
――『中國銅錢の世界－ 錢貨から經濟史へ』思文閣出版, 2007年〈pp.142, 233, 259〉
――「元朝の財政と鈔」『佛敎大學歷史學部論集』第2號, 2012年〈p.245〉
宮田道昭『中國の開港と沿海市場－ 中國近代經濟史に関する一視點』東方書店, 2006年〈p.368〉
宮本一夫『中國の歷史 01 神話から歷史へ』講談社, 2005年〈p.90〉
村岡倫「元代江南投下領とモンゴリアの遊牧集団」『龍谷紀要』第18巻第2號, 1997年〈p.272〉
村上正二「元朝に於ける投下の意義」『蒙古學報』第1號, 1940年 (同『モンゴル帝國史研究』風間書房, 1993年に再錄)〈p.272〉
村松弘一「秦漢帝國と黃土地帶」佐藤洋一郎·谷口眞人編『イエローベルトの環境史』弘文堂, 2013年〈p.59〉
村松祐次『中國經濟の社會態制』東洋經濟新報社, 1949年 (復刊版 1975年)〈p.481〉
本野英一『傳統中國商業秩序の崩壞－ 不平等條約體制と「英語を話す中國人」』名古室中國出版會, 2004年〈pp.348, 349, 371〉
籾山明『秦の始皇帝 多元世界の統一者』白帝社, 1994年〈p.115〉
森克己『続々 日宋貿易の研究』國書刊行會, 1975年〈p.258〉
森時彦『中國近代綿業史の研究』京都大學學術出版會, 2001年〈pp.316, 374, 375〉
―― 編『在華紡と中國社會』京都大學學術出版會, 2005年〈p.376〉
森正夫「16－18 世紀における荒政と地主佃戶関係」『東洋史研究』第27巻第4號, 1968年 (『森正夫明清史論集』第1巻, 汲古書院, 2006年に再錄)〈p.75〉
――『明代江南土地制度の研究』同朋舍出版, 1988年〈p.282〉
森田明『清代水利史研究』亞紀書房, 1974年〈p.64〉
森部豊『ソグド人の東方活動と東ユーラシア世界の歷史的展開』関西大學出版部, 2010年〈p.169〉
森安孝夫『興亡の世界史 5 シルクロードと唐帝國』講談社, 2007年〈pp.83, 169, 183〉
安富步『「滿洲國」の金融』創文社, 1997年〈pp.334, 363〉
――『貨幣の複雜性－生成と崩壞の理論』創文社, 2000年〈p.414〉
―― ·深尾葉子編『「滿洲」の成立－ 森林の消盡と近代空間の形成』名古屋大學出版會, 2009年〈pp.334, 363〉
矢內原忠雄『帝國主義下の台灣』岩波書店, 1929年〈p.448〉
柳田節子『宋元鄉村制の研究』創文社, 1986年〈p.217〉
山崎覚士『中國五代國家論』思文閣, 2010年〈p.184〉
山下將司「唐の監牧制と中國在住ソグド人の牧馬」『東洋史研究』第66巻第4號, 2008年〈p.79〉
山田勝芳『秦漢財政收入の研究』汲古書院, 1993年〈p.136〉
――『貨幣の中國古代史』朝日新聞社 (朝日選書), 2000年〈p.142〉
山田憲太郎『南海香藥譜－ スパイス·ルートの研究』法政大學出版局, 1982年〈p.237〉
山田豪一『滿洲國の阿片專賣－「わが滿蒙の特殊權益」の研究』汲古書院, 2002年〈p.354〉

山田賢『移住民の秩序－ 清代四川地域社會史研究』名古屋大學出版會, 1995年 〈p.312〉
山根直生「唐宋政治史研究に関する試論－ 政治過程論, 國家統合の地理的樣態から」『中國史研究』第14號, 2004年 〈p.183〉
山本眞「農村社會から見た土地改革」飯島涉·久保亨·村田雄二郎編『シリーズ20世紀中國史 3 グローバル化と中國』東京大學出版會, 2009年 〈p.426〉
横山裕男「唐代の捉錢戸について」『東洋史硏究』第17卷第2號, 1958年 〈p.168〉
吉澤誠一郎「西北建設政策の始動－ 南京國民政府における開発の問題」『東洋文化研究所紀要』第18册, 2005年 〈p.56〉
吉田寅『元代製鹽技術資料「熬波圖」の研究』汲古書院, 1983年 〈p.262〉
吉田豊「ソグド語資料から見たソグド人の活動」『岩波講座世界 11 中央ユーラツアの統合』岩波書店, 1997年 〈p.205〉
吉本道雅「孟子小考－ 戰國中期の國家と社會」『立命館文學』第551號, 1997年 〈p.109〉
──「商君變法研究序說」『史林』第83卷第4號, 2000年 〈p.108〉
──「先秦」愛宕元·冨谷至編『中國の歴史（上）古代─中世』昭和堂, 2005年a 〈pp.104, 474〉
──『中國先秦史の研究』京都大學學術出版會, 2005年b 〈pp.105, 474〉
四日市康博「元朝斡脫政策にみる交易活動と宗教活動の諸相－ 附『元典章』斡脫関連條譯注」『東アジアと日本－ 交流と變容』第3號, 2006年 〈p.276〉
米田賢次郎『中國古代農業技術史研究』同朋舍, 1989年 〈p.69〉
李令福「華北平原における二年三熟制の成立時期」『日中文化研究』第14輯, 1999年 〈p.69〉
リード, アンソニー（Anthony Reid）著/平野秀秋·田中優子譯『大航海時代の東南アジア 〈1〉 貿易風の下で』法政大學出版局, 1997年 〈p.356〉
廖敏淑「清代の通商秩序と互市－ 清初から兩次アヘン戰爭へ」岡本隆司·川島眞編『中國近代外交の胎動』東京大學出版會, 2009年 〈p.344〉
林滿紅著/木越義則譯「清末における國產アヘンによる輸入アヘンの代替（1805－1906）」中村哲編著『近代東アジア經濟の史的構造』日本評論社, 2007年 〈p.315〉
── 著/木越義則譯「中國產アヘンの販賣市場－ 1870年代─1906年」古田和子編『中國の市場秩序－ 17世紀から20世紀前半を中心に』慶應義塾大學出版會, 2013年 〈p.315〉
和田淸編『明史食貨志譯注』全2卷, 東洋文庫, 1957年（山根幸夫編補訂版, 汲古書院, 1996年） 〈p.147〉
渡邊信一郎「仁孝－ 六朝隋唐期の社會救濟論と國家」『史林』第61卷第2號, 1978年（同『中國古代國家の思想構造－ 專制國家とイデオロギー』校倉書房, 1994年に再錄） 〈p.75〉
──『中國古代社會論』青木書店, 1986年 〈pp.67, 110, 111, 123, 154, 156, 182, 190, 477〉
──「火耕水耨の背景－ 漢·六朝の江南農業」『日野開三郎博士頌壽記念論集 中國社會·制度·文化史の諸問題』中國書店, 1987年 〈p.69〉
──『中國古代國家の思想構造－ 專制國家とイデオロギー』校倉書房, 1994年 〈p.477〉
──『天空の玉座－ 中國古代帝國の朝政と儀禮』柏書房, 1996年 〈p.477〉
──『中國古代の王權と天下秩序－ 日中比較史の視點から』校倉書房, 2003年 〈p.477〉
──「北宋天聖令による唐開元二十午年令田令の復原並びに譯注」『京都府立大學學術報告（人文）』第58號, 2006年 〈p.194〉
──『『魏書』食貨志·『隋書』食貨志譯注』汲古書院, 2008年 〈p.147〉

——『中國古代の財政と國家』汲古書院, 2010年
〈pp.41, 118, 136, 145, 152, 153, 157, 161, 163, 167, 171, 176, 475, 477〉
——「百姓ノ腹ノ内－唐代後半期の會計と財務運営」『唐宋變革研究通訊』第4輯, 2013年a 〈p.177〉
——「定額制の成立－唐代における財務運営の轉換」『國立歴史民俗博物館研究報告』第179集, 2013年b 〈p.179〉
渡部忠世·桜井由躬雄編『中國江南の稲作文化－その學際的研究』日本放送出版協會, 1984年 〈p.62〉
曹錦清·張樂天·陳中亞『當代浙北鄉村的社會文化變遷』上海遠東出版社, 1995年 〈p.432〉
晁中辰『明代海禁與海外貿易』人民出版社, 2004年 〈p.342〉
陳高華·史衛民『中國經濟通史－元代經濟卷』經濟日報出版社, 2000年 (上·下 2册, 中國社會科學出版社, 2007年) 〈pp.248, 276〉
陳明光『唐代財政史新編』中國財政經濟出版社, 1991年 〈p.180〉
戴裔煊『宋代鈔鹽制度研究』中華書局, 1981年 〈p.261〉
鄧広銘『北宋政治改革家王安石』人民出版社, 1997年 〈p.267〉
傳樂煥『遼史叢考』中華書局, 1984年 〈p.83〉
傳築夫「中國工商業的“行”及其特點」, 同『中國經濟史論叢』下卷, 生活·讀書·新和三聯書店, 1980年 〈p.328〉
高敏主編『魏晉南北朝經濟史』(上) (下), 上海人民出版社, 1996年 〈p.187〉
高栄盛「元代江南官田」, 同『元史淺識』鳳凰出版社, 2010年 〈p.249〉
郭正忠主編『中國鹽業史－ 古代編』人民出版社, 1997年 〈p.262〉
國家計量総局『中國古代度量衡圖集』文物出版社, 1981年 〈p.133〉
國家統計局固定資産投資統計司編『中國固定資産投資統計資料 1950－1985』國家統計出版社, 1987年 〈p.428〉
國家統計局國民經濟核算司編『中國國內生產総值核算歷史資料 1952－2004』中國統計出版社, 2007年 〈p.392〉
國家統計局國民經濟綜合統計司編『新中國六十年統計資料彙編』中國統計出版社, 2010年 〈p.392〉
何漢威「清季國産鴉片的統捐與統稅」『薪大集－傳統與近代變遷中的中國經濟〈全漢昇教授九秩栄慶祝壽論文集〉』稲鄉出版社, 2001年 〈p.352〉
姜濤『中國近代人口史』浙江人民出版社, 1993年 〈p.39〉
江蘇省六朝史研究會·江蘇省社科院歷史所編『古代長江下流的經濟開発』三秦出版社, 1989年 〈p.189〉
李伯重「有無“13, 14世紀的轉折”?－ 宋末至明初江南農業的變化」同『多視角看江南經濟史(1250－1850)』生活·讀書·新知三聯書店, 2003年 〈p.250〉
李長傳『華僑』中華書局, 1927年 〈p.360〉
李華瑞『王安石變法研究史』人民出版社, 2004年 〈p.267〉
李恵村他『中國統計史』中國統計出版社, 1993年 〈p.420〉
李錦繡『唐代財政史稿 (上卷)』北京大學出版社, 1995年 〈pp.176, 196〉
——『唐代財政史稿 (下卷)』北京大學出版社, 2001年 〈p.178〉

──『隋唐審計史略』崑崙出版社, 2009年 〈p.196〉
李孝聰「偶然抑或必然－ 運河中的地理因素」『華夏地理』2009年第3期 〈p.33〉
梁方仲『中國歷代戶口·田地·田賦統計』上海人民出版社, 1980年 〈p.131〉
林天蔚『宋代香藥貿易史』中國文化大學出版部, 1986年 〈p.237〉
劉孝誠『中國財政通史 中華民國卷』中國財政經濟出版社, 2006年 〈p.381〉
樓繼偉主編『新中國50年財政統計』經濟科學出版社, 2000年 〈p.403〉
路遇『中國人口通史 (上)』山東人民出版社, 2000年 〈p.39〉
馬泉山『新中國工業經濟史 (1966－1978)』經濟管理出版社, 1998年 〈p.434〉
莫文秀主編, 張李璽·宋勝菊·郭冬自治生副主編『中國婦女教育發展報告 NO.1 (1978－2008)
改革開放30年』社會科學文獻出版社, 2008年 〈p.439〉
寧夏回族區固原博物館·中日原州聯合考古隊編『原州古墓集成』文物出版社, 1999年 〈p.489〉
潘翎『海外華人百科全書』生活·讀書·新知三聯書店 (香港), 1998年 〈p.360〉
彭信威『中國貨幣史』第3版, 上海人民出版社, 1988年 〈p.270〉
漆俠『王安石變法 (增訂本)』河北人民出版社, 2001年 〈p.267〉
栄新江「北朝隋唐粟特人之遷徙及聚落」『國學研究』第6卷, 1999年 (同『中古中國與外來文明』
生活·讀書·新知三聯書店, 2001年に再錄) 〈p.205〉
史念海『漢唐長安與黃土高原』陝西師範大學中國歷史地理研究所, 1998年 〈p.181〉
──『漢唐長安與関平原』陝西師範大學中國歷史地理研究所, 1999年 〈p.181〉
孫機『漢代物質文化資料圖說』文物出版社, 1991年 〈p.122〉
譚其驤「何以在東漢以後會出現一個長期安流的局面－ 從歷史上論証黃河中遊的土地合理利
用是消弭下遊水害的決定性因素」『學術月刊』1962年第2期 〈p.124〉
唐長孺『三至六世紀江南大土地所有的發電』上海人民出版社, 1957年 〈p.189〉
唐力行『商人與中國近世社會』浙江人民出版社, 1993年 〈p.324〉
天一閣博物館·中國社會科學院歷史研究所天聖令整理課題組『天一閣藏明鈔本天聖令校証』
中華書局, 2006年 〈p.168〉
萬國鼎「秦漢度量衡畝考」『農業遺産研究集刊』第2册, 1958年 〈p.7〉
萬明『中國融入世界步履－明與清前期海外政策比較研究』社會科學文獻出版社, 2000年
〈p.342〉
王友明『革命與鄉村－ 解放區土地改革研究：1941－1948 以山東莒南県爲個案』上海社會科
學院出版社, 2006年 〈p.424〉
王仲犖『魏晉南北朝史』上·下, 上海人民出版社, 1979~1980年 〈p.187〉
巫寶三主編『中國國民所得 (1933年)』上·下, 中華書局, 1947年 (商務印書館, 2011年)
〈pp.418, 484〉
吳承洛『中國度量衡史』商務印書館, 1937年 〈p.7〉
吳松弟『中國移民史 第4卷 遼宋金元時期』福建人民出版社, 1997年 〈p.230〉
謝成俠『中國養馬史』科學出版社, 1959年 〈p.82〉
許輝·蔣福亞主編『六朝經濟史』江蘇古籍出版社, 1993年 〈p.189〉
薛毅『國民政府資源委員會研究』社會科學文獻出版社, 2005年 〈p.423〉
閻崇年「中國都城遷移的大十字形趨勢」, 同『燕步集』北京燕山出版社, 1989年 〈p.73〉
嚴中平等編『中國近代經濟史統計資料選輯』科學出版社, 1955年 〈p.370〉

葉世昌他主編『中國歷代貨幣大系 5 元明貨幣』上海人民出版社, 2009年 〈p.489〉

張樂天『告別理想－ 人民公社制度研究』東方出版中心, 1997年 〈p.432〉

鄭友揆·程麟蓀·張傳洪『舊中國的資源委員會－ 史実與評價』上海社會科學院出版社, 1991年 〈p.423〉

中國農業博物館『漢代農業畫像磚石』中國農業出版社, 1996年 〈p.122〉

中國社會科學院婦女研究中心, 孟憲範主編『女性的生存狀況和社會心態』中國社會科學出版社, 2010年 〈p.440〉

『中國対外經濟貿易年鑑』編輯委員會『中國対外經濟貿易年鑑 1984』中國対外經濟貿易出版社, 1984年 〈p.406〉

中華全國婦女聯合會婦女研究所, 陝西省婦女聯合會研究室『中國婦女統計資料 (1949－1989)』中國統計出版社, 1991年 〈p.439〉

中華人民共和國國家經濟貿易委員會編『中國工業五十年－ 新中國工業通鑑』中國經濟出版社, 2000年 〈pp.429, 436〉

中華人民共和國教育部発展規畫司『中國教育統計年鑑 2010』人民教育出版社, 2011年〈p.439〉

中華人民共和國教育部計畫財務司『中國教育成就 統計資料 1949－1983』人民教育出版社, 1985年 〈p.439〉

竺可楨「中國近五千年來気候變遷的初步研究」『考古學報』1972年第1期 〈p.96〉

Bello, David. "The Venomous Course of South－western Opium : Qing Prohibition in Yunnan, Sichuan, and Guizhou in the Early Nineteenth Century," *The Journal of Asian Studies*, Vol.62, No.4, 2003. 〈p.351〉

De la Vaissière, Étienne. *Histoire des Marchands Sogdiens*. Paris : Collège de France, 2002 (trans. by James Ward, *Sogdian Traders : A History*, Leiden : Brill, 2005). 〈p.205〉

Eckstein, Alexander. *The National Income of Communist China*, New York : Free Press of Glencoe, 1961. 〈p.485〉

Elvin, Mark. *The Pattern of the Chinese Past*, *Stanford* : Stanford University Press, 1973. 〈pp.39, 43, 45〉

Fairbank, John king, Martha Henderson Coolige, and Richard Joseph Smith. *H.B.Morse, Customs Commissioner and Historian of China*, Lexington : University Press of Kentucky, 1995. 〈p.481〉

Gernet, Jacques. *La vie quotidienne en China à la veille de l'invasion mongole, 1250－1276*, Paris : Hachette, 1959. 〈p.478〉

Huang, Ray.(黃仁宇) *Taxation and Governmental Finance in Sixteenth-Century Ming China*, Cambridge : Cambridge University Press, 1974. 〈p.281〉

Kennedy, Scott. *The Business of Lobbying in China*, Cambridge, Mass., etc. : Harvard University Press, 2005. 〈p.350〉

Kirby, William C. "Continuity and Change in Modern China : Economic Planning on the Mainland and on Taiwan, 1943－58," *The Australian Journal of Chinese Affairs*, No.24, 1990. 〈p.423〉

Kuroda, Akinobu.(黑田明伸) "The Eurasian Silver Century, 1276－1359 : Commensurability and Multiplicity," *Journal of Global History*, Vol.4, Issue2, 2009. 〈pp.245, 276〉

Lim, Margaret Julia B.C. "Britain and the Termination of the India－China Opium Trade, 1905－

1913," unpublished Ph.D. thesis, University of London, 1969. 〈p.355〉
Liu, Ta-chung.(劉大中) *China's National Income, 1931-36 : An Exploratory Study*, Washington, D.C. :Brookings Institution, 1946. 〈p.485〉
——, Kung-chia Yeh.(葉孔嘉) *The Economy of the Chinese Mainland : National Income and Economic Development, 1933-1959*, Princeton :Princeton University Press, 1965. 〈p.485〉
Maddison, Angus. *Chinese Economic Performance in the Long Run*, Paris : Development Center of OECD, 2nd ed., 2007. 〈p.18〉
Millward, James A., *et al*. ed. *New Qing Imperial History : The Making of Inner Asian Empire at Qing Chengde*, London : Routledge, 2004. 〈p.85〉
Morse, Hosea Ballou. *The Trade and Administration of the Chinese Empire*, 1st ed., Shanghai, etc. : Kelly and Walsh, 1908. 〈pp.300, 481, 489〉
——. *The Gilds of China, with an Account of the Guild Merchant or Co-hong of Canton*, London, etc. : Longmans, Green &Co., 1909. 〈pp.325, 481〉
——. *The International Relations of the Chinese Empire*, 3 vols., Shanghai, etc. : Kelly and Walsh, 1910, 1918. 〈p.481〉
Pearson, Margaret M. *China's New Business Elite : The Political Consequences of Economic Reform*, Berkeley, etc. : University of California Press, 1997. 〈p.350〉
Pomeranz, Kenneth. *The Great Divergence : China, Europe, and the Making of the Modern World Economy*, Princeton and Oxford : Princeton University Press, 2000. 〈p.18〉
Rosenthal, Jean-Laurent & R. Bin Wong,(王國斌) eds. Before and Beyond Divergence : *The Politics of Economic Change in China and Europe*, Cambridge, Mass. : Harvard University Press, 2011. 〈p.18〉
Skinner, George William, ed. *The City in Late Imperial China*, Stanford : stanford University Press, 1977. 〈p.472〉
Slack, Edward R., Jr. *Opium, State, and Society : China's Narco-Economy and the Guomindang, 1924-1937*, Honolulu : University of Hawaii Press, 2001. 〈p.355〉
So, Billy K.L.(蘇基朗) *Prosperity, Region, and Institutions in Maritime China : The South Fukien Pattern, 946-1368*, Cambridge, Mass., etc. : Harvard University Press, 2000. 〈p.237〉
Twitchett, Denis C. *Financial Administration under the T'ang Dynasty*, Cambridge : Cambridge University Press, 1970. 〈p.164〉
von Glahn, Richard. "Towns and Temples : Urban Growth and Decline in the Yangzi Delta, 1100-1400," Paul J.Smith and Richard von Glahn, ed., *The Song-Yuan-Ming Transition in Chinese History*, Cambridge, Mass., etc. : Harvard University Press, 2003. 〈p.252〉
——. "Monies of Account and Monetary Transition in China, Twelfth to Fourteenth Centuries," *Journal of the Economic and Social History of the Orient*, Vol.53, Issue 3, 2010. 〈p.245〉
Wang, Yeh-chien.(王業鍵) *Land Taxation in Late Imperial China, 1750-1911*, Cambridge, mass. : Harvard University Press, 1973. 〈p.55〉
Weitzman, Martin L. and Xu Chenggang.(許成綱) "Chinese Township-Village Enterprises as Vaguely Defined Cooperatives," *Journal of Comparative Economics*, Vol.18, Issue 2, 1994. 〈p.438〉
Zheng, Yangwen(鄭揚文) *The Social Life of Opium in China*, Cambridge : Cambridge University Press, 2005. 〈pp.350, 352, 355〉

문헌해제

학문이란 앞서간 사람들을 비판적으로 계승하는 것이다. 그러한 길을 열고자, 선학이 달성한 업적을 간결하게 소개·논평하는 것이 바로 이 책을 엮은 최대의 목적이었다. 하지만 본론에서 서술하고 주를 달고 목록을 단 것만으로는 여전히 미진한 구석이 있다. 본론과 테마에서 주기(注記)를 달고 언급을 하기는 했지만, 이와는 별도로 그 미진한 부분을 보충하고 싶다.

이하에서는 각 장별로 본론의 집필자들이 관계가 깊은 문헌을 정선하여 몇 개씩 다루었다. 주기(注記)는 본론과 테마에 준했으며, 상세한 서지사항은 문헌목록을 참고하기 바란다.

서장

가토 시게루, 『중국경제사 고증』, 동양문고논총 34, 상·하 2권, 동양문고, 1952~1953.
(加藤繁, 『支那經濟史考證』, 東洋文庫論叢 第34, 全2卷, 東洋文庫, 1952~1953)

중국 사료는 기재된 것과 후에 실행된 것이 꼭 일치하지 않는 경우가 많아 해석에 어려움이 있는데, 이러한 사료를 이용하여 경제 현상을 복원하려면, 특히 기록의 문장이나 서술을 제대로 읽어 내는 것이 무엇보다 중요하다. 이 책은 바로 그 지점부터 연구에 착수하여, "중국경제사"란 학문 분야를 개척한 가토 시게루(1880~1946년)의 연구 논문 56편을 집대성한 저작으로, 색인도 완비하고 있다.

중국사 전 시대를 통틀어, 농산물·토지제도·호구·취락·정기시(定期市)·행회(行會)·상업·전매·화폐·재정 등 연구에서 논의가 될 만한 주요 주제를 망라적으로 다루면서, 당시로는 오리무중 상태였던 사료 해독의 출발점 내지 범례를 제공하여, 연구자가 나아갈 방침을 빠짐없이 보여 주었다.

일본의 중국경제사 연구의 원점인 셈이다. 물론 개별 내용에서는 훗날 틀렸다고 밝혀지거나 한층 명확해진 점도 적지 않다. 그러나 중국경제사를 종합적으로든 전문적으로든 재검토하려면 끊임없이 이 책의 서술로 돌아가서 반드시 다시 생각해 볼 필요가 있다.

역사학도의 필독서라는 것은 말할 필요도 없다. 경제학이나 현상분석을 하는 사람도 한 번쯤 훑어보기라도 하여, 중국사학의 경제 연구의 논점과 방법을 알아 둘 필요가 있다. 책 제목대로 "고증"이 주축이며, 그것이 중국경제사 전체의 체계화에 불가결한 기초이다. 이는 오늘날에도 변함이 없을 것이다.

같은 저자의 경제사 이외의 논문은 별도의 에세이집에 수록되어 있는데(加藤 1944), 이 책도 시사점이 풍부하다.

미야자키 이치사다 저, 토마니 마모루 편, 『동양의 근세』, 중앙공론신사, 1999.
(宮崎市定 著/礪波護 編, 『東洋的近世』, 中央公論新社(中公文庫), 1999)

초판은 1950년에 나왔다. 나이토 고난(內藤湖南, 1866~1934)의 당송변혁론(唐宋變革論)·시대구분론(內藤 1914·1925)을 재구성했지만, 나이토가 거의 다루지 않았던 사회경제사를 크게 중시했다는 점에 특징이 있다. 그러한 사회경제사적 관점에 근거하여, 10세기까지를 "중세", 이후를 "근세"로 진단하고, 근년 역사학계에서 점차 통념으로 받아들여지고 있는 근대의 전 단계로서 근세란 개념을 선구적으로 논했다. 근세와 대치되는 "중세"에 대한 분석은 이 해제의 제2장에 소개해 두었다.

이 책은 20세기 중반에 세계학계의 최첨단을 달렸던 일본의 중국경제사 연구의 상황과 수준을 누구든지 이해할 수 있을 필치로 그리고 있다. 송원 시대와 명청 시대를 동질의 "근세"로 보고 구별하지 않는 점은 주의할 필요가 있다.

이 저술만 그런 것이 아니라, 미야자키 이치사다(1901~1995년)의 경제사 연구는 가토 시게루의 연구 성과를 비판적으로 계승·발전시켜 온 것으로, 특히 토지제도와 화폐제도에 관해서는 다른 의견을 펴고 있다(宮崎 1933·1943). 이 양자를 함께 보면 일본의 중국경제사 연구 전체의 발상과 발전의 기점을 알 수 있다.

미야자키의 저술은 전집으로 읽을 수도 있고, 또 3세기 이전까지 다루는 사회경제사의 개설서 및 통사도 있다(宮崎 1993). 그렇지만 서술의 정수라는 면에서는 『동양의 근세』가 더욱 뛰어나며, 또 논거가 되는 실증 논문도 함께 실은 중공문고 판본이 학설의 에센스를 두루 살펴보기에 가장 편리하다. 상세한 색인이 있다면 더 좋았을 것이다.

시바 요시노부, 『중국도시사』, 동양총서 9, 도쿄대학출판회, 2002.
(斯波義信, 『中國都市史』, 東洋叢書 9, 東京大學出版會, 2002)

현지조사와 지리학·인류학 이론에 기초하고, 청 대 중국의 도시-농촌 관계와 지역구분을 이론화한 스키너의 학설(Skinner 1977)을 활용하여, 도시 시스템의 계량적 분석을 중심에 두고, 고대의 "읍(邑)"에서 청 말 민국 시기의 "진(鎭)"까지 살펴본 통사이다.

시바 요시노부(1930~)가 보기에, "사회"를 대상으로 연구할 경우, 중국학·동양학은 그 사료와 방법이란 면에서 (서구의 방법론이나 중국 현지의 사료에 의지할 수밖에 없다는 점에서－옮긴이) 자족적인 학문 체계는 아니다. 이 책은 그러한 입장에서 씨름해 왔던, 그 자신의 연구의 에센스이며, 일본의 중국사학·중국경제사 연구에 무엇이 부족했었는지를 지적하는 저술이기도 하다. 그 구체적 발상과 분석에 대해서는 시바의 개별적인 연구(斯波 1968·1988)를 함께 참고하기 바란다.

본문에서도 언급했듯이, 일본과 크게 다른 중국 사회의 특징이 역사적 취락 형태이며, 일본인이 중국의 사회경제를 이해하기 어려운 것도 바로 그 이유가 크다. 각 시대를 다룬 개별 연구는 적지 않지만, 통시대적인 서술을 통해 변천을 일목요연하게 보여 주면서, 이론화를 시도했다는 점에서 이 책은 귀중하다.

제1장

오카무라 히데노리,『중국문명: 농업과 예제의 고고학』, 교토대학학술출판회, 2008.
(岡村秀典,『中國文明 農業と禮制の考古學』, 京都大學學術出版會, 2008)

중국 현지 고고발굴의 진전, 유적의 토양 분석과 DNA 감정 등 기술적 진보는 중국 고대인의 생업과 그들을 둘러싼 환경에 대해 새로운 식견을 가져왔다. 예를 들어, 유적의 토양에서 식물성 단백석[plant opal, 식물의 세포조직을 채우는 비결정 함수 규산체(非結晶含水珪酸體, $SiO_2.nH_2O$)－옮긴이]을 추출하여 분석함으로써 벼 재배가 시작된 시기나 재배 장소, 방법에 대해 더 많은 것을 알 수 있게 되었다.

이 책은 이러한 농업고고학의 성과와 저자가 연구해 온 동물 뼈의 분석을 바탕으로, 기원전 3천~기원전 2천 년 연기[年紀, 은주(殷周) 시대까지]의 환경과 생활양식의 변천을 더듬어 나가, 그러한 토대 위에 쌓아 올린 왕권의 모습을 "예제(禮制)"라는 형식을 축으로 논한 것이다. 중국 왕조의 지배질서를 지탱하는 대들보로서 의례와 제사에 주목하여 그 맹아와 전개를 추적한 점은 물론이거니와, 단순한 기술사나 식물 재배사에 그치지 않고 고대인의 생활 실태까지 추적하려 한 자세는 배울 점이 많다. 제1장의 선사 시대에 관한 기술은 주로 이 책에 근거하였다.

일반인을 대상으로 쓴 책이기 때문에 두껍지도 않고 문장도 쉬워서 읽기 좋지만, 저자가 지금까지 해 온 연구 성과(岡村 1998·2003·2005)를 정리한 것이어서 내용이 풍부하고 전문적이다. 책 뒤에는 문헌 안내도 갖춰져 있다.

요시모토 미치마사,『중국 선진사의 연구』, 교토대학학술출판회, 2005.
(**吉本道雅,『中國先秦史の研究』, 京都大學學術出版會**, 2005)

서주(西周)에서 전국(戰國) 시대까지의 역사 전개를 통시적으로 추적하려면, 곧바로 자료의 문제에 부딪힌다. 서주 시기는 청동기 명문(銘文), 춘추 시기는 『춘추좌씨전』, 전국 시기는 『사기』와 간독 사료가 주요한 실마리가 되는데, 이 자료들은 기술의 의도나 중점이 각각 다르고, 『사기』의 전국 부분은 심각한 편년(編年)상의 착오가 있다. 그렇기 때문에 연구가 각 시대에 분단되는 경향이 있어 통시적 전개에 대해서는 구태의연한 유물사관이 여전히 활개쳐 왔다.

그에 반해서 이 책의 저자는 철저한 사료비판 위에 그 시대 정치사의 추이를 통시적으로 추적해 나간다. 거기에서 나아가 이러한 정치사의 전개를 바탕으로, 춘추 시기의 지배 체제와 이 체제를 지탱한 사회 구조를 해명하려 시도하고, 진한 시기의 전제국가가 형성될 때까지의 역정을 사료에 좀 더 천착한 형태로 제시하고 있다. 종래의 "씨족제 사회로부터 전제 사회로"라는 틀 아래에서는, 예를 들어 씨족 중에서도 개인이 독립해 나오고 군주와 인격적 관계를 맺게 된 것이 관료제가 형성되는 출발점이라고 해석되었었다. 하지만 이 책은 오히려 통치기구의 비(非)인격화야말로 관료제로 나아가는 첫걸음이었다고 주장한다. 선진사(先秦史)에서 최신의 연구 성과를 알려면, 우선 손에 들어야 할 책이다.

하지만 이 책은 전문적인 데다 난해해서, 초보자가 접근하기는 다소 어렵다. 이와 별도로, 저자의 연구 성과에 기초한 춘추전국사의 개설이 대중서로 나온 『중국통사』(愛宕·冨谷 編 2005)에 수록되어 있으므로, 초보자라면 우선 이 책을 참조하라고 권하고 싶다. 이 책은 개설서이기는 해도, "통설"에 따라 일화를 나열하는 데 그치는 개설과는 확실히 격이 다르며 시사점이 풍부하다.

사하라 야스오,『한대 도시기구의 연구』, 급고서원, 2002.
(**佐原康夫,『漢代都市機構の研究』, 汲古書院**, 2002)

이 책에서 다루는 테마는 성곽도시·관료기구·시제(市制)·전매제 그리고 화폐경제 등 다양한 방면에 걸쳐 있지만, 모든 분석이 발굴조사와 출토조사에 대한 포괄적 검토를 바탕으로 추론한 것이다.

고고자료의 증가는 전국·진한사 연구에도 큰 영향을 주어, 저자 자신의 비유를 빌리자면 "진공관 라디오의 시대와 하이비전 TV(High Vision TV－옮긴이) 시대는 요구되는 세부의 질이 본디 다른 법이다"(佐原 2004)라고 할 만한 상황이 생겨나고 있다. 예전 경제사의 기본 사료는 『사기』 「식화열전」이나 『한서』 「식화지」였는데, 이 사료들의 포괄적 서술이 오늘날에도 유용하다는 점은 의심할 여지가 없지만, 어디까지나 지식인이 책상에서 전개한 경제론이었기 때문에, 현대인의 감각에 따라 내용을 잘못 읽으면, 공론(空論) 위에 공론(空論)을 거듭할 수도 있다. 고고자료의 증가로 이들 사료에 의거했던 통설이 크게 수정될 수밖에 없게 된 경우도 있다.

이 책에서 비판의 대상으로 삼은 것은 한 대의 "화폐경제"를 둘러싼 통설이다. 지금까지는 전국·진한 시대를 화폐경제가 발달하여 "호경기의 시대"(宮崎 1992)였다가, 이윽고 화폐가 부족하게 되어 자급자족적인 장원경제로 퇴보했다고 보았었다. 반면 이 책의 저자는 동전이 포백(布帛) 등 실물화폐와 함께 다양한 화폐적 교환 수단 중 하나에 지나지 않았다고 주장하고, "화폐경제"라고 규정해 버리는 바람에 근거도 없이 논리적으로 앞서 나가는 것을 경계했다. 그러한 진단 위에, 근대주의적 통념에서 벗어나 시장으로 작동하지 않는 사회[非市場社會]의 경제도 시야에 넣어서 고대경제사를 재검토할 것을 제창했다. 제1장에서 언급한 "화폐경제"에 대한 이해는 그의 주장에 크게 영향을 받았는데, 상세한 것은 이 저서를 참조하기 바란다.

제2장

하마구치 시게쿠니, 『진한 수당사의 연구』 상, 하, 도쿄대학출판회, 1966.
(濱口重國, 『秦漢隋唐史の研究』 上·下, 東京大學出版會, 1966)

이 책에는 중국제도사 연구의 선구자 중 한 사람인 하마구치 시게쿠니(1901~1981)의 논문 33편, 소논문·서평 등 7편 등 1930~1943년에 쓴 글들이 수록되어 있다. 테마는 군제(軍制), 역무(役務) 노동, 형제(刑制), 여러 재정제도 등에 걸쳐있으며, 모두 실증 연구의 전범(典範)으로 오늘날까지 여전히 참조·인용되고 있다.

특히 저명한 것이 부병제(府兵制)=병농일치설(兵農一致說)로, 1990년대 이후 게가사와 야스노리(氣賀澤保規, 1943~)의 병민분리설(兵民分離說)과 와타나베 신이치로(渡邊信一郎)의 부병(府兵)·방인(防人)분립설(分立說)이 제기되기까지, 일본에서 통설로서 지위를 차지했었다(氣賀澤 1999, 渡邊 2010). 그 밖에 경제사에 관련된 연구만 하더라도, 한 대 노역노동의 기본적 이해를 정립하였으며, 당 중기의 고역화(雇役化) 조짐을 찾아냈고, 당의 지세(地稅)·조운제도를 해명하는 등, 이루 다 꼽기 어려울 정도의 실증적 성과를 거두었다.

하마구치에게는 이 책 외에도 같은 해인 1966년에 일본 학사원상(學士院賞)을 수상한 『당 왕조의 천민 제도(唐王朝の賤人制度)』가 있는데, 이 책은 대체로 전후에 쓴 논문으로 구성되어 있다. 또한 이 두 책 이후에 나온 중요 저작(濱口 1969 등)도 잊지 말고 읽기 바란다.

이 책과 마찬가지의 고전적 실증연구로는 하마구치가 다룬 시대 이후인 당송 시기를 망라한 히노 카이사부로(日野開三朗, 1908~1989)의 업적이 있다(日野 1980 등). 이 시기를 다룬 사회경제사 논문을 연구사적으로 회고할 때, 제일 먼저 소개되는 사람이 대체로 이 두 사람이든가, 아니면 이 문헌해제 맨 처음에 소개한 한 세대 연배가 높은 가토 시게루(加藤繁)이다. 이 시기를 공부하는 사람이라면 이 세 사람의 저작은 반드시 같이 읽어야 한다.

미야자키 이치사다, 「고대 중국의 부세(賦稅) 제도」, 『사림』 제18권 제2 · 3 · 4호, 1933; 「진(晉) 무제(武帝)의 호조식(戶調式)에 관하여」, 『동아경제연구』 제19권 제4호, 1935; 「당대 부역제도(賦役制度) 신론」, 『동양사연구』 제14권 제4호, 1956.

(宮崎市定, ①「古代支那賦稅制度」, 『史林』 第18卷第2 · 3 · 4號, 1933; ②「晉武帝の戶調式に就て」, 『東亞經濟研究』 第19卷第4號, 1935; ③「唐代賦役制度新考」, 『東洋史研究』 第14卷第4號, 1956)

미야자키 이치사다의 이 세 논문은 원래 개별적으로 발표되었다. 하지만 훗날 그가 문화공로자로 선발되었을 때 회고하고 있듯이 서로 밀접하게 관련된 글들이므로(宮崎 1990), 여기에서는 일괄하여 제시하고자 한다.

세 논문의 테마는 ①은 부(賦)와 세(稅), ②는 과전(課田)과 점전(占田), ③은 조조(租調)와 요역(徭役)의 관계지만, 모두 견고한 고증에 기초하면서 중요한 포인트에서 뽑아내는 참신하고 탁월한 아이디어가 논의를 새로운 차원으로 비약시킨다. 세 편 모두 발표될 당시 학계에 준 충격이 대단했고, 특히 당(唐) 대의 인민부담을 요역 기준으로 환산하여 총계를 도출할 수 있다는 점을 발견해 내서, 그 직후부터 이름난 연구자들이 우르르 독자적인 요역환산에 도전했을 정도였다.

①, ③에서 지적한 것처럼 당 이전은 "인민 부담의 기본은 요역"이었지만, 당 중기를 경계로 노동력의 직접 징발보다는 재정적 조치(현물 조세를 징수하여 이를 재원으로 노동력을 고용함)로 지출하는 비중이 늘어나고, "재정적 조치로 다 대응할 수 없는 영역을 요역이 보완"하는 관계로 바뀌어 간다. 미야자키의 송 대 아전(衙前)·서리(胥吏)에 관한 여러 연구들(宮崎 1945·1953)과 이 문제를 명청 시대까지 계승·심화시킨 이와이 시게키(岩井茂樹, 1955~)의 연구는 그 연장선상에 놓을 수 있다(岩井 2004a). 이들의 연구로 통시적 전망을 확보한 재정과 요역 간의 구조적 관계는 이제 중국경제사·재정사를 공부하는 사람이라면 꼭 갖춰야 할 필수적인 기초지식이다.

와타나베 신이치로, 『중국 고대의 재정과 국가』, 급고서원, 2010.
(渡邊信一郎, 『中國古代の財政と國家』, 汲古書院, 2010)

1970년대 후반, 이른바 시대 구분 논쟁이 사그라들 무렵, 중국사연구회(中國史研究會)라는 그룹의 공동연구가 시작되었다. 그들은 "봉건제"와 같은 기존의 개념들을 재검증하고, "전제국가"나 "소농민"을 축으로 삼은 연구를 차례차례 선보이면서 주목을 받는다. 이 책은 그 중심 멤버인 와타나메 신이치로의 재정 관계 논문을 모은 것이다.

개별적 실증적 성과는 크고 작은 것을 다 셀 수 없을 정도이다. 일부만 든다면, 한(漢)에서 당(唐)까지의 요역 노동의 추적, "지방에서의 징세라는 차원"과 "중앙으로 상납하는 차원"의 이중 구조를 발견한 것, 부병(府兵)·방인(防人)의 분립설(分立說), 당 전기의 재정적 물류망의 복원 등이다.

탄탄한 실증뿐만 아니라, 이론에서의 조밀함에서도 이 책은 타의 추종을 불허한다. 예를 들어 재정주권[財政主權, 지방 존류(存留)의 재물에 대한 중앙정부의 지휘권], 사회적 필요노동의 편성[오역조달이 요역(徭役)인가 고역(雇役)인가], 재정적 물류(중앙 지시에 따라 재물을 지방 간에 이송할 때 발생하는 물류), 오이코스(oikos) 재정[개인적 가계 수요의 충족 방식을 설명하는 개념으로 베버가 제기한 오이코스(oikos)를 고대 중국에 응용한 것] 등 독자적 개념이 책 전체를 관통하여, 한에서 당까지 긴 시간대를 꿰뚫는 전망을 제공하고 있다.

와타나베의 시야는 이 책에서 제시된 재정에 관한 여러 개념에만 머물지 않았고, 농업경영론이나 역대 왕조의 사회편성 및 사상 구조에까지 수많은 이론적 제기를 하였다(渡邊 1986·1994·1996·2003 등). 다만 학계에서 그의 문제 제기를 충분히 소화하지 못한 부분도 많아, 금후 이 방면의 심화가 이뤄지길 기대한다.

제3장

구와바라 지츠조, 「포수경의 사적」, 『구와바라 지츠조 전집 제4권 포수경의 사적·고사유기』, 암파서점, 1968(재판: 평범사[동양문고], 1989).
(桑原隲藏, 『蒲壽庚の事蹟』, 『桑原隲藏全集 第4卷 蒲壽庚の事蹟·考史遊記』, 岩波書店, 1968(再刊: 平凡社[東洋文庫], 1989).

본론에서 썼듯이, 중국경제사의 전개는 역대 왕조 정부의 정치적·군사적 동향과 밀접하게 관련되어 있다. 그런 이상에는 중국 사회 내부를 관찰한 연구뿐 아니라, 시야를 넓혀 외부와의 관계, 즉 중앙 유라시아사와 해역사(海域史)를 포함한 교류사의 접근법(approach)에도 눈을 돌려 보기 바란다.

원래 일본의 독자적인 "동양사학(東洋史學)"이란 학문은 중국에만 머무르지 않고 아시아 전역을 대상으로 하는 장대한 구성을 가지고 20세기 초에 성립하여, 초창기에는 동서교섭사가 중요한 연구 테마였다(岸本編 2006). 그 기념비적 작품이 동양사학의 개조(開祖) 중 한 사람인 구와바라 지츠조(1871~1931)의 대표작인 이 책이다.

1923년 초에 나온 이 책은 13세기 중반 송과 원의 교체기에 복건(福建) 천주(泉州)에서 활약한 무슬림 해상(海商) 포수경(蒲壽庚)의 사적을 중심으로, 당 대에서 원대에 걸쳐 광동·복건에서 진행된 남해교역(南海交易)과 교역을 담당한 외래의 무슬림 집단의 동향을 체계적으로 해명하였다. 당시 유럽 동양학의 최신 성과를 받아들이면서도, 한학(漢學)의 소양을 살려 한적 사료를 널리 섭렵하여 견고한 실증에 일관하였다. 그 후 연구의 진전으로 보완과 수정이 필요한 부분도 있지만, 기본적인 틀은 빛이 바래는 바 없이 지금도 여전히 유효하여 송원 시대 남해교역의 상황을 알 수 있는 기본 문헌이 되고 있다. 구와바라는 동서교섭사를 중심으로 다채로운 선구적 업적을 남겼는데, 중국경제사에 관해서는 본론에서 여러 번 언급한 바 있는, 남북 관계를 논한 「역사상에서 본 남북 중국(歷史上より觀たる南北支那)」(桑原 1968a에 실림)도 필독서이다.

자크 제르네 저, 쿠리모토 카즈오 역,『중국근세의 백만도시 – 몽골 습격 전후의 항주』, 평범사, 1990.

(ヅヤック·ヅェルネ(粟本一男 譯),『中國近世の百萬都市－モンゴル襲來前夜の杭州』, 平凡社, 1990)
(原著: Jacques Gernet, *La vie quotidienne en China à la veille de l'invasion mongole, 1250~1276*, Paris, 1959)

송과 원 대의 상업발전과 도시의 활성화는 중국경제사에서 하나의 획을 긋는 현상이다. 이에 대해서는 프랑스 중국학의 태두 자크 제르네(1921~)가 남송의 국도인 임안(臨安, 杭州)을 생생히 묘사하는 이 책을 꼭 추천하고 싶다. 아날 학파의 영향을 받아, 의식주와 인간의 생애, 연중행사, 종교생활, 오락 등 일상생활을 중심으로 다룬 중국도시사회사의 선구적 저작이다. 일본과 중국학계의 연구가 오랫동안 간과해 왔던 테마를 새롭게 조명한 점은 귀중하며, 남송 말의 임안을 그린『몽양록(夢粱錄)』과 마르코 폴로의 기록을 종횡으로 구사한 서술은 구체적이고도 다채로워 읽기 쉽다. 하지만 마르코 폴로나 이븐 바투타 등 몽골 시대의 여행기를 구사하여 "몽골 습격 전야의 항주"를 그린다는 것은 확실히 적절치 않다. 본론에서 지적했듯이, 항주를 중심으로 한 원 대의 강남연해부에서는 남송 이래의 활황이 여전히 이어졌음이 최근 밝혀지고 있으므로, 이 책에서도 (책 제목처럼 원 대 이전의 남송 때만이 아니라-옮긴이) 송과 원의 교체를 중간에 넣고 송원 시대 전체에 걸친 항주의 번영을 읽어 내면 될 것이다.

또 이 책이 근거한 『몽양록』은 북송의 국도 개봉(開封)이란 도시의 발전상에 관한 기록인 『동경몽화록(東京夢華錄)』과 함께, 당시 세계 최대급이었던 송 대 대도시의 숨결을 느낄 수 있는 귀중한 한적문헌이다. 둘 다 교토대학 인문과학연구소의 공동연구 성과를 바탕으로 우메하라 가오루(梅原郁, 1934~)가 정리한 상세한 역주가 출판되어(入矢·梅原 1996, 梅原 2000) 감사하게도 난해한 원문을 일본어로 읽을 수 있다.

다카하시 요시로, 『송-청 신분법의 연구』, 북해도대학도서간행회, 2001.
(高橋芳郎, 『宋-清身分法の研究』, 北海道大學圖書刊行會, 2001)

중국 사회의 특질 중 하나로 세습신분제가 존재하지 않고 사회계층의 유동성이 높았던 점을 든다. 그러나 군신(君臣)·사서(士庶)·양천(良賤)·존비(尊卑) 등 다양한 상하관계에 기초한 신분질서 자체는 당연한 말이지만 엄연히 항상 존재했던 만큼, 신분제를 이해하지 못하고서는 특정 시대와 지역의 사회에 대해 알 수 없다.

송 대 이후 농촌 사회의 신분제에 대해 알려면 다카하시 요시로(高橋芳郎, 1949~2009)의 논문을 모은 이 책을 보는 것이 좋다. 다카하시는 전후 일본에서 활발한 논쟁이 벌어졌던 송 이후 지주와 하층농민의 관계에 관한 여러 문제들(宮澤 1993)에 정면으로 도전하여, 관련 사료의 치밀한 재해석을 통해 독자적인 논점을 제기함으로써 연구사에 한 획을 그었다. 구체적으로는 신분법이란 법제사·제도사의 시각에서, 지주에 예속되어 가내 노동을 담당한 "고용인(雇傭人)" 신분, 소작인인 "전호(佃戶)"의 존재 형태, 예속민이 신분차별을 받아들였던 근거 등을 밝혀낸 빼어난 논문을 수록하고 있으며, 송원 시대를 기점 및 핵심으로 삼으면서도 명청 시대까지 고찰을 확대한다. 명청 시대의 신분감각에 관한 기시모토 미오(岸本美緖, 1952~)의 독창적인 논문(岸本 2012a)과 함께 읽으면 더욱 이해가 깊어질 것이다. 송 대 주호(主戶)·객호제(客戶制)나 전권(佃權, 소작권) 문제, 지역 사회에서 공동체 관계의 부재 등을 주장한 여러 논문을 모은 또 다른 논문집(高橋 2002)도 필독서로, 이 책과 함께 전후 일본학계의 송 대 사회경제사·법제사 연구의 한 도달점을 보여 준다.

제4장

후지이 히로시, 「신안상인의 연구」(1)~(4), 『동양학보』 제36권 제1호~제4호, 1953~1954.
(藤井宏, 「新安商人の硏究」 (1)~(4), 『東洋學報』 第36卷第1~4號, 1953~1954)

오늘날 세계에서 으뜸가는 일본의 명청사 연구, 그 핵심을 이루는 사회경제사 연구의 첫 포화가 된 기념비적 저술 중 하나이다. 신안(新安)은 휘주(徽州) 흡현(歙縣)의 옛 이름으로, "신안상인"은 우리 책에서 말하는 "휘주상인(徽州商人)"과 같다.

그 당시에 유행하던 연구동향이나 제목에 혹하지 않고, 토지생산과 지주제가 아니라 구태여 상업 문제를 다루었다는 점, 그리고 휘주상인에 초점을 맞추어 종합적으로 고찰했다는 점은 그의 혜안이었다. 단순히 상인이 어떠했는지 그 모습을 밝히는 것에 그치지 않고, 명 후기 중국 전역에서 이뤄진 상품유통이나, 다른 산업과의 연관성, 권력과의 관계, 나아가서는 자연환경 등, 휘주상인이 발흥하여 활약한 시대와 그 방향성을 전면적으로 논하고 있다.

이 연구는, 후지이 히로시(1913~1995)의 다른 논문들, 특히 염정(鹽政)과 염상(鹽商)에 관한 논문(藤井 1953~1954a)들과 밀접히 연관되면서, 훗날 산서상인·휘주상인에 관한 뛰어난 대작들(寺田 1972, 臼井 2005)을 낳는 출발점이 되었다. (책이 아니라-옮긴이) 학술잡지의 논문이기는 하지만, 중국경제사를 공부할 때 필독의 고전이다.

시가 슈조, 『청 대 중국의 법과 재판』, 창문사, 1984.
(滋賀秀三, 『清代中國の法と裁判』, 創文社, 1984)

책 제목의 "청 대"에 그치지 않고, 또한 "중국"에서 발달한 "법" 체계만이 아니라, 중국 그 자체를 알기 위해 꼭 읽어야 할 문헌이다. 물론 시가 슈조(1921~2008)에게는 관련된 다른 저술이 셀 수 없이 많고(滋賀 2003·2009), 그 책들도 똑같은 의미로 필독서지만, 명청 시대에 관해서는 우선 이 책부터 입문하는 것이 좋다.

형벌 및 사법을 중점적으로 논한 법제사 연구서여서, 경제사와는 완전히 분야가 다르다고 생각할지도 모르겠다. 하지만 법제가 기초하고 있는 사회 그 자체의 모습이야말로 경제를 근본에서 규정하고 있으며, 또한 법률과 경제는 현실적 국면에서도 깊게 연관되는 이상, 중국법의 세계를 다소나마 이해하지 않으면 중국경제도 알 수 없다. 이 책은 청 대를 중심으로 하지만, "긴 역사가 기본적으로는 하나의 바뀌지 않는 틀 속에서 영위되었다"는 중국 법제의 본질을 이해하기 위해 필독서이며, 몇 번 다시 읽어도 새로운 자극을 받을 수 있다.

그러한 취지를 구체적인 경제사의 논점과 접속시키려면 예를 들어 기시모토 미오

(岸本美緒, 1952~)의 시장질서에 관한 여러 논문들(岸本 2012b)과 함께 읽으면 효과적일 것이다.

H. B. 모스 저, 『중화 제국의 국제관계』 3권, 상해, 1910, 1918.
(Morse, Hosea Ballou, *The International Relations of the Chinese Empire*, 3 vols., Shanghai, etc., 1910, 1918)

100년도 더 전에 나온, 게다가 제목도 "국제관계"인 책인데 경제와 무슨 관계가 있겠냐고 놓치고 지나갈지도 모른다. 하지만 이 책은 청 대 중국의 경제, 특히 외부 세계와의 관계를 보려면 꼭 읽어야 할 문헌이다. 무역과 금융은 여러 곳에서 장을 따로 나누어 상술한다.

저자인 모스(1855~1934)는 하버드대학 출신의 미국인으로, 중국해관에 30년 이상 근무하면서 그 무역과 제도를 현장에서 관찰해 왔다(濱下 1989, Fairbank, et al. 1995). 이 책은 그러한 그의 견식과 지식이 풍부하게 포함되어 있어, "국제관계"의 저술에 그치지 않고 오히려 경제사를 포함한 전체사로 볼 수 있다. 또 그 자신이 제작한, 혹은 그가 아니라면 알 수 없었던 자료와 통계도 포함되어 있어, 19세기 후반부터 20세기 초까지의 사료로서도 활용할 수 있는 저작이다.

모스는 그의 이력상의 이유도 있어서 무역을 합법인지 불법인지, 조약에 의거한 것인지 아닌지로 판별하는 경향이 강하다. 그렇기 때문에 조약이나 당시의 서양적 기준에 꼭 맞지는 않는 "길드"처럼, 그 시대 중국경제의 실태와 내부 구조에도 관심을 두었다(Morse 1908·1909, 岡本 2007). 그의 혜안은 이후 중국 연구의 흐름을 규정했을 뿐 아니라, 오늘날에도 새롭게 검토할 만한 논점을 제공하고 있다.

제5장

무라마츠 유지, 『중국경제의 사회적 형태와 구조[態制]』, 동양경제신보사, 1949(복간본 1975).
[村松祐次, 『中國經濟の社會態制』, 東洋經濟新報社, 1949(복간판 1975)]

20세기 초 중국에서는 민족자본을 주체로 한 근대적 공업이 시작되었지만, 그 "황금시대"는 오래가지 못하고, 과잉공급을 일으키는 가격저하로 좌절되고 말았다. 중국경제의 "사회태제(社會態制)", 즉 경제 활동을 뒷받침하는 제도의 독자성에 일찍부터 주목했던 무라마츠 유지(1911~1974)는 이러한 중국 민족자본기업의 "좌절" 원인을 그 "안정성 없는 정체"라고 할 만한 독특한 시장질서의 형태에서 찾았다.

마츠무라에 따르면, 당시 중국경제에서는, 정부뿐 아니라 길드 및 동향단체 등 중간단체 역시 시장에 신참자의 진입을 규제할 만한 힘이 약했기 때문에, 시장은 극히 자유 개방적이고 경쟁적이었다. 한편 법에 의한 지배 등 공적(formal) 제도로 시장의 운행을 뒷받침하지 않았으므로, 실제 상거래에서는 양자 간의 계약관계에 많은 것을 의지할 수밖에 없었다. 이러한 상황하에서는 기업이 새로운 설비투자를 할 때 대단히 높은 위험(risk)이 따르게 된다. 그러므로 기업의 신규 진입이나 상거래가 극히 활발했음에도 불구하고, 지속적인 자본축적을 통한 대규모화나 생산성 향상을 이끌 기술혁신은 미적거리며 진척되지 못했다는 것이 그의 해석이다.

이 책은 당시 지배적이었던 중국정체론(中國停滯論)의 제약을 받고 있기는 하지만, 현대 경제학에서 말하는 "제도 경제학"의 입장에서 중국경제의 독자성을 추구한 선구적 연구로 높이 평가되어야 할 저작이다.

하타다 다카시, 『중국촌락과 공동체이론』, 암파서점, 1973.
(旗田巍, 『中國村落と共同體理論』, 岩波書店, 1973)

1940년부터 1944년에 걸쳐 만철조사부(滿鐵調査部)가 중심이 되어 실시한 "중국농촌관행조사"는 화북농촌을 대상으로 법사회학적 방법론을 이용해, 상세한 방문조사를 한 것이다. 이를 둘러싸고, 조사에 관여한 히라노 요시타로(平野義太郎, 1897~1980)와 가이노 미치다카(戒能通孝, 1908~1975) 사이에 논쟁이 벌어졌다. 히라노는 조사했던 농촌 지역에 일본과 공통되는 "아시아적" 촌락공동체가 존재한다고 보고, 거기에서 일본과 중국이 서양과는 다른 독자적 발전을 이룰 가능성을 강조했다(平野 1945). 한편 가이노는 "봉건제"와 깊은 관계가 있는 촌락공동체를 오히려 서양적 근대화의 기초를 준비하는 것으로 파악하고, 화북농촌에는 그러한 공동체의 존재를 찾기 어렵다고 히라노를 비판했다(戒能 1943).[57]

하타다 다카시(1908~1994)는 정교하고 치밀한 고찰로 이 논쟁을 검토했다. 예를 들어 당시 중국의 농촌에는 작물을 훔치는 행위를 막기 위해 촌인들이 공동으로 사람을 고용해서 농지를 감시하도록 하는 "간청(看青)"이란 관행이 있었다. 이는 얼핏 보면 공동체의 상호부조 행위이기도 하다. 그러나 하타다는 "간청"은 농민이 자기 이익을 지키기 위해 수행한 극히 경제적 측면에서 합리적인[經濟合理的] 관행

57 반면, 일본은 서양과 마찬가지로 봉건제 체제였으므로 촌락공동체가 존재해 근대화를 달성할 수 있었고 원래부터 서구형에 가까운 사회였으며 중국과는 달랐다는 논지로도 해석되었다–옮긴이.

이었으며, 구성원을 "신분"에 의해 구속하는 공동체적 성격은 희박했음을 보여 주어, 가이노의 학설을 지지했다.

이 조사와 논쟁은 일본의 대륙침략이란 문맥에서 진행되었지만, 서양과 다른 독자적 발전을 이룰 수 있는 중국의 가능성이란 면에서 중요하고도 현대적인 논점을 포함한 것이라고 할 수 있다.[58]

노자와 유타카 편, 『중국의 폐제개혁과 국제관계』, 동경대학출판회, 1981.
(野澤豊 編, 『中國の幣制改革と國際關係』, 東京大學出版會, 1981)

1935년에 중화민국 국민정부가 실시한 폐제개혁은 오랜 기간에 걸쳐 세계 최대의 은본위제 국가로 존속해 온 중국이 지폐를 법정화폐로 하는 관리통화제로 이행한 세계사적 사건이었다. 이 책은 이러한 중국의 폐제개혁을 중국사, 일본사, 미국사, 영국사 등 복수의 전문분야에서 연구한 논문집이다.

이 책의 편자인 노자와 유타카(1922~2010)는 1950년대 이후 일본의 중국근현대사 연구를 주도해 온 인물 중 한 사람이다(野澤 編 1974, 野澤·田中 編 1978). 이 책의 서장에서 노자와는 제2차 세계대전 후 일본의 중국연구가 중국공산당의 혁명사관의 영향을 받아, 혁명의 대상이었던 국민당 정권이 추구한 중일전쟁 이전의 중국 "통일화(統一化)"를 부정적으로만 평가해 왔음을 지적하고, 국민정부의 경제건설을 재검토할 것을 제창했다. 이러한 문제의식은 후에 많은 근현대사 연구자에게 공유되어, 중화민국사 혹은 국민정부사 연구가 적극적으로 전개된다(中國現代史硏究會 編 1986, 野澤 編 1995). 그러한 의미에서 이 책은 일본의 중국근현대사 연구에서 하나의 흐름을 대표하는 성과라고 할 수 있다.

또한 이 책은 뛰어난 공동연구로서도 평가해야 한다. 이 책의 분석은 중국의 정치경제 상황, 영국과 미국의 동아시아 정책, 중일 경제관계 등 세 가지에 초점이 맞춰져 있는데, 각각의 주제에 관해 개별 전문성을 잘 살리면서 전체로서도 통일성을 확보하고 있다. 연구과제의 일관성과 참여자의 다양성이라는 공동연구의 성공에 필요한 두 가지 요소가 잘 조화된 좋은 사례이다. 독자에게 꼭 통독을 권하고 싶다.

58 같은 내용이 전전(戰前)에는 서구와 다른 중국의 후진성의 증거로, 포스트모던과 근대 극복을 외치는 오늘날에는 서구 문명과는 다른 제3의 길의 가능성으로 다양하게 해석되고 있다-옮긴이.

이사카와 시게루, 『중국의 자본축적 기구』, 히토츠바시대학경제학연구총서 11, 암파서점, 1960.
(石川滋, 『中國における資本蓄積機構』, 一橋大學經濟學研究叢書 11, 岩波書店, 1960)

1949년 중화인민공화국 성립 이후의 중국경제는 중국 정부가 정보 공개를 제한하여, 오랫동안 베일에 싸인 수수께끼였다. 특히 1950년대 후반 이후는 중국 정부 자신이 소련과는 다른 독자적 사회주의 모델을 구축하겠다고 어필했기 때문에, 중국 국외 연구자들의 관심은 대단히 고양되어 있었다. 그 결과 한정된 정보에서 "사회주의 중국경제"의 전체상을 해명하고자 하는 시도가 반복·축적되었다. 이 책은 그 당시 일본의 대표적 성과 중 하나이다.

간행연도에서 알 수 있듯이, 이 책이 포괄하는 시대는 제1차 5개년 계획 시기를 중심으로 한 1950년대에 한정된다. 그러나 그 속에서 성장모델의 추정과 노동, 고용, 자금, 식량수요 등 사회주의 경제의 기초가 될 중요한 테마에 대해서 신문, 잡지 기사나 얼마 되지 않는 공개된 통계자료에 기초하여, 경제학적 틀로 분석을 전개하고 있다. 또 소련과 동유럽 등 사회주의 국가, 인도 등 발전도상국가와의 국제적 비교를 여러 곳에서 하고 있는 점도 인상적이다. 이처럼 어디까지나 중국경제를 구조적·비교적으로 파악하고자 하는 자세는 그때보다 훨씬 풍부한 자료에 접근할 수 있게 된 오늘날에도 되새겨 보아야 할 점이 많다.

또한 이 책이 간행된 후 이사카와 시게루(1918~)는 아시아경제연구소의 공동연구그룹을 이끌어 보다 총괄적인 성과를 간행했다(石川 1960~1962, 1964~1971). 이 간행물들과 함께, 이 책은 당시 일본의 동시대적 중국경제연구의 하나의 상징이라고 할 수 있다.

무보삼 주편, 『중국국민소득(1933년)』 상·하, 중화서국, 1947(복간본 상무인서관, 2011).
[巫寶三 主編, 『中國國民所得(1933年)』 上·下, 中華書局, 1947(復刻板 商務印書館, 2011)]

20세기에 들어서서 서양의 제도와 사상이 유입됨에 따라, 중국에서도 전통적 유교경전에 바탕을 둔 교육 대신에 서양식 교육이 엘리트 양성의 주류가 되었다. 이 책은 그러한 새로운 교육 시스템 하에서 태어난 지식인이 국민소득이란 미시경제학적 개념으로 중국경제를 파악하고자 한 성과이다. 당시 추진된 중국의 국민경제 형성의 이력과도 궤를 같이하고 있다(···→ 테마 47 〈경제통계〉, 417쪽).

주편자인 무보삼(1905~1999)은 마침 과거제가 폐지된 해에 강소성 구용현(句容縣)에서 태어나 남경의 중앙대학을 거쳐 1933년에 북평사회조사소(北平社會調查

所, 1934년에 중앙연구원 사회과학연구소와 합병)에 어시스턴트 펠로우[助理研究員]로 들어갔다. 또 1936년부터 1938년까지 하버드대학에 유학하여 석사 학위를 취득하고, 1947년에 박사 학위를 받았다(田島 1999). 전형적인 신시대의 지식인이다.

이 책의 추계는 통계자료의 한계도 있어서 완전하다고는 할 수 없지만, 중국경제의 미시경제학적 파악의 첫걸음이라는 의미에서 코넬대학에서 공부한 유대중(劉大中)의 저작과 나란히 기념비적 저작이라고 할 수 있다(Liu 1946). 이 책이 선구가 된 중국의 국민소득 추계는 1949년 이후 공산당 정권하에서는 충분히 발전하지 못했다. 무보삼 자신도 중국과학원 사회과학연구소, 경제연구소에서 연구를 계속하기는 했지만, 거듭된 정치투쟁 속에서 불우한 시절을 보냈다(田島 1999). 오히려 그 이후 중국의 국민소득 추계 작업은 중국대륙 밖에서 전개되었다(Eckstein 1961, Liu 1965).

아울러 이 책이 최근 상무인서관에서 복간되어 책을 구하기 쉬워져 대단히 기쁘다.

테마 일람

도표 일람

[각 장 첫 페이지의 도판]

색인

- 어구가 아니라 의미로 배열한 것도 적지 않다. 관련이 깊은 항목은 ~로 표시해 두었다.
- 서구어 색인은 뒤에 따로 붙였다.
- 원서에는 일본어 자음 순서로 배열되어 있으나, 이 책에서는 가나다순으로 재배열하였다. 한국어 표제어에서 필요한 경우 영어 원음을 병기하였다 – 옮긴이.

한국어

ㄱ

ㅂ

ㅅ

ㅇ

ㅊ

ㅋ

ㅌ

ㅍ

ㅎ

서구어

집필자 소개(집필순)

[본문]

오카모토 다카시(岡本隆司) 서장, 제4장, 테마 30, 38, 39
⇒ 이 책 맨 앞의 판권 페이지 참조.

미야케 키요시(宮宅潔) 제1장, 테마 14
1969년생. 교토대학 인문과학연구소 부교수. 주저로 『중국 고대형벌제도사의 연구(中國古代刑制史の研究)』(京都大學學術出版會, 2011년)가 있다.

마루하시 미츠히로(丸橋充拓) 제2장, 테마 19, 20.
1969년생. 시마네대학 문학부 부교수. 주저로 『당대 북변 재정의 연구(唐代北邊財政の研究)』(岩波書店, 2006년)가 있다.

후루마츠 다카시(古松崇志) 제3장, 테마 6, 7, 24.
1972년생. 오카야마대학 대학원 사회문화과학연구과 부교수. 주요 논문으로 「거란과 송의 전연 체제에서 국경(契丹·宋間の澶淵體制における國境)」(『史林』 90-1, 2007년)이 있다.

가지다니 카이(梶谷懷) 제5장 1~3절
1970년생. 고베대학 대학원 경제학연구과 부교수. 주저로 『현대중국의 재정금융 시스템-글로벌화와 중앙-지방관계의 경제학(現代中國の財政金融システム－グローバル化と中央-地方關係の經濟學)』(名古屋大學出版會, 2011년)이 있다.

가지마 쥰(加島潤) 제5장 4~5절
1976년생. 요코하마국립대학 대학원 국제사회과학연구원 부교수. 주요 논문으로 「정권 교체와 상해시 재정 구조의 변동(1945~1956년)[政權交代と上海市財政構造の變動(1945~1956年)]」(『アジア經濟』 48-7, 2007년)이 있다.

[테마]

무라마츠 고이치(村松弘一) 가쿠슈인대학 학장 부속 국제연구교류 오피스, 테마 1

이구로 시노부(井黑忍) 와세다대학 고등연구소, 테마 2

오사와 마사아키(大澤正昭) 조치대학 문학부, 테마 3

아라미야 마나부(新宮學) 야마가타대학 인문학부, 테마 4

이토 마사히코(伊藤正彦) 구마모토대학 문학부, 테마 5

와타나베 신이치로(渡邊信一郎) 교토부립대학 학장, 테마 8, 10, 13

토미야 이타루(冨谷至) 교토대학 인문과학연구소, 테마 9

사하라 야스오(佐原康夫) 나라여자대학 문학부, 테마 11, 12

나카무라 케지(中村圭爾) 소아이대학 인문학부, 테마 15, 16

사가와 에지(佐川英治) 도쿄대학 대학원 인문사회계 연구과, 테마 17

오츠 토루(大津透) 도쿄대학 대학원 인문사회계 연구과, 테마 18

시마스에 카즈야스(島居一康) 오사카부립대학 명예교수, 테마 21

아라카와 마사하루(荒川正晴) 오사카대학 대학원 문학연구과, 테마 22

미야자와 토모유키(宮澤知之) 붓쿄대학 대학원 문학연구과, 테마 23

미키 사토시(三木聰) 홋카이도대학 대학원 문학연구과, 테마 25

키다 토모오(木田知生) 류코쿠대학 문학부, 테마 26

다카하시 히로오미(高橋弘臣) 에히메대학 문법학부, 테마 27

마츠다 오이치(松田孝一) 오사카국제대학 명예교수, 테마 28

마츠이 다이(松井太) 히로사키대학 인문학부, 테마 29

우스이 사치코(臼井佐知子) 도쿄외국어대학 대학원 총합국제학연구원, 테마 31

후마 스스무(夫馬進) 교토대학 명예교수, 테마 32

야스토미 아유무(安冨步), 도쿄대학 동양문화연구소, 테마 33, 44, 45

이와이 시게키(岩井茂樹), 교토대학 인문과학연구소, 테마 34, 37

다카시마 코(高嶋航), 교토대학 대학원 문학연구과, 테마 35

단죠 히로시(檀上寬), 교토여자대학 문학부, 테마 36

모토노 에이치(本野英一) 와세다대학 정치경제학술원, 테마 40

니무라 요코(新村容子), 오카야마대학 대학원 사회문화과학연구과, 테마 41

고토 하루미(後藤春美), 도쿄대학 대학원 총합문화연구과, 테마 42

친 라이코(陳來幸), 효고현립대학 경제학부, 테마 43

토미자와 요시아(富澤芳亞) 시마네대학 교육학부, 테마 46

구보 토루(久保亨), 신슈대학 인문학부, 테마 47, 48

오쿠무라 사토시(奧村哲), 슈도대학도쿄(首都大學東京, 옛 東京都立大學) 도시교양학부, 테마 49

야마모토 신(山本眞) 쓰쿠바대학대학원 인문사회과학연구과, 테마 50

다지마 토시오(田島俊雄) 도쿄대학 사회과학연구소, 테마 51, 54

엄선평(嚴善平), 도지샤대학 대학원 글로벌스터디즈 연구과, 테마 52

마루카와 토모오(丸川知雄) 도쿄대학 사회과학연구소, 테마 53

가토 히로유키(加藤弘之) 도쿄대학 대학원 경제학연구과, 테마 55, 59

신보 아츠코(新保敦子) 와세다대학 교육학부, 테마 56

히사스에 료이치(久末亮一) 일본무역진흥기구 아시아경제연구소, 테마 57

야마다 아츠시(やまだ あつし), 나고야시립대학 대학원 인간문화연구과, 테마 58

| 역자 후기 |

펜을 꺾기 전에 중국경제사를 언젠가는 꼭 쓰고 싶다는 열망이 있었다. 중국경제사를 강의할 때마다, 쉽지만 단순한 나열이 아닌 뼈대가 있고 스토리가 있는 교재가 없을까 찾아 헤매는 데 지쳐서이기도 하다. 하지만 그런 중국경제사 개설서를 찾을 수 없었던 것은, 그만큼 중국경제의 흐름을 통사적으로 잘 짚어서 한 권에 담아내는 작업이 너무나도 어렵다는 방증이다. 이번에 번역한 『중국경제사』(나고야대학출판부, 2013)가 전후(戰後) 일본학계에서 처음 선보이는 통사라는 점 역시 이 점을 잘 말해 준다. 대표 저자이자 편자인 오카모토 다카시(岡本隆司) 교수는 중국 해관사와 한중 외교사 등 다방면에 걸친 저서를 출간하여, 치밀한 고증과 놀라운 역사적 통찰력으로 대표적 학술상을 휩쓴 일본 역사학계의 주목받는 학자이다. 하지만 학술적 스포트라이트 못지않게 힘 있고 통찰력 있는 필력과 대중의 눈높이에 맞춘 다작(多作) 활동으로 일본 역사서 출판계의 총아이기도 하다. 오카모토 교수의 책은 역자의 번역으로 『미완의 기획: 조선의 독립』(소와당, 2009)이 국내에 소개된 바 있다. 따라서 오카모토 교수가 대표 저자라면 이 책은 기대해도 좋으리라는 믿음이 있었다.

번역을 끝낸 지금, 과연 이 책은 사실을 마냥 바구니에 집어넣듯이 모아 놓은 그러한 개설서와는 다르다고 자신 있게 독자들에게도 말할 수 있겠다. "중원"과 "강남"으로 이원화된 중국의 지정학적 세팅을 큰 축으로, 국가권력과 민간사회, 군사와 재정, 중국과 그를 둘러싼 글로벌 세계와의 역동적 줄다리기로 중국경제사를 구조적으로 일관성 있게 써 내려간 점은 이 책의 가장 큰 장점이다. 또한 본문과 테마를 나눈 책의 구성은 탁월하다. 장별로 수십 쪽만으로 한 시대를 개관할 수 있게 본문의 분량을 줄였다. 대신에 59개나 되는 주제별 서술로 "테마"를 설정하여 장별 시대 구분에 얽매이지 않고 하나의 주제를 심노 싶게 설명하는 데 상당한 쪽수를 할애하였다. 본문은 중국사에 어느 정도 기초 지식이 있는 일반 독자라면 읽을 수 있는 수준으로 서술하였다. 테마에서는 학설과 쟁점까지 드러내어 독자들이 전문가적 지식을 함양할 수 있도록 하였다. 중국사에서 중요한 주제와 사건에 관해서 역사사전의 항목을 찾아서는 해소하지 못하는 지지부진한 궁금증을 시원하게 해소해 준다.

그렇다고 이 책이 완벽한 것은 아니다. 많은 경우 장점이 곧 단점이기도 한데, 이 책이 뚜렷한 사관(史觀)과 방향성을 가지고 있다는 점은 다른 방향의 연구들에 대한 비판을 주저하지 않으며, 때로는 쟁점에 있어서 중립적이기보다는 주관을 당당히 주장한다는 것을 의미한다(서장 혹은 테마 32). 예를 들어 최근 구미학계에서 주류로 떠오른 케네스 포머란츠(Kenneth Pomeranz)를 비롯한 캘리포니아 학파나 윌리엄 로(William Rowe) 등의 공공영역론(public sphere theory)과 같이 전근대 서구와 중국을 병렬적으로 비교하거나 서구적 개념으로 중국을 보편적으로 분석하려는 시각에 관해 비판적이라는 인상이 들었다. 한편 책의 이러한 관점은 중국의 특수성, 국가권력의 비대칭적 중요성, 경제에서 재정의 중요성을 강조하는 전전(戰前) 일본역사학계의 중국관과 상당히 유사하다. 양자의 계승성은 독자들을 위해 시대별 필독서로 추천해 둔 문헌해제의 상당수가 전전의 연구 성과라는 것을 보아도 알 수 있다.

그 관점에 대해 독자들 나름대로 판단을 하겠지만, 일개 독자의 입장에서 역자는 이러한 "개성(個性)"이 무색무취한 개설서보다 훨씬 더 학문적으로 자극을 주는 이 책의 매력이라고 생각한다. 마침 이 책의 번역 초고를 넘긴 후 미국아시아학회 연례학회인 AAS 2016에 참석했다가 케임브리지대학출판부의 부스에서 올해 막 출간된 리처드 폰 글란(Richard Von Glahn) 교수의 *The Economic History of China: From Antiquity to the Nineteenth Century*(Cambridge University Press, 2016)를 발매 기념 특가로 저렴하게 구입했다. 캘리포니아 학파의 일원인 폰 글란 교수가 오늘날 구미학계의 중국경제사 성과와 시각을 어떻게 반영해서 쓰고 있는지, 이 책과 더불어 읽어 보면 더욱 흥미진진할 것이다. 일본과 구미학계에서 그동안 줄곧 망설이며 내지 않고 있던 중국경제사 개설서가 거의 동시에 출판된 것을 보면, 그만큼 급부상하는 중국경제를 설명해 주기를 고대하는 수요가 광범위했음을 짐작게 한다.

리처드 폰 글란 교수의 책이 한 사람이 쓴 개설서인 데 반해, 이 책은 본문과 테마 집필에 자그마치 46명이나 되는 경제사 전문가들이 참여한 거대한 공동 프로젝트이다. 각 분야에 전문가가 포진해 있는 일본학계의 두터운 학자층과, 확실한 전공자가 아니면 섣불리 글을 쓰지 않겠다는 일본학계의 실증주의 전통을 읽어 낼 수 있다. 그러다 보니 어떤 책에서도 알기 어려웠던 수준 높은 해설과 통찰이 돋보이면서도, 학자마다 글 쓰는 스타일과 문투가 달라 번역하기가 참 어려웠다. 서장이 함축적이고 이론적으로 쓴 글이라면 고대부터 송·원까지는 한자어와 전문용어가 많고 고증과 정리 위주이다. 명·청은 시대의 성격이 문학적으로 그려져 있고, 근대 이후는 사회과학적이다. 테마 역시 저자마다 문투가 천차만별이다(예를 들어 테마 10, 13, 21과 테마 33, 44, 45를 비교해 보라).

역자로서는 다만 저자의 글쓰기를 되도록 잘 재현하고 전달하는 데 주력하였다. 글이 어떤 부분에서는 술술 잘 읽히고 어떤 부분에서는 빡빡하지만, 그만큼 얻을 수 있는 내용이 많다. 오로지 역자가 가독성을 위해 과감하게 손을 댄 부분은 지나치게 많은 한자어를 우리말로 풀어서 쓰려고 노력한 점이다. 아무래도 일본 독자들은 일본어가 한자를 기반으로 하고 있기 때문에 한자만으로도 의미를 유추할 수 있지만, 한국 독자들은 세대별로 한자에 대한 친숙도가 다르다. 따라서 한자에 익숙한 연구자나 윗세대 독자들에게는 큰 무리가 없더라도 지금 세대의 독자들에게 살짝 어렵겠다고 생각되는 한자어는 되도록 풀어서 번역하려고 노력했다. 그렇지만 한자어가 여전히 많다.

이 책의 서장에서 저자들은 그동안의 경제사는 지루하고 어렵게 써서 "멸종위험종"이 되었다며 스스로를 반성하고 읽을 만한 책을 쓰겠다고 호언장담했는데, 역자는 소심하게 '여전히 어렵다'고 독자들에게 고백하고 싶다. 어렵다. 그러나 재미있다. 곳곳에 인간의 경제행위와 권력에 관한 흥미로운 통찰이 산재해 있다. 장애가 없으면 성취감도 적다고 했다. 우리 독자들에게 그런 성취에 도전해 보시기를 권한다. 이 책을 발판으로 한국에서도 장점은 살리고 단점은 극복해서 한 단계 업그레이드된 중국경제사 개설서가 머지않은 장래에 출판되기를 바란다. 마지막으로 쾌히 번역을 맡겨 준 오카모토 다카시 교수, 팍팍한 학술서 출판 사정에도 출판을 지원해 준 경북대학교출판부의 김용훈 기획·편집실장님과 책임편집자 장준이 씨께 깊은 감사의 뜻을 전한다. 원고 교정에 힘을 보태 준 한상협, 서석하, 박상욱 군과 더불어 책의 출간을 자축하고 싶다.

행당동 연구실에서

역자 강진아